《消防给水及消火栓系统技术规范》
GB 50974—2014
实施指南（修订版）

中国建筑学会建筑给水排水研究分会　组织编写

赵　锂　陈怀德　姜文源　主编

方汝清　主审

中国建筑工业出版社

图书在版编目(CIP)数据

《消防给水及消火栓系统技术规范》GB 50974—2014
实施指南/中国建筑学会建筑给水排水研究分会组织编
写. —北京：中国建筑工业出版社，2016.8（2023.8重印）
 ISBN 978-7-112-19536-7

Ⅰ.①消… Ⅱ.①中… Ⅲ.①消防给水系统-技术规
范-中国②消防设备-技术规范-中国 Ⅳ.①TU998.13-65

中国版本图书馆 CIP 数据核字(2016)第 146526 号

为使广大设计人员和厂家更好地理解和应用《消防给水及消火栓系统技术规范》GB 50974—2014，中国建筑学会建筑给水排水研究分会组织了全国几十位专家编写本书。本书内容以规范为主线编写，内容共计 14章，分为总则、术语和符号、基本参数、消防水源、供水设施、给水形式、消火栓系统、管网、消防排水、水力计算、控制与操作、施工、系统调试与验收、维护管理。本书还对《细水雾灭火系统技术规范》GB 50898—2013 中的重要条文进行了解读。

本书可供给水排水设计师、生产厂家和相关专业大中专院校在校生参考使用。

如您对本书有什么意见、建议或图书出版方面的想法，欢迎发送至 289052980@qq.com 交流沟通！

责任编辑：张　磊
责任设计：李志立
责任校对：李欣慰　张　颖

《消防给水及消火栓系统技术规范》GB 50974—2014 实施指南

中国建筑学会建筑给水排水研究分会　组织编写

赵　锂　陈怀德　姜文源　主编

方汝清　主审

＊

中国建筑工业出版社出版、发行（北京海淀三里河路 9 号）

各地新华书店、建筑书店经销

北京科地亚盟排版公司制版

建工社（河北）印刷有限公司印刷

＊

开本：787×1092 毫米　1/16　印张：25½　插页：1　字数：618 千字
2016 年 7 月第一版　2023 年 8 月第十四次印刷
定价：**69.00** 元
ISBN 978 - 7 - 112 - 19536 - 7
（30025）

本书编委会

主编
赵　锂　陈怀德　姜文源

主审
方汝清

副主编
赵世明　冯旭东　刘西宝　栗心国
方玉妹　程宏伟　金　雷　陈　硕

编委
（按姓名首字字母排序）

陈怀德	陈　硕	陈晓凤	程宏伟	丛北华	邓　斌
丁正军	方汝清	方玉妹	冯旭东	高树新	葛　伟
葛万斌	龚飞雪	龚海宁	归谈纯	郭增辉	胡鸣镐
黄　鑫	黄文忠	姜文源	蒋国平	金　雷	李　昂
李传志	李建业	李茂林	李其胜	李益勤	栗心国
刘　俊	刘德明	刘西宝	刘彦菁	卢　婷	罗定元
吕　晖	潘晓彬	钱江锋	任向东	宋红伟	汤福南
陶观楚	涂正纯	王　研	王林泉	徐　凤	徐　扬
杨　泓	杨　诚	杨富斌	张　磊	赵　锂	赵　华
赵　昕	赵世明	郑　伟			

编委信息一览

（首字英文字母排序）

陈怀德	顾问总工/教高工	中国建筑西北设计研究院有限公司
陈　硕	防火部副部长	云南省消防总队
陈晓凤	给排水总工/教高工	福建省建筑工程技术中心
程宏伟	总工/教高工	福建省建筑设计研究院
丛北华	总经理/研究员	上海同泰火安科技有限公司
邓　斌	技术质量部副总工/教高工	中南建筑设计院股份有限公司
丁正军	总经理	江苏铭星供水设备有限公司
方汝清	顾问总工/教高工	四川省建筑设计研究院
方玉妹	顾问总工/教高工	江苏省建筑设计研究院有限公司
冯旭东	资深总工/教高工	华东建筑设计研究总院
高树新	设备总工/高工	福建省闽武建筑设计院有限公司
葛　伟	副总工/工程师	上海同泰火安科技有限公司
葛万斌	所总工/教高工	中国建筑西北设计研究院有限公司
龚飞雪	副总工/研究员级高工	江苏筑森建筑设计有限公司
龚海宁	副主任工/高工	同济大学建筑设计研究院（集团）有限公司
归谈纯	副总工/教高工	同济大学建筑设计研究院（集团）有限公司
郭增辉	处长/高工	云南省消防总队
胡鸣镝	所总工/教高工	中信建筑设计研究总院有限公司
黄　鑫	验收科参谋/工程师	昆明市消防支队
黄文忠	设备分院总工/教高工	福建省建筑设计研究院
姜文源	顾问总工/教高工	悉地国际设计顾问（深圳）有限公司
蒋国平	技术总监	南京尤孚泵业有限公司
金　雷	设备总工/高工	上海同宽建筑设计有限公司
李　昂	技术处高工	云南省消防总队
李传志	总工/教高工	中信建筑设计研究总院有限公司
李建业	工程师	中国建筑设计院有限公司
李茂林	工程师	中国建筑设计院有限公司

4

前　言

姜文源　金　雷

　　2015年2月中国建筑工业出版社委托专人与我们联系有关编撰《建筑设计防火相关规范条文解读与问题探讨》一书的事宜，当时我们对此未予承诺。原因之一是个别老专家提出自己年事已高，恐力不从心；原因之二是有些消防规范的实施指南不好编写，从条文规定本身难以理解作者本意；原因之三是部分老专家自己定位属于参谋型角色，而出版社要求参编此书的为主帅型人才。于是这件事就从2月拖延到了3月，又延续到4月，转眼又至5月。进入5月份后客观情况有了变化，或者说格局出现了转机，各地纷纷出台针对消防规范的地方性实施指南类文件，如：中南建筑设计院股份有限公司和武汉土木建筑学会主编的《消防给水及消火栓系统技术规范》GB 50974—2014实施指南，江苏省建筑设计研究院有限公司和东南大学建筑设计研究院编撰的《消防给水及消火栓系统技术规范》问题讨论之一、问题讨论之二、问题讨论之三，福建省工程建设科学技术标准化协会建筑水工业专委会编写的《消防给水及消火栓系统技术规范》执行思路，青岛市土木建筑学会给水排水委员会汇编的《消防给水及消火栓系统技术规范》条文疑问汇总，赵国平、张慧玲编著、高明华审阅并由中国建筑工业出版社于2015年正式出版的《消防给水及消火栓系统技术规范》GB 50974—2014解读及应用，上海市建筑学会建筑给水排水专业委员会、上海市勘察设计行业协会审图专业委员会给排水专业组针对《消防给水及消火栓系统技术规范》的消防给水讨论会会议纪要、浙江省编制的消防技术规范难点问题操作技术指南等。这些著作、文件材料涉及面甚广，挖掘深度颇深，对不少问题有独特见解，与此同时，北京方面中国建筑设计院完成了国家标准设计图集《消防给水及消火栓系统技术规范图示》15S909送审稿，这些都为编撰我们这本书提供了非常好的基础，同时赵锂院长同意担纲挂帅，于是就本书是否编撰达成共识，初步确定编撰本书，集结北京、西安、武汉、南京、福建、云南、深圳和上海八地专家的力量共同编撰这本业内同行期盼的书。

　　近些年来，陆续出台的与给水排水专业有关的消防规范有：《泡沫灭火系统设计规范》GB 50151—2010、《细水雾灭火系统技术规范》GB 50898—2013、《消防给水及消火栓系统技术规范》GB 50974—2014（以下简称《消水规》）、《建筑设计防火规范》GB 50016—2014、《汽车库、修车库、停车场设计防火规范》GB 50067—2014、《城市消防站设计规范》GB 51054—2014、《水喷雾灭火系统技术规范》GB 50219—2014、《火灾自动报警系统设计规范》GB 50116—2013等。出版社的意见是多本消防规范都要顾及，这就涉及本书的范围和名称。《消水规》出台以后，北京、西安、武汉、南京、福州、上海、浙江等省市都已经有了动作，均制订了地方的相应技术措施，而若都参与本书的编撰，这就涉及章节分工问题。《消水规》共有14章，其中有些章节好写，有些章节难写，有的条文好展开，有的条文难以展开，分工采取的形式究竟是随机还是协商也是一个问题。客观上业内对此书的需求很迫切，但各地对问题的阐述方式大相径庭，工作如何统一也是一个难点。于是就有了在书籍正式动手编撰之前召开启动会的念头。启动会涉及费用，编书一事纯属民间自发组织，经费从何而来？正好此时，江苏省给水排水技术情报网在江苏省建湖市召开建筑供水技术（设备）研讨会，会议由江苏铭星供水设备有限公司协办。在征得铭星公司丁正军总经理和王林泉技术总监的同意和大力支持下，在2015年8月8日在建湖市铭星公司会议室召开本书启动会。

出席启动会的领导、专家有北京代表赵锂、张磊，西安代表陈怀德、刘西宝，武汉代表栗心国，南京代表方玉妹、刘俊，福建代表程宏伟，深圳个人代表金雷，上海代表姜文源、罗定元、吕晖及建湖代表丁正军、王林泉。因故请假的有赵世明、王研、陈硕、冯旭东和方汝清五位。会议就范围、名称、内容、分工、进度、书籍组织架构和深度、参编人员和编辑委员会组成等问题进行了商讨，并达成共识，形成决议。明确了归属中国建筑学会建筑给水排水研究分会组织，书籍名称为"《消防给水及消火栓系统技术规范》实施指南"，内容以《消防给水及消火栓系统技术规范》GB 50974—2014为主，同时按需要融入相关消防规范的关联条文解读。编撰进度自会议当日正式启动，并确定了编撰进度。

一、《消防给水及消火栓系统技术规范》的制订是历史发展的必然

凡建筑灭火系统都有相应的专用标准，如：自动喷水灭火系统有《自动喷水灭火系统设计规范》GB 50084，水喷雾灭火系统有《水喷雾灭火系统技术规范》GB 50219，泡沫灭火系统有《泡沫灭火系统设计规范》GB 50151，固定消防炮灭火系统有《固定消防炮灭火系统设计规范》GB 50338，细水雾灭火系统有《细水雾灭火系统技术规范》GB 50898，而唯独消火栓系统没有相应的专用标准，按规范体系表的总体规划理应有《消火栓系统技术规范》。

消火栓系统没有专用标准，原因在于旧版《建筑设计防火规范》GB 50016（以下简称《建规》）和旧版《高层民用建筑设计防火规范》GB 50045（以下简称《高规》）中有消防给水和消火栓系统的有关条文，旧版《建规》在第8章，旧版《高规》在第7章。我国最早在20世纪60年代初编制的消防规范是《关于建筑设计防火的原则规定》，其内容包括消防给水及消火栓系统，并于1960年9月颁布。后来建筑物的建筑高度和层数上去了，又编了一本《高规》，其内容也包括消防给水及消火栓系统。再以后灭火系统日趋多样化，于是按照各不相同的灭火系统编制相应的专用标准，这就有了《自动喷水灭火系统设计规范》、《泡沫灭火系统设计规范》、《水喷雾灭火系统技术规范》、《气体灭火系统设计规范》、《固定消防炮灭火系统设计规范》、《细水雾灭火系统技术规范》等。但消防给水及消火栓系统依然如故，仍在《建规》和《高规》里面。若改变这个现状，需要两个条件，一个是客观上有制订《消火栓系统设计规范》的强烈要求；另一个是《建规》和《高规》正届修订，可以趁修订的机会删除消防给水及消火栓系统相关内容。机会来自2003年的《建筑给水排水设计规范》GB 50015的修订，也同时来自旧版《建规》和旧版《高规》于2007年开始的整合。

2003年版的《建筑给水排水设计规范》GB 50015（以下简称《建水规》）有一个很大的变化，在此以前的《建水规》中建筑给水既包括生活给水，也包括生产给水和消防给水。在此及以后的《建水规》，删除了工业给水排水和消防给水的有关条文内容，只保留生活给水的内容，如：删除了室内消火栓栓口所需水压计算公式，删除了消防给水系统水流速度控制值等条款。消防给水有关条文被删除以后，使工程设计人员无所依据，无章可循，意见反映至有关主管部门方面，并得到重视，并就此采取了相应措施，措施之一就是制订《消火栓系统设计规范》，并在 2006 年正式下达制订计划。

旧版《建规》与旧版《高规》的整合始于 2007 年，住房和城乡建设部于 2007 年以建标〔2007〕125 号文《关于印发〈2007 年工程建设标准规范制订、修订计划（第一批）〉的通知》和建标〔2009〕94 号文《关于调整〈建筑设计防火规范〉、〈高层民用建筑设计防火规范〉修订项目计划的函》实施了旧版《建规》和《高规》的整合。整合后的消防规范为新版《建筑设计防火规范》GB 50016（简称新版《建规》）。新版《建规》的内容只规定"消防设施的设置"，删除了"消防给水系统设计要求"。涉及"消防给水系统设计要求"要另见专用标准，即《消火栓系统设计规范》。

《消水规》是根据原建设部建标〔2006〕77 号文《关于印发〈2006 年工程建设标准规范制订、修订计划（第一批）〉的通知》的要求，自 2006 年开始制订，于 2014 年批准、发布、实施，共历时八年。2006 年下达计划任务时的标准名称为：《消火栓系统设计规范》，后来将消防给水从消火栓系统的消防给水扩大至整个水灭火系统的消防给水，再接着和早些年由北京市消防局主编的《消火栓系统施工及验收规范》合并。但消防给水和消火栓内容是统一为一本规范，还是分列两本规范，曾有两种不同观点：一种观点认为二者是母规和子规逻辑关系，应该分列两本；另一种即编制组的观点，认为《建规》和《高规》也类似前述关系但已整合为一本规范。此后再由住房和城乡建设部标准定额司以建标标函〔2007〕58 号文《关于同意调整有关消防规范内容和名称的复函》再下达一次任务，标准名称改为：《消防给水及消火栓系统技术规范》，即我们现在所见到的《消水规》。

二、《消防给水及消火栓系统技术规范》的制订原则

《消防给水及消火栓系统技术规范》GB 50974—2014 已于 2014 年 1 月 29 日发布，2014 年 10 月 1 日实施。这是一本新制订的消防规范，对于给水排水专业人员来讲，这本规范非常重要。原因在于：

1. 消防规范，涉及人身和财产安全以及建审，涉及建设工程消防质量终身负责制；
2. 系新制订的消防规范；
3. 规范涉及所有水灭火系统的消防给水；
4. 消火栓系统是建筑工程最基本、最常用的建筑灭火系统。

《消水规》的原制订说明中说：旧版《建规》、《高规》两本规范在消防给水和消火栓系统方面，存在以下问题："相同或相近的条文，约占其总条文的 90% 以上"（指旧版《建规》和《高规》条文重复较多）；"还有些规定相互不协调"（指旧版《建规》和《高规》条文之间有矛盾）；"且缺少消防给水和消火栓的系统性、完整性、全面性、安全性和可靠性"等。为此，《消水规》确定了制订原则为：深刻吸取近年来我国重特大火灾经验和教训，以适应我国快速的工业化和城镇化发展中工程建设的需求，便于使用和管理，借鉴发达国家标准和消防科研成果，根据科学性、可行性、统一性、可操作性、适用性、安全性、可靠性、卫生环保和经济合理性等工程原则的要求，基于系统风险分析和可靠性理论，结合消防给水及消火栓系统的工程技术和维护管理的特点和特征，解决工程建设、消防工作和实战灭火救援中反映的突出问题。正式颁布实施的《消防给水及消火栓系统技术规范》共有条文 364 条，强制性条文 41 条。

三、《消水规》出台以后的反响和总体趋势

《消水规》出台以后，反响强烈，总体趋势和评价可以说是毁誉参半。持肯定意见的认为：这是国内第一本消防给水规范，也是第一本消火栓系统的专用标准，规范的制订填补了国内空白。也是第一本由设计院主编的消防国家规范，编制组力量相当雄厚，编制的规范总体框架结构合理，有较多的篇幅和较充实的内容，对众多技术问题有相应调整，细节问题交待到位。持不同意见的认为《消水规》存在以下不足：

1. 借鉴发达国家标准和消防科研成果，但未能区分不同国家国情不同，盲目搬用，造成有些条文的规定不尽合理；

2. 从安全性、可靠性着眼，但标准提高失控失度，导致某些条文存在偏高偏大现象；

3. 有的条文表述不够明晰，容易产生歧义；

4. 与相关标准的相关条文有较多碰撞，尤其是"强条"与"强条"的碰撞，更使设计人员处于无所适从的境地；

5. 产品信息滞后，有些产品《消水规》条文的倾向性过于明显，给人以公正性偏移的印象。

《消水规》出台以后有一个现象是过去从未有过的：从来没有哪一本规范有如此多的宣贯和讲解；从来没有哪一本规范有那么多的疑问和不解；也从来没有哪一本规范出台以后，各地在较短的时间里出台地方性实施指南、问题讨论、解读和应用。这也就从侧面告诉我们，在肯定《消水规》优点的同时，要正视它存在的问题，更要重视这些问题的梳理和解决。

我们的这本书不是对《消水规》作评价，无论是正面的肯定或是反面的质疑；也不是为《消水规》的修订提供参考或咨询；更无别的意图。因目前的现实问题是规范已正式颁布实施，在实施过程中工程设计、审查、施工等领域的技术人员会遇到困难、困惑，此时的工作重点是应该如何对这些问题进行处置，找到合理的解决方案以尽可能达到规范要求。至于规范条文的对和错，规范下一步修订与否，规范技术问题讨论等都不是本书所要解决的问题。

四、有关本书编写的一些情况说明

本书编委会人数较多，共计57人，其中参加国家标准《消防给水及消火栓系统技术规范》GB 50974的主要起草人有赵世明、方汝清、冯旭东、王研等；参加该规范的主要审查人有徐凤、涂正纯等；参加国家建筑标准设计图集《消防给水及消火栓系统技术规范图示》的有赵锂、赵世明、钱江锋、李建业、李茂林等；参加国家建筑标准设计图集《室内消火栓安装》、《消防水泵接合器安装》、《消防专用水泵选用及安装》和《气体消防系统选用、安装与建筑灭火器配置》的有罗定元、金雷等。此外，因本书需要整合武汉、江苏、福建、上海等地先后编制出台的地方性措施及文件，故参编上述国家标准、国标图集及地方性措施的主要专家均获邀共同编写本书。

启动会上明确了本书采用按地区分担编制的方式进行：第1章和第2章由个人代表金雷承担、第3章由南京承担、西安承担第4章和第6章、武汉承担第5章和第12章、北京承担第7章、上海承担第8章、第9章及第14章、福建承担第10章和第11章、云南承担第13章，前言和后记由姜文源、金雷承担。此外，编撰体例、合稿、审核意见的收集和整理、产品信息搜集汇编及编委会日常事务等工作由金雷主要承担，其他地区协助。

定稿会在尤孚泵业（南京）有限公司的大力支持下，于 2016 年 1 月 9 日在南京召开。定稿会上就本书内容以《消水规》为主，同时按需融入相关消防规范内容的原则达成共识。故在本书的定稿会上明确，按需编入部分细水雾的内容，主要是因为《细水雾灭火系统技术规范》GB 50898—2013 中条文 3.4.3 和 3.4.5 条的规定过于严格，严重限制了泵组式细水雾灭火系统的应用。相关内容不在本文展开论述，可参见本书的相关章节内容。

需要提醒的是由于《消水规》的特殊性，有的条文不同的专家会有不同的理解和解释，所谓仁者见仁，智者见智，对具体条文也会有不同的处置。有的条文不同的地域由于各地情况的不同会有不同的解决办法，这些都请使用者在使用时予以关注。本书编撰周期不到半年，时间进度相对较为匆促，定稿以后仍感到有不少地方有待完善，不当之处，还请海内外业内同行海涵并批评指正。

规范缩略简称速查表

序号	全称	简称
1	《室外给水设计规范》GB 50013—2006	《室外水规范》
2	《建筑给水排水设计规范》GB 50015—2003（2009 年版）	《建水规范》
3	《建筑设计防火规范》GB 50016—2014	新版《建规》
4	《建筑设计防火规范》GB 50016—2006	旧版《建规》
5	《高层民用建筑设计防火规范》GB 50045—95（2005 版）	《高规》
6	《汽车库、修车库、停车场设计防火规范》GB 50067—2014	《汽车库规范》
7	《自动喷水灭火系统设计规范》GB 50084—2001	《喷规》
8	《火灾自动报警系统设计规范》GB 50116—2013	《自动报警规范》
9	《泡沫灭火系统设计规范》GB 50151—2010	《泡沫规范》
10	《汽车加油加气站设计与施工规范（2014 版）》GB 50156—2012	《汽车加油加气站规范》
11	《石油化工企业设计防火规范》GB 50160—2008	《石化防火规范》
12	《石油天然气工程设计规范》GB 50183—2004	《天然气规范》
13	《水喷雾灭火系统技术规范》GB 50219—2014	《水喷雾规范》
14	《建筑给水排水及采暖工程施工质量验收规范》GB 50242—2002	《建筑水暖施工验收规范》
15	《自动喷水灭火系统施工及验收规范》GB 50261—2005	《自喷验收规范》
16	《建筑中水设计规范》GB 50336—2002	《中水规范》
17	《固定消防炮灭火系统设计规范》GB 50338—2003	《消防炮规范》
18	《城镇给水排水技术规范》GB 50788—2012	《城镇水规范》
19	《消防给水及消火栓系统技术规范》GB 50974—2014	《消水规》
20	《细水雾灭火系统技术规范》GB 50898—2013	《细水雾规范》
21	《城市消防站设计规范》GB 51054—2014	《城消规》
22	《大空间智能型主动喷水灭火系统技术规程》CECS263：2009	《大空间喷水灭火规程》
23	《消防给水及消火栓系统技术规范》GB 50974—2014 解读及应用，赵国平、张慧玲编著	《消水规解读》

目　录

第1章 总 则

1.1 条文综述

本章条文共计5条，无强制性条文。明确了《消水规》的编制目的、适用范围和在消防给水及消火栓系统设计、施工、验收、维护管理过程中应遵循的原则。

与以往其他工程设计及施工验收规范不同的是，本章未明确本规范不适用的范围。从《消水规》正文各章节的具体内容看，本规范涵盖的消防给水只包括市政消防给水系统、室外消火栓系统、室内消火栓系统、自动喷水灭火系统、水喷雾灭火系统、泡沫灭火系统、固定消防炮灭火系统及固定冷却水系统等八个系统；而未涉及细水雾灭火系统及自动跟踪定位射流灭火系统等其他水灭火系统。对于细水雾灭火系统，因其水泵、喷头、管材、阀门、过滤器及其他管路附件和水质等均有特殊要求，未包括在本规范内尚可理解，但把并无特殊要求的自动跟踪定位射流灭火系统等其他水灭火系统排除在本规范之外，确是一个遗憾。

1.2 条文要点说明

1.0.1 为了合理设计消防给水及消火栓系统，保障施工质量，规范验收和维护管理，减少火灾危害，保护人身和财产安全，制定本规范。

【要点说明】本条阐明了本规范的制定目的。

尽最大努力预防建筑火灾发生，将火灾危害减至最低，切实保障生命和财产安全，是建设工程设计、施工、验收、维护管理过程中的基本出发点和落脚点。

在工程建设项目中，消防给水及消火栓系统作为重要的安全设施，其设计、施工、调试、验收、维护管理中的任一环节都缺一不可，且环环相扣、紧密关联，不能互相脱节。如《中华人民共和国安全生产法》第二十八条规定："生产经营单位新建、改建、扩建工程项目（以下统称建设项目）的安全设施，必须与主体工程同时设计、同时施工、同时投入生产和使用。"国家计划委员会在《建设项目（工程）竣工验收办法》（计建设［1990］1215号），竣工验收的要求中第五点规定："环境保护设施、劳动安全卫生设施、消防设施已按设计要求与主体工程同时建成使用"。此外，《国防科技工业固定资产投资项目竣工验收实施细则》（科工法［2001］760号）第六条（三）规定"环保、消防、人防和劳动安全卫生等满足'同时设计、同时施工、同时投产使用'（以下简称'三同时'）规定的要求，并已按规定获得单项验收文件。"

因此，本规范将工程建设项目中消防给水及消火栓系统的设计、施工、调试、验收、维护管理等各个环节统筹考虑，在同一规范内综合体现，符合国家相关文件对建设工程"三同时"要求，并为城镇规划、建设工程项目审计、工程监理及物业管理等部门提供了相应依据。

1.0.2 本规范适用于新建、扩建、改建的工业、民用、市政等建设工程的消防给水及消火栓系统的设计、施工、验收和维护管理。

【要点说明】本条规定了本规范的适用范围。

规范条文说明中关于工程建设性质的定义应仔细研读，准确理解定义，才能更好地使用规范，准确设计。

新建，有资料对《消水规》中的新建解读为"重新建设"，该理解欠准确，规范条文说明中"从无到有的全新建筑"的释义更为准确和通用。因"重新建设"可能是迁建、恢复或翻建、续建项目。

扩建，条文说明中重点强调的是"在原有建筑轮廓基础上"，即本规范所指的扩建建筑，是和原建筑毗邻（相邻接）的；条文说明的"向外"一词，意指平面或竖向上对外扩增。有资料对于《消水规》中的扩建解读为"体积扩大"，但若扩建区域为露天（如堆场），则无法以建筑物体积来衡量。因此，体积是否增大并非判断是否为扩建的唯一标准。

改建，条文说明中的举例均为民用建筑使用功能或用途的变更，并未对"全面改造"予以进一步解释。有资料对于《消水规》中改建的解读为"体积不变，用途、性质变化"，该理解值得商榷。因为既然是"改"，面积或体积还有可能是减小，未必不变；且可能功能、性质不变，仅工艺和设备变化，从而可能导致设计标准变化。因此，改建应该是指建筑功能、用途、性质、外观或内部布局、室内外装修、建筑保温、结构、工艺、设备等任一项发生变更或全面改造的建筑。

本款条文对于建设工程按用途来分类的理解也非常重要。不同的行业、规范因各自的思考出发点不同，对于建筑工程的分类方法和依据也有所不同。

民用建筑的定义，在多本规范、条例、教材的资料中相对较为一致，即按使用功能划分为居住建筑和公共建筑，是供人们居住和进行公共活动的建筑的总称。民用建筑属于非生产性建筑。如在《民用建筑节能条例》（2006年1月1日起施行）中第二条定义为"本规定所称民用建筑，是指居住建筑和公共建筑。"在《民用建筑设计通则》GB 50352—2005中的定义为："2.0.1民用建筑 civil building 供人们居住和进行公共活动的建筑的总称。2.0.2居住建筑 residential building 供人们居住使用的建筑。2.0.3公共建筑 public building 供人们进行各种公共活动的建筑"。在现行专业教材中，同济大学等四所高校合编的《房屋建筑学》（第四版）（中国建筑工业出版社）1.2.1建筑物的分类中的定义："非生产性建筑则可统称为民用建筑。……民用建筑根据其使用功能，又可再分为居住建筑和公用建筑两大类。"其他现行高校教材如武汉理工大学出版的同名教材《房屋建筑学》（第四版，李必瑜等主编）及多本专业工具书中的相关分类和定义与上述一致。

工业建筑的定义有些分歧。有的《消水规》资料解读为"人们进行生产活动的建筑"，即生产性建筑。这与北京大学出版社出版的《房屋建筑学》（聂宏达等主编）中的1.3.1建筑的分类的定义相似："建筑物通常按其使用性质分为民用建筑和工业建筑两大类。工业建筑是供生产使用的建筑物……"，但同济大学的《房屋建筑学》第四版中1.2.1节中的定义为："建筑物根据其使用性质,通常可以分为生产性建筑和非生产性建筑两大类。生产性建筑可以根据其生产内容的区别划分为工业建筑、农业建筑等等不同类别。"武汉理工大学出版《房屋建筑学》中的分类和工业建筑定义与同济大学版基本一致。《建筑工程评估基础》(中国财政经济出版社)书中第一章第二节建筑工程分类中按使用功能分类为:"工业建筑、民用建筑、农业建筑"。其中,工业建筑的定义为:"主要指为工业生产服务的建筑"。从《消水规》后续章节的内容看,本规范所指的工业建筑不单指工业生产性质的建筑物或构筑物,也包括粮食堆场等农业、农用性质的建筑,因此,本规范的工业建筑,主要是指生产性的建筑物和构筑物、场区等,用途涵盖工业及农用(如农牧业用途的粮食堆场、种子库、饲料库等)。

市政一词,涉及多学科且有不同定义。在20世纪80年代之前,我国常把城市公用设施称之为"市政工程设施",主要指由政府投资建设的城市道路、供水、排水等城市基本设施。改革开放后,有关研究城市问题的专家提出应以"城市基础设施"取代"市政工程设施"的称谓,并获各方认可。广义上的城市基础设施包括社会性基础设施和工程性基础设施。普通高等教育"十一五"国家级规划教材《城市工程系统规划》(第二版)(中国建筑工业出版社)第一章第一节中:"我国通常的城市基础设施主要为工程性基础设施,它含交通、水、能源、通信、环境、防灾等六大工程系统"。

故本规范所指的市政工程,可狭义地理解为城市基础设施中的工程性基础设施建设,即包括城市交通(航空、水运、轨道、道路)工程、城市水(给水、排水)工程、能源(供电、供气、供热)工程、通信(邮政、电信、广播、电视)工程、环境工程、防灾(消防、防洪、抗震、防空等)工程等系统范畴。目前市政工程一词在城市建设工程体系内仍普遍使用,且市政一词在本规范其他章节内多次出现。

市政工程的范围为本次新增,在此前规范中未明确出现。如规范3.2、4.2节是专门针对市政工程的,故规划设计、城市消防设计等应按此设计,若为建筑消防设计,则需按照其他对应的相关条文执行。市政(城市)消防和建筑消防设计,不是截然分开的,例如在城市规划与规划实施、新旧城区建筑和市政的扩建、改建等阶段,二者的关联及设计衔接应格外留意。

1.0.3 消防给水及消火栓系统的设计、施工、验收和维护管理应遵循国家的有关方针政策,结合工程特点,采取有效的技术措施,做到安全可靠、技术先进、经济适用、保护环境。

【要点说明】本条为设计指导原则。

条文说明为四新技术的原则规定,从条文字面来看,首先强调的是"有效"且"安全可靠",其次是"技术先进",这个思路与国家法规对于安全第一的要求是相一致的,在《中华人民共和国安全生产法》中第二十六条规定:"生产经营单位采用新工艺、新技术、新材料或者使用新设备,必须了解、掌握其安全技术特性……"。但在应用中,其余原则不应教条地按规范条文字面排序作为执行原则,比如,新技术的选择应该做技术经济方案的对比,同时也应考虑到新工艺、新产品是否满足环保的要求,可否更好且长远地顺应环境发展的要求。这些原则应该是互相兼顾,综合评判和抉择的,不应生硬地分出孰先孰后。

消防产业可持续发展与环境保护之间存在密不可分的关系。和旧版《建规》、《高规》

和新版《建规》的总则中原相应条文相比，本条款增加了"保护环境"，因建筑灭火、消防设施使用后有可能产生环境污染，如消防污水、消防泡沫等次生污染灾害等。消防污染具有突发性、不确定性、灭火剂易放难收、污染组分复杂、社会影响面大等特点，故保护环境应是包括消防产业在内的各项产业必须坚持的一项基本原则。此前报批稿中曾有相关内容，正式的《消水规》中并未对消防污染的排放或处理做出具体规定。

1.0.4 工程中采用的消防给水及消火栓系统的组件和设备等应为符合国家现行有关标准和准入制度要求的产品。

【要点说明】规定了消防给水及消火栓系统的组件、材料和设备等应满足"双准"要求，即国家现行有关标准和准入制度。

《中华人民共和国消防法》（以下简称《消防法》）第二十四条规定："消防产品必须符合国家标准；没有国家标准的，必须符合行业标准。……

依法实行由具有法定资质的认证机构按照国家标准、行业标准的强制性要求认证合格后，方可生产、销售、使用。实行强制性产品认证的消防产品目录，由国务院产品质量监督部门会同国务院公安部门制定并公布。

新研制的尚未制定国家标准、行业标准的消防产品，应当按照国务院产品质量监督部门会同国务院公安部门规定的办法，经技术鉴定符合消防安全要求的，方可生产、销售、使用。"

因此，根据《消防法》相关规定，对于有国家标准的，按国家标准，暂无国家标准的，须符合行业标准；准入制度有两种：强制性产品认证和技术鉴定两种制度。对于强制性认证的消防产品，公安部每年会制定和颁布《强制性认证消防产品目录》；新研制的尚未制定国家标准、行业标准的消防产品，可执行技术鉴定制度。

但对于已经制定国家标准、行业标准的消防产品，不可以执行技术鉴定制度，应申请强制性产品认证（3C认证）。3C认证每年一批，目前仅有三批，目前认证进展无法满足等待申请强制性产品认证的需求。故，对于已经制定国家标准、行业标准的消防产品、均正在依序等待强制性产品认证的实行型式认可制度和强制检验制度，当前属过渡期，归根到底最终均要落实到强制性产品认证制度上。

目前技术和产品发展很快，有大量国外技术和产品被引入和应用。因此，凡是符合以上市场准入规则的境外消防产品和消防相关产品，也必须按照上述要求取得相应的证书、检验报告后才准予在中国境内销售、使用。而境内与境外认证机构的认证或检测结果互认问题，则遵循平等互利原则，以政府机构间或政府承认的双边或多边协议为基础，提倡双边或多边合格评定结果的有效应用，加强国内外认证机构的交流与合作。

1.0.5 消防给水及消火栓系统的设计、施工、验收和维护管理，除应符合本规范外，尚应符合国家现行有关标准的规定。

【要点说明】作出了在执行本规范的同时尚应符合国家其他现行相关标准的规定。

首先，在执行本规范过程中，当规范条文前后不协调时，一般性条文应服从强制性条文；当规范条文与条文说明不一致时，应以条文为准。对条文理解有疑问或争议时，可向规范组或公安部消防局进行咨询。其次，当地方标准另有规定时可优先采用地方标准，但不得低于本规范要求。

本规范条文中涉及的国家其他现行相关标准详见《消水规》第128～130页的"引用标准名录"，并宜按国家标准、行业标准、产品标准的先后顺序执行；在国家标准及行业标准序列中，工程标准排序在产品标准之前。

1.3 延伸思考

延展思考内容旨在交流和探讨，本节部分资料原始出处可能无法考证，文中观点和结论仅供参考。

思考 1：新建、扩建、改建、迁建、恢复项目

分析：建设项目按建设性质分类，在不同行业也有不同的细分。如：《建设工程造价管理》（中国海洋大学出版社）的第一章 1.1.2（二）建设项目的分类中的 1.（1）条："按建设项目的建设性质分类，可分为基本建设项目和更新改造项目。基本建设项目是投资建设用于扩大生产能力或增加工程效益为主要目的的工程，包括新建项目、扩建项目、迁建项目、恢复项目。"在《绿色工业建筑评价技术细则》GB/T 50878—2013 中"1.0.2 本标准适用于新建、扩建、改建、迁建、恢复的建设工业建筑和既有工业建筑的各行业工厂或工业建筑群中的主要生产厂房、各类辅助生产建筑。"由此可见，除了新建、扩建、改建，还有其他细分的建设工程概念如迁建、恢复等。

《建筑工程评估基础》（中国财政经济出版社）的第一章第一节的建设工程项目的分类中，按建设性质可划分为新建、扩建、改建、迁建和恢复项目，各自具体定义分别如下：

"1）新建项目，是指从无到有，新开始建设的项目。有的建设项目原有规模很小，经扩大建设规模后，其新增加的固定资产价值超过原有固定资产价值三倍以上的，也视为新建项目。

2）扩建项目，指为扩大原有产品生产能力（或效益）或增加新的产品生产能力，而新建主要车间或工程项目的项目。

3）改建项目，指为提高生产效率，改进产品质量，或改变新产品方向，对原有设备或工程进行改造的项目。有的企业为了平衡生产能力，增建一些附属、辅助车间或非生产性工程，也视为改建项目。

4）迁建项目，指由于各种原因经上级批准搬迁到另地建设的项目。迁建项目中符合新建、扩建、改建条件的，应分别视作为新建、扩建或改建项目。迁建项目不包括留在原址的部分。

5）恢复项目，指由于自然灾害、战争等原因，使原有固定资产全部或部分报废，以后又投资按原有规模重新恢复起来的项目。在恢复的同时进行扩建的，应作为扩建项目。"

以上只是摘取部分建设工程、资产评估行业专业书内的分类方法和观点，仅供了解。此外，还有续建、翻建、修缮项目等分类定义，不展开论述。新建、扩建、改建的定义，其实在不同管理部门的分类理解还是存在些许区别的，如建设部门和发改部门，建设部门的定义偏向建筑单体，发改部门的概念偏向项目整体。到底如何归属和定性，需视具体情

况具体分析，符合规范新建、扩建、改建定义的，应分别视作为新建、扩建或改建项目。

思考2：市政与市政工程

分析：市政学是一门学科。它同政治学、行政学、城市学、管理学等学科有着极为密切的联系，但又相对独立，有其特定的研究对象、研究领域和研究任务。在我国市政学还是一门新兴的、发展中的学科。市政是相对于乡政而言的。严格意义的市政是城市与乡村分治的产物，在城市政府产生后，城乡分治、市政与乡政机构明确分开后才出现的。

市政的概念，是市政主体作用于市政客体及其过程。广义的市政是指城市的政党组织和国家政权机关，为实现城市自身和国家的政治、经济、文化和社会发展的各项管理活动及其过程。狭义的市政是指城市的国家行政机关对市辖区内的各类行政事务和社会公共事务所进行的管理活动及其过程。

国内外许多学者从政治学、行政学、城市学、管理学等其他多种角度，对市政这个概念予以分析和定义，主要有城市政权说、城市行政说、城市政治说、城市事务说、城市政策说等许多不同或不完全相同的解释。其中所谓城市事务说，即将市政的客体简单理解为对城市基础设施、公用事业及其管理。

在20世纪80年代之前，我国习惯把城市公用设施称之为"市政工程设施"。如《市政公用工程管理与实务》（第二版）（中国建筑工业出版社）一书的前言中的有一段话："市政公用工程包含道路、桥梁、隧道与轨道交通、给水、排水、热力、燃气及生活垃圾处理等多个专业工程。"改革开放后，有关研究城市问题的专家提出应以"城市基础设施"取代"市政工程设施"的称谓，并获各方认可。如全国人民代表大会常务委员会于2008年颁布的《中华人民共和国防震减灾法》第四十一条规定："城乡规划应当根据地震应急避难的需要，合理确定应急疏散通道和应急避难场所，统筹安排地震应急避难所必需的交通、供水、供电、排污等基础设施建设"，可见国家法令中已明文将交通、供水、供电、排污等定义为城市基础设施。

广义上的城市基础设施包括社会性基础设施和工程性基础设施。社会性基础设施指行政管理、文化教育、医疗卫生、商业服务、金融保险、社会福利等设施。《城市工程系统规划》第一章第一节中："我国通常的城市基础设施主要为工程性基础设施，它含交通、水、能源、通信、环境、防灾等六大工程系统"。因此，在我国提及城市基础设施一般多指工程性基础设施，即狭义的概念。

目前在建设工程体系内最普遍的理解，市政工程多指市政（城市）基础设施建设工程。在我国，市政（城市）基础设施是指在城市区、镇（乡）规划建设范围内设置、基于政府责任和义务为居民提供有偿或无偿城市生活配套的各种公共基础设施建设，如公共交通、给水、排水、供电、燃气、供热、通讯、环境卫生、防灾工程等均属于市政工程范畴。

思考3：消防污染及防控

分析：消防污染具有突发性、不确定性、灭火剂易放难收、污染组分复杂、社会影响面大等特点。以消防水污染为例，在灭火救援过程中可能产生物理性（悬浮杂质、热污染、放射性等）、化学性（无机物、有机物、重金属、油类等）和生物性（病原体、病毒等）等污染。

本书编写 8.8 启动会刚结束没几天，就发生了天津港 8·12 爆炸事故，造成大量人员伤亡后，22 日山东一化工厂再次传出爆炸起火消息。这些令人沉痛的事故促使我们反思，并从中吸取血的教训。

针对天津港 8·12 事故中可能的消防污染，英国帝国理工学院化学工程教授米歇尔斯对媒体表示，部分泄漏的有毒物质会随风飘散，并伴随降雨被冲刷进土壤，这个过程是难以避免的。无论采取什么措施，相关机构有必要对事故地点周围的空气和雨水样本进行实时监测，更有针对性地处理污染问题。在条件允许的情况下，最好能将消防废水收集到一定区域内，以避免有毒物质在灭火过程中被冲刷到其他地方。

以化工事故火灾为例，因其不同于普通可燃物火灾，一旦发生爆炸和火灾，导致容器或管道破裂，物料就可能泄漏，而其泄漏物和产生物具有较强的污染性。在采用消防水射流进行扑救和控制时，消防水的流动和汇集作用，使泄漏出来的物料混杂其中。极易形成污水流，潜在构成对地表水和地下水的污染。而化工企业性质千差万别，各自的工艺装置、工艺流程差异很大，产品和物料种类繁杂，势必造成消防污水中污染物的组分也是千差万别，若处置不当极易造成严重的次生水污染事故。

国内案例有 2009 年 7 月 16 日大连新港输油管线爆炸起火事故，救援共使用了 7 万吨水、1400 吨泡沫及 20 吨干粉，对附近水环境造成严重威胁，消防污水和泄漏的大量原油至少造成附近海域 50 平方公里的海洋污染。1989 年黄岛油库 8·12 特大火灾事故引发的重大水污染事件，大火造成 5 个储罐 4 万吨的原油被烧，由于部分油罐建在半山坡，在防火堤遭到破坏后，无其他拦截措施，大约 600 吨原油沿地面管沟及低洼路面顺势流入海里，在胶州湾海面形成几条十几海里长、几百米宽的污染带，造成胶州湾有史以来最严重的海洋污染。

国外案例如曾被列为 20 世纪 80 年代以来三大公害事件之一的 1986 年瑞士制药企业山德士公司仓库失火事件，当时近 30 吨剧毒的硫化物、磷化物与含有水银的化工产品随灭火剂和消防污水流入莱茵河。顺流而下的 150 公里内，60 多万条鱼被毒死，500 公里以内河岸两侧的井水不能饮用，靠近河边的自来水厂关闭，啤酒厂停产。有毒物沉积在河底，将使莱茵河因此而"死亡"20 年。

国外积累的很多经验，可供我们借鉴。比如上述瑞士山德士仓库火灾事件，曾促使德国规定企业有义务设置受污染水收集装置，防止水直接通过沟渠流入河流；事故发生后，必须关闭从厂区直接流向河流和海洋的废水沟渠，并建立阻挡污水的围堰。为防化工事故和污染发生，德国有关危险品存放的法律法规总计超过 100 条，甚为复杂。这些法律法规分别就危险品如何标明、存放，危险品仓库须满足哪些通风、防火条件，材料安全性数据表应包含哪些数据等予以具体规定。德国所有化工企业均须严格按照法律法规行事，并受到政府、职业保险联合会以及其他保险机构的监督。详细的规定也使德国消防人员救援时有据可查。及时登记、更新危险品信息是保障消防员安全的关键。出现火灾时，消防人员必须充分了解危险品信息才能采取有效的救灾措施，否则很可能做出错误的决定。

英国也有可借鉴的成功经验。2005 年 12 月 11 日，英国邦斯菲尔德油库爆炸事故中，因机械故障导致库区内 20 个汽油罐爆炸燃烧，燃烧黑烟一度扩散至几百公里之外的法国上空。此次救援中，一共使用水 1.5×10^9 L、浓缩泡沫灭火剂 2.5×10^6 L。一旦这些消防污水随同泄漏汽油任意排放，将对地表水、地下水造成严重污染，甚至会中断伦敦饮用水供应。因此，应急指挥部紧急建立了一个安全区，收集灭火后的消防污水，保证所有的污染水储藏在一个安全区内，大火扑灭后再进行处理，油库周边的地下水及河流均未受到较大影响。由此可见，只要防控措施和现场应急战略得当，消防次生污染是可防控和遏制的。

此前《消水规》的报批稿中，曾出现相关较为详细的防控消防污染条款，但是以下内容并未出现在正式颁布实施的《消水规》中：

"9.1.1　建设工程当设有消防给水系统时应采取消防排水措施，并应符合下列规定：

......

2　应采取防范和控制因消防排水而产生次生灾害的措施。

9.1.2　生产、储存或使用有毒有害等危害土壤和水体生态环境的场所，应设置消防事故水池。

......

9.3.1　有毒有害危险场所应采取消防排水收集、储存措施。

9.3.2　消防排水收集系统应符合下列规定：

1　消防排水利用污水系统、废水系统或雨水系统收集时，排放总管宜采用密闭形式，没有条件采用密闭形式时应采取安全防范措施，且排水明沟不应穿越防火分区；

2　消防排水收集系统应按事故排水最大流量进行校核；

3　当收集含有挥发性物料时，消防排水管道应设置水封井，水封高度不应小于250mm；

4　消防排水收集系统应设置迅速切断事故排水直接外排水体和市政管网的设施。

9.3.3　消防排水储存设施的有效容积应能满足一起火灾消防给水设计用水量的要求。"

消防污染事故引发的次生环境污染具有潜伏性，并长期影响生态系统，从而危害人类生存环境，且多因素导致的复合性污染，将加大治理难度。因此，防控治理消防污染是保护环境的重要环节，对于消防污染物的导流、收集、存贮、转移、处理和完善跟踪监测、事故应急、立法执法等防控体系措施是需要关注和解决的课题，而对于如何开发更多智能、节能、环保、高性能的绿色消防技术和产品，更是消防与环境共同可持续发展的源泉和动力。

第2章　术语和符号

2.1　条文综述

本章共分两节，第1节为术语，第2节为符号。

术语节共有术语12条，涉及消防给水（水源、消防给水系统、供水设施）、消火栓系统和水压三个方面的术语，均为新增。

不足的是，有的术语解释不够准确。如：消防水池的定义在第2.1.1条和2.1.5条中属性不一致，高位消防水池定义也存在相同问题。再如：第2.1.3条的临时高压消防给水系统和第2.1.4条的低压消防给水系统，定义分界并不明晰。此外，条文中有些需要解释的名词未在"术语"章节中出现，如：充实水柱、消防软管卷盘、轻便消防水龙、火灾延续时间、火灾起数、流量开关、旋流防止器等。

2.2　条文要点说明

2.1.1　消防水源 fire water

向水灭火设施、车载或手抬等移动消防水泵、固定消防水泵等提供消防用水的水源，包括市政给水、消防水池、高位消防水池和天然水源等。

【要点说明】消防水源是系统的重要组成部分，也是系统灭火的基本保证。本条按水量、水压、水质和供水可靠性，依序给出了对消防水源的优先选择顺序，推荐市政给水管网供水。在《消水规》4.1.3.1条规定也与上述表述一致，并明文"宜采用市政给水"。市政给水管网的特点是水量、水压有保证，水质能符合要求，取水方便。

公安部消防局关于印发《消防水源管理规定》的通知（公消〔2000〕67号）中第二条："本规定所指的消防水源是指可供灭火救援使用的市政水源设施、天然水源，及机关、团体、企业、事业单位内部建设的消防水源设施。"该条定义与本规范的推荐顺序有异同，一致的是首选推荐的是市政给水，但是其他的排序有差异。消防水池、高位消防水池《消水规》定义为消防水源，而《消防水源管理规定》的通知中将定义为属于内部建设的消防水源设施。

除术语中提及的水源外，本规范的4.4小节中，也规定了雨水清水池、中水清水池、水景和游泳池可作为备用消防水源。即术语条文之外的第四种水源，这种水源选用时要考虑清洗、检修、防冻、供水的保障性等。应用实例中，上海通用汽车公司的消防给水系统是以景观水池作为第二水源的。

有意见认为条文不够严谨，认为"车载或手抬等移动消防水泵、固定消防水泵"应归属于"水灭火设施"，不应并列。从《消水规》的思路来判断，现术语定义原因可能有以下两个：第一，该词条可能是意在将"车载或手抬等移动消防水泵、固定消防水泵"统一归属为设备类，与设施并列。如国家标准设计图集《自动喷水与水喷雾灭火设施安装》（04S206）中的用词为设施，而增压类设备的图集如《消防增加稳压设备选用与安装（隔膜式气压罐）》（98S205）中的用词为设备，并列分类思路可能源于此。第二，《消水规》中第 5 章中明确将消防水泵、稳压泵等归属为"供水设施"，即与"水灭火设施"含义不同，故并列用在释义中。

术语应言简意赅并准确，因后续章节有相关章节，因此，并不需要在术语中明确诸如容量、水质、防冻等过于具体的措施和要求。

2.1.2 高压消防给水系统 constant high pressure fire protection water supply system
能始终保持满足水灭火设施所需的系统工作压力和流量，火灾时无须消防水泵直接加压的供水系统。

【要点说明】高压消防给水系统的判定标准是：无消防水泵增压（包括固定及移动水泵、消防转输泵）。

高压消防给水系统在工程实践中较少见到，有时也称为"常高压消防给水系统"，如：本规范 4.3.11 条的条文说明"高位消防水池（塔）是常高压消防给水系统的重要代表形式"，但确切的名称仍应称为"高压消防给水系统"。

虽然较为少见，但高压消防给水系统仍有存在的现实意义，比如：地下建筑和低层建筑当市政供水管网可始终满足室内外消防水量和水压时；城市设有高位水池，该水池不仅可贮存火灾延续时间内的室内外全部消防用水量，水池设置位置标高亦可满足最不利点消防水压要求；气压水罐贮存了理论计算所需的消防用水量（实际上无法实现）等。因该系统所需条件苛刻，一般均较难做到，但确有个别城镇、工厂企业利用地势设置高位消防水池的实例。

《消水规》将消防给水系统分为三大类，即：高压消防给水系统、临时高压消防给水系统和低压消防给水系统。未提及稳高压消防给水系统（详见本章延伸思考 1）。

2.1.3 临时高压消防给水系统 temporary high pressure fire protection water supply system
平时不能满足水灭火设施所需的系统工作压力和流量，火灾时能自动启动消防水泵以满足水灭火设施所需的工作压力和流量的供水系统。

【要点说明】临时高压消防给水系统是工程中使用最为普遍的室内消防给水系统。

临时高压消防给水系统按其服务范围可分为：室内临时高压消防给水系统、室外临时高压消防给水系统和室内外临时高压消防给水系统；按是否配置有稳压装置又可分为：有稳压泵的临时高压消防给水系统和无稳压泵的临时高压消防给水系统。按消防泵吸水方式不同还可分为：消防泵从消防水池吸水的临时高压消防给水系统和消防泵从市政给水管网直接抽水的临时高压消防给水系统。临时高压消防给水系统有时简称为临时高压给水系统、临时高压系统或临高压系统。

临时高压消防给水系统与高压消防给水系统的主要区别有两点：一是平时不能满足水灭火设施所需的系统工作压力和流量；二是系统设有消防水泵，火灾时启动消防水泵以满足水灭火设施所需的工作压力和流量。与以往解释不同的是：《消水规》强调火灾时消防水泵应自动启动。过去，仅对自动灭火系统，如自动喷水灭火系统、水喷雾灭火系统强调消防水泵应自动启动（报警阀压力开关启动）。而对于室内消火栓系统，则一直采用消防按钮直接启动。现在对自动水灭火系统和非自动灭火系统都要求自动启动，这是一个有待商榷的问题。在自动启动消防水泵的前提下，必然引出按钮不能启动消防水泵的结果，也必然会有流量开关设置的要求，因为对于没有报警阀、没有稳压泵的消火栓系统，唯一能自动启动消防水泵的技术措施就只有流量开关。

2.1.4 低压消防给水系统 low pressure fire protection water supply system
能满足车载或手抬移动消防水泵等取水所需的工作压力和流量的供水系统。

【要点说明】本系统多用于室外，系统中不设消防泵，水源包括市政给水管网、区域给水管网建筑或区域专用室外消防用水加压管网，灭火时用车载或移动水泵增压（压力范围内）是其判定标准。此条和2.1.3条的定义界限不是很清楚，因为临时高压消防给水系统也有用车载消防水泵加压供水的。

上海市工程建设规范《民用建筑水灭火系统设计规程》DGJ08-94-2007　J11056-2007中2.2.14条中的术语定义为"消防给水管网中平时最不利点的水压和流量不能满足灭火时的需要，系统中不设消防泵的消防给水系统。在灭火时由消防车等方式加压，使管网中最不利点的水压和流量达到灭火的要求。"

为提高市政消火栓的供水可靠性，低压室外消火栓系统《消水规》7.2.8条规定："当市政给水管网设有市政消火栓时，其平时运行工作压力不应小于0.14MPa，火灾时水力最不利市政消火栓的出流量不应小于15L/s，且供水压力从地面算起不应小于0.10MPa"。临时高压或常高压室外消火栓系统应满足建筑物最不利点灭火要求，《消水规》8.2.2条规定了低压消防给水系统的系统工作压力。

平时管网压力不低于0.14MPa的要求还是有条件达到的，该压力值也是《城镇供水厂运行、维护及安全技术规程》CJJ 58对自来水公司的基本要求。0.14MPa是报警阀启动的压力要求。报警阀启动对压力和流量都有要求，压力为0.14MPa，流量为60L/min（1L/s）两个条件都满足，报警阀启动；其中一个条件不满足，报警阀不启动，这在《自动喷水灭火系统第2部分：湿式报警阀、延时器、水力警铃》GB 5135.2—2003中有规定。消防给水系统的主要区别特征详见表2-1。

消防给水系统主要区别特征　　　　　　　　　　　　　　　　　　表2-1

系统名称 / 对比项	高压系统	临时高压系统	稳高压系统（属于临时高压系统）	低压系统
消防泵增压	无	临时用	稳压装置保持压力（稳压泵、稳压罐、稳压水箱、市政管）	车载或手抬移动消防水泵增压
启动方式	不启动泵（包括固定泵、移动泵）	自动启动 手动启动	自动启动	

2.1.5 消防水池 fire reservoir
人工建造的供固定或移动消防水泵吸水的储水设施。

【要点说明】消防水池的主要功能，是贮存消防用水，以满足扑救火灾，副功能是便于水泵吸水。

本条和2.1.1条的定义的属性不一致，本条定义消防水池为储水设施，而在第2.1.1条中定义为消防水源，且在《消水规》的第4.3小节中，消防水池归属为消防水源。

2.1.6 高位消防水池 gravity fire reservoir

设置在高处直接向水灭火设施重力供水的储水设施。

【要点说明】 术语专门定义了高位消防水池，并在《消水规》的第4.3.11条对压力、流量、有效容积等作出了相应规定。此前未曾在规范中专门强调过，目前高层建筑中高位消防水池（塔）的设置日益增多，规范亦对此予以了足够的重视。高位消防水池（塔）是高压消防给水系统的重要代表形式。

本条和2.1.1条的定义的属性不一致，本条定义高位消防水池为储水设施，而第2.1.1条中定义为消防水源，且在《消水规》的第4.3小节中，高位消防水池归属为消防水源。

在旧版《建规》第8.1.3条的条文说明中曾出现过"屋顶消防水池"的措辞。

2.1.7 高位消防水箱 elevated/gravity fire tank

设置在高处直接向水灭火设施重力供应初期火灾消防用水量的储水设施。

【要点说明】 高位消防水箱在《消水规》中作了强化处理，具体表现在：高位消防水箱的设置条件是"强条"，这可能基于重力供水的理念和双水源的理念。高位消防水箱作用的加强表现在水箱有效容积的加大和设置高度的提高（与旧版《建规》、《高规》比较），但未规定可以用气压水罐来替代高位消防水箱等。

本条定义高位消防水箱是储水设施，在第5章节中定义为供水设施，而在黄晓家的《消防给水及消火栓系统工程技术与发展》一文的6.1小节中的表述是："高位消防水箱是初期火灾的重要灭火水源。"不过该论文发表于2010年，因时间较早仅供参考，所有的定义和理解均应基于正式规范为准。但在同一本规范内前后定义不一致仍让人觉得遗憾。

实际上，高位消防水箱不仅包括最常用的屋顶消防水箱，也包括垂直分区采用并联给水方式的各分区减压水箱及串联给水系统分区时的转输水箱。《消水规》6.2小节中有具体要求。部分地方规范如某市高度超过250m民用建筑防火规范中有关规定比《消水规》的更具体："当消防给水系统采用消防水泵串联分区时，应采用转输水箱串联供水方式，转输水箱的有效储水容积不应小于$60m^3$，当同时作为高位水箱时，有效容积不应小于$100m^3$……。"《消水规》6.2.3.1条规定："……当采用消防水泵转输水箱串联时，转输水箱的有效储水容积不应小于$60m^3$，转输水箱可作为高位消防水箱。"

因此，若在当地规范中对水池、水箱的容量、设置高度等另有特殊规定的，且不低于国家规范要求的，应执行当地规范和要求。

消防水池、高位消防水池、高位消防水箱的主要区别详见表2-2。

消防水池、高位消防水池、高位消防水箱的主要区别 表2-2

	消防水池	高位消防水池	高位消防水箱
位置	低位	高位	高位
向系统供水	应保证两路	应保证两路	可单根

	消防水池	高位消防水池	高位消防水箱
有效容积	不小于 100m³（仅消火栓系统不小于50m³）	不小于 50%室内消防用水量	6～100m³
分格或分座	V＞500m³，宜两格； V＞1000m³，应分独立两座	V＞200m³，宜分等容积两格； 建筑高度＞100m，应分独立两座	未要求
进水管最小管径	DN100	DN100	DN32
补水时间	不大于 48～96h	不大于 48～96h	不大于 8h
水位高度	—	最低有效水位应满足其所服务的水灭火设施所需压力	0.07～0.15MPa 静压

2.1.8 消火栓系统 hydrant systems/standpipe and hose systems

由供水设施、消火栓、配水管网和阀门等组成的系统。

【要点说明】消火栓系统按配水管网内是否充水分为湿式消火栓系统和干式消火栓系统。按设置位置分为市政消火栓、室外消火栓和室内消火栓。

2.1.9 湿式消火栓系统 wet hydrant system/wet standpipe system

平时配水管网内充满水的消火栓系统。

【要点说明】消火栓系统按配水管网内是否充水分为湿式消火栓系统和干式消火栓系统。按设置位置分为市政消火栓、室外消火栓和室内消火栓。

2.1.10 干式消火栓系统 dry hydrant system/ dry standpipe system

平时配水管网内不充水，火灾时向配水管网充水的消火栓系统。

【要点说明】防冻需要。

请留意干式消火栓系统和干式消防竖管的区别，两者不同。

2.1.11 静水压力 static pressure

消防给水系统管网内水在静止时管道某一点的压力，简称静压。

【要点说明】即静水作用在管道上的压力。"水在静止时"，应为零流量的意思。目前的理解有以下三种：

1）高位消防水箱静水位与管网内某一点之间的高度（几何高度）差；

2）系统有稳压装置，稳压水泵停泵时，管网内某一点的压力值，此时管道中没有水流动，因此没有沿程、局部阻力损失等；

3）应包括某些时刻加压设备处于开启状态而管网内未发生流量变化时的情况，此时水也是静止状态，管道任一点的静水同时承受着开启的加压设备施加的压力。静压值在加压设备关闭和开启时会有差异，前者就是伯努利方程中的压能一项（《给水排水》，2015，41（5））。

对于以上第 1 种观点无太多争议。对于第 2 种观点，有观点理解为对于有稳压装置的系统，静水压力是稳压水泵停泵状态下的某一点的压力值。而《消水规》在 8.2.3. 条中明确给出了临高压消防给水系统的工作压力的计算规定：

"3 采用高位消防水箱稳压的临时高压消防给水系统的系统工作压力，应为消防水泵零流量时的压力与水泵吸水口最大静水压力之和；

4 采用稳压泵稳压的临时高压消防给水系统的工作压力，应取消防水泵零流量时的压力、消防水泵吸水口最大静压二者之和与稳压泵维持系统压力时两者其中的较大值。"

由此可见，临高压消防给水系统的工作压力在《消水规》中被认定为"消防水泵零流量时"，而非稳压泵零流量状态下的压力值。

2.1.12 动水压力 residual/running pressure

消防给水系统管网内水在流动时管道某一点的总压力与速度压力之差，简称动压。

【要点说明】动压是争论的焦点之一。确切地说，规范中的动压定义是动压值的计算方式，不能算作动压的定义。以计算方法作为术语概念的定义，确实简洁无误，但这就需要设计者对于计算过程有清楚地理解和认识，否则只会加深疑惑。而很多人对动压的困惑，正是因为不知道动压的确切含义是什么，何况描述计算的过程中还出现了总压力、速度压力这样的未作进一步解释的新概念。

通俗地说，水开始流动以后，动水作用在受力面上的压力就是动压。又由于管路的各种阻力损失，导致了系统部分动压的损耗，所以不同的供水情形造成的动压值是不同的。根据《消水规》第10.1.3条和第10.1.4条的公式，"总压力"可以理解为"总能量"，以水头表示，具体指在动水状态下管道某一点具有的"剩余总能量"，"速度压力"应指流速水头，按照公式10.1.3计算即可。则动水压力（简称动压）可以理解为水在流动时管网某一点的剩余压力。

2.3 延 伸 思 考

延展思考内容旨在交流和探讨，本节部分资料原始出处可能无法考证，文中观点和结论仅供参考。

思考1：稳高压消防给水系统

分析：《消水规》术语及系统分类未提及稳高压系统，将稳高压系统归类在临时高压系统中（因为都有增压的消防水泵），但《消水规》内有关于稳压泵的章节及条款。稳高压消防给水系统，是指消防给水管网中平时由稳压设施装置（如稳压泵、稳压罐、稳压水箱等）来保持系统中最不利点的水压以满足灭火时的需要，系统中设有消防水泵的消防给水系统。在灭火时，由压力联动装置启动消防泵，使管网中最不利点的水压和流量达到灭火时要求的给水系统。

稳高压消防给水系统的几个特点：

1）喷头动作即能喷出满足消防水压的消防用水，消火栓系统亦然；

2）能使消防水泵尽快自动启动；

3）不会出现水喷雾灭火系统的水喷淋现象；

4）能使消防炮射流在第一时间喷射到位；

5）能妥善解决顶层喷头出水，而报警阀不启动的现象。

《消水规》不提稳高压系统，旧版《建规》、《高规》亦均未提及稳高压系统，主要源于关于稳高压系统的一些争论。一种观点认为稳高压系统有消防水泵，属于临时高压给水系统；另一种观点认为稳高压系统不同于临时高压系统，主要区别在于临时高压系统在火灾初期不能满足消防所要求的流量和压力，而稳高压系统能满足压力要求。上海地方消防规程、电力和冶金行业的消防规范规定有稳高压系统。

稳高压系统分类有以下两类：

1）按稳压装置区分，可分为稳压泵稳高压消防水系统（也包含罐）、稳压罐稳高压消防水系统（也包含泵）和稳压水箱稳高压消防给水系统。《消水规》涉及的是稳压泵稳高压系统，稳压泵的设置位置分为高位设置（从高位消防水箱取水）和低位设置（一般从低位消防水池或消防水箱取水，或从市政管网直接吸水；也可从高位消防水箱吸水。但应注意稳压泵扬程计算的区别）。

2）按设置范围区分，可分为室内稳高压消防水系统、室外稳高压消防水系统及室内外稳高压消防水系统。室内稳高压消防水系统较为常见。而室内外稳高压消防水系统的缺点是会导致管网压力较高，引起的连锁反应可能致管道接口被内力拉脱、水枪难以操持等。可相应采取加强管道基础、增设管道支墩、改变管道连接方式、调整稳压泵扬程和使用减压水枪等措施来改善。

《消水规》关于稳高压系统的处理方式，是将其划归在临时高压消防给水系统，并在5.3小节及6.1.7条和6.1.10条等规定了稳压泵的设置。《消水规》第6.1.10条中的"仅采用稳压泵稳压"是指未设置高位消防水箱的临时高压消防给水系统。

上海消防规程落实到条文的只有稳压泵的流量和扬程、稳压泵的备用泵、稳压泵的控制、稳压泵的启闭压力值、稳压泵的电力供应等5条规定。而《消水规》关于稳压泵有专节即5.3稳压泵和其他条文，《消水规》规定了稳压泵的作用和功能、设置场所、流量和压力确定、备用泵的设置等，但并未规定稳压泵的系统中的设置位置（高位或低位设置）。

实际上《消水规》中将临时高压消防给水系统被划分成有稳压泵的和无稳压泵的两类临时高压消防给水系统。稳压泵的功能为维持系统充水和压力。稳压泵的压力应满足系统管网充水和启动的要求，即首先要满足消防泵启动压力点设置的要求。

总而言之，有稳压泵的临时高压消防给水系统的本质就是一直未曾正名的稳高压消防给水系统。

思考2：充实水柱、消防软管卷盘、轻便消防水龙

分析：条文中需要解释的名词如充实水柱、消防软管卷盘、轻便消防水龙等未在"术语"章节中出现，这里摘录补充如下：

1）充实水柱 full water spout

从水枪喷嘴起至射流90%的水柱水量穿过直径380mm圆孔处的一段射流长度。

以上为新版《建规》的术语章节中的2.1.23条的定义，该释义在旧版《建规》中也曾同样在术语章节中出现。

2）消防软管卷盘 fire hose reel

由阀门、输入管路、卷盘、软管和喷枪等组成，并能在迅速展开软管的过程中喷射灭火剂的灭火器具。

以上为国家标准《消防软管卷盘》GB 15090—2005 中的定义。软管卷盘按其输送的灭火剂可分为水软管卷盘、干粉软管卷盘和泡沫软管卷盘，按其使用场合分为消防车用和非消防车永软管卷盘。

3）轻便消防水龙 portable hose assemblies

在自来水供水管路上使用的由专用消防接口、水带及水枪组成的一种小型简便的喷水灭火设备。

以上定义来自公安部发布的中华人民共和国公共安全行业标准《轻便消防水龙》GA180—1998。根据该标准，轻便消防水龙的参数为水带标准长度10m，而根据《消水规》7.4.2条第2款，"……轻便水龙应配置公称直径25有内衬里的消防水带，长度宜为30.0m"。

思考3：高位消防水池

分析：关于高位消防水池的思考主要有以下几个：

第一个思考：是关于高位消防水池系统的定位。当水池的水能满足消防用水水量和水压要求时，可定位为重力高压消防给水系统；当水池只储存50％的水量时，一旦水池的水用完，剩下时间的消防水量要靠转输泵送来，此时则不能定义为高压消防给水系统，可视为重力临时高压消防给水系统。另一种情况，水池储够了火灾延续时间要求的消防用水量，但实际着火和灭火时间超过火灾延续时间的规定，此时消防水量也需经由转输泵加压送水至高位消防水池。

关于重力消防给水系统，在上海市工程建设规范《民用建筑水灭火系统设计规程》DGJ08—94—2007的术语章节的2.1.18条中是这样定义的："系统不设直接向消防给水管网供水的消防泵，由高位消防水箱直接向消防给水管网供水，并能满足消防给水系统水压和流量的消防给水系统。"在该规程中的2.1.23条给出了消防转输泵的定义："在串联消防泵给水系统和重力消防给水系统中，用于提升水源至中间水箱、消防高位水箱或上一级消防泵的给水泵。"

第二个思考：向高位消防水池送水的水泵定性为什么性质，按什么标准设计水泵的流量？这个泵既可理解为补水泵，又可理解为消防泵，何时按补水来选泵，何时按消防用水量来选泵？

第三个思考：这台泵按什么要求启停泵，是自动启停？还是自动启动人工停？高位消防水池的水泵具有两重性，既是补水泵，也是消防时提供流量的消防泵，作为前者应自动启停，作为后者应自动启动人工停泵，在控制上如何设计？

《消水规》未出台之前，设计上通常的做法是：转输泵是按转输水箱（或高位水池）水位自动控制起启停，现在有观点认为转输水箱的性质也属于消防泵，开启后不能自动停泵，这种理解将直接导致水箱的溢水管管径设计需很大，设计上很难处理。

关于第二、第三个思考，我们的观点是，高位消防水池储存100％水量时，此泵可作为消防泵，称为消防补水泵，低水位报警自动启泵，高水位报警自动停泵。高位消防水池储存50％水量时，则称消防转输泵，应按设计秒流量选泵，人工启停泵。高位消防水池储存100％水量但超火灾延续时间，消防用水通过水泵接合器供水由各区预留接口转输至高位水池。

有观点认为补水泵也应按设计秒流量选泵，用于应对解决超火灾延续时间时的后续灭火。但补水泵是为解决平时渗漏补水，而非消防泵，设计为自动启停以满足《消水规》。高位消防水池储存100％水量时，只设补水泵不设转输泵是符合规范的，超延续时间由规范要求的系统接口去转输，若提高安全度同时设补水泵和转输泵则是更安全的方案。

工程实例的应用中，上海中心的转输泵是水箱液位控制的，金茂也是同样做法。据资料，国内在施工的400m以上的超高层项目，多个项目的转输泵均是液位控制启闭。当然这种做法的可行性和物业管理水平密切相关。此外，不少400m以上超高层的实际工程中，即便屋顶消防水箱已储存全部灭火水量，当地消防部门也要求转输泵能满足灭火设计流量。规范规定的水量在实战中可能不够，消防部门的担心也不无道理。

高位消防水池储存全部消防用水，对于超250m超高建筑需要在规范基础上有加强措施，故提高标准是合适的。而对于250m以下的建筑，则不适合做高压给水系统，因把高位水池供水压力不足楼层去掉，余下由水箱供水的楼层已经不多了，故对于250m以下建筑设计做到符合规范即可，增加水池冗余一则增加投资，再则规范缺乏严肃性。此类工程的超用水量应由水泵接合器（其功能即如此）结合《消水规》5.4.6条解决，消防车串联可供至250m。

第3章 基本参数

3.1 条文综述

本章节条文共计34条，无强制性条文。本章节明确了市政消防给水设计流量、建筑物室内外消火栓设计流量、构筑物消防给水设计流量、火灾延续时间等的基本参数。

3.2 条文要点说明

3.1.1 工厂、仓库、堆场、储罐区或民用建筑的室外消防给水用水量，应按同一时间内的火灾起数和一起火灾灭火所需室外消防给水用水量确定。同一时间内的火灾起数应符合下列规定：

1 工厂、堆场和储罐区等，当占地面积小于等于100hm²，且附有居住区人数小于或等于1.5万人时，同一时间内的火灾起数应按1起确定；当占地面积小于或等于100hm²，且附有居住区人数大于1.5万人时，同一时间内的火灾起数应按2起确定，居住区应计1起，工厂、堆场或储罐区应计1起；

2 工厂、堆场和储罐区等，当占地面积大于100hm²，同一时间内的火灾起数应按2起确定，工厂、堆场或储罐区应按需水量最大的两座建筑（或堆场、储罐区）各计1起；

3 仓库和民用建筑同一时间内的火灾起数应按1起确定。

【要点说明】本条规定了工厂、仓库等工业建筑，堆场、储罐区等构筑物和民用建筑室外消防给水用水量的计算方法。关键词是火灾起数、同一时间、室外消防给水用水量。

1）第1款规定了当工厂、堆场和储罐区等的占地面积小于等于100hm²时，火灾起数与附有居住区人数有关。

（1）随着附有居住区人数增加，火灾起数也增加。

（2）同一时间内的火灾起数按2起时，室外消防给水用水量应按居住区和工厂、堆场或储罐区的室外消防给水用水量之和确定。

2）第2款规定了当工厂、堆场和储罐区等的占地面积大于100hm²时，火灾起数为2起，且只与工厂、堆场和储罐区有关。

（1）附有居住区的室外消防给水用水量小于工厂、堆场和储罐区的室外消防给水用水量。

（2）附有居住区的火灾起数、室外消防给水用水量按3.2.2条确定。

（3）工厂、堆场或储罐区的室外消防给水用水量应按3.3.2条及3.4节相关条款确定。

3）根据新版《建规》第3.3.2条，不同类别库房的层数和面积等建筑规模受到一定的限制，因此第 3 款规定了仓库和民用建筑同一时间内的火灾起数均按 1 起确定。但当单座建筑的总建筑面积大于 50 万 m² 时，室外消火栓设计流量按表 3.2.2 规定值增加一倍。

3.1.2 一起火灾所需消防用水量的设计流量应由建筑的室外消火栓系统、室内消火栓系统、自动喷水灭火系统、泡沫灭火系统、水喷雾灭火系统、固定消防炮灭火系统、固定冷却水系统等需要同时作用的各种水灭火系统的设计流量组成，并应符合下列规定：

1 应按需要同时作用的各种水灭火系统最大设计流量之和确定；

2 两座及以上建筑合用消防给水系统时，应按其中一座设计流量最大者确定；

3 当消防给水与生活、生产给水合用时，合用系统的给水设计流量应为消防给水设计流量与生活、生产用水最大小时流量之和。计算生活用水最大小时流量时，淋浴用水量按 15% 计，浇洒及洗刷等火灾时能停用的用水量可不计。

【要点说明】本条规定了消防给水设计流量的组成和一起火灾灭火消防给水设计流量的计算方法。

1）第 1 款"各种水灭火系统"是指一个保护对象或防护区内的各种水灭火系统，并应注意是同时作用的最大设计流量之和。

2）第 2 款明确了在区域消防给水系统中，一起火灾所需消防用水量按其中一座建筑消防设计流量最大者确定，同时各个消防系统的设计流量应满足每座建筑消防各个消防系统的设计流量的要求。

3）第 3 款明确了当消防给水与生活、生产给水合用时，生活用水最大小时流量的确定方法。根据《中水规范》表 3.1.4 中各类建筑物分项给水百分率数据（住宅沐浴为 29.3%～32%，宾馆饭店沐浴为 40%～50%）确定淋浴用水量。火灾时，淋浴用水量宜按 15% 计，浇洒及洗刷等能停用的用水量可不计，据此计算生活用水的最大小时流量。

3.1.3 自动喷水灭火系统、泡沫灭火系统、水喷雾灭火系统、固定消防炮灭火系统等水灭火系统的消防给水设计流量，应分别按现行国家标准《自动喷水灭火系统设计规范》GB 50084、《泡沫灭火系统设计规范》GB 50151、《水喷雾灭火系统设计规范》GB 50219 和《固定消防炮灭火系统设计规范》GB 50338 等的有关规定执行。

【要点说明】本条明确了除消火栓系统以外的水灭火系统给水设计流量应执行的相关规范。

3.1.4 本规范未规定的建筑室内外消火栓设计流量，应根据其火灾危险性、建筑功能性质、耐火等级和建筑体积等相似建筑确定。

【要点说明】本条文明确了规范没有明文规定的建筑消防设计流量的确定方法。

1）此类建筑室内外消火栓设计流量应从火灾危险性、建筑功能、耐火等级、建筑体积四个方面，通过类比确定。例如表 3.6.2 没有高层博物馆的火灾延续时间，但有高层展览楼的火灾延续时间，高层博物馆的火灾延续时间可参照表 3.6.2 高层展览楼的火灾延续时间，取 3h。

2）也是新型建筑、特殊建筑室内外消火栓设计流量的确定原则，此类建筑的消防设计一般从严把握，并需征得消防主管部门的同意。

新型建筑：城市综合体（成都新世纪环球中心、万达广场）、物流中心、游客中心、会展中心、会所、老人看护康复中心等；特殊建筑：演艺中心建筑（汉秀、神游华夏园）、观光塔、水下建筑等；大于250m建筑：上海中心、上海环球金融中心、广州电视塔、珠江新城西塔、南京紫峰大厦等。

3.2.1 市政消防给水设计流量，应根据当地火灾统计资料、火灾扑救用水量统计资料、灭火用水量保证率、建筑的组成和市政给水管网运行合理性等因素综合分析计算确定。

【要点说明】本条文规定了市政消防给水设计流量确定的理论依据，为市政消防给水设计流量确定提供技术法规支持，明确了市政消防给水设计流量计算方法。

1）当地火灾统计资料、火灾扑救用水量统计资料由当地的消防部门提供。

2）灭火用水量保证率

调查如上海、天津、广州等17个大城市市政管线，1991年75mm以上管道，长度共15840km，修漏11852次，平均为0.73次/(km·a)。如按每次爆管最大维修日3天为极限，城市给水管道的供水保证率应为100%减去一次爆裂中断供水概率，则我国大城市给水管网的平均供水保证率为 $100\% - (3 \times 0.73/365) \times 100\% = 99.4\%$ ，这一数据大于要求市政管网供水保证率99%，满足消防给水的要求。市政管网的供水保证率就是灭火用水量保证率。

根据本次规范引入的灭火用水量保证率97%，借鉴英国BS7974火灾统计数据，在不设自动喷水灭火系统时，酒店、俱乐部、餐厅过火面积为101m²，办公、零售建筑无喷淋时过火面积为100～199m²，按照上述过火面积，依据体积法消防用水量计算式（3.2.1-1）和式（3.2.1-2），计算消防用水量。

$$q = 0.134 V f_2 \div f_1 \qquad (3.2.1-1)$$

式中 q——建筑物一次消防用水量，m³；

V——火灾过火建筑物部分的体积，m³；

f_1——建筑物危险等级系数，按火灾危险性从高到低分别为3、4、5、6、7；

f_2——建筑结构耐火等级系数，分别为0.5、0.75、1.0、1.5。

$$Q = qT \div 3.6 \qquad (3.2.1-2)$$

式中 Q——室内消火栓设计流量，L/s；

T——火灾延续时间，h。

根据建筑物消火栓设计流量，确定市政管网的管径。

3）建筑的组成：根据建筑的火灾危险性、功能性质、耐火等级和体积确定相关设计参数。

4）市政给水管网运行合理性：从市政给水管网设置的经济性、运行的合理性考虑，市政给水管网的管径可能不能完全满足管网覆盖范围内所有建筑物室外的消防流量要求，因此可以通过部分建筑物设置消防水池等措施满足建筑物消防用水量要求。

3.2.2 城镇市政消防给水设计流量，应按同一时间内的火灾起数和一起火灾灭火设计流量经计算确定。同一时间内的火灾起数和一起火灾灭火设计流量不应小于表3.2.2的规定。

	城镇同一时间内的火灾起数和一起火灾灭火设计流量	表 3. 2. 2
人数（万人）	同一时间内的火灾起数（起）	一起火灾灭火设计流量（L/s）
$N \leqslant 1.0$	1	15
$1.0 < N \leqslant 2.5$		20
$2.5 < N \leqslant 5.0$	2	30
$5.0 < N \leqslant 10.0$		35
$10.0 < N \leqslant 20.0$		45
$20.0 < N \leqslant 30.0$		60
$30.0 < N \leqslant 40.0$		75
$40.0 < N \leqslant 50.0$	3	
$50.0 < N \leqslant 70.0$		90
$N > 70.0$		100

【要点说明】本条文是针对市政消防的条款，做城市规划设计时采用。

1）在城镇规划阶段，因无法预知建筑规模和类型，按城镇管辖人数来确定市政消防给水一起火灾灭火设计流量和同一时间内的火灾起数，该组数据是规划部门规划市政管网的依据。条文"同一时间内"是指"火灾延续时间内"。

2）经计算而得到的城镇市政消防给水设计流量是市政给水管网规划的最小消防流量。城镇的一起火灾灭火消防给水设计流量，是按同时使用的水枪数量与每支水枪平均用水量的乘积计算。我国大多数城市消防队第一出动力量到达火场时，常出 2 支口径 19mm 的水枪扑救建筑火灾，每支水枪的平均出水量为 7.5L/s，因此，本条款室外消防用水量的基础设计流量以 15L/s 为基准进行调整。

3）根据我国统计数据，城市灭火的平均灭火用水量为 89L/s。近十年来特大型火灾其消防流量为 150～450L/s，大型的石油化工厂、液化石油储罐区等消防用水量则更大。若采用市政给水管网来保证这些建、构筑物的消防用水量有困难时，可采用消防水池或市政给水管网协调供水保证。

4）从灭火用水量保证率 97% 来看，我国的城市和建筑物室外消火栓用水量能满足城市灭火的要求，我国城市现行的消防水量和建筑物消防用水量标准符合我国目前的经济社会发展水平，对个别大型火灾应启动城市应急预案，消防联动自来水公司确保消防用水，以期实现城市消防设置的合理性。

3.2.3 工业园区、商务区、居住区等市政消防给水设计流量，宜根据其规划区域的规模和同一时间的火灾起数，以及规划中的各类建筑室内外同时作用的水灭火系统设计流量之和经计算分析确定。

【要点说明】本条明确了确定工业园区、商务区、居住区等市政消防给水设计流量应考虑的因素。

1）规划区域的规模：工业园区按 3.3.2 条确定一起火灾灭火所需的室外消火栓设计流量；商务区、居住区按 3.2.2 条和 3.3.2 条计算取大值，确定一起火灾灭火所需的室外消火栓设计流量。

2）同一时间的火灾起数：按 3.1.1 条确定。

3）规划中的各类建筑室内外同时作用的水灭火系统按 3.1.2 条和 3.6.1 条确定。

4）计算分析：

（1）工业园区、商务区、居住区等市政消防给水设计流量有多种组合。举例如下：

①当工业园区与附设居住区的室外水灭火系统合并设置时，市政消防给水设计流量按3.2.2条和3.3.2条计算取大值。

②当工业园区室内外水灭火系统合并设置时，市政消防给水设计流量按3.3.2条取室内外消火栓设计流量。

③当商务区、居住区室外水灭火系统分开设置时，市政消防给水设计流量按3.2.2条和3.3.2条计算取大值。

（2）分析方法：从安全可靠、技术先进、经济适用及保护环境四个方面进行分析。

3.3.1 建筑物室外消火栓设计流量，应根据建筑物的用途功能、体积、耐火等级、火灾危险性等因素综合分析确定。

【要点说明】本条规定了建筑物室外消火栓设计流量的确定原则，表3.3.2的室外消火栓设计流量是最小值，在特殊建筑物中，如整体大跨度的钢结构屋面，在发生火灾时经常要靠消防车的水炮进行室外冷却及灭火，室外消火栓用水量40L/s不够，消火栓室外设计流量可在表3.3.2规定值的基础上加大。

3.3.2 建筑物室外消火栓设计流量不应小于表3.3.2的规定。

建筑物室外消火栓设计流量（L/s）　　　　　　　　　　　　表3.3.2

耐火等级	建筑物名称及类别		建筑体积 V（m^3）					
			$V \leqslant 1500$	$1500 < V$ $\leqslant 3000$	$3000 < V$ $\leqslant 5000$	$5000 < V$ $\leqslant 20000$	$20000 < V$ $\leqslant 50000$	$V >$ 50000
一、二级	工业建筑	厂房 甲、乙	15	20	25	30	35	
		厂房 丙	15	20	25	30	40	
		厂房 丁、戊	15				20	
		仓库 甲、乙	15		25		—	
		仓库 丙	15		25	35	45	
		仓库 丁、戊	15				20	
	民用建筑	住宅	15					
		公共建筑 单层及多层	15			25	30	40
		公共建筑 高层	—			25		40
	地下建筑（包括地铁）、平战结合的人防工程		15			20	25	30
三级	工业建筑	乙、丙	15	20	30	40	45	—
		丁、戊	15			20	25	35
	单层及多层民用建筑		15	20	25	30		
四级	丁、戊类工业建筑		15	20	25	—		
	单层及多层民用建筑		15	20	25			

注：1. 成组布置的建筑物应按消火栓设计流量较大的相邻两座建筑物的体积之和确定；
　　2. 火车站、码头和机场的中转库房，其室外消火栓设计流量应按相应耐火等级的丙类物品库确定；
　　3. 国家级文物保护单位的重点砖木、木结构的建筑物室外消火栓设计流量，按三级耐火等级民用建筑物消火栓设计流量确定；
　　4. 当单座建筑的总建筑面积大于500000m^2时，建筑物室外消火栓设计流量应按本表规定的最大值增加一倍。

【要点说明】建筑物的室外消火栓设计流量主要依据建筑物的耐火等级、用途功能、火灾危险性和体积等综合分析确定。

1）地下建筑是指修建在地表以下的供人们进行生活或其他活动的房屋或场所，是广场、绿地、道路、停车场、公园等用地下方相对独立的地下建筑，其中地下轨道交通设施、地下市政设施、地下特殊设施除外。为地下建筑服务的地上建筑，其面积也计入地下建筑面积。

2）表 3.3.2 建筑体积为建筑总体积，应为所有建筑围合表面内的容积。带有地下室的建筑其体积应包括地下室体积。敞开阳台、不封闭的走廊等建筑虽计算建筑面积，但可不计算建筑体积。

3）民用建筑中库房如仓储式卖场（如麦德龙等），其室外消火栓设计流量参见工业建筑仓库。

4）住宅（包括带商业服务网点的住宅）的室外消火栓设计流量与体积无关，均为 15L/s。

5）成组布置的建筑物，由于建筑物之间防火间距变小，发生火灾时会波及到相邻建筑，因此，体积应取消火栓设计流量较大的相邻两座建筑物的体积之和。成组布置的建筑物定义：

（1）新版《建规》3.4.8 条："除高层厂房和甲类厂房外，其他类别的数座厂房占地面积之和小于本规范第 3.3.1 条规定的防火分区最大允许建筑面积（按其中较小者确定，但防火分区的最大允许建筑面积不限者，不应大于 10000m²）时，可成组布置。当厂房建筑高度不大于 7m 时，组内厂房之间的防火间距不应小于 4m；当厂房建筑高度大于 7m 时，组内厂房之间的防火间距不应小于 6m。组与组或组与相邻建筑的防火间距，应根据相邻两座中耐火等级较低的建筑，按本规范第 3.4.1 条的规定确定。"

（2）新版《建规》5.2.4 条："除高层民用建筑外，数座一、二级耐火等级的住宅建筑或办公建筑，当建筑物的占地面积总和不大于 2500m² 时，可成组布置，但组内建筑物之间的间距不宜小于 4m。组与组或组与相邻建筑物的防火间距不应小于本规范第 5.2.2 条的规定。"

（3）由上述规定可知，成组布置的建筑物需要满足一定条件：有建筑面积要求，工业建筑≤10000m²，民用建筑≤2500m²；有防火间距要求；只适合特定建筑，高层厂房、甲类厂房不适合，民用建筑只适合住宅和办公楼。

6）新版《建规》表 5.2.2 注 3 "相邻两座高度相同的一、二级耐火等级建筑中相邻任一侧外墙为防火墙，屋顶的耐火极限不低于 1.00h 时，其防火距离不限"，此两座建筑即使相连建造，建筑物的室外消火栓设计流量可分别按两栋建筑的体积确定。

7）单座建筑是指地下室投影线范围内的所有建筑（含其地下室），这些建筑的面积之和为单座建筑的面积。

3.3.3 宿舍、公寓等非住宅类居住建筑的室外消火栓设计流量，应按表 3.3.2 中的公共建筑确定。

【要点说明】本条规定了宿舍、公寓等非住宅类居住建筑属于公共建筑，其室外消火栓设计流量按公共建筑确定。

3.4.1 以煤、天然气、石油及其产品等为原料的工艺生产装置的消防给水设计流量，应根据其规模、火灾危险性等因素综合确定，且应为室外消火栓设计流量、泡沫灭火系统和固定冷却水系统等水灭火系统的设计流量之和，并应符合下列规定：

1 石油化工厂工艺生产装置的消防给水设计流量，应符合现行国家标准《石油化工企业设计防火规范》GB 50160 的有关规定；

2 石油天然气工程工艺生产装置的消防给水设计流量，应符合现行国家标准《石油天然气工程设计防火规范》GB 50183 的有关规定。

【要点说明】以煤、天然气、石油及其产品等为原料的工艺生产装置多数为露天框架结构，属于构筑物，其消防给水设计流量通常按照工艺生产装置的规模、火灾危险性及消防设施的设置情况综合考虑确定。

3.4.2 甲、乙、丙类可燃液体储罐的消防给水设计流量应按最大罐组确定，并应按泡沫灭火系统设计流量、固定冷却水系统设计流量与室外消火栓设计流量之和确定，同时应符合下列规定：

1 泡沫灭火系统设计流量应按系统扑救储罐区一起火灾的固定式、半固定式或移动式泡沫混合液量及泡沫液混合比经计算确定，并应符合现行国家标准《泡沫灭火系统设计规范》GB 50151 的有关规定；

2 固定冷却水系统设计流量应按着火罐与邻近罐最大设计流量经计算确定，固定式冷却水系统设计流量应按表 3.4.2-1 或表 3.4.2-2 规定的设计参数经计算确定。

地上立式储罐冷却水系统的保护范围和喷水强度　　　表 3.4.2-1

项目	储罐型式		保护范围	喷水强度
移动式冷却	着火罐	固定顶罐	罐周全长	0.80L/s·m
		浮顶罐、内浮顶罐	罐周全长	0.60L/s·m
	邻近罐		罐周半长	0.70L/s·m
固定式冷却	着火罐	固定顶罐	罐壁表面积	2.5L/min·m²
		浮顶罐、内浮顶罐	罐壁表面积	2.0L/min·m²
	邻近罐		不应小于罐壁表面积的1/2	与着火罐相同

注：1. 当浮顶、内浮顶罐的浮盘采用易熔材料制作时，内浮顶罐的喷水强度应按固定顶罐计算；
2. 当浮顶、内浮顶罐的浮盘为浅盘式时，内浮顶罐的喷水强度应按固定顶罐计算；
3. 固定冷却水系统邻近罐应按实际冷却面积计算，但不应小于罐壁表面积的1/2；
4. 距着火固定罐罐壁1.5倍着火罐直径范围内的邻近罐应设置冷却水系统，当邻近罐超过3个时，冷却水系统可按3个罐的设计流量计算；
5. 除浮盘采用易熔材料制作的储罐除外，当着火罐为浮顶、内浮顶罐时，距着火罐壁的净距离大于或等于0.4D的邻近罐可不设冷却水系统，D为着火油罐与相邻油罐两者中较大油罐的直径；距着火罐壁的净距离小于0.4D范围内的相邻油罐受火焰辐射热影响比较大的局部应设置冷却水系统，且所有相邻油罐的冷却水系统设计流量之和不应小于45L/s；
6. 移动式冷却宜为室外消火栓或消防炮。

卧式储罐、无覆土地下及半地下立式储罐冷却水系统的保护范围和喷水强度　表 3.4.2-2

项目	储罐	保护范围	喷水强度
移动式冷却	着火罐	罐壁表面积	0.10L/(s·m²)
	邻近罐	罐壁表面积的一半	0.10L/(s·m²)

项目	储罐	保护范围	喷水强度
固定式冷却	着火罐	罐壁表面积	6.0L/(min·m²)
	邻近罐	罐壁表面积的一半	6.0L/(min·m²)

注：1. 当计算出的着火罐冷却水系统设计流量小于15L/s时，应采用15L/s；
  2. 着火罐直径与长度之和的一半范围内的邻近卧式罐应进行冷却；着火罐直径1.5倍范围内的邻近地下、半地下立式罐应冷却；
  3. 当邻近储罐超过4个时，冷却水系统可按4个罐的设计流量计算；
  4. 当邻近罐采用不燃材料作绝热层时，其冷却水系统喷水强度可按本表减少50%，但设计流量不应小于7.5L/s；
  5. 无覆土半地下、地下卧式罐冷却水系统的保护范围和喷水强度应按本表地上卧式罐确定。

3 当储罐采用固定式冷却水系统时室外消火栓设计流量不应小于表3.4.2-3的规定，当采用移动式冷却水系统时室外消火栓设计流量应按表3.4.2-1或表3.4.2-2规定的设计参数经计算确定，且不应小于15L/s。

甲、乙、丙类可燃液体地上立式储罐区的室外消火栓设计流量　　　表3.4.2-3

单罐储存容积（m³）	室外消火栓设计流量（L/s）	单罐储存容积（m³）	室外消火栓设计流量（L/s）
$W \leqslant 5000$	15	$30000 < W \leqslant 100000$	45
$5000 < W \leqslant 30000$	30	$W > 100000$	60

【要点说明】本条有3款和3个表格，规定了甲、乙、丙类可燃液体储罐的消防给水设计流量计算方法。

1）固定顶罐，即罐顶固定的储罐，与之相对的就是浮顶储罐，浮顶储罐分为浮顶储罐和内浮顶储罐（带盖内浮顶储罐）。

2）储罐消防设计流量就是各种计算流量叠加，规范对各种流量的计算方法又做了具体规定。储罐冷却水量应按照最大储罐计算确定，方法和规定如下：

$$q_1 = F \times q_{i1}/60 \qquad (3.4.2-1)$$
$$q_2 = L \times q_{i2} \qquad (3.4.2-2)$$

式中　q_1——固定式冷却水设计流量，L/s；

　　　F——保护面积，m²；

　　　q_{i1}——固定式冷却喷水强度，L/(min·m²)；

　　　q_2——移动式冷却水设计流量，L/s；

　　　L——保护长度，m；

　　　q_{i2}——移动式冷却喷水强度，L/(s·m²)。

3）储罐室外消火栓系统设计流量的确定方法和规定：当储罐采用固定式冷却时，按照表3.4.2-3规定选取；当仅采用移动式冷却水系统时，设计流量应按表3.4.2-1或表3.4.2-2规定的设计参数经计算确定：q=保护长度L（m）×喷水强度q[L/(s·m)]，当计算结果$q<15$L/s时，取$q=15$L/s。

4）表3.4.2-1注6：移动式冷却宜为室外消火栓或消防炮。此处的消防炮指消防车上的消防炮。按照《石化防火规范》规定，安装在管道上的固定式水炮作为固定消防冷却设施时，属于固定式冷却。

3.4.3 甲、乙、丙类可燃液体地上立式储罐冷却水系统保护范围和喷水强度不应小于本规范表3.4.2-1的规定；卧式储罐、无覆土地下及半地下立式储罐冷却水系统保护范围和喷水强度不应小于本规范表3.4.2-2的规定；室外消火栓设计流量应按本规范第3.4.2条第3款的规定确定。

【要点说明】当储罐采用固定式冷却水系统时，根据储罐区着火罐及邻近罐最大单罐储存容积，查表3.4.2-3，即可确定室外消火栓设计流量。当仅采用移动式冷却水系统时，流量应按表3.4.2-1或表3.4.2-2规定的设计参数经计算确定：q＝保护长度L（m）×喷水强度q［L/(s·m)］，当计算结果$q<15L/s$时，取$q=15L/s$。

3.4.4 覆土油罐的室外消火栓设计流量应按最大单罐周长和喷水强度计算确定，喷水强度不应小于0.30L/(s·m)；当计算设计流量小于15L/s时，应采用15L/s。

【要点说明】本条规定了覆土油罐室外消火栓设计流量的计算方法。覆土油罐室外消火栓设计流量为保护长度与喷水强度的乘积，当$q<15L/s$时，q取15L/s。

由于油罐周围有覆土保护，使火势难以蔓延，故覆土油罐的火灾危险性较小，如果发生火灾，所需消防水设计流量也不大。当设计流量为15L/s时，即15L/s＝保护长度L（m）×0.30［L/(s·m)］，可以推算油罐周长L＝15（L/s)/0.3［L/(s·m)］＝50m，一般埋地油罐的直径均不会大于该直径，所以通过计算得到的外消火栓设计流量通常小于15L/s。

3.4.5 液化烃罐区的消防给水设计流量应按最大罐组确定，并应按固定冷却水系统设计流量与室外消火栓设计流量之和确定，同时应符合下列规定：

1 固定冷却水系统设计流量应按表3.4.5-1规定的设计参数经计算确定；室外消火栓设计流量不应小于表3.4.5-2的规定值；

2 当企业设有独立消防站，且单罐容积小于或等于100m³时，可采用室外消火栓等移动式冷却水系统，其罐区消防给水设计流量应按表3.4.5-1的规定经计算确定，但不应低于100L/s。

液化烃储罐固定冷却水系统设计流量　　　　　　　　表3.4.5-1

项目	储罐型式		保护范围	喷水强度［L/(min·m²)］
全冷冻式	着火罐	单防罐外壁为钢制	罐壁表面积	2.5
			罐顶表面积	4.0
		双防罐、全防罐外壁为钢筋混凝土结构	—	—
	邻近罐		罐壁表面积的1/2	2.5
全压力式及半冷冻式	着火罐		罐体表面积	9.0
	邻近罐		罐体表面积的1/2	9.0

注：1. 固定冷却水系统当采用水喷雾系统冷却时喷水强度应符合本规范要求，且系统设置应符合现行国家标准《水喷雾灭火系统设计规范》GB 50219的有关规定；
2. 全冷冻式液化烃储罐，当双防罐、全防罐外壁为钢筋混凝土结构时，罐顶和罐壁的冷却水量可不计；管道进出口等局部危险处应设置水喷雾系统冷却，供水强度不应小于20.0L/(min·m²)；
3. 距着火罐罐壁1.5倍范围内的邻近罐应计算冷却水系统，当邻近罐超过3个时，冷却水系统可按3个罐的设计流量计算；
4. 当储罐采用固定消防水炮作为固定冷却设施时，其设计流量不宜小于水喷雾系统计算流量的1.3倍。

液化烃罐区的室外消火栓设计流量　　　　　　表 3.4.5-2

单罐储存容积（m³）	室外消火栓设计流量（L/s）	单罐储存容积（m³）	室外消火栓设计流量（L/s）
W≤100	15	650＜W≤1000	60
100＜W≤400	30	W＞1000	80
400＜W≤650	45		

注：1. 罐区的室外消火栓设计流量应按罐组内最大单罐计；
　　2. 当储罐区四周设固定消防水炮作为辅助冷却设施时，辅助冷却水设计流量不应小于室外消火栓设计流量。

【要点说明】本条规定了液化烃罐区消防给水设计流量的计算方法。

1）液化烃指在15℃时，蒸汽压大于0.1MPa的烃类液体及其他类似的液体，不包括液化天然气。液化天然气主要是由甲烷组成的液态流体，并且包含少量的乙烷、丙烷、氮和其他成分。液化天然气罐区消防给水设计流量按照《天然气规范》第10.4节要求进行计算。

2）液化烃罐区的主要水消防方式为冷却水系统和室外消火栓系统，因此，其室外消防设计流量可按照下式进行计算：

$$q_1 = q_L + q_{sh} \tag{3.4.5-1}$$
$$q_L = F \times q_i / 60 \tag{3.4.5-2}$$

式中　q_1——室外消防设计流量，L/s；

　　　q_L——冷却水设计流量，L/s；

　　　q_{sh}——室外消火栓设计流量，L/s；

　　　F——保护面积，m²；

　　　q_i——喷水强度，L/(min·m²)。

q_{sh}可按单罐储存容积 W 查表 3.4.5-2 直接获取。q_L可按表 3.4.5-1，根据储罐型式、计算保护面积 F（m²）和喷水强度 q_i [L/(min·m²)] 计算。当企业设有独立的消防站且单罐容积W≤100m³ 时，可以只采用移动式冷却，其冷却水量按表 3.4.5-1 的固定式冷却水量 q_L 计算方法确定，但须满足 q_L≥100L/s。

3.4.6　沸点低于45℃甲类液体压力球罐的消防给水设计流量，应按本规范第3.4.5条中全压力式储罐的要求经计算确定。

【要点说明】本条规定了沸点低于45℃甲类液体压力球罐的消防给水设计流量确定方法。沸点低于45℃甲类液体在常温下极易挥发，所以需要采用压力储罐、低压储罐或低温常压储罐来抑制其挥发。其储存方式及在常温下火灾危险性与液化烃接近，故其消防给水设计流量按本规范第3.4.5条全压力式液化烃储罐的保护范围和喷水强度进行计算。

3.4.7　全压力式、半冷冻式和全冷冻式液氨储罐的消防给水设计流量，应按本规范第3.4.5条中全压力式及半冷冻式储罐的要求经计算确定，但喷水强度应按不小于 6.0L/(min·m²)计算，全冷冻式液氨储罐的冷却水系统设计流量应按全冷冻式液化烃储罐外壁为钢制单防罐的要求计算。

【要点说明】本条规定了全压力式、半冷冻式和全冷冻式液氨储罐消防给水设计流量以及全冷冻式液氨储罐的冷却水系统设计流量的确定方法。全压力式及半冷冻式液氨喷水强度应按不小于 6.0L/(min·m²)，是根据现行国家标准《水喷雾灭火系统设计规范》GB 5021 的规定，全压力式及半冷冻式液氨储罐属于该规范中表3.1.2规定的甲乙丙类液体储罐。

3.4.8 空分站，可燃液体、液化烃的火车和汽车装卸栈台，变电站等室外消火栓设计流量不应小于表3.4.8的规定。当室外变压器采用水喷雾灭火系统全保护时，其室外消火栓给水设计流量可按表3.4.8规定值的50％计算，但不应小于15L/s。

空分站，可燃液体、液化烃的火车和汽车装卸栈台，变电站室外消火栓设计流量 表 3.4.8

名称		室外消火栓设计流量（L/s）
空分站产氧气能力 （Nm³/h）	3000<Q≤10000	15
	10000<Q≤30000	30
	30000<Q≤50000	45
	Q>50000	60
专用可燃液体、液化烃的火车和汽车装卸栈台		60
变电站单台油浸 变压器含有量（t）	5<W≤10	15
	10<W≤50	20
	W>50	30

注：当室外油浸变压器单台功率小于300MV·A，且周围无其他建筑物和生产生活给水时，可不设置室外消火栓。

【要点说明】本条规定了空分站，可燃液体、液化烃的火车和汽车的装卸栈台，变电站（不含房间）等构筑物的室外消火栓设计流量的确定方法。当油浸变压器单台功率 $N<300MV·A$，且同时具备周围无其他建筑物和无生产生活给水水源两个条件时，才可不设室外消火栓。

3.4.9 装卸油品码头的消防给水设计流量，应按着火油船泡沫灭火设计流量、冷却水系统设计流量、隔离水幕系统设计流量和码头室外消火栓设计流量之和确定，并应符合下列规定：

1 泡沫灭火系统设计流量应按系统扑救着火油船一起火灾的泡沫混合液量及泡沫液混合比经计算确定，泡沫混合液供给强度、保护范围和连续供给时间不应小于表3.4.9-1的规定，并应符合现行国家标准《泡沫灭火系统设计规范》GB 50151的有关规定；

油船泡沫灭火系统混合液量的供给强度、保护范围和连续供给时间 表 3.4.9-1

项目	船型	保护范围	供给强度（min·m²）	连续供给时间（min）
甲、乙类可燃液体油品码头	着火油船	设计船型最大 油仓面积	8.0	40
丙类可燃液体油品码头				30

2 油船冷却水系统设计流量应按消防时着火油舱冷却水保护范围内的油舱甲板面冷却用水量计算确定，冷却水系统保护范围、喷水强度和火灾延续时间不应小于表3.4.9-2的规定；

油船冷却水系统的保护范围、喷水强度和火灾延续时间 表 3.4.9-2

项目	船型	保护范围	喷水强度［L/（min·m²）]	火灾延续时间（h）
甲、乙类可燃液体油品一级码头	着火油船	油舱冷却范围内 的油舱甲板面	2.5	6.0注2
甲、乙类可燃液体油品二、三级 码头丙类可燃液体油品码头				4.0

注：1. 当油船发生火灾时，陆上消防设备所提供的冷却油舱甲板面的冷却设计流量不应小于全部冷却水用量的50％；
 2. 当配备水上消防设施进行监护时，陆上消防设备冷却水供给时间可缩短至4h。

3 着火油船冷却范围应按下式计算：

$$F = 3L_{max}B_{max} - f_{max}$$ (3.4.9)

式中 F——着火油船冷却面积，m^2；

B_{max}——最大船宽，m；

L_{max}——最大船的最大舱纵向长度，m；

f_{max}——最大船的最大舱面积，m^2。

4 隔离水幕系统的设计流量应符合下列规定：

1）喷水强度宜为 $1.0\sim2.0L/(s\cdot m)$；

2）保护范围宜为装卸设备的两端各延伸 5m，水幕喷射高度宜高于被保护对象 1.50m；

3）火灾延续时间不应小于 1.0h，并应满足现行国家标准《自动喷水灭火系统设计规范》GB 50084 的有关规定。

5 油品码头的室外消火栓设计流量不应小于表 3.4.9-3 的规定。

油品码头的室外消火栓设计流量　　　　　　表 3.4.9-3

名称	室外消火栓设计流量（L/s）	火灾延续时间（h）
海港油品码头	45	6.0
河港油品码头	30	4.0
码头装卸区	20	2.0

【要点说明】本条规定了装卸油品码头的消防给水设计流量确定方法，参照交通部行业标准《装卸油品码头防火设计规范》TJT 237-99 相关条款制定。

3.4.10　液化石油气船的消防给水设计流量应按着火罐与距着火罐 1.5 倍着火罐直径范围内罐组的冷却水系统设计流量与室外消火栓设计流量之和确定；着火罐和邻近罐的冷却面积均应取设计船型最大储罐甲板以上部分的表面积，并不应小于储罐总表面积的 1/2，着火罐冷却水喷水强度应为 $10.0L/(min\cdot m^2)$，邻近罐冷却水喷水强度应为 $5.0L/(min\cdot m^2)$；室外消火栓设计流量不应小于本规范表 3.4.9-3 的规定。

【要点说明】本条规定了液化石油气船的消防给水设计流量确定方法，参照交通部行业标准《装卸油品码头防火设计规范》TJT 237-99 相关条款制定。

3.4.11　液化石油气加气站的消防给水设计流量，应按固定冷却水系统设计流量与室外消火栓设计流量之和确定，固定冷却水系统设计流量应按表 3.4.11-1 规定的设计参数经计算确定，室外消火栓设计流量不应小于表 3.4.11-2 的规定；当仅采用移动式冷却系统时，室外消火栓的设计流量应按表 3.4.11-1 规定的设计参数计算，且不应小于 15L/s。

液化石油气加气站地上储罐冷却系统保护范围和喷水强度　　　　表 3.4.11-1

项目	储罐	保护范围	喷水强度
移动式冷却	着火罐	罐壁表面积	$0.15L/(s\cdot m^2)$
	邻近罐	罐壁表面积的 1/2	$0.15L/(s\cdot m^2)$

项目	储罐	保护范围	喷水强度
固定式冷却	着火罐	罐壁表面积	9.0L/(s·m²)
	邻近罐	罐壁表面积的1/2	9.0L/(s·m²)

注：着火罐的直径与长度之和0.75倍范围内的邻近地上罐应进行冷却。

液化石油气加气站室外消火栓设计流量　　　　表 3.4.11-2

名称	室外消火栓设计流量（L/s）
地上储罐加气站	20
埋地储罐加气站	15
加油和液化石油气加气合建站	

【要点说明】本条是对《汽车加油加气站规范》第9.0.5条进行修改后制定，埋地储罐加气站室外消火栓设计流量由10L/s提高至15L/s，是考虑消防队第一出动力量到达火场时，常出2支口径19mm的水枪扑救火灾，每支水枪的平均出水量为7.5L/s。

3.4.12　易燃、可燃材料露天、半露天堆场，可燃气体罐区的室外消火栓设计流量，不应小于表3.4.12的规定。

易燃、可燃材料露天、半露天堆场，可燃气体罐区的室外消火栓设计流量 表 3.4.12

名称		总储量或总容量	室外消火栓设计流量（L/s）
粮食（t）	土圆囤	30＜W≤500	15
		500＜W≤5000	25
		5000＜W≤20000	40
		W＞20000	45
	席穴囤	30＜W≤500	20
		500＜W≤5000	35
		5000＜W≤20000	50
棉、麻、毛、化纤百货 W（t）		10＜W≤500	20
		500＜W≤1000	35
		1000＜W≤5000	50
稻草、麦秸、芦苇等易燃材料（t）		50＜W≤500	20
		500＜W≤5000	35
		5000＜W≤10000	50
		W＞10000	60
木材等可燃材料（m³）		50＜V≤500	20
		1000＜V≤5000	30
		5000＜V≤10000	45
		V＞10000	55
煤和焦炭（t）	露天或半露天堆放	100＜W≤5000	15
		W＞5000	20
可燃气体储罐或储罐区（m³）		500＜V≤10000	15
		10000＜V≤50000	20
		50000＜V≤100000	25
		100000＜V≤200000	30
		V＞200000	35

注：1. 固定容积的可燃气体储罐的总容积按其几何容积（m³）和设计工作压力（绝对压力，10⁵Pa）的乘积计算。
　　2. 当稻草、麦秸、芦苇等易燃材料堆垛单垛重量大于5000t或总重量大于5000t，木材等可燃材料堆垛单垛容量大于5000m³或总容量大于5000m³时，室外消火栓设计流量应按本表规定的最大值增加一倍。

【要点说明】本条为易燃和可燃材料堆垛、可燃气体罐区的室外消火栓设计流量的确定原则和方法。

1）易燃和可燃材料堆垛、可燃气体罐区的室外消火栓设计流量可按表3.4.12选取。

2）易燃和可燃材料堆垛除木材按体积外，其余按重量查表。

3）当稻草、麦秸、芦苇等易燃材料堆垛单垛重量大于5000t或总重量大于5000t、木材等可燃材料堆垛单垛容量大于5000m³或总容量大于5000m³时，室外消火栓设计流量应按表3.4.12规定的最大值增加一倍。

4）气体容积与储存压力成反比，因此计算气体容积时，应考虑储存压力。固定容积的可燃气体储罐的总容积（V）＝储罐几何容积（V_1）×（设计工作压力/标准大气压力）（压力均采用绝对压力，$10^5 Pa$）。

3.4.13 城市交通隧道洞口外室外消火栓设计流量不应小于表3.4.13的规定。

城市交通隧道洞口外室外消火栓设计流量　　　　　　　　表3.4.13

名称	类别	长度（m）	室外消火栓设计流量（L/s）
可通行危险化学品等机动车	一、二	$L>500$	30
	三	$L\leqslant500$	20
仅限通行非危险化学品等机动车	一、二、三	$L\geqslant1000$	30
	三	$L<1000$	20

【要点说明】根据城市交通隧道通行车辆是否运输危险化学品、隧道的类别及长度，查表3.4.13可确定城市交通隧道的最小室外消火栓设计流量。

3.5.1 建筑物室内消火栓设计流量，应根据建筑物的用途功能、体积、高度、耐火极限、火灾危险性等因素综合确定。

【要点说明】本条规定了建筑物室内消火栓设计流量的确定原则，应根据各种因素综合考虑，表3.5.2的室内消火栓设计流量为建筑物的最小设计流量，建筑物室内消火栓设计流量取大于或等于该表格设计流量均符合要求。

3.5.2 建筑物室内消火栓设计流量不应小于表3.5.2的规定。

建筑物室内消火栓设计流量　　　　　　　　表3.5.2

建筑物名称		高度 h（m）、层数、体积 V（m³）、座位数 n（个）、火灾危险性			消火栓设计流量（L/s）	同时使用消防水枪数（支）	每根竖管最小流量（L/s）
工业建筑	厂房	$h\leqslant24$	甲、乙、丁、戊		10	2	10
			丙	$V\leqslant5000$	10	2	10
				$V>5000$	20	4	10
		$24<h\leqslant50$	乙、丁、戊		25	5	15
			丙		30	6	15
		$h>50$	乙、丁、戊		30	6	15
			丙		40	8	15

建筑物名称			高度 h（m）、层数、体积 V（m³）、座位数 n（个）、火灾危险性		消火栓设计流量（L/s）	同时使用消防水枪数（支）	每根竖管最小流量（L/s）
工业建筑	仓库		$h \leqslant 24$	甲、乙、丁、戊	10	2	10
				丙 $V \leqslant 5000$	15	3	15
				丙 $V > 5000$	25	5	15
			$h > 24$	丁、戊	30	6	15
				丙	40	8	15
民用建筑	单层及多层	科研楼、试验楼	$V \leqslant 10000$		10	2	10
			$V > 10000$		15	3	10
		车站、码头、机场的候车（船、机）楼和展览建筑（包括博物馆）等	$5000 < V \leqslant 25000$		10	2	10
			$25000 < V \leqslant 50000$		15	3	15
			$V > 50000$		20	4	15
		剧场、电影院、会堂、礼堂、体育馆等	$800 < n \leqslant 1200$		10	2	10
			$1200 < n \leqslant 5000$		15	3	10
			$5000 < n \leqslant 10000$		20	4	15
			$n > 10000$		30	6	15
		旅馆	$5000 < V \leqslant 10000$		10	2	10
			$10000 < V \leqslant 25000$		15	3	10
			$V > 25000$		20	4	15
		商店、图书馆、档案馆等	$5000 < V \leqslant 10000$		15	3	10
			$10000 < V \leqslant 25000$		25	5	15
			$V > 25000$		40	8	15
		病房楼、门诊楼等	$5000 < V \leqslant 25000$		10	2	10
			$V > 25000$		15	3	10
		办公楼、教学楼、公寓、宿舍等其他建筑	高度超过15m 或 $V > 10000$		15	3	10
		住宅	$21 < h \leqslant 27$		5	2	5
	高层	住宅	$27 < h \leqslant 54$		10	2	10
			$h > 54$		20	4	10
		二类公共建筑	$h \leqslant 50$		20	4	10
			$h > 50$		30	6	15
		一类公共建筑	$h \leqslant 50$		30	6	15
			$h > 50$		40	8	15
国家级文物保护单位的重点砖木或木结构的古建筑			$V \leqslant 10000$		20	4	10
			$V > 10000$		25	5	15
地下建筑			$V \leqslant 5000$		10	2	10
			$5000 < V \leqslant 10000$		20	4	15
			$25000 < V \leqslant 10000$		30	6	15
			$V > 25000$		40	8	20
人防工程	展览厅、影院、剧场、礼堂、健身体育场所等		$V \leqslant 1000$		5	1	5
			$1000 < V \leqslant 2500$		10	2	10
			$V > 2500$		15	3	10

建筑物名称		高度 h（m）、层数、体积 V（m³）、座位数 n（个）、火灾危险性	消火栓设计流量（L/s）	同时使用消防水枪数（支）	每根竖管最小流量（L/s）
人防工程	商场、餐厅、旅馆、医院等	$V \leqslant 5000$	5	1	5
		$5000 < V \leqslant 10000$	10	2	10
		$5000 < V \leqslant 125000$	15	3	10
		$V > 25000$	20	4	10
	丙、丁、戊类生产车间、自行车库	$V \leqslant 2500$	5	1	5
		$V > 2500$	10	2	10
	丙、丁、戊类物品库房、图书资料档案库	$V \leqslant 3000$	5	1	5
		$V > 3000$	10	2	10

注：1. 丁、戊类高层厂房（仓库）室内消火栓的设计流量可按本表减少 10L/s，同时使用消防水枪数量可按本表减少 2 支；

2. 消防软管卷盘、轻便消防水龙及多层住宅楼梯间中的干式消防竖管，其消防给水设计流量可不计入室内消防给水设计流量；

3. 当一座多层建筑有多种使用功能时，室内消火栓设计流量应分别按本表中不同功能计算，且应取最大值。

【要点说明】本条规定了建筑物的室内消火栓设计流量和计算方法。与以往的规范比较，提高了多层建筑中商店、图书馆、档案馆的室内消火栓设计流量，从原来的 10L/s、15L/s、20L/s 提高到 15L/s、25L/s、40L/s；把丙类厂房、仓库单列出来，室内消火栓设计流量提高；增加了地下建筑的室内消火栓设计流量。

1）当建筑的地上部分与地下部分连通（包括仅电梯与楼梯连通）时，表 3.5.2 中的建筑体积应为所有建筑围合表面内的容积，包括地下部分的体积，该地下部分可看作为建筑的地下层；当建筑的地上部分与地下部分完全不连通（包括电梯与楼梯均不连通）时，建筑的地上部分与地下部分可分开计算体积，地下部分（汽车库除外）按地下建筑考虑。

2）当建筑内存在多种用途的房间或场所，在确定建筑功能时，可参照新版《建规》第 1.0.4 条的条文解释："当同一建筑内，可能会存在多种用途的房间或场所，如办公建筑内的会议室、餐厅、锅炉房等，属于同一使用功能"，即建筑内有几种功能的判定标准为：看不同使用性质的房间是否属于为同一功能服务的配套用房，若是，就可认定为同一功能。也即办公楼内设有会议室、餐厅、锅炉房、水泵房等时，该建筑仍定性为办公楼；宾馆内设有会议室、餐厅、锅炉房、水泵房、小卖部、库房等时，该建筑仍定性为宾馆。

3）当一座多层建筑有多种使用功能时，室内消火栓设计流量应根据多层建筑总体积按表 3.5.2 中的不同功能分别计算，取最大值。如市民中心，内设有图书馆、档案馆及旅馆，应根据总体积分别计算图书馆、档案馆、旅馆的室内消火栓设计流量，取大值。当多层建筑有连通的地下室、汽车库等时，总体积应包括地下室、汽车库等的体积。

4）当一座高层建筑有多种使用功能时，室内消火栓设计流量应根据建筑总高度按表 3.5.2 中的不同功能分别计算，取最大值。建筑总高度按新版《建规》附录 A 第 A.0.1 条计算。

5）当住宅（包括设有商业服务网点的住宅）与其他使用功能的建筑合建时，按新版《建规》第 5.4.10 条第 3 款："住宅部分和非住宅部分的安全疏散、防火分区和室内消防设施配置，可根据各自的建筑高度分别按照本规范有关住宅建筑和公共建筑的规定执行"，住宅部分和非住宅部分的室内消火栓设计流量可分别计算。当住宅设置在非住宅上部时，住宅部分高度按新版《建规》附录 A 第 A.0.1 条计算，非住宅部分高度为室外地面至非住宅部分的顶面面层高度。

6）当汽车库与其他功能的建筑合建时，汽车库室内消火栓设计流量根据汽车数量按《汽车库规范》计算确定，其他功能的建筑按表 3.5.2 计算确定，室内消火栓系统设计流量取二者的大值。当汽车库与住宅合建时，汽车库室内消火栓设计流量根据汽车数量按《汽车库规范》计算确定，住宅室内消火栓设计流量根据建筑高度按表 3.5.2 计算确定，室内消火栓系统设计流量取二者的大值。

7）表 3.5.2 中未规定的建筑，其室内消火栓设计流量，应根据其火灾危险性、建筑功能性质、耐火等级和建筑体积等参照相似建筑确定。如单独建造的单层及多层餐饮建筑按表 3.5.2 中的"商店"确定室内消火栓设计流量；学校单独建造的单层及多层非经营性食堂，按表 3.5.2 中的"其他建筑"确定室内消火栓设计流量。

3.5.3 当建筑物室内设有自动喷水灭火系统、水喷雾灭火系统、泡沫灭火系统或固定消防炮灭火系统等一种或一种以上自动水灭火系统全保护时，高层建筑当高度不超过 50m 且室内消火栓设计流量超过 20L/s 时，其室内消火栓设计流量可按本规范表 3.5.2 减少 5L/s；多层建筑室内消火栓设计流量可减少 50%，但不应小于 10L/s。

【要点说明】本条规定了某些建筑物当室内设有自动水灭火系统全保护时，室内消火栓设计流量可按表 3.5.2 适当减少的原则。

1）全保护是指建筑物室内设有一种或一种以上自动水灭火系统对建筑物的各个部位（除楼梯间、屋顶水箱间等不需要设置喷头的部位和电器间等不宜用水扑救的部位）进行了全部保护。自动水灭火系统包括自动喷水灭火系统、水喷雾灭火系统、泡沫灭火系统、大空间智能型主动喷水灭火系统或固定消防炮灭火系统等。

2）符合 3.5.3 条的建筑物，当自动喷水灭火系统采用局部应用系统时，其室内消火栓设计流量不应减少。

3）地下建筑的室内消火栓设计流量不可减少。

3.5.4 宿舍、公寓等非住宅类居住建筑的室内消火栓设计流量，当为多层建筑时，应按本规范表 3.5.2 中的宿舍、公寓确定，当为高层建筑时，应按本规范表 3.5.2 中的公共建筑确定。

【要点说明】明确了非住宅类居住建筑的室内消火栓设计流量按公共建筑进行计算。

3.5.5 城市交通隧道内室内消火栓设计流量不应小于表 3.5.5 的规定。

城市交通隧道内室内消火栓设计流量   表 3.5.5

用途	类别	长度（m）	设计流量（L/s）
可通行危险化学品等机动车	一、二	$L>500$	20
	三	$L\leqslant500$	10
仅限通行非危险化学品等机动车	一、二、三	$L\geqslant1000$	20
	三	$L<1000$	10

【要点说明】本条规定了城市交通隧道内的室内消火栓设计流量，该数值是新版《建规》12.2.2条第5款的规定值。可通行危险化学品等机动车的三类城市交通隧道其长度不应大于500m，隧道长度小于1000m的三类城市交通隧道内，室内消火栓设计流量均为10L/s。

城市交通隧道应为专门的交通隧道，包括设有公交站的城市交通隧道。

3.5.6 地铁地下车站室内消火栓设计流量不应小于20L/s，区间隧道不应小于10L/s。

【要点说明】在确定地铁的室外消火栓设计流量时，按表3.3.2是根据地下建筑的体积确定的，本条明确了地铁地下车站及区间隧道的室内消火栓设计流量，即室内消火栓设计流量不按表3.5.2的地下建筑进行查表确定。

3.6.1 消防给水一起火灾灭火用水量应按需要同时作用的室内外消防给水用水量之和计算，两座及以上建筑合用时，应取其最大者，并应按下列公式计算：

$$V = V_1 + V_2 \tag{3.6.1-1}$$

$$V_1 = 3.6 \sum_{i=1}^{i=n} q_{1i} t_{1i} \tag{3.6.1-2}$$

$$V_2 = 3.6 \sum_{i=1}^{i=m} q_{2i} t_{2i} \tag{3.6.1-3}$$

式中 V——建筑消防给水一起火灾灭火用水总量，m^3；

V_1——室外消防给水一起火灾灭火用水量，m^3；

V_2——室内消防给水一起火灾灭火用水量，m^3；

q_{1i}——室外第 i 种水灭火系统的设计流量，L/s；

t_{1i}——室外第 i 种水灭火系统的火灾延续时间，h；

n——建筑需要同时作用的室外水灭火系统数量。

q_{2i}——室内第 i 种水灭火系统的设计流量，L/s；

t_{2i}——室内第 i 种水灭火系统的火灾延续时间，h；

m——建筑需要同时作用的室内水灭火系统数量。

【要点说明】本条规定了消防给水一起火灾灭火用水量的计算方法。当为二次火灾时，应根据3.1.1条的要求分别计算确定。

1）一个建筑物或构筑物的室外用水同时与室内用水开启使用时，消防用水量为二者之和。当一个系统防护多个建筑物或构筑物时，需要以各建筑物或构筑物为单位分别计算消防用水量。

2）当建筑物有多个防护区时，一起火灾灭火用水量应以各防护区为单位，分别计算室内外消防用水量之和，取其中的大值为建筑物的一起火灾灭火用水量。应注意这不等同于各系统（室内外消火栓系统、自动喷水灭火系统、防火分隔或冷却系统）最大用水量的叠加，见图3-1所示。该建筑物一起火灾灭火用水量取 V_A、V_B 中的较大值。

3）自动水灭火系统包括自动喷水灭火系统、水喷雾灭火系统、大空间智能型主动喷水灭火系统、自动消防炮灭火系统等，一个防护对象或防护区的自动水灭火系统的用水量按其中用水量最大的一个系统确定。例如某建筑的一个防护区内设有湿式自动喷水系统和大空间智能型主动喷水灭火系统，合用一套自动水灭火系统，其设计流量取二者的大值。

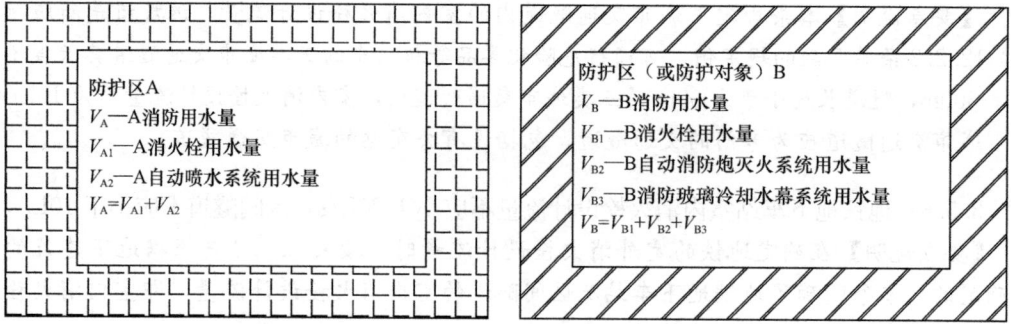

图 3-1 建筑物一起火灾灭火用水量

3.6.2 不同场所消火栓系统和固定冷却水系统的火灾延续时间不应小于表 3.6.2 的规定。

不同场所的火灾延续时间　　　　　　　　　　　表 3.6.2

建筑			场所与火灾危险性	火灾延续时间（h）
建筑物	工业建筑	仓库	甲、乙、丙类仓库	3.0
			丁、戊类仓库	2.0
		厂房	甲、乙、丙类厂房	3.0
			丁、戊类厂房	2.0
	民用建筑	公共建筑	高层建筑中的商业楼、展览楼、综合楼，建筑高度大于50m的财贸金融楼、图书馆、书库、重要的档案楼、科研楼和高级宾馆等	3.0
			其他公共建筑	2.0
		住宅		
	人防工程		建筑面积小于3000m²	1.0
			建筑面积大于或等于3000m²	2.0
	地下建筑、地铁车站			
构筑物	煤、天然气、石油及其产品的工艺装置		—	3.0
	甲、乙、丙类可燃液体储罐		直径大于20m的固定顶罐和直径大于20m浮盘用易熔材料制作的内浮顶罐	6.0
			其他储罐	4.0
			覆土油罐	
	液化烃储罐、沸点低于45℃甲类液体、液氨储罐			6.0
	空分站，可燃液体、液化烃的火车和汽车装卸栈台			3.0
	变电站			2.0
	装卸油品码头		甲、乙类可燃液体油品一级码头	6.0
			甲、乙类可燃液体油品二、三级码头 丙类可燃液体油品码头	4.0
			海港油品码头	6.0
			河港油品码头	4.0
			码头装卸区	2.0

建筑		场所与火灾危险性	火灾延续时间 (h)
构筑物		装卸液化石油气船码头	6.0
	液化石油气加气站	地上储气罐加气站	3.0
		埋地储气罐加气站	1.0
		加油和液化石油气加合建站	
	易燃、可燃材料露天、半露天堆场，可燃气体罐区	粮食土圆囤、席穴囤	6.0
		棉、麻、毛、化纤百货	
		稻草、麦秸、芦苇等	
		木材等	
		露天或半露天堆放煤和焦炭	3.0
		可燃气体储罐	

【要点说明】火灾延续时间是指设计流量下的供水时间，是根据火灾统计资料、国民经济水平和消防力量等情况综合权衡确定的。本条规定了建筑物、构筑物消火栓系统和固定冷却水系统的火灾延续时间。

1）当一座高层公共建筑有两种及两种以上使用功能时，消火栓系统火灾延续时间按表 3.6.2 公共建筑的高层综合楼取值，火灾延续时间 3.0h。

2）当住宅与一种其他使用功能的建筑合建时，消火栓系统火灾延续时间按表 3.6.2 的公共建筑取值，火灾延续时间 2.0h。

3）当住宅与两种及以上其他使用功能的建筑合建，且建筑高度大于 24m 时，消火栓系统火灾延续时间按表 3.6.2 公共建筑的高层综合楼取值，火灾延续时间 3.0h。建筑高度为建筑总高度，按新版《建规》附录 A 第 A.0.1 条计算。

4）表 3.6.2 "建筑高度大于 50m 的财贸金融楼、图书馆、书库、重要的档案楼、科研楼和高级宾馆等"的火灾延续时间为 3.0h，从字面上的表述对高级宾馆的火灾延续时间有两种解读，第一种解读：建筑高度大于 50m 的高级宾馆的火灾延续时间为 3.0h；第二种解读：高级宾馆（包括多层和高层）的火灾延续时间为 3.0h。以往规范：高层高级宾馆的火灾延续时间为 3h；多层高级宾馆的火灾延续时间为 2.0h。即第一种解读比以往规范的要求降低了，第二种解读比以往规范的要求提高了。考虑即使是多层高级宾馆，其各种灯具和装饰材料多，可燃物品多，火灾危险性大，人员密集，宜按第二种解读执行，即高级宾馆（包括多层和高层）的火灾延续时间取 3.0h。

5）在确定建筑物是否按表 3.6.2 的公共建筑综合楼进行取值时，为本建筑物服务的汽车库、非机动车库（含自行车库）和设备用房不单列为一种使用功能。

6）医疗建筑消火栓系统火灾延续时间按表 3.6.2 的其他公共建筑取值，包括门诊、病房、医技、中心供应、医院行政办公合建的医疗建筑，火灾延续时间 2.0h。

7）甲、乙、丙类仓库内大多储存着易燃易爆物品或大量可燃物品，其火灾燃烧时间一般均较长，消防用水量较大，且扑救较困难。因此，甲、乙、丙类仓库、可燃气体储罐采用 3.0h，直径小于 20m 的甲、乙、丙类液体储罐采用 4.0h；直径大于 20m 的甲、乙、丙类液体储罐和发生火灾后难以扑救的液化石油气罐采用 6.0h。

3.6.3 自动喷水灭火系统、泡沫灭火系统、水喷雾灭火系统、固定消防炮灭火系统、自动跟踪定位射流灭火系统等水灭火系统的火灾延续时间，应分别按现行国家标准《自动喷水灭火系统设计规范》GB 50084、《泡沫灭火系统设计规范》GB 50151、《水喷雾灭火系统设计规范》GB 50219 和《固定消防炮灭火系统设计规范》GB 50338 的有关规定执行。

【要点说明】本条规定了自动喷水灭火系统、泡沫灭火系统、水喷雾灭火系统、固定消防炮灭火系统、自动跟踪定位射流灭火系统等水灭火系统的火灾延续时间的确定原则。

1) 仓库采用早期抑制快速响应喷头的系统火灾延续时间为 1.0h。

2) 自动跟踪定位射流灭火系统包括自动消防炮灭火系统和大空间智能型主动喷水灭火系统。协会标准《自动消防炮灭火系统技术规程》CECS 245：2008 规定：自动消防炮扑救室内火灾的火灾延续时间不应小于 1.0h；扑救室外火灾的火灾延续时间不应小于 2.0h。协会标准《大空间喷水灭火规程》及广东省地方标准《大空间智能型主动喷水灭火系统技术规程》DBJ15—34—2004 均要求大空间智能型主动喷水灭火系统的火灾延续时间不应小于 1.0h。

3.6.4 建筑内用于防火分隔的防火分隔水幕和防护冷却水幕的火灾延续时间，不应小于防火分隔水幕或防护冷却水幕设置部位墙体的耐火极限。

【要点说明】本条规定了建筑内防火分隔水幕和防护冷却水幕的火灾延续时间确定原则：采用等效替代原则，火灾延续时间应与保护部位的防火墙或防火分隔物耐火极限一致。

1) 民用建筑的耐火等级分为一至四级，防火墙一至四级的耐火极限均为 3.0h，当在防火墙上设置防火分隔水幕或防护冷却水幕时，火灾延续时间应为 3.0h。其他墙体耐火极限见新版《建规》相关要求，其火灾延续时间应与墙体耐火极限一致。

2) 根据新版《建规》6.2.1 条："剧场等建筑的舞台与观众厅之间的隔墙应采用耐火极限不低于 3.00h 的防火隔墙"，当剧场、影院等建筑的舞台口设置防护冷却水幕（或防火分隔水幕）时，火灾延续时间应为 3.0h。

3) 根据《剧场建筑设计规范》JGJ 57—2000 第 8.1.3 条："舞台与后台部分的隔墙应采用耐火极限不低于 2.5h 的不燃烧体"，当舞台与后台（此后台指的是为舞台服务的附属用房）的洞口设置防火分隔水幕时，火灾延续时间不应小于 2.5h。

3.6.5 城市交通隧道的火灾延续时间不应小于表 3.6.5 的规定，一类城市交通隧道的火灾延续时间应根据火灾危险性分析确定，确有困难时，可按不小于 3.0h 计。

城市交通隧道的火灾延续时间   表 3.6.5

用途	类别	长度（m）	火灾延续时间（h）
可通行危险化学品等机动车	二	$500 < L \leqslant 1500$	3.0
	三	$L \leqslant 500$	2.0
仅限通行非危险化学品等机动车	二	$1500 < L \leqslant 3000$	3.0
	三	$500 < L \leqslant 1500$	2.0

【要点说明】本条规定了二、三类城市交通隧道的火灾延续时间，一类城市交通隧道

的火灾延续时间不应小于 3.0h。

3.3 问 题 解 答

问1：《消水规》第 3.1.1 条规定：仓库和民用建筑同一时间内的火灾起数应按 1 起确定，但表 3.2.2 对人数＞2.5 万人时，城镇同一时间内的火灾起数为 2 起，问：对于超大建筑群，若人数超过 2.5 万人，究竟是按 1 起火灾，还是 2 起火灾？3.2.2 条是否仅适用于市政消防给水设计，并不适用于民用建筑消防给水设计？

答：建筑物均按 1 起火灾考虑，但应注意《消水规》第 6.1.11 条对建筑群公用一套临时高压消防给水系统有要求：工矿企业消防供水的最大保护半径不宜超过 1200m，且占地面积不宜大于 200hm²；居住小区消防供水的最大保护建筑面积不宜超过 500000m²；公共建筑宜为同一产权或物业管理单位。《建水规范》第 3.2.2 条仅适用于市政消防给水设计，不适用于建筑物消防给水设计，这是市政消防和建筑物消防的区别。

问2：体积为 10000m³ 的单层、高度小于 24m 的丙类存储型物流中心建筑，参照何种建筑物确定室内外消火栓设计流量？

答：物流中心建筑是由建筑体和存储、运营空间以及建筑内部的物流设备设施组成。该物流中心建筑类似于丙类仓库，按《消水规》表 3.3.2 和表 3.5.2 中的仓库确定室内外消火栓设计流量。

问3：《消水规》第 3.2.2 条和 3.3.2 条在工程设计中如何运用？

答：1)《消水规》第 3.2.2 条是针对城市规划市政管网设计的，在城市规划中建筑物的建筑功能性质初步确定，但在实施过程中，建筑的规模和体量会发生很大变化，有可能市政管网的消火栓流量不满足建筑物室外消防流量的要求。

2)《消水规》第 3.3.2 条是针对具体建筑的室外消火栓流量。

3) 在城市规划设计中，如果市政管网的消火栓流量要完全满足建筑物室外消防流量的要求，市政供水设施及市政管网投资增大，但火灾是突发事件也是偶然事件，这样市政管网规划就存在经济性和合理性问题。

4) 在校园规划设计中，在一定的范围内经技术经济比较后，按《消水规》第 3.2.2 条和 3.3.2 条计算取大值，可以做到校园市政管网的消火栓流量满足建筑物室外消防流量的要求。

问4：《消水规》表 3.3.2 注 4："当单座建筑的总建筑面积大于 50 万 m² 时，建筑物室外消火栓设计流量应按本表规定的最大值增加一倍。"问：单座建筑总建筑面积如何计算？某建筑群地下室较大，总建筑面积仅指地上单栋建筑的面积？还是地上单栋建筑面积＋地下室总面积？或地上各栋建筑建筑面积之和＋地下室总建筑面积？

答：单座建筑的总建筑面积为地下室投影线范围内的所有建筑（含地下室），即单座建筑地上各栋建筑的建筑面积之和＋地下室总建筑面积。地下室上方的独立建筑称为单栋建筑。此外，两个地下室之间若仅以通道相连，并仅考虑通行，不停车，且两个地下室之间有防火门或防火卷帘分隔，则可算两个地下室。

问5：《消水规》3.3.2条和3.5.2条：1）地下建筑是指独立建造的地下建筑，还是包含建筑物附属的地下室？2）地下室设有汽车库的建筑物，室内和室外消火栓水量是否按照地上建筑和地下建筑分别取流量，然后选大者为设计流量？3）单独建造的地下建筑作为人防用，按地下建筑还是按人防计算室内消火栓设计流量？

答：1）地下建筑仅指独立建造的地下建筑，不含建筑物附属的地下室。

2）地下室设有汽车库的建筑物，汽车库的室内外消防设计流量按《汽车库规范》确定，而不是按地下建筑考虑。除汽车库以外的其他部位室内外消防设计流量，按功能根据表3.3.2和表3.5.2计算，取大值。

3）单独建造的地下建筑作为人防用，室内消火栓设计流量按表3.5.2人防工程取值。

问6：甲、乙、丙类可燃液体地上立式储罐的固定式冷却水系统设计流量和移动式冷却水系统设计流量都需要进行计算吗？

答：当储罐采用固定式冷却水系统时，需要按表3.4.2-1要求计算固定式冷却水设计流量，室外消火栓设计流量根据单罐储存容积查表3.4.2-3选取即可。当储罐采用移动式冷却水系统时，移动式冷却水系统的设计水量按表3.4.2-1要求计算，且不应小于15L/s。

问7：某商住楼，底部商业体积25000m³，室外地面至商业顶面高度小于24m，室外地面至住宅屋面高度为74m，查《消水规》表3.5.2确定商业室内消火栓设计流量时，按多层民用建筑还是高层民用建筑？

答：商业按多层，室内消火栓设计流量为25L/s，住宅按高层，室内消火栓设计流量为20L/s。除住宅部分的消火栓管道按20L/s设计流量进行水力计算外，其他的消火栓管道按25L/s设计流量进行水力计算，室内消火栓泵、消防水池等设计按25L/s设计流量进行计算。

问8：非机动车库（含自行车库）计算室内消火栓设计流量时，是否参照丁、戊类仓库？

答：非机动车库（含自行车库）为独立建造时，室内消火栓设计流量计算可参照丁、戊类仓库。但在实际工程中非机动车库（含自行车库）一般都不是独立建造，而是与其他使用功能的建筑合建，此时若参照丁、戊类仓库计算，室内消火栓设计流量会偏大。例如：一栋二类高层办公楼，地下室设有一类汽车库和自行车库，根据《汽车库规范》，汽车库室内消火栓设计流量为10L/s，查表3.5.2办公楼室内消火栓设计流量为20L/s，自行车库若参照大于24m丁、戊类仓库，室内消火栓设计流量为30L/s，从建筑规模和火灾危险性分析，非机动车库（含自行车库）比办公楼和汽车库都低。因此如把非机动车库（含自行车库）看作为高层办公楼的配套用房，取与办公楼相同的室内消火栓设计流量20L/s比较合理，而不需计算非机动车库（含自行车库）室内消火栓设计流量。

问 9：设置在住宅底部（地下室或一层）的储物间，室内消火栓设计流量如何计算？

答：可把储物间看作为住宅的配套用房，不用计算储物间室内消火栓设计流量，取与住宅相同的室内消火栓设计流量。

问 10：某建筑高 23m，1 层为层高 5m 的商业，面积 800m²，即体积 $V=4000m^3$；2 层及以上为住宅，住宅部分的总高度 18m。单独按首层商业计，体积小于 5000m³，可不设消火栓；单独按住宅楼层计，高度小于 21m，可不设消火栓。该建筑是否可以不设室内消火栓？

答：1）如果 1 层商业符合商业服务网点的条件，则该建筑定性为住宅建筑，因建筑高度＞21m，故应设室内消火栓，设计流量为 5L/s。

2）如果 1 层商业不符合商业服务网点的条件，1 层属于商业建筑，则该建筑应为住宅与商业合建的建筑，按新版《建规》第 5.4.10 条第 3 款："住宅部分和非住宅部分的安全疏散、防火分区和室内消防设施配置，可根据各自的建筑高度分别按照本规范有关住宅建筑和公共建筑的规定执行"，住宅的建筑高度根据新版《建规》附录 A 为 23m，应设室内消火栓，设计流量为 5L/s。商业体积小于 5000m³，根据新版《建规》8.2.1 条第 3 款，可不设室内消火栓，但从火灾危险性分析，商业的火灾危险性大于住宅，住宅要设室内消火栓，商业也应设室内消火栓，设计流量为 15L/s，室内消火栓系统设计流量取 15L/s。

问 11：某建筑高 20m，1 层为层高 5m 的商业，面积 1100m²，体积 $V=5500m^3$；2 层及以上为住宅，住宅部分的总高度 15m。该建筑是否要设室内消火栓？

答：1）如果 1 层商业符合商业服务网点的条件，则该建筑定性为住宅建筑，因建筑高度＜21m，故可不设室内消火栓。

2）如果 1 层商业不符合商业服务网点的条件，1 层属于商业建筑，则该建筑应为住宅与商业合建的建筑，按新版《建规》第 5.4.10 条第 3 款："住宅部分和非住宅部分的安全疏散、防火分区和室内消防设施配置，可根据各自的建筑高度分别按照本规范有关住宅建筑和公共建筑的规定执行"，住宅的建筑高度根据新版《建规》附录 A 为 20m，根据新版《建规》8.2.1 条第 2 款，可不设室内消火栓。商业的体积大于 5000m³，根据新版《建规》8.2.1 条第 3 款，应设室内消火栓，设计流量为 15L/s。因此该建筑商业要设室内消火栓，住宅可不设室内消火栓。

问 12：某建筑室内外高差 0.3m，1～5 层为商业，5 层顶面标高为 23.0m，商业部分体积 28000m³，6～25 层为住宅，住宅屋顶为 83m，住宅每单元设有二根消火栓立管，并在 25 层顶将每单元的两根消火栓立管连接。该建筑属于住宅与商业合建的建筑，根据新版《建规》第 5.4.10 条第 3 款的规定，商业部分高度小于 24m，按多层商业建筑查表 3.5.2，室内消火栓设计流量为 40L/s；住宅高度为 83.3m，查表 3.5.2，室内消火栓设计流量为 20L/s。问：住宅部分的室内消火栓立管水力计算是按住宅的室内消火栓设计流量 20L/s 计算，还是取大值按 40L/s 计算？

答：根据新版《建规》第 5.4.10 条第 3 款："住宅部分和非住宅部分的安全疏散、防火分区和室内消防设施配置，可根据各自的建筑高度分别按照本规范有关住宅建筑和公共建筑的规定执行"的规定，住宅部分的消火栓立管可按20L/s进行水力计算。

问13： 查《消水规》表3.5.2确定地下人防室内消火栓设计流量时，按地下建筑还是按人防工程？

答： 若该地下人防为独立建造，按人防工程。若该地下人防与其他使用功能的建筑合建，按平时使用功能查表3.5.2计算。

问14： 某建筑的一个防火分区内设有湿试自动喷水灭火系统和大空间智能型主动喷水灭火系统，合用一套供水设施，设计流量如何确定？

答： 《大空间喷水灭火规程》第4.2.7条："当大空间智能型主动喷水灭火系统的管网与湿式自动喷水灭火系统的合并设置时，必须满足下列条件：

1）系统的设计流量、水压和一次灭火用水量应满足两个系统中最大的一个设计流量、水压及一次灭火用水量的要求。

2）应同时满足两个系统的其他设计要求，并能独立运行，互不影响。"

当防火分区内设置自动喷水灭火系统的面积大于自动喷水灭火系统的作用面积时，分别计算自动喷水灭火系统和大空间智能型主动喷水灭火系统的设计流量，取大者值。

问15： 某建筑物地下1层为汽车库和非机动车库，地下室上方有A、B、C三栋楼，其中A、B楼为18层纯住宅，C楼1～2层为办公用房，3～16层为住宅，地下室与地上建筑有竖向电梯和楼梯连通，该建筑物消火栓系统火灾延续时间如何确定？

答： 汽车库消火栓系统火灾延续时间为2h，其他部位按表3.6.2的其他公共建筑取值，消火栓系统火灾延续时间为2h，该建筑物消火栓系统火灾延续时间应为2h。

问16： 某建筑1～2层为商业，3～6层为办公，7～15层为住宅，建筑高度为49.4m，消火栓系统火灾延续时间如何确定？

答： 该建筑有商业和办公两种功能的公共建筑，按表3.6.2的公共建筑综合楼取值，消火栓系统火灾延续时间应为3h。

问17： 《消水规》表3.3.2建筑物室外消火栓设计流量，表3.5.2建筑物室内消火栓设计流量中，设置地下车库的单层、多层建筑物的体积是否包括地下车库的体积？

答： 当单层、多层建筑物与地下车库有楼梯、电梯等连通时，单层、多层建筑物的体积应包括地下车库的体积。

问18： 《消水规》3.3.2条注4，单座建筑总建筑面积大于500000m²时，建筑室外消火栓设计流量应按本表规定最大值增加一倍，请问"单座建筑"如何定义？如果大地库加上多栋地上建筑总面积超500000m²，室外消防水量是否需要加倍？

答： 单座建筑是指地下室投影线范围内的所有建筑（地下室与投影线范围内的地面所有建筑均有楼梯、电梯等连通），这些建筑的面积之和为单座建筑的面积。如果大地库加上多栋地上建筑总面积超500000m²，室外消防水量需要按《消水规》表3.3.2规定的数值增加一倍。

问 19:《消水规》表 3.3.2 及表 3.5.2 中地下建筑具体范围请明确。住宅下的地下汽车库是否属于地下建筑?

答:1) 地下建筑是指修建在地表以下的供人们进行生活或其他活动的房屋或场所,是广场、绿地、道路、停车场、公园等用地下方相对独立的地下建筑,其中地下轨道交通设施、地下市政设施、地下特殊设施除外。为地下建筑服务的地上建筑,其面积也计入地下建筑面积。

2) 当住宅下的地下汽车库与住宅有楼梯、电梯连通时,地下汽车库不属于地下建筑;当住宅下的地下车库与住宅没有楼梯、电梯连通时,地下车库属于地下建筑。无论地下车库是否属于地下建筑,其室内外消火栓设计流量均按《汽车库规范》相关规定计算确定,不按《消水规》表 3.3.2 和表 3.5.2 的地下建筑取值计算。

问 20:《消水规》3.4.4 条,除覆土油罐外的其他甲乙丙类液体覆土罐(如酒精罐)消防用水量如何确定?

答:一般军事上的战略储备油库采用覆土罐,工业、民用的甲、乙、丙类可燃液体储罐一般采用地上立式储罐或卧式储罐,无覆土地下及半地下立式储罐的型式。甲、乙、丙类可燃液体储罐地上立式储罐、卧式储罐的消防用水量按 3.4.2 条和 3.4.3 条的规定选取。

问 21:《消水规》表 3.5.2 当一座多层建筑有多种使用功能时,室内消火栓设计流量应分别按照本表中不同功能计算,且应取最大值。是不是高层商住楼等仍然按照一栋建筑物总体考虑,按照一类或二类公建根据表 3.5.2 选择即可?

答:1) 当一座多层建筑有多种使用功能时,室内消火栓设计流量应根据总体积按表 3.5.2 中的不同功能分别计算,取最大值。

2) 当住宅(包括设有商业服务网点的住宅)与其他使用功能的建筑合建时,住宅部分和非住宅部分的室内消火栓设计流量可分别计算。当住宅设置在非住宅上部时,住宅部分高度按新版《建规》附录 A 第 A.0.1 条计算,非住宅部分高度为室外地面至非住宅部分的顶面面层高度。室内消火栓系统总的设计流量取大值。

3) 上述高层商住楼,住宅部分和商业部分的室内消火栓设计流量可分别计算。住宅部分高度按新版《建规》附录 A 第 A.0.1 条计算,住宅部分根据高度按《消水规》表 3.5.2 中的高层住宅确定室内消火栓设计流量。商业部分高度为室外地面至商业顶面面层高度。如商业部分高度不大于 24m,根据商业部分体积按《消水规》表 3.5.2 中的多层商店确定室内消火栓设计流量;如商业部分高度大于 24m,根据商业部分高度按《消水规》表 3.5.2 中的高层二类公共建筑或一类公共建筑确定室内消火栓设计流量。室内消火栓系统总的设计流量取大值。

问 22:《消水规》3.5.2 条表 3.5.2 中"同时使用消防水枪数"如何理解?比如 27<h≤54m 住宅要求 2 股水柱是否与 7.4.6 条"建筑高度小于或等于 54m 且每单元设置

一部疏散楼梯的住宅……可采用1支消防水枪的1股充实水柱到达室内任何部位"矛盾？现此类建筑有的图审仍要求采用两股水柱同时到达。

答： 表3.5.2中"同时使用消防水枪数"是指建筑物发生火灾时，室内消火栓系统中同时使用的消防水枪数量，是计算消火栓设计流量的依据。发生火灾时，除了着火层需要使用消火栓外，着火层的上层、下层也需要考虑使用消火栓进行防护冷却或灭火。7.4.6条"建筑高度小于或等于54m且每单元设置一部疏散楼梯的住宅……可采用1支消防水枪的1股充实水柱到达室内任何部位"，是住宅平面室内消火栓的布置原则，依据该原则确定住宅平面消火栓的数量。因此3.5.2条表3.5.2与7.4.6条没有矛盾，建筑高度小于或等于54m且每单元设置一部疏散楼梯的住宅可采用1支消防水枪的1股充实水柱到达室内任何部位。

问23：《消水规》3.5.3条室内设一种或两种以上自动水灭火系统全保护时，可以考虑减少水量；"全保护"的含义是什么？例如：地下车库上方为住宅时，车库设自喷，住宅无自喷，那么地下车库消火栓水量是否可以减少？

答： 全保护是指建筑物室内设有一种或一种以上自动水灭火系统对建筑物的各个部位（除楼梯间、屋顶水箱间等不需要设置喷头的部位和电器间等不宜用水扑救的部位）进行了全部保护。自动水灭火系统包括自动喷水灭火系统、水喷雾灭火系统、泡沫灭火系统、大空间智能型主动喷水灭火系统或固定消防炮灭火系统等。

汽车库室内消火栓设计流量根据《汽车库规范》确定，不按《消水规》表3.5.2确定，不存在是否可以减少的问题。

3.4 延伸思考

延展思考内容旨在交流和探讨，本节部分资料原始出处可能无法考证，文中观点和结论仅供参考。

思考1：《消水规》3.1.1条第一款中，工厂、堆场和储罐区与附有居住区民用建筑室外消防给水系统分开设置时，室外消防给水用水量应分别计算。

分析： 1）由于工厂、堆场和储罐区占地规模较大，其室外消防给水系统与附有居住区合用，管线敷设较长，从系统的可靠性、经济性不是十分合理，管理上也比较复杂。

2）如工厂、堆场和储罐区外消防给水用水量标准与附有居住区民用建筑差别较大，按较大流量确定管径也不合理。

3）工厂、堆场和储罐区与附有居住区民用建筑室外消防给水系统分开设置时，虽增加消防水池和消防泵房，但水泵扬程和配备电机功率可以减小，综合合理性较高。

思考2： 区域消防系统中，建筑物一起火灾的消防水量与消防设计流量的相互关系。

分析： 一起火灾的消防水量是由建筑物消防设计流量确定的，区域消防系统一起火灾的消防用水量取各栋建筑物消防用水量最大值，而区域消防系统的消防设计流量是由各栋建筑的各个消防系统流量取最大值确定的。由于每栋建筑物的火灾危险性、建筑功能性质、耐火等级和建筑体积不同，一栋建筑物一起火灾的消防设计流量，应按建筑物需要同时作用的各种水灭火系统最大设计流量之和确定。因此区域消防系统用水量应满足每栋建筑物一起火灾的消防用水量，取最大值。

思考3：中国工程建设协会有关消防标准在工程中的应用。

分析：1）中国工程建设协会有关消防标准是推荐性标准，建议提倡使用。

2）有些标准是针对某一具体标准化对象（如新技术、新设备）制定的标准，属于专用标准范畴。按照《消水规》第1.0.3条的条文解释中关于"四新"采用原则使用。

3）中国工程建设协会组织制定的标准目前是政府行为，是倡导方向。

4）有些消防部门不同意在设计、施工中采用中国工程建设协会有关消防标准作为依据，因此当工程中要采用中国工程建设协会有关消防标准时，应征得当地消防部门的同意。

5）中国工程建设协会有关消防的标准有：

《合成型泡沫喷雾灭火系统应用技术规程》CECS 156：2004；

《注氮控氧防火系统技术规程》CECS 189：2005；

《厨房设备灭火装置技术规程》CECS 233：2007；

《简易自动喷水灭火系统应用技术规程》CECS 219：2007；

《自动消防炮灭火系统技术规程》CECS 245：2008；

《自动喷水灭火系统薄壁不锈钢管管道工程技术规程》CECS 229：2008；

《自动喷水灭火系统CPVC管管道工程技术规程》CECS 234：2008；

《大空间智能型主动喷水灭火系统技术规程》CECS 263：2009；

《气体消防设施选型配置设计规程》CECS 292：2011；

《旋转型喷头自动喷水灭火系统技术规程》CECS 213：2012；

《惰性气体灭火系统技术规程》CECS 312：2012；

《干粉灭火装置技术规程》CECS 322：2012；

《探火管灭火装置技术规程》CECS 345：2013；

《三氟甲烷灭火系统技术规程》CECS 359：2014；

《外储压七氟丙烷灭火系统技术规程》CECS 386：2014；

《烟雾灭火系统技术规程》CECS 169：2015；

《七氟丙烷泡沫灭火系统技术规程》CECS 394：2015。

6）大空间智能型主动喷水灭火系统的消防给水设计流量按《大空间喷水灭火规程》确定。

思考4：消防资料在设计中如何应用。

分析：1）建筑物的消防用水量与建筑所处的地理位置、当地的气象条件等有关。

2）当地火灾统计资料、火灾扑救用水量统计资料是城镇现有区域的消防资料，当建设新的城区时，原有城区的消防资料可以作为参考。

3）新城区的形式和内容与原有城区不同时，需参照相似城区的消防资料。

思考5：城市规划市政管网设计中如何考虑城镇同一时间内的火灾起数？

分析：1）城市规划市政管网设计的供水区域、服务人数与供水区域同一时间内的火灾起数相协调。其消防流量为同一时间内的火灾起数和一次火灾设计流量的乘积。

2）多水源城市规划市政管网设计采用协调供水方案，保证消防供水。

思考6：市政消防给水设计流量是否要考虑规划中的各类建筑室内外同时作用的水灭火系统设计流量之和？

分析：1）《消水规》3.2.3条为快速发展的工业园区、商务区、居住区的市政消防给水设计流量提供依据，同时由于各具体工程的复杂性不一，带来工业园区、商务区、居住区的市政消防给水设计流量不确定性。

2）从安全可靠、技术先进、经济适用及保护环境四个方面进行分析比较，确定市政消防给水系统方案，确定市政消防给水设计流量。

思考7：在计算地上立式储罐冷却水量时，当浮顶、内浮顶的浮盘采用易熔材料制作时，内浮顶罐的喷水强度应按固定顶罐计算，此时喷水强度较大，计算得出的固定和移动式消防设计流量较大，且邻罐界定严格。不锈钢材料本身属于非易熔材料，但是作为不锈钢浮盘、内浮盘材料时，计算冷却水量宜按照易熔材料进行。

分析：不锈钢材料制作浮盘、内浮盘，构造厚度1~2mm时强度即可满足要求。但是1~2mm的不锈钢材料，耐燃烧性能较差，这种情况下宜划分为易熔材料。

思考8：与其他使用功能合建的非机动车库（含自行车库），住宅底部的储物间，室内消火栓设计流量如何计算确定。

分析：《消水规》表3.5.2中未单列出非机动车库（含自行车库）、住宅储物间的室内消火栓设计流量，新版《建规》第1.0.4条的条文解释："当同一建筑内，可能会存在多种用途的房间或场所，如办公建筑内的会议室、餐厅、锅炉房等，属于同一使用功能"，也即办公建筑内的会议室、餐厅、锅炉房是办公建筑的配套用房，仍属于办公建筑。与其他使用功能合建的非机动车库（含自行车库）可视为合建建筑的配套用房，其室内消火栓设计流量，与其他使用功能相同。设置在住宅底部的储物间，可视为住宅的配套用房，其室内消火栓设计流量，与住宅相同。

思考9：设置在住宅建筑的首层或二层，每个分隔单元建筑面积不大于300m²的物管用房，可定义为商业服务网点。

分析：新版《建规》对商业服务网点的定义："设置在住宅建筑的首层及二层，每个分隔单元建筑面积不大于300m²的商店、邮政所、储蓄所、理发店等小型营业性用房"。设置在住宅建筑的首层及二层，每个分隔单元建筑面积不大于300m²的物管用房的耐火等级、体积与商店、邮政所、储蓄所、理发店等小型营业性用房相当，火灾危险性比商店、邮政所、储蓄所、理发店等小型营业性低，因此，当物管用房符合商业服务网点定义的条件时，可按住宅的商业服务网点考虑，不定义为办公建筑，其室内消火栓设计流量与住宅相同。

思考 10: 对符合《消水规》3.5.3 条的建筑，室内消火栓设计流量减少的问题。

分析：《消水规》表 3.5.2 的室内消火栓设计流量是最小流量，根据以往灭火用水量统计，扑救大火灾的平均用水量为 90L/s，对于人员密集、火宅危险性大的公共建筑（如商场、展览等），一旦发生火灾大多数为大火灾，因此即使符合《消水规》3.5.3 条室内消火栓设计流量可以减少的条件时，其室内消火栓设计流量也不宜减少。

3.5 应用实例

例 1: 某智能电网科研产业基地，占地 66.675hm²，设有生产加工、试验测试等厂房以及研发办公、后勤保障等建筑，除研发办公楼为高层建筑，其他均为单层或多层建筑，厂房为丙类厂房。研发办公体积为 245000m³，最大厂房体积为 105000m³，室外消防给水用水量如何确定？

解答：

1）科研产业基地占地 66.675hm²，小于 100hm²，适用于《消水规》3.1.1 条第 1 款。

（1）后勤保障区域设有宿舍 20000m²，居住区人数小于 1.5 万人，同一时间火灾起数为 1 起。

（2）厂房和民用建筑的体积均大于 50000m³，室外消火栓设计流量为 40L/s。

（3）丙类厂房的火灾延续时间为 3h，研发办公建筑的火灾延续时间为 2h。

（4）室外消防给水用水量 = 1×40×3.6×3 = 432m³。

2）建设中，增加了丙类库房，体积为 195000m³，室外消防给水用水量调整如下：

（1）库房体积均大于 50000m³，室外消火栓设计流量为 45L/s。

（2）丙类库房的火灾延续时间为 3h。

（3）室外消防给水用水量 = 1×45×3.6×3 = 486m³。

例 2: 项目演播中心为高层建筑，消防最不利区域为舞台防火分区，舞台消防系统设有消火栓系统（40L/s）、自喷系统（30L/s）、舞台葡萄架下采用雨淋灭火系统（90L/s）、舞台口水幕保护系统（20L/s），该建筑的消防用水量为多少？

解答：

1）该建筑消防最不利区域为舞台防火分区，其最大的消防用水量就是舞台防火分区的用水量。

2）防护区内舞台需要同时作用的各种水灭火系统是消火栓系统、雨淋灭火系统、水幕保护系统，此时消防用水量最大。

3）消火栓系统和水幕保护系统火灾延续时间为 3h，雨林灭火系统火灾延续时间为 1h。该建筑的消防用水量 = (40+20)×3.6×3+90×3.6×1 = 972m³。

例 3: 高层住宅其地下室为Ⅰ类汽车库，其室外消火栓设计流量如何计算？

解答：

1）此类建筑不属于住宅建筑与其他使用功能合建的建筑。

2）汽车库室外消火栓设计流量与体积无关，按汽车库的分类确定。

3）高层住宅室外消火栓设计流量为 15L/s，I 类汽车库室外消火栓设计流量为 20L/s，取两者较大值，为 20L/s。

4）如地下室除汽车库外，还设有超市和商业等建筑功能，室外消火栓设计流量按高层公共建筑，建筑体积按地下体积和地上体积之和确定。

例 4： 某罐区设石脑油立式储罐 3 个，罐容积 5000m³，罐尺寸为 ϕ23.7m×H13m；汽油立式储罐 4 个，罐容积 2000m³，罐尺寸为 ϕ15.78m×H11.37m。储罐形式均为固定顶罐。罐区布置见图 3-2。试计算该罐区消防给水设计流量。

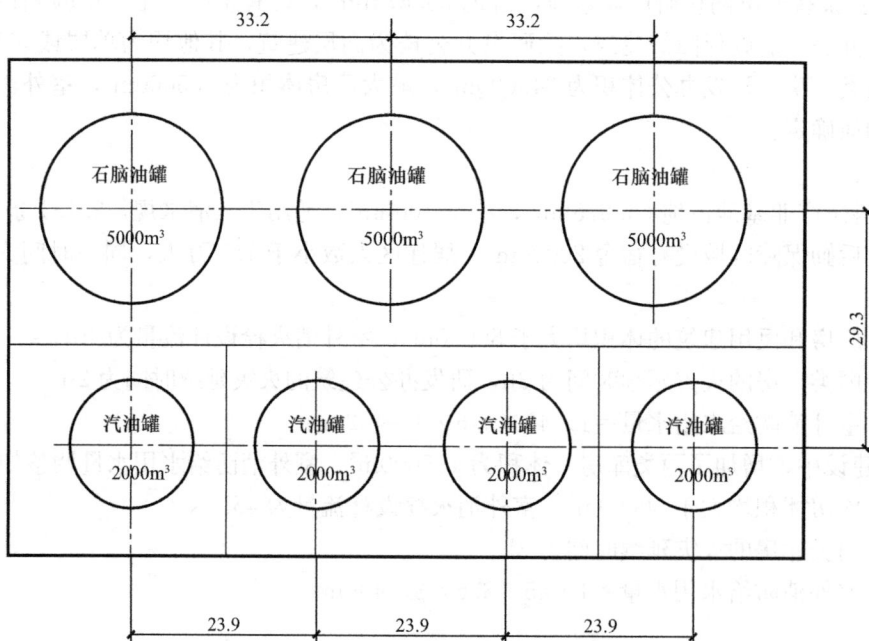

图 3-2 某罐区平面布置图

解答： 汽油、石脑油的火灾危险性类别均为甲类，应设置泡沫灭火系统、固定冷却水系统和室外消火栓系统，罐区消防给水设计流量为三者消防水设计流量之和。按图 3-2 布置的最不利组合，着火罐取居中的 5000m³ 石脑油罐，邻罐取另外 2 个 5000m³ 石脑油罐和 1 个 2000m³ 汽油罐。

1）泡沫灭火系统设计流量计算

按照《泡沫规范》，泡沫灭火系统设计流量为罐横截面积与泡沫混合液供给强度的乘积。查表 4.2.2-1，泡沫混合液供给强度为 6L/(min·m²)，设计流量计算如下：

$$\pi \times (23.7m)2/4 \times 6L/(min·m²) = 2645.6L/min = 44L/s$$

选用 2 个 24L/s 泡沫产生器，实际需要水量 48L/s＝172.8m³/h

2）固定冷却水系统设计流量计算

（1）着火罐

查表 3.4.2-1，喷水强度按固定顶罐选取，为 2.5L/（min·m²），保护范围为罐壁表面积，固定冷却水系统设计流量如下：

$$\pi \times 23.7m \times 13m \times 2.5L/(min \cdot m^2) = 2418.6L/min = 145.1m^3/h$$

（2）邻罐

喷水强度与着火罐相同，为 $2.5L/(min \cdot m^2)$，保护范围为罐壁表面积的 1/2，固定冷却水系统设计流量如下：

$$\pi \times 23.7m \times 13m \times 1/2 \times 2.5L/(min \cdot m^2) \times 2 +$$
$$\pi \times 15.78m \times 11.37m \times 1/2 \times 2.5L/(min \cdot m^2)$$
$$= 2418.6L/min + 704.2L/min$$
$$= 3122.8L/min$$
$$= 187.4m^3/h$$

3）室外消火栓系统设计流量计算

查表 3.4.2-3，单罐容积 $\leqslant 5000m^3$，室外消火栓系统设计流量为 $15L/s = 54m^3/h$。

该罐区消防给水设计流量为以上三项水量之和：

$$172.8m^3/h + 145.1m^3/h + 187.4m^3/h + 54m^3/h = 559.3m^3/h。$$

第4章 消 防 水 源

4.1 条 文 综 述

本章节条文共计 26 条，其中有 10 条强制性条文。对市政给水、消防水池、天然水源等消防水源作出了基本的规定，明确了基本设计参数、适用范围、设计原则。

4.2 条 文 要 点 说 明

4.1.1 在城乡规划区域范围内，市政消防给水应与市政给水管网同步规划、设计与实施。

【要点说明】本条明确了本规范的制定目的。

1）在城乡规划区域范围以内，市政部门依国家《室外水规范》及《城镇水规范》，做好城镇给水系统的规划、勘察、设计、施工、维护和管理，严格遵循安全供水、保障服务、节约资源、保护环境、循环协调发展的原则，同步规划、同步设计、同步实施的"三同时"准则，各负其责。本规范以消防用水为主，在其规划范围内，按要求应有市政供水及市政道路消火栓到位。对于个别城镇出现问题，应尽快完善，尽量做到"三同时"。

2）在城乡规划区域范围以外，如旅游度假区，疗养院等无市政供水区域，应充分利用自然水源和地下水源，合理的解决好消防用水，要做到"三同时"是不现实的，也是无法实现的。在城乡规划区域范围外的，不是本规范涉及的范围。

4.1.2 消防水源水质应满足水灭火设施的功能的要求。

【要点说明】消防水源水质是由灭火设施决定的，不同的灭火设施要求不同的水质。

消火栓系统应考虑消防泵、消防水带和消防水枪对水质的要求，按国家有关水质标准执行。

自动喷水灭火系统水质要求应为无污染、无腐蚀、无悬浮物，水中杂质不得影响自喷喷头的灭火效果为准则，一般比消火栓要求高一些。

泡沫灭火系统水质要求按灭火设施来看，只是系统多了一套泡沫罐，水质同自动喷水灭火系统水质。

消防炮灭火系统水质要求按灭火设施归类应与消火栓基本相同，故水质同消火栓灭火系统。

水喷雾灭火系统水质要求因其灭火设施要高，需高压雾化灭火，水质应高于除细水雾灭火系统之外的所有水灭火系统，按其性质应略比直饮水水质标准低一点，水质不需要对其重金属、阴离子合成洗涤剂、挥发酚类、硫酸盐氯化物、高锰酸钾消耗量、总有机碳（TOC）等对人体有害物质加以严格的限制，按国家有关水质标准执行。

4.1.3　消防水源应符合下列规定：

1　市政给水、消防水池、天然水源等可作为消防水源，并宜采用市政给水；

2　雨水清水池、中水清水池、水景和游泳池宜作为备用消防水源。

【要点说明】作为消防水源首先应满足其水质要求，其次是水量要求。

水源是指水的来源，水是消防之本。消防水池、雨水清水池、中水清水池、水景和游泳池等均为蓄水构筑物，并非水源，不能作备用水源。而人们误认为是该构筑物内的水，澄清之。

天然水是指构成自然界地球表面各种形态的水相的总称。包括江河、海洋、冰川、湖泊、沼泽等地表水以及土壤、岩石层内的地下水等天然水体。而市政给水只是天然水源的一种表现形式而已，是目前城市用水的主要来源，更是消防的主要来源。

备用消防水源是指在灭火时超出设计标准的贮水水源（作为火灾用水量超过设计标准用水量时的补充水源），在计算消防水池有效容积时，不宜计入在内。其水源是由天然形成或人工修建的各种蓄水构筑物（雨水清水池、中水清水池、水景和游泳池等）中的水，在满足本身功能外，消防应急时可作为备用水源。

4.1.4　消防给水管道内平时所充水的 pH 值应为 6.0～9.0。

【要点说明】pH 值是最常用的水质检测指标之一，我国《生活饮用水卫生标准》GB 5749—2006 中 pH 为 6.5～8.5，而消防要求的水 pH 应涵盖生活饮用水卫生标准值，本规范消防充水的 pH 在 6～9 范围是合理的。不会影响消防管道、设备、构筑物的正常使用。

4.1.5　严寒、寒冷等冬季结冰地区的消防水池、水塔和高位消防水池等应采取防冻措施。

【要点说明】本条为强制性条文，必须严格执行，本条文执行难点为：

1）我国气候分区是按照现行国家标准《民用建筑热工设计规范》GB 50176 的规定而确定的，主要划分为五个气候区，即严寒地区、寒冷地区、夏热冬冷地区、夏热冬暖地区、温和地区，与防冻有关的只有严寒、寒冷两地区。

严寒地区：主要是指东北、内蒙古和新疆北部、西藏北部、青海等地区，累年最冷月平均温度≤－10℃或日平均≤5℃的天数，一般在 145 天以上地区，冰土层深度一般为 1.5～2.5m。

寒冷地区：主要是指我国北京、天津、河北、山东、山西、宁夏、陕西大部、辽宁南部、甘肃中东部、新疆南部、河南、安徽、江苏北部以及西藏南部等地区。其主要指标为：最冷月平均温度 0～－10℃，辅助指标为：日平均温度≤5℃的天数为 90～145 天。冰土层深度一般为 0.7～1.5m。

2）防冻措施：消防水池、水塔和高位消防水池、高位消防水箱的防冻措施有两种：

（1）被动保温法：采用传统的物理保温材料，按绝热保温详细计算并按有关标准图集严格施工。

（2）主动保温法：在被动保温法的基础上，在有采暖条件的建筑物内，保证冬季水箱间的环境温度不低于4℃温度；在无采暖条件时，可采用自动温度控制系统（如电伴热系统等）确保水箱内水不结冰。

4.1.6 雨水清水池、中水清水池、水景和游泳池必须作为消防水源时，应有保证在任何情况下均能满足消防给水系统所需的水量和水质的技术措施。

【要点说明】本条为强制性条文，必须严格执行。

人工修建的各种蓄水构筑物（雨水清水池、中水清水池、水景和游泳池等）均为蓄水构筑物，并非水源，而构筑物中蓄的水，才是我们需要的。

凡具有其他使用功能的间歇性的水池内的存水，必须作为消防水源时，要认真评估作为消防水源的风险度，应有保证在任何情况下均能满足消防给水系统所需水量和水质的技术措施，设置消防专用吸水井，具体要求详见规范第4.3.7条及规范第4.3.8条之要点说明，提高消防供水的可靠性。

所有兼做消防水池的蓄水构筑物，消防不能直接从池中吸水，不得影响正常使用。

4.2.1 当市政给水管网连续供水时，消防给水系统可采用市政给水管网直接供水。

【要点说明】连续供水要满足消防供水所需的消防水压及消防水量，缺一不可，详见《消水规》第2.1.2、2.1.3、2.1.4条名词解释。而间断供水的给水系统不得作为消防水源。

在市政管网连续供水时，市政给水管网均设有室外消火栓，《消水规》第7.2.8条，以强制性条文的方式规定了"平时运行工作压力不应小于0.14MPa，火灾时水力最不利消火栓的出流量不应小于15L/s，且供水压力从地面算起不应小于0.10MPa"。依此条可以确定消防供水管所能提供的压力。消防流量可以按《消水规》第4.3.5条第3款"消防水池进水管管径和流量应根据市政给水管网或其他给水管网的压力、入户引入管管径、消防水池进水管管径，以及火灾时其他用水量等经水力计算确定，当计算条件不具备时，给水管的平均流速不宜大于1.5m/s"。

消防进水管径与进水量的关系表（$V=1.5m/s$）　　表4-1

序号	管径	进水量（m³/h）	设计秒流量 L/s
1	DN100	46.80	13.0
2	DN125	72.00	20.0
3	DN150	102.60	28.5
4	DN200	165.60	46.0
5	DN250	270.00	75.0
6	DN300	396.00	110.0

4.2.2 用作两路消防供水的市政给水管网应符合下列条件要求：

1　市政给水厂应至少有两条输水干管向市政给水管网输水；

2　市政给水管网应为环状管网；

3　应至少有两条不同的市政给水干管上不少于两条引入管向消防给水系统供水。

【要点说明】本条给出了是否满足两路消防供水的判定标准和原则：

规范第 4.1.1 条提出"三条同时"要求，确保城市市政给水管网建设的必要条件。本条提出满足两路供水的三条准则，缺一不可。应用时注意"至少两条"表示多于两条也可；"不同的市政给水干管"并非"不同市政给水道路上的给水干管"，同一道路上的不同市政给水干管也算。

第 1、2 款已在《室外水规范》第 7.1.3 条"输水干管不宜少于两条"，城镇的事故用水量为设计水量的 70%。《城镇水规范》第 3.4.3 条第 5 款："事故用水量为设计水量的 70%，城镇配水管网干管应成环状布置"予以规定。不是消防设计人员所能控制的，消防设计人员只能依照市政资料，利用市政资料。

市政设计资料系市政供水方面的，设计时往往无法得到第一手的资料，实际操作时可向当地自来水公司或市政管理部门索取资料或了解相关情况，如情况不明时，可按安全供水考虑，即按一路进水考虑。

长期以来，很多设计人员经常冒险"假两路"的标准来设计（假两路极具欺骗性，应特别注意），此条可以作为设计人员自身保护的依据，也是《消水规》条文第 4.3.4 "当消防水池采用两路消防供水且在火灾情况下连续补水能满足消防要求时，消防水池的有效容积应根据计算确定，但不应小于 100m³，当仅设有消火栓系统时不应小于 50m³"作安全保证。

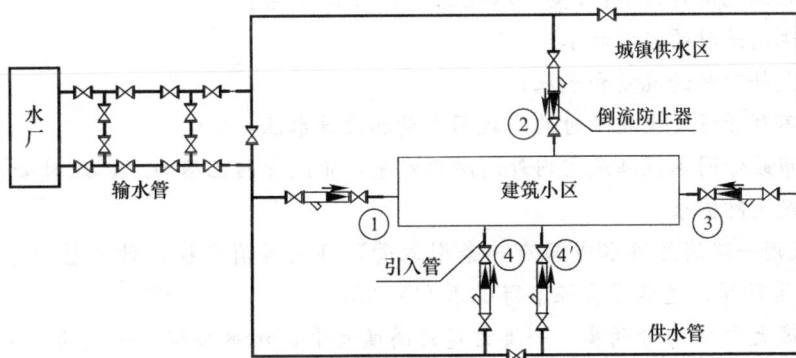

图 4-1　单水源两路输水环状供水管网

图 4-1 为单水源两路输水环状供水管网，引入管 1~4，四个供水点中任何两个引入点均满足两路消防供水要求。引入管 4、引入点 4′，只要市政管在其之间有阀门，此两个引入管也满足两路消防供水要求。

图 4-2 为多水源两路输水环状供水管网，城镇管网按压力分为高低区，其中引入管 1~4 为低区，四个供水点中任何两个引入点均满足两路消防供水要求。引入管 5~8 为高区，四个供水点中任何两个引入点均满足两路消防供水要求。引入管 4、引入点 4，引入管 8、引入点 8′，只要市政管在其之间有阀门，此两个引入管也满足两路消防供水要求。

4.3.1　符合下列规定之一时，应设置消防水池：

1　当生产、生活用水量达到最大时，市政给水管网或入户引入管不能满足室内外消防给水设计流量；

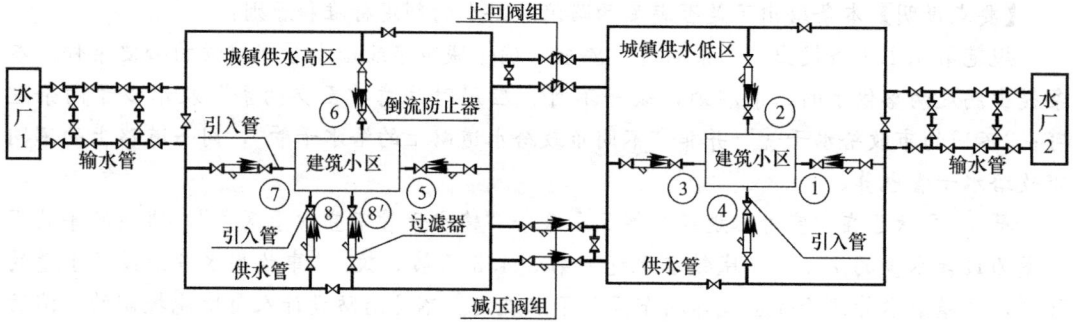

图 4-2 多水源两路输水环状供水管网

2 当采用一路消防供水或只有一条引入管，且室外消火栓设计流量大于20L/s或建筑高度大于50m时；

3 市政消防给水设计流量小于建筑室内消防给水设计流量。

【要点说明】此条为判断消防为临时高压制时，市政供水能否满足消防供水的必要条件，也是设置消防水池的必要条件。任何一条不满足，就需要设置消防水池；当然，此条不含高压消防系统及天然水源的利用。

1）最大时设计流量是城市配水管网进行水力平差计算的依据，同时城市配水管网必须按下列三种工况进行校核：《室外水规范》第7.1.10条：

（1）发生消防时的流量和水压；

（2）最大转输时的流量和水压；

（3）最不利管段发生故障时的事故用水量和设计水压；

若此时市政管网不能满足室内外消防用水量，市政管网已尽力了，此时必须设置消防水池，以满足消防需求。

2）当采用一路消防供水或只有一条引入管，且室外消火栓设计流量大于20L/s时，按$v=1.5$m/s计算，进水管管径不得小于$DN125$；

建筑高度大于50m分两类，一类为建筑高度大于50m的公建，一般为一类高层建筑，火灾危险等级高，危害大，影响范围广，消防设施多，用水量大，仅消火栓用水量已达到40L/s，还有自喷、智能水炮、水幕、雨淋等等消防设施，一路消防供水是很难满足室内消防要求的，室外消防就更难满足要求，故此必须设置消防水池。

对于建筑高度大于54m的住宅建筑，消火栓用水量只有20L/s，没有自喷、智能水炮、水幕、雨淋等等消防设施，一路消防供水一般可以满足室内消防要求，但要同时满足室外消防最大为15L/s，一般难以满足要求，故也必须设置消防。难点是介于50～54m住宅，应结合当地消防主管部门的管理要求，明确其归属。

4.3.2 消防水池有效容积的计算应符合下列规定：

1 当市政给水管网能保证室外消防给水设计流量时，消防水池的有效容积应满足在火灾延续时间内室内消防用水量的要求；

2 当市政给水管网不能保证室外消防给水设计流量时，消防水池的有效容积应满足火灾延续时间内室内消防用水量和室外消防用水量不足部分之和的要求。

【要点说明】此条中消防水池有效容积的计算是建立在两个"保证"的前提下，应根据实地调查，评估风险，合理设计消防水池容积。对于消防水池有效容积的计算可按下述计算过程和方法进行：

1）根据条文第 1 款和第 2 款来计算需要的总容积（V_Z）；

2）按照《消水规》第 4.3.5 条计算合理的补水量（V_b）；

3）消防水池的有效容积（$V_{有效}$）＝总容积（V_Z）－火灾延续时间内的补水容积（V_b）

4.3.3 消防水池的给水管应根据其有效容积和补水时间确定，补水时间不宜大于 48h，但当消防水池有效总容积大于 2000m³ 时，不应大于 96h。消防水池给水管管径应经计算确定，且不应小于 $DN100$。

【要点说明】当从室外不同市政给水干管上分别引入一根消防水池补水管作为火灾时的连续补水量，应按其中较小管径的补水管进行计算，宜采用水力浮球阀控制，不应采用直接作用式浮球阀（直接作用式浮球阀在通常情况下是缩径进水的）。

4.3.4 当消防水池采用两路供水且在火灾情况下连续补水能满足消防要求时，消防水池的有效容积应根据计算确定，但不应小于 100m³，当仅设有消火栓系统时不应小于 50m³。

【要点说明】本条为强制性条文，必须严格执行。

火灾时，两路供水且连续补水能满足消防用水量要求，原则上是不需要消防水池的。此强条的目的是解决消防泵吸水与市政两路供水不能直接吸取的矛盾。

消防泵不能直接吸取市政管网水时，必须设置消防吸水消防水池，此消防有效容积应根据《消水规》第 4.3.6 条最低有效水位以上有效消防容积计算确定，但不应小于 100m³，当仅设有消火栓系统时不应小于 50m³ 相符合，不得含糊。

此条款的内容应含：

1）两路供水，既满足《消水规》第 4.2.2 条规定。

2）火灾时能连续补水，连续补水时间应低于等于建筑物火灾延续时间。

3）消防水池的有效容积应计算确定，理论上应按消防水泵最短运行时间和消防流量乘积确定。但在工程应用中，仅设有消火栓系统时不应小于 50m³，其余不应小于 100m³ 确定。

4）如我国部分地区或城市，当地自来水公司允许，可以不设消防水池，直接从室外管网上吸水，与消防水池设置无关，那就另当别论。

4.3.5 火灾时消防水池连续补水应符合下列规定：

1 消防水池应采用两路消防给水；

2 火灾延续时间内的连续补水流量应按消防水池最不利给水管供水量计算，并可按下式计算：

$$q_f = 3600Av$$

式中 q_f——火灾时消防水池的补水流量，m³/h；

　　　A——消防水池给水管断面面积，m²；

　　　v——管道内水的平均流速，m/s。

3 消防水池给水管管径和流量应根据市政给水管网或其他给水管网的压力、入户管管径、消防水池给水管管径，以及消防时其他用水量等经水力计算确定，当计算条件不具备时，给水管的平均流速不宜大于 1.5m/s。

【要点说明】两路供水，既满足《消水规》条文 4.2.2 条规定。连续补水就是在火灾延续时间内连续不断的补水，满足《消水规》条文第 4.2.1 条规定。

火灾延续时间应按规范要求确定。补水量按照最不利进水管计算，其补水量优先按照水力计算确定；当计算条件不具备时，给水管平均流速可按 1.5m/s 考虑。

4.3.6 消防水池的总蓄水有效容积大于 500m³ 时，宜设两格能独立使用的消防水池；当大于 1000m³ 时，应设置能独立使用的两座消防水池，每格（每座）消防水池应设置独立的出水管，并应设置满足最低有效水位的连通管，且其管径应能满足消防给水设计流量的要求。

【要点说明】本条的应用难点有以下几条：

1)"两格"和"两座"的区别、最低有效水位的确定。

注意"两格"和"两座"的区别，两格是指共用分割墙，两座是指各组独立的围护结构，两墙之间需要有间隔缝隙，同时水工结构底板应脱开且两座相邻，外壁间距应不小于 1.2m。（考虑其中某个池壁需要单独二次施工搭建模板的要求。）

2)最低有效水位就是消防有效容积相对应的水位，连通管的设置位置。

首先要明确最低有效水位，《消水规》第 5.1.9 条第 5 款 "当消防水池最低水位低于离心水泵出水管中心线或水源水位不能保证离心水泵吸水时，可采用轴流深井泵，并应采用湿式深坑的安装方式安装于消防水池等消防水源上"。此条文已明确了消防水池最低水位低于离心水泵出水管中心线时，离心水泵就不能使用，需换成轴流深井泵，这也是离心水泵用于消防的必要条件。

规范既然已明确了消防水池最低水位为消防泵启动最低水位，就是离心水泵出水管中心线。而原定义的"消防泵启动最低水位"为淹没水泵放气孔的水位（启动后可以低于此水位），如图 4-3 所示。

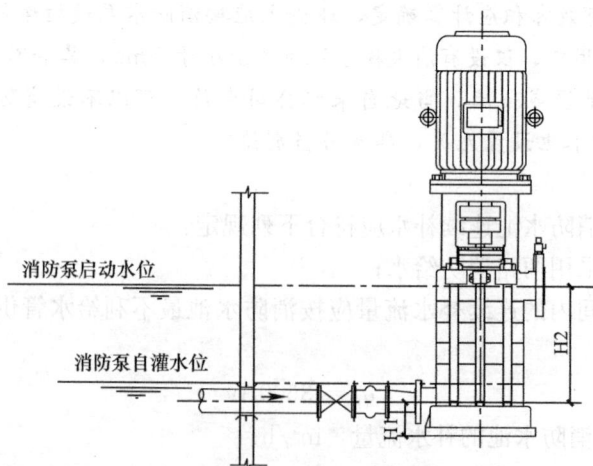

图 4-3 立式消防泵

自灌水位：卧式水泵的泵顶，立式多级泵吸水端第一级（段）泵体置于最低设计水位标高以下，启动时水靠重力冲入泵端引水方式。见图4-4。

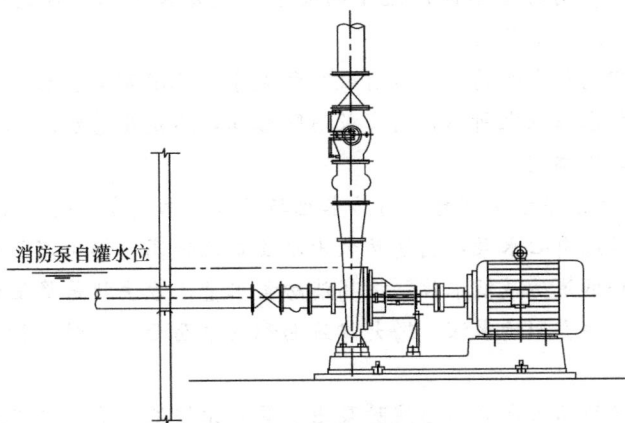

图4-4　卧式单级消防泵

水泵吸水淹没水位：保证离心水泵吸水的水位即离心水泵吸水口淹没深度，是确保消防水泵正常运行的关键技术措施之一，为此，规范第5.1.13条第4款以强条的形式规定：消防水泵吸水口的淹没深度应满足消防水泵在最低水位运行安全的要求，吸水管喇叭口在消防水池最低有效水位下的淹没深度应根据吸水管喇叭口的水流速度和水力条件确定，但不应小于600mm，当采用旋流防止器时，淹没深度不应小于200mm。

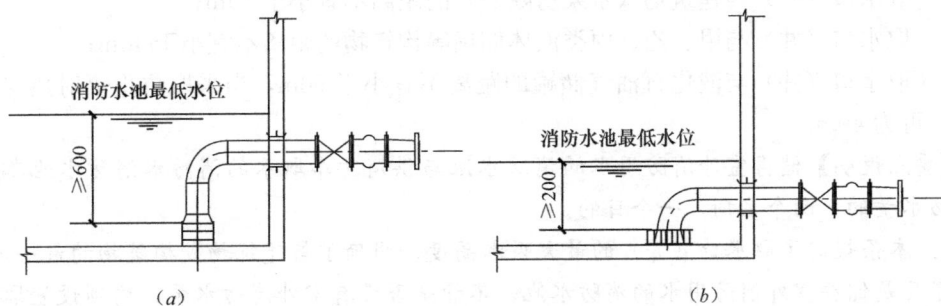

图4-5　消防水池最低水位示意图
(a) 设置吸水喇叭口；(b) 设置旋流防止器

消防泵首次启动最低水位，自灌水位，水泵吸水淹没水位，三个水位，哪一个是最低有效水位，是本规范的要点，一定要彻底搞清楚，否则消防水池有效容积是无法正确确定的。

一般情况下，不加旋流防止器的消防水泵（立式、卧式）吸水口的淹没深度能满足自灌要求，但能否满足消防水泵首次启动水位，要按消防水泵的具体型号确定；加旋流防止器的消防水泵吸水口的淹没深度能否满足自灌要求，要根据所选消防水泵的形式、型号，结合具体水泵的具体尺寸，设计时须应该计算慎重确定。

一般卧式消防水泵是满足水泵首次启动水位的，消防水池最低水位应是水泵吸水淹没水位。立式消防水泵首次启动水位一般是高于吸水口的淹没深度的，消防水池最低水位应是消防水泵首次启动水位。

最低有效水位确定后，无论"两格"和"两座"，在其最低有效水位上设连通管就简单了，其管径应能满足消防给水设计流量的要求更是基本要求。注意此连通管不是吸水管，只是用于两池连通，别无他用。

3)《消水规》中消防水池的总蓄水有效容积大于 500m³ 时，宜设两格能独立使用的消防水池；指的是有效水位以上所储存的有效消防容积，不是指总水池容积。一定要概念清楚。详见 4.3 应用实例举例。

4) 最低有效水位以下水量问题，消防水池与建筑、结构专业的合理设计问题：

(1) 采用立式多级离心水泵：因消防泵出水管口比较高，影响消防水池最低水位，减少消防蓄水量。为降低消防最低水位，提高消防蓄水量，方法就是降低水泵房标高或抬高消防水池底标高，此法会影响水深，增大建筑面积（平面面积）对结构专业、建筑专业有一定的影响。

(2) 采用卧式多级离心水泵：因消防泵出水管口比较低，基本与吸水口相平，在确保水泵吸水淹没水位的前提下，泵体本身不会影响消防水池最低水位，也不会影响消防泵房的标高，是目前比较好的办法。但因卧式多级离心水泵比立式多级离心水泵占地面积大，会增大建筑面积（平面面积），对建筑专业有一定的影响。但总体比采用立式多级离心水泵好。

4.3.7 储存室外消防用水的消防水池或供消防车取水的消防水池，应符合下列规定：

1 消防水池应设置取水口（井），且吸水高度不应大于 6.0m；
2 取水口（井）与建筑物（水泵房除外）的距离不宜小于 15m；
3 取水口（井）与甲、乙、丙类液体储罐等构筑物的距离不宜小于 40m；
4 取水口（井）与液化石油气储罐的距离不宜小于 60m，当采取防止辐射热保护措施时，可为 40m。

【要点说明】储存室外消防用水的消防水池与供消防车取水的消防水消防水池都是提供消防水量的，两个名词，一个目的。

1) 本条规定了取水口（井）的最大吸水高度，明确了与建筑物或构筑物的最小间距；规定了凡是储存室外消防用水的消防水池，不管是否设有室外消防水泵，均须设置取水口（井）。

问题所在及解决方式：

(1) "不应大于 6m"不能简单理解为 6m：当地大气压力超过 10m 水柱，消防车取水口的最大吸水高度可按 6m 取；当地大气压力小于 10m 水柱，消防车取水口的最大吸水高度应经计算确定，也可直接查表 4-2，规范不能不分南北高低，一概而论规定为 6m。

海拔高度与最大吸水高度的关系表　　　　　　　　　　　　　　　　表 4-2

海拔高度（m）	0	200	300	500	700	1000	1500	2000	3000	4000
大气压（m 水柱）	10.3	10.1	10.0	9.7	9.5	9.2	8.6	8.4	7.3	6.3
最大吸水高度（m）	6.0	6.0	6.0	5.7	5.5	5.2	4.6	4.4	3.3	2.3

(2) 取水口（井）高度确定：供消防车取水的消防水池应保证其最低水位与消防车内消防泵吸水管中心线的高度不大于消防水泵所在地的最大吸水高度。

（3）当消防水池设在地下二层及以下时（最大吸水高度大于6m），可按下列方式处理：

① 在室外消防水泵出水管处另设一个小环路（此环路和室外消火栓环网通过阀门分割开），引至消防车行道边接室外消火栓（作为消防车供水口）；

② 设专用消防提升泵，提升至小于吸水高度6m；

③ 消防车进入地下室，就近从消防水池取水口取水。

（4）当室外消防用水储存在消防水池内时，即使设有室外消防水泵，消防水池也须设置取水口（井），该取水口（井）的保护距离是否超过150m在此种情况下已无需再考虑。取水口尺寸，一般情况下，一台消防车取水时，取水口尺寸为1000×1000；两台消防车取水时，取水口尺寸为1000×1500。

（5）当消防水泵房为单建式时，消防水池取水口（井）与泵房距离不限。

2）取水口（井）与建筑物（水泵房除外）的距离不宜小于15m的规定一般不易达到。主要是在建筑规划时，建筑物已经靠近红线。

消防车的泵轴高度1.0m，则取水口底标高不能比消防车停靠地面低5.0m（为海拔高度为300米的地区）。注意在不同海拔高度的地区会有区别，应计算确定。如图4-6所示：

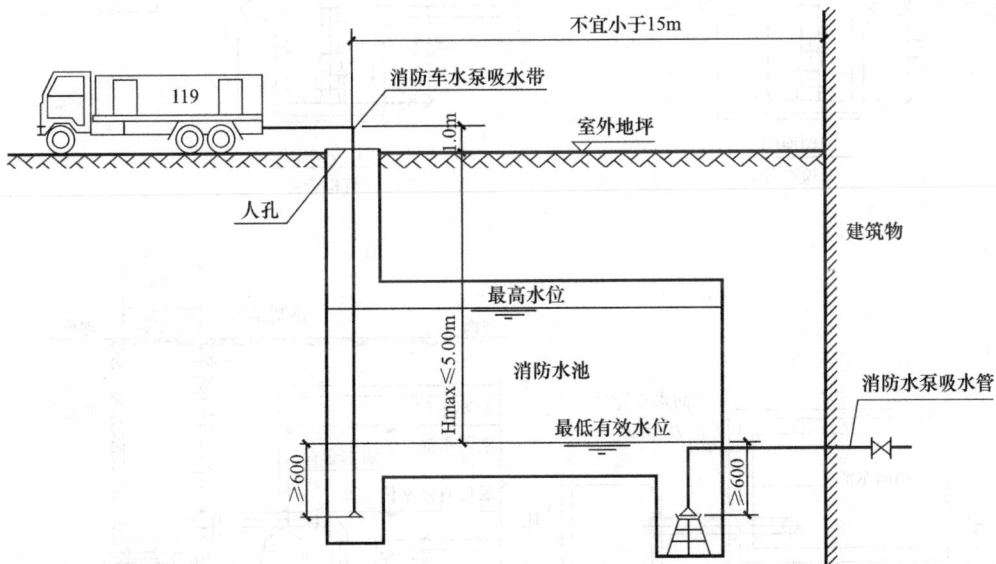

图4-6 消防车取水示意图

取水口（井）的一般做法（图4-7）：

4.3.8 消防用水与其他用水共用的水池，应采取确保消防用水量不作他用的技术措施。

【要点说明】此条文为强制性条文，必须严格执行。

无论其他用水是何种水，其水质必须符合消防用水标准，其消防用水量不被动用的措施为（图4-8）：

1）技术关键点在真空破坏孔的计算：《建水规范》第3.8.7-3条规定"吸水总管内流速小于1.2m/s"；《室外水规范》第6.3.1条规定"水泵吸水管及出水管的流速，宜采用下列数值：1 吸水管：管径小于250mm时，为1.0～1.2m/s；管径在250～1000mm时，为1.2～1.6m/s；管径大于1000mm时，为1.5～2.0m/s"。

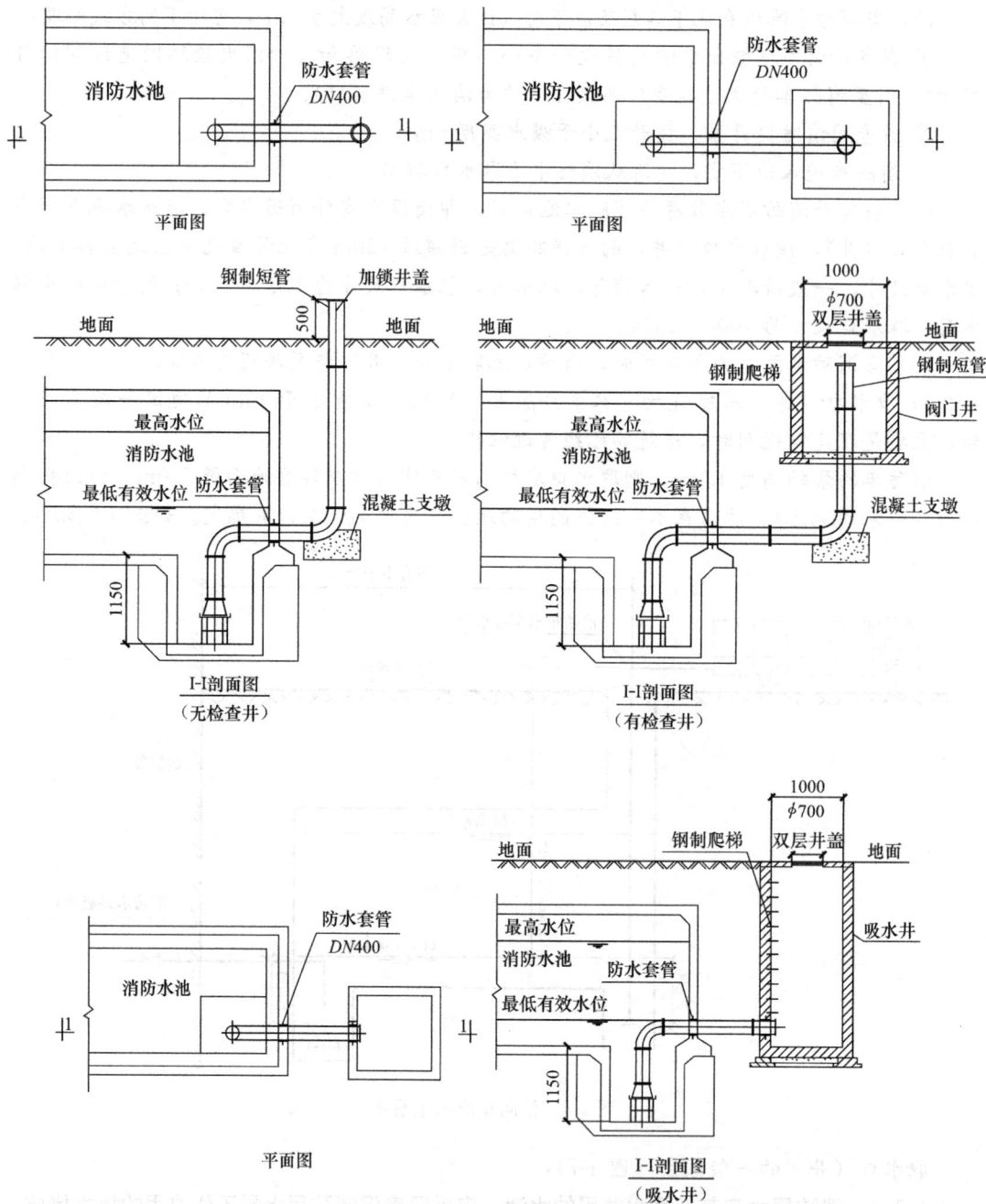

图 4-7 取水口（井）的一般做法

一般情况下，按流速 $v=1.2\mathrm{m/s}$ 计算时，孔径的大小不得小于吸水管管径的 1/5，最小不能小于 40mm。

2）原则上生活饮用水严禁与消防用水合用，《建水规范》强条 3.2.9 "生活饮用水水池（箱）与其他水水池（箱）并列设置时，应有各自独立的分隔墙"，减少二次污染，确保用水安全。

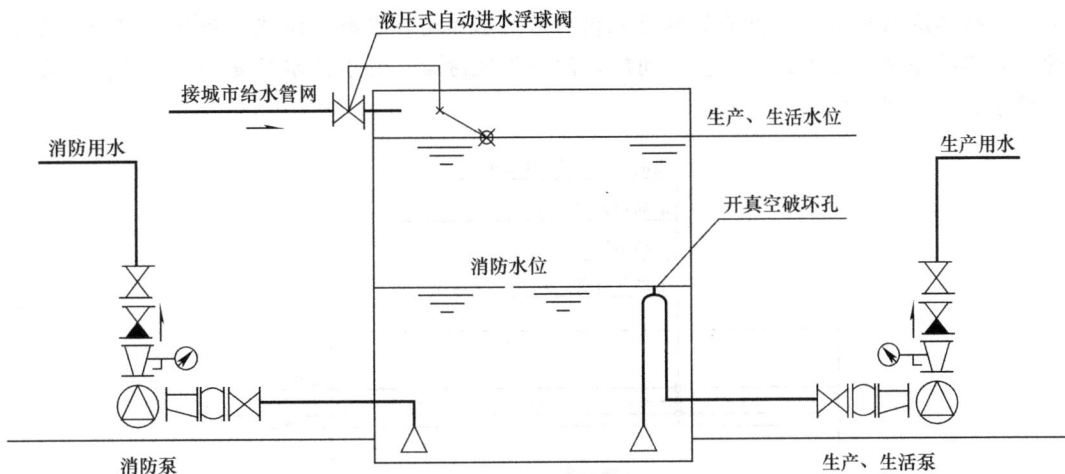

图 4-8　合用水池保证消防水不被动用的技术措施

4.3.9　消防水池的出水、排水和水位应符合下列要求：

1　消防水池的出水管应保证消防水池的有效容积能被全部利用；

2　消防水池应设置就地水位显示装置，并应在消防控制中心或值班室等地点设置显示消防水池水位的装置，同时应有最高和最低报警水位；

3　消防水池应设置溢流水管和排水设施，并应采用间接排水。

【要点说明】此条文为强制性条文，必须严格执行。

1) 消防水池的有效水深是最高水位至最低有效水位之间的距离。最低有效水位已在《消水规》4.3.6条详细说明。消防水池的有效容积就是有效水深内的水容积，是消防灭火必须保证的存水量，已用强制性条文列出，必须严格执行。

(1) 最高水位：消防水池的最高水位是保证消防水池有效储水容积的水位。

(2) 最高报警水位：设置最高报警水位的目的，是当进水液位控制阀损坏等原因造成消防水池水位不断上升，达到最高报警水位时报警，提醒管理人员维修，避免水资源的浪费；最高报警水位应该在最高水位和溢流水位之间，一般高于最高水位50mm左右。当报警后需要人工关闭（或电动关闭）时，最高报警水位和溢流水位之间的储水量，宜大于紧急关闭的时间内消防水池进水管的补水量。

(3) 最低报警水位：设置最低报警水位的目的，是当消防水池水位小于最高水位时（如：进水液位控制阀故障，不能正常补水，消防水池的储水由于蒸发等原因造成水位降低；或者消防水池的管道、附件等部位发生大量泄漏，消防水池进水管的补水量小于泄漏量，消防水池水位降低等），水池达到最低报警水位报警，提醒管理人员去现场查看维修，保证消防水池的有效储水容积的要求。因此，最低报警水位低于最高水位50～100mm比较合适，或者保守一点的话，最低报警水位和最低有效水位之间的储水量应满足消防水池的有效储水容积。

(4) 溢流水位：设置溢流水位的目的，是当进水管的浮球阀损坏，水池达到最高报警水位后报警，由于种种原因，进水阀门无法及时关闭，消防水池通过溢流水位处设置的溢流泄水管泄水，防止不断进入的水使消防水池水位不断升高，超过水池池壁的承压能力，破坏消防水池结构安全。当消防水池采用生活给水管网补水时，溢流水位还可以保证进水管管口不被淹没，并保证安全空气间隙，防止倒流污染。补水的水位是经常变化的，属于无效水位。见图 4-9。

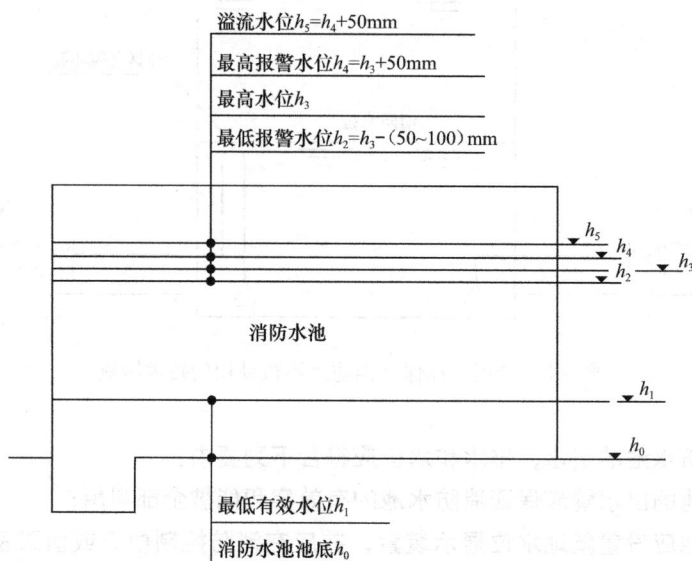

溢流水位$h_5=h_4+50mm$

最高报警水位$h_4=h_3+50mm$

最高水位h_3

最低报警水位$h_2=h_3-(50\sim100)mm$

消防水池

最低有效水位h_1

消防水池池底h_0

图 4-9　消防水池水位示意图

消防水池的出水管即为消防水泵吸水管，规范第 5.1.13 条规定"消防水泵吸水管的管径小于 $DN250$ 时，其流速宜为 $1.0\sim1.2m/s$，管径大于 $DN250$ 时，宜为 $1.2\sim1.6m/s$"。（规范用词为直径，不妥，还是应写"管径"），阀门应"设置明杆闸阀或带自锁装置的蝶阀，但当设置明杆阀门时应设有开启刻度和标志；当管径超过 $DN300$ 时，宜设置电动阀门"。设计时应严格遵循。

2）消防水泵的吸水管只要低于消防水池淹没水位，就能保证消防水池的有效容积能被全部利用。《消水规》第 5.1.13 条第 4 款，吸水喇叭口在水池最低有效水位下的淹没深度应根据吸水喇叭口的水流速度和水力条件确定，但不应小于 600mm，吸水管管径 d；吸水喇叭口开口直径 D（$1.3\sim1.5d$）；吸水喇叭口高于吸水沟（吸水井）底不小于 $0.8D$；吸水喇叭口边缘距井壁不小于 $0.75\sim1.0D$；多个吸水喇叭口时，喇叭口间距（外缘）不小于 $1.5\sim2.0D$；吸水喇叭口淹没深度不应小于 $0.5\sim1.0m$；为了防止水泵吸入井底的沉渣，并使水泵工作时有良好的水力条件，吸水管的进口高度距井底不小于 $0.8D$。当采用旋流防止器时，淹没深度不应小于 200mm，旋流防止器距井底的距离好像不做具体要求。

3）水位显示装置即液位计，其种类繁多，如磁翻柱液位计、浮球液位计（液位开关）、玻璃板式液位计、玻璃管式液位计、超声波液位计、导波雷达液位计、投入式液位变送器等。

（1）对消防水池而言，如采用磁翻板液位计等，需要在消防水池侧壁做好留洞工作（最小规格防水套管为 $DN50$，然后通过管道变径连接液位计）。

（2）如采用投入式液位变送器，投入式液位变送器由不锈钢探头、导气电缆和电气盒组成，电源为 13～36VDC（直流电源）。可结合消防水池侧壁检修孔，将不锈钢探头和导

气电缆投入水池内。（不锈钢探头贴水池底板安装）

4）《消水规》5.2.6 第 8 款"溢流管的管径不应小于进水管管径的 2 倍，且不应小于 $DN100$，溢流管的喇叭口管径不应小于溢流管管径的 $1.5\sim2.5$ 倍"。（消水规用词为直径，不妥，还是应写"管径"），喇叭口向下的垂直管段不宜小于 4 倍溢流管管径。溢流管的管径应按能排泄量复核。

5）泄水管管径，根据泄空时间和泄水受体排泄能力确定。规范中未明确指出，可参考《民用建筑给水排水设计技术措施》，无特殊要求时，泄水管管径可比进水管缩小 1 级，但不小于 $DN50$，或参考《矩形钢筋混凝土蓄水池》05S804，放空管按照 1h 泄空水池内 500mm 储水深度计算。

泄水管安装高度：当水池底和泵房同一标高时，泄水管管底建议高出泵房地面 150mm 左右，以便于安装与操作泄空阀门。再者，确定标高时，结合一下防水套管法兰压盖的尺寸。（主要考虑安装空间）

6）所有在液位以下，穿水池外墙时，根据《防水套管》02S404 标准图集，设 A 型柔性防水套管，提土建资料时，对应图集的 D2，也即套管外径。也可参考 05S804《矩形钢筋混凝土蓄水池》标准图集。

7）间接排水就是有空气隔断的排水，见下表。

间接排水管管径（mm）	排水口最小空气间隙（mm）
$\leqslant25$	50
$32\sim50$	100
>50	150

注：此表为《建水规范》4.3.15 条表 4.3.15。
一般泄水管管径不小于 $DN50$，故消防水池泄水排水口的最小空气间隙不得小于 150mm。

4.3.10 消防水池的通气管和呼吸管等应符合下列规定：

1 消防水池应设置通气管；

2 消防水池通气管、呼吸管和溢流水管等应采取防止虫鼠等进入消防水池的技术措施。

【要点说明】

1）消防水池通气管一般有弯管型和罩型两种，其制作材料又分钢制和复合材料两种，通气管的选用型号应根据消防水池最大进水量确定（当两路补水时，按两路补水管补水量之和计算最大进水量），即进水容量等于排除气体的体积空间，具体型号详见表 4-3。

不同材料与管径通气的通气量表　　　　　　　　表 4-3

材料	弯管型			罩型		
	管径（mm）	通气管		管径（mm）	通气管	
		m³/s	m³/h		m³/s	m³/h
钢制	$D108\times4$	0.006	22	$D219\times5$	0.172	619
复合	$DN100$	0.006	22	$DN200$	0.173	630
钢制	$D158\times5$	0.013	47	$D325\times6$	0.385	1386

材料	弯管型			罩型		
	管径（mm）	通气管		管径（mm）	通气管	
		m³/s	m³/h	m³/s	m³/s	m³/h
复合	DN150	0.013	47	DN300	0.346	1246
钢制	D219×5	0.026	94	D426×6	0.673	2423
复合	DN200	0.026	94	DN400	0.555	1998

一般消防水池设高差在 300～500mm 之间的通气管，保证水池内有一定的气压差，以利于池内空气的流通，防止消防水池水质腐坏。当消防水池补水管进水时，可利用通气管迅速排气，消防吸水时迅速进气，维持池内气压平衡。

呼吸管设置的作用就是维持消防水池内的气压平衡。只要通气管设计计算合理，能够满足使用要求，设通气管就可以了，呼吸管就没有必要设。建议每个消防水池设一高一低通气管各一个，管径按最大消防出水量复核。

2）当消防水池检修人孔设在水池侧壁（开向消防泵房）时，检修孔的门可采用钢质百叶窗（门）（平开、上开均可），此时，做好防止虫鼠处理，此时可无需再设计通气管。

4.3.11　高位消防水池的最低有效水位应能满足其所服务的水灭火设施所需的工作压力和流量，且其有效容积应满足火灾延续时间内所需消防用水量，并应符合下列规定：

1　高位消防水池有效容积、出水、排水和水位，应符合本规范第 4.3.8 条和第 4.3.9 条的规定；

2　高位消防水池的通气管和呼吸管等应符合本规范第 4.3.10 条的规定；

3　除可一路消防供水的建筑物外，向高位消防水池供水的给水管不应少于两条；

4　当高层民用建筑采用高位消防水池供水的高压消防给水系统时，高位消防水池储存室内消防用水量确有困难，但火灾时补水可靠时，其总有效容积不应小于室内消防用水量的 50%；

5　高层民用建筑高压消防给水系统的高位消防水池总有效容积大于 200m³ 时，宜设置蓄水有效容积相等且可独立使用的两格；当建筑高度大于 100m 时应设置独立的两座。每格或座应有一条独立的出水管向消防给水系统供水；

6　高位消防水池设置在建筑物内时，应采用耐火极限不低于 2.00h 的隔墙和 1.50h 的楼板与其他部位隔开，并应设甲级防火门；且消防水池及其之承框架与建筑构件应连接牢固。

【要点说明】

1）何谓高位消防水池：就是设在位置较高的消防水池。一般有两种，一种是利用自然地形的高位消防水池，另一种是设置在建筑物高处的高位消防水池，如广州电视台。

何谓高位消防水池的最低有效水位：高位消防水池就是设在地势较高的、用于消防蓄水的池子。所存储的水容积能够有效地参与消防的那部分水即为有效容积，不能用于参与消防的那部分水即为无效容积，此容积在池中的最高水位就是消防水池的最低有效水位。

高位消防水池能满足其所服务的水灭火设施所需的工作压力、流量及火灾延续时间内所需消防用水量，此消防系统即为高压消防系统。

2）高位消防水池的技术要求必须满足强条第 4.3.8、4.3.9 及 4.3.10 条的规定是基本要求。

3）向高位消防水池供水的给水管不应少于两条是消防输水管的基本要求，详见《消水规》第4.2.2条。一路消防供水的建筑物只是常高压消防系统供水的特例，与向高位消防水池消防输水管设计无关。

4）当高层民用建筑，特别是超高层民用建筑采用高位消防水池向中区或低区供水时，在其工况仅能满足其所服务的水灭火设施所需的工作压力、而水容积不能满足火灾延续时间内所需消防用水量时，必须满足以下条件：

一是有可靠的消防补水设备，即压力和流量均能满足要求的消防供水泵；

二是可靠的消防电源；

三是总消防水池容积符合规范要求；

四是两条环形转输管道，其每条的输水能力不小于70％消防总水量。

此时高位消防水池总有效容积可按不小于室内消防用水量的50％设置。但必须按火灾延续时间内消防输水管的输水能力计算复核。当总有效容积大于200m³时，设置成容积相等、独立使用的两个水池且每个应有独立的出水管与消防给水管网连接。如图4-10所示。

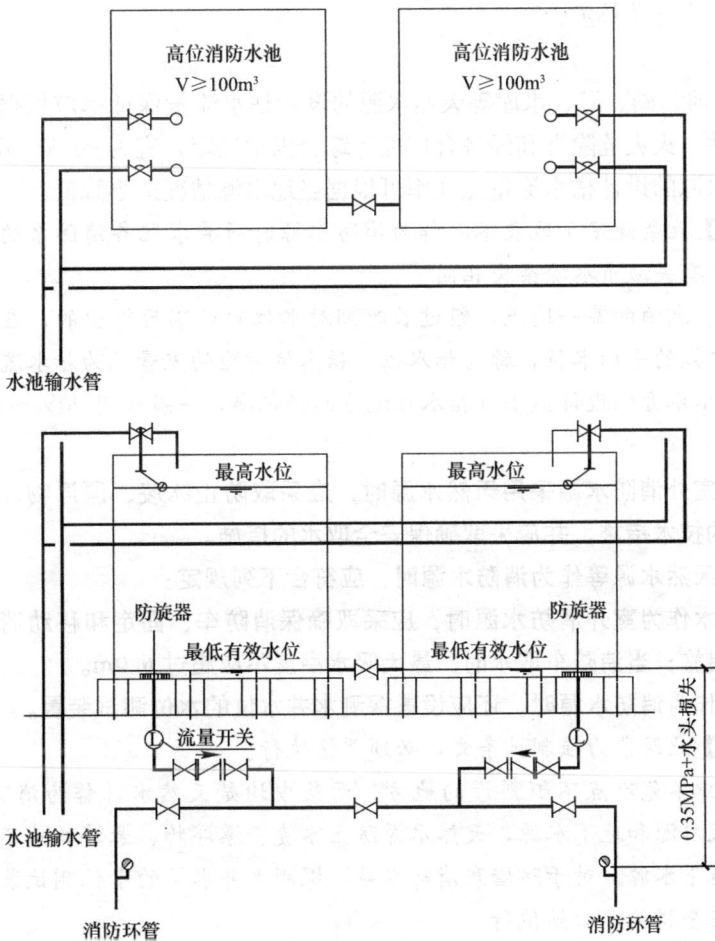

图4-10 高位消防水池示意图

5）一般工程做法是将高位消防水箱设在建筑物内，系统为临时高压系统，为减少架设高度，考虑建筑美观，常采用设消防增压稳压设备，其水箱间应采用耐火极限不低于2.00h的隔墙和1.50h的楼板与其他部位隔开，并应设甲级防火门；且消防水池及其之承框架与建筑构件应连接牢固，满足抗震要求。

4.4.1 井水等地下水源可作为消防水源。

【要点说明】打井是索取地下水源的可靠方法，其井的出水量应严格按该井的抽水实验数据为依据，确保抽水量在允许水位下降前提下满足消防要求，如要从多井取水时，还应考虑井群的互阻影响。

4.4.2 井水作为消防水源向消防给水系统直接供水时，其最不利水位应满足水泵吸水要求，其最小出流量和水泵扬程应满足消防要求，且当需要两路消防供水时，水井不应少于两眼，每眼井的深井泵的供电均应采用一级供电负荷。

【要点说明】此条规定了井水作为消防水源时所要求配备深井泵的基本要求，具体如何选型见规范5.1.9条规定。

4.4.3 江、河、湖、海、水库等天然水源的设计枯水流量保证率应根据城乡规模和工业项目的重要性、火灾危险性和经济合理性等综合因素确定，宜为90%～97%。但村镇的室外消防给水水源的设计枯水流量保证率可根据当地水源情况适当降低。

【要点说明】此条规定了地表水源作为消防水源时所要求配备消防泵的基本要求，与室外给水规范中有关城市水源条文相同。

1）在江河、湖泊的某一地点，经过长时期对水位的观测后得出的，在一年或若干年中河流水体枯水期的平均水位，称为枯水位。枯水位对应的流量称为枯水流量。

2）城市供水水源的设计最小（枯水）流量的保证率，一般采用90%～97%。

4.4.4 当室外消防水源采用天然水源时，应采取防止冰凌、漂浮物、悬浮物等物质堵塞消防水泵的技术措施，并应采取确保安全取水的措施。

4.4.5 当天然水源等作为消防水源时，应符合下列规定：

1 当地表水作为室外消防水源时，应采取确保消防车、固定和移动消防水泵在枯水位取水的技术措施；当消防车取水时，最大吸水高度不应超过6.0m。

2 当井水作为消防水源时，还应设置探测水井水位的水位测试装置。

【要点说明】此两条为强制性条文，必须严格执行。

1）此强条中不免有点不够严谨的地方。两条中均是天然水源作为消防水源的规定，天然水源含地表水源和地下水源，天然水源防止冰凌、漂浮物、悬浮物是不妥切的，概念不清。应不含地下水源。对于防堵塞消防水泵，探测水井水位的水位测试装置等技术措施是必不可少的安全措施，必须执行。

2）消防车取水的最大吸水高度不应超过6.0m的技术措施是不精确的，具体详见规范4.3.7条解释。

4.4.6　天然水源消防车取水口的设置位置和设施，应符合现行国家标准《室外给水设计规范》GB 50013 中有关地表水的规定，且取水头部宜设置格栅，其栅条间距不宜小于 50mm，也可采用过滤器。

4.4.7　设有消防车取水口的天然水源，应设置消防车到达取水口的消防车道和消防车回车场或回车道。

【要点说明】此两条应将"天然水源"该为"地表水源"，后面的规定才能合理。

第 4.4.7 条为强制性条文，必须严格执行。消防车回车场或回车道按规划要求设计。

4.3　问题解答

问 1：《消水规》4.2.1 条：用作两路消防供水的市政给水管网是否 3 条均应满足才行？

答：《消水规》条文 2.1.2、2.1.3、2.1.4 条是三个系统的定义，也是三个系统的判定条件。不是针对一个系统的 3 个判定条件。

问 2：《消水规》4.2.2 条中关于"两路消防供水的市政给水管网"的要求，和 4.3.5 条中的"消防水池应采用两路消防给水"是同一概念？是否不满足要求的市政水源，均需将室外消防用水量储存于消防水池中。

答：4.2.2 条是判定两路消防供水的三个必备条件，只要是两路，进那里都是一个概念。不满足两路进水，必须储存室外消防用水量。

问 3：《消水规》4.3.9 条第 2 款：消防水池应设置就地水位显示装置，并应在消防控制中心或值班室等地点设置显示消防水池水位的装置，同时应具有最高和最低报警水位？玻璃管水位计是否可行？

答：玻璃管水位计只能就地显示水位，不能远程水位信号到消防控制中心或值班室等地点，不具有最高和最低报警水位功能？玻璃管水位计是不行的。

问 4：《消水规》第 4.2.2 条"两路消防供水"条件中第 2 款"市政给水厂应至少有两条输水干管向市政给水管网输水"，那么：

1）设计人员如何判断？尤其是中小城镇实施中有困难。

2）如果水厂有一条输水干管，高位水池有一条输水干管向市政给水管网输水，是否属于两路供水？

3）一个水厂的两条输水干管是否满足双水源？

答：

1）《室外水规范》7.1.3 条"输水干管不宜少于两条"。是否为两条，咨询当地供水部门。

2）如水厂有一条输水干管，首先不符合《室外水规范》7.1.3 条的要求，应完善输水管线。当地高位水池能否作为消防水源，必须由当地消防主管部门认可。可以作为时，可以认可为一条输水干管。

3）规范中只规定两条输水干管，并未讲双水源。

问5：《消水规》4.3.1条第2款怎么理解？只有一条入户引入管是指需要设置室内消防水池吗？其他的条件是指室外消防水池？

答：规范4.3.1条是设置消防水池的条件，任何一项不满足，必须设消防水池。

问6：消防水池设置中：《消水规》第4.3.2条第2款"室外消防用水量不足部分"怎么算？第4.3.3条，当消防水池与其他用水合用水池时，水池的补水时间是按水池有效容积计算还是按消防用水量计算？

答：消防需要用水量按规范计算，具体工程设计时，消防水池的有效储存水量设计人员是清楚的，不足部分当然也是清楚的。补充时间是指消防水池的，当然按消防用水量。

问7：《消水规》4.3.6条，两座水池相邻池壁间距有何要求？消防泵共用吸水总管分别从两水池吸水，是否能认为消防水池设置了独立的出水管？

答：两座水池相邻池壁间距问题已在4.3.6条作了详细解释。消防泵共用吸水总管问题已在本条"应用实例"作了详细解释。

问8：《消水规》4.3.7条，地上钢制消防水罐的取水口怎么设置？可否开口接一个室外消火栓即可？另外，地上钢制消防水罐的溢流水罐及排水设施，是否还按4.3.9条的规定考虑间接排水？

答：地上钢制消防水罐的设置，应严格按规范消防要求并征得消防主管部门的认可，方能使用。无论何种材料的水池，无论何种放置，它的功能只是消防蓄水池，按消防蓄水池要求设计。

问9：《消水规》4.3.7条室外消防系统采用临时高压，消防水池储存室外消防用水，是否必须设置取水口？

答：消防水池储存既然已存室外消防用水，就必须满足消防车取用的要求。何种取用方式，具体工程，具体对待，但必须满足消防要求。储存室外消防用水的消防水池，应设供消防车取水的取水口（井），且应保证消防车吸水高度不大于6m（取水口处地面高于消防水池最低有效水位不大于5m）。

问10：《消水规》第4.3.9条，消防水池的最低水位如何确定？根据第4.3.9.1条条文解释，最低水位高于吸水喇叭口0.6m，当设置防止旋流器时，高于旋流器顶部0.2m即可，但是根据条文解释图示最低水位还应高于水泵的吸水管。消防水池的最低水位是否要高于水泵的吸水管？若按图示设计，消防泵房的地面要低于消防水池的池底，设计存在困难。

答：消防水池的最低水位如何确定已在4.3.6.作了详细解释，目的只有一个，确保有效的消防水量。

问 11：《消水规》4.3.9 条及条文说明，消防水池及消防水箱有效水位如何界定？

答：消防的最低水位如何确定已在 4.3.6 条作了详细解释，目的只有一个，确保有效的消防水量，不管是水池还是水箱，功能相同，要求相同。

问 12：《消水规》4.3.9 条第 2 款规定消防水池应设置就地水位显示装置，怎么设计？预留洞口行不行？

答：地水位显示装置如何具体设计参考有关图集或按当地消防主管部门要求实施。

问 13：《消水规》4.3.9 条最低报警液位怎样确定？按稍高于最低液位确定吗？最低液位报警的作用是保证消防水池平时准工作状态下的有效水量的储存？还是发生火灾灭火过程中，告知消防队员消防水池的有效水量马上用完了？

答：最低液位报警的作用是保证消防水池平时准工作状态下的有效消防存水量的，与灭火过程无关。

问 14：《消水规》4.3.9 条第 2 款，就地水位显示装置是否可用水位传感器，若采用埋地消防水池时，水位显示装置与消防水池的距离如何控制？

答：顾名思义，就地就是现场。不在现场，就不是就地水位显示装置。

问 15：《消水规》4.3.9 条第 3 款，埋地消防水池最低水位较低，间接排水如何设置？

答：间接排水就是防止污染的基本技术措施，如何设置，要具体问题具体分析，不能一概而论。

4.4 应用实例

例 1：某项目消防、冷却水合用水池，总容积 550m³，其中有效消防贮水 450m³、冷却水蓄水 100m³。问水池是否需分二格？

解答：问题很清楚，消防有效容积 450m³，不用分格。

例 2：某项目消防总水池 550m³，其中有效消防贮水 450m³，在有效消防水位以下的无效容积为 100m³。问水池是否需分二格？

解答：问题也很清楚，消防有效容积 450m³，不用分格。

例 3：常见消防水池有效容积大于 500m³，消防泵房设计图示（见图 4-11）：

以上 6 个示意图是我们工程上常用的图示，按《消水规》"每格（每座）消防水池应设置独立的出水管，并应设置满足最低有效水位的连通管"的要求。图 (a)、图 (b) 中连通管兼出水管，不满足每个水池独立出水管的要求。只有图 (c)、图 (d)、图 (e)、图 (f) 满足每个水池独立出水且满足最低有效水位设连通管的要求。

《消水规》中"当大于 1000m³ 时，应设置能独立使用的两座消防水池，每格（每座）

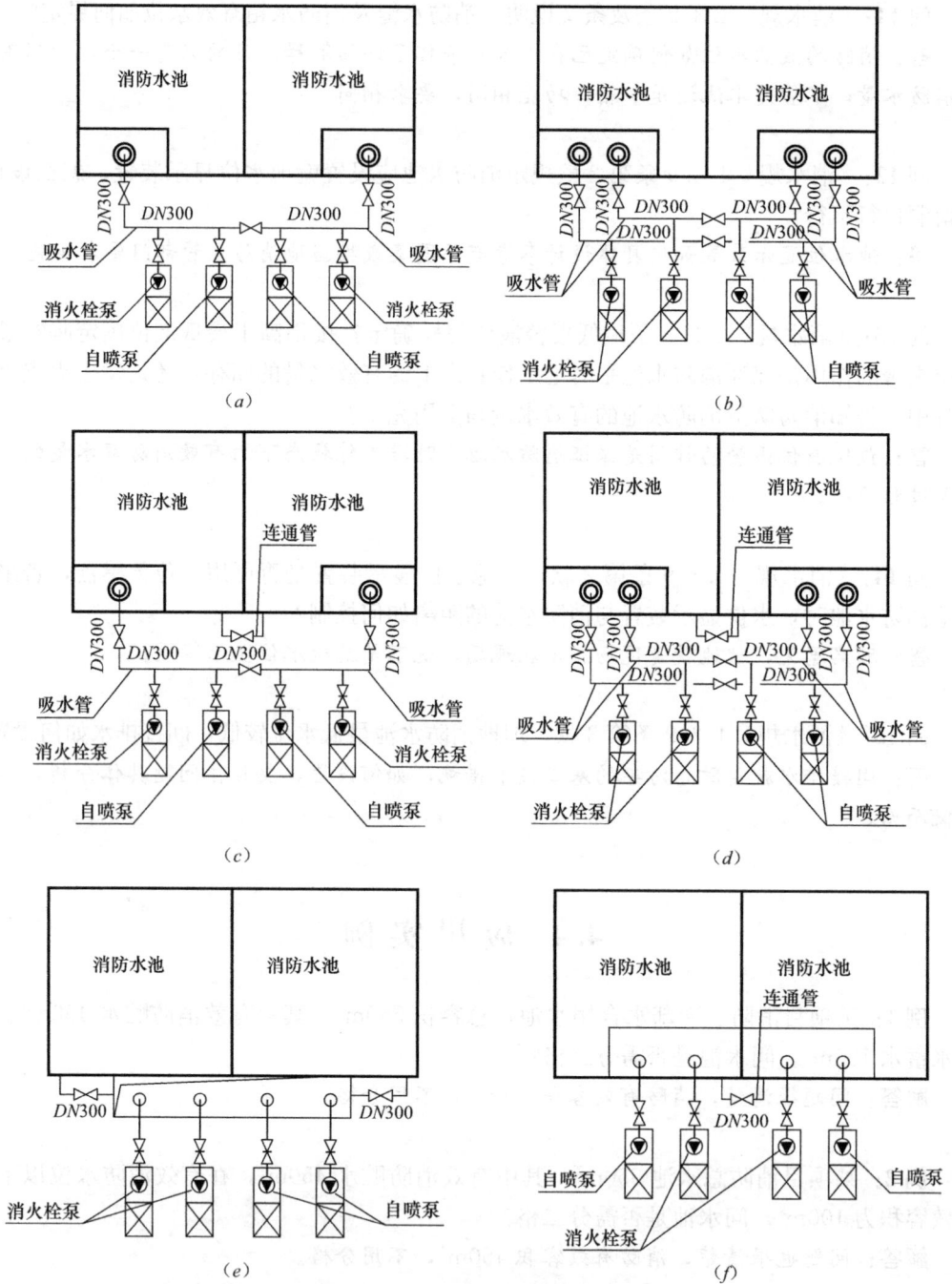

图 4-11　消防水池吸水管常用图示

(a) 共用吸水的连通管；(b) 两条吸水的连通管；

(c) 共用吸水管；(d) 两条吸水管；(e) 共用吸水井；(f) 两池直接吸水

消防水池应设置独立的出水管，并应设置满足最低有效水位的连通管，且其管径应能满足消防给水设计流量的要求"。《消水规》中独立的出水管与连通管是不同的，两个不同的概念，不同的用途。独立的出水管是与消防泵连接的管道，一般指消防水泵吸水管。

第5章 供水设施

5.1 条文综述

本章节条文共计 54 条，其中 14 条为强制性条文。明确了消防给水系统中消防水泵、高位消防水箱、稳压泵、消防水泵接合器和消防水泵房等供水设施设计的基本原则和技术要求。

《消水规》的实施，对于从事设计工作的技术人员来讲，无论从理论上还是从实践上都有重大的改变。作为消防设计的基本指导规范，规范的条文语言精练，涵盖广泛，许多条文较以前的相应内容更加严格，但也有与相关规范、标准不协调统一的地方。

5.2 条文要点说明

5.1.1 消防水泵宜根据可靠性、安装场所、消防水源、消防给水设计流量和扬程等综合因素确定水泵的型式，水泵驱动器宜采用电动机或柴油机直接传动，消防水泵不应采用双电动机或基于柴油机等组成的双动力驱动水泵。

【要点说明】本条要求消防水泵要以电动机或柴油机直接传动，消防水泵不应采用双电动机或双动力驱动水泵，何为双动力驱动水泵？根据《固定消防给水设备第5部分消防双动力给水设备》GB 27898.5—2011 中术语和定义的解释：由电动机泵组和发动机（通常为柴油机、汽油机、蒸汽机）泵组组合、系统控制柜、控制仪表及其他附件组成，采用预设定方式向消防管网持续供水的消防供水设备。本条规定不能采用双电动机泵或基于柴油机等组成的双动力驱动水泵，主要原因是该泵效果不好，容易误操作。

5.1.2 消防水泵机组应由水泵、驱动器和专用控制柜等组成；一组消防水泵可由同一消防给水系统的工作泵和备用泵组成。

【要点说明】给出了一组消防水泵"由同一消防给水系统的工作泵和备用泵组成"的概念。要注意不能把多个系统的泵组叠加认为是一组消防泵，即自喷、消火栓应各算一组。

5.1.3 消防水泵生产厂商应提供完整的水泵流量扬程性能曲线，并应标示流量、扬程、汽蚀余量、功率和效率等参数。

【要点说明】本条是对生产厂商的约束，但必须写入设计说明。主要是为了避免有人去市场上临时搭配。消防水泵的检验详见《消水规》12.2.2 条。

5.1.4 单台消防水泵的最小额定流量不应小于10L/s，最大额定流量不宜大于320L/s。

【要点说明】明确定义，此处"消防水泵"系指消防加压水泵。但产品标准《消防泵》GB 6245—2006规定消防稳压泵属于消防泵，而本规范规定消防稳压泵不属于消防泵；产品标准《消防泵》规定可用潜水泵作为消防泵，而本规范规定不可用；产品标准《消防泵》包括手抬机动泵、汽油机泵、燃气轮机泵，本规范不包括。

本条对单台消防水泵的最小和最大额定流量作了规定：规定了下限值10L/s和上限值320L/s。以两支水枪的水量作为下限，而大流量水泵在工业领域使用较多。特别注意本规范和产品标准《消防泵》关于单台泵的最小额定流量和最大额定流量是不相同的，产品标准《消防泵》GB 6245—2006规定单台消防泵最小流量为5L/s，最大流量为200L/s。

车用消防泵、固定消防泵代号和分类按《消防泵》GB 6245－2006的规定，消防泵的代号为XB；根据采用的原动机不同分类如下：

电动机　D　XBD

汽油机　Q　XBQ

柴油机　C　XBC

消防泵按出口压力等级分类可分为：①额定压力不大于1.5MPa的低压消防泵；②额定压力介于1.8～3.0MPa的中压消防泵；③额定压力大于等于4.0MPa的高压消防泵；④既能提供中压又能同时提供低压的中低压消防泵；⑤既能提供高压又能同时提供低压的高低压消防泵。

5.1.5 当消防水泵采用离心泵时，泵的型式宜根据流量、扬程、气蚀余量、功率和效率、转速、噪声，以及安装场所的环境要求等因素综合确定。

【要点说明】明确消防水泵为离心泵的选泵因素。

5.1.6 消防水泵的选择和应用应符合下列规定：

1 消防水泵的性能应满足消防给水系统所需流量和压力的要求；

2 消防水泵所配驱动器的功率应满足所选水泵流量扬程性能曲线上任何一点运行所需功率的要求；

3 当采用电动机驱动的消防水泵时，应选择电动机干式安装的消防水泵；

4 流量扬程性能曲线应为无驼峰、无拐点的光滑曲线，零流量时的压力不应大于设计工作压力的140%，且宜大于设计工作压力的120%；

5 当出流量为设计流量的150%时，其出口压力不应低于设计工作压力的65%；

6 泵轴的密封方式和材料应满足消防水泵在低流量时运转的要求；

7 消防给水同一泵组的消防水泵型号宜一致，且工作泵不宜超过3台；

8 多台消防水泵并联时，应校核流量叠加对消防水泵出口压力的影响。

【要点说明】本条第1～3款为强制性条文。

1) 第2款、第4～6款：建议写入设计说明，消防水泵所配驱动器可以是电动机，也可以是柴油机。

2) 第3款：要求选择电动机干式安装，不能用潜水泵、管中泵作为消防水泵。据条文解释，主要因为潜水消防泵电机湿式安装维修不便；电机在水中，电缆有可能漏电。但随着制造水平的提高，潜水泵维修不用排空池水，电缆的防水性能也能确保不致漏电。国家标准《消防泵》GB 6245—2006 包括有潜水消防泵，而且划分在工程用消防泵一类。据了解国外也有潜水消防泵。潜水给水泵和潜水排污泵在实际工程中得到了长期、大量、安全的使用。因此，第 5.1.6 条第 3 款规定禁止使用潜水消防泵是值得商榷的。

　　3) 第 4 款：根据该条文，不能使用切线泵作为消防泵。选择消防水泵要遵循以下原则：

　　(1) 注意水泵曲线无驼峰、无拐点。

　　水泵性能曲线如有驼峰，一个扬程会对应两个流量点，水泵运行时，会出现时而小流量，时而大流量的喘振现象，这是不允许的。见图 5-1 (c)。

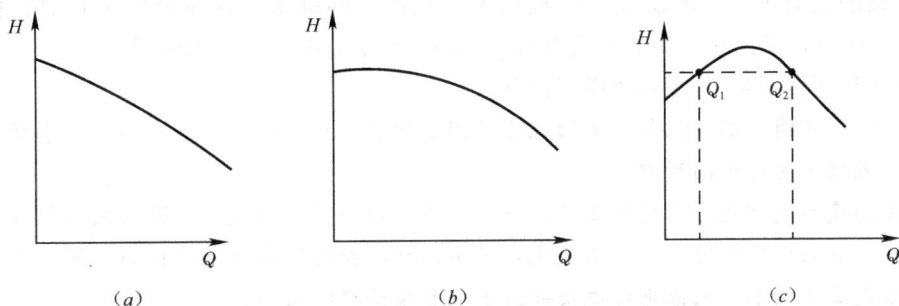

图 5-1　水泵特性曲线 (H-Q) 的形式
(a) 单调下降曲线；(b) 平坦曲线；(c) 驼峰曲线

　　(2) 规定消防水泵关于零流量时的压力有两项要求，一个规定上限值，一个规定下限值。规范用语不同，一个为不应，一个为不宜。零流量时的压力不大于工作压力 140% 的主要原因是要求水泵流量-扬程曲线平缓，避免造成超压。消防水泵的扬程在零流量时应该是设计压力的 1.2～1.4 倍。即不小于 1.2 倍设计压力，不能大于 1.4 倍设计压力。

　　关于"消防泵零流量时的压力宜大于设计工作压力的 120%"，经查国标《消防泵》GB 6245—2006 及国际、欧洲、美国标准均无此要求；经走访了解国内及国际知名品牌水泵制造企业技术人员，离心给水泵零流量时的压力需大于设计工作压力的 120% 的要求值得商榷。

　　4) 第 5 款：规定消防水泵在 1.5 倍设计流量时的压力不应低于设计压力的 0.65，是保证在超流量时，还能保证消防有足够的压力。水泵的电机额定功率必须满足 150% 额定流量时的工况需求。

　　5) 第 8 款：并联时：扬程不变，流量变小；串联时：流量不变，扬程增加。两台水泵并联，流量损失 5%～10%；三台水泵并联时，流量损失 10%～15%。

　　6) 建议设计选泵时仅注明设计参数，同时按本规范详细书写设计说明；如果设计注明水泵型号，则应校核该型号水泵的性能曲线，要满足本规范的所有要求。

　　特别提示：

　　消防泵的检测是按产品标准检测，而不是按工程标准检测，而产品标准和工程标准的规定并不一致。目前消防泵的性能曲线不全，消防水泵的选择需要在设计文件中注明规范要求。

　　5.1.7　消防水泵的主要材质应符合下列规定：

　　1　水泵外壳宜为球墨铸铁；

2 叶轮宜为青铜或不锈钢。

【要点说明】本条为消防水泵的材质要求。

5.1.8 当采用柴油机消防水泵时应符合下列规定：

1 柴油机消防水泵应采用压缩式点火型柴油机；

2 柴油机的额定功率应校核海拔高度和环境温度对柴油机功率的影响；

3 柴油机消防水泵应具备连续工作的性能，试验运行时间不应小于 **24h**；

4 柴油机消防水泵的蓄电池应保证消防水泵随时自动启泵的要求；

5 柴油机消防水泵的供油箱应根据火灾延续时间确定，且油箱最小有效容积应按 1.5L/kW 配置，柴油机消防水泵油箱内储存的燃料不应小于 50％的储量。

【要点说明】本条 1～4 款为强制性条文。

要求柴油机消防水泵配备的柴油机应采用压缩式点火型的目的是热备，要求能随时自动启动，确保消防给水的可靠性。

海拔高度越高空气中的绝对氧量越少，将造成内燃机出力减少；进入内燃机的空气温度升高将影响内燃机出力。为此本条规定了不同环境条件下柴油机的出力不同，为了满足水泵全性能曲线供水，应根据环境条件适当调整柴油机的功率。

在工程实践中，有些柴油机泵运行 1～2h 就出现喘振现象，不能连续工作，不能满足消防灭火需求。为此规定柴油机消防水泵的可靠性，且应能连续运行 24h 的要求。

柴油机消防水泵是由蓄电池自动启动的，本条规定了柴油机泵的蓄电池的可靠性，要求能随时自动启动柴油机泵。外观见图 5-2。

第 3 款、第 4 款均为柴油机消防水泵生产企业在产品设计、生产、出厂检验和政府有关部门产品认证过程中应该把握的环节，属于产品标准的范畴，而非工程设计人员和使用单位所能掌控，建议在本规范修订时删除。

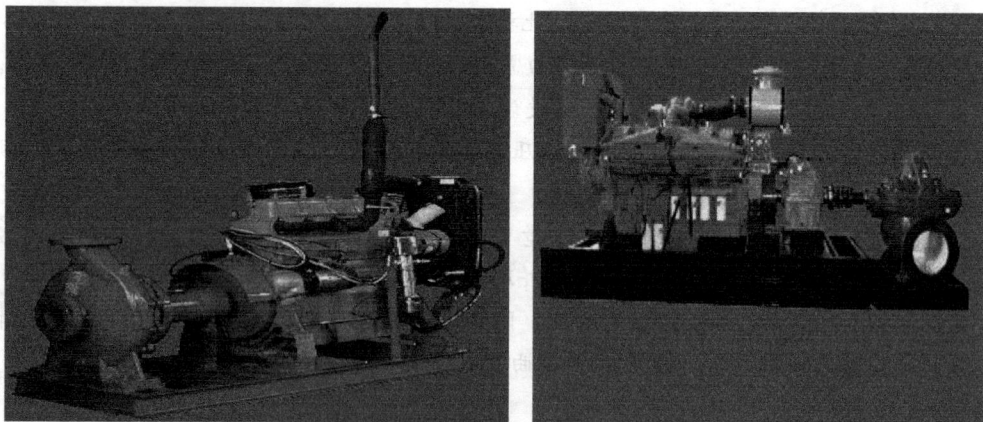

图 5-2　柴油机消防水泵

5.1.9 轴流深井泵宜安装于水井、消防水池和其他消防水源上，并应符合下列规定：

1 轴流深井泵安装于水井时，其淹没深度应满足其可靠运行的要求，在水泵出流量为 **150％**设计流量时，其最低淹没深度应是第一个水泵叶轮底部水位线以上不少于 **3.20m**，且海拔高度每增加300m，深井泵最低淹没深度应至少增加0.30m；

2 轴流深井泵安装在消防水池等消防水源上时，其第一个水泵叶轮底部应低于消防水池的最低有效水位线，且淹没深度应根据水力条件经计算确定，并应满足消防水池等消防水源有效储水量或有效水位能全部被利用的要求；当水泵设计流量大于125L/s时，应根据水泵性能确定淹没深度，并应满足水泵气蚀余量的要求；

3 轴流深井泵的出水管与消防给水管网连接应符合本规范第5.1.13条第3款的规定；

4 轴流深井泵出水管的阀门设置应符合本规范第5.1.13条第5款和第6款的规定；

5 当消防水池最低水位低于离心水泵出水管中心线或水源水位不能保证离心水泵吸水时，可采用轴流深井泵，并应采用湿式深坑的安装方式安装于消防水池等消防水源上；

6 当轴流深井泵的电动机露天设置时，应有防雨功能；

7 其他应符合现行国家标准《室外给水设计规范》GB 50013的有关规定。

【要点说明】本条1～3款为强制性条文。规定了轴流深井泵应用的技术条件。

1）第1款是轴流深井泵安装在水井时的技术规定。水井在水泵抽水时会产生漏斗效应，为保证消防水泵在150%的设计流量时，深井泵的第一个叶轮仍然在水面下，规定轴流深井泵安装于水井时，其淹没深度应满足其可靠运行的要求。

海拔高度增高，水泵的吸上高度就相应减少，水泵发生气蚀的可能性增加，为此规定海拔高度每增加300m，深井泵的最低淹没深度应至少增加0.30m。

2）第5款是采用湿式深坑安装轴流深井泵的原则性规定。轴流深井泵吸水口外缘与深坑周边之间断面的水流速度不应大于0.30m/s，当深坑采用引水渠供水时，引水渠的设计流速不应大于0.70m/s。轴流深井泵吸水口的淹没深度应根据吸水口直径、水泵吸上高度和流速等水力条件经计算确定，但不应小于0.60m。

5.1.10 消防水泵应设置备用泵，其性能应与工作泵性能一致，但下列建筑除外：

1 建筑高度小于54m的住宅和室外消防给水设计流量小于等于25L/s的建筑；

2 室内消防给水设计流量小于等于10L/s的建筑。

【要点说明】

本条从旧版《建规》8.6.8条引申而来，但不如原条文严谨。原条文："消防水泵应设置备用泵，其工作能力不应小于最大一台消防工作泵。当工厂、仓库、堆场和储罐的室外消防用水量小于等于25L/s或建筑的室内消防用水量小于等于10L/s时，可不设置备用泵。"因为旧版《建规》立足于"外救"，规定当室外消防用水量小于某一数值，或室内消防用水量小于某一数值时，可以不设备用泵。《消水规》修改后的条文容易产生歧义：专门针对建筑物，各类堆场和储罐已不包括在内；第1、2款所规定的建筑不完全一致，有的建筑根据第2款可以不设备用泵，但按第1款要设备用泵。如根据第2款，建筑高度≤24m的甲、乙、丁、戊类厂房可不设备用泵；但根据第1款，建筑体积>20000m³的甲、乙、丙类厂房则要设备用泵。

《城镇水规范》第3.3.2条"给水泵站应设置备用水泵"，给水泵站包括生活泵站、生产泵站和消防泵站，《城镇水规范》是全文强制性规范，所以建议设计消防水泵时必须设置备用泵。另外备用泵的设置是并联系统的概念，并联系统虽增加了投资但有利于安全度的提高。

5.1.11 一组消防水泵应在消防水泵房内设置流量和压力测试装置，并应符合下列规定：

1 单台消防水泵的流量不大于 20L/s、设计工作压力不大于 0.50MPa 时，泵组应预留测量用流量计和压力计接口，其他泵组宜设置泵组流量和压力测试装置；

2 消防水泵流量检测装置的计量精度应为 0.4 级，最大量程的 75% 应大于最大一台消防水泵设计流量值的 175%；

3 消防水泵压力检测装置的计量精度应为 0.5 级，最大量程的 75% 应大于最大一台消防水泵设计压力值的 165%；

4 每台消防水泵出水管上应设置 DN65 的试水管，并应采取排水措施。

【要点说明】

1）小泵（$Q \leqslant 20$L/s，$H \leqslant 0.50$MPa）应预留流量、压力测量接口，大泵（$Q > 20$L/s或 $H > 0.50$MPa）宜设置流量、压力测试装置。

直读式流量计应设置在便于人员读数处，远传式流量计设置在水泵出水管的止回阀和闸阀之间。详见图 5-3。

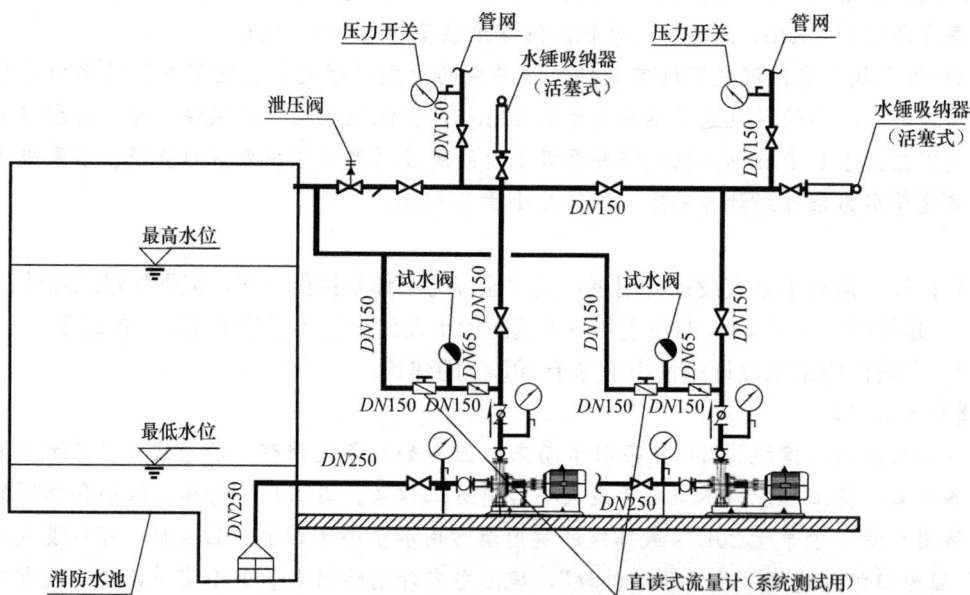

图 5-3 消防水泵流量压力测试安装图

2）第 2 款，根据规范条文换算可知，流量检测装置的最大量程应大于最大一台消防水泵设计流量值的 2.33 倍。在设计图纸中应根据设计流量，合理选用流量计。

3）第 3 款，根据规范条文换算可知，压力检测装置的最大量程应大于最大一台消防水泵设计压力值的 2.2 倍。

计量精度：允许误差占压力表量程的百分数，一般分为 0.5、1、1.5、2、2.5、3、4七个级，数值越小，计量越精确，如 0~2.5MPa 的表盘，计量精度要求为 0.5 级时，指针允许误差为：2.5×0.5‰＝0.0125MPa。普通压力表量程有：0～0.6MPa、0～0.8MPa、0～1.0MPa、0～1.6MPa、0～2.5MPa、0～4.0MPa、0～6.0MPa 等，设计图纸中应给予明确。

5.1.12　消防水泵吸水应符合下列规定：

1　消防水泵应采用自灌式吸水；

2　消防水泵从市政管网直接抽水时，应在消防水泵出水管上设置有空气隔断的倒流防止器；

3　当吸水口处无吸水井时，吸水口处应设置旋流防止器。

【要点说明】本条第1、2款为强制性条文，必须严格执行。但本条的判断难点在"自灌式吸水"、"倒流防止器的设置"。

1）自灌式吸水争议较大，主要表现在：

争议一：消防水泵有自动启动和备用泵自动互投的情况，水泵有可能在任何时刻启动，必须保证任何时刻的自灌要求。如 2015 年编制的《浙江省消防技术规范难点问题操作技术指南》（浙公通字【2015】54 号）第 91 条规定"消防水池池底标高不应低于消防水泵房的地坪标高。消水池最低有效水位按《消水规》4.3.9 条文说明及其图示执行。"

争议二：《消水规》中没有给出自灌式吸水的定义，其 5.1.9 条第 5 款指出"当消防水池最低水位低于离心水泵出水管中心线或水源水位不能保证离心水泵吸水时，可采用轴流深井泵……。"据此推断自灌式吸水指最低水位高于离心水泵出水管中心线。

争议三：国标图集《消防专用水泵选用与安装》（04S204，以下简称"图集 04S204"）做了如下详细规定：（1）对于卧式消防水泵，消防水池满足自灌式启动水泵的最低水位应高了泵壳顶部放气孔。（2）对于填料密封立式消防水泵，消防水池满足自灌式启动水泵的最低水位宜高于水泵出水法兰顶部放气孔。正常运行时，消防水池最低水位应高于水泵第一级叶轮。（3）对于机械密封立式消防水泵，消防水池满足自灌式启动水泵的最低水位宜高于泵体上部机械密封压盖端部放气孔。正常运行时，消防水池最低水位应高于水泵第一级叶轮。消防水池、水箱的最低有效水位要淹没消防水泵的放气孔。立式泵的放气孔在最上一级叶轮的上面；卧式泵的放气孔在泵壳的顶上。

根据《建水规范》术语规定，自灌是指水泵启动时水靠重力充入泵体的引水方式。在其 3.8.6 条的条文说明里解释"…生活给水水泵的自灌吸水，并不要求水泵位于贮水池最低水位以下。…因此，卧式离心泵的泵顶放气孔、立式多级离心泵吸水端第一级（段）泵体可置于最低设计水位标高以下。"黄晓家等主编的《建筑给水排水工程技术与设计手册》2.9.2.6 关于水泵能否自灌的定义描述：水泵能否自灌，关键在于吸水管内和泵内是否经常处于充水状态。

自灌式启泵水位和自灌式吸水的区别：水泵正确的吸水条件，是以运行中不产生气蚀现象为前提条件的。理论上，使用中应以水泵样本中给定的允许吸上真空高度（或必需气蚀余量）作为限度值来考虑问题。实际上，消防水泵能否自灌吸水，关键在于吸水管和泵壳内是否能保持处于充水状态。只要消防水泵在初次安装调试及检修后运行时能保证消防水池最高水位高于水泵的放气孔，消防泵就能正常运行。假设此后发生火灾，由于某种原因导致运行的消防停泵需要启动备用泵，且恰巧水池水位降到水泵放气孔以下（概率极低），只要吸水喇叭口还淹没在水中，水面上的空气不会"潜水"并从喇叭口进入吸水管内。在大气压力作用下，只要水池水位低于吸水管中心线的高差不超过当地大气压，水泵吸水管路内就充满水保持自灌状态。另外消防水泵平时需要定期巡检，更能保证吸水管及水泵内始终充满水。

2）本条第3款提出新的吸水器材旋流防止器，何为旋流防止器？它形状类似虹吸雨水斗。以下为产品参考资料（见图5-4、图5-5）：

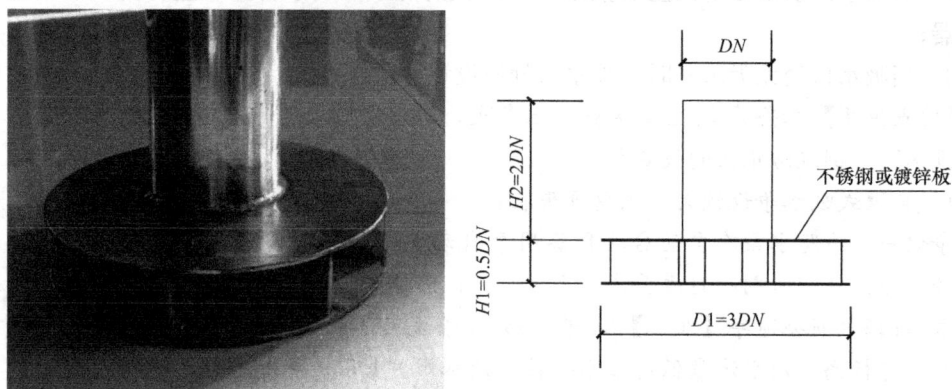

型号	旋流防止器口径 DN（mm）	盘高 H1（mm）	管高 H2（mm）	盘径 D1（mm）
MX-XLFZQ DN50	50	25	100	150
MX-XLFZQ DN65	65	32.5	130	195
MX-XLFZQ DN80	80	40	160	240
MX-XLFZQ DN100	100	50	200	300
MX-XLFZQ DN125	125	62.5	250	375
MX-XLFZQ DN150	150	75	300	450
MX-XLFZQ DN200	200	100	400	600

图 5-4　旋流防止器产品资料（1）

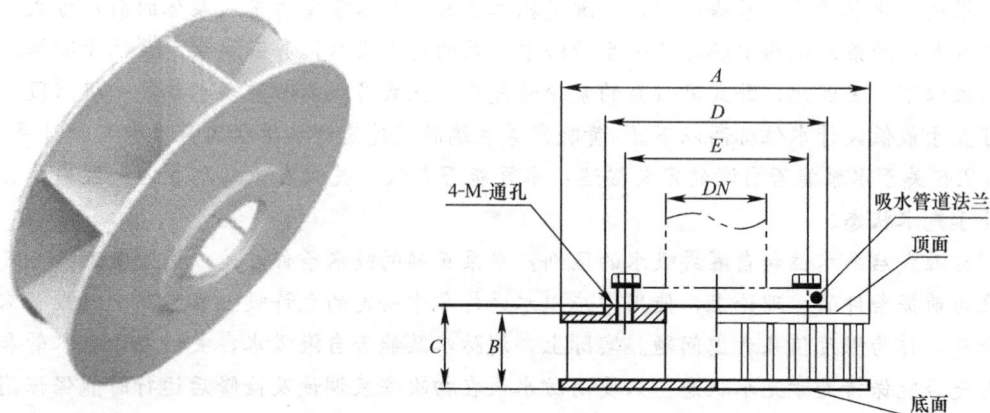

图 5-5　旋流防止器产品资料（2）（一）

DN (mm)	A	B	C	D			E			M 螺纹规格			螺栓孔数量
				PN10	PN16	PN25	PN10	PN16	PN25	PN10	PN16	PN25	
65	190	50	63	185	185	185	145	145	145	M16	M16	M16	
80	230	60	73	200	200	200	160	160	160	M16	M16	M16	
100	305	72	85	220	220	235	180	180	190	M16	M16	M20	
150	455	95	108	285	285	300	240	240	250	M20	M20	M24	
200	610	120	133	340	340	360	295	295	310	M20	M20	M24	
250	760	145	158	395	405	425	350	355	370	M20	M20	M27	4
300	915	170	183	455	460	485	400	410	430	M20	M20	M27	
350	1070	200	213	505	520	555	460	470	490	M20	M20	M30	
400	1220	220	233	565	580	620	515	525	550	M24	M24	M33	
450	1350	245	258	615	640	670	565	585	600	M24	M24	M33	

图 5-5　旋流防止器产品资料（2）（二）

5.1.13　离心式消防水泵吸水管、出水管和阀门等，应符合下列规定：

1　一组消防水泵，吸水管不应少于两条，当其中一条损坏或检修时，其余吸水管应仍能通过全部消防给水设计流量；

2　消防水泵吸水管布置应避免形成气囊；

3　一组消防水泵应设不少于两条的输水干管与消防给水环状管网连接，当其中一条输水管检修时，其余输水管应仍能供应全部消防给水设计流量；

4　消防水泵吸水口的淹没深度应满足消防水泵在最低水位运行安全的要求，吸水管喇叭口在消防水池最低有效水位下的淹没深度应根据吸水管喇叭口的水流速度和水力条件确定，但不应小于 **600mm**，当采用旋流防止器时，淹没深度不应小于 **200mm**；

5　消防水泵的吸水管上应设置明杆闸阀或带自锁装置的蝶阀，但当设置暗杆阀门时应设有开启刻度和标志；当管径超过 DN300 时，宜设置电动阀门；

6　消防水泵的出水管上应设止回阀、明杆闸阀；当采用蝶阀时，应带有自锁装置；当管径大于 DN300 时，宜设置电动阀门；

7　消防水泵吸水管的直径小于 DN250 时，其流速宜为 1.0m/s～1.2m/s；直径大于 DN250 时，宜为 1.2m/s～1.6m/s；

8　消防水泵出水管的直径小于 DN250 时，其流速宜为 1.5m/s～2.0m/s；直径大于 DN250 时，宜为 2.0m/s～2.5m/s；

9　吸水井的布置应满足井内水流顺畅、流速均匀、不产生涡漩的要求，并应便于安装施工；

10　消防水泵的吸水管、出水管道穿越外墙时，应采用防水套管；当穿越墙体和楼板时，应符合本规范第 12.3.19 条第 5 款的要求；

11　消防水泵的吸水管穿越消防水池时，应采用柔性套管；采用刚性防水套管时应在水泵吸水管上设置柔性接头，且管径不应大于 DN150。

【要点说明】第 1～4 款为强条。

1）第 2 款消防水泵吸水管应如何避免形成气囊？具体做法有：吸水管不能有上弯段、

不同管径连接时应管顶平接、采用偏心异径管等。

2）第 8 款，如果设计流量为 40L/s，消防水泵出水管 DN150 时流速会超规范要求，设计应注意复核。

3）第 11 款，设置柔性防水套管的墙厚不能小于 300；柔性防水套管可以外购。

5.1.14　当有两路消防供水且允许消防水泵直接吸水时，应符合下列规定：

1　每一路消防供水应满足消防给水设计流量和火灾时必须保证的其他用水；

2　火灾时室外给水管网的压力从地面算起不应小于 0.10MPa；

3　消防水泵扬程应按室外给水管网的最低水压计算，并应以室外给水的最高水压校核消防水泵的工作工况。

【要点说明】本条对消防水泵直接吸水时，消防水泵扬程计算作了规定。

消防水泵直接吸水的条件是两路供水和主管部门允许直接吸水。

室外给水管网的水压，历年、四季、昼夜、高峰低谷都有变化，有时差异很大，这就影响水泵扬程计算。直接吸水消防水泵扬程计算按室外给水管网的最低水压计算，也就是最不利情况水压计算；按室外给水管网的最高水压校核水泵的工作工况，主要是防超压。

5.1.15　消防水泵吸水管可设置管道过滤器，管道过滤器的过水面积应大于管道过水面积的 4 倍，且孔径不宜小于 3mm。

【要点说明】设置过滤器时设计应注明其过水面积、孔径等设计参数值。注意常规的过滤器要求过水面积为管道过水面积的 2～3 倍，现在为 4 倍。

消防给水管网中的水平时不流动，但金属管道的锈蚀问题依然存在。一旦消防用水，水流会将大量的金属氧化物从途经的管道带到过滤器处，从而堵塞管道，造成断水现象。解决的办法是采用好的管材，延缓管材锈蚀。对于自动喷水灭火系统建议设置过滤器，也可设在报警阀前；如果仅为消火栓系统可根据实际情况分析确定，考虑到按《消水规》第 5.1.13 条，水泵吸水管一般都设置了旋流防止器，它可阻止细长的杂物堵塞管道和影响水泵运行，暂不设管道过滤器。

5.1.16　临时高压消防给水系统应采取防止消防水泵低流量空转过热的技术措施。

【要点说明】防止消防水泵低流量空转过热的技术措施，包括具有小流量空转过热保护的离心泵或安全阀、定量流量开关、自动再循环控制阀及离心泵保护阀等。

5.1.17　消防水泵吸水管和出水管上应设置压力表，并应符合下列规定：

1　消防水泵出水管压力表的最大量程不应低于其设计工作压力的 2 倍，且不应低于 1.60MPa；

2　消防水泵吸水管宜设置真空表、压力表或真空压力表，压力表的最大量程应根据工程具体情况确定，但不应低于 0.70MPa，真空表的最大量程宜为－0.10MPa；

3　压力表的直径不应小于 100mm，应采用直径不小于 6mm 的管道与消防水泵进出口管相接，并应设置关断阀门。

【要点说明】本条为消防水泵吸水管和出水管上压力表的设置要求。注意本条第2款文字表述与主条文有矛盾，设计时按主条文执行。

5.2.1 临时高压消防给水系统的高位消防水箱的有效容积应满足初期火灾消防用水量的要求，并应符合下列规定：

1 一类高层公共建筑，不应小于36m³，但当建筑高度大于100m时，不应小于50m³，当建筑高度大于150m时，不应小于100m³；

2 多层公共建筑、二类高层公共建筑和一类高层住宅，不应小于18m³，当一类高层住宅建筑高度超过100m时，不应小于36m³；

3 二类高层住宅，不应小于12m³；

4 建筑高度大于21m的多层住宅，不应小于6m³；

5 工业建筑室内消防给水设计流量当小于或等于25L/s时，不应小于12m³，大于25L/s时，不应小于18m³；

6 总建筑面积大于10000m²且小于30000m²的商店建筑，不应小于36m³，总建筑面积大于30000m²的商店，不应小于50m³，当与本条第1款规定不一致时应取其较大值。

【要点说明】本条的第1～6款明确了高位消防水箱的有效容积，虽不是强条，但5.2.6条第1款涉及高位消防水箱的有效容积条为强条，因此消防水箱的有效容积也要强制执行。

为便于快速查阅，结合第5.2.2条的要求编制表5-1：

高位消防水箱最小有效容积及最小静水压力 表5-1

建筑分类	建筑高度或面积	最小有效容积	最小静水压力
一类高层公共建筑	≤100m	36m³	10m
	>100m且≤150m	50m³	15m
	>150m	100m³	15m
二类高层公共建筑、多层公共建筑		18m³	7m
高层住宅建筑	>100m	36m³	10m
	>54m且≤100m	18m³	7m
	>27m且≤54m	12m³	7m
多层住宅建筑	>21m且≤27m	6m³	≤7m
商店建筑	总建筑面积>10000m²且<30000m²	36m³	
	总建筑面积≥30000m²	50m³	
工业建筑	室内消防给水设计流量≤25L/s	12m³	7m（体积<20000m³） 10m（体积≥20000m³）
	室内消防给水设计流量>25L/s	18m³	7m（体积<20000m³） 10m（体积≥20000m³）

5.2.2 高位消防水箱的设置位置应高于其所服务的水灭火设施，且最低有效水位应满足水灭火设施最不利点处的静水压力，并应按下列规定确定：

1 一类高层公共建筑，不应低于 0.10MPa，但当建筑高度超过 100m 时，不应低于 0.15MPa；

2 高层住宅、二类高层公共建筑、多层公共建筑，不应低于 0.07MPa，多层住宅不宜低于 0.07MPa；

3 工业建筑不应低于 0.10MPa，当建筑体积小于 20000m³ 时，不宜低于 0.07MPa；

4 自动喷水灭火系统等自动水灭火系统应根据喷头灭火需求压力确定，但最小不应小于 0.10MPa；

5 当高位消防水箱不能满足本条第 1 款～第 4 款的静压要求时，应设稳压泵。

【要点说明】1）实际工作中，应与土建专业配合，使高位消防水箱的设置位置高于其所服务的水灭火设施，并满足静水压力的要求。当有些特殊建筑形式，水箱设置高度难以高于其所服务的水灭火设施时，应采取其他有效措施，并报当地消防主管部门审批。

2）第 3 款中的"工业建筑"系指厂房和仓库。只有纯粹储存物品的才算仓库，按工业建筑；而中百仓储之类的卖场不能算仓库，应归于民用建筑。

3）第 1、2、3 款是针对消火栓系统的，第 4 款是针对自动喷水灭火系统的。

5.2.3 高位消防水箱可采用热浸锌镀锌钢板、钢筋混凝土、不锈钢板等建造。

【要点说明】本条规定了高位消防水箱的材质。

5.2.4 高位消防水箱的设置应符合下列规定：

1 当高位消防水箱在屋顶露天设置时，水箱的人孔以及进出水管的阀门等应采取锁具或阀门箱等保护措施；

2 严寒、寒冷等冬季冰冻地区的消防水箱应设置在消防水箱间内，其他地区宜设置在室内，当必须在屋顶露天设置时，应采取防冻隔热等安全措施；

3 高位消防水箱与基础应牢固连接。

【要点说明】

1）第 1 款强条。露天设置的水箱人孔、阀门应设锁具或阀门箱。

2）对于冬冷夏热地区，冬季会结冰。高位消防水箱露天设置时，要对水箱和管道采取保温措施。规范中所提"防冻隔热"即指保温。我国气候分区可参考现行国家标准《民用建筑热工设计规范》GB 50176 的规定。

5.2.5 高位消防水箱间应通风良好，不应结冰，当必须设置在严寒、寒冷等冬季结冰地区的非采暖房间时，应采取防冻措施，环境温度或水温不应低于 5℃。

【要点说明】：本条为强制性条文，必须严格执行。

消防水箱间必须开门开窗，方可视为"通风良好"。

一般严寒和寒冷的采暖地区的高位消防水箱间，都会做值班采暖，所以不用采取保温措施。当在严寒、寒冷等冬季结冰地区的非采暖房间设置高位消防水箱时，应采取保温措施，可采用自调控电伴热等保温措施。

对于虽不属于严寒、寒冷地区，而水箱间为非采暖房间，无法满足"环境温度或水温不应低于 5℃"要求的，设于高位消防水箱间的消防水箱和管道应采取保温措施。保温材料一般采用聚氨酯或橡塑。

5.2.6　高位消防水箱应符合下列规定：

1　高位消防水箱的有效容积、出水、排水和水位等，应符合本规范第 **4.3.8** 条和第 **4.3.9** 条的规定；

2　高位消防水箱的最低有效水位应根据出水管喇叭口和防止旋流器的淹没深度确定，当采用出水管喇叭口时，应符合本规范第 **5.1.13** 条第 **4** 款的规定；当采用防止旋流器时应根据产品确定，且不应小于 **150mm** 的保护高度；

3　高位消防水箱的通气管、呼吸管等应符合本规范第 4.3.10 条的规定；

4　高位消防水箱外壁与建筑本体结构墙面或其他池壁之间的净距，应满足施工或装配的需要，无管道的侧面，净距不宜小于 0.7m；安装有管道的侧面，净距不宜小于 1.0m，且管道外壁与建筑本体墙面之间的通道宽度不宜小于 0.6m，设有人孔的水箱顶，其顶面与其上面的建筑物本体板底的净空不应小于 0.8m；

5　进水管的管径应满足消防水箱 8h 充满水的要求，但管径不应小于 DN32，进水管宜设置液位阀或浮球阀；

6　进水管应在溢流水位以上接入，进水管口的最低点高出溢流边缘的高度应等于进水管管径，但最小不应小于 100mm，最大不应大于 150mm；

7　当进水管为淹没出流时，应在进水管上设置防止倒流的措施或在管道上设置虹吸破坏孔和真空破坏器，虹吸破坏孔的孔径不宜小于管径的 1/5，且不应小于 25mm。但当采用生活给水系统补水时，进水管不应淹没出流；

8　溢流管的直径不应小于进水管直径的 2 倍，且不应小于 DN100，溢流管的喇叭口直径不应小于溢流管直径的 1.5 倍～2.5 倍；

9　高位消防水箱出水管管径应满足消防给水设计流量的出水要求，且不应小于 DN100；

10　高位消防水箱出水管应位于高位消防水箱最低水位以下，并应设置防止消防用水进入高位消防水箱的止回阀；

11　高位消防水箱的进、出水管应设置带有指示启闭装置的阀门。

【要点说明】：1）本条第 1、2 款均为强制性条文，必须严格执行。为减少水箱的无效容积，一般采用防止旋流器下出水。根据第 9 款，水箱出水管管径不小于 DN100，对应的防止旋流器的高度约 100，即水箱底部约 250mm 的水深为无效水深。

2）第 6 款，执行该款时，应注意不要违反了现行《建水规范》第 3.2.4C 条的要求。《建水规范》第 3.2.4C 为强条：从生活饮用水管网向消防、中水和雨水回用水等其他用水的贮水池（箱）补水时，其进水管口最低点高出溢流边缘的空气间隙不应小于 150mm。《建水规范》强调的是由生活饮用水补水的情况，所以在设计时可以参考以下做法：高位消防水箱采用水泵加压补水，如采用生活饮用水补水时，按现行的《建水规范》执行；采用其他水源补水时，或采用比消防水箱高的生活水箱重力补水时，按本规范执行。

3）根据第 5 款、第 8 款的要求，高位消防水箱推荐采用的最小进水管管径和最小溢流管管径，详见表 5-2：

<table>
<tr><td colspan="7" align="center">高位消防水箱最小进水管、溢水管管径</td><td align="right">表 5-2</td></tr>
</table>

高位消防水箱有效贮水容积（m³）	6	12	18	36	50	100
最小进水管管径（mm）	32	40	40	50	50	80
最小溢流管管径（mm）	100	100	100	100	100	200
每小时进水量（m³/h）	0.75	1.50	2.25	4.50	6.25	12.50

注：本条第 8 款仅是针对高位消防水箱溢流管的规定。而对于消防水池，其溢流管管径仍然按照比进水管径大一号进行设计。

4）第 9 款要求水箱出水管的管径不应小于 $DN100$。《喷规》第 10.3.3 条第 2 款"（消防水箱的出水管）轻危险级、中危险级场所的系统，管径不应小于 80mm，……"，现在均应统一为不小于 100mm。

5）第 10 款基本上不允许做水箱侧出水，故统一做下出水。

6）高位消防水箱作为初期火灾的灭火水源，其进出水管上的阀门应处于常开状态，但管道或阀门检修时可以关闭。为防止检修后忘开阀门，要求阀门带有指示启闭装置，以便检查，保证管网水源畅通。设计时应将此条写入说明。

5.3.1 稳压泵宜采用离心泵，并宜符合下列规定：

1 宜采用单吸单级或单吸多级离心泵；

2 泵外壳和叶轮等主要部件的材质宜采用不锈钢。

【要点说明】稳压泵流量小，考虑有可能设在屋顶室外，故要求采用不锈钢材质。

5.3.2 稳压泵的设计流量应符合下列规定：

1 稳压泵的设计流量不应小于消防给水系统管网的正常泄漏量和系统自动启动流量；

2 消防给水系统管网的正常泄漏量应根据管道材质、接口形式等确定，当没有管网泄漏量数据时，稳压泵的设计流量宜按消防给水设计流量的 1%～3%计，且不宜小于 1L/s；

3 消防给水系统所采用报警阀压力开关等自动启动流量应根据产品确定。

【要点说明】本条第 1 款为强制性条文，必须严格执行。

稳压泵的设计流量建议统一按 1L/s 取值。

5.3.3 稳压泵的设计压力应符合下列要求：

1 稳压泵的设计压力应满足系统自动启动和管网充满水的要求；

2 稳压泵的设计压力应保持系统自动启泵压力设置点处的压力在准工作状态时大于系统设置自动启泵压力值，且增加值宜为 0.07～0.10MPa；

3 稳压泵的设计压力应保持系统最不利点处水灭火设施在准工作状态时的静水压力应大于 0.15MPa。

【要点说明】本条第 1 款为强制性条文，必须严格执行。

1）《消水规》在系统控制要求上做了很大的改变。第 11.0.4 条"消防水泵应由消防水泵出水干管上设置的压力开关、高位消防水箱出水管上的流量开关，或报警阀压力开关等开关信号直接自动启动消防水泵"。压力开关即是通过系统的压力变化来控制系统启动，当然系统就会存在一个自动启动系统的压力值（即第 2 款中"自动启泵压力值"），低于这个值，系统就会自动启动。

2）第2款中"系统自动启泵压力设置点"即指泵房内消防水泵出水干管上压力开关设置处。

3）第2、3款中"准工作状态"的理解。参考《自喷验收规范》中对准工作状态的解释，准工作状态是指最不利点消防设施的静水压力满足其工作压力要求的状态，对消火栓而言是满足充实水柱的压力要求（10m充实水柱压力约为0.16MPa，13m充实水柱压力约为0.22MPa）；对自喷系统而言是最不利喷头处压力≥0.05MPa。结合第3款可以看出，稳压泵的压力对于消火栓系统应按系统充实水柱的要求计算确定，对于自喷系统，则必须取0.15MPa。规范表述为"大于0.15MPa"不利于确定最小值，建议修改为"不小于0.15MPa"。

4）稳压泵压力 P 的计算。设定稳压泵的最低工作压力 P_1，系统设置的自动启泵（消防主泵）压力 P_2（因压力开关设在泵房，计算时要注意将压力开关处的设定压力换算至稳压泵设置处对应的压力），稳压泵的启泵压力 P_{s1} 和停泵压力 P_{s2}，准工作状态时最不利点处消防设施的压力 P_0。P_0 为定值，P_2 是人为设定的值，在满足第3款的前提下，P_2 可以任意设定，但设定值越高，管网平时的稳定压力就越大，漏损的几率也相应提高，维护成本增加，所以合理选定系统自动启泵压力值很关键。当由稳压泵维持系统压力时，稳压泵的最低工作压力 P_1 可以作为系统主泵的最低自动启动压力值 P_2，即 $P_2 = P_1$。

（1）设有高位消防水箱及上置式稳压泵，见图5-6：

$$P_2 = P_1 = P_0 - 0.01 H_1$$

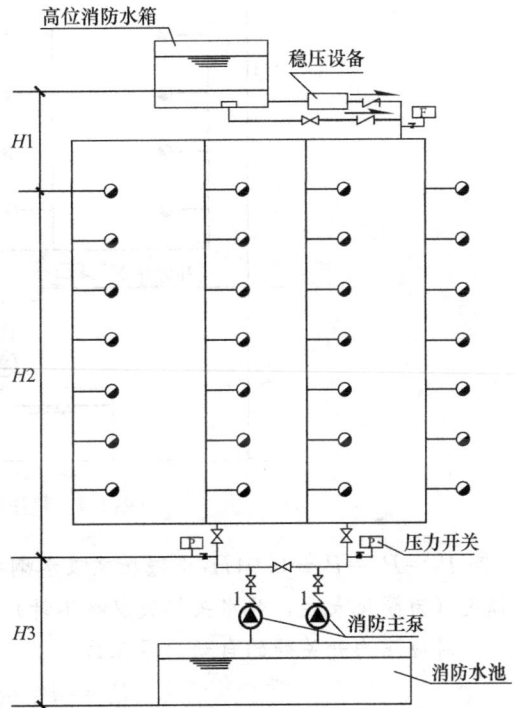

图5-6 稳压系统示意图（一）

式中 P_0——最不利点消防设施的最低工作压力要求（MPa）当稳压泵为消火栓系统所用时，应按充实水柱要求取值，为自喷系统所用时，P_0 应取 0.15MPa。

H_1——水箱最低有效水位至最不利点消防设施处的高差（m）（静水压力）。

对应压力开关处的自动启泵压力：

$$P_3 = P_2 + 0.01(H_1 + H_2) = P_0 + 0.01 H_2$$

式中 H_2——最不利点消防设施至压力开关处的高差（m）。

稳压泵的设计压力可按下式取值：

$$P_{s1} = P_3 + (0.07 \sim 0.10) - 0.01(H_2 + H_1) = P_0 - 0.01 H_1 + (0.07 \sim 0.10)$$

$$P_{s2} = P_{s1} + (0.05 \sim 0.06)$$

稳压泵扬程 $= (P_{s1} + P_{s2})/2$

（2）设有高位水箱及稳压泵（下置式，稳压泵从屋顶水箱吸水），见图5-7：

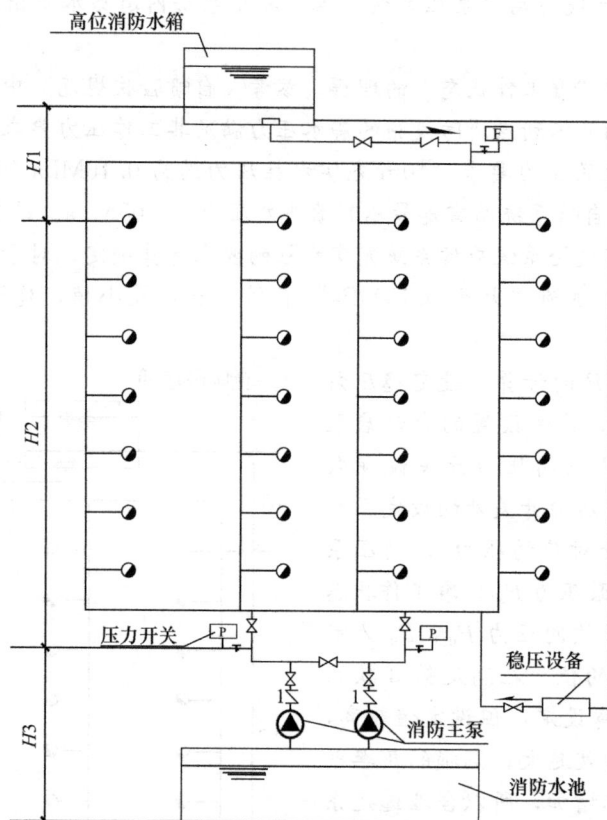

图 5-7　稳压系统示意图（二）

$P_2 = P_1 = P_0 - 0.01H_1 +$ 稳压泵吸水喇叭口至稳压泵至最不利消防设施处管路的水头损失（为简化表述，此水头损失忽略不计）

对应压力开关处的自动启泵压力

$$P_3 = P_2 = P_0 - 0.01H_1$$
$$P_{s1} = P_3 + (0.07 \sim 0.10) = P_0 - 0.01H_1 + (0.07 \sim 0.10)$$
$$P_{s2} = P_{s1} + (0.05 \sim 0.06)$$
$$稳压泵扬程 = (P_{s1} + P_{s2})/2$$

（3）设有高位水箱及稳压泵（下置式，稳压泵从消防水池吸水），见图5-8：

$P_2 = P_1 = P_0 + 0.01(H_2 + H_3) - 0.01H_1 +$ 稳压泵吸水喇叭口至最不利消防设施处管路的水头损失（为简化表述，此水头损失忽略不计）

式中　H_3——压力开关至稳压泵吸水喇叭口的高差（m）。

对应压力开关处的自动启泵压力

$$P_3 = P_2 = P_0 + 0.01(H_2 + H_3) - 0.01H_1$$
$$P_{s1} = P_3 + (0.07 \sim 0.10) = P_0 + 0.01(H_2 + H_3) - 0.01H_1 + (0.07 \sim 0.10)$$
$$P_{s2} = P_{s1} + (0.05 \sim 0.06)$$
$$稳压泵扬程 = (P_{s1} + P_{s2})/2$$

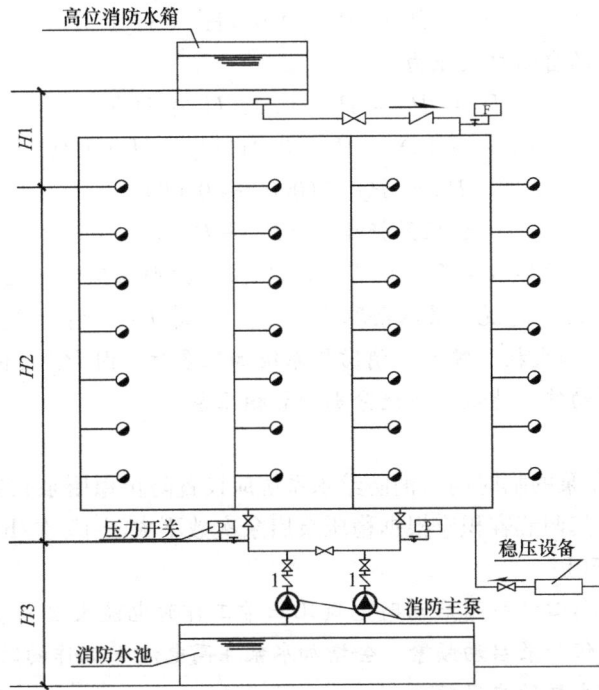

高位消防水箱

压力开关

稳压设备

消防主泵

消防水池

图 5-8 稳压系统示意图（三）

（4）无高位水箱，仅设稳压泵，见图 5-9：

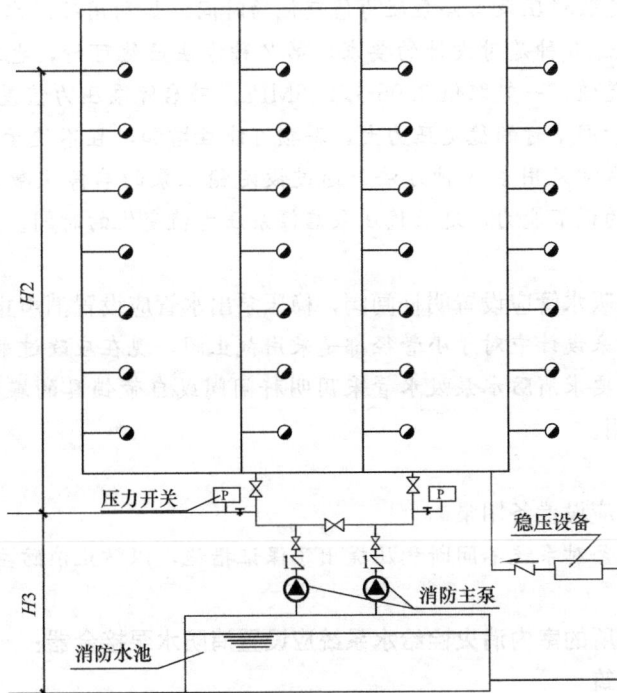

压力开关

稳压设备

消防主泵

消防水池

图 5-9 稳压系统示意图（四）

$$P_2 = P_1 = P_0 + 0.01(H_2 + H_3)$$

对应压力开关处的自动启泵压力

$$P_3 = P_2 = P_0 + 0.01(H_2 + H_3)$$
$$P_{s1} = P_3 + (0.07 \sim 0.10) = P_0 + 0.01(H_2 + H_3) + (0.07 \sim 0.10)$$
$$P_{s2} = P_{s1} + (0.05 \sim 0.06)$$
$$稳压泵扬程 = (P_{s1} + P_{s2})/2$$

（5）当由稳压气压设备维持系统压力时，P_2 值可按照国家标准图例《消防增压稳压设备选用与安装》98S205 总说明第八条取 $P_1 = P_0$，计算 P_2、P_{s1}、P_{s2}。

5）对于分别设置消火栓、喷淋、消防炮系统加压泵时，因 P_0 值不同，为避免各系统的相互影响，出现误动作，建议各系统分别设置稳压泵。

5.3.4 设置稳压泵的临时高压消防给水系统应设置防止稳压泵频繁启停的技术措施，当采用气压水罐时，其调节容积应根据稳压泵启泵次数不大于 15 次/h 计算确定，但有效储水容积不宜小于 150L。

【要点说明】1）离心水泵刚启动时电流比正常工作时电流大 2 倍多，虽然时间很短，不会造成电机损害，但如果启动频繁，会增加水泵在高电流下工作的时间，加大电机损坏的风险，所以要控制水泵的启动频率。

2）稳压泵是通过管网压力变化，达到稳压泵设定的启停压力值工作的，降低管网的压力变化几率和调整启停压力值可以控制稳压泵的启停次数。故防止稳压泵频繁启停的技术措施有：（1）提高管网的强度及严密性，减少管网的漏损；（2）加大稳压泵启停泵压力值间的差值；（3）延长稳压泵启停泵压力值变化的时间，如利用气压水罐。第 1 种方法是对施工的要求，第 2、3 种是对设计的要求，第 2 种方法虽然可行，也不能无限制的加大启停泵压力值间的差值，一般取值 0.05～0.06MPa。若启停泵压力值差距太大，会造成稳压泵工作时间长，管网平时的稳定压力大，漏损可能性增加，且不便于直观控制稳压泵的启停次数。设计时常常采用第 3 种方法，通过设定稳压泵的启停次数，计算气压罐的规格，利用气压水罐的调节能力，延长稳压泵启停泵压力值变化的时间。

5.3.5 稳压泵吸水管应设置明杆闸阀，稳压泵出水管应设置消声止回阀和明杆闸阀。

【要点说明】原来设计中对于小管径都是采用截止阀，现在应改过来，采用明杆闸阀。

第 5.1.13.5 条要求消防水泵吸水管采用明杆闸阀或自带锁具的蝶阀，因无小口径蝶阀，故采用明杆闸阀。

5.3.6 稳压泵应设置备用泵。

【要点说明】本条对系统不间断稳压提出了保证措施，以防止消防主泵误启动。

5.4.1 下列场所的室内消火栓给水系统应设置消防水泵接合器：

1 高层民用建筑；

2 设有消防给水的住宅、超过五层的其他多层民用建筑；

3 超过 2 层或建筑面积大于 10000㎡ 的地下或半地下建筑（室）、室内消火栓设计流量大于 10L/s 平战结合的人防工程；

    4 高层工业建筑和超过四层的多层工业建筑；

    5 城市交通隧道。

【要点说明】本条按建筑类型规定了设置消防水泵接合器的场所，为强制性条文。本条规定与新版《建规》是包含关系，本条规定比新版《建规》多出了"设有消防给水的住宅"和"城市交通隧道"这两种场所应设接合器。

室内消防给水系统设置消防水泵接合器，便于消防队员现场扑救火灾时，充分利用建筑物内已经建成的水消防设施，提高灭火效率。消防队员还可以利用室内消火栓管网输送消防用水，不必敷设水龙带，可以节省宝贵的火灾扑救时间，减少消防队员体力消耗。建筑室内消防输水管道较多，相比临时架设的消防水龙带，水力阻力小，可以提高输水和灭火效率。

5.4.2 自动喷水灭火系统、水喷雾灭火系统、泡沫灭火系统和固定消防炮灭火系统等水灭火系统，均应设置消防水泵接合器。

【要点说明】本条按灭火系统类型规定了设置消防水泵接合器的场所，为强制性条文。

消防水泵接合器是水灭火系统的第三供水水源，可在建筑消防泵组出故障，或消防水池贮水用尽时，向各室内水灭火系统提供消防用水。

水泵接合器作为消防辅助供水设施，未要求设置的场所，也可根据建筑的重要性考虑设置。规范只是设计要求的下限。

5.4.3 消防水泵接合器的给水流量宜按每个 10～15L/s 计算。每种水灭火系统的消防水泵接合器设置的数量应按系统设计流量经计算确定，但当计算数量超过 3 个时，可根据供水可靠性适当减少。

【要点说明】每个系统最多四个。前提是满足供水可靠性。后面的条文第 5.4.4、5.4.5、5.4.6、5.4.7、5.4.8、5.4.9 条都是可靠性的规定。

每辆消防车的供水流量一般为 10～15L/s，每个消防水泵接合器流量也是 10～15L/s。3 个消防水泵接合器放在同一位置时，需对应停放 3 辆消防车，停放场地往往存在困难。当设置 3 个水泵接合器时，可供流量 45L/s，一般室外消防用水量最大为 40L/s，因此超过 3 个时可适当减少。

为保证系统的消防流量，对于大型建筑、消防水灭火系统种类多的建筑，消防水泵接合器数量较多，这时宜将消防水泵接合器在室外不同方位分多处设置，并宜将同种灭火系统的消防水泵接合器分散设置。例如，建筑物南面设置 2 个消火栓消防水泵接合器、1 个自喷消防水泵接合器，建筑北面也设置 2 个消火栓用消防水泵接合器、1 个自喷消防水泵接合器。

5.4.4 临时高压消防给水系统向多栋建筑供水时，消防水泵接合器应在每座建筑附近就近设置。

【要点说明】本条文规定的目的是接合器的设置位置应使于消防人员顺利找到接合器。要求的是"每座建筑附近就近设置"，而不是要求"每座建筑独立设置"，因此在相邻建筑之间设置的接合器可以共用。

在每栋楼外墙的一定范围内应设有水泵接合器（每个系统至少要有一个水泵接合器）。楼与楼之间的可共用；只要共用的接合器总流量能满足要求，各楼附近有一个就可以，不必每处都按系统流量满额设置。

5.4.5 消防水泵接合器的供水范围，应根据当地消防车的供水流量和压力确定。

【要点说明】各个城市消防车的数量和配置性能不一样，设计时，应按当地消防部门提供的资料确定消防水泵接合器的供水范围。

2011 年 10 月 1 日实施的《城市消防站建设标准》对消防站的建设和配备的车辆数量进行了规定："城市必须设立一级普通消防站；地级以上城市（含）以及经济较发达的县级城市应当设特勤消防站和战勤保障消防站；城市建成区内设置一级普通消防站确有困难的区域，经论证可设二级普通消防站；有任务需要的城市可设水上消防站、航空消防站等专业消防站。一级普通消防站配备消防车数量为 5~7 辆；二级普通消防站配备消防车数量为 2~4 辆，特勤消防站配备消防车数量为 8~11 辆。"

普通消防站和特勤消防站主要消防车辆的技术性能

技术性能	消防站类别	普通消防站		特勤消防站	
		一级普通消防站	二级普通消防站		
发动机功率（kW）		≥180		≥180		≥210	
比功率（kW/t）		≥10		≥10		≥12	
水罐消防车出水性能	出口压力（MPa）	1.0	1.8	1.0	1.8	1.0	1.8
	流量（L/s）	40	20	40	20	60	30
泡沫消防车出泡沫性能（类）		A、B		B		A、B	
登高平台、云梯消防车额定工作高度（m）		≥18		≥18		≥50	
举高喷射消防车额定工作高度（m）		≥16		≥16		≥20	
抢险救援消防车	起吊质量（kg）	≥3000		≥3000		≥5000	
	牵引质量（kg）	≥5000		≥5000		≥7000	

对于设有一级普通消防站的城市，根据《城市消防站建设标准》中消防车的配置情况，高度超过 100m 的建筑，应在 100m 以下的避难层设接驳口；高度不超过 100m 的建筑，可不设接驳口。

大城市高层建筑较多，消防车配置数量会多一些，消防车的供水流量扬程也会相对较大。例如，武汉市主战消防车为 $Q = 60~100L/s$，$H = 150~120m$，消防支队还备有 3 台特种消防车，最大流量为 $Q = 100L/s$，最高扬程为 $H = 350m$，只要市区的超高层建筑发生火灾，就会调度这 3 台特种消防车出警。但这种特种消防车未在该市所有消防站普及，不能按特种消防车的供水能力设置接驳口，仍应按该市主战消防车的供水能力设置接驳口。

5.4.6 消防给水为竖向分区供水时，在消防车供水压力范围内的分区，应分别设置水泵接合器；当建筑高度超过消防车供水高度时，消防给水应在设备层等方便操作的地点设置手抬泵或移动泵接力供水的吸水和加压接口。

【要点说明】受消防车供水压力的限制，超过一定高度的建筑，通过水泵接合器由消防车向建筑物的较高部位供水，将难以实现一步到位。所以规定在当地消防车供水能力接近极限的部位，设置接力供水设施。设计可在避难层预留手抬泵或移动泵的吸水和加压的接口，吸水和加压的接口间距应便于操作。见图5-10。

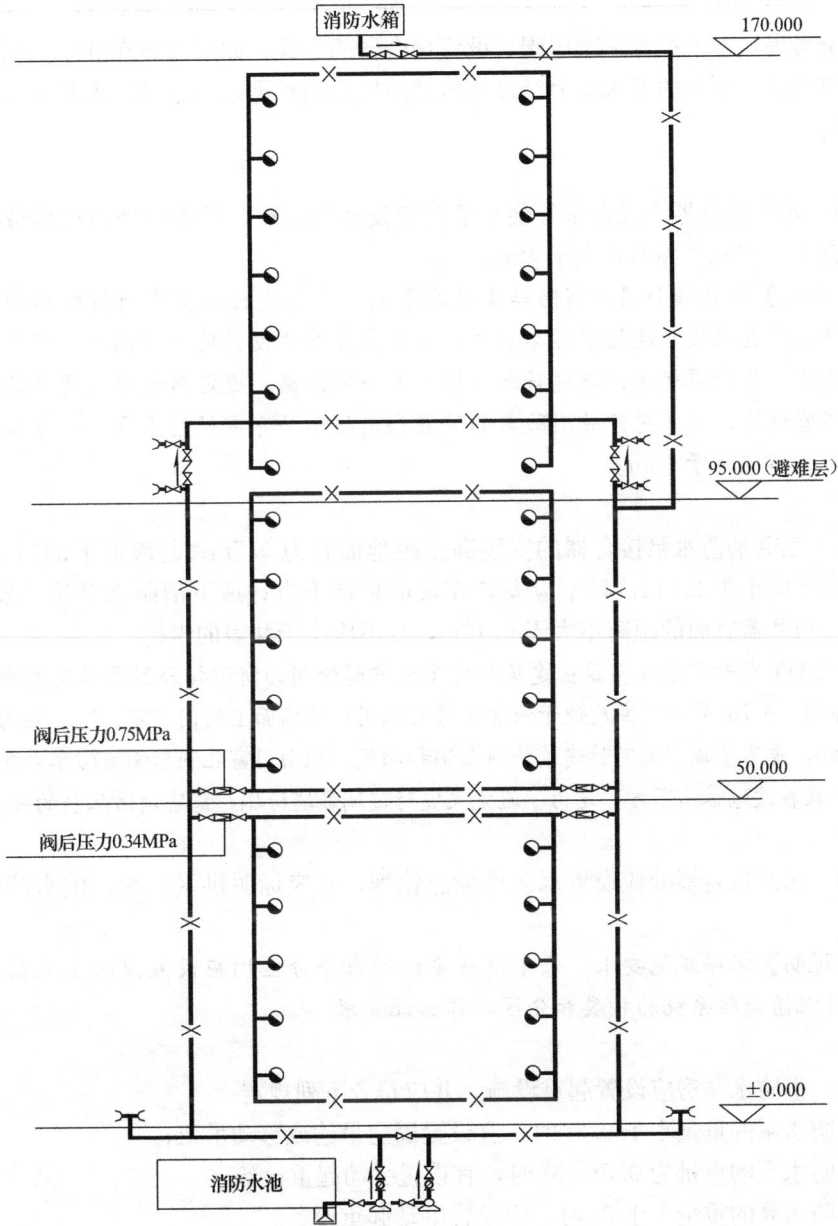

图5-10　不设中间转输水箱接力供水示意图

接力供水设施由接力水箱和手抬泵组成，中间转输水箱可作为接力水箱，当利用转输泵输水环网作为水泵接合器接力输水管时，在转输水箱前应预留手抬泵或移动泵的吸水接口。

消防部队一般会配置手抬泵，而不用电动泵。手抬泵的特性参数详见下表：

手抬泵	吸水口	出水口	流量（L/s）	扬程（MPa）	油箱容积（L）	重量（kg）
型号1	DN65	DN65	4.12～8.78	0.80～0.50	3.5	42
型号2	DN80	DN65	10.0～16.7～20.8	1.00～0.80～0.60	18	85
型号3	DN100	2×DN65	25.0～30.0～34.1	1.00～0.80～0.60	18	94

从安全考虑，本书推荐在减压阀后设置接合器的方式。如果需要在减压阀前设置接合器时，则应保证消防车的供水能力经过减压阀减压后仍然可以满足其最不利点灭火设施需要的压力要求。

5.4.7 水泵接合器应设在室外便于消防车使用的地点，且距室外消火栓或消防水池的距离不宜小于15m，并不宜大于40m。

【要点说明】水泵接合器系消防车上的水泵从室外消火栓向室内消防给水管网送水的设施，其设置位置应便于连接消防车水泵，水泵接合器的设置地点应满足：设在室外；便于消防车使用；不妨碍交通；与建筑物外墙应有一定距离，规定离水源（室外消火栓或消防水池）不宜过远，要考虑停放消防车的位置和消防车转弯半径的需要。规范确定为不宜小于15m，并不宜大于40m。

5.4.8 墙壁消防水泵接合器的安装高度距地面宜为0.7m；与墙面上的门、窗、孔、洞的净距离不应小于2.0m，且不应安装在玻璃幕墙下方；地下消防水泵接合器的安装，应使进水口与井盖底面的距离不大于0.40m，且不应小于井盖的半径。

【要点说明】消防水泵接合器在建筑物发生火灾时使用，消防接合器需满足取用方便、使用安全的原则。0.7m的安装高度便于消防队员的取用；与墙面上的门、窗、孔、洞的净距离不应小于2.0m，是为了减少火灾时建筑物内火焰和烟气，经由门窗孔洞影响消防水泵接合器的取用；不应安装在玻璃幕墙下方，是为了避免火灾时玻璃幕墙垮塌，危害消防队员的安全。

5.4.9 水泵接合器处应设置永久性标志铭牌，并应标明供水系统、供水范围和额定压力。

【要点说明】根据规范要求，每个消防系统的每个分区均应设置消防水泵接合器。为避免使用时混淆消防系统的种类和分区，作出此要求。

5.5.1 消防水泵房应设置起重设施，并应符合下列规定：
1 消防水泵的重量小于0.5t时，宜设置固定吊钩或移动吊架；
2 消防水泵的重量为0.5t～3t时，宜设置手动起重设备；
3 消防水泵的重量大于3t时，应设置电动起重设备。

【要点说明】本条款是参照《室外水规范》中第6.4.1条。民用建筑消防水泵的重量多数为0.5t～3t。设计时确定消防水泵的重量，然后给土建专业提资料，在梁下设置导轨、手动葫芦等。

5.5.2 消防水泵机组的布置应符合下列规定：
1 相邻两个机组及机组至墙壁间的净距，当电机容量小于22kW时，不宜小于

0.60m；当电动机容量不小于 22kW，且不大于 55kW 时，不宜小于 0.8m；当电动机容量大于 55kW 且小于 255kW 时，不宜小于 1.2m；当电动机容量大于 255kW 时，不宜小于 1.5m；

2 当消防水泵就地检修时，应至少在每个机组一侧设消防水泵机组宽度加 0.5m 的通道，并应保证消防水泵轴和电动机转子在检修时能拆卸；

3 消防水泵房的主要通道宽度不应小于 1.2m。

【要点说明】为了保证操作空间和工作人员的安全，本条款规定了水泵房的主要通道宽度和各种电机容量范围的间距。避免实际工作中消防水泵房的面积被一再压缩而无理可讲、无据可依的情形。

5.5.3 当采用柴油机消防水泵时，机组间的净距宜按本规范第 5.5.2 条规定值增加 0.2m，但不应小于 1.2m。

【要点说明】柴油机动力驱动的消防水泵，因柴油机发热量比较大，在运行期间有一定的空间要求，所以在电动泵的基础上加 0.2m，并要求不小于 1.2m。

5.5.4 当消防水泵房内设有集中检修场地时，其面积应根据水泵或电动机外形尺寸确定，并应在周围留有宽度不小于 0.7m 的通道。地下式泵房宜利用空间设集中检修场地。对于装有深井水泵的湿式竖井泵房，还应设堆放泵管的场地。

【要点说明】很多时候有关方面盲目要求减小水泵房面积，导致设备安装和检修困难。本条规定了消防泵房的检修场地空间要求，按此布置消防泵房，可以满足泵房内设备安装和检修的场地面积的最基本要求。规范只是设计的最低要求，有条件时还可适当加大。

5.5.5 消防水泵房内的架空水管道，不应阻碍通道和跨越电气设备，当必须跨越时，应采取保证通道畅通和保护电气设备的措施。

【要点说明】当必须跨越时，应给电气设备预留专用的房间或对其进行遮挡。

当采用防护等级 IP55 的电气设备或做了遮挡，就可以跨越。但最好给电气设备留出专用的房间或位置。

5.5.6 独立的消防水泵房地面层的地坪至屋盖或天花板等的突出构件底部间的净高，除应按通风采光等条件确定外，且应符合下列规定：

1 当采用固定吊钩或移动吊架时，其值不应小于 3.0m；

2 当采用单轨起重机时，应保持吊起物底部与吊运所越过物体顶部之间有 0.50m 以上的净距；

3 当采用桁架式起重机时，除应符合本条第 2 款的规定外，还应另外增加起重机安装和检修空间的高度。

【要点说明】本条规定了独立消防泵房的高度要求。与建筑物内的消防泵房不同，独立消防泵房有条件考虑较高的层高，故作出了有利于泵房内设备使用和维修的高度要求。

建筑物内的消防泵房往往受建筑层高限制，难以达到此要求，但是还是应该按起重设备能够吊起并移动水泵和电机，提出层高要求。

5.5.7 当采用轴流深井水泵时，水泵房净高应按消防水泵吊装和维修的要求确定，当高度过高时，应根据水泵传动轴长度产品规格选择较短规格的产品。

【要点说明】轴流深井水泵传动轴较长。确定水泵房高度时，要考虑维修时能将泵房地面下的水泵传动轴和泵叶轮吊起，取至泵房内。如果水泵叶轮安装位置在泵房下部很深，传动轴会很长，往往要将转动轴做成若干段，通过联轴节连接每一段传动轴。吊起叶轮时，可一节一节地拆卸传动轴。确定每一段传动轴长度时，也要考虑泵房的净高。

5.5.8 消防水泵房应至少有一个可以搬运最大设备的门。

【要点说明】为便于设备搬进泵房，也便于设备更换时进出泵房，作出此规定。

5.5.9 消防水泵房的设计应根据具体情况设计相应的采暖、通风和排水设施，并应符合下列规定：

1 严寒、寒冷等冬季结冰地区采暖温度不应低于10℃，但当无人值守时不应低于5℃；

2 消防水泵房的通风宜按6次/h设计；

3 消防水泵应设置排水设施。

【要点说明】1）本条第1款为强条。

2）第1、2款：应由暖通专业根据工程具体情况设计。

3）消防泵房需排放泵房地面的水，地面上的泵房有条件时可以用管道排入城市排水管网；地下泵房需设置集水坑，坑内设置排水泵。地下排水泵或地面排水管的排水能力宜按消防水池进水管的进水流量设计，当消防水池进水控制阀失效无法关闭时，泵房不致淹水。

消防泵房位于建筑物地下室时，扑救火灾时的部分消防水会进入地下室。为防止溃水，《消水规》要求消防水泵房、设有消防给水系统的地下室要排水。消防泵房内溃水深度高于电控柜的基础顶，或高于卧式水泵电机壳下边缘时，会影响消防水泵的正常运行。设计时需按消防水量，地下室、消防泵房等相关场所的承水面积，计算地下室排水泵流量和消防泵房排水泵流量，并按消防负荷供电，确保消防供水系统不会因淹水而停转。

5.5.10 消防水泵不宜设置在有防振或有安静要求房间的上一层、下一层和毗邻位置，当必须设置时，应采取下列降噪减振措施：

1 消防水泵应采用低噪声水泵；

2 消防水泵机组应设隔振装置；

3 消防水泵吸水管和出水管上应设隔振装置；

4 消防水泵房内管道支架和管道穿墙和穿楼板处，应采用防止固体传声的措施；

5 在消防水泵房内墙应采取隔声吸音的技术措施。

【要点说明】本条内容在《城镇水规范》第3.6.6条为强条。

理解为生活加压泵房不可以设置在上述位置，而消防泵房采取减振降噪措施后，可以设置在上述位置。所谓低噪声水泵，夜间30dB，白天40dB；斜下方或斜上方不算毗邻房间。消防水泵（含消防稳压泵）每周会自动启动运行一次，每月会手动启动运行一次，也会产生噪声。规范未对消防水泵作出像生活水泵那样苛刻的场所要求，高档建筑有条件时宜同样参考执行，其他建筑要切实做好这5条降噪措施。

5.5.11 消防水泵出水管应进行停泵水锤压力计算，并宜按下列公式计算，当计算所得的水锤压力值超过管道试验压力值时，应采取消除停泵水锤的技术措施。停泵水锤消除装置应装设在消防水泵出水总管上，以及消防给水系统管网其他适当的位置：

$$\Delta p = \rho c v \qquad (5.5.11-1)$$

$$c = \frac{C_\circ}{\sqrt{1 + \frac{K}{E}\frac{d_i}{\delta}}} \qquad (5.5.11-2)$$

式中 Δp——水锤最大压力，Pa；

ρ——水的密度，kg/m^3；

c——水击波的传播速度，m/s；

v——管道中水流速度，m/s；

$C_\circ$——水中声波的传播速度，宜取 $C_\circ = 1435m/s$（压强 $0.10\sim2.50$MPa，水温10℃）；

K——水的体积弹性模量，宜取 $K = 2.1\times10^9$Pa；

E——管道的材料弹性模量，钢管 $E = 20.6\times10^{10}$Pa，铸铁管 $E = 9.8\times10^{10}$Pa，钢丝网骨架塑料（PE）复合管 $E = 6.5\times10^{10}$Pa；

d_i——管道的公称直径，mm；

δ——管道壁厚，mm。

【要点说明】按新版《建规》中第8.3.3条，消防供水高度超过24m时，应采用水锤消除器。水锤吸纳器应设于水泵出水管的闸阀后面。水锤吸纳器的型号可查相关产品样本。

5.5.12 消防水泵房应符合下列规定：

1 独立建造的消防水泵房耐火等级不应低于二级；

2 附设在建筑物内的消防水泵房，不应设置在地下三层及以下，或室内地面与室外出入口地坪高差大于 **10m** 的地下楼层；

3 附设在建筑物内的消防水泵房，应采用耐火极限不低于 **2.0h** 的隔墙和 **1.50h** 的楼板与其他部位隔开，其疏散门应直通安全出口，且开向疏散走道的门应采用甲级防火门。

【要点说明】本条为强条，与新版《建规》中第8.1.6条相呼应。消防水泵房不应设置在地下三层及以下，或室内地面与室外出入口地坪高差大于10m的地下楼层，便于消防队员在火灾时及时到达，并保证泵房不会受到外部火灾的影响。

疏散门应直通安全出口，要求泵房的门通过疏散走道直接连通到进入疏散楼梯（间）或直通室外的门，不需要经过其他空间。新版《建规》另规定"疏散门应直通室外"，要求进出泵房的人员不需要经过其他房间或使用空间而可以直接到达建筑外，开设在建筑首层门厅大门附近的疏散门可以视为直通室外。

特别是本条第3款，附设在建筑物内的消防水泵房要保证泵房内部设备在火灾情况下仍能正常工作，设备和需进入房间操作的人员不会受到火灾威胁。这些均要向建筑专业提资料，具体由建筑专业设计考虑。

5.5.13　当采用柴油机消防水泵时宜设置独立消防水泵房，并应设置满足柴油机运行的通风、排烟和阻火设施。

【要点说明】柴油机对通风、排烟、阻火有较高要求，宜设置独立的消防水泵房。

5.5.14　消防水泵房应采取防水淹没的措施。

【要点说明】此条在新版《建规》第8.1.8条为强条，合理确定泵房楼层和位置，尽量不要在最低点，并采取门槛、排水等措施。

5.5.15　独立消防水泵房的抗震应满足当地地震要求，且宜按本地区抗震设防烈度提高1度采取抗震措施，但不宜做提高1度抗震计算，并应符合现行国家标准《室外给水排水和燃气热力工程抗震设计规范》GB 50032的有关规定。

【要点说明】地震后往往伴随火灾。现代城市各种可燃物较多，特别是可燃气体管道进建筑物时，地震后管道常常被扭曲，可能造成可燃气体泄漏，在静电或火花的作用下而发生火灾，如果此时没有灭火的水，火灾将无法扑救，为此要求独立建造的消防水泵房提高1度采取抗震措施，但抗震计算仍然按规范规定。一般工业企业采用独立建造消防水泵房，石油化工企业更是如此，为此应加强独立消防水泵房的抗震能力。

5.5.16　消防水泵和控制柜应采取安全保护措施。

【要点说明】IP55可以防尘、防水，目前难以同时满足，主要是散热问题。建议做配电小间。

5.3　问 题 解 答

问1：第5.3.3条高层建筑消火栓稳压泵的压力是否为保证最不利消火栓处压力不小于0.35MPa要求？

答：稳压泵的设计压力按条文规定应符合第5.3.3条第1、2、3款的要求。

稳压泵的扬程按什么计算，历来有两种观点：一种认为按灭火设施的静压要求计算；一种认为应满足灭火设施工作压力要求，各自理由如下：

持前一种观点的理由是火灾还未发生，按规范规定灭火设施应满足静压要求，现在水箱满足不了，应由稳压泵来满足。这也是条文第5.3.3条第3款的规定；

持后一种观点的认为凡增压设施均有满足灭火设施工作压力的条件和义务，要求水箱满足难以做到，要求稳压泵能够做到。这就是条文第5.3.3条第2款的规定。

从条文第5.3.2条和5.3.3条对稳压泵的流量、压力的强制性规定可以看出，稳压泵的主要功能是消弭管网的正常泄露、保证管网充满水。稳压泵也不属于消防泵。所以条文中"准工作状态"应理解为消防主泵投入工作之前的状态，而稳压泵的扬程只需保持系统最不利点处灭火设施在准工作状态时的静水压力大于0.15MPa。

问2：如何理解《消水规》第5.4.6条"竖向分区时，在消防车供水压力范围内的分区，应分别设置消防水泵接合器"。如果采用减压阀分区的系统，是否考虑低区消防车供水时的超压？

答：在消防车供水压力范围内的分区，应分别设置消防水泵接合器。但当采用减压阀分区，可仅在高区设置消防水泵接合器。

系统设计不考虑低区在消防车供水时的超压，消防水泵接合器铭牌上标明所处的分区。

问3：第5.3.3条第2款"稳压泵的设计压力应保持系统自动启泵压力设置点处的压力在准工作状态时大于系统设置自动启泵压力值，且增加值为0.07~0.10MPa"。本条中"准工作状态"压力值如何确定？

答："准工作状态压力值"即原来稳压泵设置的自动启泵压力值P_2。

问4：第5.5.12条，如何理解室内地面与室外出入口地坪高差大于10m的地下楼层？

答：如果从消防泵房出去，要经过±0.000再到室外−0.600m的室外地面，则要从±0.000算起，即消防水泵房的地面标高只能为−10.000m，而不能设为−10.600m。但新出的国标图集《〈建筑设计防火规范〉图示》13J811-1改（2015年修改版）显示可以设为−10.600m。

问5：消防水泵房与生活水泵房是否分开？

答：消防水泵房与生活水泵房应分开设置。理由一：《二次供水工程技术规程》CJJ140—2010第7.0.2条第2款：泵房应独立设置，泵房出入口应从公共通道直接进入。理由二：消防泵房与生活泵房的管理单位可能不同。据了解部分城市水务集团业务发展，有将二次加压供水泵房全部由自来水公司接管的趋势。

问6：第5.1.6条第4款，若按此规定选泵，水泵的曲线应为向下的平滑曲线，目前市场上有哪些品牌的消防水泵能满足此要求？恒压切线泵按规范是否是不能使用？稳压泵是不是也要按此条？

答：根据掌握的信息，目前市场上暂时没有完全符合规范要求的消防水泵；从恒压切线泵的性能曲线可以看出，恒压切线泵不能满足规范要求；根据讨论，稳压泵不属于消防水泵，可以不按本条要求选型。

问7：第5.1.9条，安装轴流深井泵的水井作为消防水源时，应提供哪些水井参数？

答：根据规范条文，应提供水井的最高有效水位、最低有效水位、井径、进水流量等参数。

问8：第5.1.10条"消防水泵应设置备用泵，其性能应与工作泵性能一致，但下列建筑除外：1建筑高度小于54m的住宅……；2室内消防给水设计流量小于……"。这两条是同时满足还是满足其中之一即可？

答：根据规范条文理解，应为满足其中一条，即可不设备用泵。特别指出，本条规定与全文强制条文的《城镇水规范》的第 3.3.2 条冲突，所以无论何种情况，还是应设置备用泵。

问 9：第 5.1.11 条，流量检测装置和压力检测装置，是否每套系统设一组即可而不必每台水泵均设？

答：规范条文要求的是"泵组"预留或设置，所以应该是以泵组为单位设置流量、压力检测装置。但应通过阀门的设置，达到检测每台水泵的目的。

问 10：第 5.2.1 条第 6 款中，"商店建筑"如何理解？
1）仅当该建筑物整体定性为商店建筑时执行此条？
2）综合楼里商店部分面积满足此款要求是否执行？
3）单独上下两层商业网点，分成无数隔间，每个隔间上下层面积之和不超过 300m^2；但是总建筑面积满足此款要求，是否执行？

答：1）当该建筑物整体定性为"商店建筑"时，应执行此条。
2）当综合体建筑含有商业、办公、旅馆等功能时，消防高位水箱的有效容积可以按"消水规"的 5.2.1 条第 1、2 款与第 6 款比较后取大值来确定。其中第 1、2 款按整体建筑定性后取值，第 6 款中的"总建筑面积"仅指建筑中商店区域的建筑面积，而非整体建筑面积。
3）如果定义为"商业网点"，就不属于"商店建筑"，不按此条。

问 11：第 5.2.1 条第 6 款："总建筑面积大于 10000m^2 且小于 30000m^2 的商店建筑，水箱容积不小于 36m^3……"此处建筑面积是按整个小区所有商店面积的和计算还是按照最大的单体计算？

答：应按最大单体计算。

问 12：第 5.2.1 条一类高层住宅和二类高层住宅，一二层为商业网点，地下为车库，此种情况水箱容积如何计算？能否对此条各种情况下的水箱容积计算说明一下。是否应按实际计算取值（取消防及喷淋 10min 水量计算所得）。

答：该建筑属于带商业网点的住宅楼，整体建筑定性为住宅建筑。按规范条文取值。

问 13：第 5.2.1 条第 1 款：一类高层公共建筑，不应小于 36m^3。如果地方受限，是否可以做 2 个 18m^3 的消防水箱，分别单独接管至室外或地下车库的环状管网上？

答：考虑到分设水箱将增加管理难度，改变对流量开关的精度要求，不建议分设消防水箱。

问 14：第 5.2.6 条：高位消防水箱的最低水位如何确定？按照规范的规定也需要设吸水坑或旋流防止器，有必要吗？

答：应按规范执行。

问 15：第 5.2.6 条规定消防水箱出水管管径不应小于 DN100，是否包含喷淋稳压管？

答：是。

问 16：第 5.2.6 条第 9 款中高位水箱出水管管径应满足消防给水设计流量的出水要求，此处消防给水设计流量是否即为整个系统的设计流量（消防主泵设计流量）？还是初期火灾用水量（即一个栓、四个喷头水量）？

答：高位消防水箱的功能主要是针对初期火灾，所以此处消防给水设计流量即为初期火灾用水量。

问 17：第 5.4.1 条与 5.4.2 条，这两条是否仅指室内的消防系统？储油罐区设置泡沫灭火系统及水喷雾系统时，也得按本条要求设置水泵接合器吗？

答：第 5.4.1 条是对室内消火栓系统作出的规定，仅用于室内消火栓系统。第 5.4.2 条不限于室内，对于储油罐区设置泡沫灭火、水喷雾等系统时，也需要设置消防水泵接合器，当火灾持续时间超过设计时，或在储油罐区自建的泡沫灭火、水喷雾等系统的供水设备出故障时，需由消防水泵接合器向泡沫灭火系统、水喷雾系统供水。

问 18：第 5.4.4 条，消防水泵接合器应在每座建筑附近就近设置。是否必须每栋楼单独设置水泵接合器？是否可几栋楼合用？控制和单体距离范围多少内可以计为单体可以使用？

答：该条要求在每栋楼外墙的一定范围内应设有水泵接合器（每个系统至少要有一个水泵接合器）。楼与楼之间是可共用的，只要共用的接合器总流量能满足要求。各楼附近有一个就可以，不必每处都按系统流量满额设置。这样，也便于火灾时消防车向消防水泵接合器供水，火场旁边主战的消防车可停在最近的消防水泵接合器附近，向室内消防系统供水，配合作战的其他消防车可以停在较远的消防水泵接合器处供水。注意，不要在管网中设置止回阀等限制水流方向、影响协同供水的附件。

距离多远的建筑可共用水泵接合器，规范没有明确，建议按水泵接合器距建筑不超过 40m 认定，也就是乘以 0.8 折减系数后，两条 25m 水龙带的长度。

问 19：第 5.4.4 条水泵接合器应在每座建筑附近就近设置。如在住宅小区内，两栋建筑距离较近，且各单体的消防管网均由车库内总管网接出。此时可否考虑水泵接合器共用的问题？这一条是专指消火栓系统还是包括自动喷淋等其他系统？如单体建筑物较多，每座附近设置水泵接合器，数量一般超 3 个，是否与第 5.4.3 条矛盾？

答：共用消防水泵接合器多用于室内消火栓系统，自喷系统也可共用消防水泵接合器。使用消防水泵接合器时，说明建筑已处于扑救火灾状态，报警阀组的报警作用已无必要，因此自喷系统的消防水泵接合器，可设置在报警阀组的上游，也可以在下游。共用消防水泵接合器时，要注意报警阀组的止回作用，即某个报警阀组下游安装的消防水泵接合器，不能向该报警阀组上游的其他报警阀区域供水。

消防水泵接合器多建筑共用、分散设置后，可减少消防水泵接合器的总数量以及每一处的数量，更便于满足数量一般超 3 个的要求。

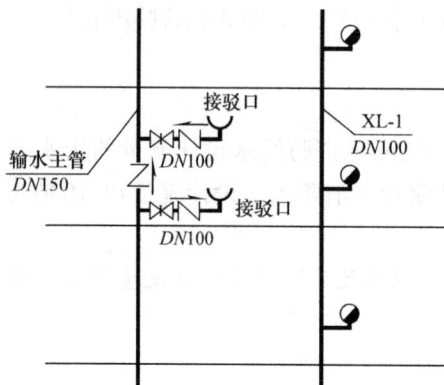

图 5-11 接驳口做法

问 20：第 5.4.6 条，"当建筑高度超过消防车供水高度时，消防给水应在设备层等方便操作的地点设置手抬泵或移动泵接力供水的吸水和加压接口"，具体怎么设计？只预留接口（阀门和尺寸无法把握）还是需要把接力泵固定到管道上？如何控制？

答：以消火栓管网为例，在某个消火栓立管（最好是不带消火栓的供水主干管）中设置，接驳口做法可参考图 5-11。接力泵是消防队员在火灾时搬运到接驳口旁边的，使用时接力泵放置在地面上就行，由消防水龙带与接驳口连接。人工临时使用，没有控制要求，安装和验收时，要注意止回阀方向。

问 21：第 5.4.8 条，地下消防水泵接合器的安装应使进水口与井盖底面的距离不大于 0.4m，且不应小于井盖半径。对于北方地区，设置了保温井盖的水泵接合器井是否要满足此条？

答："进水口与井盖底面的距离不大于 0.4m"，是避免进水口设置过深，影响接合器的使用。"不应小于井盖的半径"是防止井盖反转时，井盖边缘与进水口碰撞。设置保温井盖时，建议内层井盖采用木质或复合材料，保温效果较好，这种内层井盖硬度小，也很轻便，翻转时不会碰伤进水口，因此内层井盖与进水口的距离可以小一些，不必受防碰撞距离的限制。

问 22：第 5.5.1 条消防水泵房应设置起重设备，那泵房内起重设备需要画上并提给相关专业还是说明里说明就行？

答：消防水泵重量不超过 0.5t 时，采用固定吊钩或移动吊架，不需向相关专业提资，在说明中用文字描述设置形式、设置位置、起重重量即可；消防水泵重量超过 0.5t 时，应采用固定吊架，应向结构专业提出设置位置、起重重量等资料，由结构专业进行设计，给排水说明中用文字描述设置形式，指出"固定吊架的设置详结构专业设计文件"。

问 23：第 5.5.9 条，关于消防水泵房防冻的问题：

1）通常情况下，消防水泵房设于车库内，而且车库内设有热力管道，这种情况下，可否不做防冻措施？无采暖条件的水泵房采取何种措施？

2）如果是公建，车库内没有热力管道，那么采暖温度不低于 10℃，该如果保证？

答：当泵房和消防水池设置地下室时，寒冷和一般的严寒地区通常能保证不低于 5℃，不需为消防泵房另做采暖。不能保证地下室 5℃ 以上的特别严寒地区，应按《民用建筑供暖通风与空气调节设计规范》中的条文——"累年日平均温度稳定低于或等于 5℃ 的日数大于等于 90 天的地区，应设置供暖设施"进行采暖处理。宜采用集中采暖、分体式空调采暖等方式，这两种采暖方式无法采用，又无城市或区域集中供热时，可采用电热油汀等电直接加热设备，为消防水泵房等部位保证温度。本段文字为对地下式做法的描述。

泵房和消防水池位于严寒和寒冷地区时，宜做地下式，一定要做地上式时，应特别注意泵房和水池的保温采暖措施。消防水池的侧壁为建筑外墙，或顶板为屋顶时，应用一定厚度的保温材料保温。采暖方式同上一段。严寒地区宜在消防水池和消防泵房内设置温度测量装置，当消防水池水温低于2℃、消防泵房室温低于5℃时报警。低于这个温度时，消防水池可采用大量换水的方式提升水温。本段文字为对地上式做法的描述。

5.4 延伸思考

延伸思考内容旨在交流和探讨，本节部分资料原始出处可能无法考证，文中观点和结论仅供参考。

思考1：第5.1.12条，倒流防止器的设置位置。

分析：《建水规范》要求设置在进水管上，《消水规》要求设置在出水管上，而且都是"强条"。

《建水规范》第3.2.5条规范原文为：从生活饮用水管道上直接供下列用水管道时，应在这些用水管道的下列部位设置倒流防止器：从城镇给水管网的不同管段接出两路及两路以上引入管，且与城镇给水管形成环状管网的小区或建筑物，在其引入管上；从城镇生活给水管网直接抽水的水泵的吸水管上；……。

分析认为，《消水规》的顾虑是怕设置在吸水管上引起气蚀，实际上从市政给水管网上抽水是不会引起气蚀的，从防回流的角度考虑，应该设置在上游。

思考2：第5.2.1条，本条的核心在于消防水箱有效容积的确定只与建筑类型有关。

分析：譬如一栋建筑，如果定位为二类高层公共建筑，无论设置多少个消防系统，其高位消防水箱的有效容积就不应小于18m³。

本条的商店和商业网点是不同的概念。住宅建筑底层设有商业网点的，由于建筑分类仍属于住宅建筑，其高位消防水箱的有效容积仍按住宅建筑确定。

思考3：第5.2.1条第6款，总建筑面积大于10000m²且小于30000m²的商店建筑，不应小于36m³，总建筑面积大于30000m²的商店，不应小于50m³，当与本条第1款规定不一致时应取其较大值。

分析：这里界定了总建筑面积小于30000m²和大于30000m²的商店建筑的屋顶消防水箱的容积，但未界定总建筑面积等于30000m²的商店建筑，属于规范的漏洞。建议修改为总建筑面积小于等于30000m²的商店建筑，不应小于36m³。

思考4：第5.2.2条，本条的创新点在于规定了自动喷淋系统最不利点的最低静水压力的要求。这是以前的规范所未规定的，增加了规范的可操作性。

分析：本条的第5款建议放在规范条文中，与规范条文形成并列关系，而不是单列条款成为从属关系。

思考 5：第 5.2.6 条第 9 款，规定高位消防水箱出水管管径应满足消防给水设计流量的出水要求，且不应小于 DN100。

分析：高位消防水箱的定义是设置在高处直接向水灭火设施重力供应初期火灾消防用水量的储水设施。其核心词是：重力供水、初期火灾。规范条文要求管径满足消防给水设计流量是值得商榷的。原因有二：一则流量与压力和管径有关，重力供水时，高位消防水箱仅仅 3m 左右的水头，要达到最大 40L/s 的设计流量，需要设置较大管径的管道；一则火灾初期投入的扑救力量一般指两支水枪、五个喷头，并不需要全流量。（本规范仅在此处出现"初期火灾"的概念。）显然高位消防水箱的定义和功能只是应对初期火灾，而不必负责所有的消防给水设计流量。

基于以上分析，高位消防水箱的出水管管径不应小于 DN100，不宜大于 DN150。

思考 6：第 5.3.2 条，稳压泵的设计流量。

分析：稳压泵的设计流量是一个争议较多的问题。各地的实际取值也不尽相同。规范给出的是一个范围值：管网的正常泄漏量和系统的自动启动流量。

稳压泵的功能就是当系统有些许泄漏时能维持系统的压力，所以稳压泵的设计流量应大于管网的正常泄漏量；设计的本意是当火灾发生，消火栓或喷头投入工作时，应第一时间启动消防主泵，而不是依靠稳压泵，所以稳压泵的设计流量不能偏大。

本条文有几点值得讨论：

1) 如何确定管网正常泄漏量？如何确定系统自动启动流量？

管网正常泄漏量与管道材质、接口形式、施工质量等相关；而系统自动启动流量与产品有关。都无法计算确定，也无法统一。

2) 本条第 1 款列为强制性条文，实际工作中无法判断是否满足该条款，容易引起歧义。

3) 建议统一稳压泵的设计流量为 1L/s。主要理由是，消防给水设计流量为 100L/s 时，其 1‰ 为 1L/s，而一般消防给水系统设计流量都小于 100L/s，所以取 1L/s 较为合适。

4) 相关规范对系统自动启动流量的规定：《自动喷水灭火系统第 2 部分湿式报警阀、延迟器、水力警铃》GB 5135.2—2003 第 4.10.1 条规定：如报警阀在进口压力为 0.14MPa、系统侧放水流量为 15L/min（0.25L/s）时，压力开关和水力警铃均不应发出报警信号；第 4.10.2 条规定：在进口压力分别为 0.14MPa、0.70MPa、1.20MPa、1.60MPa 时，系统侧相应放水流量为 60L/min（1L/s）、80L/min（1.33L/s）、170L/min（2.83L/s）、170L/min（2.83L/s）时，压力开关和水力警铃均应发出报警信号。

思考 7：第 5.4.6 条。

分析：本条争议的焦点是：采用减压阀分区时，各个分区是否应分别设置水泵接合器。

1) 例如，一幢建筑高度大于 50m 的一类高层综合楼（室内消火栓系统设计流量为 40L/s），带地下室和裙房。为了减少减压消火栓的用量，也为了系统的合理，系统管网设计常常采用减压阀分区（上部一个区，裙房一个区，地下室一个区）。如果严格按字面理解，一个消火栓系统就需要设置三组接合器，每组需三套，共九套接合器，太多。当然，也不能说太多了就不设。

2)《高规》第 7.4.5 条条文说明之一（P171）：水泵接合器的主要用途，是当室内消防水泵发生故障或遇大火室内消防用水不足时，供消防车从室外消火栓取水，通过水泵接合器将水送到室内消防给水管网，供灭火使用。从这点理解，消防水泵接合器经过减压阀时，不能影响消防车对室内消防系统的供水水压。

对于可调式减压阀，当减压阀上游水压不大于设定水压时，减压阀阻力很小，不影响阀下游的水压，减压阀不会影响消防车向系统供水。对于比例式减压阀，不管阀上游压力多大，减压阀下游水压都会被按比例减压。比例式减压与建筑内的消防供水泵水压是相适应的，但是对消防车的水压，如果也按比例减压，可能就不够，需要通过计算来复核是否压力还足够使用。如果压力不够，就应在相应分区另外设置消防水泵接合器。

3)《高规》第7.4.5条条文说明之二（P171）：高层民用建筑内部给水一般采用竖向分区给水方式，分区时各分区消防给水管网各自独立，因此在消防车供水压力范围内的每个分区均需分别设置水泵接合器。从这点理解，减压阀分区的管网算是"独立"吗？如果不是，就不应分别设置，如果是，就应该分别设置。有观点认为通过水泵接合器向室内消防管网的供水不能经过减压阀。理由是减压阀是机械产品，容易故障。

思考8： 第5.5.11条消防水泵出水管的停泵水锤计算举例，仅供参考：

1) $\Delta p = \rho c v$（水锤最大压力，Pa）

式中　ρ——水的密度，1000kg/m^3；

v——管道中水流速度，取1.5m/s；

c——水击波的传播速度。$c = \dfrac{C_o}{\sqrt{1 + \dfrac{K}{E} \dfrac{d_i}{\delta}}}$；

C_o——水中声波的传播速度 $C_o = 1435 \text{m/s}$；

K——水的体积弹性模量 $K = 2.1 \times 10^9 \text{Pa}$；

E——管道的材料弹性模量，按钢管 $E = 20.6 \times 10^{10} \text{Pa}$；

d_i——按管道的公称直径 $d_i = 150 \text{mm}$；

δ——按壁厚 $\delta = 8 \text{mm}$。

水击波的传播速度 $c = 1435/1.0914 = 1314.825$

水锤最大压力 $\Delta p = 1000 \times 1314.825 \times 1.5 = 1.97 \text{MPa}$

如果管道中水流速度取2m/s，则水锤最大压力 $\Delta p = 1000 \times 1314.825 \times 2 = 2.63 \text{MPa}$

2) 本规范第5.1.13.8条：消防水泵出水管≤DN250时，$v = 1.5 \sim 2.0 \text{m/s}$；

消防水泵出水管>DN250时，$v = 2.0 \sim 2.5 \text{m/s}$。工程实践中的消防管道一般不会大于DN250。因为DN250的管道在流速 $v = 1.5 \text{m/s}$ 时，过流能力为 $Q = 73.6 \text{L/s}$，在流速 $v = 2.0 \text{m/s}$ 时，过流能力为 $Q = 98.1 \text{L/s}$，均大于一般的消防流量。

3) 工程设计中，按消火栓消防流量40L/s，选用DN200的管道，流速 $v = 1.27 \text{m/s}$；如果选用DN150的管道，则流速 $v = 2.26 \text{m/s}$。

选用DN200管道时，水击波的传播速度 $c = 1281.02$，水锤最大压力 $\Delta p = 1.63 \text{MPa}$，可采用普通管；

选用DN150管道时，水击波的传播速度 $c = 1314.83$，水锤最大压力 $\Delta p = 2.97 \text{MPa}$，应采用加厚管。

4）按自动喷淋消防流量 30L/s，选用 $DN150$ 的管道，则流速 $v=1.70\text{m/s}$。

选用 $DN150$ 管道时，水击波的传播速度 $c=1314.83$，水锤最大压力 $\Delta p=2.24\text{MPa}$，应采用加厚管。

5）工程应用中，镀锌焊接钢管工艺有热浸锌和电镀锌两种。常用钢材有 Q215A、Q215B、Q235A、Q235B 普通碳素结构钢。管道壁厚分为普通、薄壁和加厚三种。普通和薄壁管工作压力为 1.0MPa，试验压力为 2.0MPa；加厚管工作压力为 1.6MPa，试验压力为 3.0MPa。

第6章 给水形式

6.1 条文综述

本章条文共计18条，其中强制性条文2条。明确了消防给水形式、选用原则及保护范围，并对给水系统、高位消防水箱、转输水泵、转输水箱、减压阀组、减压水箱等设置条件和要求作出规定。

6.2 条文要点说明

6.1.2 城镇消防给水宜采用城镇市政给水管网供应，并应符合下列规定：

1 城镇市政给水管网及输水干管应符合现行国家标准《室外给水设计规范》GB 50013的有关规定。

2 工业园区、商务区和居住区宜采用两路消防供水。

3 当采用天然水源作为消防水源时，每个天然水源消防取水口宜按一个市政消火栓计算或根据消防车停放数量确定。

4 当市政给水为间歇供水或供水能力不足时，宜建设市政消防水池，且建筑消防水池宜有作为市政消防给水的技术措施。

5 城市避难场所宜设置独立的城市消防水池，且每座容量不宜小于200m³。

【要点说明】本条是对城镇消防给水水源作出的具体规定：

1）主要以城镇市政给水管网供水为主，其给水管网及输水干管应符合《室外水规范》的有关规定。

2）两路消防供水应符合规范4.2.1条规定。

3）当采用天然水源作为消防水源时，天然水源消防取水口如何设置，消防取水口的个数，消防车停放的大小，消防车停放数量，应严格按照城镇市政消防给水设计流量确定，不宜按一个市政消火栓计算。当市政给水为间歇供水或供水能力不足时，应设市政消防水池且消防容积应满足消防需求，所建消防水池应有作为市政消防给水的技术措施。

4）城市避难场所分为场地型应急避难场所和建筑型应急避难场所。场地型是指利用公园、绿地、学校操场、广场和大型停车场等开敞空间建设的应急避难场所。建筑型是指利用公共场馆、校舍、地下空间（含人民防空工程）等公共建筑建设的应急避难场所；对于场地型应急避难场所，宜设置独立的城市消防水池；对于建筑型应急避难场所，可利用建筑物的消防水池，但其容积不宜小于200m³。

6.1.3 建筑物室外宜采用低压消防给水系统，当采用市政给水管网供水时，应符合下列规定：

1 应采用两路消防供水，除建筑高度超过54m的住宅外，室外消火栓设计流量小于等于20L/s时可采用一路消防供水；

2 室外消火栓应由市政给水管网直接供水。

【要点说明】正确理解本条文，需明确以下问题：低压消防给水系统的方式，室外两路消防供水如何判断，室外消火栓供水方式。

1) 所谓低压消防给水系统，《消水规》第2.1.4条，即"能满足车载或手抬移动消防水泵等取水所需的工作压力和流量的供水系统。"；按《消水规》第7.2.8条"当市政给水管网设有市政消火栓时，其平时运行工作压力不应小于0.14MPa，火灾时水力最不利市政消火栓的出流量不应小于15L/s，且供水压力从地面算起不应小于0.10MPa。"；就能满足车载或手抬移动消防水泵等取水所需的工作压力和流量，即流量15L/s，压力0.10MPa即可。条文推荐建筑物室外宜采用低压消防给水系统，可以这样认为，在正常情况下，室外消火栓应优先采用低压消防给水系统；当建筑物所处地消防车无法到达或消防车会延误到达等因素时，可考虑临时高压或高压给水系统。

2) 建筑物室外消防给水是采用一路还是两路供水，其判断条件是室外消防水量是否大于20L/s。对于民用建筑而言，只有体积不大于5000m³的单层及多层公建、建筑高度不超过54m的住宅（《消水规》6.1.3条文说明中"建筑高度超过50m"有误，应为"建筑高度超过54m"），才可采用一路室外消防供水。即建筑高度小于等于54m的住宅、室外消火栓设计流量小于等于20L/s的其他建筑均可采用一路消防供水；关于室外消火栓满足一路消防供水的条件，可结合《消水规》第4.3.1条关于不设消防水池的要求以及《消水规》第8.1.5条关于室内消防给水管网的要求等相关条文来理解。

3) 第2款强调市政供水，有市政管网的都要设置由市政管网直接供水的室外消火栓系统，即无论是一路还是两路消防供水，其室外消火栓应由市政管网供给。

4) 消防车从低压给水管网上的室外消火栓取水有两种形式：

（1）一种是将消防车泵的吸水管直接接在室外消火栓上吸水，这种吸水方式往往现场消防队采用得比较多，而火灾时直接从市政抽水造成周边水压下降，所以《消水规》定为平时运行工作压力不应小于0.14MPa，火灾时供水压力从地面算起不应小于0.10MPa。

（2）另一种是将室外消火栓接上水带往消防车水罐内注水，消防车泵从水罐内吸水加压，供应火场用水。这种取水方式，一般是当消防车不能接近消火栓时采用，从水力条件来看为最不利的，如火场上一辆消防车占用一个室外消火栓，按一辆消防车出2支水枪，每支水枪的平均流量为5L/s计算，2支水枪的出水量约为10L/s。室外消火栓至消防车水罐间的流量为10L/s、水带直径为65mm的麻质衬胶水带，且长度为20m时，其水头损失约为8.6m水柱，室外消火栓与消防车水罐入口的标高差约为1.5m，两者合计约为10m水柱。因此，最不利点消火栓的压力不应小于0.10MPa。

6.1.5 市政消火栓或消防车从消防水池吸水向建筑供应室外消防给水时，应符合下列规定：

供消防车吸水的室外消防水池的每个取水口宜按一个室外消火栓计算，且其保护半径不应大于150m。

距建筑外缘5~150m的市政消火栓可计入建筑室外消火栓的数量，但当为消防水泵接合器供水时，距建筑外缘5~40m的市政消火栓可计入建筑室外消火栓的数量。

当市政给水管网为环状时，符合本条上述内容的室外消火栓出流量宜计入建筑室外消火栓设计流量；但当市政给水管网为枝状时，计入建筑的室外消火栓设计流量不宜超过一个市政消火栓的出流量。

【要点说明】正确理解本条文，需明确以下问题：此处"保护半径"从何处算起到何处止，特别要搞清楚市政消火栓可否计入建筑室外消火栓数量的条件。

1) 此处"保护半径"按照从取水口画圆，到建筑物最不利登高面的最近边缘来判定。不是到建筑物的最远点，也不是按行走距离。

2) 建筑物不设消防水泵接合器时，建筑物外墙5~150m范围内的市政消火栓可计入建筑物室外消火栓；建筑物设消防水泵接合器时，建筑物外墙5~40m范围内的市政消火栓可计入建筑物室外消火栓。

3) 当消防水池储存有室外消防用水时，应设置消防水池取水口，取水口数量按室外消火栓用水量和每个取水口10~15L/s确定，保护半径150m，或加大取水口尺寸（具体做法尺寸详见本指南6.3.1"问题解答"问3），取水口之间无距离要求。当室外消火栓系统设置了加压泵（压力满足车载或移动消防泵需求）时，其消防水池取水口数量可与保护半径内的室外加压消火栓合并考虑，以保证总和满足室外消防用水量。

4) 取水口的保护半径不应大于150m。若大于150m，可设置两个室外消防水池，也可设置室外临时加压消防给水系统。

5) 当市政给水管网为枝状时，在满足条文中规定距离的条件下，计入建筑的室外消火栓设计流量不宜超过一个市政消火栓的出流量。

6) 如果一个场地在消防水池取水口150m的保护半径以内，且消防水池储水量满足室外消防设计流量的要求，则可以不做室外消防给水管网，但提倡当市政给水管网为枝状时，在小区给水管网上增设室外消火栓，且可计入建筑的室外消火栓设计流量，计入室外消火栓数量不宜超过一个。

6.1.6　当室外采用高压或临时高压消防给水系统时，宜与室内消防给水系统合用。

【要点说明】当室外采用高压或临时高压消防给水系统时，且室内外消防给水系统压力相近时，首选合用。例如：多层建筑群（设计压力约0.60MPa），首选室内外合用系统。

1) 临时高压消防合用系统可以是合用水泵和管网，只设一套消防泵和一套管网，也可以是合用加压泵，管网分设。

2) 建筑群若采用室内外消防合用管网时，原则是要确保通过水泵接合器进入室内管网的水不能回流至室外管网，建筑室内引入管上应设置止回阀，水泵接合器出水管应接在止回阀下游（见图6-1）；若设有高位消防水箱时，高位消防水箱的出水管要单独接管进入室外合用管网。

3) 民用建筑设计中，采用室内外消防合用管网并不多见，而且《消水规》第6.1.3条第2款也明确室外消火栓应由市政给水管网供水，且更为安全、保险，这也是《消水规》个别条文前后有差异的地方之一。

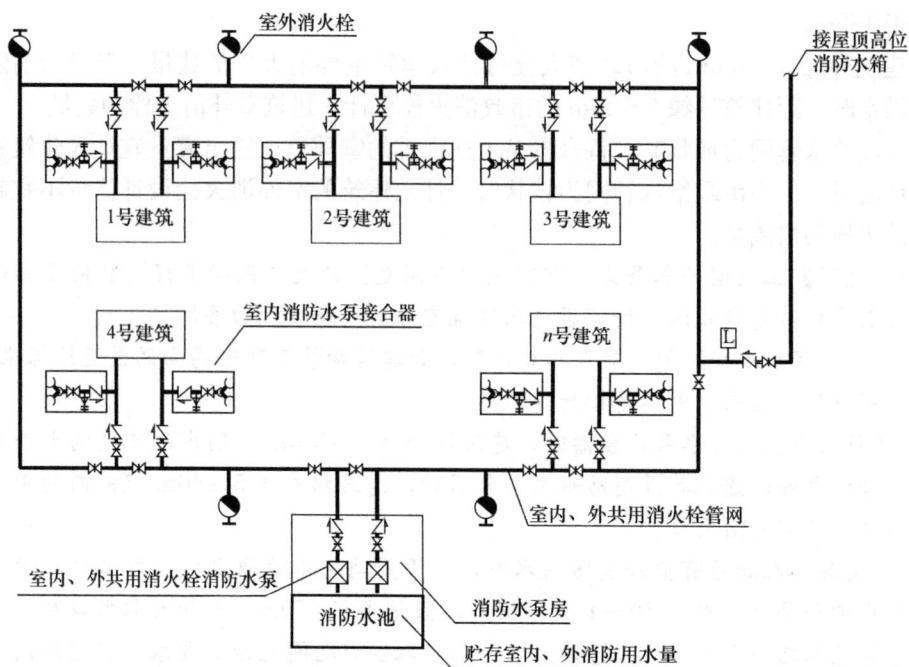

图 6-1 室内外消防合用消防水池、水泵和管网的连接示意图

注：1. 本图适用于室内外消火栓共用时的临时高压制系统。
2. 水泵接合器设置的数量由设计项目的室内消防用水量确定。

6.1.7 独立的室外临时高压消防给水系统宜采用稳压泵维持系统的充水和压力。

【要点说明】应用本条文时注意以下两点：第一点，本条推荐的是稳压泵稳压，系指一般情况下建议采用的稳压泵＋稳压罐方式，但并不排斥其他方式的稳压；第二点，要维持系统的充水和压力要求，稳压泵流量、压力及稳压罐调节容积、开关泵压力讯号如何取值。

1) 室外高压或临时高压消防给水系统，当其压力满足建筑物或构筑物最高部位直接灭火的要求时，则无须增压；若与室内消火栓系统分开，其压力还需满足室内消防系统水泵接合器供水压力的要求。

稳压泵的压力需满足车载或移动消防泵需求的室外消火栓系统，按《消水规》第2.1.4条为低压消防给水系统，但该系统管网平时应充满水，压力应满足《消水规》第7.2.8条要求。若有市政给水管接入该管网，市政压力（扣除倒流防止器水损后）满足《消水规》第7.2.8条要求，则不需设增压稳压设施；若市政压力不足，或未接入市政管网，则应设置增压稳压设施，可采用增压泵或高位消防水箱作为增压稳压设施。

2) 室外临时高压消防给水目前做法主要有两种：

(1) 室外消防水泵＋稳压泵＋稳压罐（见图 6-2）：平时由稳压泵维持管网充水和压力，当室外临时高压消防给水系统管网上的室外消火栓用水时，室外临时高压消防给水系统管网压力下降，同时稳压罐内压力下降至某值时启动室外消防水泵。该方式的缺点：当采用此种系统时，平时管网中一直处于较高压力状态，管网漏水概率增大。

(2) 室外消防水泵＋屋顶消防水箱稳压（见图 6-3）：平时由屋顶消防水箱维持管网充

水和压力，火灾时通过设在从屋顶消防水箱引出的专用室外消防稳压管上的流量开关控制室外消防水泵启动，且一定要单独在水箱上设专用稳压管。

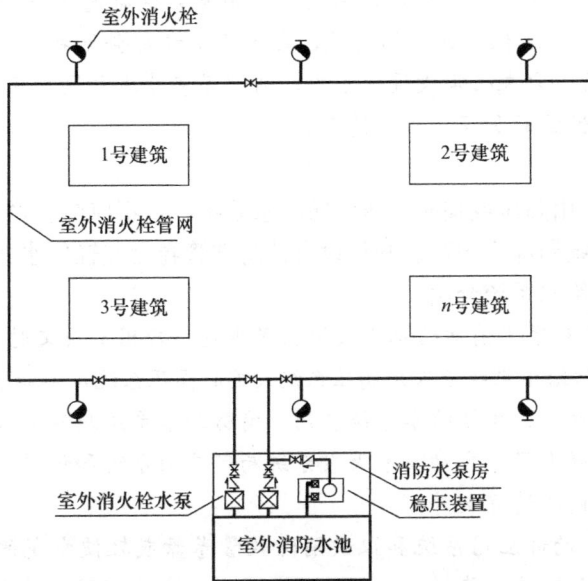

图 6-2　室外消防水泵＋稳压泵＋稳压罐的稳压临时高压给水系统

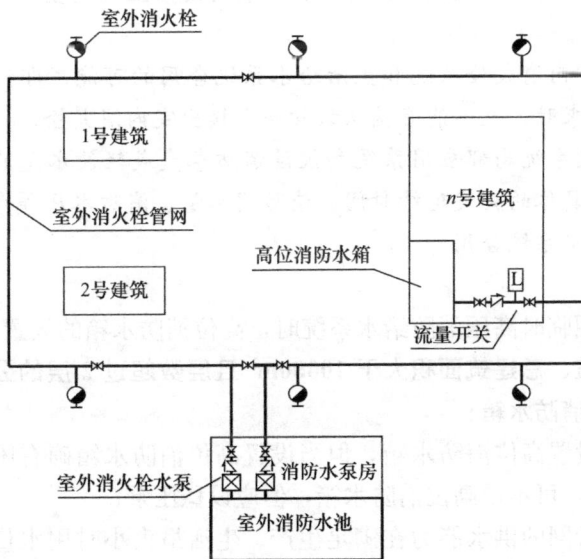

图 6-3　室外消防水泵＋屋顶消防水箱稳压的临时高压给水系统

　　3）按《消水规》第 2.1.3 条对临时高压消防给水系统的定义，消防水泵必须能自动启动，即当设有稳压泵时，稳压泵须联动消防水泵启动，如无稳压泵，需采用其他的联动方式控制消防水泵启动，否则不符合临时高压消防给水系统的基本定义要求；稳压泵的设计压力应参照《消水规》第 5.3.3 条第 2、3 款的要求计算确定，详见《消水规》第 5.3.3 条第 2、3 款要点说明。稳压泵的设计流量按《消水规》第 5.3.2 条第 2 款的要求计算确定，详见《消水规》第5.3.2条第2款要点说明。稳压泵的气压水罐有效储水容积按《消水规》第5.3.4条要求计算确定，详见《消水规》第5.3.4条要点说明。

4）总之，在《消水规》出台前，采用设室外消防泵做临时加压的供水形式来代替取水口或满足取水口超150m保护距离的情况，在工程中经常会见到，并可以满足消防的要求；《消水规》出台后，要求必须设置取水口，则设置室外消火栓加压系统的工程会减少，所以采用室外消防泵做临时加压供水的情况相对减少了。

6.1.8 室内应采用高压或临时高压消防给水系统，且不应与生产生活给水系统合用；但当自动喷水灭火系统局部应用系统和仅设有消防软管卷盘或轻便水龙的室内消防给水系统时，可与生产生活给水系统合用。

【要点说明】本条对室内消防给水系统做出了规定。应用本条文时应注意以下两点：

第一点，室内消防给水系统应采用高压系统或临时高压系统，不能采用低压给水系统；

第二点，不应与生产、生活给水系统合用，消防给水系统应独立设置，管网和供水设备均应分开；但特别强调了，自动喷水灭火系统局部应用系统和仅设消防卷盘或轻便水龙的室内消防系统，这两种情况例外。

1）自动喷水灭火局部应用系统和仅设消防软管卷盘或轻便水龙的系统，若与生活给水系统合用，应采取防回流污染措施。倒流防止器和真空破坏器的选型，应根据《建水规范》附录A，按照各消防系统的回流污染危害程度和设施的防回流污染能力确定。一般情况下，倒流防止器可使用减压型或低阻力型，不能使用双止回阀型，更不能使用止回阀来替代倒流防止器。

2）本条杜绝了室内消火栓系统和生活给水系统合用的可能，即便室内生活给水系统可以满足室内消防要求时，也不能直接从该管网上接出室内消火栓。

3）自动喷水灭火系统局部应用系统和仅设消防卷盘或轻便水龙的室内消防系统是消防灭火的辅助系统，具体的火灾延续时间、消防用水量、消防水压等参数应按有关规范执行，可与生产生活给水系统合用。

6.1.9 室内采用临时高压消防给水系统时，高位消防水箱的设置应符合下列规定：

1 高层民用建筑、总建筑面积大于10000m² 且层数超过2层的公共建筑和其他重要建筑，必须设置高位消防水箱；

2 其他建筑应设置高位消防水箱，但当设置高位消防水箱确有困难，且采用安全可靠的消防给水形式时，可不设高位消防水箱，但应设稳压泵；

3 当市政供水管网的供水能力在满足生产、生活最大小时用水量后，仍能满足初期火灾所需的消防流量和压力时，市政直接供水可替代高位消防水箱。

【要点说明】本条对高位消防水箱的设计原则做出了规定。本条第1款为强制性条文，必须严格执行。

1）对于临时高压消防系统，高位消防水箱的设置条件是：

（1）高层民用建筑、规模较大和其他重要建筑必须设置；

（2）总建筑面积大于10000m² 且层数超过2层的公共建筑，是两个条件必须都具备方需设高位消防水箱，缺一不可。只有一个条件符合，如面积大于10000m²，层数不超过2

层时，或面积小于等于10000m²，建筑高度小于等于24m时，在设置高位消防水箱确有困难时可不设高位消防水箱。

（3）建筑高度不大于27m的住宅，根据《消水规》第7.4.13条，可设置干式消防竖管，即可不设置高位消防水箱。建筑高度大于27m的住宅，应设置高位消防水箱。

2）本条应用难点：何为确有困难；何为安全可靠的消防给水；初期火灾的消防流量和压力如何确定。

（1）注意不能用气体顶压设备代替高位消防水箱。

（2）"其他重要建筑"是指重大人员伤亡、重大财产损失、严重社会影响的公共建筑。如商场、剧院、影院等。一般地普通办公楼和住宅不算重要建筑。

（3）此处的"安全可靠"系指设有消防水池、消防水泵、两路供水、双电源。

3）第3款中"初期火灾所需的消防流量和压力"，消防流量系指2支消火栓水枪、5个喷头的出流量；消防压力系指满足《消水规》第5.2.2条的静水压力。本条与全文强制性标准《城镇给水排水技术规范》GB 50788—2012第3.4.7条矛盾。实际工程中不应将市政管网与消防管网直接连接。

4）设有屋顶高位消防水箱时，因水箱出水管上设有止回阀，系统不能自动排气，所以要考虑设置自动排气阀。

6.1.10 当室内临时高压消防给水系统仅采用稳压泵稳压，且为室外消火栓设计流量大于20L/s的建筑和建筑高度大于54m的住宅时，消防水泵的供电或备用动力应符合下列要求：

1 消防水泵应按一级负荷要求供电，当不能满足一级负荷要求供电时应采用柴油发电机组作为备用电源；

2 工业建筑备用泵宜采用柴油机消防水泵。

【要点说明】本条对一定条件下的消防水泵供电或备用动力提出了要求。

1）下列民用建筑的消防水泵应按照一级负荷供电或设柴油发电机组作为备用电源：

（1）满足《消水规》第6.1.9条第2款条件，且室外消火栓设计流量大于20L/s的建筑。

（2）建筑高度大于54m的住宅。

2）工业建筑可按照一级负荷供电或设柴油发电机组作备用动力或备用泵采用柴油机消防水泵。

3）本条中"仅采用稳压泵稳压"，系指满足《消水规》第6.1.9条第2款条件，不设高位消防水箱，只设稳压泵的情况。

6.1.11 建筑群共用临时高压消防给水系统时，应符合下列规定：

1 工矿企业消防供水的最大保护半径不宜超过1200m，且占地面积不宜大于200hm²；

2 居住小区消防供水的最大保护建筑面积不宜超过500000m²；

3 公共建筑宜为同一产权或物业管理单位。

【要点说明】本条对建筑群共用临时高压消防给水系统的条件做出了规定。

1）"共用"即指消防水池、水泵、管网、水泵接合器、消防水箱等合用的消防设施。

2）第2款，如果一个居住小区的规模略微超过500000m²，设计师也可根据具体情况掌握，如没有城市道路穿越该小区，则可共用临时高压消防给水系统。

3）居住小区的定义：《城市居住区规划设计规范》GB 50180 第 2.0.2 条"一般称小区，是被城市道路或自然分界线所围合，并与居住人口规模（1.0 万～1.5 万人）相对应，配建有一套能满足该区居住基本的物质与文化生活所需的公共服务设施的居住生活聚居地"。本条第 2 款规定与人数无关，其最大保护建筑面积 50 万 m² 是指小区内所有建筑的建筑面积总和。

4）第 3 款，综合性公共建筑应重视。设计初期要向建设方了解建筑的产权和物业管理情况，以便确定是否共用临时高压消防给水系统。不同产权或物业管理单位，如果未经协商就共用系统，有可能牵涉到管理权属及消防责任无法界定等问题，关键是系统和设备维护的整体性得不到保证，也有可能发生火灾时找不到管理人员。

5）限制居住小区消防供水的最大保护建筑面积是为了控制系统规模，减小管网的渗漏、增加系统的可靠性，避免出现两起火灾的争议。

6.1.13　当建筑物高度超过 100m 时，室内消防给水系统应分析比较多种系统的可靠性，采用安全可靠的消防给水形式；当采用常高压消防给水系统时，但高位消防水池无法满足上部楼层所需的压力和流量时，上部楼层应采用临时高压消防给水系统，该系统的高位消防水箱的有效容积应按本规范第 5.2.1 条的规定根据该系统供水高度确定，且不应小于 18m³。

【要点说明】本条规定了超高层建筑室内消防给水系统的选用原则，应用本条文需先解决如下问题：何为安全可靠的消防给水形式；如何确定"该系统供水高度"；高位消防水箱的有效容积的计算方式。

1）高位消防水池不在最高点时，应在更高处设置高位消防水箱，以满足规范要求；高位消防水池已在最高点时，可以合并设置高位消防水池和高位消防水箱。

2）常高压消防给水系统的上部楼层采用临时高压消防给水系统时，高位消防水箱的有效容积应根据临时高压消防给水系统供水高度（临时高压系统的最低层地面至屋面面层的高度）、建筑功能和《消水规》第 5.2.1 条规定确定其高位消防水箱有效容积。

3）按《消水规》第 5.2.1 条的规定确定的高位消防水箱容积小于 18m³ 时，应取 18m³。

4）安全可靠的消防给水形式见《消水规》第 6.1.9 条要点说明。

6.2.1　符合下列条件时，消防给水系统应分区供水：

1　系统工作压力大于 2.40MPa；

2　消火栓栓口处静压大于 1.00MPa；

3　自动水灭火系统报警阀处的工作压力大于 1.60MPa 或喷头处的工作压力大于 1.20MPa。

【要点说明】本条为消防给水系统分区原则性要求，应用本条文需解决如下问题：何为"系统工作压力"；消火栓栓口处静压不大于 1.00MPa 的目的；何为"工作压力"。

1）第 1 款，此时应采用完全分区，即两个区分别设置消防加压水泵，即可采用水泵串联或减压水箱方式完全分区；第 2 款，此时还可采用减压阀分区；第 3 款，原《喷规》中规定，自动水灭火系统报警阀处的工作压力为 1.20MPa，现在《消水规》增加为 1.60MPa。

2）系统工作压力按第 8.2.2 条、第 8.2.3 条计算。应按最大压力点计算系统工作压力。对于超高层项目，系统工作压力计算中，消防泵的零流量压力按实际样本特性曲线确定，若无样本曲线，可在 1.2～1.4 倍设计工作压力的范围内指定其零流量压力，再复核系统工作压力是否超限。

3）《消水规》第 8.2.3 条 "高压和临时高压消防给水系统的系统工作压力应根据系统在供水时可能的最大运行压力确定，并应符合下列规定：

（1）高位消防水池、水塔供水的高压消防给水系统的系统工作压力，应为高位消防水池、水塔最大静压；

（2）市政给水管网直接供水的高压消防给水系统的系统工作压力，应根据市政给水管网的工作压力确定；

（3）采用高位消防水箱稳压的临时高压消防给水系统的系统工作压力，应为消防水泵零流量时的压力与水泵吸水口最大静水压力之和；

（4）采用稳压泵稳压的临时高压消防给水系统的系统工作压力，应取消防水泵零流量时的压力、消防水泵吸水口最大静压二者之和与稳压泵维持系统压力时两者其中的较大值，即 "系统工作压力" 为一个不确定值，是指系统可能达到的最大工作压力，而非消防水泵启动时在额定工况下的压力，管道的承压能力须按此最不利值考虑，即不得大于2.40MPa。

4）第 2 款：直接连接高位消防水箱（无稳压泵）的消火栓分区，其栓口静压按高位消防水箱最高水位计算；经减压阀减压的消火栓分区，其栓口静压按减压阀出口的静压计算；直接连接稳压泵（无高位消防水箱）的消火栓分区，其栓口静压按稳压泵的停泵压力计算；直接连接高位消防水箱且有稳压泵的消火栓分区，其栓口静压原则性应按稳压泵的停泵压力计算，如当地消防主管部门同意其栓口静压也可按高位消防水箱最高水位计算。

5）消火栓进行水压密封试验时，各密封部位应连续 2min 承受 1.6MPa 压力（参见《室内消火栓》GB 3445）；消火栓栓口处静压按不大于 1.0MPa 分区的目的是控制在最不利因素下可能产生的工作压力（当消火栓栓口静压等于 1.0MPa 且屋顶水箱满足 7m 静压状况时，消防水泵的额定压力约为 1.20MPa）大于 1.20MPa，从而在零流量时，系统工作压力大于 1.60MPa，突破消火栓栓口耐压要求。本条 1、2 款是参照了美国 NFPA14《Standard for the Installation of Stanpipe and Hose System》（1996Editon）中 "系统任何一点的压力在任何时间不能超过 2.41MPa，当栓口处静水压力超过 1.21MPa 时应设减压装置" 的规定而制定的。

6） "工作压力" 是指消火栓栓口、报警阀、喷头等设施在额定工作状态下的承受压力，而不是设施的承压能力。即报警阀和喷头的工作压力，在利用水泵压力直接供水时，宜按工作压力（水泵额定流量时的压力）计算。

6.2.2 分区供水形式应根据系统压力、建筑特征，经技术经济和安全可靠性等综合因素确定，可采用消防水泵并行或串联、减压水箱和减压阀减压的形式，但当系统的工作压力大于 2.40MPa 时，应采用消防水泵串联或减压水箱分区供水形式。

【要点说明】本条对分区供水形式的确定做出了原则性要求，规定了当系统的工作压力大于 2.40MPa 时，应采用消防水泵串联或减压水箱分区供水形式。

1）完全分区首选设置中间转输水箱的形式；此时要设专用的转输泵，一般一用一备，最多两用一备；专用转输泵也属于消防泵，一旦启动则不能停泵；专用转输泵只能采用工频泵，不能采用变频泵。当然，消防水泵直接串联在设计中也可采用。

2）中间转输水箱可以采用遥控浮球阀、水力电动控制阀、液位阀控制进水。

6.2.3 采用消防水泵串联分区供水时，宜采用消防水泵转输水箱串联分区供水方式，并应符合下列规定：

1 当采用消防水泵转输水箱串联时，转输水箱的有效储水容积不应小于 $60m^3$，转输水箱可作为高位消防水箱；

2 串联转输水箱的溢流管宜连接到消防水池；

3 当采用消防水泵直接串联时，应采取确保供水可靠性的措施，且消防水泵从低区到高区应能依次顺序启动；

4 当采用消防水泵直接串联时，应校核系统供水压力，并应在串联消防水泵出水管上设置减压型倒流防止器。

【要点说明】本条是串联分区的基本规定和部分处理措施。

1）为何优先选用转输水箱串联：水箱串联安全可靠，有大量工程实例为证；水箱串联，管材要求低，水泵扬程基本稳定；水箱有缓冲作用，控制系统简单有效，可靠性强；水泵直接串联分区引起的超压问题现阶段无良好的技术措施来解决。

2）转输水箱有效储水容积的确定：设置转输水箱的建筑一般为超高层建筑，按照规范室内消火栓（40L/s）、自动喷水（30L/s），其 10min 的用水量与屋顶水箱 $18m^3$ 之和，即 $(40+30)×10×60/1000+18＝60m^3$，此计算方式是在原消防规范屋顶水箱最大不超过 $18m^3$ 前提下所得；根据"不应小于"，笔者建议转输水箱有效储水容积按室内消防 10min 的用水量与屋顶消防水箱有效储水容积之和确定，屋顶消防水箱有效储水容积根据《消水规》第 5.2.1 条规定选取。

3）串联转输水箱溢流管的排水能力应按转输流量计。如转输流量为消火栓系统 40L/s，自喷系统 30L/s 时，则应按 70L/s 考虑溢流排水量。不同楼层的转输水箱，其溢流管宜直接连接至底部消防水池。

4）当溢流排水量较大时，建议采用间接排水方式。如按溢流排水量 70L/s 设计时，可在转输水箱附近设置一座 $L×B×H＝1.0×1.0×0.5m$ 的集水箱，在集水箱底设两个 $DN150$ 的 87 型雨水斗（单斗 $26～36L/s$），再用一根 $DN200$（$75～90L/s$）或一根 $DN250$（$135～155L/s$）的排水管接至底部的消防水池。其中的水平悬吊管应按照 $h/D＝0.8$ 的设计充满度复核其排水能力是否满足要求。悬吊管的长度建议不超过 20m。当在水位控制阀前设置一个与中间转输水箱溢流水位联动的紧急关闭阀时（紧急关闭阀在消防控制中心也可控制启闭），可按平时补水（生活给水补水）的进水管管径确定溢水管管径。

5）消防水泵直接串联引起超压的原因：火灾初期小流量运行，上下区消防水泵均存在超压现象，两者叠加后引起更严重的超压；当止回阀不严密时，导致下区水泵回流压力大于其工作压力而超压。本条第 4 款要求设减压型倒流防止器目的是防止出现当止回阀不严密时，导致下区水泵回流压力大于其工作压力而超压这种情况。消防泵直接串联时，倒流防止器设置在上区消防泵出水管上。

6.2.4 采用减压阀减压分区供水时应符合下列规定：

1 消防给水所采用的减压阀性能应安全可靠，并应满足消防给水的要求；

2 减压阀应根据消防给水设计流量和压力选择，且设计流量应在减压阀流量压力特性曲线的有效段内，并校核在 150% 设计流量时，减压阀的出口动压不应小于设计值的 65%；

3 每一供水分区应设不少于两组减压阀组，每组减压阀组宜设置备用减压阀；

4 减压阀仅应设置在单向流动的供水管上，不应设置在有双向流动的输水干管上；

5 减压阀宜采用比例式减压阀，当超过 1.20MPa 时，宜采用先导式减压阀；

6 减压阀的阀前阀后压力比值不宜大于 3：1，当一级减压阀减压不能满足要求时，可采用减压阀串联减压，但串联减压不应大于两级，第二级减压阀宜采用先导式减压阀，阀前后压力差不宜超过 0.40MPa；

7 减压阀后应设置安全阀，安全阀的开启压力应能满足系统安全，且不应影响系统的供水安全。

【要点说明】本条是对采用减压阀减压分区供水方式时，对减压阀组的使用方法及选择方式提出了要求。

1）采用减压阀减压分区供水时，每个减压阀须满足全部设计流量，每路宜设置备用减压阀，即每个供水分区宜设 4 套减压阀，为保证系统的安全可靠，不因减压阀的故障而导致一路供水，故建议每组减压阀考虑备用减压阀，平时 4 个减压阀同时工作，特殊情况下至少保证每组 1 个减压阀工作。

2）要求减压阀后的管材、阀门、设备等均按减压阀前的工作压力选型，即设计时应按照一级减压阀失效后的系统压力来确定管道、阀门、设备等的压力。

3）根据《消水规》第 5.4.6 条要点说明，中低压水罐消防车中压工况供水保护高度可达 120m，故 1.20MPa 已接近单辆消防车直接供水的临界点。当供水压力小于 1.20MPa 时，单辆消防车可直接供水给高区或低区；当供水压力大于 1.20MPa 时，如采用比例式减压阀，消防车给水泵接合器供水时，即使用于低区火灾扑救，也需要两辆消防车串联供水才能满足其供水压力，明显不合理，故当超过 1.20MPa（指阀前压力）时宜采用先导式减压阀，不宜采用比例式减压阀。先导式减压阀当压差大于 0.40MPa 时容易产生汽蚀。不能用同一种减压阀串联，如比例＋比例，或先导＋先导。也可采用双级减压阀，如：防气蚀大压差可调式减压阀等。

4）减压阀后设置安全阀（布置方式见图 6-4～图 6-7），其目的是防止减压阀失效时，阀后压力超过管网或消防产品的水压试验压力。安全阀宜设在减压分区的系统最底部（如地下室集水坑附近，便于间接排水），且在安全阀之前设压力表和检修阀门。

5）减压阀流量-水头损失特性曲线，可参考 01SS105 和产品样本。减压阀的出口动压＝出口静压－减压阀水损。

6.2.5 采用减压水箱减压分区供水时应符合下列规定：

1 减压水箱的有效容积、出水、排水、水位和设置场所，应符合本规范第 4.3.8 条、第 4.3.9 条、第 5.2.5 条和第 5.2.6 条第 2 款的规定；

2 减压水箱的布置和通气管、呼吸管等，应符合本规范第 5.2.6 条第 3～11 款的规定；

3 减压水箱的有效容积不应小于 18m³，且宜分为两格；

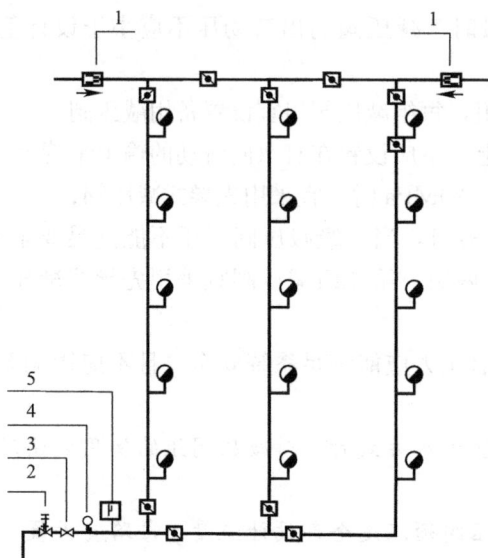

图 6-4　减压阀、安全阀布置示意图（一）
1—减压阀组；2—安全阀；3—闸阀；4—压力表；
5—压力开关（可不设）（反馈报警器）

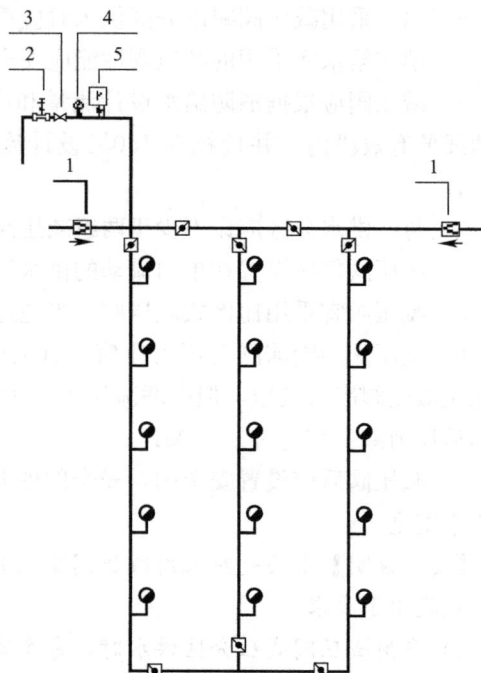

图 6-5　减压阀、安全阀布置示意图（二）
1—减压阀组；2—安全阀；3—闸阀；4—压力表；
5—压力开关（即反馈报警器，可不设）

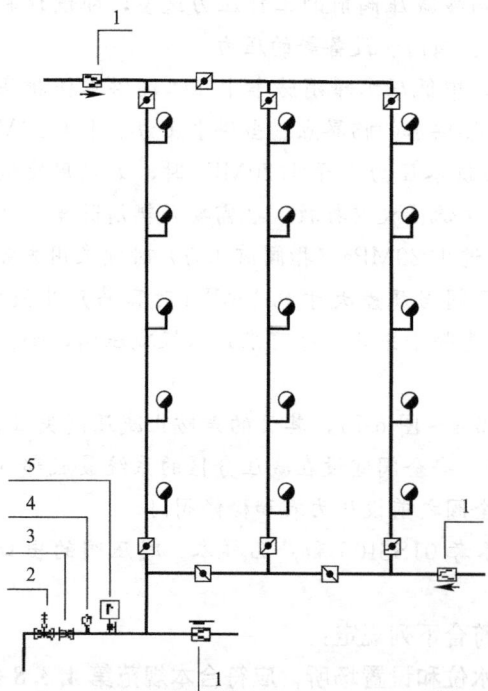

图 6-6　减压阀、安全阀布置示意图（三）
1—减压阀组；2—安全阀；3—闸阀；4—压力表；
5—压力开关（即反馈报警器，可不设）

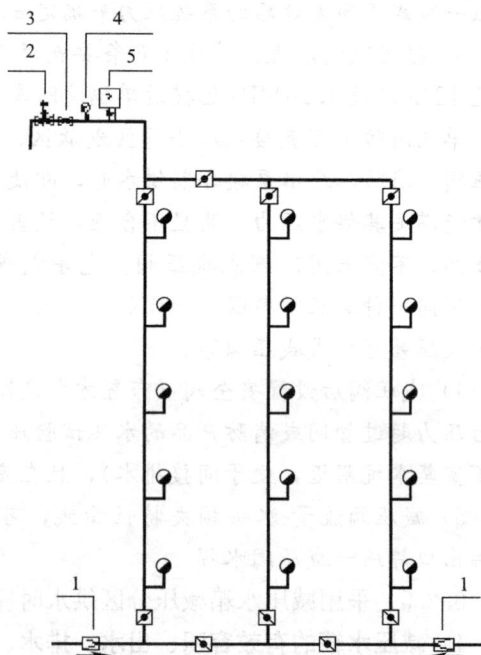

图 6-7　减压阀、安全阀布置示意图（四）
1—减压阀组；2—安全阀；3—闸阀；4—压力表；
5—压力开关（即反馈报警器，可不设）

4 减压水箱应有两条进、出水管，且每条进、出水管应满足消防给水系统所需消防用水量的要求；

5 减压水箱进水管的水位控制应可靠，宜采用水位控制阀；

6 减压水箱进水管应设置防冲击和溢水的技术措施，并宜在进水管上设置紧急关闭阀门，溢流水宜回流到消防水池。

【要点说明】本条是对采用减压水箱减压分区供水方式时，对减压水箱的设置及管道和附件配置提出了具体规定。

1）本条第 1 款为强制性条文，必须严格执行。《消水规》第 4.3.8 条，保证消防用水不做他用；第 4.3.9 条，有效容积、水位显示、报警水位、溢流排水；第 5.2.5 条，通风保温；第 5.2.6.2 条，防止旋流。减压水箱既有高位消防水箱的作用又兼具消防水池的功能，高位消防水箱和消防水池的一切规定均应执行。

2）第 3 款，减压水箱宜分为两格。减压水箱有效容积 18m³ 不宜固定，宜按有无合用（室内消火栓系统和自动喷淋系统）分别考虑，建议取 10min 消防流量，即每格按 5min 消防流量取。上面环管上接下来两根，分别接入一格水箱作为进水管；每格水箱接出一根出水管，然后分别接在出水环管上，从环管上接出两根立管下去，具体接法详见图 6-8。

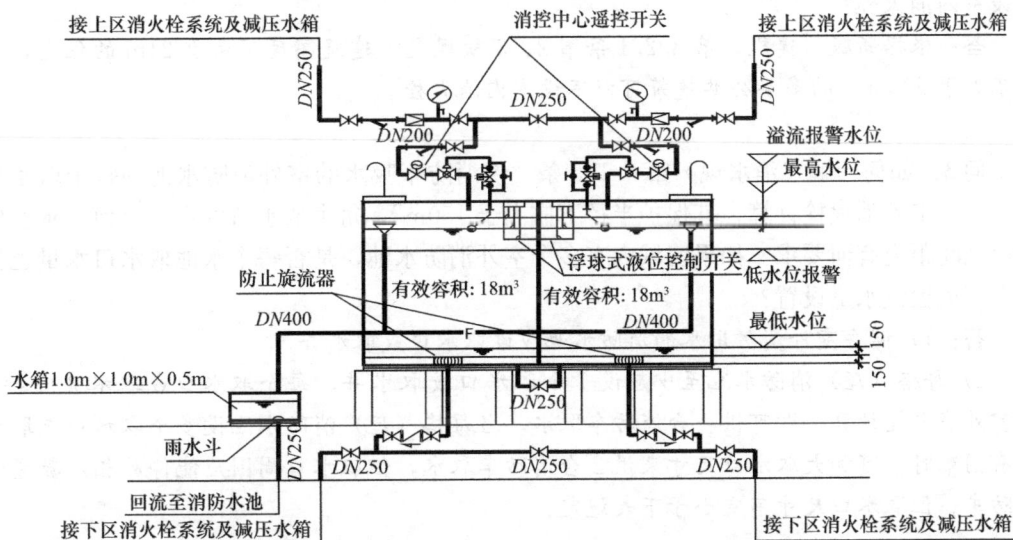

图 6-8 减压水箱（分两格）配管示意图

3）减压水箱进水采用电动液位阀。主要由电动控制，浮球阀仅相当于最后的把关。

4）第 6 款，紧急关闭阀门：在各进水管上设电动阀，在消控中心关闭。减压水箱进水管应设置防冲击，以免过多空气被卷入水中，可考虑在进水管处设减压、消能措施。防冲击措施：设置减压阀，阀后压力 0.10MPa；或设置导流筒，做法详见《矩形给水箱》12S101 标准图集。

5）除满足以上规定外，笔者认为还需考虑以下因素：

（1）减压水箱的进水水源必须从上部水箱引来，不得从上部管网系统引来；

（2）水位控制阀的开启情况消防控制中心须显示；

（3）减压水箱的平时补水宜由生活给水提供；

（4）当减压水箱兼作高位消防水箱，同时又作为下区转输减压水箱时，考虑跨分区临界层着火的可能性，水箱容积需叠加计算；减压水箱只兼作高位消防水箱时，可不叠加计算。

6.3 问 题 解 答

问1： 在市政一路供水的情况下，建筑高度大于等于21m而不大于54m的住宅，是否要做消防水池和泵房？

答： 对于建筑高度大于等于21m而不大于54m的住宅，当市政仅有一路供水时，如果市政管网的流量和压力均满足室外消火栓要求，根据《消水规》第6.1.3条第1款规定，就可以不做室外消防水池和泵房；如果市政管网的流量和压力均满足室内消火栓要求，根据《消水规》第7.4.6条规定，就可以不做室内消防水池和泵房；如果市政管网的流量和压力其中任一条不满足室内外消火栓流量和压力要求时，均应做消防水池和泵房。

问2： 建筑高度不大于21m的住宅，体积不大于5000m³的单层及多层公共建筑是否需设室内消火栓？

答： 根据新版《建规》第8.2.1条第2、3款规定，建筑高度不大于21m的住宅，体积不大于5000m³的多层公共建筑可以不设室内消火栓。

问3： 如何理解《消水规》第6.1.5条"供消防车吸水的室外消防水池的每个取水口宜按一个室外消火栓计算，其保护半径不应大于150m"，每个取水口的尺寸有何要求？取水口之间距离有何要求？如果区域内有多个室外消防水池，是否每个水池取水口水量也按一个消火栓供水量设置？

答： 1）储存室外消防用水的消防水池应设取水口或取水井。

2）每格（座）消防水池至少应设1个取水口或取水井，每个取水口或取水井宜按1个室外消火栓计算，即可供一台消防车取水，当每格（座）消防水池设多个取水口或取水井有困难时，可加大取水口尺寸来供2台消防车取水，但取水口周围应能停放相应数量的消防车。但取水口尺寸不宜小于下表规定：

消防车数量（台）	取水口尺寸（mm）
1（一个取水口）	≥1000×1000
2（两个取水口）	≥1500×1000

3）消防水池取水口保护半径不应大于150m，当保护半径大于150m时，还需增设室外消火栓泵、室外消防管网及室外消火栓，取水口和室外消火栓联合使用。使任一建筑均处在取水口或室外消火栓150m保护半径内。

4）取水口或取水井距路边不宜小于0.5m，并不应大于2m，距建筑外墙不宜小于15m。

5）取水口或取水井的间距应考虑消防车停放及保护半径因素。

6）消防水池最低有效水位距取水口或取水井的室外地面标高不应大于5m。

7）当取水口处设置水位控制阀时，不应影响消防车吸水。

8）区域内有多个室外消防水池时，每个水池取水口水量仍按一个消火栓供水量设置。

问 4： 高位消防水池未储存足够消防用水量，火灾时由消防供水系统向消防水池双路补水，储水量＋补水量能满足火灾延续时间内消防用水量，这种系统是否为高压消防给水系统？

答： 这种系统不是高压消防给水系统。该系统高位消防水池不是始终保持满足消防所需要的储水量，火灾时需要启动消防补水泵补足其不足部分，该系统属于临时高压消防给水系统下的重力供水方式，非高压消防给水系统。

问 5： 利用消防水池加压供水的室外消防给水系统，消防部门要求有一路与市政给水管网连接，但《城镇水规范》第 3.4.7 条规定：供水管网严禁擅自与自建供水设施连接，应如何执行？

答： 当消防部门有上述要求时。市政自来水管网单独成环，消防水池加压消防管网也单独成环，各自分别接出室外消火栓，两套管网相互不连通。

问 6： 当市政管网或高位消防水池能够满足建筑物（群）自动喷水灭火系统压力和流量要求，不能满足消火栓系统压力和流量要求时，自动喷水灭火系统能否单独采用高压消防给水系统？

答： 可以。自动喷水灭火系统和消火栓系统本身就是不同的消防给水系统，其自动喷水灭火系统采用高压消防给水系统，消火栓系统采用临时高压消防给水系统是完全可以的，但必须注意复核消火栓系统运行时的补水对自动喷水灭火系统压力和流量的影响。

问 7： 当市政管网或高位消防水池能够满足建筑群中某些建筑的消防系统压力要求，不能满足其他建筑的消防系统压力要求，该消防系统属于什么系统？

答： 消防系统的供水方式仅针对某栋单体或某个业态的系统而言，"高"、"低"是相对的概念。同一系统，对于能够满足建筑消防系统压力要求的属于高压系统，对于不能够满足建筑消防系统压力要求的则属于低压系统。

问 8： 当市政管网能够满足商住楼（下部商业上部住宅）低区（下部商业区域）消防给水系统所需要的压力和流量要求，不能满足高区（上部住宅区域）消防给水系统所需要的压力和流量要求，该建筑能否低区采用高压供水，高区采用临时高压供水？

答： 可以，但必须要求建筑专业把商业区域和住宅区域的疏散分开，相应建筑防火措施要做到位。商业区域按商业建筑进行消防设计，住宅区域（商业部分的高度累加至住宅总高度内）按纯住宅建筑进行消防设计。

问 9： 当市政消火栓完全满足建筑室外消防要求时，可否直接保护该建筑，不再另行设计建筑室外消火栓？

答： 根据《消水规》第 6.1.5 条，市政给水管网为环网时可以，为枝状时只能按一个室外消火栓计入。

问 10：如何理解《消水规》第 6.2.4 条第 3 款"每一供水分区应设不少于两组减压阀组，每组减压阀组宜设置备用减压阀"，环状管网供水需共设 4 组减压阀组吗？

答：枝状管网供水管上减压阀组应设备用，即要设两组减压阀组，每组减压阀组可不设备用减压阀；环状管网每根供水管上宜设备用减压阀组，即在每根供水管上设不少于两组减压阀组，以保证环状管网每个供水分区共设 4 组减压阀组。

问 11：针对《消水规》第 6.1.9-1 条，"⋯⋯总建筑面积大于 $10000m^2$ 且层数超过 2 层的公共建筑和其他重要建筑，必须设置高位消防水箱"，有些造型特别的建筑，面积和层数均超过规范要求，但确实无法设高位消防水箱，比如球形建筑、屋顶为滑雪场等。可否按《消水规》第 6.1.9 条第 2 款，不设高位消防水箱，采用气压罐供水系统？

答：《消水规》第 6.1.9 条第 1 款规定的建筑必须要设高位消防水箱，但停机坪处消火栓可高于消防水箱。《消水规》第 6.1.9 条第 2 款中规定的建筑，当消防水箱设置位置高于其所服务的水灭火设施有困难时，应与消防部门商定，如采用稳压装置等。

问 12：《消水规》6.1.3 条条文中所提及的"室外消火栓设计流量小于等于 20L/s 时可采用一路消防供水；室外消火栓应由市政给水管网直接供水。"当室外消火栓设计流量大于 20L/s 时，同时市政只有 1 路给水时，是否采取"消防水池包含室外消防水量，然后通过消防稳压装置满足室外消防给水"措施来满足规范要求。此时，条文中所提及的"室外消火栓应由市政给水管网直接供水。"还需要执行吗？

答：首先，室外消防用水由消防水池提供时，室外消火栓用水由室外消火栓水泵提供，而非消防稳压装置，消防稳压装置的作用仅为稳压，"室外消火栓应由市政给水管网直接供给。"可不执行。

问 13：《消水规》6.1.5 条，"市政消火栓或消防车从室外消防水池的每个取水口宜按一个室外消火栓计算，且其保护半径不应大于 150m⋯⋯"。本条文是否可以这样理解：

1）比如一个厂区，规模不大，约 80m×80m，室外消火栓设计流量为 15L/s，此种情况室外消防是否仅考虑设带取水口的消防水池即可？不必设管网及消火栓等设施？

2）比如一个厂区，规模不大，约 80m×80m，当室外消火栓量为 30L/s，或是更大时，是否仅设置 2 个或是更多的取水口即可（取水口按室外消火栓的要求布置）？

3）上述情况，是否还得要求项目在附近消防站的保护范围之内？

答：

1）可仅设置取水口，不必设置管网及消火栓。

2）是。

3）否。

问 14：《消水规》6.1.7 条室外消火栓临时高压时采宜用稳压泵维持压力。稳压泵的参数如何选择？是不是也要按 5.1.6 条？

答：是。室外消火栓水泵按5.1.6条执行，稳压泵按第5.3节要求执行。

问15：《消水规》6.1.9条，其他重要建筑一般指什么建筑？不符合前款的教学楼、办公楼、医院、商场、旅馆及试验楼等是否应算其他重要建筑？

答："其他重要建筑"是指重大人员伤亡、重大财产损失、严重社会影响的公共建筑。如商场、剧院、影院等。一般的普通办公楼和住宅不算重要建筑。教学楼、医院、旅馆应算其他重要建筑，实验楼根据其重要性，由设计师自己判断。

问16：《消水规》6.1.9条第1款规定总建筑面积大于10000m²，且层数大于2层的公共建筑和其他重要建筑均设高位消防水箱。对"其他重要建筑"能否明确范围？

答："其他重要建筑"是指重大人员伤亡、重大财产损失、严重社会影响的公共建筑。如商场、剧院、影院等。

问17：6.1.9条第2款，其他建筑当设高位消防水箱确有困难，且采用安全可靠的消防给水形式时，可不设高位消防水箱，但应设稳压泵。具体怎么解释？只设稳压泵不设气压罐可以吗？如设气压罐，气压罐的有效容积如何计算？"安全可靠的消防给水形式"是什么意思？

答：设置稳压泵，同时要设置气压罐。气压罐的体积按5.3.4条执行。"安全可靠"系指设有消防水池、消防水泵、两路供水、双电源。

问18：《消水规》6.1.10条，"当室内临时高压消防给水系统仅采用稳压泵稳压，且为室外消火栓的设计流量大于20L/s的建筑和建筑高度大于54m的住宅时，消防水泵的供电或是备用动力应符合下列要求：（1）消防水泵应按一级负荷要求供电，当不能满足一级负荷要求时，应设置柴油发电机组做备用动力；（2）工业建筑备用泵宜采用柴油机消防水泵"。问题：执行此条款时，这两条是同时满足？还是满足其中之一即可？规范的本意是否为两条同时满足？

答：满足一个即可。

问19：《消水规》6.1.10条当室内临时高压给水系统仅采用稳压泵稳压，且为室外消火栓设计流量大于20L/s的建筑和建筑物高度大于54m的住宅时，消防水泵的供电或备用动力应符合下列要求：（1）消防水泵应按一级负荷要求供电，当不能满足以及负荷要求供电时应采用柴油发电机组作为备用动力；（2）工业建筑备用泵宜采用柴油消防泵。疑问：条文中第1和2条必须同时满足还是只满足其中一条即可？

答：满足一条即可。

问20：《消水规》6.1.3条"建筑物室外宜采用低压消防给水系统，当采用市政给水管网供水时……"，有以下问题：

1）当建筑物室外采用市政给水管网的低压消防给水系统时，市政给水管网的最低压力达到多少才算可以？是按保证最不利消火栓的工作压力不小于0.14MPa（即7.2.8条）

考虑？还是按最低压力不小于 0.6MPa（即 8.2.2 条）考虑？

2）当建筑物自建单独的室外低压消防给水系统时，系统的最低压力是按保证最不利消火栓的工作压力不小于 0.14MPa（即 7.2.8 条）考虑？还是按最低压力不小于 0.6MPa（即 8.2.2 条）考虑？

3）感觉 8.2.2 条"低压消防给水系统工作压力……，且不应小于 0.6MPa"的规定与 7.2.8 条及 2.1.4 条关于低压消防给水系统的定义"能满足车载或手抬移动消防水泵等取水所需的工作压力和流量的供水系统"相互矛盾。

答：

1）按 7.2.8 条执行。

2）按 7.2.8 条执行。

3）不矛盾，8.2.8 条要求的 0.6MPa，是给出的"系统工作压力"，管道水压试验时应以此压力作为依据，7.2.8 条"平时压力不应小于 0.14MPa，消防时，不能小于 0.10MPa"，平时压力要求 0.14MPa，消防时，考虑室外消火栓出流量，管道流量加大，管网损失增多，此时，必须保证消防时不能小于 0.10MPa。以上规定和 2.1.4 条要求一致，没有相互矛盾。

问 21：何种情况需要两路消防供水：按《消水规》6.1.3 还是 8.1.2 条？两者矛盾之处按哪一条执行？

答：这两条规范不矛盾，6.1.3 条主要是针对建筑物、建筑小区的室外消火栓，8.1.2 条主要是针对工业园区、商务区、住宅区等的市政给水管网，简单地说，6.1.3 条针对的面积较小，8.1.2 条针对的面积较大。

问 22：《消水规》6.2.1 条第 2 款，消火栓栓口处静压大于 1.0MPa。消火栓分区问题，是最不利点处消火栓栓口距消火栓水泵出水管高度大于 100m 分区，或是计算出的消火栓泵扬程大于 100m 分区？

答：无稳压装置时，屋顶水箱最高水位至最低层消火栓栓口的净高差不超过 100m时，不分区，有稳压装置时，应考虑稳压装置的压力。不能以消防水泵的扬程是否大于 100m 考虑分区。

问 23：《消水规》第 6.2.4 条第 3 款，每一供水分区应设不少于两组减压阀组，每组减压阀组宜设置备用减压阀。减压阀组是否在每一路供水设置一组？每组减压阀如何设置，串联、并联？

答：每一路供水管上设置一套减压阀组，并且并联一组，考虑这一路一个减压阀损坏等条件下，另外一个可以使用，另外一路供水亦按上述要求设置。

问 24：高位消防水箱在满足《消水规》第 5.2.2 条第 1～4 款时，最低层消火栓栓口处的静压大小应如何确定？是否为消防水箱有效水位至最低层消火栓栓口处的净高？

答：消防水箱最高水位至最下端消火栓栓口处的净高。

问 25：高位消防水箱在不满足《消水规》第 5.2.2 条第 1～3 款设稳压泵时，最低层消火栓栓口处的静压大小应如何确定？是否为稳压泵压力加消防水箱有效水位至最低层消火栓栓口处的净高之和？稳压泵压力是否至满足《消水规》第 5.2.2 条第 1～3 款的压力即可？还是稳压泵应满足《消水规》第 7.4.12 条第 2 款栓口的动压要求？

答：稳压泵的压力应满足《消水规》5.3.3 条的要求，不必满足 7.4.12 条的要求。计算静压时，应考虑稳压泵的压力，为稳压泵停泵压力加上水箱最高水位至最下端消火栓栓口的距离。

6.4 延伸思考

延伸思考内容旨在交流和探讨，本部分资料原始出处可能无法考证，文中观点和结论仅供参考。

思考 1：建筑高度超过 54m 的住宅，其室外消火栓设计流量为 15L/s，当室外采用低压消防给水系统，且采用市政给水管网供水时，是否应从严把握也应采用两路供水。

分析：建筑高度超过 54m 的住宅，虽其室外消火栓设计流量为 15L/s，即小于 20L/s，基于高层建筑自救原则，为提高供水可靠性，建议从严把握采用两路供水。

思考 2：超高层建筑顶部如有观光厅、停机坪等需要设置室内消火栓保护的场所，而顶部的临时高压消防给水系统高位消防水箱又无条件设置时，该如何处理。

分析：笔者建议按《消水规》第 6.1.9 条相关条文扩展，高位消防水箱放置位置不得低于次最高三层处，且采用安全可靠的消防给水形式，（见《消水规》第 6.1.9 条要点说明）、稳压泵的设计压力应满足系统最不利点处水灭火设施所需的工作压力，稳压泵的设计流量应为 2 个消火栓的出流量。

思考 3：超高层建筑内的室内消防给水系统采用何种消防给水、分区形式，才是最安全、经济、合理的。

分析：笔者认为，超高层建筑内的消防给水、分区形式应根据超高层建筑项目所在地实际情况和公安部、当地消防主管部门意见及项目的消防性能化分析报告来综合确定。下面是上海、广州、江苏的一些地方规定，可以参考借鉴。

1）上海市标准《民用建筑水灭火系统设计规程》DGJ 08—94—2007 和江苏省标准《民用建筑水消防系统设计规范》DGJ 32/J92—2009 均有如下规定：当建筑高度低于或等于 120m 时，消防给水竖向分区宜采用减压阀、分区水泵、多出口泵等并联消防泵给水系统；当建筑高度大于 120m 时，消防给水竖向分区宜采用多台消防泵直接串联或设中间水箱转输的串联消防泵给水系统。

2）正在编制中的广东省标准《超高层建筑消防给水设计规范》规定：消防水泵轴线至最高用水点的垂直距离小于 200m 时，采用一泵到顶分区减压；消防水泵轴线至最高用水点的垂直距离大于 200m 时，采用临时高压、常高压相结合，主灭火系统和辅助灭火系统相结合，即火灾延续时间内的消防用水量全部置顶，并设置辅助灭火水源（存储水量不小于150m³），重力流不能满足的采用临时高压。

3）江苏省消防部门要求，当建筑物的高度大于200m时，应采用设置高位消防水池的重力供水消防系统。

4）上海未对重力消防供水提出明确的设置条件要求；广东省标准明确提出优先采用一泵到顶，尽量避免中间转输环节，使系统和控制均简化。

思考4：对稳高压消防给水系统和临时高压消防给水系统有何区别的思考。

分析：根据临时高压的定义："平时不能满足水灭火设施所需的系统工作压力和流量"，即设有稳压泵的临时高压系统，稳压泵只需加压至始终维持最不利处消火栓的静压不小于7m或10m或15m即可，相当于补足高位消防水箱静压不足量。北京区域观点认为稳高压系统属于临时高压系统的特殊工况，上海区域观点认为稳高压系统不同于临时高压系统，正因为存在意见不一致，《消水规》索性规避了稳高压的概念。

1）上海《民用建筑水灭火系统设计规程》DGJ 08—94—2007对稳高压消防给水系统的定义："消防给水管网中平时由稳压设施保持系统中最不利点的水压以满足灭火时的需要，系统中设有消防泵的消防给水系统。在灭火时，由压力联动装置启动消防泵，使管网中最不利点的水压和流量达到灭火的要求。"两者在准工作状态下的压力、稳压泵设置要求、系统控制要求等方面有着本质的区别。设计人员经常会把临时高压往稳高压系统要求上靠，比如提高稳压泵压力设计值、增加联动控制，致使两种系统混淆，认为稳高压就是设了稳压系统的临时高压。当然，在增加造价不大的前提下提高设计标准、增加安全可靠性是对的，也是应该提倡的，但对于概念的理解应该另当别论。

2）稳高压系统和临时高压系统的区别主要体现在以下几方面：

（1）准工作状态下压力：稳高压消防给水系统能满足系统最不利点处水压要求；临时高压消防给水系统未对最不利点处水压提出要求，只需满足静压（7m或10m或15m）要求，《消水规》中已经不再提及30s的概念。

（2）稳压泵的设置要求：稳高压消防给水系统必须设置稳压泵，并且在任意一点，主泵未启动之前的压力均大于主泵运行时的压力；临时高压消防给水系统不一定设置稳压泵，只有当屋顶消防水箱不能满足相应静压要求时才需设置稳压泵，在任意一点，主泵未启动之前的压力可小于主泵运行时的压力。

（3）系统控制要求：稳高压消防给水系统必须采用压力开关信号联动消防主泵启动，压力开关一般设置在稳压罐出口处的下游；临时高压消防给水系统不一定必须采用压力开关联动，也可采用流量开关（一般设置在屋顶消防水箱稳压水管的下游或屋顶消防水箱稳压水管与稳压泵系统汇合后管道的下游）联动启动消防主泵。

思考5：对《消水规》第6.2.1条第2款规定的思考和建议。

分析：当采用稳压泵稳压的临时高压消防给水系统时，且稳压泵和消防水泵联动控制点以不小于消防水泵额定工况值为标准，此时准工作状态的静水压力（按10MPa计）大于消火栓给水系统的工作压力，根据《消水规》第5.3.3条第1款估算其工作压力为0.85MPa，这样消防系统分区的建筑高度约为40m（栓口压力按0.35MPa，水头损失按

0.10MPa 计），明显对设有压力联动系统的临时高压系统分区是不利的。消防系统分区是为避免设备、配件、管网长期处在极限高压状态下，理应满足静水压力和工作压力的要求，根据系统设置的不同，静水压力和工作压力的大小也不同，《消水规》第 6.2.1 条第 2 款是将特定状况代替普遍状况，是不妥当的。建议《消水规》第 6.2.1 条第 2 款修改为"临时高压系统，当静压大于工作压力，且消火栓栓口处静压大于 1.2MPa；临时高压系统，当静压小于工作压力，且消火栓栓口处工作压力大于 1.2MPa；常高压系统，消火栓栓口处工作压力大于 1.6MPa。"

6.5 应用实例

例 1：计算举例。某一类高层公建，建筑高度为 88m，层高 4m，地上 22 层，地下一层，屋顶消防水箱、稳压装置设置分别按图 6-9 和图 6-10 设置，该建筑消火栓系统是否需要分区。

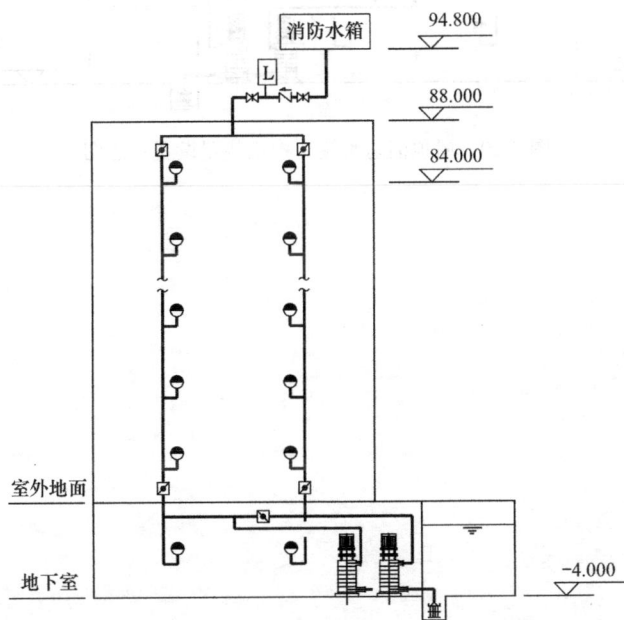

图 6-9　屋顶消防水箱设置示意图

解答：采用图 6-9 设计方式（有高位消防水箱、无稳压装置）的室内消火栓系统在准工作状态下栓口静压最大为地下室消火栓＝(94.80＋1.70)m［消防水箱最高水位］＋(地下室层高 4.000m－栓距地面高度 1.10m)＝99.4m＝0.994MPa，按《消水规》第 6.2.1 条第 2 款要求，故图 6-9 消火栓系统可不分区。

采用图 6-10 设计方式（有高位消防水箱、有高位稳压装置）的室内消火栓系统在准工作状态下栓口静压最大为地下室消火栓＝15m［稳压泵维持压力值］＋(94.80＋1.70) m［消防水箱最高水位］＋(地下室层高 4.000m－栓距地面高度 1.10m)＝114.4m＝1.144MPa＞1.00MPa，按《消水规》第 6.2.1 条第 2 款要求，图 6-10 消火栓系统须分区。

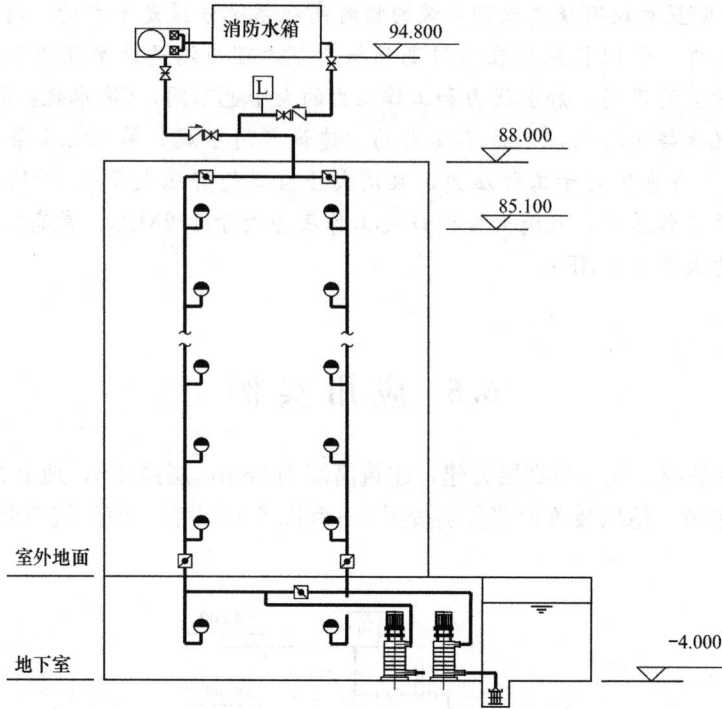

图 6-10　屋顶消防水箱、稳压装置设置示意图

第7章 消火栓系统

7.1 条文综述

本章分4节，条文共计43条，其中强制性条文4条。本章对市政消火栓和室内、外消火栓的设置及系统选择作出规定。消火栓设置含选型、设置位置、布置间距、栓口压力等，系统选择含湿式消火栓系统、干式消火栓系统、干式消防竖管、系统设置方法。

7.2 条文要点说明

7.1.1　市政消火栓和建筑室外消火栓应采用湿式消火栓系统。

【要点说明】消火栓系统有湿式和干式之分，但市政消火栓和建筑室外消火栓只有湿式系统，无干式系统。

7.1.2　室内环境温度不低于4℃且不高于70℃的场所，应采用湿式室内消火栓系统。

【要点说明】本条文为强制性条文，必须严格执行。本条对湿式系统应用场所作出规定，湿式室内消火栓系统的应用场所的室内环境温度同喷淋系统：不低于4℃（会冰冻）且不高于70℃（会汽化和结垢）。

7.1.3　室内环境温度低于4℃或高于70℃的场所，宜采用干式消火栓系统。

【要点说明】本条对干式系统应用场所作出规定，干式室内消火栓系统的应用场所的室内环境温度也同喷淋系统：低于4℃（会冰冻）或高于70℃（会汽化和结垢）。

7.1.4　建筑高度不大于27m的多层住宅建筑设置室内湿式消火栓系统确有困难时，可设置干式消防竖管。

【要点说明】本条对多层住宅建筑设置干式系统作出规定，设置条件需满足：一是多层住宅建筑，二是设置室内湿式消火栓系统确有困难（楼梯间防冻有困难）。干式竖管的设置方法详见7.4.13条。

7.1.5　严寒、寒冷等冬季结冰地区城市隧道及其他构筑物的消火栓系统，应采取防冻措施，并宜采用干式消火栓系统和干式室外消火栓。

【要点说明】本条对城市隧道及其他构筑物采用干式系统作出规定，设置条件需满足：严寒地区或寒冷地区（冬季结冰地区）的城市隧道及其他构筑物。

7.1.6 干式消火栓系统的充水时间不应大于5min，并应符合下列规定：

1 在供水干管上宜设干式报警阀、雨淋阀或电磁阀、电动阀等快速启闭装置；当采用电动阀时开启时间不应超过30s；

2 当采用雨淋阀、电磁阀和电动阀时，在消火栓箱处应设置直接开启快速启闭装置的手动按钮；

3 在系统管道的最高处应设置快速排气阀。

【要点说明】本条对干式系统的充水时间作出规定。干式系统由于要充水而导致灭火滞后，因此对充水时间应予限制。对于干式消火栓系统充水时间的要求，实际上是对系统管网规模和系统排气能力提出要求。设计中根据充水时间和管道充水速度确定系统规模；根据系统规模选择不同排气能力的排气阀。为便于充水，加快速度，缩短时间，可采取相应措施：设快速启闭装置（雨淋阀或消防电气启动阀）、在消火栓箱设直接开启雨淋阀的手动按钮、管道的最高处应设快速排气阀。当采用电动阀时，电动阀开启时间不超过30s，现在售产品不是所有的电动阀都能满足30s开启时间，特别是比较大的阀门比较难满足，如设计中采用需标明要求。干式消火栓系统示意见图7-1：

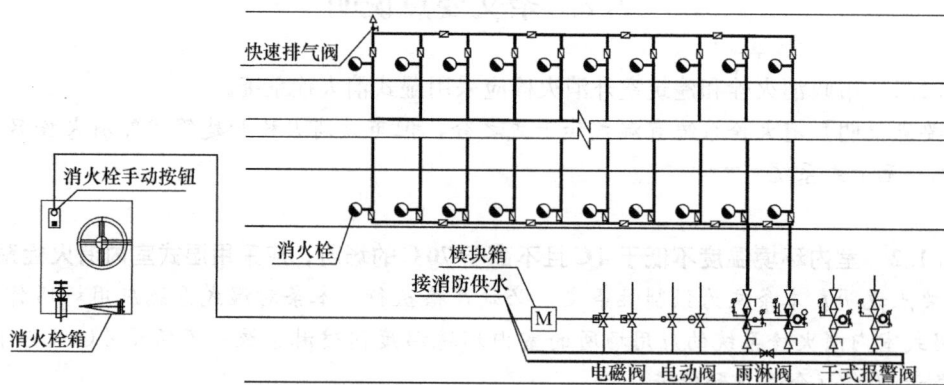

图7-1 干式消火栓系统示意图

7.2.1 市政消火栓宜采用地上式室外消火栓；在严寒、寒冷等冬季结冰地区宜采用干式地上式室外消火栓，严寒地区宜增设消防水鹤。当采用地下式室外消火栓，地下消火栓井的直径不宜小于1.5m，且当地下式室外消火栓的取水口在冰冻线以上时，应采取保温措施。

【要点说明】本条对市政消火栓的型式作出规定，规范推荐采用地上式。严寒、寒冷地区推荐采用干式地上式（为了防冻）也可采用地下式。

市政消火栓和室外消火栓用途：通过消防车加压直接用于建筑物下层的火灾扑救；向邻近建筑物淋水降温，防火灾蔓延；向水泵接合器送水，通过水泵接合器向建筑物供水。

水鹤是铁路给水装置（机车进水用），其特点是有一定高度（高于机车车身），地上部分为空管，立管段无水，不会结冻，可旋转配水。

7.2.2 市政消火栓宜采用直径DN150的室外消火栓，并应符合下列要求：

1 室外地上式消火栓应有一个直径为150mm或100mm和两个直径为65mm的栓口；

2 室外地下式消火栓应有直径为100mm和65mm的栓口各一个。

【要点说明】室外消火栓进水口公称尺寸有150mm、100mm和65mm三种，不同口径的栓口用于连接水带。

7.2.3　市政消火栓宜在道路的一侧设置，并宜靠近十字路口，但当市政道路宽度超过60m时，应在道路的两侧交叉错落设置市政消火栓。

【要点说明】宽度超过60m的市政道路一般车辆通行量很大，而且道路中间很有可能有护栏，若只在道路一侧设置市政消火栓，消防取水不方便，故宽度超过60m的道路两侧都应设置市政消火栓。

7.2.4　市政桥桥头和隧道出入口等市政公用设施处，应设置市政消火栓。

【要点说明】

1)　市政桥桥头和隧道出入口等市政公用设施处，均属于交通密集人流量大，交通事故容易发生地点，故在这类地点设置市政消火栓，以备交通事故引发的火灾能够及时扑救。

2)　当路桥很长时，比如超3000m，桥上应设消火栓。

7.2.5　市政消火栓的保护半径不应超过150m，间距不应大于120m。

【要点说明】本条对市政消火栓的保护半径和间距作出规定，室外消火栓也可按此规定。

我国城市街区内的道路间距一般不超过160m，而消防干管一般沿道路设置。因此，2条消防干管之间的距离亦不超过160m。本条规定主要保证沿街建筑能有2个消火栓的保护（我国城市消防队一般第一出动力量多为2辆消防车，每辆消防车取水灭火时占用1个消火栓）。国产消防车的供水能力（双干线最大供水距离）为180m，火场水枪手需留机动水带长度10m，水带在地面的铺设系数为0.9，则消防车实际的供水距离为（180－10）×0.9＝153m。若按街区两边道路均设有消火栓计算，则每边街区消火栓的保护范围为80m。当直角三角形斜边长为153m时，竖边长为80m，则底边为123m。故规定消火栓的间距不应超过120m。

7.2.6　市政消火栓应布置在消防车易于接近的人行道和绿地等地点，且不应妨碍交通，并应符合下列规定：

1　市政消火栓距路边不宜小于0.5m，并不应大于2.0m；

2　市政消火栓距建筑外墙或外墙边缘不宜小于5.0m；

3　市政消火栓应避免设置在机械易撞击的地点，确有困难时，应采取防撞措施。

【要点说明】本条对市政消火栓应布置作出规定。要求消防车易于接近（消防车使用）要求在人行道和绿地等地点要求不应妨碍交通（地上式高出地面）具体要求：距路边不小于0.5m且不应大于2m，距外墙不小于5m。市政消火栓的布置原则：便于使用，合理布置，与外墙距离5m，坠落物不伤害消防人员；距路边不大于2m，吸水管长度3~4m；不小于0.5m，怕撞坏。防撞措施：可采用防撞型地上式消火栓，具有被车辆等外力冲撞后主阀能自动关闭的功能的地上式消火栓。

7.2.7　市政给水管网的阀门设置应便于市政消火栓的使用和维护，并应符合现行国家标准《室外给水设计规范》GB 50013 的有关规定。

【要点说明】市政消火栓一般连接在市政给水管网上，所以使用和维护应符合《室外水规范》的规定。

7.2.8 当市政给水管网设有市政消火栓时，其平时运行工作压力不应小于 0.14MPa，火灾时水力最不利市政消火栓的出流量不应小于 15L/s，且供水压力从地面算起不应小于 0.10MPa。

【要点说明】本条对市政给水管网设有消火栓时的平时工作压力提出要求，0.14MPa 是市政供水管网出水最低压力要求。

7.2.9 严寒地区在城市主要干道上设置消防水鹤的布置间距宜为 1000m，连接消防水鹤的市政给水管的管径不宜小于 DN200。

【要点说明】消防水鹤在我国东北严寒地区还有使用，故添加消防水鹤条款。

7.2.10 消防时消防水鹤的出流量不宜低于 30L/s，且供水压力从地面算起不应小 0.10MPa。

【要点说明】本条对消防水鹤的出流量和供水压力做出规定。

7.2.11 地下式市政消火栓应有明显的永久性标志。

【要点说明】地下式市政消火栓设置明显永久标志，防止使用时寻找困难，耽误灭火。

7.3.1 建筑室外消火栓的布置除应符合本节的规定外，还应符合本规范第 7.2 节的有关规定。

【要点说明】室外消火栓的作用是供消防车取水之用。在使用性质上和市政消火栓一样，故还应符合规范第 7.2 节的有关规定。对于 7.2 节和 7.3 节都同时做了规定但不一致的部分，建筑室外消火栓应执行本节的规定，比如消火栓的出流量要求是不一致的，应执行 7.3.2 条，而不是执行强条 7.2.8 条。

7.3.2 建筑室外消火栓的数量应根据室外消火栓设计流量和保护半径经计算确定，保护半径不应大于 150m，每个室外消火栓的出流量宜按 10～15L/s 计算。

【要点说明】

1) 建筑室外消火栓的布置数量应根据室外消火栓设计流量、保护半径和每个室外消火栓的给水量经计算确定。注意水泵接合器的数量并不参与室外消火栓数量的确定。

2) 本条的保护半径与 7.2 节规定一致，但消火栓出水量和强条 7.2.8 条不一致，按本条执行。

7.3.3 室外消火栓宜沿建筑周围均匀布置，且不宜集中布置在建筑一侧；建筑消防扑救面一侧的室外消火栓数量不宜少于 2 个。

【要点说明】建筑消防扑救面应与建筑师沟通确认，不应按水专业的作业图自行推断。

7.3.4　人防工程、地下工程等建筑应在出入口附近设置室外消火栓，且距出入口的距离不宜小于5m，并不宜大于40m。

【要点说明】这个室外消火栓相当于建筑物消防电梯前室的消火栓，消防队员来时作为首先进攻、火灾侦查和自我保护用的。

7.3.5　停车场的室外消火栓宜沿停车场周边设置，且与最近一排汽车的距离不宜小于7m，距加油站或油库不宜小于15m。

【要点说明】

1）考虑到停车场火灾扑救工艺的要求，消防车到达的方便性和接近性，以及室外消火栓不妨碍停车场的交通等因素，规定室外消火栓宜沿停车场周边设置，且与最近一排汽车的距离不宜小于7m，距加油站或油库不宜小于15m。

2）条文未对最大距离做规定，据此可推断只要汽车处在室外消火栓的保护半径之内即可。

7.3.6　甲、乙、丙类液体储罐区和液化烃罐罐区等构筑物的室外消火栓，应设在防火堤或防护墙外，数量应根据每个罐的设计流量经计算确定，但距罐壁15m范围内的消火栓，不应计算在该罐可使用的数量内。

【要点说明】

1）甲、乙、丙类液体和液化石油气等罐区发生火灾，火场温度高，人员很难接近，同时还有可能发生泄漏和爆炸。因此，要求室外消火栓设置在防火堤或防护墙外的安全地点。火灾发生时，距罐壁15m范围内的室外消火栓因辐射热而难以使用，故不应计算在该罐可使用的数量内。

2）消火栓的设置数量应根据消防方式和消防用水量计算确定。每个室外消火栓的出流量按10～15L/s计算。消防用水量按本规范3.4节以及《石油天然气工程设计防火规范》GB 50183和《石化防火规范》的规定计算确定。

3）室外消火栓间距不应大于60m，并不宜小于10m。

7.3.7　工艺装置区等采用高压或临时高压消防给水系统的场所，其周围应设置室外消火栓，数量应根据设计流量经计算确定，且间距不应大于60.0m。当工艺装置区宽度大于120.0m时，宜在该装置区内的路边设置室外消火栓。

【要点说明】本条规定了工艺装置区等易燃物密集场所的室外消火栓布置间距要求。

1）工艺装置区：由一个或一个以上的独立石油化工装置或联合装置组成的生产区域。

2）随着装置的大型化、联合化，一套装置的占地面积大大增加，装置内有时布置多条消防道路，装置发生火灾时，消防车需进入装置扑救，故要求在装置的消防道路边也要设置消火栓，但距被保护对象15m以内的消火栓不应计算在该保护对象可使用的数量之内；严寒、寒冷地区设置的消火栓、阀门井和管道应有可靠的防冻措施。

3）工艺装置区消防用水量应根据装置场站等级或装置类型和规模、火灾危险性等因素，按照《石油天然气工程设计防火规范》GB 50183和《石化防火规范》的规定计算确定。

7.3.8 当工艺装置区、罐区、可燃气体和液体码头等构筑物的面积较大或高度较高，室外消火栓的充实水柱无法完全覆盖时，宜在适当部位设置室外固定消防炮。

【要点说明】

1) 堆场：即本规范第 3 章中的"易燃、可燃材料露天、半露天堆场"；

可燃气体和液体码头：即本规范第 3 章中的"可燃液体、液化烃的火车和汽车装卸栈台"及油船的"装卸油品码头"等；

2) 随着我国进入重化工时代，工艺装置、储罐的规模越来越大，目前国内最大的油罐是 10 万 m³，乙烯工程已经达 80 万～120 万吨，消防水枪已经难以覆盖工艺装置和储罐，为此移动冷却的室外箱式消火栓改为固定消防炮；

3) 该条是固定消防炮设置的条件，其系统流量、设置要求等除执行本规范外，还应符合《石油天然气工程设计防火规范》GB 50183、《石化防火规范》和《消防炮规范》规定，每门消防炮的流量不宜小于 30L/s。

7.3.9 当工艺装置区、储罐区、堆场等构筑物采用高压或临时高压消防给水系统时，消火栓的设置应符合下列规定：

1 室外消火栓处宜配置消防水带和消防水枪；

2 工艺装置休息平台等处需要设置的消火栓的场所应采用室内消火栓，并应符合本规范第 7.4 节的有关规定。

【要点说明】

1) 随着石化生产规模越来越大，在工艺生产装置上通常设置有操作、检修通道或构架平台，平台上设置消火栓是为了方便对装置进行灭火或冷却；

2) 同时应考虑距被保护对象 15m 以内的消火栓不应计算在该保护对象可使用的数量之内；严寒、寒冷地区设置的消火栓、阀门和管道应有可靠的防冻措施。

7.3.10 室外消防给水引入管当设有倒流防止器，且火灾时因其水头损失导致室外消火栓不能满足本规范第 7.2.8 条的要求时，应在该倒流防止器前设置一个室外消火栓。

【要点说明】本条文为强制性条文，对倒流防止器前设室外消火栓作出规定。

根据《建水规范》规定，消火栓系统属中度危害回流污染，可采用低阻力倒流防止器。

条文规定在室外消火栓不能满足 7.2.8 条的要求时，应在倒流防止器前设置室外消火栓。这意味着在工程中，如果室外消火栓满足了 7.2.8 条的要求，也就可以不在倒流防止器前设置消火栓了。7.2.8 条是强制性条文，工程中是必须执行、不可违反的，也就是室外消火栓必须满足该条文。这样，需要在倒流防止器前设置消火栓的情况是极难出现的。

再延伸思考一下：若违反了 7.2.8 条而执行本条之后，是否可免除违反强制性条文（7.2.8 条）的责任呢？答案恐怕是否定的。既然如此，建议《消水规》修编时，取消 7.3.10 条或对其进行修正。

7.4.1 室内消火栓的选型应根据使用者、火灾危险性、火灾类型和不同灭火功能等因素综合确定。

【要点说明】不同火灾危险性、火灾荷载和火灾类型等对消火栓的选择是有影响的。

如 B 类火灾不宜采用直流水枪，火灾荷载大火灾规模可能大，其辐射热大，消火栓充实水柱应长，如室外储罐、堆场等当消火栓水枪充实水柱不能满足时，应采用消防炮等。此外，消火栓还有多种类型，如旋转型消火栓、双面开门消火栓、减压稳压消火栓等等。

　　7.4.2　室内消火栓的配置应符合下列要求：

　　1　应采用 DN65 室内消火栓，并可与消防软管卷盘或轻便水龙设置在同一箱体内；

　　2　应配置公称直径 65 有内衬里的消防水带，长度不宜超过 25.0m；消防软管卷盘应配置内径不小于 φ19 的消防软管，其长度宜为 30.0m；轻便水龙应配置公称直径 25 有内衬里的消防水带，长度宜为 30.0m；

　　3　宜配置当量喷嘴直径 16mm 或 19mm 的消防水枪，但当消火栓设计流量为 2.5L/s 时宜配置当量喷嘴直径 11mm 或 13mm 的消防水枪；消防软管卷盘和轻便水龙应配置当量喷嘴直径 6mm 的消防水枪。

　　【要点说明】本条对室内消火栓的选用作出规定。

　　1）消防软管卷盘：由阀门、输入管路、轮辐、支承架、摇臂、软管及喷嘴等部件组成，以水作灭火剂，能在迅速展开软管的过程中喷射灭火剂的灭火器具。详见标准《消防软管卷盘》GB 15090。

　　2）轻便消防水龙：由专用消防接口、水带及水枪组成的一种小型简便的喷水灭火设备（见图 7-2）。详见标准《轻便消防水龙》GA 180。

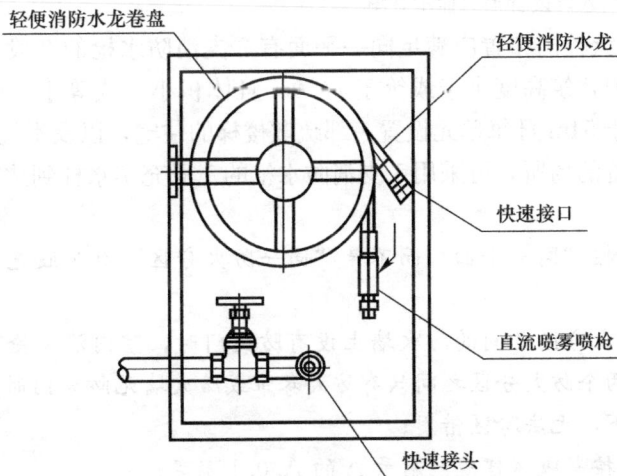

图 7-2　轻便消防水龙示意图

　　3）当消火栓设计流量为 2.5L/s，配置当量喷嘴直径 11mm 或 13mm 的消防水枪时，仍应采用 DN65 室内消火栓。

　　7.4.3　设置室内消火栓的建筑，包括设备层在内的各层均应设置消火栓。

　　【要点说明】

　　1）设置消火栓的建筑物应每层均设置。有的建筑在某一层或某几层属于不宜用水扑救场所，但也要设置消火栓。

2）因工程的不确定性，设备层是否有可燃物一般难以判断，另外设备层设置消火栓对扑救建筑物火灾有利。

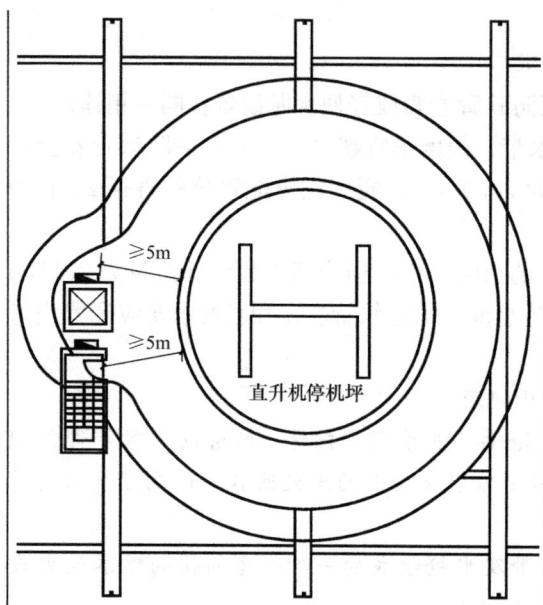

图7-3 停机坪出入口设置消火栓示意图

7.4.4 屋顶设有直升机停机坪的建筑，应在停机坪出入口处或非电器设备机房处设置消火栓，且距停机坪机位边缘的距离不应小于5.0m。

【要点说明】消火栓灭火设计不需要考虑灭直升机航油火灾，寒冷地区消火栓设置应注意防冻要求。

7.4.5 消防电梯前室应设置室内消火栓，并应计入消火栓使用数量。

【要点说明】本条对消防电梯前室设室内消火栓作出规定，消防电梯前室消火栓的作用是打开消防通道，保证前室安全，向消防队员身上淋水降温，灭火。本条在执行中，消防电梯前室消火栓可跨防火门用。

7.4.6 室内消火栓的布置应满足同一平面有2支消防水枪的2股充实水柱同时达到任何部位的要求，但建筑高度小于或等于24.0m且体积小于或等于5000m³的多层仓库、建筑高度小于或等于54m且每单元设置一部疏散楼梯的住宅，以及本规范表3.5.2中规定可采用1支消防水枪的场所，可采用1支消防水枪的1股充实水柱到达室内任何部位。

【要点说明】

1）室内消火栓按"同一平面"而不是"同一防火分区"有2股充实水柱同时达到任何部位的原则布置；

2）相邻两个防火分区之间的防火墙上设有防火门时，室内消火栓可以穿过防火门跨区借用；如果相邻两个防火分区之间只有防火卷帘或防火墙无防火门时，则要考虑火灾时防火卷帘会彻底放下，无法跨区借用；

3）建筑高度应按新版《建规》附录A的A.0.1确定；

4）符合"建筑高度小于或等于24.0m且体积小于或等于5000m³的"单层仓库，也理应采用1支消防水枪的1股充实水柱到达室内任何部位；

5）"本规范表3.5.2中"规定可采用1支消防水枪（同时使用消防水枪数）的场所，均出现在人防工程内。根据平时使用功能，设计时注意其体积V的限制要求，如有多种平时使用功能房间，体积V应是其总体积；同时还应注意，非人防工程内这样的场所，不能按此要求，应按本条的其他要求确定可否采用1支消防水枪。

7.4.7 建筑室内消火栓的设置位置应满足火灾扑救要求，并应符合下列规定：

1 室内消火栓应设置在楼梯间及其休息平台和前室、走道等明显易于取用，以及便于火灾扑救的位置；

2 住宅的室内消火栓宜设置在楼梯间及其休息平台；

3 汽车库内消火栓的设置不应影响汽车的通行和车位的设置，并应确保消火栓的开启；

4 同一楼梯间及其附近不同层设置的消火栓，其平面位置宜相同；

5 冷库的室内消火栓应设置在常温穿堂或楼梯间内。

【要点说明】

1）消火栓在有条件时尽量布置在楼梯间及其休息平台，因为这是进入火场的主要通道。本条具体规定室内消火栓的设置位置设在明显易于取用以及便于火灾扑救的地点（楼梯间及其休息平台和前室、走道等）；"同一楼梯间及其附近不同层设置的消火栓，其平面位置宜相同"的规定是考虑发生火灾时，楼内烟气较大，能见度低，消防队员进入各层灭火，如果每层消火栓位置相同，便于消防队员快速的发现消火栓，并及时灭火。图7-4为楼梯间、休息平台设置消火栓的示意图，消火栓设置在楼梯间及休息平台时需满足楼梯间的疏散要求，即满足图示中 L 的距离，L 值由建筑师根据规范确定。休息平台的消火栓只能计入上、下楼层中的一个楼层。

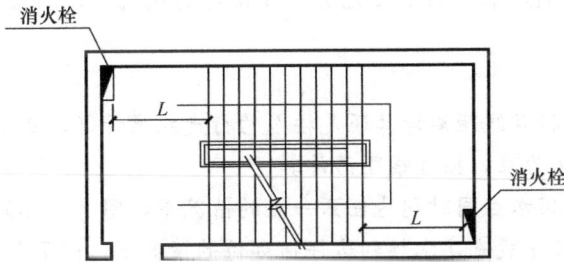

图7-4 楼梯间、休息平台设置消火栓示意图

2）冷库的消防给水和灭火设施设计详见《冷库设计规范》GB 50072—2010；由于冷库冷间为高湿低温场所，不易发生火灾，冷间内可不布置消火栓。"冷库的室内消火栓应设在常温穿堂或楼梯间内"是为了防冻。

7.4.8 建筑室内消火栓栓口的安装高度应便于消防水龙带的连接和使用，其距地面高度宜为 1.1m；其出水方向应便于消防水带的敷设，并宜与设置消火栓的墙面成 90°角或向下。

【要点说明】本条规定了室内消火栓栓口的安装的注意事项。室内消火栓安装参见国标图集《室内消火栓安装》15S202。

7.4.9 设有室内消火栓的建筑应设置带有压力表的试验消火栓，其设置位置应符合下列规定：

1 多层和高层建筑应在其屋顶设置，严寒、寒冷等冬季结冰地区可设置在顶层出口处或水箱间内等便于操作和防冻的位置；

2 单层建筑宜设置在水力最不利处，且应靠近出入口。

【要点说明】本条对试验消火栓的设置及设置位置作出规定。试验消火栓设于屋顶应便于使用和排水，消火栓设置到水箱间或者电梯机房时，房间温度应大于5℃。如房间无采暖且冬天温度低于5℃，消火栓及管道需做防冻处理。见图 7-5。

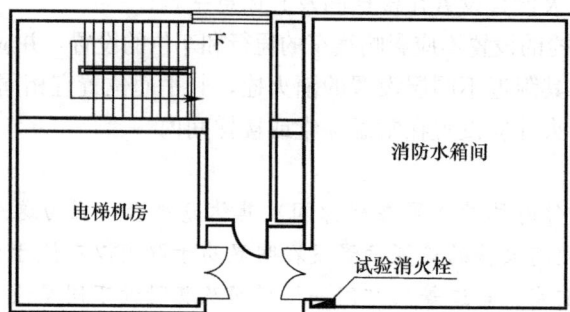

图 7-5　试验消火栓布置示意图

7.4.10　室内消火栓宜按直线距离计算其布置间距，并应符合下列规定：

1　消火栓按 2 支消防水枪的 2 股充实水柱布置的建筑物，消火栓的布置间距不应大于 30.0m；

2　消火栓按 1 支消防水枪的 1 股充实水柱布置的建筑物，消火栓的布置间距不应大于 50.0m。

【要点说明】

1）消火栓的距离按直线距离计算还是按人的行走距离计算，正文和条文说明不统一。这种情况下，应以正文为准，按直线距离计算。

2）在满足 2 股充实水柱同时到达任意一点的情况下，图 7-6（a），消火栓 2 和 3 的距离可大于 30m。在满足 1 股充实水柱到达任何部位的情况下，图 7-6（b）中，消火栓 2 和 3 的间距可大于 50m。

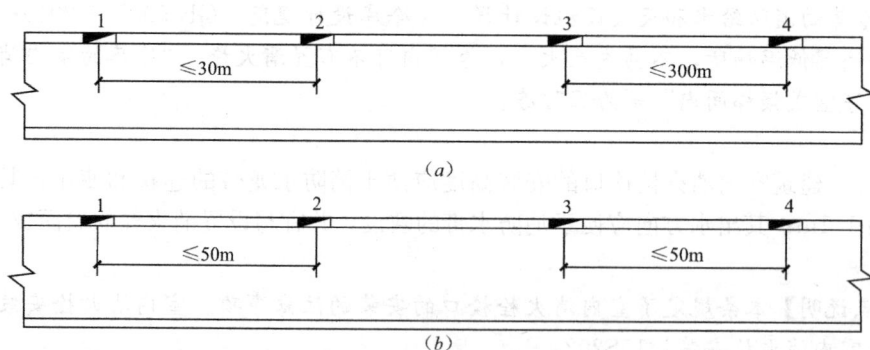

图 7-6　消火栓布置间距
(a) 消火栓布置图示（一）；(b) 消火栓布置图示（二）

7.4.11　消防软管卷盘应在下列场所设置，但其水量可不计入消防用水总量。

【要点说明】

1）消防卷盘或轻便水龙为 DN25，供建筑内员工等非职业消防人员利用，用于灭火或逃生。其用水量可以不计入消防用水总量，要求室内地面任何部位有一股水流能够到达。

2）该装置详见国标图集《室内消火栓安装》04S202。

7.4.12 室内消火栓栓口压力和消防水枪充实水柱，应符合下列规定：

1 消火栓栓口动压力不应大于0.50MPa；当大于0.70MPa时，必须设置减压装置；

2 高层建筑、厂房、库房和室内净空高度超过8m的民用建筑等场所，消火栓栓口动压不应小于0.35MPa，且消防水枪充实水柱应按13m计算；其他场所，消火栓栓口动压不应小于0.25MPa，且消防水枪充实水柱应按10m计算。

【要点说明】

1) 条文中的动压值是指系统在设计流量工况下产生的动压。当消火栓口的动压不小于0.35MPa或不小于0.25MPa时，水枪充实水柱的长度会大于13m或10m，管网水力计算时，计算起点可设定为消火栓口，栓口下游可不做计算。

2) 库房一般指工业生产、商业物流等行业的单层、多层、高层以及地下或半地下（包括地下或半地下室）物品储存（含实体体验）的建筑，这些仓库均有可能部分或全部面积是高架仓库；汽车库、民用建筑内（包括其地下或半地下）的库房或仓储间不应在本库房所指范畴之内。

3) 一般城市水压都很低不会超过0.35MPa，此时即便是一层都要设置消防水池，在设计时如果采用市政管网直供消防时需要仔细校核栓口压力。

4) 限制消火栓口压力的原因之一是水枪反作用力大，直流水枪难以操持；原因之二是超流量问题严重。因此，超过规定值时应采取减压措施。减压措施有：减压孔板、节流管、减压阀、减压消火栓、减压稳压消火栓、减压水枪等，直至减小竖向分区的几何高度。

5) 我国旧版《建规》和《高规》都规定消火栓栓口压力不大于0.50MPa，这次《消水规》提出了0.50MPa和0.70MPa两个数据，原因之一是大空间建筑对充实水柱和栓口压力有更高的要求；原因之二是美国规范的借鉴。但是美国与我国在这个问题上有三点不同：(1)美国为高压供水模式，我国为低压供水模式；(2)美国采用减压水枪，减压水枪即使压力为1.6MPa，水枪也可以单手掌控，而直流水枪不行，我国采用的是直流水枪；(3)美国消火栓旁边无消火栓箱，水枪是消防人员带来的，我国有消火栓箱，即使配置了减压水枪也容易丢失。

6) 布置消火栓时，应保证相邻消火栓的水枪（不是双出口消火栓）充实水柱同时到达其保护范围内的室内任何部位，如图7-7所示。

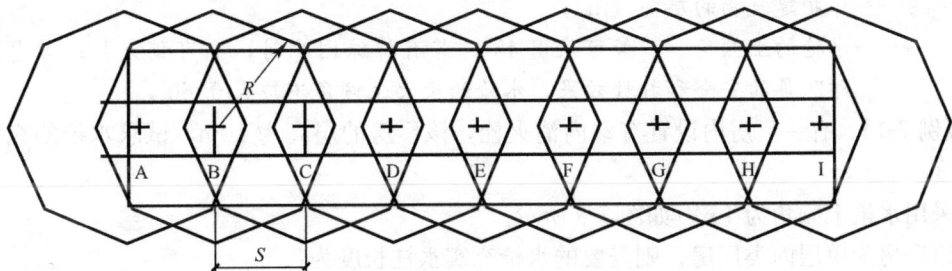

图7-7 A、B、C、D、E、F、G、H、I——消火栓

对于多层民用建筑要尽可能利用市政管道水压设计消防给水系统，为确保市政供水压

力达到扑救必需的水枪充实水柱（S_k），应按建筑物层高和水枪的倾角（45°～60°）进行核算。

$$S_k = \frac{H_1 - H_2}{\sin\alpha}$$

验算市政供水压力能否满足消防管路水头损失要求，应按消防管道最远、最不利点扑救需要的充实水柱进行。如果市政供水压力不能达到按层高计算的水枪充实水柱，应设置消防增压水泵，此时水枪充实水柱应依照不应小于7m、10m、13m的规定来确定计算消防水泵的扬程。消防增压水泵的扬程 H_b，应能克服输水管的阻力 H_z 和供水高度 H_g 的重力，满足消火栓出口的水压力 H_{xh}，即：

$$H_b = H_z + H_g + H_{xh}(m)$$

消火栓的间距：$S = \sqrt{R^2 - b^2}$

同时使用水枪的数量只有1支时，应保证室内任意1支水枪的充实水柱能到达其保护范围内的室内任何部位，消火栓的布置如图7-8所示。

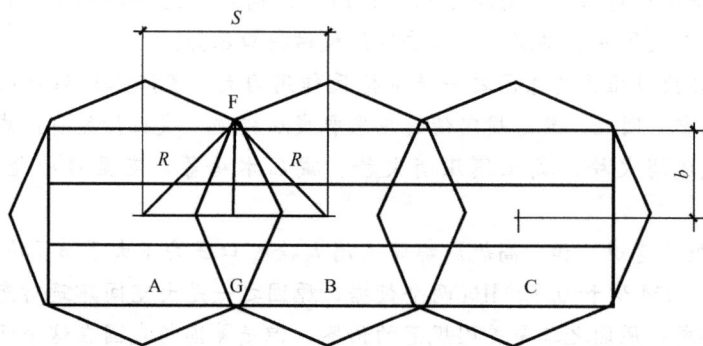

图 7-8　消火栓布置图

消火栓的间距：$S = 2\sqrt{R^2 - b^2}$

水枪的充实水柱长度可按下式计算 [取消防水枪距地（楼）面的高度为1m]：

$$S_k = \frac{H_{层高} - 1}{\sin\alpha}$$

式中　S_k——水枪的充实水柱长度（m）；

$H_{层高}$——保护建筑物的层高（m）；

α——水枪的上倾角。一般可采用45°；若有特殊困难时，亦可稍大些；考虑到消防队员的安全和扑救效果，水枪的最大上倾角不应大于60°。

【例 7-1】　有一厂房内设置有室内消火栓，该厂房的层高为10m，试求水枪的充实水柱长度。

解：采用水枪上倾角为45°，如图7-9所示。

该厂房为单层丙类厂房，则需要的水枪充实水柱长度为：

$$S_k = \frac{10 - 1}{\sin 45°} = \frac{9}{0.707} = 12.7(m)$$

根据规范要求，丙类单层厂房的水枪充实水柱长度不应小于7m，经过计算需要12.7m，因此，采用12.7m（大于7m，符合规范要求）。

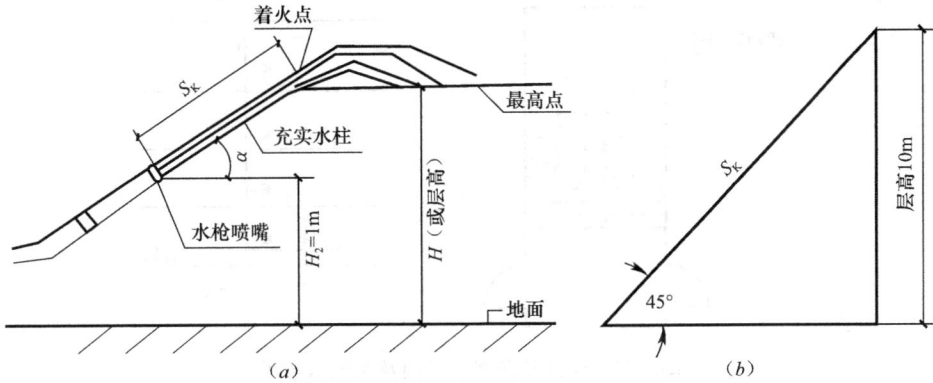

图 7-9　充实水柱长度计算

若采用水枪的上倾角为 $60°$，则水枪充实水柱长度为：

$$S_k = \frac{10-4}{\sin60°} = \frac{9}{0.866} = 10.4(\text{m})$$

该厂房若要求水枪充实水柱长度达到 12.7m 有困难时，亦可采用 10.4m。

【例 7-2】　有一高层工业建筑，其层高为 5m，试求水枪的充实水柱长度。

解：采用水枪的上倾角为 $45°$。

$$S_k = \frac{5-1}{\sin45°} = \frac{4}{0.707} = 5.66(\text{m})$$

则水枪的充实水柱长度为 5.66m。根据计算结果，水枪的充实水柱长度仅需 5.66m，但规范规定高层工业建筑的水枪充实水柱长度不应小于 13m。因此，该高层工业建筑的水枪充实水柱长度应采用 13m，而不应采用 5.66m。

7.4.13　建筑高度不大于 27m 的住宅，当设置消火栓时，可采用干式消防竖管，并应符合下列规定：

1　干式消防竖管宜设置在楼梯间休息平台，且仅应配置消火栓栓口；

2　干式消防竖管应设置消防车供水接口；

3　消防车供水接口应设置在首层便于消防车接近和安全的地点；

4　竖管顶端应设置自动排气阀。

【要点说明】本条文明确了干式消防竖管的适用范围和使用原则。执行难点及解决方式如下：

1）干式消防竖管：一般指消火栓竖管在准工作状态时不充水，仅在使用时由消防车向竖管供水；

2）干式消防系统：一般指消火栓管道在准工作状态时不充水，仅在使用时充满水，从形式上可以认为干式消防竖管属于干式消防系统的一种类型；

3）建筑高度：新版《建规》中对于建筑高度的计算方法为"当为平屋面（包括有女儿墙的平屋面）时，应为建筑物室外设计地面到其屋面面层的高度"；

4）该系统无需设置消防泵房，不设置高位消防水箱、水龙带、水枪，立管只配置消火栓栓口，该种建筑的消防水量不计。

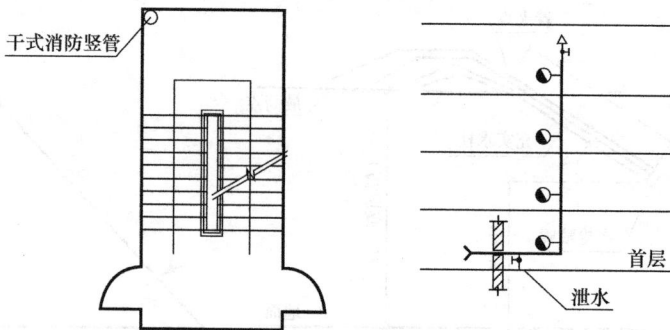

图 7-10　干式消防竖管平面及系统示意图

7.4.14　住宅户内宜在生活给水管道上预留一个接 DN15 消防软管或轻便水龙头的接口。

【要点说明】住宅设计中，生活给水管道多数是仅作甩头，后期装修时由业主完善内部管线敷设。在设计中交代洗衣机龙头兼用消防软管或轻便水龙头的接口，住宅内部配置专用软管。从生活给水管道上接出消防软管或阀门需注意负压回流污染，根据《建水规范》条文 3.2.5 中 C.3 的要求应设置真空破坏器。

7.4.15　跃层住宅和商业网点的室内消火栓应至少满足一股充实水柱到达室内任何部位，并宜设置在户门附近。

【要点说明】此条降低了跃层住宅和商业网点的室内消火栓的布置要求，并对布置位置作出优先选择原则。①栓口压力取值：对于跃层住宅，不管消火栓设在下层的前室还是休息平台，栓口压力应以跃层楼层处标高＋1.10m 为基准高度计算，室内消火栓的保护距离应计算至跃层最不利点处（户内楼梯按其水平投影的 1.5 倍计）。②一股水柱的适用范围：当一股消火栓都无法保护到跃层最不利处时（一般情况能满足，但也有些户型可能会出现此种情况），应在跃层休息平台或跃层前室增设消火栓；当建筑高度超过 54m 或每个单元设置两个及以上楼梯间疏散口时，跃层的下层需按普通住宅常规设计，满足任何部位两股充水水柱到达，对跃层的放宽主要考虑到前室设置消火栓位置有限，往往有些跃层楼层和前室之间无疏散门或者即使有疏散门，业主装修时也会封堵掉。

7.4.16　城市隧道室内消火栓系统的设置应符合下列规定：

1　隧道内宜设置独立的消防给水系统；

2　管道内的消防供水压力应保证用水量达到最大时，最低压力不应小于 0.30MPa，但当消火栓栓口处的出水压力超过 0.70MPa 时，应设置减压设施；

3　在隧道出入口处应设置消防水泵接合器和室外消火栓；

4　消火栓的间距不应大于 50m，双向通行车道或单行通行但大于 3 车道时，应双面间隔设置；

5　隧道内允许通行危险化学品的机动车，且隧道长度超过 3000m 时，应配置水雾或泡沫消防水枪。

【要点说明】《消水规》和新版《建规》都对城市隧道或城市交通隧道中设置消火栓做了规定，两本规范都要执行。但需要注意以下要点：

140

1）本条第 2 款规定消火栓栓口处的出水压力超过 0.70MPa 时应设置减压设施，而新版《建规》12.2.2 条第 6 款规定超过 0.50MPa 时应设置减压设施。两者规定不一致，应按严者执行，超过 0.50MPa 设置减压设施。

2）本条的条文说明中解释，第 2 款规定管道内的最低压力不应小于 0.30MPa，是依据消防水枪充实水柱不小于 13m 制定的。新版《建规》未规定管道中的最低压力，但在 12.2.2 条第 6 款规定了消防水枪充实水柱不小于 10m。根据 10m 充实水柱计算，消火栓口处的管道压力将小于 0.30MPa。两本规范的规定不一致，建议按严者执行，消火栓口处的压力不小于 0.30MPa。

7.3 问题解答

问 1：独立设置的室外临时高压消火栓系统是否可不设稳压泵？

答：有必要设置。如不设置，则平时管网系统无法补水并保持湿式状态，从而违反《消水规》第 7.1.1 条。

问 2：《消水规》7.2.8 条规定了市政消火栓和室外低压消火栓的管网平时运行压力不应小于 0.14MPa，且供水压力从地面算起不应小于 0.10MPa，但并未对室外临时高压消防给水系统最低压力作出要求，如何确定室外临时高压系统的最低压力？

答：《消水规》对室外临时高压系统的压力要求没有进行规定，建议如下处理：

平时稳压的最小压力不应低于 0.10MPa（从地面算起），室外消火栓泵的扬程应保证系统在消防设计流量时，最不利点的工作压力不低于 0.35MPa。

问 3：市政水压 0.25MPa，一、二层建筑可以满足消火栓 10m 充实水柱要求，但根据《消水规》7.4.12 条，消火栓口动压不应小于 0.25MPa，市政水压不能满足，这种情况是否做临时高压？

答：要设置临时高压系统。当市政供水能满足水量要求时，可尽量采用水泵从管网直接吸水的临时高压系统。

问 4：两层商铺按新版《建规》术语不算商业网点，是否室内消火栓需两股充实水柱到达室内任何部位？

答：要两股水柱。

问 5：关于商业网点的概念规范规定是住宅下面的小店铺，对于单独建设的每个分隔单元不超过 2 层、建筑面积不超过 300m² 的建筑是否可以按商业网点设置消火栓（1 股水柱）？

答：可以按商业网点 1 股充实水柱布置消火栓。

问 6：一、二层的商业网点，各网点内有地下室怎么设计消火栓？

答：商业网点设置地下室，应该是超出了商业网点的概念，就不能再定性为商业网点了。建议消火栓按商店的标准设置。

问7：《消水规》7.4.10条的消火栓间距按正文中按直线距离计算，条文说明中是按行走距离计算，二者矛盾，如何执行？

答：按正文执行，直线距离计算。

问8：市政消火栓的保护半径不应超过150m，间距不应大于120m，间距是指直线距离还是行走距离？

答：按直线距离理解，和室内消火栓距离的含义一致。

问9：双出口消火栓是否算两股水柱？

答：《消水规》没有涉及双阀双出口消火栓，可理解为无必要采用。《高规》规定在某些住宅中使用，但根据《消水规》在住宅的休息平台上也可设置消火栓，这样，每层布置两个消火栓已没有空间上的困难。

问10：倒流防止器前设置一个消火栓的目的是什么？有时倒流防止器前的管道在小区中延伸的距离很长，需要设置两个消火栓，这算违反规范吗？

答：倒流防止器有可能会出现故障，造成阀后压力或流量不足。阀前设置的消火栓可应急使用。阀前设置两个消火栓时要比一个多，不属于违反规范。

问11：一个1万m²左右的地下汽车库，地上多栋6层住宅（不超过21m高），住宅的楼梯下到地下车库，在一层用乙级防火门将楼梯分隔为上下两部分，但地下楼梯要通过一层楼梯引到室外。地下车库需设置消火栓，住宅是否需要设消火栓？

答：根据《消水规》7.4.3条，住宅也需要设置消火栓，但建议采用干式消防竖管。

问12：54m高以内的住宅，当每层采用1股充实水柱保护时，是采用单立管单栓还是采用双立管单栓？

答：都可以。当采用单立管单栓时，有的地区要求再另外设置一根立管，以便两个立管成环。

问13：高层住宅中消火栓设置楼梯间和电梯前室内，跃层住宅内是否要加设消火栓？

答：室内任意部分均在消火栓的30m保护范围内时，不需要加设。但超出保护范围时，应在跃层住宅门口加设。

问14：一个小区，住宅6层下设商业网点，该住宅与建筑面积4000m²的公建相连接，但用防火墙分隔。公建中设有消火栓系统，住宅也要设消火栓系统吗？

答：如果这两座建筑符合新版《建规》表5.2.2中注2或注3的规定，则属于防火间距不限的两座建筑，可分别采取相应灭火设施，即：建筑高度小于21m住宅可不设消火栓，另一座（建筑高度大于 15m 或体积大于 1 万 m²）办公建筑应设消火栓。如果不符合注 2 和注 3，则按一幢建筑对待，全都设消火栓。

新版《建规》表 5.2.2 注 2：两座建筑相邻较高一面外墙为防火墙，或高出相邻较低一座一、二级耐火等级建筑的屋面 15m 及以下范围内的外墙为防火墙时，其防火间距不限。

新版《建规》表 5.2.2 注 3：相邻两座高度相同的一、二级耐火等级建筑中相邻任一侧外墙为防火墙，屋顶的耐火极限不低于 1.00h 时，其防火间距不限。

问 15：一组水泵供应多栋建筑，每栋建筑的消火栓系统是否都需要设置试验消火栓？

答：建议都设置，这可为验收和平时检测维护提供方便。

问 16：多层和高层建筑当屋面为不上人屋面或坡屋面时，是否可以在顶层设置带压力表的消火栓兼做试验消火栓？是否应考虑消火栓排水？

答：可以兼用。应考虑消火栓试水时水流的出路，比如附近有外窗供试验消火栓伸出室外。可不设置专门的试验排水管道。

问 17：设备层是否含管道层和屋顶设备间？

答：屋顶机房面积不大于屋面面积的 1/4 时不按设备层计，但空调机房需要设置消火栓；不进人的管道层可不按设备层计。

问 18：《消水规》第 7.4.7 条第 5 款 "冷库的室内消火栓应设置在常温穿堂或楼梯间内"，如果库房面积过人，保护距离不够，是否可以设置在库房内，做干式系统？

答：按该条第 5 款规定的位置执行。如果库房面积过大，保护距离过长，可由消防队员从常温穿堂或楼梯间内，驳接水带进行火灾扑救，不需在库房内做干式系统。

问 19：干式消火栓系统做多大规模合适？如 3 万 m² 地下室做干式消火栓系统如何设置合适？

答：系统的规模应保证 5min 之内充满水，计算方法可参照自动喷水的预作用系统或干式系统。3 万 m² 地下室的干式管网，若用 1 组阀控制应保证 5min 充满，否则应把管网分隔成 2 组阀甚至 3 组阀控制。

问 20：干式消火栓系统是否用设高位水箱？

答：干式消火栓系统也应执行高位水箱及稳压泵的设置要求，但应做好防冻措施，包括控制阀前的湿式管道。

问 21：干式消火栓系统的组成由哪些？与湿式消火栓系统有什么区别？

答：干式消火栓系统的必要构件含快速启闭阀、快速排气阀、开启快速启闭阀的消火栓箱按钮、干式管网中的排水阀。快速启闭阀的上游是湿式管网，下游是干式管网；管网中的排水阀设置位置应确保把管网排干。和湿式系统相比，干式系统除了多出上述必要的构件外，还有如下区别：

1）系统的启动为手动而非自动，由人工按动消火栓箱上的按钮，开启快速阀门。阀门上游的水流经阀门向干式管网冲水，造成水泵出口的压力下降，压力开关启泵。

2）干式系统的消火栓箱必须带有启动快速阀的按钮。

3）干式系统管网往往会被快速启闭阀分隔成几个子管网，以保证每个子管网的充水时间不超过5min。而每个子管网如果为环网时，应有两路供水管且两个快速启闭阀。

问22：干式系统的快速启闭装置为电动阀时，电动阀的控制系统是否可以不放置在消防控制室，仅把控制系统的信号反馈到消防控制室即可？

答：可以这样处理。根据7.1.6条，电动阀的开启由消火栓箱上的按钮控制。

问23：《消水规》第7.1.3条，室内环境温度低于4℃或高于70℃的场所，宜采用干式消火栓系统，怎么执行？如地下车库，环境温度就可能低于4℃。

答：地下车库往往含有多种给排水管道，如果这些管道能够湿式运行，建议消火栓系统就不要采用干式。大部分设有预作用自动喷水系统的地下车库，消火栓系统也是采用干式。

问24：《消水规》第7.3.1条"建筑室外消火栓的布置除应符合本节的规定外，还应符合本规范7.2节的有关规定"，"有关规定"指哪些条款？

答：7.2节中有3条和建筑室外消火栓无关，为7.2.4条（市政桥头和城市隧道）、7.2.9条和7.2.10条（均为水鹤），其余条款都与建筑室外消火栓有关，特别是7.2.8条为强条，必须遵守。

问25：《消水规》7.3.3条，室外消火栓宜沿建筑周围均匀布置，且不宜集中布置在建筑一侧；建筑消防扑救面一侧的室外消火栓数量不宜少于2个。室外消火栓的布置是按照7.3.2条还是7.3.3条确定？

答：7.3.2条规定室外消火栓的最小数量，7.3.3条规定消火栓的设置位置和布置方法，两条都应遵守。

问26：《消水规》第7.4.7条关于消火栓的位置如何理解？

答：按该条文中的1～5款要求设置。

问27：《消水规》第7.4.12条，充实水柱经计算大于13m时按计算值还是按13m？

答：应满足0.35MPa，对应的充实水柱大于13m。

问28：《消水规》第7.4.15条是否与7.4.6条规定矛盾？

答：跃层住宅和商业网点执行7.4.15条，不执行7.4.6条。

问29：《消水规》7.4.15条，商业网点应至少满足一股充实水柱到达室内任何部分。根据该条文，商铺内是否设置一个消火栓即可？同时，条文解释中商铺只要是一个防火分区，上下两层可视为一个平面，是否可认为商铺的一二层消火栓可以互相保护？另外，高层建筑附属的商业网点是否也适用该条文？

答：此条不适用于不属于商业网点的商铺。只要是商业网点，就可一股充实水柱防护。不属于商业网点的商铺，不执行此条。

问30：《消水规》第7.4.15条中"跃层住宅和商业网点的室内消火栓应至少满足一股水柱到达室内任何部位，并宜设置在门口附近"的规定。

1）消火栓设置于一层门口附近可以满足水柱到达商业网点二层任何部位，可否只在一层门口设一处消火栓，二层不设置？消火栓设置于一层门口附近不能满足水柱到达商业网点二层任何部位，二层应设一处消火栓。

2）对于建筑类型为商业性质的建筑，一层门直对室外且跨度较小、面积较小的商店，是否根据《消水规》第7.4.6条"室内消火栓的布置应满足同一平面有2支水枪的2股水柱同时到达任何部位的要求"的规定，室内需设2个消火栓？能否一家商店在门口只设一处消火栓，相邻两家可以相互借用？

答：

1）消火栓设置于一层门口附近可以满足水柱到达商业网点二层任何部位，只在一层门口设一处消火栓即可，二层不设置；消火栓设置于一层门口附近不能满足水柱到达商业网点二层任何部位时，二层应设一处消火栓。

2）该商店应满足2股充实水柱同时到达任何部位，相邻两家可以互相借用，不必每家都设置2个。

7.4 延伸思考

思考1：消火栓的间距。

分析：第7.4.10条有一个消火栓最大距离的规定，一个30m一个50m，但未对室内消火栓最小间距进行规定，也没有取消双栓在建筑物中的设置。建筑两个楼梯间出入口最小间距5m，建议室内消火栓相应取最小间距5m，住宅一般走道很短，建议住宅不作限制。

思考2：干式消火栓系统及控制。

分析：《消水规》规定了干式消火栓系统的应用场所和该系统的设置方法。近年来，有越来越多的工程需要采用干式消火栓系统，但以往的规范未对该系统的应用及设置方法进行规定，从而其工程设计缺乏规范依据。《消水规》提供了干式消火栓系统的设置依据。

干式消火栓系统的控制阀门借鉴了自动喷水系统中的一些做法，如干式报警阀、雨淋阀等，只是这些阀门用消火栓箱处的按钮手动控制。以此为基础可延伸思考，可不可构建一种预作用消火栓系统呢？该系统把火灾自动探测报警技术和室内消火栓系统结合起来，对保护对象起了双重保护作用。预作用系统由室内消火栓、管道系统、火灾探测器、报警控制装置、充气设备、控制组件和供水设施部件组成。这种系统平时呈干式，在火灾发生时能实现对火灾的初期报警，并立刻使管网充水将系统转变为湿式。系统的这种转变过程包含着预备动作的功能，故称为预作用系统。

与湿式系统比较，这种系统管网中平时不充水，而充低压空气或氮气，或是干管。只有在发生火灾时，火灾探测系统自动阀门，使管道充水变成湿式系统。管网平时无水，可避免因系统破损而造成的水渍损失。另外，这种系统有早期报警装置，能及时报警，以便及早组织扑救。

这种系统具有干式喷水灭火系统必须平时管道无水的优点，适合于冬季结冰和不能采暖建筑物内。本系统适用图书馆藏书库等不允许因漏水而造成水渍损失的建筑物内。

当然这种系统的构建需要思考清楚以下问题：由于该系统的灭火和自动灭火系统不同，还是需要人工到场操作水枪灭火。增加（有些消火栓设置场所本来不需设电报警系统）一套电自动报警系统提早打开阀门充水启泵，等待灭火人员到场灭火，与灭火人员到场后再手动开启按钮、打开阀门并启泵灭火相比，到底是利多弊少还是利少弊多。

思考3：7.4.12条中的高层建筑、厂房、库房。

分析：7.4.12条第2款的歧义较大，一是高层建筑、厂房、库房三者的内涵有重叠；二是不分情况地要求所有的高层建筑、厂房和库房的室内消火栓栓口动压不应小于0.35MPa，会造成系统超设计流量和不必要的浪费，是否合适值得商榷。建议根据其条文说明，对第2款建议理解为："高层公共建筑、高层厂房、高层（高架）仓库和室内净空高度超过8m的工业与民用建筑等场所，消火栓栓口动压不应小于0.35MPa，且消防水枪充实水柱长度不应小于13m；其他场所，消火栓栓口动压不应小于0.25MPa，且消防水枪充实水柱长度不应小于10m。"

思考4：消火栓口的设计动压下限值。

分析：条文7.4.12对消火栓口的动压做了规定。针对不同场所的消火栓，栓口动压分别不小于0.35MPa和0.25MPa，并分别对应于13m充实水柱和10m充实水柱。规定的动压值比充实水柱所需要的计算值是不匹配的，前者比后者大了约0.1MPa。这将使水泵的设计扬程提高，并造成水枪的水力计算流量明显大于5L/s。在计算管网的水头损失时，各管段的计算流量都会由于水枪的流量较大而增加，并使管网的计算总流量明显大于按《消水规》表3.5.2查得的设计流量。计算流量的加大，导致水头损失计算值增大，水泵的设计扬程又进一步提高。

思考5：楼梯间布置消火栓。

分析：旧版《建规》和《高规》中，消火栓一直不允许设置在楼梯间，担心使用消火栓时影响人员疏散和楼梯间防火门不能关闭而破坏正压送风。《消水规》不仅允许消火栓设在楼梯间，而且把楼梯间排在了其他布置位置的前面（见7.4.7条）。这意味着消火栓水龙带可以从防火门口穿过，进入失火的防护区灭火。由此，包括消防电梯前室的消火栓都可以计入防护区的使用数量。按此逻辑思考，相邻防火分区之间当有供人员通行的通道口时，消火栓龙带也是可以穿过的，不同防火分区的消火栓可互相借用。此外，楼梯间里布置消火栓，为设计者排布消火栓的位置带来了方便。

思考6：住宅内干式消防竖管。

分析：本章有2个条款针对住宅内的干式消防竖管，分别为7.1.4条和7.4.13条。条文规定了干式消防竖管的设置场所和具体的设置方法，这使得住宅内干式消防竖管的应用具有了较强的可操作性。干式消防竖管消防可不计消防水量、不设消防水池和水泵，设置该装置的性价比较高，其应用应该得到足够的重视。我国北方和南方地区都适合采用该装置。

思考7：采用1股充实水柱灭火的场所。

分析：在第7.4.6条、7.4.15条都规定有可应用1股充实水柱灭火的场所，含跃层住宅、商业网点、54m高以下且只有一部疏散楼梯的住宅。这些场所在以往的规范中都是要求2股充实水柱灭火。需要注意的是，在以前的《高规》中，54m（18层）以下的单元式（一部疏散楼梯）住宅中，每单元可设1根竖管，采用双阀双出口消火栓。《消水规》中改为可采用1股充实水柱，这样就无必要再采用双阀双出口消火栓。但这样的住宅是否仍可设1根竖管？《消水规》没有做规定。合乎逻辑的思考应该是：既然原先双阀双出口两股水柱防护都可采用1根立管，那么，改为1股水柱防护后应仍可采用1根，没必要设置2根。

思考8：屋顶停机坪灭火。

分析：本章规定了屋顶停机坪设置消火栓灭火。没有要求采用泡沫灭火剂扑灭直升机产生的航油火灾。应该说规范这样处理是合适的。屋顶停机坪的直升机本来是为救火而来的，不宜要求建筑为其可能产生的航油特殊火灾配置过量的消防资源。

思考9：建筑室外消火栓的设置数量。

分析：本章给出了建筑室外消火栓的数量由室外消火栓系统设计流量、消火栓保护半径两因素确定，并可把150m范围内的市政消火栓计入使用数量。需要注意的是，消火栓的数量并不由水泵接合器数量决定，或者说每个水泵接合器并不需要配置一个室外消火栓。只有在确定消火栓的位置时需要考虑水泵接合器，每个接合器的40m距离内应有消火栓，而该消火栓是可以被水泵接合器共用的。

思考10：设备层的含义。

分析：7.4.3条规定了设备层应设消火栓。《消水规》没有对设备层没做属于规定。在工程设计中，通常有设备层和管道层等称谓，并且设备层和管道层的含义不同。设备层布置设备和管道，空间高度上考虑人员通行。管道层只布置管道，可不考虑人员站立通行，其层高往往小于2.2m，不计入建筑面积。对于设备层和考虑人员站立通行的管道层，毫无疑问应该设置消火栓。而对于层高小于2.2m且人员无法站立通行的管道层，消火栓无法使用，因此建议可不设消火栓。

第8章 管 网

8.1 条 文 综 述

本章分为3节，共计28条，其中强制性条文1条。明确支状管网、环状管网的选用原则，并对管网的管径、系统工作压力、管材、连接方式、阀门设置等作出规定。

8.2 条文要点说明

8.1.1 当市政给水管网设有市政消火栓时，应符合下列规定：

1 设有市政消火栓的市政给水管网宜为环状管网，但当城镇人口小于 2.5 万人时，可为枝状管网；

2 接市政消火栓的环状给水管网的管径不应小于 $DN150$，枝状管网的管径不宜小于 $DN200$。当城镇人口小于 2.5 万人时，接市政消火栓的给水管网的管径可适当减少，环状管网时不应小于 $DN100$，枝状管网时不宜小于 $DN150$；

3 工业园区、商务区和居住区等区域采用两路消防供水，当其中一条引入管发生故障时，其余引入管在保证满足 70% 生产生活给水的最大小时设计流量条件下，应仍能满足本规范规定的消防给水设计流量。

【要点说明】本条对设有市政消火栓的市政给水管网的形式、管径及对工业园区、商务区和居住区等区域的二路消防供水引入管的设计流量做出了规定。

8.1.2 下列消防给水应采用环状给水管网：

1 向两栋或两座及以上建筑供水时；

2 向两种及以上水灭火系统供水时；

3 采用设有高位消防水箱的临时高压消防给水系统时；

4 向两个及以上报警阀控制的自动水灭火系统供水时。

【要点说明】为实现消防给水的可靠性，本条规定了采用环状给水管网的4种情况。

条文 8.1.2 仅适用于室内水消防灭火系统，当满足 1～4 款中任何一条，其室内水消防系统均需布置成环状管网。室外消防给水管网要求可见 8.1.4 条。

8.1.3 向室外、室内环状消防给水管网供水的输水干管不应少于两条，当其中一条发生故障时，其余的输水干管应仍能满足消防给水设计流量。

【要点说明】本条规定了向室外、室内环状消防给水管网供水的输水干管的要求。

无论是小区消防给水引入管，还是消防泵房出水管，两条输水干管都不要靠得太近，在有条件的情况下尽可能从不同方向引入或输出，以避免同时损坏。

8.1.4 室外消防给水管网应符合下列规定：

1 室外消防给水采用两路消防供水时应采用环状管网，但当采用一路消防供水时可采用枝状管网；

2 管道的直径应根据流量、流速和压力要求经计算确定，但不应小于DN100；

3 消防给水管道应采用阀门分成若干独立段，每段内室外消火栓的数量不宜超过5个；

4 管道设计的其他要求应符合现行国家标准《室外给水设计规范》GB 50013的有关规定。

【要点说明】本条规定了低压室外消防给水管网的设置要求。

第1款，本规范第6.1.3条第1款"应采用两路消防供水，除建筑高度超过54m的住宅外，室外消火栓设计流量小于等于20L/s时可采用一路消防供水；"规定了建筑室外消防给水采用二路供水或一路供水的条件。本条文进一步要求室外消防给水采用两路消防供水时应采用环状管网，要求室外消防给水采用一路消防供水时可采用枝状管网。建筑室外消防给水管网形式（环状或枝状）与工程项目的市政给水管网是否一路或二路供水无关。也就是说，当设计工程按本规范要求需要两路消防供水，而市政给水管网即使是一路供水时，其室外消防给水管网也应采用环状管网。

8.1.5 室内消防给水管网应符合下列规定：

1 室内消火栓系统管网应布置成环状，当室外消火栓设计流量不大于20L/s，且室内消火栓不超过10个时，除本规范第8.1.2条外，可布置成枝状；

2 当由室外生产生活消防合用系统直接供水时，合用系统除应满足室外消防给水设计流量以及生产和生活最大小时设计流量的要求外，还应满足室内消防给水系统的设计流量和压力要求；

3 室内消防管道管径应根据系统设计流量、流速和压力要求经计算确定；室内消火栓竖管管径应根据竖管最低流量经计算确定，但不应小于DN100。

【要点说明】本条规定了室内消防给水管网的设置要求。

第1款，规定室内消火栓成环状布置和枝状布置的临界线。

本条条文中，室外消火栓设计流量不大于20L/s和室内消火栓不超过10个是并列关系，同时还应排除本规范第8.1.2条的要求，室内消火栓系统才可采用枝状。

当建筑高度大于27m的住宅，即超过10层的住宅，当室内消火栓数量超过10个，因高层建筑的自救原因，还是应布置成环状管网。

而建筑高度小于或等于54m且每单元设置一部疏散楼梯的住宅，可采用1支消防水枪的一股充实水柱到达室内任何部位，但立管必须成环，可采用相邻单元立管成环，塔楼宜竖向成环。

8.1.6 室内消火栓环状给水管道检修时应符合下列规定：

1 室内消火栓竖管应保证检修管道时关闭停用的竖管不超过1根；当竖管超过4根

时，可关闭不相邻的 2 根。

2 每根竖管与供水横干管相接处应设置阀门。

【要点说明】环状管网上的阀门布置应保证管网检修时，仍有必要的消防用水。

每根竖管与供水横干管相接处应设置阀门，以保证每根竖管能单独关闭，便于检修，不必到横管上关闭多个阀门。是否在水平环状给水管道（横管）上设置阀门，应视室内消火栓竖管上设置的阀门的情况是否满足本条第 1 款的要求而定。

8.1.7 室内消火栓给水管网宜与自动喷水等其他水灭火系统的管网分开设置；当合用消防泵时，供水管路沿水流方向应在报警阀前分开设置。

【要点说明】本条规定室内消火栓给水系统当与自动喷水等其他水灭火系统合用消防水泵时的管网的设置要求。

8.1.8 消防给水管道的设计流速不宜大于 2.5m/s，自动水灭火系统管道设计流速，应符合现行国家标准《自动喷水灭火系统设计规范》GB 50084、《泡沫灭火系统设计规范》GB 50151、《水喷雾灭火系统设计规范》GB 50219 和《固定消防炮灭火系统设计规范》GB 50338 的有关规定，但任何消防管道的给水流速不应大于 7m/s。

【要点说明】本条规定了消防给水管道的设计流速取值范围。《喷规》中 9.2.1 条规定管道内流速不应大于 10m/s，是采用的原苏联舍维列夫计算公式。现《消水规》采用海曾威廉公式计算管道的沿程损失，而海曾威廉公式适用范围的边界条件是 7.62m/s，所以对规范规定作了调整。

8.2.1 消防给水系统中采用的设备、器材、管材管件、阀门和配件等系统组件的产品工作压力等级，应大于消防给水系统的系统工作压力，且应保证系统在可能最大运行压力时安全可靠。

【要点说明】为确保消防供水的可靠性，防止火灾时消防给水系统的组件出现渗漏、损害而影响整个系统的安全可靠运行，本条规定了消防给水系统中采用的设备、器材、管材管件、阀门和配件等系统组件的产品工作压力等级的确定原则。

为了正确理解本节的条文，应区分"系统工作压力"、"设计工作压力"、"工作压力"及"试验压力"的不同适用条件。(1)"系统工作压力"系指消防给水系统可能产生的最大运行压力，是选择管材、管件、配件等产品的重要依据之一，同时也用于确定压力管道水压强度试验的试验压力（见本标准 12.4.2 条）。(2)"设计工作压力"是指消防给水系统所需要的设计压力，该压力应满足所服务的各种水灭火系统最不利点水灭火设施的压力要求（本标准 10.1.1 条），可根据本标准公式 10.1.7 计算确定，也称"设计压力"。对于临时高压消防给水系统，"设计工作压力"往往等于消防水泵的额定工作压力。(3)"工作压力"是指消火栓栓口、报警阀、喷头等消防设施在额定工作状态下承受的压力，而非设施的承压能力。(4)"试验压力"通常是指消防给水系统压力管道水压强度试验的试验压力，不同管材类型的试验压力选用应根据系统工作压力确定，具体可参见本标准 12.4.2 条的有关规定。

8.2.2 低压消防给水系统的系统工作压力应根据市政给水管网和其他给水管网等的系统工作压力确定，且不应小于 0.6MPa。

【要点说明】条文明确了低压消防给水系统的系统工作压力的确定原则。

低压消防给水系统是指能满足车载或手抬消防水泵等取水所需要的工作压力和流量的供水系统，建筑物室外通常采用低压消防给水系统（见本标准 6.1.3 条），一般为生产、生活和消防合用给水系统。

低压消防给水系统的系统工作压力可能大于 0.6MPa，也可能小于或等于 0.6MPa。当大于 0.6MPa 时，应按实际工作压力确定系统工作压力；当小于或等于 0.6MPa 时，系统工作压力应按 0.6MPa 确定，也就是说低压消防给水系统的最低工作压力为 0.6MPa。

8.2.3 高压和临时高压消防给水系统的系统工作压力应根据系统在供水时，可能的最大运行压力确定，并应符合下列规定：

1 高位消防水池、水塔供水的高压消防给水系统的系统工作压力，应为高位消防水池、水塔最大静压；

2 市政给水管网直接供水的高压消防给水系统的系统工作压力，应根据市政给水管网的工作压力确定；

3 采用高位消防水箱稳压的临时高压消防给水系统的系统工作压力，应为消防水泵零流量时的压力与水泵吸水口最大静水压力之和；

4 采用稳压泵稳压的临时高压消防给水系统的系统工作压力，应取消防水泵零流量时的压力、消防水泵吸水口最大静压二者之和与稳压泵维持系统压力时两者其中的较大值。

【要点说明】条文明确了高压和临时高压消防给水系统的系统工作压力的确定原则。

本条第 1 款和第 2 款规定了高压消防给水系统的系统工作压力的确定方法，这两种情况下"系统工作压力"与"设计工作压力"相等。第 3 款和第 4 款规定了临时高压消防给水系统的系统工作压力的确定方法，这两种情况下"系统工作压力"均大于"设计工作压力"，其中条文第 3 款的规定是在泄压阀等安全装置失效时，从管网安全角度出发考虑的。

为了便于设计人员更为直观地确定不同设计工况下系统工作压力的计算方法，现摘录国家建筑标准设计图集《〈消防给水及消火栓系统技术规范〉图示》15S909 中有关图示，见图 8-1～图 8-6。

设计在执行本条文时，按第 1～4 款考虑"系统工作压力"后，建议还要以当地消防车的供水高度作为复核因素。

8.2.4 埋地管道宜采用球墨铸铁管、钢丝网骨架塑料复合管和加强防腐的钢管等管材，室内外架空管道应采用热浸锌镀锌钢管等金属管材，并应按下列因素对管道的综合影响选择管材和设计管道：

1 系统工作压力；

2 覆土深度；

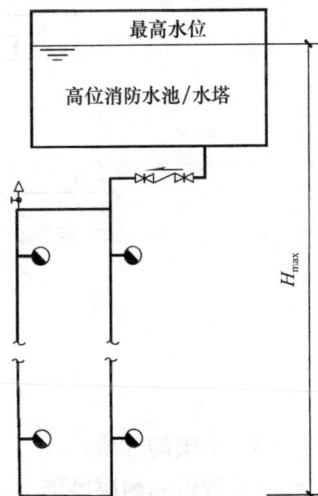

图 8-1 高压消防给水系统的系统工作压力

注：图中 H_{max} 为系统工作压力。

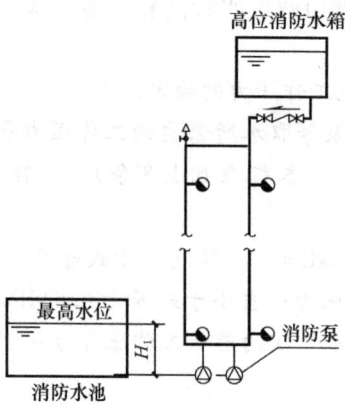

图 8-2　高位消防水箱稳压的临时高压消防
给水系统的系统工作压力（A）

注：1. 系统工作压力 $H_{max}=H_1+H_0$。

2. H_0 为水泵零流量时的扬程。

3. 图中水泵处阀器件略。

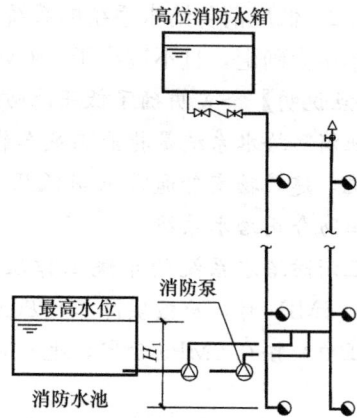

图 8-3　高位消防水箱稳压的临时高压消防
给水系统的系统工作压力（B）

注：1. 系统工作压力 $H_{max}=H_1+H_0$。

2. H_0 为水泵零流量时的扬程。

3. 图中水泵处阀器件略。

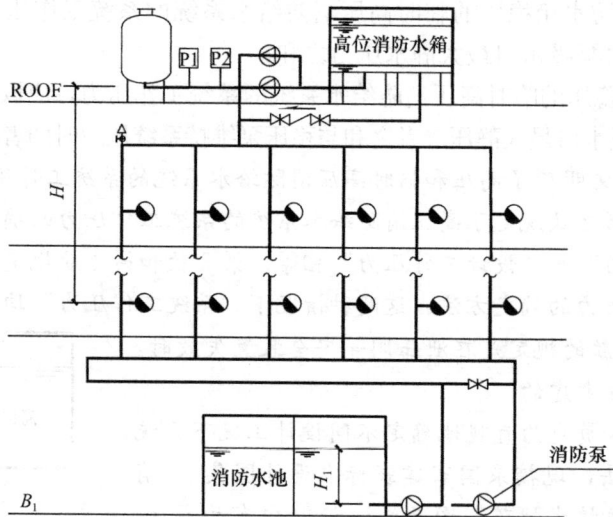

图 8-4　稳压泵置于屋顶的消防给水系统的系统工作压力

注：1. 系统工作压力 $H_{max}=H_1+H_0$。

2. H_0 为水泵零流量时的扬程。

3. 系统的静压为 P_2+H。

4. 图中水泵处阀器件略。

3　土壤的性质；

4　管道的耐腐蚀能力；

5　可能受到土壤、建筑基础、机动车和铁路等其他附加荷载的影响；

6　管道穿越伸缩缝和沉降缝。

【要点说明】条文规定了消防给水系统管道材质的选择要求。

152

ROOF

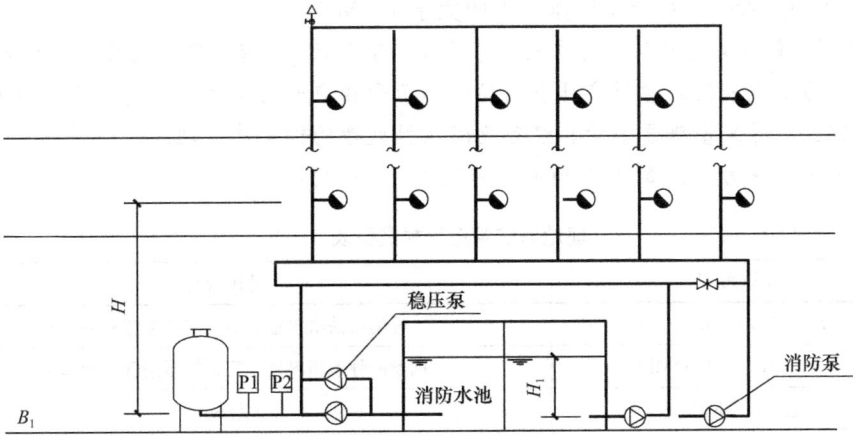

图 8-5　稳压泵置于泵房的消防给水系统的系统工作压力

注：1. 系统工作压力 H_{max} 为 H_1+H_0 和 P_2 的较大值。

2. H_0 为水泵零流量时的扬程。

3. 系统的静压为 P_2-H。

4. 图中水泵处阀器件略。

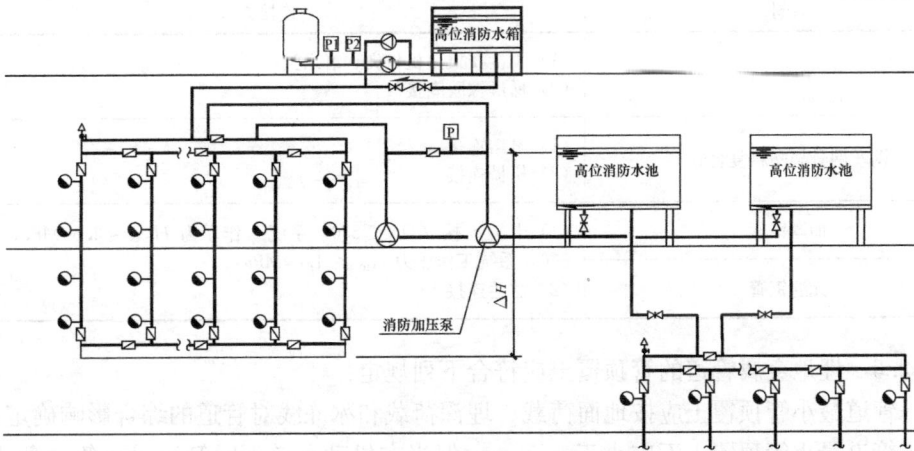

图 8-6　水泵不在系统最低位的消防给水系统的系统工作压力

注：1. 系统工作压力 $H_{max}=\Delta H_1+H_0$。

2. H_0 为水泵零流量时的扬程。

3. 同理，当稳压泵置于消防泵房位置时，应加上稳压泵与消防系统最低点的高差，然后按图8-5注1执行。

4. 图中水泵处阀器件略。

8.2.5　埋地管道当系统工作压力不大于 1.20MPa 时，宜采用球墨铸铁管或钢丝网骨架塑料复合管给水管道；当系统工作压力大于 1.20MPa 小于 1.60MPa 时，宜采用钢丝网骨架塑料复合管、加厚钢管和无缝钢管；当系统工作压力大于 1.60MPa 时，宜采用无缝钢管。钢管连接宜采用沟槽连接件（卡箍）和法兰，当采用沟槽连接件连接时，公称直径

小于等于 $DN250$ 的沟槽式管接头系统工作压力不应大于 2.5MPa，公称直径大于或等于 $DN300$ 的沟槽式管接头系统工作压力不应大于 1.6MPa。

【要点说明】条文规定了不同系统工作压力下埋地消防管道材质、连接方式的选择要求。

埋地消防管道采用的管材应具有耐腐蚀和承受相应地面荷载的能力，可采用球墨铸铁给水管、钢丝网骨架塑料复合管和经可靠防腐蚀处理的钢管等。埋地消防管道的管材选择应根据系统工作压力 H_{max} 的大小确定，可按表 8-1 选用：

埋地消防管道管材选型表（一） 表 8-1

系统工作压力 H_{max}	适用管材
$H_{max} \leqslant 1.20MPa$	球墨铸铁给水管、钢丝网骨架塑料复合管
$1.20MPa < H_{max} \leqslant 1.60MPa$	钢丝网骨架塑料复合管、加厚钢管、无缝钢管
$H_{max} > 1.60MPa$	无缝钢管

埋地金属管道应采用适当的防腐措施：球墨铸铁给水管外壁采用沥青涂层或环氧树脂涂层防腐，内壁衬水泥砂浆防腐；钢管应采用内外壁热浸镀锌防腐，并宜在外壁刷冷底子油一道、石油沥青两道外加保护层（当土壤腐蚀性能较强时可采用加强级或特加强防腐）。

埋地消防管道的连接方式，应根据管道材质确定；当钢管采用沟槽式连接件（卡箍）连接时，应注意其适用的系统工作压力及管道直径。连接方式可按表 8-2 选用：

埋地消防管道管材选型表（二） 表 8-2

管材	连接方式
球墨铸铁管	(1) 柔性接口（机械类、滑入类） (2) 梯形橡胶圈接口
钢丝网骨架塑料复合管	(1) 电熔连接 (2) 机械连接
加厚钢管 无缝钢管	(1) 卡箍连接（$DN \leqslant 250$，系统工作压力 $H_{max} \leqslant 2.50MPa$；$DN \geqslant 300$，系统工作压力 $H_{max} \leqslant 1.60MPa$） (2) 法兰连接

8.2.6 埋地金属管道的管顶覆土应符合下列规定：

1 管道最小管顶覆土应按地面荷载、埋深荷载和冰冻线对管道的综合影响确定；

2 管道最小管顶覆土不应小于 0.70m；但当在机动车道下时管道最小管顶覆土应经计算确定，并不宜小于 0.90m；

3 管道最小管顶覆土应至少在冰冻线以下 0.30m。

【要点说明】条文规定了室外金属管道埋地时的管顶覆土深度要求。

第 1 款规定室外埋地金属管道的管顶覆土深度，应根据土壤冰冻深度、地面荷载、管材强度，以及管道交叉等因素确定。

第 2 款规定了在非冰冻地区埋设时，在非机动车道下和机动车道下两种情况管道最小管顶覆土深度的确定方法。

第 3 款规定了在严寒、寒冷地区埋设时，除满足第 2 款要求的前提外管道最小的管顶覆土深度还应考虑冰冻线。由于消防给水平时在管道内不流动，为确保管内水流不被冰冻，故与冰冻线的净距要求大于自来水管道。

8.2.7 埋地管道采用钢丝网骨架塑料复合管时应符合下列规定：

1 钢丝网骨架塑料复合管的聚乙烯（PE）原材料不应低于 PE80；

2 钢丝网骨架塑料复合管的内环向应力不应低于 8.0MPa；

3 钢丝网骨架塑料复合管的复合层应满足静压稳定性和剥离强度的要求；

4 钢丝网骨架塑料复合管及配套管件的熔体质量流动速率（MFR），应按现行国家标准《热塑性塑料熔体质量流动速率和熔体体积流动速率的测定》GB/T 3682 规定的试验方法进行试验时，加工前后 MFR 变化不应超过±20%；

5 管材及连接管件应采用同一品牌产品，连接方式应采用可靠的电熔连接或机械连接；

6 管材耐静压强度应符合现行行业标准《埋地聚乙烯给水管道工程技术规程》CJJ 101 的有关规定和设计要求；

7 钢丝网骨架塑料复合管道最小管顶覆土深度，在人行道下不宜小于 0.8m，在轻型车行道下不应小于 1.0m，且应在冰冻线下 0.3m；在重型汽车道路或铁路、高速公路下应设置保护套管，套管与钢丝网骨架塑料复合管的净距不应小于 100mm；

8 钢丝网骨架塑料复合管道与热力管道间的距离，应在保证聚乙烯管道表面温度不超过 40℃的条件下计算确定，但最小净距不应小于 1.5m。

【要点说明】条文规定了钢丝网骨架塑料复合管作为埋地消防给水管时的要求（包括管材强度、连接方式、工作压力、覆土深度、与热力管道的距离等），条文说明规定了钢丝网骨架塑料复合管的复合层的要求（包括静压稳定性、剥离强度、静液压强度等）。

8.2.8 架空管道当系统工作压力小于等于 1.20MPa 时，可采用热浸锌镀锌钢管；当系统工作压力大于 1.2MPa 时，应采用热浸镀锌加厚钢管或热浸镀锌无缝钢管；当系统工作压力大于 1.6MPa 时，应采用热浸镀锌无缝钢管。

【要点说明】条文规定了不同系统工作压力下的室内外架空消防管道材质的选择要求。

室内外架空消防管道应选用耐腐蚀、有一定耐火性能且安装连接方便可靠的管材，可选用热浸镀锌钢管或热浸镀锌无缝钢管。室内外架空消防管道管材的选择应根据系统工作压力 H_{max} 的大小确定，可按表 8-3 选用：

架空消防管道管材选型表 表 8-3

系统工作压力 H_{max}	适用管材
$H_{max} \leqslant 1.20$MPa	热浸镀锌钢管
1.20MPa$< H_{max} \leqslant 1.60$MPa	热浸镀锌加厚钢管、热浸镀锌无缝钢管
$H_{max} > 1.60$MPa	热浸镀锌无缝钢管

国家标准《喷规》以强制性条文的形式规定，自动喷水灭火系统的"配水管道应采用内外壁热镀锌钢管或符合现行国家或行业标准，并同时符合本规范 1.0.4 条规定的涂覆其他防腐材料的钢管，以及铜管、不锈钢管"；国家标准《水喷雾规范》针对该系统的特点，避免管道生成锈渣对雨淋报警阀、水雾喷头的影响，要求"过滤器与雨淋报警阀之间及雨淋报警阀后的管道，应采用内外壁镀锌钢管、不锈钢管或铜管"；国家标准

《细水雾规范》针对该系统细水雾喷头喷孔较小，为防止喷头堵塞从而影响灭火效果，需要采用能防止管道锈蚀、不利于微生物滋生的管材，故以强制性条文的形式规定细水雾灭火系统的"管道应采用冷拔法制造的奥氏体不锈钢钢管，或其他耐腐蚀和耐压性能相当的金属管道"。

8.2.9　架空管道的连接宜采用沟槽连接件（卡箍）、螺纹、法兰、卡压等方式，不宜采用焊接连接。当管径小于或等于 DN50 时，应采用螺纹和卡压连接，当管径大于 DN50 时，应采用沟槽连接件连接、法兰连接，当安装空间较小时应采用沟槽连接件连接。

【要点说明】条文规定了架空消防管道连接方式的选择方法。

本标准针对架空消防管道推荐了沟槽（卡箍）、螺纹、法兰和卡压等四种连接方式，这些连接方式都不用明火，不会产生施工火灾，且螺纹、沟槽（卡箍）和卡压连接占用空间少。由于焊接连接施工要求空间大，不便于维修，且存在产生施工火灾的隐患，故不推荐使用。

8.2.10　架空充水管道应设置在环境温度不低于5℃的区域，当环境温度低于5℃时，应采取防冻措施；室外架空管道当温差变化较大时应校核管道系统的膨胀和收缩，并应采取相应的技术措施。

【要点说明】当环境温差变化较大时，为了保证消防给水系统管道的稳定性和安全可靠，减轻热胀冷缩产生的应力影响，室外架空管道应校核管道长度变化量是否在允许范围内。如不可能依靠管道弯曲的自然补偿作用时，管道每隔一定距离应设置补偿装置。

8.2.11　埋地管道的地基、基础、垫层、回填土压实密度等的要求，应根据刚性管或柔性管管材的性质，结合管道埋设处的具体情况，按现行国家标准《给水排水管道工程施工及验收标准》GB 50268 和《给水排水工程管道结构设计规范》GB 50332 的有关规定执行。当埋地管直径不小于 DN100 时，应在管道弯头、三通和堵头等位置设置钢筋混凝土支墩。

【要点说明】非整体连接（如承插式）管道在垂直或水平方向转弯处、分叉处、管端堵头处以及管径截面变化处应设置支墩。支墩的设置，应根据管径、转弯角度、管道设计内压力和接口摩擦力，以及管道埋设处的地基和周围土质的物理力学指标等因素按国家标准《给水排水工程管道结构设计规范》GB 50332 规定计算确定。柔性接口给水管道支墩的做法可参照国家建筑标准设计图集 SS505。

8.2.12　消防给水管道不宜穿越建筑基础，当必须穿越时，应采取防护套管等保护措施。

【要点说明】避免消防给水管道穿越建筑基础，是为了防止建筑物发生沉降对消防给水管道的影响和破坏。一旦无法避免必须穿越时，应采取相应的保护措施。除本条文明确的防护套管外的保护措施，可参考《全国民用建筑工程设计技术措施—给水排水2009》和《给水排水设计手册》等。

8.2.13 埋地钢管和铸铁管，应根据土壤和地下水腐蚀性等因素确定管外壁防腐措施；海边、空气潮湿等空气中含有腐蚀性介质的场所的架空管道外壁，应采取相应的防腐措施。

【要点说明】金属管道防腐处理十分重要，它直接影响消防给水管道使用寿命和运行可靠。

8.3.1 消防给水系统的阀门选择应符合下列规定：

1 埋地管道的阀门宜采用带启闭刻度的暗杆闸阀，当设置在阀门井内时可采用耐腐蚀的明杆闸阀；

2 室内架空管道的阀门宜采用蝶阀、明杆闸阀或带启闭刻度的暗杆闸阀等；

3 室外架空管道宜采用带启闭刻度的暗杆闸阀或耐腐蚀的明杆闸阀；

4 埋地管道的阀门应采用球墨铸铁阀门，室内架空管道的阀门应采用球墨铸铁或不锈钢阀门，室外架空管道的阀门应采用球墨铸铁阀门或不锈钢阀门。

【要点说明】条文规定了消防给水系统的阀门选择原则。

具有明确的启闭标志是消防给水系统阀门的基本要求。消防给水系统的阀门除试验阀外，一般处于常开状态，当管段或阀门检修时，可以关闭相应的阀门，为防止检修后忘开阀门，要求阀门设有明显的启闭标志，以便检修后及时开启阀门，保证消防给水系统水流畅通。

消防给水系统的阀门选用应考虑系统工作压力、场所、防腐、安装与维护方便等要求，本条对埋地、室内和室外架空管道的阀门类型（第1～3款）和材质选择（第4款）做出了相应规定。室外架空管道和室外埋地管道不能采用蝶阀，主要是因其不耐腐蚀。

8.3.2 消防给水系统管道的最高点处宜设置自动排气阀。

【要点说明】当系统充满水的时候，水中的气体因为温度和压力变化会不断逸出，气体顺着管道向上，最终聚集于系统的最高部位，聚集的空气阻碍水流的通过，形成气堵、气阻。自动排气阀在气体压力大于系统压力时自动打开，排出管道内的气体；气体压力低于系统压力时自动关闭。为了保证火灾时消火栓及自动水灭火系统能及时出水，且其出水量符合消防给水要求，在消防给水系统管道的最高点处设置自动排气阀是十分必要的。

8.3.3 消防水泵出水管上的止回阀宜采用水锤消除止回阀，当消防水泵供水高度超过24m时，应采用水锤消除器。当消防水泵出水管上设有囊式气压水罐时，可不设水锤消除设施。

【要点说明】条文规定了消防给水系统水锤消除设施的设置原则。

水锤是指有压管道中，由于流速的剧烈变化而引起的一系列急剧的压力交替升降的水力冲击现象。消防给水系统主要应防止消防水泵停泵水锤的发生，巨大的停泵水锤会引起管道的强烈振动，造成阀门、水泵的损坏，管道接头的断裂，以及管道爆裂等事故，严重影响消防给水系统的正常运行。因此，消防给水系统的水泵加压管道设置水锤消除设施是十分重要的。

条文首先要求消防水泵出水管上的止回阀需具有水锤消除功能，如微阻缓闭止回阀、多功能水泵控制阀等。当消防水泵的供水高度超过24m时，水泵出水管上除采用水锤消除止回阀外还应增设水锤吸纳器。水锤吸纳器是一种通过长期密封气囊的缓冲，能削弱、减衰给水管道中发生的压力增量，保护管道及设备不受破坏的装置。其工作原理是通过水锤吸纳器缓冲气压腔容积的变化，使管路中的水突然停止流动时的动能转化为压力能而被气压腔所吸纳，有效地缓冲因水锤作用而产生的冲击波，使管道内压力得到有效的调节，因而保护了管道、阀门和水泵，保证了供水安全。水锤吸纳器按照结构型式可以分为活塞式水锤吸纳器和胶胆式水锤吸纳器，活塞式水锤吸纳器均充气，胶胆式水锤吸纳器分为充气式和不充气式。水锤吸纳器性能规格可参考行业标准《建筑给水水锤吸纳器》CJ/T 300—2008，活塞式水锤吸纳器的结构示意图参见图8-7和图8-8，充气胶胆式水锤吸纳器的结构示意图参见图8-9和图8-10。水锤吸纳器的公称尺寸应与连接管道的管径相等，产品的工作压力不应小于消防给水连接管道的系统工作压力；当公称尺寸不大于DN50时，宜采用外螺纹或内螺纹连接的水锤吸纳器；当公称尺寸大于DN50时，宜采用法兰连接的水锤吸纳器。水锤吸纳器设置位置关系到能否最大限度地降低水锤对管道的破坏，活塞式水锤吸纳宜设置在靠近水泵出水口的拐点处下游，充气胶胆式水锤吸纳器宜设置在靠近水泵出水口止回阀后。

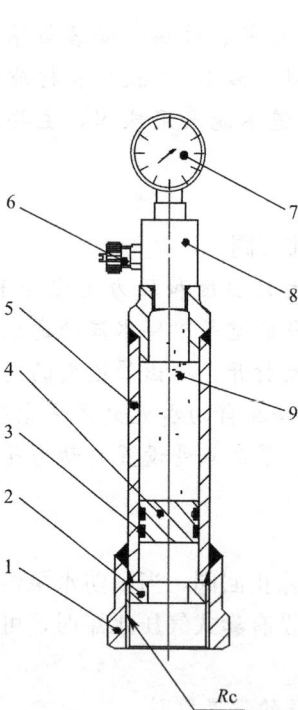

图8-7　螺纹连接活塞式结构水锤吸纳器

1—连接螺母；2—挡圈；3—密封圈；4—活塞；
5—壳体；6—充气塞组件；7—压力表组件；
8—封头；9—气囊

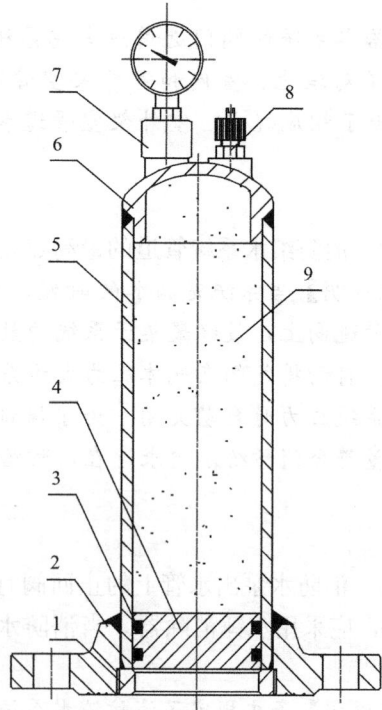

图8-8　法兰连接活塞式结构水锤吸纳器

1—挡圈；2—连接法兰；3—密封圈；4—活塞；
5—壳体；6—封头；7—压力表组件；
8—充气塞组件；9—气囊

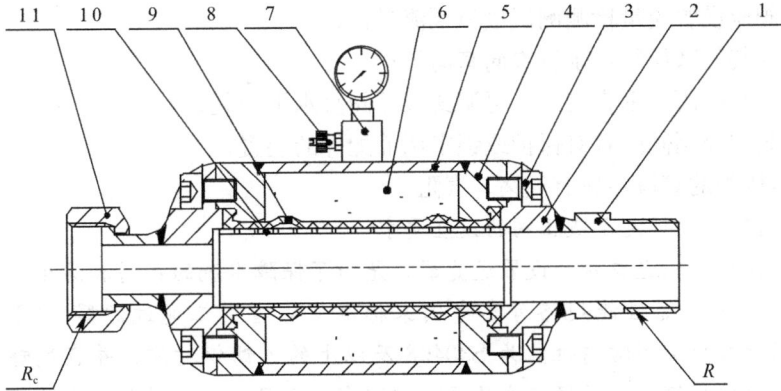

图 8-9　螺纹连接充气胶胆式结构水锤吸纳器

1—连接螺纹；2—压块；3—紧固螺钉；4—闷头；5—壳体；6—缓冲气囊；
7—压力表组件；8—充气塞组件；9—胶胆；10—多孔衬套；11—连接螺母

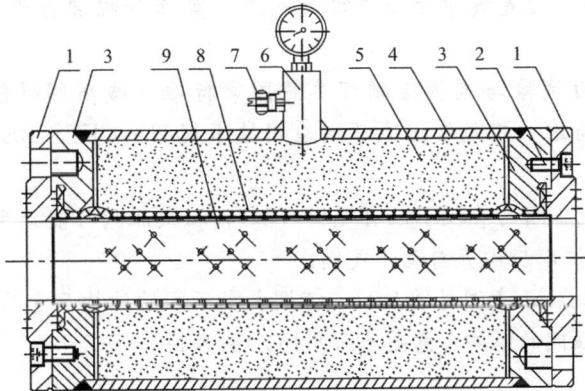

图 8-10　法兰连接充气胶胆式结构水锤吸纳器

1—连接法兰；2—紧固螺钉；3—闷头；4—壳体；5—缓冲气囊；
6—压力表组件；7—充气塞组件；8—胶胆；9—多孔衬套

当消防水泵出水管上设有囊式气压水罐时，可不设水锤吸纳器，但仍应设置具有水锤消除功能的止回阀。

8.3.4　减压阀的设置应符合下列规定：

1　减压阀应设置在报警阀组入口前，当连接两个及以上报警阀组时，应设置备用减压阀；

2　减压阀的进口处应设置过滤器，过滤器的孔网直径不宜小于 4 目/cm² ～5 目/cm²，过流面积不应小于管道截面积的 4 倍；

3　过滤器和减压阀前后应设压力表，压力表的表盘直径不应小于 100mm，最大量程宜为设计压力的 2 倍；

4　过滤器前和减压阀后应设置控制阀门；

5　减压阀后应设置压力试验排水阀；

6　减压阀应设置流量检测测试接口或流量计；

7　垂直安装的减压阀，水流方向宜向下；

8　比例式减压阀宜垂直安装，可调式减压阀宜水平安装；

9　减压阀和控制阀门宜有保护或锁定调节配件的装置；

10　接减压阀的管段不应有气堵、气阻。

【要点说明】条文规定了减压阀的设置要求。

第2款：在减压阀进口端处设置过滤器，是为了保障水流的畅通和防止杂质影响减压阀的正常工作。过滤器性能规格可参考国家标准《管道用三通过滤器》GB/T 14382—2008，过滤网材质应选用防锈性能为 S30408 及以上的不锈钢材质，并有足够强度，不至于在垃圾堵塞时被损坏。为了保证减压阀不被阻塞，而且过滤网的局部水头损失较小，消防给水系统过滤器的孔网直径要求不宜小于 $4 \sim 5$ 目/cm²，孔网总有效过流面积不应小于管道截面积的 4 倍。

第3款：减压阀组中压力表的精度不应低于 1.5 级，压力表的表盘直径不应小于100mm，与管道之间应设置缓冲管和旋塞放气阀，实际量程宜为设计压力的 $1/2 \sim 1/3$ 之间。

第5、6款：压力试验与流量检测可参照国家标准《减压阀性能试验方法》GB/T 12245—2006 和协会标准《建筑给水减压阀应用技术规程》CECS 109：2013 的相关规定设置。

第10款：连接减压阀的管段不应有气堵（阻），在减压阀可能产生气堵（阻）的阀前管道和阀后立管的高位，应设置自动排气阀。

比例式减压阀的结构示意图见图 8-11，可调式减压阀的结构示意图见图 8-12～图 8-15，防气蚀大压差可调减压阀的结构示意图见图 8-16 和图 8-17。

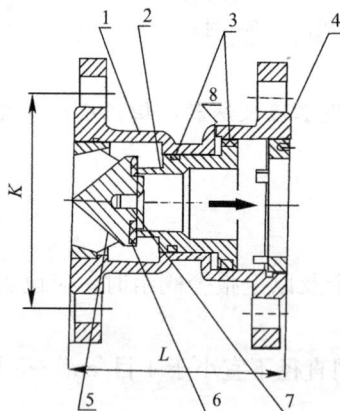

图 8-11　比例式减压阀结构示意图

1—阀体；2—活塞型阀瓣；3—〇形密封圈；
4—定位孔；5—阀座；6—阀座橡胶垫圈；
7—固定垫；8—呼吸孔

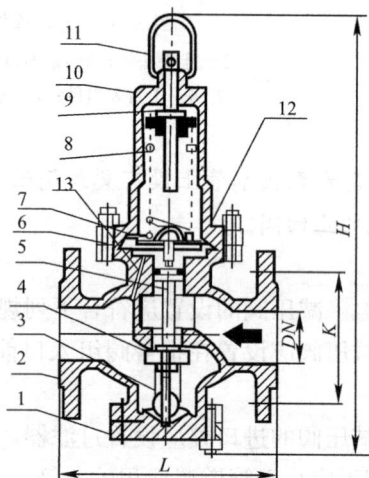

图 8-12　直接作用式稳压减压阀结构示意图

1—下盖；2—阀体；3—弹簧；4—阀瓣；5—阀杆；
6—膜片；7—压盖；8—主弹簧；9—调节螺栓；
10—阀盖；11—阀帽；12—〇形密封圈；13—感应孔

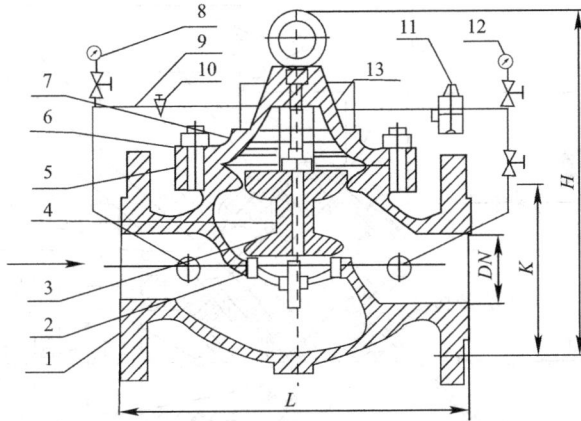

图 8-13　先导式稳压减压阀（卧式）结构示意图

1—主阀阀体；2—阀座；3—阀瓣；4—阀杆；5—隔膜；6—阀盖；7—弹簧；8—进口压力表；
9—外控管路；10—节流阀；11—减压先导阀；12—出口压力表；13—控制腔

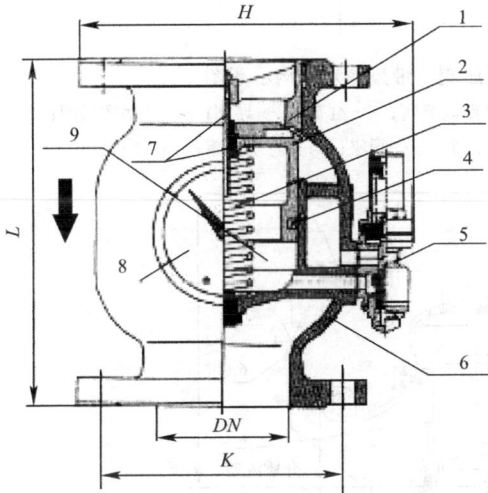

8-14　先导式稳压减压阀（立式）结构示意图

1—阀座；2—阀瓣；3—弹簧；4—密封圈；
减压先导阀；6—主阀阀体阀盖；7—通针通孔节流装置；
8—出口压力表；9—控制腔

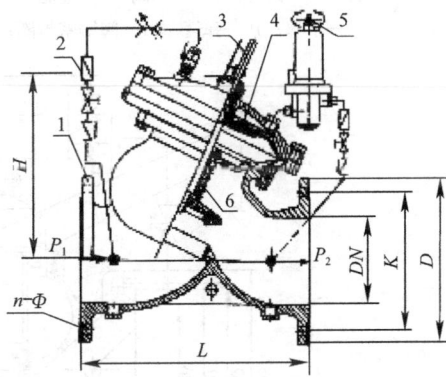

图 8-15　先导式稳压减压阀（Y 形）
结构示意图

1—主阀阀体；2—节流阀；3—开度指示器；
4—感应膜片；5—减压先导阀；6—弹簧

8.3.5　室内消防给水系统由生活、生产给水系统管网直接供水时，应在引入管处设置倒流防止器。当消防给水系统采用有空气隔断的倒流防止器时，该倒流防止器应设置在清洁卫生的场所，其排水口应采取防止被水淹没的技术措施。

【要点说明】本条为强制性条文，必须严格执行。

根据国家标准《建水规范》附录 A，由消防给水设施造成回流污染的危害程度，除简易喷淋系统为低危害程度、泡沫灭火系统为高危害程度外，其余均属于中等危害程度。当室内消防给水系统由生活、生产给水系统管网直接供水时，为防止消防给水系统的回流对生活、生产给水系统造成污染，在引入管处应设置倒流防止器。

有空气隔断的倒流防止器能够有效防止给水管道回流污染，是保证生活、生产给水系

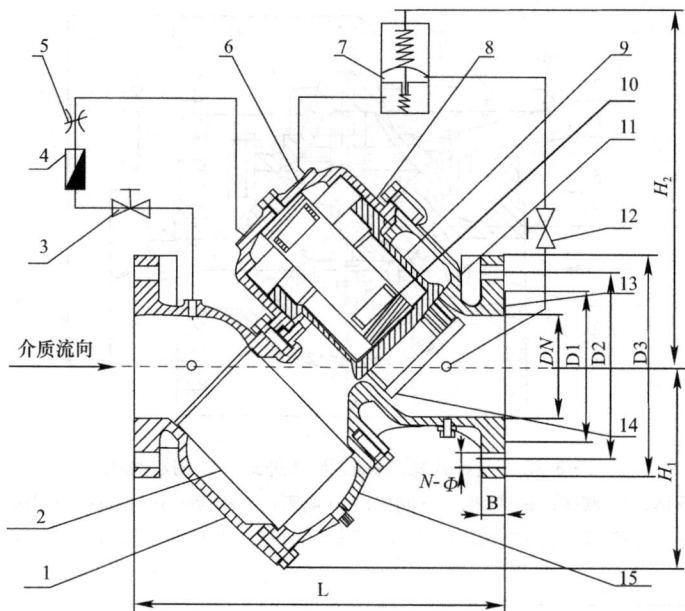

图 8-16　防气蚀大压差可调减压阀（带过滤）结构示意图

1—阀体；2—过滤网；3—球阀；4—过滤器；5—针形调节阀；6—缸盖；7—导阀；8—活塞密封圈；

9—活塞；10—弹簧；11—阀瓣密封圈；12—球阀；13—阀座；14—防气蚀罩；15—阀盖

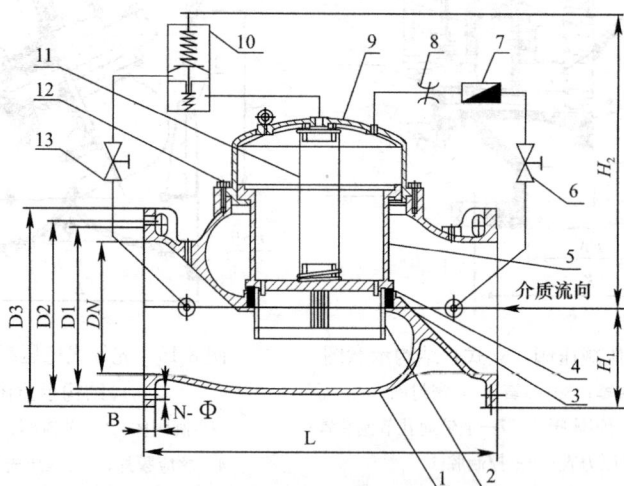

图 8-17　防气蚀大压差可调减压阀结构示意图

1—阀体；2—防气蚀罩；3—阀座；4—阀瓣密封圈；5—活塞；6—球阀；7—过滤器；

8—针形调节阀；9—缸盖；10—导阀；11—弹簧；12—活塞密封圈；13—球阀

统管网水质不受污染的水力控制组合装置。倒流防止器正确的设置位置是保证其作用的重要保证条件。根据倒流防止器本身安全卫生防护要求，国家标准《建水规范》第3.4.8A条对倒流防止器设置位置提出如下要求："1不应装在有腐蚀性和污染的环境；2排水口不得直接接至排水管，应采用间接排水；3应安装在便于维修的地方，不得安装在可能结冻或被水淹没的场所。"由此可见，倒流防止器不应设在阀门井内，更不允许埋地安装，应在清洁卫生处地面安装，并应满足倒流防止器的排水口空气隔断要求。具体安装图示可参照国家建筑标准设计图集《倒流防止器选用及安装》12S108-1。

8.3.6 在寒冷、严寒地区，室外阀门井应采取防冻措施。

【要点说明】由于消防给水系统管道内的水平时不流动，在寒冷、严寒地区十分容易冻结。如果管道内水流产生冻结，一旦发生火灾将影响消防扑救的开展，并带来严重的后果。2014年初香格里拉县独克宗古城大火就是惨痛的教训。为此，本条文规定在结冻地区的阀门井应采用防冻阀门井。

8.3.7 消防给水系统的室内外消火栓、阀门等设置位置，应设置永久性固定标识。

【要点说明】在室内外消火栓、阀门等位置设置永久性固定标识，可提高这些消防设施的可识别性，有效预防火灾，保障人民群众生命财产安全等方面发挥更重要的作用。一般包括消防给水管道喷涂专用颜色油漆、加注水流向指示箭头，各类阀门上悬挂常开常闭指示牌，消火栓箱面板上标注"消火栓"、"火警119"等标志，水泵接合器标注"喷淋、消火栓"字样及高低区指示，室外埋地管道阀门井盖上标注"消防"标识……

国家标准《消防安全标志 第1部分：标志》GB 13495.1—2015将消防安全标志分为火灾报警装置标志、紧急疏散逃生标志、灭火设备标志、禁止和警告标志、方向辅助标志、文字辅助标志等6类，共有25个常见标志和2个方向辅助标志。其中，灭火设备标志如图8-18所示：

图8-18 灭火设备标志

8.3 问 题 解 答

问1：8.1.6条对消防管道检修作出规定，对于单层和二层建筑的消火栓布置未作出规定，应如何布置？

答：超过2层的建筑，消火栓应设置竖管，竖管上、下端接水平环管，并设置阀门。1层和2层建筑消火栓可设置水平环管，水平环管上两个阀门间同层连接消火栓数不大于5个。

问2：管径>DN50管道需要采用沟槽式连接，对室内消火栓支管影响比较大，是否可以放宽到>DN70？

答：根据8.2.9条规定的连接方法选用原则，当管径小于或等于 DN50 时应采用螺纹和卡压的连接方式。但由于我国通常采用的 SN65 型单阀单出口室内消火栓的进水口为 $G2\frac{1}{2}$ 连接内管螺纹，因此与单个消火栓连接的 DN65 消防支管，仍应采用螺纹连接方式与消火栓连接。

8.4 延 伸 思 考

思考1：对《消水规》8.2.4条关于消防给水系统埋地管材选用的思考。

分析：本标准8.2.4条规定了消防给水系统管道材质的选择要求，目前工程中应用的室外埋地管有金属管、复合管和塑料管三类。消防给水系统埋地管道应在遵循本条文第1款～第6款要求的基础上选用。除本条文推荐的球墨铸铁管、钢丝网骨架塑料复合管和加强防腐的钢管三种管材外，其他能符合本条文第1款～第6款要求的管材建议也能选用。例如《室外水规范》第7.4.1条的条文说明中针对配水管道推荐采用的聚乙烯管、硬聚氯乙烯管等。

思考2：关于自动喷水灭火系统的阀门要求。

分析：根据中华人民共和国国家质量监督检验检疫总局、中华人民共和国公安部、中国国家认证认可监督管理委员会颁布的《关于部分消防产品实施强制性认证的公告》【2011年第55号】（2013年1月1日执行），自动喷水灭火系统的消防通用阀门是列入强制性产品（CCC）认证目录内的消防产品。产品认证标准为《自动喷水灭火系统第6部分：通用阀门》GB5135.6—2003和《质量管理体系要求》GB/T 19001—2008。按照《自动喷水灭火系统第6部分：通用阀门》GB 5135.6—2003第7.7.5条规定："组装好的闸阀按8.6规定进行阀体强度试验时，应能承受4倍额定工作压力的静水压，保持5min，试验中闸板应全开，试验中阀体应无渗漏、变形和损坏。"第7.7.6条规定："闸阀按8.7规定进行密封性能试验，闸板处于关闭状态位置时，进水口应能承受2倍额定工作压力，保持5min，阀座密封处应无渗漏。"第7.7.7条规定："闸阀按8.7规定进行密封性能试验闸板处于开启位置时，应能承受 2 倍额定工作压力，保持 5min，阀体各密封处应无渗漏。"

思考3： 关于水锤吸纳器预置压力的缓冲气压腔容积计算。

分析： 水锤吸纳器的主要技术要求可参见行业标准《建筑给水水锤吸纳器》CJ/T 300，预置压力的缓冲气压腔的容积计算方法可参见黄金屏撰写的《CJ/T300—2008 建筑给水水锤吸纳器》（发表于《水务世界》2009 年 2 期），现摘录如下：宜用干燥的氮气或大气向缓冲气压腔内冲注预置压力，预置压力应为最高工作压力的 0.9 倍。不同工况条件下的缓冲气压腔容积可按（式 8-1）或（式 8-2）计算。配置在防护管路上吸纳器实际缓冲气压腔容积之和不应小于计算值。

$$V_1 = \frac{\rho \mu A L v^2 \times 10^{-6}}{2P_{1绝}\left\{\left(\frac{P_{2绝}}{P_{1绝}}\right)^{\frac{k-1}{k}} - 1\right\}} \cdot \frac{k-1}{k} \qquad (式 8\text{-}1)$$

并将 μ、ρ、k 值代入 8-1 式得：

$$V_1 = \frac{2 \times 10^{-6} A L v^2}{P_{1绝}\left\{\left(\frac{P_{2绝}}{P_{1绝}}\right)^{\frac{k-1}{k}} - 1\right\}} \qquad (式 8\text{-}2)$$

式中　V_1——缓冲气压腔最小容积，m^3；

　　　ρ——水的密度，$1000kg/m^3$；

　　　A——管道过流断面截面积，m^2；

　　　L——管道总长度，m；

　　　v——介质平均流速，m/s；

　　　μ——预压系数，$\mu = 1.4$；

　　　k——绝热指数，$k = 1.4$；

　　　$P_{1绝}$——最高工作压力绝对压力（MPa），绝对压力为相对压力（表压）加 0.1MPa，$P_{1绝} = P_1 + 0.1MPa$；

　　　$P_{2绝}$——水锤时允许最高峰值绝对压力，MPa，计算时取 $P_{2绝} = 1.25P_{1绝}$。

思考4： 关于减压阀过滤器的孔网直径的要求。

分析： 过滤器的孔网直径通常采用"目数"来表达，目数的定义来源于欧洲，指在 1 英寸（25.41mm）距离内经线（纬线）的数量。例如：在 1 英寸（25.41mm）距离内的经线（纬线）有 100 条就是 100 目，也就是分别用 100 条经线和 100 条纬线编制成 1 平方英寸的网，有 10000 个网孔。目数越大，表示能通过孔网物料的粒度越细；目数越小，表示能通过孔网物料粒度越大。《消水规》8.3.4 条第 2 款关于减压阀过滤器的孔网直径采用"不宜小于 4 目/cm^2～5 目/cm^2"表示，似乎与工程中习惯表示方式不一致，易引起误解。

思考5： 关于倒流防止器的选用思考。

分析： 国家标准《建水规范》将生活饮用水回流污染危害程度分为低、中、高三个等级，由消防给水设施造成的回流污染危害程度，除简易喷淋系统为低危害程度、泡沫灭火系统为高危害程度外，其余均属于中等危害程度。不同危害程度回流污染场所采用倒流防止器的种类可按国家标准《建水规范》表 A.0.2 选择。

减压型倒流防止器的结构形式、性能要求、材质要求等可参见国家标准《减压型倒流防止器》GB/T 25178—2010，其结构形式一般有直流式（结构示意图见图 8-19）和直通式（结构示意图见图 8-20）两种；减压型倒流防止器的公称压力小于或等于 16PN，适用于输送温度不高于 65℃ 的清水，可用于防止低、中、高三个等级的回流污染危害程度场所，其在所确定的流量（流速）下的压力损失可参见下表。

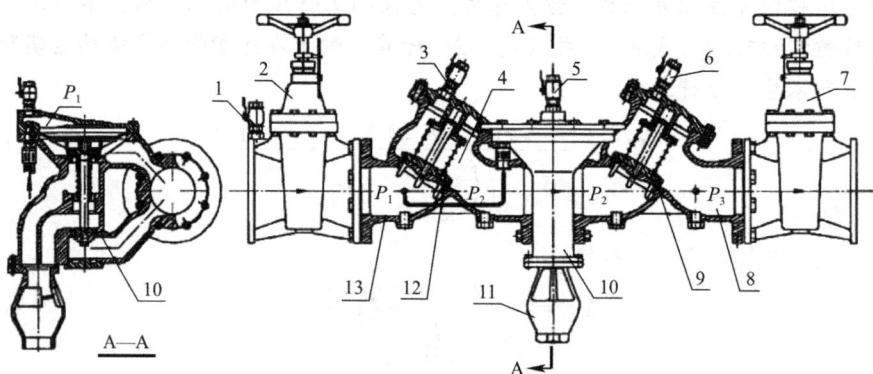

图 8-19　法兰连接直流式倒流防止器结构示意图

1—上游闸阀测压孔；2—上游闸阀；3—测压孔 1；4—中间腔；5—测压孔 2；6—测压孔 3；7—下游闸阀；
8—出水腔；9—出水止回阀密封副；10—泄水阀部件；11—漏水斗；12—进水止回阀密封副；13—进水腔

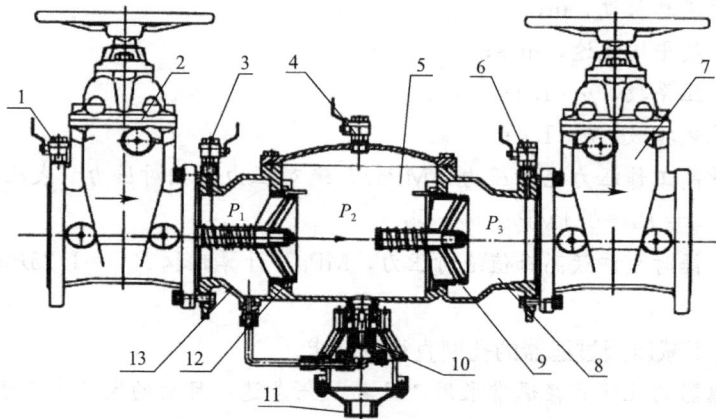

图 8-20　法兰连接直通式倒流防止器结构示意图

1—上游闸阀测压孔；2—上游闸阀；3—测压孔 1；4—中间腔；5—测压孔 2；6—测压孔 3；7—下游闸阀；
8—出水腔；9—出水止回阀密封副；10—泄水阀部件；11—漏水斗；12—进水止回阀密封副；13—进水腔

公称尺寸（mm）	15	20	25	32	40	50	65	80	100	150	200	250	300	350	400
流量（m³/h）	1.9	3.4	5.3	8.7	13.6	21.2	35.8	54.3	84.8	191	339	530	763	1039	1357
流速（m/s）	3														
允许压力损失（MPa）	0.1														
流量（m³/h）	2.9	5.1	8	13	20.4	31.8	47.8	72.4	113	255	452	619	891	1212	1583
流速（m/s）	4.5						4					3.5			
允许压力损失（MPa）	0.15														

中间腔空气隔断型倒流防止器的结构形式、技术要求、材质要求等可参见行业标准《中间腔空气隔断型倒流防止器》CJ/T 344—2010，其结构示意图见图 8-21 和图 8-22。中间腔空气隔断型倒流防止器的公称压力为 PN1.0MPa～1.6MPa，可用于防止低、中两个等级的回流污染危害程度场所，其通过 2m/s 流速时的水头损失见下表。

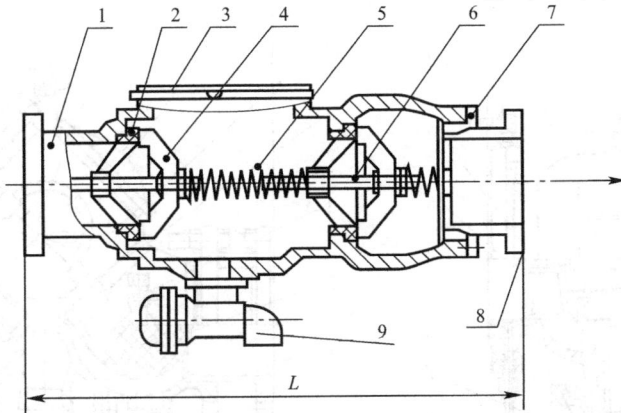

图 8-21　中间腔空气隔断型（缠绕型弹簧结构）倒流防止器结构示意图

1—阀体；2—阀座；3—阀盖 1；4—阀板；5—弹簧Ⅰ；6—阀杆；7—弹簧Ⅱ；8—伸缩管；9—泄水阀

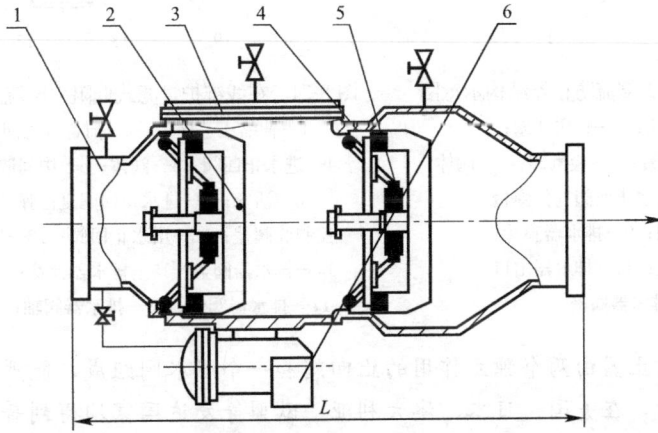

图 8-22　中间腔空气隔断型（碟型弹簧结构）倒流防止器结构示意图

1—阀体；2—阀板组件；3—阀盖 1；4—阀座；5—碟形弹簧；6—泄水阀

公称尺寸（mm）	DN15	DN20	DN25	DN32	DN40	DN50	DN65
水头损失（MPa）	0.058	0.054	0.047	0.046	0.043	0.042	0.042
公称尺寸（mm）	DN80	DN100	DN125	DN150	DN200	DN250	DN300
水头损失（MPa）	0.0415	0.04	0.04	0.038	0.0365	0.0365	0.035

低阻力倒流防止器的结构形式、技术要求、材质要求等可参见行业标准《低阻力倒流防止器》JB/T 11151—2011，其结构示意图见图 8-23 和图 8-24。低阻力倒流防止器适用于输送温度不高于 65℃ 的清水，可用于防止低、中两个等级的回流污染危害程度场所；其

在 $v=1\text{m/s}$ 时的压力损失 $\Delta P \leqslant 0.02\text{MPa}$，在 $v=2\text{m/s}$ 时的压力损失 $\Delta P \leqslant 0.03\text{MP}$；用于防止有毒污染，在 $v=1\text{m/s}$ 时的压力损失 $\Delta P \leqslant 0.03\text{MP}$，在 $v=2\text{m/s}$ 时的压力损失 $\Delta P \leqslant 0.04\text{MP}$。

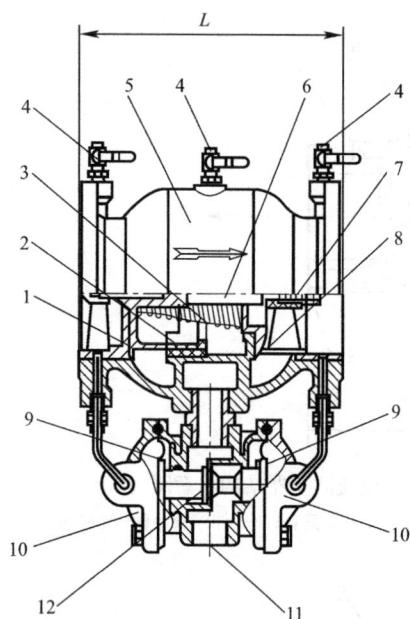

图 8-23　直流式低阻力倒流防止器结构示意图
1—进水止回阀；2—感应活塞；
3—进水止回阀复位弹簧；4—检测阀；5—阀体；
6—阀轴；7—出水止回阀复位弹簧；
8—出水止回阀；9—排水器膜片；
10—排水器阀盖；11—排水器出口；
12—排水器阀瓣

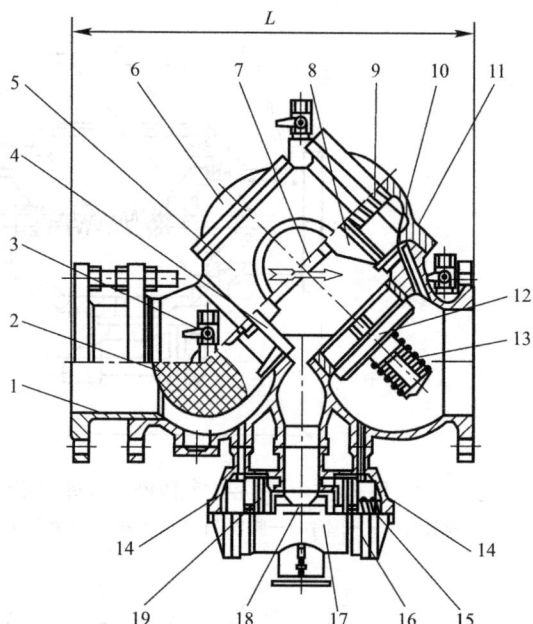

图 8-24　在线维护过滤式低阻力倒流防止器结构示意图
1—伸缩法兰接头；2—前置过滤网；3—检测阀；
4—进水止回阀；5—阀体；6—中间腔阀盖；7—阀轴；
8—活塞；9—进水止回阀复位弹簧；10—阀套；
11—控制腔阀盖；12—出水止回阀；13—出水止回阀复位弹簧；
14—排水器阀盖；15—排水器弹簧；16—排水器活塞；
17—排水器阀体；18—排水器阀轴；19—排水器阀瓣

减压型倒流防止器由两个独立作用的止回阀和一个泄水阀组成，能严格限定管道中压力水只能单向流动，在美国、日本、澳大利亚、欧盟等发达国家均得到普遍应用。我国于1999年从国外引进生产减压型倒流防止器，2002年编制了行业标准《倒流防止器》CJ/T 160—2002，在国家标准《建水规范》中强制性要求设置倒流防止器。根据我国市政给水管网供水压力普遍较低的国情，为保证居民的用水和室外消火栓栓口压力，2004年开发研制了低阻力倒流防止器，并于2009年编制了中国工程建设协会标准《低阻力倒流防止器应用技术规程》CECS259：2009，在国家标准《建水规范》中将低阻力倒流防止器的设置和应用纳入标准的要求。目前，我国企业关于倒流防止器的研制开发工作主要在保证倒流防止器安全可靠的基础上，进一步降低产品的水头损失。如有企业研制开发的低阻力减压型倒流防止器，在保证进口止回阀20kPa压差时，产品的水头损失仅为2～3m；有企业研制开发的低阻力倒流防止器在保证进口止回阀开启压力≥7kPa，出口止回阀开启压力≥3.5kPa（行业标准《低阻力倒流防止器》JB/T 11151—2011 用于有害污染和轻度污染）时，产品的水头损失为 0.019～0.022MPa。

8.5 应 用 实 例

例1： 防气蚀大压差可调减压阀的介绍。

解答： 具有防止阀座发生气蚀的功能、减压比大于或等于3：1的先导式可调减压阀。本产品的设计制造标准：《防气蚀大压差可调减压阀》CJ/T 404—2012。当减压比大于3：1时，减压阀的阀座就会出现气蚀现象。气蚀不但缩短减压阀的使用寿命，造成给水压力的波动变化，影响给水安全，且会形成噪声污染，影响人们的工作和生活。与传统结构的减压阀相比，防气蚀大压差可调减压阀具备可过滤功能、减压比大、防气蚀、噪声小、工作可靠及使用寿命长的特点。主要应用于高层、超高层建筑消防给水管网中减压比大于3：1的给水压力控制场合中。

1）阀门工作原理

防气蚀大压差可调减压阀采用流体介质从阀瓣上面流入阀瓣下面的通流方式，防止阀座与阀瓣密封圈的密封处在介质高速流过时产生气蚀，从而达到保护阀座的目的。

减压阀在阀座下游设置防气蚀罩，通过防气蚀罩上的长圆形槽孔进行减压。阀门工作时，各高速介质流从防气蚀罩的圆周外部射向圆心，介质和汽泡射流只在防气蚀罩内相互撞击，撞击的结果形成素流，产生动能的转换消耗，从而增加介质的流动阻力，减缓压力变化的梯度，形成平稳减压，防止气蚀发生。当减压阀工作在小流量状态时，此时即使产生气蚀现象，气蚀也是发生在防气蚀罩内，从而保护了阀座。

防气蚀大压差减压阀通过调节先导阀的开度，进而控制主阀阀瓣的开度，伡减压阀维持稳定的出口压力。减压比不大于9：1。

2）技术参数

（1）连接方式：法兰连接、沟槽连接。

（2）结构型式：活塞式。

（3）公称压力：PN16/PN25/PN40。

（4）减压比：不大于9：1。

（5）材质：阀座和防气蚀罩采用不锈钢，阀盖采用铸造铜合金，活塞采用奥氏体不锈钢。密封圈采用橡胶。

（6）适用温度：0~60℃。

（7）介质：水。

例2： 串联式多阀口可调式高减压比减压阀的介绍。

解答： 一种具有串联式多阀口的可调式高减压比减压阀，其通过增加减压阀阀口的方式，对流动的介质进行串联式多级节流，进而把高压降合理分配在各个阀口上，可解决常用单阀口减压阀减压比小、噪声大、有时必须将多个减压阀串联安装在一起的难题。

1）阀门工作原理

普通的减压阀阀腔内只有一个减压阀口对介质进行节流造成压降，因此在减压比大的工况下，高压差会全部集中在一个阀口上，因此介质流经阀口的速度极高，对阀口的冲刷会加剧，且噪声严重。而串联式多阀口可调式高减压比减压阀阀腔内有多个减压阀口对介质进行节流，在高减压比的工况下高压差被分配在多个阀口上，在阀腔内部对介质进行多次压降，对三阀口而言，每个阀口前后的压差仅是单阀口的三分之一，经计算，介质流经阀口的流速仅是单阀口的57.7%，因此大幅降低了介质对阀口的冲刷，避免了噪声、振动及空化气蚀的产生，延长了阀门的使用寿命。

《建筑给水减压阀应用技术规程》CECS 109：2013中规定，当减压比大于3：1时，宜采用两只单阀口减压阀串联的方法来降低压降，而串联式多阀口减压阀自身的多级减压解决了多个单阀口减压阀串联的工况，即一个多阀口减压阀可代替二到三个单阀口减压阀，降低了成本，节约了安装空间，安装维修方便。

据该产品生产厂家实测，三阀口减压阀在减压比为10：1的工况下性能正常，无异常现象。

2）技术参数

(1) 连接方式：螺纹（法兰）连接，可用于干管减压和支管减压。

(2) 公称压力：1.0/1.6MPa。

(3) 最高减压比：10：1。

(4) 材质：阀体及内部阀杆均为H59-1，弹簧为304，减压阀阀套材质为韩国进口PC，密封垫为EPDM。

(5) 适用温度：0~80℃。

(6) 介质：水。

例3：微阻减压型倒流防止器的介绍。

解答：微阻减压型倒流防止器，是利用外加吸引力的原理，在不降低进水止回阀阀门密封力的情况下，在倒流防止器止回阀打开时，抵消掉一部分沿着开启方向的弹簧力，进而很大程度上减小了倒流防止器的水头损失，解决了低压供水条件下使用倒流防止器的难题，实现了不降低防回流安全等级工况下的低阻力。

1）阀门结构特点

(1) 阀腔内只放置进水口止回阀和出水口止回阀，止回阀开启后能减小弹簧力，关闭时恢复标准规定的密封力，从而降低水头损失。进水口止回阀和出水口止回阀能在线维修更换；

(2) 倒流防止器中间腔排水阀采用下置式，使得阀体轻巧简单，内流道设计，无外接管道，不容易损坏；

(3) 阀腔内各过流断面面积较大；

(4) 介质流经阀体内各零件表面时，均有30°~60°的斜角或圆弧，且阀腔内无其他部件，减少由于过多零件造成的涡流损失，进一步减小水阻；

(5) 一体式结构，短阀体大通道设计，阻力小，安装方便；

(6) 内部零部件均采用不锈钢制作，延长使用寿命。

2）技术参数

(1) 连接方式：法兰连接。

(2) 公称压力：1.0/1.6MPa。

（3）适用介质：水。

（4）温度范围：0～80℃。

（5）当进水口压力在±0.01MPa范围内波动时，排水阀不泄水。

（6）材质：阀体、阀盖采用QT450-10球铁或不锈钢，球铁采用无毒环氧树脂热喷涂，内部配件均为304不锈钢，密封面采用EPDM。

3）水头损失特性

经该产品生产厂家检测验证，其水头损失测试数据如下表：

流速（m/s）	1	1.5	2	2.5
1号样水头损失（m）	2.1	2.35	2.4	2.8
2号样水头损失（m）	2.2	2.45	2.2（波动）	2.6

据企业资料显示，微阻减压型倒流防止器在满足国家标准《减压型倒流防止器》GB/T 25178—2010规定的进水止回阀开启压力为20kPa的工况下，实现了低阻力，即微阻减压型倒流防止器压力损失仅为标准规定值的1/3左右，其水头损失只有2～3m，满足了低压供水情况下使用倒流防止器的条件；而不是通过降低进水止回阀开启压力（把止回阀开启压力降为14kPa）即降低防止倒流的安全性来实现低阻力。进水腔压力与中间腔压力的压力差（20kPa）及中间腔压力与出水腔压力的压力差不小于7kPa，均满足国标要求。

第9章 消防排水

9.1 条 文 综 述

本章分为3节，共计8条，其中强制性条文2条。明确消防排水措施的选用原则，并对消防排水措施等作出规定。

9.2 条文要点说明

9.1.1 消防排水设有消防给水系统的建设工程宜采取消防排水措施。

9.1.2 排水措施应满足财产和消防设施安全，以及系统调试和日常维护管理等安全和功能的需要。

【要点说明】9.1.1条、9.1.2条规定了消防排水的基本原则。

工业、民用及市政等建设工程当设有消防给水系统时，为保护财产和消防设备在火灾时能正常运行等安全需要设置消防排水。系统调试和日常维护管理的需要也应设置消防排水，如试验消火栓处、自动喷水末端试水装置处、报警阀试水装置处和消防减压阀检测装置处等。

9.2.1 下列建筑物和场所应采取消防排水措施：

1 消防水泵房；

2 设有消防给水系统的地下室；

3 消防电梯的井底；

4 仓库。

【要点说明】

1）设有消防给水系统的场所，地面以上楼层可利用泄水孔洞、地漏、走道、楼梯等排水。地下室可采用排水明沟、集水坑及潜污泵联合排水。

2）消防排水设施的排水量宜按保护场所内同时作用的所有消防给水水量的80％计算（参考《人民防空工程设计防火规范》7.8.1条的条文解释：因为人防工程与一般地面建筑不同，除少数坑道工程外，均不能自流排水，需设置机械排水设施，否则会造成二次灾害。一般消防排水量可按消防设计流量的80％计算，采用生活排水泵排放消防水时，可按双泵同时运行的排水方式考虑），且应确保消防积水不致影响该场所人身及财产安全和正常使用功能的需要。在试验消火栓、喷淋系统末端试水装置、报警阀检测装置、消防减压阀检测装置和消防电梯井、报警间、消防水泵房等处应设有消防排水设施。如消防排水设施需要电力供应则应采用消防电源。

3）消防水泵房排水量需要综合考虑，如果泵房有防淹措施时，消防水池的溢流和排空水量应排至室外地面或室内集水坑。

4）地下室消防集水坑内应设二台排水泵（一用一备），且可自动同时使用。地下室消防排水泵应有不间断的动力供应。在满足建筑防火隔断及消防排水的前提下，可跨越防火分区计算排水量。

5）消防电梯井底应设排水设施，其排水泵应采用消防电源。（新版《建规》第7.3.4条）当生活、生产电梯具有消防功能时，该电梯井底也应排水（集水井可共用）。集水井不应设在电梯正下方，且应该采用潜污泵作为排水泵。消防电梯排水集水井不应接纳其他排水。

举例见图9-1：

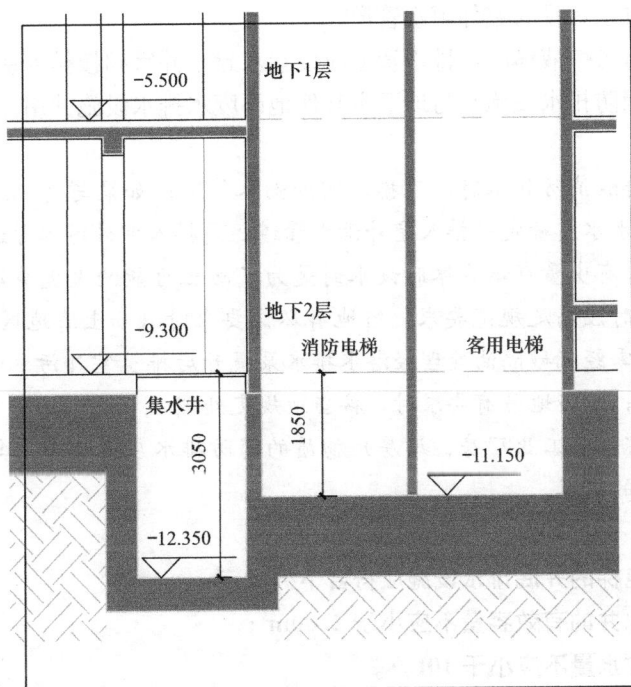

图9-1 消防电梯集水井布置

当消防电梯不下到地下室时，电梯井底排水可直接排至室外地面或地下室集水坑。为避免雨水倒灌，消防电梯井底排水管直接接至室外雨水检查井时应有防止雨水倒灌的措施。

6）新版《建规》6.1.5条："防火墙上不应开设门、窗、洞口，确需开设时，应设置不可开启或火灾时能自动关闭的甲级防火门、窗"。一般消防电梯排水需设置排水管与消防电梯集水井相通，该排水管平时为空管，为防止火灾初起时烟气通过该排水管蔓延，消防电梯排水集水井应与消防电梯在同一个防火分区内。

7）新版《建规》7.3.2条："消防电梯应分别设置在不同防火分区内，且每个防火分区不应少于1台。"鉴于某些重要工程建筑专业可能会在同一防火分区内设置二台消防电梯，而规范对是否需要设置二个消防集水井并无明确的要求，故建议同一防火分区内有二部消防电梯时可合用集水井，集水井容积适当放大至3.0m³，潜污泵可按二用一备配置。

8）仓库的消防排水流量也可按同时作用的消防给水水量的80%设计。考虑仓库对储存物品及水渍有特殊要求，每层可利用楼梯间、地漏等相关排水措施。仓库消防排水管道应有防止生物及有害气体进入的措施。（参考《喷规》，5.0.7A条：仓库内设有自动喷水灭火系统时，宜设消防排水设施）。底层可以直接排出室外，二层以上需设排水设施。

9）设置在地下室下凹区域的重要设备用房可按防火分区计算消防排水量。

10）新版《建规》6.1.5条："防火墙上不应开设门、窗、洞口，确需开设时，应设置不可开启或火灾时能自动关闭的甲级防火门、窗"。故地下室用于消防排水的明沟和管道不得穿越防火分区。

9.2.2 室内消防排水应符合下列规定：

1 室内消防排水宜排入室外雨水管道；

2 当存有少量可燃液体时，排水管道应设置水封，并宜间接排入室外污水管道；

3 地下室的消防排水设施宜与地下室其他地面废水排水设施共用。

【要点说明】

1）如果仅为排除消防积水时，可排入室外雨水管道；如果与其他地面废水排水设施共用时，应根据排水水质确定是排入室外雨水管道还是排入室外污水管道。

2）消防排水存有少量可燃液体时设水封是为了防止可能的火灾蔓延，间接排水是为了防止倒灌，设计时应满足规范要求。当地有环保要求时（如上海地区），民用建筑的地下汽车库地面排水需经沉砂隔油处理经潜水排水泵提升后排至室外污水管道，此时，沉砂隔油池可视为水封；如当地另有要求时，按当地规定处理。

3）含有毒有害（如工业厂房、库房）物质的消防排水应设置专用集水池收集。可参见本书9.4思考4的内容。

9.2.3 消防电梯的井底排水设施应符合下列规定

1 排水泵集水井的有效容量不应小于2.00m³；

2 排水泵的排水量不应小于10L/s。

【要点说明】

1）消防电梯排水用集水井的有效容积应按集水井有效面积乘以集水井有效水深设计。

2）排水工作泵总流量应≥10L/s，集水井内应设备用泵，备用泵设计流量不小于最大一台工作泵设计流量。

3）不通往地下室的消防电梯在有条件时其消防排水宜直接排至室外地面，当排入室外雨水检查井时应有确保不会产生雨水倒灌的措施；排水管的管径和坡度可按雨水满管重力流、排水量不小于10L/s确定。

4）可将消防电梯井内底标高设置为集水井排水泵的启泵水位，将集水井井内底以上约300mm标高设置为排水泵的停泵水位（具体要求可查阅各排水泵产品的技术资料）。

5）当集水井位置距离消防电梯较远，且底板结构上无回填层时，其连接管不能在板下埋设，此时应要求结构做钢筋混凝土包覆管道确保安全，或做成管中管的形式。

6）不应利用消防电梯井底作为消防排水集水井。

7）消防电梯集水井排水泵的出水管不应穿越电梯井。

9.2.4　室内消防排水设施应采取防止倒灌的技术措施。

【要点说明】对于室内地面低于室外地面的场所，消防排水设施宜采用设集水井、潜水泵的排水方式。潜水泵排出管上设置止回阀及出水管的最高点宜高于室外地坪标高。止回阀宜采用旋启式。

9.3.1　消防给水系统试验装置处应设置专用排水设施，排水管径应符合下列规定：

1　自动喷水灭火系统等自动水灭火系统末端试水装置处的排水立管管径，应根据末端试水装置的泄流量确定，并不宜小于 DN75；

2　报警阀处的排水立管宜为 DN100；

3　减压阀处的压力试验排水管道直径应根据减压阀流量确定，但不应小于 DN100。

【要点说明】

1）报警阀组、减压阀组设置部位都应设置地面排水设施；排水设施处应设置挡水坎，其高度在 150～250mm 之间；

2）地面排水设施，可以是地漏，也可以是排水明沟。一般情况下，楼层地面设置地漏，地下室地面设置排水沟；其中 DN50、DN75、DN100、DN150 地漏的排水能力分别为 1.0L/s、1.8L/s、3.8L/s、10.0L/s（摘自国标图集 04S301）；

3）楼层地漏排水管管径可为 DN100，排出管宜排至室外散水坡、室外明沟或地下室明沟，即末端均为间接排水，地漏无需水封。地下室排水沟则应直接连通集水井；

4）以往减压阀组设置部位要求有排水设施，主要是考虑到阀组过滤器要定期或不定期清洗排污，也有可能阀组故障出现漏水，或阀组拆修需要排水。至于阀组调试，一般都在用水点放水，阀组设置部位没有出水；

5）楼层可增加设置减压阀组压力试验排水管（DN100），DN25 或 DN65 试验排水管直接接到 DN100 试验排水立管上；

6）地下室试验排水管可就近排至明沟或集水井；

7）减压阀组压力试验排水管应采用压力排水管材；

8）消防给水系统的试验装置处，如喷淋末端试水装置、消防用减压阀检测装置、报警阀检测装置处应设专用的排水设施，设施应满足试验排水的收集及排水能力要求；

9）排水可排至排水沟、排水漏斗、地下室集水井、屋面；不宜直接排向地面地漏，不应接入空调冷凝水排水管、屋面雨水管。可排入消防水池场所的尽量排入消防水池；

10）接各消防排水的主排水管均不应小于前端消防排水管管径；

11）减压阀的试验排水阀应在减压阀与其后面的阀门之间设置，便于试验；

12）末端试水阀处可以直接排水，末端试水装置处应间接排水；不建议排在卫生间，应设置专用排水管；

13）规范条文第 3 款，此处的"减压阀流量"是指压力试验时的减压阀流量。在减压阀后设置 DN65（DN25）的压力试验管。减压阀如果设在地下室等有排水设施的地方，可直接引至排水设施处排水；若在上部楼层无排水设施处，可引至管道井，在管道井内设置 DN100 的排水立管直接排，不用间接排水方式。此处采用压力排水管材；

14）自动喷水灭火系统等自动水灭火系统末端试水装置处的排水立管管径，应根据末端试水装置的泄流量确定，并不宜小于 DN75（由于是压力排水，不建议排至卫生间，而应设置专用排水管，管径不宜小于DN75）；

15）报警阀处的排水立管宜为DN100，供减压阀排水的管道公称直径不宜小于减压阀的公称直径；

16）屋顶试验消火栓的试验排水可排至建筑屋面，楼层内消火栓的试验排水应设置专用排水管，并应采用承压金属管道；

17）自动喷水灭火系统等自动水灭火系统末端试水装置的排水、报警阀处的排水、减压阀处压力试验的排水均应设置专用排水管排出；报警阀设置处的地面排水可与其他生活排水设施合用；

18）减压阀的安装及排水做法如图9-3～图9-6所示：

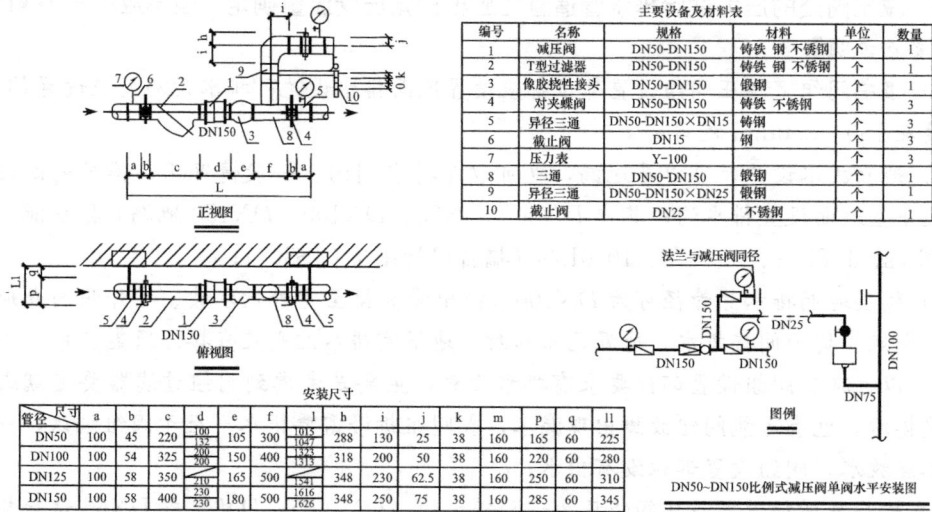

主要设备及材料表

编号	名称	规格	材料	单位	数量
1	减压阀	DN50-DN150	铸铁 钢 不锈钢	个	1
2	T型过滤器	DN50-DN150	铸铁 钢 不锈钢	个	1
3	橡胶挠性接头	DN50-DN150	锻钢	个	1
4	对夹蝶阀	DN50-DN150	铸铁 不锈钢	个	3
5	异径三通	DN50-DN150×DN15	铸钢	个	3
6	截止阀	DN15	钢	个	3
7	压力表	Y-100		个	3
8	三通	DN50-DN150	锻钢	个	3
9	异径三通	DN50-DN150×DN25	锻钢	个	1
10	截止阀	DN25	不锈钢	个	1

正视图

俯视图

DN50~DN150比例式减压阀单阀水平安装图

图例

安装尺寸

管径\尺寸	a	b	c	d	e	f	h	i	j	k	m	p	q	ll
DN50	100	45	220	100/133	105	300	1015/1047	288	130	25	38	160	165	60	225
DN100	100	54	325	200/200	150	400	1323/1313	318	200	50	38	160	220	60	280
DN125	100	58	350	210/230	165	500	1541	348	230	62.5	38	160	250	60	310
DN150	100	58	400	230/230	180	500	1616/1626	348	250	75	38	160	285	60	345

注：减压阀参照《常用小型仪表及特种阀门选用安装》（01SS105）安装。

图9-2 减压阀的安装及排水做法（一）

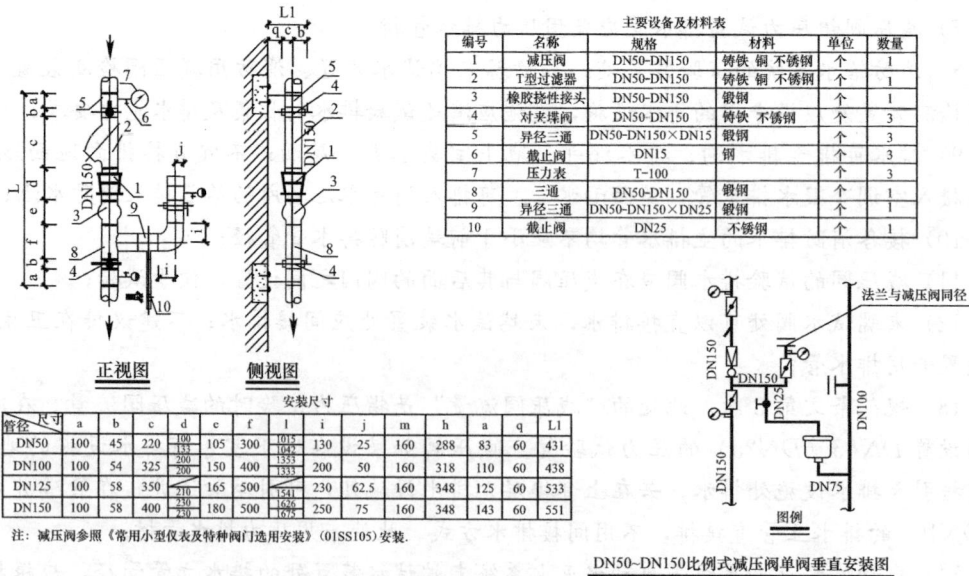

主要设备及材料表

编号	名称	规格	材料	单位	数量
1	减压阀	DN50-DN150	铸铁 铜 不锈钢	个	1
2	T型过滤器	DN50-DN150	铸铁 铜 不锈钢	个	1
3	橡胶挠性接头	DN50-DN150	锻钢	个	1
4	对夹蝶阀	DN50-DN150	铸铁 不锈钢	个	3
5	异径三通	DN50-DN150×DN15	铸钢	个	3
6	截止阀	DN15	钢	个	3
7	压力表	T-100		个	3
8	三通	DN50-DN150	锻钢	个	3
9	异径三通	DN50-DN150×DN25	锻钢	个	1
10	截止阀	DN25	不锈钢	个	1

正视图　　侧视图

DN50~DN150比例式减压阀单阀垂直安装图

图例

安装尺寸

管径\尺寸	a	b	c	d	e	f	i	j	m	h	a	q	L1
DN50	100	45	220	100/133	105	300	1015/1047	130	25	160	288	83	60	431
DN100	100	54	325	200/200	150	400	1353/1333	200	50	160	318	110	60	438
DN125	100	58	350	210/	165	500	1541	230	62.5	160	348	125	60	533
DN150	100	58	400	230/250	180	500	1626/	250	75	160	348	143	60	551

注：减压阀参照《常用小型仪表及特种阀门选用安装》（01SS105）安装。

图9-3 减压阀的安装及排水做法（二）

176

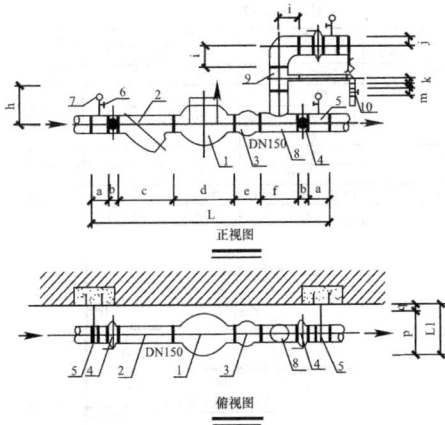

主要设备及材料表

编号	名称	规格	材料			单位	数量
1	减压阀	DN50-DN150	铸铁	钢	不锈钢	个	1
2	Y过滤器	DN50-DN150	铸铁	钢	不锈钢	个	1
3	橡胶挠性接头	DN50-DN150	橡胶			个	1
4	对夹蝶阀	DN50-DN150	铸铁	不锈钢		个	3
5	异径三通	DN50-DN150×DN15	锻钢			个	3
6	截止阀	DN15	钢			个	3
7	压力表	Y-100				个	3
8	三通	DN50-DN150	锻钢			个	1
9	异径三通	DN50-DN150×DN25	锻钢			个	1
10	截止阀	DN25	不锈钢			个	1

正视图

俯视图

安装尺寸

尺寸 管径	a	b	c	d	e	f	L	h	i	j	k	m	p	q	L1
DN50	100	45	220	205 230 241	105	300	1120 1145 1156	195 285 280	130	25	38	160	200 200 290	60	260 350 350
DN100	100	54	325	360 350 360	150	400	1233 1533 1243	230 285 280	200	50	38	160	256 256 320	60	316 316 435
DN125	100	58	350	430 420 420	165	500	1761 1751 1751	240 370 370	230	62.5	38	160	320 320 320	60	380 380 380
DN150	100	58	400	450 480 445	180	500	1846 1876 1841	360 460 395	250	75	38	160	320 320 410	60	380 580 410

注：减压阀参照《常用小型仪表及特种阀门选用安装》(01SS105)安装

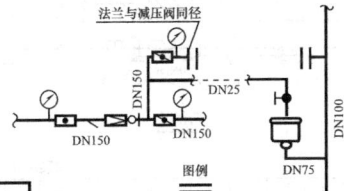

DN50~DN150先导式可调节减压阀单阀水平安装图

图 9-4　减压阀的安装及排水做法（三）

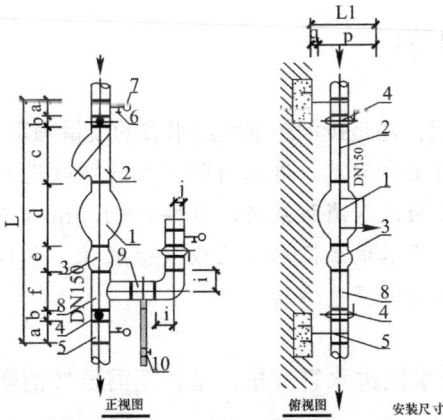

主要设备及材料表

编号	名称	规格	材料			单位	数量
1	减压阀	DN50~DN150	铸铁	钢	不锈钢	个	1
2	Y型过滤器	DN50~DN150	铸铁	钢	不锈钢	个	1
3	橡胶挠性接头	DN50~DN150	橡胶			个	1
4	对夹蝶阀	DN50~DN150	铸铁	不锈钢		个	3
5	异径三通	DN50~DN150×DN15	锻钢			个	3
6	截止阀	DN15	钢			个	3
7	压力表	Y~100				个	3
8	三通	DN50~DN150	锻钢			个	1
9	异径三通	DN50~DN150×DN25	锻钢			个	1
10	截止阀	DN25	不锈钢			个	1

正视图　　俯视图　　安装尺寸

尺寸 管径	a	b	c	d	e	f	L	i	j	m	p	q	L1
DN50	100	45	220	205 230 241	105	300	1120 1145 1156	130	25	160	290 380 375	60	350 440 435
DN100	100	54	325	360 350 360	150	400	543 1533 1243	200	50	160	360 410 320	60	420 410 550
DN25	100	58	350	430 420 420	165	500	1761 1751	230	62.5	160	430 510 320	60	410 570 420
DN150	100	58	400	450 480 445	180	500	1846 1876 1841	250	75	160	450 520 552	60	510 580 612

注：减压阀参照《常用小型仪表及特种阀门选用安装》(01SS105)安装

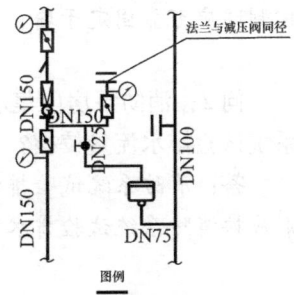

DN50~DN150先导式可调节减压阀单阀垂直安装图

图 9-5　减压阀的安装及排水做法（四）

9.3.2　试验排水可回收部分宜排入专用消防水池循环再利用。

【要点说明】试验排水至消防水池或室外（如上海地区）、地下室排水设施。试验排水量可按5min消防水泵运行流量考虑。当消防水池补水管从生活管网上引入时，进水管的标高应满足空气间隙的要求。

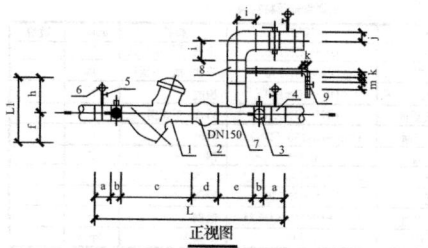

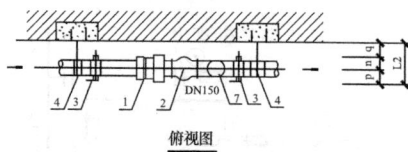

主要设备及材料表

编号	名称	规格	材料	单位	数量
1	过滤活塞式可调减压阀	DN50~DN150	铸铁 钢	个	1
2	橡胶挠性接头	DN50~DN150	橡胶	个	1
3	对夹蝶阀	DN50~150	铸铁 不锈钢	个	3
4	异径三通	DN50~DN150×DN15	锻钢	个	3
5	截止阀	DN15	钢	个	3
6	压力表	Y-100		个	3
7	三通	DN50~DN150	锻钢	个	1
8	异径三通	DN50~DN150×DN15	锻钢	个	1
9	截止阀	DN25	不锈钢	个	1

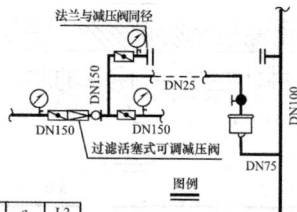

正视图

俯视图

图例

安装尺寸

管径\尺寸	a	b	c	d	e	f	L1	h	L1	i	j	k	m	n	p	q	L2
DN50	100	45	340	105	300	1035	155	275	430	130	25	38	160	83	283	60	431
DN100	100	54	430	150	400	1288	210	338	340	200	50	38	160	110	218	60	488
DN125	100	58	/	165	500	/	/	/	/	230	62.5	38	160	125	348	60	533
DN150	100	58	550	180	500	1546	260	407	667	250	75	38	160	143	348	60	551

注：1.减压阀参照《常用小型仪表及特种阀门选用安装》(01SS105) 安装
2.过滤活塞式可调减压阀尺寸参照广东水来阀门科技有限公司样本。

DN50~DN150过滤活塞式可调减压阀单阀水平安装图

图 9-6 减压阀的安装及排水做法（五）

9.3 问 题 解 答

问 1：消防水泵房消防排水量是按消防用水量确定？还是按消防水池进水管的流量确定？

答：消防水泵房消防排水量按消防水池进水管的流量确定。进入消防水池的市政进水管因水位控制阀浮球阀失灵而造成大量水通过溢流管而进入消防泵房；可按 $v=1.5\text{m/s}$ 流速计，并依管径大小确定消防水池进水管的进水量。集水坑最高水位应设报警装置，水位控制阀应可靠固定于墙、柱、梁、板等之上，其阀前宜设置过滤器。

问 2：消防泵房内集水坑排水能力应不小于消防水池进水管流量，是否还需要按消防系统试验排水流量校核？

答：消防系统试验排水应接回消防水池，不应排入消防泵房集水坑。如没有消防水池则应按消防系统试验排水流量校核。

问 3：消防泵房设置在地下层或地上层是否同样处理？

答：设置在楼层的消防泵房的排水量按地下室消防泵房的要求执行，排水量可通过排水管道排出，但应验算消防排水量与排水管径关系。

问 4：地下室消防排水允许积水深度是否可按满铺地下室的面积确定？

答：地下室消防排水允许积水深度可按满铺地下室的面积确定。火灾延续时间内，地下室允许有150mm的积水深度，并不会影响电气控制柜等重要设备的运行。（一般室内电气控制柜的混凝土基础高度为100mm，在加100mm高的槽钢基座，则150mm的积水深度也不至影响电气设备）。

问5：一般地下室的消防排水和人防地下室的消防排水是否应该有所区别？其排水泵的电源是否均应按消防电源考虑？

答：消防泵房内及消防电梯集水坑排水应采用消防电源；一般地下室和人防地下室的消防排水一样，其排水泵的电源可不按消防电源考虑。（人防规范规定其他排水泵可以不考虑消防电源）

问6：消防排水泵有何具体要求？

答：可参考潜水泵的具体要求。

问7：地下车库消防排水泵，流量是否要和消防流量匹配？消防排水泵对电源有何具体要求？

答：地下车库消防排水泵流量可按火灾延续时间内室内消防总水量排水（因特殊情况下有室外补水，宜适当留有余地），且保证地下室积水高度不大于 $100\sim150mm$。确定地下室排水泵的流量，并应提供积水高度对应的水容积荷载给结构专业。同时建议地下室电气用房的门槛高度应不小于150mm。除消防泵房内及消防电梯集水坑排水应采用消防电源，其他用于消防排水的排水泵可以不考虑消防电源。

【注】（消防电源一般由双电源供电，应为专用线路，且消防电缆的防火等级要高于普通的双电源电缆）。叠压供水设备和下沉庭院广场的雨水排水泵需要双电源而不是消防电源。

问8：每个消防电梯集水坑均应设置消防排水泵？可否两部消防电梯合用一个集水坑时，集水坑的有效容积与潜水泵的流量可不叠加，按大于 $2m^3$，大于等于 $10L/s$ 设计。

答：不是一个防火分区的消防电梯不应合用一个集水坑。一个防火分区内的消防电梯合用一个集水坑时，集水坑容积应放大 1.5 倍，且不小于 $3m^3$，潜水排水泵按二用一备配置。

问9：消防电梯井底的排水可排入地下室平时集水井内，即消防排水可以与平时排水结合使用。

答：建议分别排水，或者排入下面一层的排水设施，间接排水。

问10：大空间灭火系统设置末端试水装置的形式？

答：应按照一门水炮或一个大喷头的流量并按重力流校核排水管管径。

问11：测试排水的管材如何选择？

答：应采用压力排水管材。

问12：测试排水管道的敷设是否应该是上口通大气下部间接排水？

答：是。

问 13：自喷系统末端试水排水由于是压力排水，是否不建议排至卫生间？

答：自喷系统末端试水排水不应排至卫生间，宜设独立的排水立管。有条件时，可将其排至清洁间拖布池，但拖布池的排水管管径应大于等于 DN75。

9.4 延伸思考

思考 1：消防电梯井底排水设施。

分析：9.2.3 条为强制性条文，必须严格执行。一般灭火过程中，大多要用两支水枪同时出水。在起火楼层要控制水的流量和流向，使电梯井不进水是不可能的。这么多的水，使之不进入前室或是由前室内部全部排掉，在技术上也不容易实现。因此，在消防电梯井底设排水口非常必要。将流入井底部的水直接排向室外，有两种方法：消防电梯不到地下室，有条件的可将井底的水直接排向室外。为防雨季的倒灌，排水管在外墙位置可设单流阀。不能直接将井底的水排出室外时，参考国外做法，井底下部或旁边设容量不小于 2.00m³ 的水池，排水量不小于 10L/s 的水泵，将流入水池的水抽向室外。

消防电梯是火灾一发生就自动降到首层，目的是为消防队赶到时提供快速达到着火地点而设置的消防捷运措施，消防队到达以前建筑物能使用的水枪是最大 2 股水柱，为此消防排水考虑火灾初期的灭火用水量，另外 95% 的火灾是 2 股水柱就能扑灭，鉴于上述两种原因，在考虑投资和经济的因素，规定消防电梯井的排水量不应小于 10L/s。

思考 2：测试排水。

分析：9.3.1 条为强制性条文，必须严格执行。本条规定自动喷水末端试水、报警阀排水、减压阀等试验排水的要求。

消防给水系统减压阀因不经常使用，因为渗漏往往经过一段时间后导致阀前后压力差减少，为保证减压阀前后压差与设计基本一致，减压阀应经常试验排水；另外减压阀为测试其性能需要排水，故减压阀应设置排水管道。

思考 3：仓库的消防排水措施。

分析：9.2.1 条规定了火灾时建筑或部位应设置消防排水设施。仓库火灾除考虑火灾扑灭外，还应考虑储存物品的水渍损失，另外有些物品具有吸水性，一旦吸收大量的水后，造成荷载增加，对于建筑物结构的安全构成威胁，为此从保护物品和减少荷载，仓库地面应考虑排水设施。

思考 4：涉及有毒有害物料（石油化工等企业）的消防排水。

分析：9.1.1 条文规定了设有消防给水系统的建设工程宜采取消防排水措施。

含有毒有害（装置、罐区、厂房、库房）物料的消防排水，应按建、构筑物情况分别设置相应的排水系统：

1）装置区、罐区应分别设置围堰、防火堤及其配套设施（水封井、切换阀等）；

（1）装置区应设置不低于 150mm 的围堰和导流设施；

① 应根据围堰内可能泄漏物料的特性，在围堰内设置集水沟槽、排水口，并在排出口下游设置水封井，水封井的水封高度不小于 250mm；

② 围堰外应设置阀门切换井，正常情况下雨水排水系统阀门关闭；受污染水（必要时设隔油设施）排入污水排放系统；清洁雨水可切换到雨水排水系统。

（2）罐区围堤、隔堤设置应符合《石化防火规范》中对防火堤、隔堤规定要求实施；

防火堤外设置水封井及阀门切换井，正常情况下雨水排水系统阀门关闭，被污染的排水（必要时设隔油设施）切换到排入污水系统；水封井的水封高度不小于 250mm。

2）厂房、库房室内地面排水管（沟）排入污水管网系统前应设置水封；

水封井的水封高度不小于 250mm。不应采用排水存水弯替代水封井。

3）全厂应设置防止受污染的消防水直接排出厂外的措施（如设置事故收集池、切换阀及提升设备等）。

（1）事故收集池：

消防事故水的排放及收集应考虑企业一次最大消防用水量、发生事故处的物料量（可减去发生事故时可转输到其他储存处理设施的物料量）、发生事故时必须进入该收集系统的生产废水量以及可能进入该收集系统的降雨量之和确定。

罐区防火堤内容积、排至事故收集池之重力流管道在事故收集池最高液位以下的管道容积可作为事故收集的有效容积。

事故收集池宜加盖，并根据可能进入的物料的特性设置排气筒。

（2）切换阀门及井：

在排入事故收集池前的管段中应设置切换阀门，平时雨水排水通过管道切换阀排入外部水体系统、事故状态下通过切换阀门切换到事故收集池。

切换阀门宜设置电动、手动两用启闭阀门，阀门的维护周期等要求应符合消防泵的维护要求。

（3）提升设备：

事故收集池应设置提升泵（并设置备用泵），涉及易燃易爆物料的水体应设置防爆型水泵，并由泵提升至污水处理系统处理。

（4）事故收集设施应根据实际情况考虑采取防渗、防腐、防冻、防洪、抗浮、抗震等措施。

（5）含易燃易爆液体的事故收集池火灾危险性类别确定为丙类；事故（如消防时）状态下按甲类管理（如采用防爆型提升泵等）。

第10章 水力计算

10.1 条文综述

本章3节条文共计15条，无强制性条文。明确了室内消火栓、消防给水、消火栓系统和减压措施的水力计算原则、公式、参数以及室内消火栓保护半径计算等。

10.2 条文要点说明

10.1.1 消防给水的设计压力应满足所服务的各种水灭火系统最不利点处水灭火设施的压力要求。

【要点说明】规范对消防给水的设计压力提出了要求。

表10.1.1为常见水灭火系统最不利点处水灭火设施的压力要求。

常见水灭火系统最不利点处水灭火设施的压力要求　　　　表10.1.1

序号	水灭火系统名称	设置场所	最不利点处水灭火设施的压力
1	室内消火栓系统	高层建筑、厂房、库房和室内净空高度超过8m的民用建筑等场所	消火栓栓口动压不应小于0.35MPa
		除上述以外的其他场所	消火栓栓口动压不应小于0.25MPa
2	自动喷水灭火系统	采用标准型喷头场所	标准工作压力0.1MPa 最低不小于0.05MPa
		采用非标准型喷头场所	应根据产品性能及场所灭火强度计算确定
3	泡沫灭火系统	采用泡沫-水喷头、泡沫-水雾喷头的场所	工作压力应在标定的工作压力范围内，且不应小于其额定压力的0.8倍
4	水喷雾灭火系统	用于灭火时的水雾喷头	工作压力不小于0.35MPa
		用于防护冷却时的水雾喷头	工作压力不小于0.25MPa
		甲、乙、丙类液体防护冷却喷头	工作压力不小于0.15MPa
5	固定消防炮灭火系统	室内消防水（泡沫）炮	设计压力应能使消防炮的射流到达被保护区域的任一部位，水（泡沫）炮的射程按产品射程指标值计算
		室外消防水（泡沫）炮	设计压力应能使消防炮的射流完全覆盖被保护场所及被保护物，且应满足灭火强度及冷却强度的要求；水（泡沫）炮的射程按产品射程指标值的90%计算

注：其他水灭火系统最不利点处水灭火设施的压力要求应根据相关规范及所选灭火设备确定。

10.1.2 消防给水管道单位长度管道沿程水头损失应根据管材、水力条件等因素选择，可按下列公式计算：

1 消防给水管道或室外塑料管可采用下列公式计算：

$$i = 10^{-6} \frac{\lambda}{d_i} \frac{\rho v^2}{2} \tag{10.1.2-1}$$

$$\frac{1}{\sqrt{\lambda}} = -2.01 \log \left(\frac{2.51}{R_e \sqrt{\lambda}} + \frac{\varepsilon}{3.71 d_i} \right) \tag{10.1.2-2}$$

$$R_e = \frac{v d_i \rho}{\mu} \tag{10.1.2-3}$$

$$\mu = \rho v \tag{10.1.2-4}$$

$$v = \frac{1.775 \times 10^{-6}}{1 + 0.0337t + 0.000221t^2} \tag{10.1.2-5}$$

式中 i——单位长度管道沿程水头损失，MPa/m；

d_i——管道的内径，m；

v——管道内水的平均流速，m/s；

ρ——水的密度，kg/m³；

λ——沿程损失阻力系数；

ε——当量粗糙度，可按表10.1.2取值，m；

R_e——雷诺数，无量纲；

μ——水的动力粘滞系数，Pa/s；

ν——水的运动粘滞系数，m²/s；

T——水的温度，宜取10℃。

2 内衬水泥砂浆球墨铸铁管可按下列公式计算：

$$i = 10^{-2} \frac{v^2}{C_V^2 R} \tag{10.1.2-6}$$

$$C_V = \frac{1}{n_\varepsilon} R^y \tag{10.1.2.7}$$

$0.1 \leqslant R \leqslant 3.0$ 且 $0.011 \leqslant n_\varepsilon \leqslant 0.040$ 时，

$$y = 2.5\sqrt{n_\varepsilon} - 0.13 - 0.75\sqrt{R}(\sqrt{n_\varepsilon} - 0.1) \tag{10.1.2-8}$$

式中 R——水力半径，m；

C_V——流速系数；

n_ε——管道粗糙系数，可按表10.1.2取值；

y——系数，管道计算式可取 $\frac{1}{6}$。

3 室内外输配水管道可按下式计算：

$$i = 2.9660 \times 10^{-7} \left[\frac{q^{1.852}}{C^{1.852} d_i^{4.87}} \right] \tag{10.1.2-9}$$

式中 C——海澄-威廉系数，可按表10.1.2取值；

q——管段消防给水设计流量，L/s。

各种管道水头损失计算参数 ε、n_g、C   表 10.1.2

管材名称	当量粗糙度 ε（m）	管道粗糙系数 n_g	海澄-威廉系数 C
球墨铸铁管（内衬水泥）	0.0001	0.011～0.012	130
钢管（旧）	0.0005～0.001	0.014～0.018	100
镀锌钢管	0.00015	0.014	120
铜管/不锈钢管	0.00001	—	140
钢丝网骨架 PE 塑料管	0.000010～0.00003		140

【要点说明】规范给出了三种管道沿程水头损失计算公式：

1）达西公式配以柯列布鲁克-怀特公式计算沿程水头损失，适用于各种紊流，是适用性和计算精度最高的公式之一。目前该公式在《埋地管道聚乙烯给水埋地管道工程技术规程》中用以计算 PE 管沿程水头损失。用于计算内壁光滑的塑料管或衬塑钢管等。公式中的 λ 不是一个常数，无量纲，与流体的性质、温度、管道的粗糙程度以及流速和流态有关；对于沿程损失阻力系数 λ，一般通过相应的雷诺数 Re 和相对粗糙度 $\dfrac{\varepsilon}{d}$ 查莫迪图（见图 10-1）。

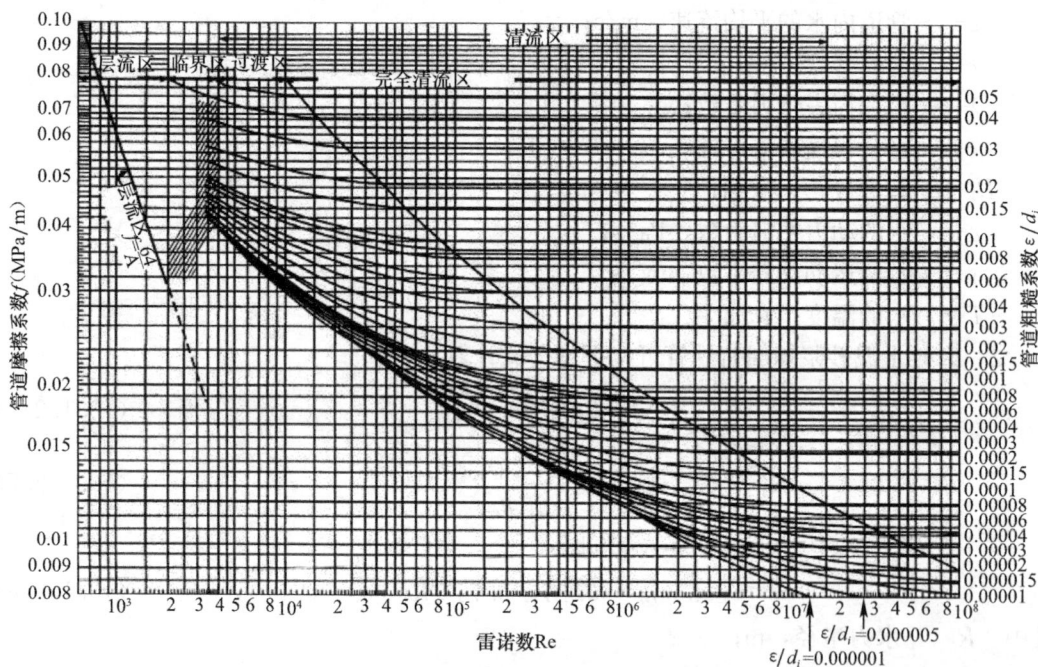

图 10-1 莫迪图

2）谢才公式在《室外水规范》中用以计算混凝土管、钢筋混凝土管及各种渠道的沿程水头损失计算，用于明渠或较粗糙的管道计算，适用范围 $n<0.020$，$R<0.5m$。《消水规》用以计算内衬水泥砂浆球墨铸铁管。流速系数中 y 的取值在管道计算中取 1/6，文中计算 y 值的公式适用于各种渠道。

3）海澄-威廉公式是目前许多国家用于供水管道水力计算的公式。公式主要是通过对海澄-威廉系数的调整，以适应不同粗糙系数的管道，适用于紊流过渡区（$i \propto v^{1.75 \sim 2.0}$），与上述公式中 i 与 v 的平方成比例不同，该式 i 与 v 的 1.852 次方成比例。该式计算简捷，应用广泛，可满足工程精度要求，适用于低压系统。下表收集了现行相关规范进行水力计算所采用的海澄-威廉公式及对应的海澄-威廉系数取值。

规范名称	海澄-威廉公式		
	公式	海澄-威廉系数 C（C_h）	规范相关要求
《消水规》	式中 $i=2.9660\times10^{-7}\left[\dfrac{q^{1.852}}{C^{1.852}d_i^{4.87}}\right]$ i——单位长度管道水头损失，MPa/m； q——管段消防给水设计流量，L/s； d_i——管道的内径，m	球墨铸铁管（内衬水泥）$C=130$ 钢管（旧）$C=100$ 镀锌钢管 $C=120$ 铜管/不锈钢管 $C=140$ 钢丝网骨架PE塑料管$C=140$	消防给水管道的设计流速不宜大于 2.5m/s，任何消防管道的给水流速不应大于 7m/s
《建水规范》	式中 $i=105C_h^{-1.85}d_j^{-4.87}q_g^{1.85}$ i——管道单位长度水头损失，kPa/m； d_i——管道计算内径，m； q_g——给水设计流量，m³/s	各种塑料管/内衬（涂）塑管 $C_h=140$ 铜管/不锈钢管 $C_h=130$ 内衬水泥/树脂的铸铁管 $C_h=130$ 普通钢管/铸铁管 $C_h=100$	冷热水均按此公式计算水头损失； 给水管道经济流速根据管径确定，不大于 1.8m/s
《细水雾规范》	式中 $P=605\dfrac{Q^{1.85}}{C^{1.85}d^{4.87}}\times10^5$ P——单位长度管道的水头损失，kPa/m； d——管道内径，m； Q——管道的流量，L/min； C——管道的摩阻系数	铜管/不锈钢管 $C_h=130$	低压细水雾系统按此公式计算水头损失； 中压、高压细水雾：当 $DN\geqslant20$mm 且 $v<7.6$m/s 时，按此公式计算
《水喷雾规范》	式中 $i=105C_h^{-1.85}d_j^{-4.87}q_g^{1.85}$ i——管道的单位长度水头损失，kPa/m； d_i——管道计算内径，m； q_g——给水设计流量，m³/s	铜管/不锈钢管 $C_h=130$	当采用不锈钢管或铜管时，可按此公式计算； 管道内水的平均流速不宜大于 5m/s
《室外水规范》	式中 $i=\dfrac{h_y}{l}=\dfrac{10.67q^{1.852}}{C_h^{1.852}d_j^{4.87}}$ i——单位长度管道的水头损失，m/m； d_j——管道计算内径，m； q_g——管道设计流量，m³/s	钢管、铸铁管：水泥砂浆内衬 $C_h=120\sim130$，涂料内衬 $C_h=130\sim140$，旧钢管、旧铸铁管（无内衬）$C_h=90\sim100$； 混凝土管：预应力混凝土管（PCP）$C_h=110\sim130$，预应力钢筒混凝土管（PCCP）$C_h=120\sim140$； 化学管材（聚乙烯管、聚氯乙烯管、玻璃纤维增强树脂夹砂管等），内衬与内涂塑料的钢管 $C_h=140\sim150$	输配水管道、配水管网水力平差计算
《泡沫规范》	式中 $i=105C_h^{-1.85}d_j^{-4.87}q_g^{1.85}$ i——管道单位长度水头损失，kPa/m； d_i——管道计算内径，m； q_g——给水设计流量，m³/s	铜管/不锈钢管 $C_h=130$	当水管道与泡沫混合液管道采用不锈钢或铜管时，沿程水头损失应按此公式计算； 管道流速：储罐区泡沫灭火系统水和泡沫混合液流速不宜大于 3m/s，泡沫-水喷淋系统、中倍数与高倍数泡沫灭火系统的水和泡沫混合液，在主管道内的流速不宜大于 5m/s，在支管道内的流速不应大于 10m/s

规范名称	海澄-威廉公式		
	公式	海澄-威廉系数 C (C_h)	规范相关要求
《喷规》(报批稿)	$i=6.05\dfrac{q_g^{1.85}}{C_h^{1.85}d_j^{4.87}}\times10^7$ 式中 P——单位长度管道的水头损失，kPa/m; d_j——管道计算内径，mm; q_g——管道设计流量，L/min	镀锌钢管 $C_h=120$ 铜管/不锈钢管 $C_h=130$ 涂覆钢管、氯化聚乙烯(PVC-C) 管 $C_h=140$	管道内的水流速度宜采用经济流速，必要时可超过 5m/s，但不应大于 10m/s

10.1.3 管道速度压力可按下式计算:

$$P_V = 8.11\times10^{-10}\frac{q^2}{d_i^4} \tag{10.1.3}$$

式中 P_V——管道速度压力，MPa。

【要点说明】规范给出了管道速度压力计算公式。管道速度压力也就是常说的速度水头，即伯努利方程中的动能项 $\dfrac{v^2}{2g}$ 或 $\dfrac{\rho v^2}{2}$。

计算时应注意本公式中各项的量纲: q-流量（L/s)，d_i-管道内径（m)。

10.1.4 管道压力可按下式计算:

$$P_n = P_t - P_V \tag{10.1.4}$$

式中 P_n——管道某一点处压力，MPa;

P_t——管道某一点处总压力，MPa。

【要点说明】规范给出了管道压力计算公式。管道压力也就是管道的动水压力，即伯努利方程中的压强能项 $\dfrac{p}{\gamma}$。当管道某一点的速度增大时，管道压力降低;当管道某一点的速度减小时，管道压力升高，当流速为零时，管道压力即静水压力。

10.1.5 管道沿程水头损失宜按下式计算:

$$P_f = iL \tag{10.1.5}$$

式中 P_f——管道沿程水头损失，MPa;

L——管道直线段的长度，m。

【要点说明】管道沿程水头损失等于单位管长沿程水头损失乘以管道直线段的长度。

单位管长沿程水头损失 i 根据 10.1.2 所选公式进行计算。

10.1.6 管道局部水头损失宜按下式计算。当资料不全时，局部水头损失可按根据管道沿程水头损失的 $10\%\sim30\%$ 估算，消防给水干管和室内消火栓可按 $10\%\sim20\%$ 计，自动喷水等支管较多时可按 30% 计。

$$P_p = iL_p \tag{10.1.6}$$

式中 P_p——管件和阀门等局部水头损失，MPa;

L_p——管件和阀门等当量长度，可按表 10.1.6-1 取值，m。

表 10.1.6-1

管件和阀门等当量长度（m）

管件名称	管件直径 DN（mm）											
	25	32	40	50	70	80	100	125	150	200	250	300
45°弯头	0.3	0.3	0.6	0.6	0.6	0.9	1.2	1.5	2.1	2.7	3.3	4.0
90°弯头	0.6	0.9	1.2	1.5	1.8	2.1	3.1	3.7	4.3	5.5	5.5	8.2
三通/四通	1.5	1.8	2.4	3.1	3.7	4.6	6.1	7.6	9.2	10.7	15.3	18.3
蝶阀	—	—	—	1.8	2.1	3.1	3.7	2.7	3.1	3.7	5.8	6.4
闸阀	—	—	0.3	0.3	0.3	0.3	0.6	0.6	0.9	1.2	1.5	1.8
止回阀	1.5	2.1	2.7	3.4	4.3	4.9	6.7	8.3	9.8	13.7	16.8	19.8
异径弯头	32	40	50	70	80	100	125	150	200	—	—	—
	25	32	40	50	70	80	100	125	150	—	—	—
	0.2	0.3	0.3	0.5	0.6	0.8	1.1	1.3	1.6	—	—	—
U 型过滤器	12.3	15.4	18.5	24.5	30.8	36.8	49	61.2	73.5	98	122.5	—
Y 型过滤器	11.2	14	16.8	22.4	28	33.6	46.2	57.4	68.6	91	113.4	—

注：1. 当异径接头的出口直径不变而入口直径提高 1 级时，其当量长度应增大 0.5 倍；提高 2 级或 2 级以上时，其当量长度应增加 1.0 倍。

2. 表中当量长度是在海澄威廉系数 $C=120$ 的条件下测得，当选择的管材不同时，当量长度应根据下列系数作调整：$C=100$，$k_1=0.713$；$C=120$，$k_1=1.0$；$C=130$，$k_1=1.16$；$C=140$，$k_1=1.33$；$C=150$，$k_1=1.51$。

3. 表中没有提供管件和阀门当量长度时，可按表 10.1.6-2 提供的参数经计算确定。

各种管件和阀门的当量长度折算系数
表 10.1.6-2

管件或阀门名称	折算系数（L_p/d_i）	管件或阀门名称	折算系数（L_p/d_i）
45°弯头	16	止回阀	70~140
90°弯头	30	异径弯头	10
三通/四通	60	U 型过滤器	500
蝶阀	30	Y 型过滤器	410
闸阀	13		

【要点说明】规范给出了管道局部水头损失计算公式。

建议阀门及管件按当量长度进行计算，在方案或初设估算及资料不全的情况下，可按沿程水头损失的一定比例进行估算。

关于管件当量长度，表 10.1.6-1 中三通四通的数值系指侧向流，而非直通流。如在实际工程设计中需要计算三通四通的直通当量长度，可依据美国《Uniform Plumbing Code》提供的当量长度，见表 10.1.6-3。

美国各种管件和阀门的当量长度（m）
表 10.1.6-3

管件名称	管件直径 DN（mm）								
	25	32	40	50	70	80	100	125	150
45°弯头	0.5	0.7	0.9	1.2	1.5	1.8	2.4	3.1	3.6
90°弯头	0.9	1.2	1.5	2.1	2.4	3.0	4.3	5.2	6.1
三通/四通的侧向流	1.5	1.8	2.1	3.0	3.6	4.6	6.4	7.6	9.1
三通/四通的直通流	0.3	0.4	0.5	0.6	0.8	0.9	1.2	1.5	1.8
闸阀	0.2	0.2	0.3	0.4	0.5	0.6	0.8	1.0	1.2
截止阀	6.1	7.6	10.6	13.7	16.7	19.8	24.3	38.0	50.2
角阀	4.6	5.5	6.7	8.5	10.3	12.2	16.7	21.3	24.3

10.1.7 消防水泵或消防给水所需要的设计扬程或设计压力，宜按下式计算：

$$P = k_2\left(\sum P_f + \sum P_p\right) + 0.01H + P_0 \qquad (10.1.7)$$

式中 P——消防水泵或消防系统所需要的设计扬程或设计压力，MPa；

k_2——安全系数，可取 1.20~1.40；宜根据管道的复杂程度和不可预见发生的管道变更所带来的不确定性；

H——当消防水泵从消防水池吸水时，H 为最低有效水位至最不利灭火设施的几何高差；当消防水泵从市政给水管网直接吸水时，H 为火灾时市政给水管网在消防水泵入口处的设计压力值的高程至最不利水灭火设施的几何高差，m；

P_0——最不利点水灭火设施所需的设计压力，MPa。

【要点说明】本条给出了消防水泵设计扬程或消防给水系统入口压力的计算公式。

1）目前关于消防泵扬程计算存在以下几个计算公式：

（1）现行《喷规》中水泵扬程或系统入口的供水压力计算公式：

$$H = \sum h + P_0 + Z$$

式中 $\sum h$——管道沿程和局部水头损失的累计值，MPa；

P_0——最不利点处喷头的工作压力，MPa；

Z——最不利点处喷头与消防水池的最低水位或系统入口管水平中心线之间的高程差，当系统入口管或消防水池最低水位高于最不利点处喷头时，Z 应取负值，MPa。

（2）旧版《建规》中消防增压泵扬程：

$$H_b = H_z + H_g + H_{xh}$$

式中 H_z——输水管的阻力，m；

H_g——供水高度，m；

H_{xh}——满足消火栓出口的水压力，m。

以上两个公式均未考虑安全系数。

（3）2009 年版《全国民用建筑工程设计技术措施-给水排水》提供的消防泵扬程计算公式：

$$H = 1.05 \sim 1.10\left(\sum h + 0.01Z + P_0\right)$$

式中 1.05~1.10——安全系数；

$\sum h$——管道沿程和局部水头损失的累计值，MPa；

Z——最不利点处消防用水设备与消防水池的最低水位或水泵直接从市政管网吸水时吸水管水平中心线之间的高程差，当该值高于最不利点处消防灭水设备时，Z 应取负值，MPa；

P_0——最不利点处灭火设备的工作压力，MPa。

该公式对水泵计算总扬程根据系统管网的大小增加了 1.05~1.10 的安全系数。

2）在实际选择水泵时考虑到水泵的磨损导致效率下降因素，所选水泵扬程适当考虑安全系数是合理的。

3）本次规范的计算公式有两点需注意：

（1）公式给出的安全系数是 1.2~1.4，是出于根据管道的复杂程度和不可预见发生的管道变更所带来的不确定性，仅用于系统沿程和局部阻力。

（2）在进行消火栓系统计算时，P_0 在高层建筑、厂房、库房和室内净高超过 8m 的民用建筑等场所取值不小于 0.35MPa，在其他场所取值不小于 0.25MPa。

10.1.8　市政给水管网直接向消防给水系统供水时，消防给水入户引入管的工作压力应根据市政供水公司确定值进行复核计算。

【要点说明】本条要求，当消防给水系统由市政管网直接供水时，应进行压力复核计算。

1）本规范规定的市政管网直接供水的消防给水系统有四种情况：

（1）室外低压消防给水系统。要求管网运行压力不小于 0.14MPa，火灾时最不利点室外消火栓的出水量不小于 15L/s，从地面算起的供水压力不小于 0.1MPa；因消防引入管上设有倒流防止器等，火灾时最不利点消火栓供水压力小于 0.1MPa 时，应在倒流防止器前增加一个室外消火栓；

（2）高压消防给水系统。分为室外高压消防给水和室内高压消防给水，两个系统宜合用，但室内高压系统不能与生产生活给水系统合用；

（3）自动喷淋局部应用系统和仅设有消防卷盘或轻便水龙的室内消火栓给水系统。自动喷淋局部应用系统应根据《喷规》规定的喷水强度及系统组件进行水力计算；消防卷盘或轻便水龙的室内消火栓给水系统，规范没有具体压力和流量要求，建议按市政管网供水压力达到的生活或生产给水高度确定；

（4）在市政管网条件允许的情况下，消防泵直接从市政管网吸水的临时高压消防给水系统。消防水泵扬程应按室外给水管网最低水压计算，并以室外给水的最高水压校核消防水泵的工作工况。

2）根据上述要求，市政供水公司提供的接入点压力应包括最低水压、正常运行水压、最高水压。

3）根据消防系统供水压力计算结果，以市政供水公司提供的最低压力做为消防引入管的供水压力复核系统最不利点压力能否满足要求；以市政供水公司提供的最高压力复核系统的超压情况，并据此选用管材及配件，确定系统工作压力。

10.1.9　消火栓系统管网水力计算应符合下列规定：

1　室外消火栓系统的管网在水力计算时不应简化，应根据枝状或事故状态下环状管网进行水力计算；

2　室内消火栓系统管网在水力计算时，可简化为枝状管网。

室内消火栓系统的竖管流量应根据本规范第 8.1.6 条第 1 款规定的可关闭竖管数量最大时，剩余一组最不利的竖管确定该组竖管中每根竖管平均分摊消火栓设计流量，且不应小于本规范表 3.5.2 规定的竖管流量。

室内消火栓系统供水横干管的流量应为室内消火栓设计流量。

【要点说明】本条给出了消火栓系统管网的水力计算原则。

1）室外管网应根据枝状（当管网为枝状时）或事故状态下环状管网（环状管网时）进行水力计算。

（1）系统采用枝状还是环状根据《消水规》第 6.1.3 条、第 8.1.2 条、第 8.1.3 条确定；

（2）环状管网事故状态有两种情况：一是向环状管网供水的两路输水干管中的其中一路发生故障，另一路应仍能满足消防流量；二是环状管网出现故障管段时（需在初始管网时进行管段分流、平差计算），其余管段仍能满足压力流量要求。

2）室内消火栓系统可简化为枝状计算。

（1）根据《消水规》第 8.1.6 条规定确定可关闭竖管最大数量；

（2）剩余一组最不利竖管平摊室内消火栓设计流量；

（3）横干管计算流量应为室内消火栓设计流量，不是单竖管的枝状管流量；

（4）竖管流量不应小于《消水规》表 3.5.2 规定的竖管最小流量。

10.2.1　室内消火栓的保护半径可按下式计算

$$R_0 = k_3 L_d + L_s \qquad (10.2.1)$$

式中　R_0——消火栓保护半径，m；

k_3——消防水带弯曲折减系数，宜根据消防水带转弯数量取 $0.8 \sim 0.9$；

L_d——消防水龙带长度，m；

L_s——水枪充实水柱长度在平面上的投影长度。按水枪倾角为 $45°$ 时计算，取 $0.71S_k$，m；

S_k——水枪充实水柱长度，按本规范第 7.4.12 条第 2 款和第 7.4.16 条第 2 款的规定取值，m。

【要点说明】本条给出了室内消火栓的保护半径计算公式。

1）室内消火栓的保护半径由两个部分构成：消防水龙带有效长度和水枪充实水柱长度在平面上的投影长度。

（1）消防水带弯曲折减系数：

65mm 直径的水龙带转弯半径为 1m，火灾时从消火栓到起火地点，建筑物可能有很多转弯，造成水龙带无法按直线敷设，而是波浪式敷设，于是水龙带的有效敷设距离会降低，转弯越多，造成的降低越多。因此，宜根据转弯数量来确定系数，规定可取 $0.8 \sim 0.9$。

（2）消防水龙带有效长度：$k_3 L_d = (0.8 \sim 0.9) \times 25\text{m} = (20 \sim 22.5)$ m

（3）水枪充实水柱长度在平面上的投影长度 L_s：

表 10.2.1-1 为水枪充实水柱长度在平面上的投影长度计算。

水枪充实水柱长度在平面上的投影长度 L_s 计算　　　　表 10.2.1-1

场所	消火栓栓口最小动压值（MPa）	消防防水枪充实水柱长度计算值 S_k（m）	水枪充实水柱长度在平面上的投影长度 $L_s = 0.71S_k$（m）
高层建筑、厂房、库房和室内净空高度超过 8m 的民用建筑等场所	0.35	13	9.23
其他场所	0.25	10	7.10
城市交通隧道	0.30	13	9.23

2）室内消火栓的保护半径 R_0：

表 10.2.1-2 为室内消火栓的保护半径计算值。

场所	消防水龙带有效长度（m）	水枪充实水柱长度在平面上的投影长度 $L_s = 0.71 S_k$（m）	室内消火栓的保护半径 R_0（m）
高层建筑、厂房、库房和室内净空高度超过 8m 的民用建筑等场所	20.0	9.23	29.23
	22.5		31.73
其他场所	20.0	7.10	27.10
	22.5		29.60
城市交通隧道	20.0	9.23	29.23
	22.5		31.73

10.3.1　减压孔板应符合下列规定：

1　应设在直径不小于 50mm 的水平直管段上，前后管段的长度均不宜小于该管段直径的 5 倍；

2　孔口直径不应小于设置管段直径的 30%，且不应小于 20mm；

3　应采用不锈钢板材制作。

【要点说明】本条规定了对设置减压孔板管道前后直线管段的要求，减压孔板的最小尺寸和孔板的材质。本条规定的内容与《喷规》第 9.3.1 条规定一致。

10.3.2　节流管应符合下列规定：

1　直径宜按上游管段直径的 1/2 确定；

2　长度不宜小于 1m；

3　节流管内水的平均流速不应大于 20m/s。

【要点说明】本条规定了节流管的设置的技术要求。本条规定的内容与《喷规》第 9.3.2 条规定一致。

10.3.3　减压孔板的水头损失，应按下列公式计算：

$$H_k = 0.01 \zeta \frac{V_k^2}{2g} \tag{10.3.3-1}$$

$$\zeta_1 = \left[1.75 \frac{d_k^2}{d_i^2} \cdot \frac{1.1 - \frac{d_k^2}{d_i^2}}{1.175 - \frac{d_k^2}{d_i^2}} - 1 \right]^2 \tag{10.3.3-2}$$

式中　H_k——减压孔板的水头损失，MPa；

V_k——减压孔板后管道内水的平均流速，m/s；

g——重力加速度，m/s²；

ζ_1——减压孔板的局部阻力系数，也可按表 10.3.3 取值；

d_k——减压孔板孔口的计算内径；取值应按减压孔板孔口直径减 1mm 确定，m；

d_i——管道的内径，m。

减压孔板局部阻力系数　　　　　表 10.3.3

d_k/d_i	0.3	0.4	0.5	0.6	0.7	0.8
ζ_i	292	83.3	29.5	11.7	4.75	1.83

【要点说明】本条规定了减压孔板的水头损失计算公式。本条减压孔板的水头损失相关计算公式与《喷规》第9.3.3条及其附录D计算公式一致。只是《喷规》d_k为减压孔板的孔口直径（未扣除1mm），对应于《消水规》d_k为减压孔板孔口的计算内径；《喷规》d_j为管道的计算内径，对应于《消水规》d_i为管道的内径。

10.3.4 节流管的水头损失，应按下式计算：

$$H_g = 0.01\zeta_2 \frac{V_g^2}{2g} + 0.0000107 \frac{V_g^2}{d_g^{1.3}} L_j \qquad (10.3.4)$$

式中 H_g——节流管的水头损失，MPa；

ζ_2——节流管中渐缩管与渐扩管的局部阻力之和，取0.7；

V_g——节流管内水的平均流速，m/s；

d_g——节流管的计算内径；取值应按节流管内径减1mm确定，m；

L_j——节流管的长度，m。

【要点说明】本条规定了节流管的水头损失计算公式。本条节流管的水头损失相关计算公式、参数选取与《喷规》第9.3.4条一致。

10.3.5 减压阀的水头损失计算应符合下列规定：

1 应根据产品技术参数确定，当无资料时减压阀阀前后静压与动压差应按不小于0.10MPa计算；

2 减压阀串联减压时应计算第一级减压阀的水头损失对第二级减压阀出水动压的影响。

【要点说明】给出了减压阀水头损失计算原则。

1）减压阀设置规定见《消水规》第8.3.4条。

2）对于先导式减压稳压阀，《常用小型仪表及特种阀门选用安装》01SS105流量水损特性曲线，在流速为1.5~2.5m/s时，其水头损失如表10.3.5所示。

<table>
<tr><td colspan="3">常用减压阀水头损失</td><td>表10.3.5</td></tr>
<tr><td>公称口径</td><td>YW型</td><td colspan="2">KR200X型</td></tr>
<tr><td>DN50</td><td>0.01~0.05</td><td colspan="2">0.02~0.03</td></tr>
<tr><td>DN70</td><td>0.03~0.10</td><td colspan="2">0.01~0.03</td></tr>
<tr><td>DN80</td><td>0.01~0.06</td><td colspan="2">0.01~0.025</td></tr>
<tr><td>DN100</td><td>0.01~0.025</td><td colspan="2">0.01~0.03</td></tr>
<tr><td>DN125</td><td>0.006~0.02</td><td colspan="2">0.01~0.04</td></tr>
<tr><td>DN150</td><td>0.005~0.02</td><td colspan="2">0.01~0.03</td></tr>
</table>

3）对于比例式减压阀，设计时应分别注明动压比、静压比。

10.3 问题解答

问1：《消水规》第10.1.1条，消防给水的设计压力和消防系统的系统工作压力的差别？

答：消防给水的设计压力是指在满足消防系统流量前提下，各灭火系统最不利点处灭火设施所需压力，是进行临时高压系统设备选型及常高压给水系统水塔高度设置的计算依据。消防系统的系统工作压力定义见《消水规》第 8.2.2、8.2.3 条，是计算试验压力（《消水规》第 12.4.2 条）和系统管材配件选用的依据，消防系统的系统工作压力不完全等同于消防给水的设计压力。

问 2：《消水规》第 10.1.4 条，管道压力与工作压力、动压的关系？

答：我们在进行各种水灭火系统设计时经常用到的动压即是指管道压力，是随着势能、速度水头的变化而变化的变量。而工作压力是指达到系统或设备设计流量时所需的压力，此时的实测压力即为管道压力。

问 3：《消水规》第 10.1.6 条，局部水头损失包含了哪些内容？

答：本条文所指局部水头损失是管网系统中存在的各种管件及阀门等引起的水头损失，仅包括管件及常用阀门，在资料不全或估算时，建议消火栓系统按沿程水头损失的 20% 计算，喷淋系统按沿程损失的 30% 计算。对于阻力系数较大的特殊配件及设备设施等，局部水头损失应单独计算，如水力报警阀、水流指示器、水表、减压阀、倒流防止器、消火栓等。

1) 湿式水力报警阀局损按 0.04MPa 或产品检测数据取值，雨淋阀按 0.07MPa 取值，水流指示器按 0.02MPa 取值；

2) 水表的水头损失计算公式 $h_d = q_g^2 / K_b$，h_d—水表损失（kPa/s），q_g—流量（m³/h），K_b—水表的特性系数（厂商提供）；

3) 减压阀的水头损失计算见《消水规》第 10.3.5 条；

4) 低阻力倒流防止器的水头损失在 0.02～0.03MPa，减压型倒流防止器的水头损失在 0.07～0.1MPa；

5) 消火栓口水头损失一般按 0.02MPa 取值。

问 4：《消水规》第 10.2.1 条，何谓充实水柱？

答：新版《建规》第 2.1.23 条，充实水柱是指由水枪喷嘴起到射流 90% 的水柱水量穿过直径 380mm 圆孔处的一段射流长度。

10.4 延 伸 思 考

思考 1：《消水规》第 10.1.7 条关于水泵扬程或供水压力安全系数的思考。

分析：《消水规》在条文解释中指出，本次规范制订考虑水泵扬程 1.2～1.4 的安全系数是基于以下原因：一是施工时管道的折弯可能增加不少，二是工程设计时其他安全因素的考虑，如管道施工某种原因造成的局部截面缩小等。这些原因主要还是基于管道损失考虑的，因此安全系数仅针对管道沿程和局部水头损失。以往在选择水泵扬程时，在计算扬程的基础上考虑 1.05～1.1 的安全系数，一方面基于水头损失的不确定性（如实际施工改管、二次装修改造等），另一方面考虑设备本身因磨损等原因导致性能下降。

下面对《消水规》公式和《技术措施》公式做个对比：

《消水规》公式：$P_1 = 1.2 \sim 1.4 (\sum P_f + \sum P_p) + 0.01H + P_0$

《技术措施》公式：$P_2 = 1.05 \sim 1.1 ((\sum P_f + \sum P_p) + 0.01H + P_0)$

$P_1 - P_2 = 0.15 \sim 0.3 (\sum P_f + \sum P_p) - 0.05 \sim 0.1 (0.01H + P_0)$

取 $K_1 = 0.15 \sim 0.3$，$K_2 = 0.05 \sim 0.1$，则 $K_1 / K_2 = 3$

$(\sum P_f + \sum P_p)$ 定义为管道总阻力项 A，$(0.01H + P_0)$ 定义为几何扬程与最不利点压力之和项 B

则：$P_1 - P_2 = K_1 A - K_2 B$

当 $A/B < 1/3$ 时，$P_1 > P_2$

当 $A/B = 1/3$ 时，$P_1 = P_2$

当 $A/B > 1/3$ 时，$P_1 < P_2$

对于管道阻力较小（小于几何扬程与最不利点压力之和的 1/3）的系统，《消水规》公式计算值大于《技术措施》公式计算值；对于管道阻力较大（大于几何扬程与最不利点压力之和的 1/3）的系统，《消水规》公式计算值小于《技术措施》公式计算值。

思考 2：《消水规》第 10.1.9 条，关于管网水头损失计算的思考。

分析：室外消火栓管网的计算是"应"，就是要这么做。室内消火栓管网计算是"可"，就是提供了一种计算方法而已。按此计算在立体环时确实水头损失被放大较多，在设计时，若计算出来管网水头损失在 30m 以内，可以按枝状管网进行计算，若水头损失达到 40~50m，从经济性出发，建议结合环网进行计算，可以借鉴室外消火栓系统的事故状态下环网进行计算，事故应该只考虑一处维修。

思考 3：《消水规》第 10.2.1 条，消火栓栓口压力与直流水枪反作用力等计算公式。

分析：1）消火栓栓口压力计算公式

$$H_{xh} = H_q + H_d + H_k \tag{10-1}$$

式中 H_{xh}——消火栓栓口所需的压力，MPa；

H_q——水枪喷嘴处的压力，MPa；

H_d——水龙带的水头损失，MPa；

H_k——消火栓口的水头损失，MPa，一般取 0.02MPa。

（1）水枪喷嘴压力计算公式

$$H_q = \frac{0.01 \cdot \alpha_f \cdot S_k}{1 - \psi \cdot \alpha_f \cdot S_k} \tag{10-2}$$

式中 H_q——水枪喷嘴处的压力，MPa；

α_f——实验系数，可按经验公式 $\alpha_f = \dfrac{H_f}{S_k} = 1.19 + 80 (0.01 \cdot S_k)^4$ 计算；

ψ——与水枪喷嘴相关的阻力系数，由经验公式 $\psi = \dfrac{0.25}{d_f + (0.1 \cdot d_f)^3}$ 计算，或当

$d_f = 19\text{mm}$ 取 $\psi = 0.0097$；

H_f——垂直射流高度，m；

d_f——水枪喷嘴直径，m。

（2）水枪射流量计算公式

$$q_{xh} = 10 \cdot \sqrt{B \cdot H_q} \tag{10-3}$$

式中 q_{xh}——水枪射流量，L/s；

　　　B——水枪水流特性系数，d_f=19mm、B=1.577。

（3）水龙带的水头损失计算公式

$$H_d = 0.01 \cdot A_z \cdot L_d \cdot q_{xh}^2 \tag{10-4}$$

式中 A_z——水龙带的阻力系数，公称直径65有内衬里的水带 A_z=0.00712；

　　　L_d——水龙带长度，m。

2）水枪反作用力计算公式：

$$F = 2 \cdot \beta \cdot g \cdot \gamma \cdot \omega \cdot H_q \left(1 - \frac{d_f^2}{D^2}\right) \tag{10-5}$$

式中 F——水枪反作用力，N；

　　　β——计算修正系数，取 β=1.1；

　　　g——重力加速度（m/s²），取 g=9.8m/s²；

　　　γ——水的容量（kg/m³），取 γ=1000kg/m³

　　　ω——水枪喷嘴断面积，m³；

　　　D——水龙带直径，mm。

思考4：《消水规》第10.3.1条，减压孔板前后最小直线管段长度、孔板允许最小孔口直径和其他相关要求。

分析：1）计算简图：

图10-2为倒角扩口型减压孔板计算示意。

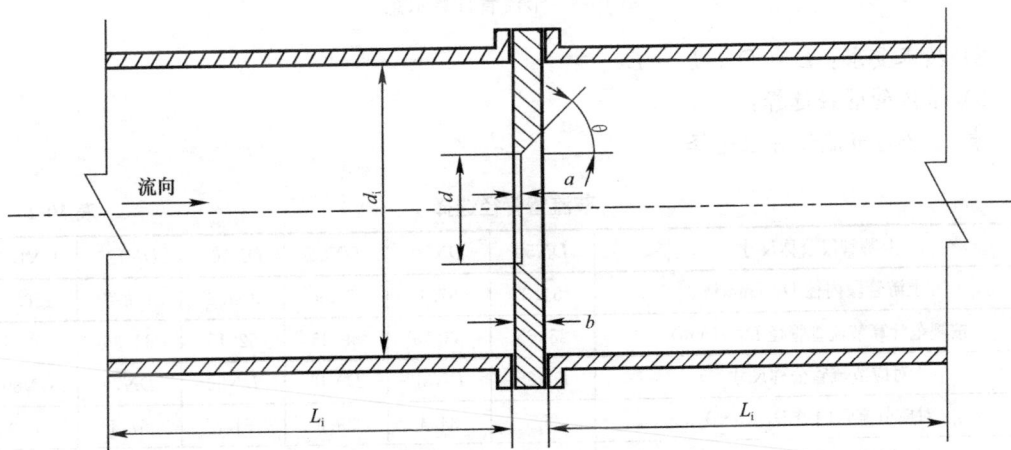

图10-2 倒角扩口型减压孔板计算示意

2）减压孔板厚度：

按常规确定的孔板厚度：管道公称直径为50～80mm时，b=3mm；管道公称直径为100～150mm时，b=6mm；管道公称直径为200mm时，b=9mm。

3）减压孔板前后最小直线管段长度和孔板允许最小孔口直径等参数计算：

表10-1为减压孔板前后最小直线管段长度和孔板允许最小孔口直径参数计算。

公称尺寸	DN50	DN70	DN80	DN100	DN125	DN150	DN200
计算内径 d_i（mm）	52	67	79.5	105	130	155	198
前后最小直线管段长度 L_i（mm）	260	335	397.5	525	650	775	990
推荐孔板厚度 b（mm）	3	3	3	6	6	6	9
孔口圆柱形厚度 $a=0.2b$（mm）	0.6	0.6	0.6	1.2	1.2	1.2	1.2
孔板圆锥形扩散角 θ（°）	30～45						
孔板允许最小孔口直径 d（mm）	20	20.1	23.85	31.5	39	46.5	59.4

4）孔板表面按 6 级和 7 级精度加工，进口边缘应尖锐不带毛刺。

思考 5：《消水规》第 10.3.2 条，节流管相关技术要求与设计参数等。

分析：1）计算简图：

图 10-3 为节流管计算示意。

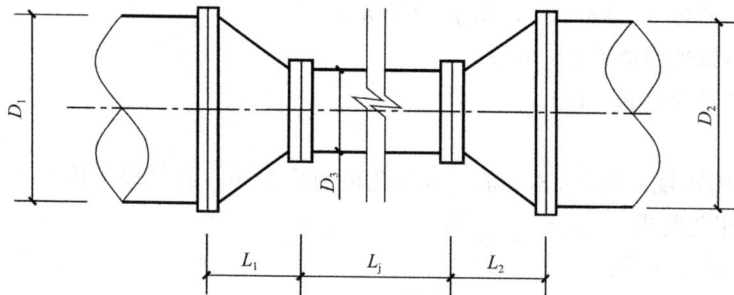

图 10-3　节流管计算示意

2）技术要求：$L_1=D_1$，$L_2=D_2$。

3）节流管管径选择：

表 10-2 为节流管管径选择。

节流管管径选择　　表 10-2

上游管段公称尺寸	DN50	DN70	DN80	DN100	DN125	DN150
上游管段内径 D_1（mm）	51.3	67.1	78.9	104.3	128.7	156.3
按规范计算节流管管径 D_3^a（mm）	25.65	33.55	39.45	52.15	64.35	78.15
对应节流管公称尺寸	DN25	DN32	DN40	DN50	DN70	DN80
对应节流管内径 D_3（mm）	25.7	34.4	39.3	51.3	67.1	78.9
节流管最小长度 L_j（m）	1					
节流管内水的最大平均流速 V_g^a（m/s）	20					

注：对应节流管内径数据选自《低压流体输送用焊接钢管》GB/T 3091—2008 中加厚钢管的参数。

思考 6：《消水规》第 10.3.3 条，减压孔板的水头损失简化计算图。

分析：

1）图 10-4 为公称尺寸 DN50（计算内径 $d_i=52$mm）减压孔板水头损失简化计算；

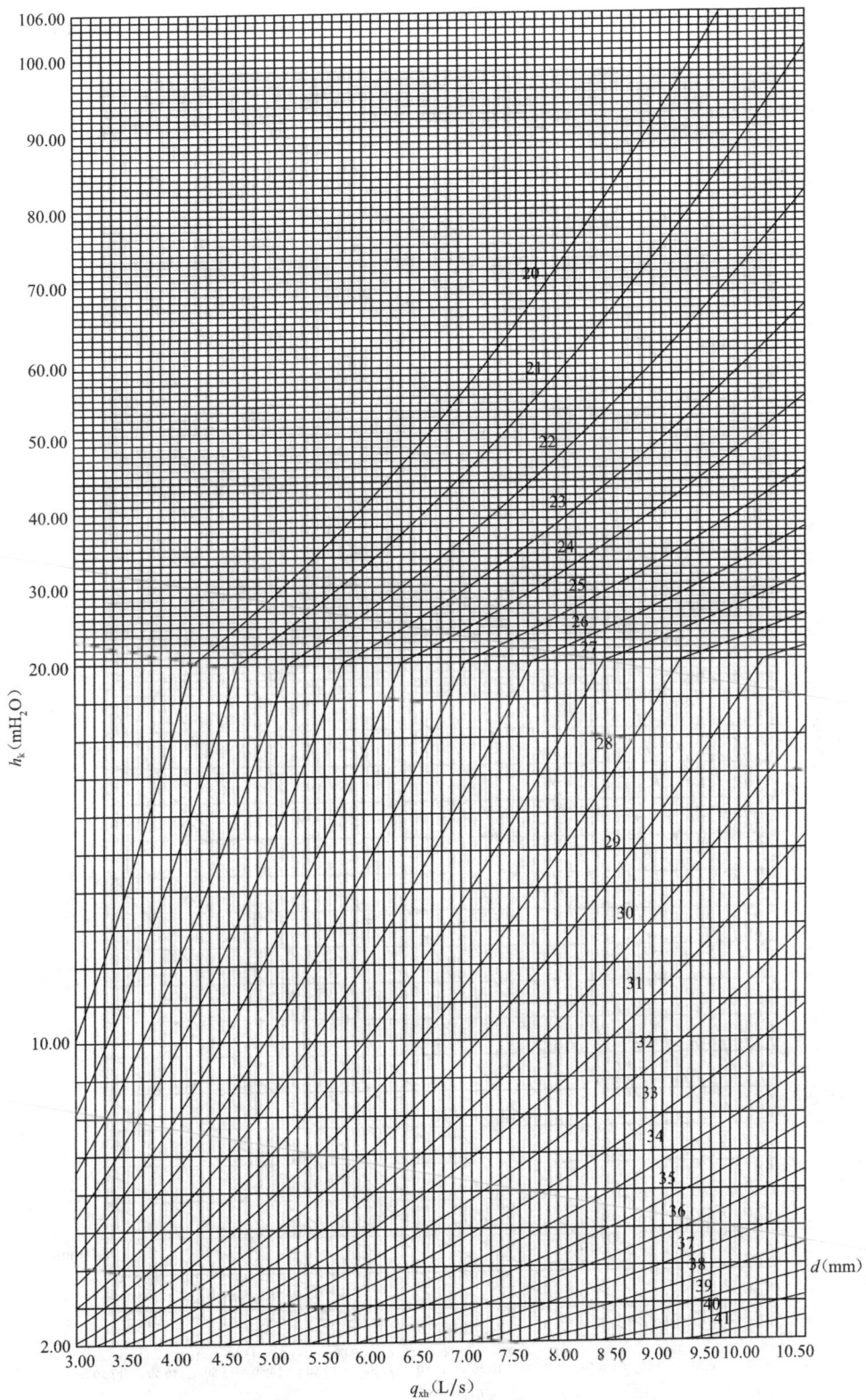

图 10-4 公称尺寸 $DN50$（计算内径 $d_i = 52$mm）减压孔板水头损失简化计算

2) 图 10-5 为公称尺寸 DN70 (计算内径 $d_i=67\text{mm}$) 减压孔板水头损失简化计算;

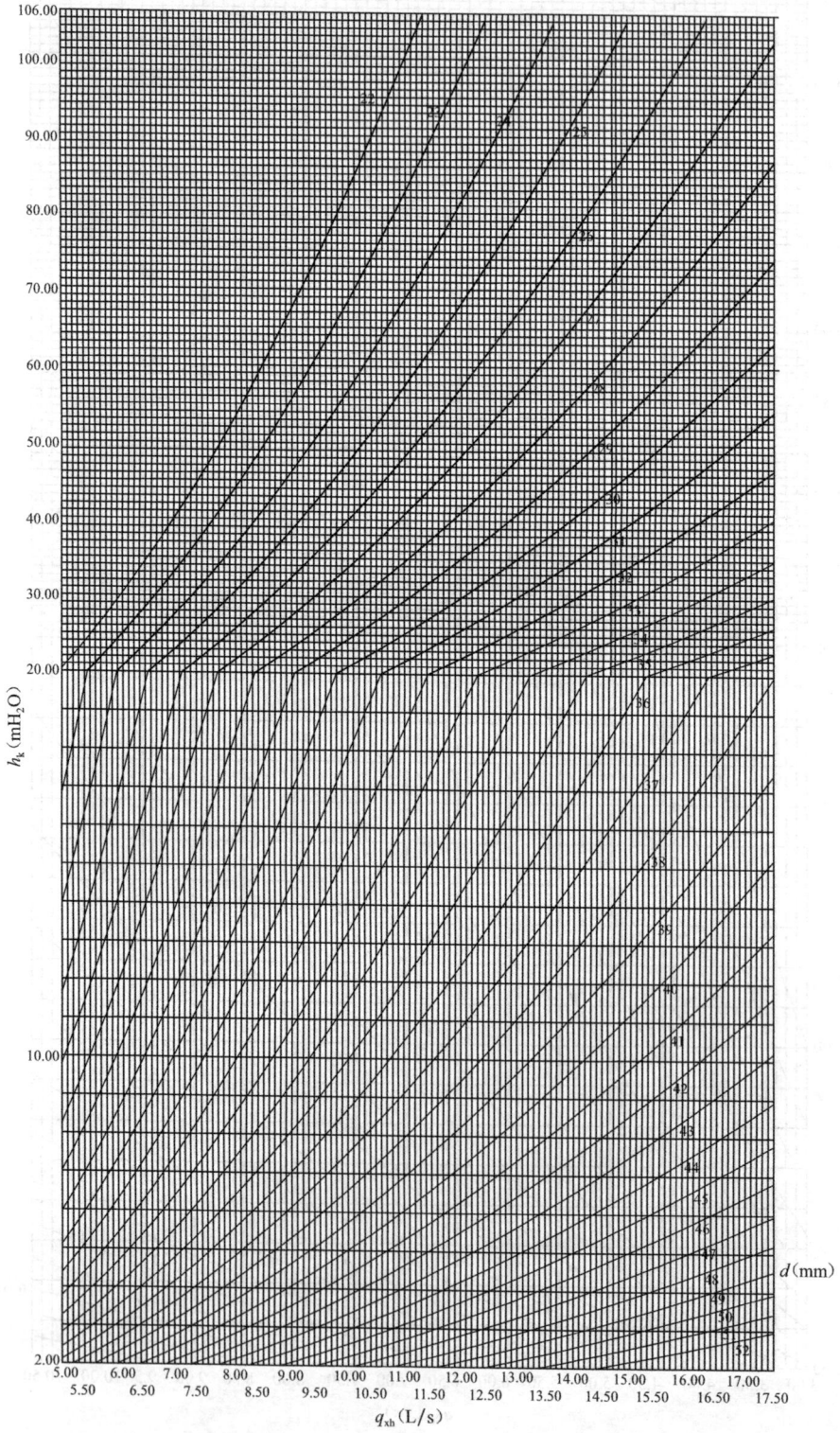

图 10-5　公称尺寸 DN70 (计算内径 $d_i=67\text{mm}$) 减压孔板水头损失简化计算

3）图 10-6 为公称尺寸 DN80（计算内径 d_i＝79.5mm）减压孔板水头损失简化计算；

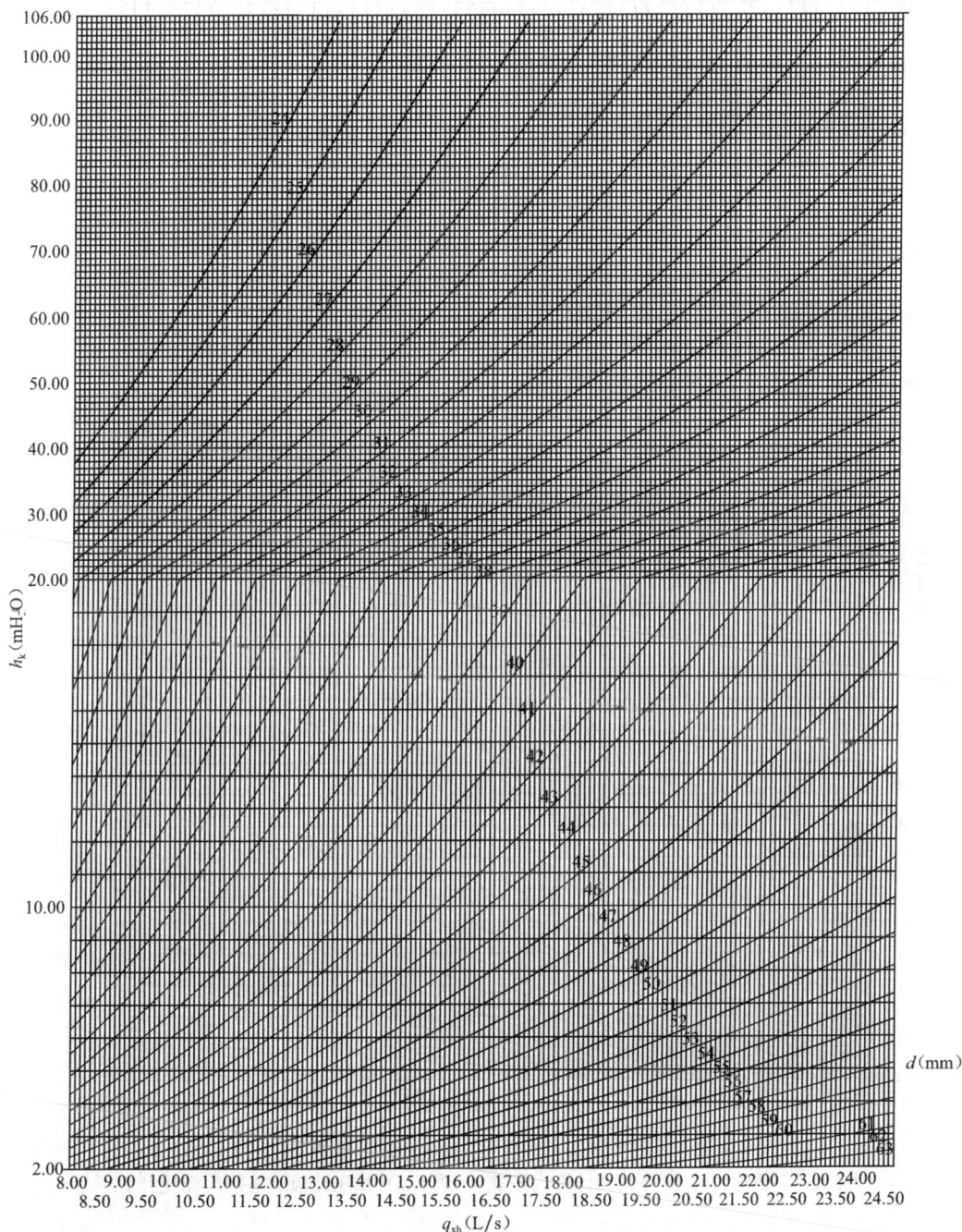

图 10-6 公称尺寸 DN80（计算内径 d_i＝79.5mm）减压孔板水头损失简化计算

4）图 10-7 为公称尺寸 DN100（计算内径 d_i＝105mm）减压孔板水头损失简化计算；

5）图 10-8 为公称尺寸 DN125（计算内径 d_i＝130mm）减压孔板水头损失简化计算；

6）图 10-9 为公称尺寸 DN150（计算内径 d_i＝155mm）减压孔板水头损失简化计算；

7）图 10-10 为公称尺寸 DN200（计算内径 d_i＝198mm）减压孔板水头损失简化计算。

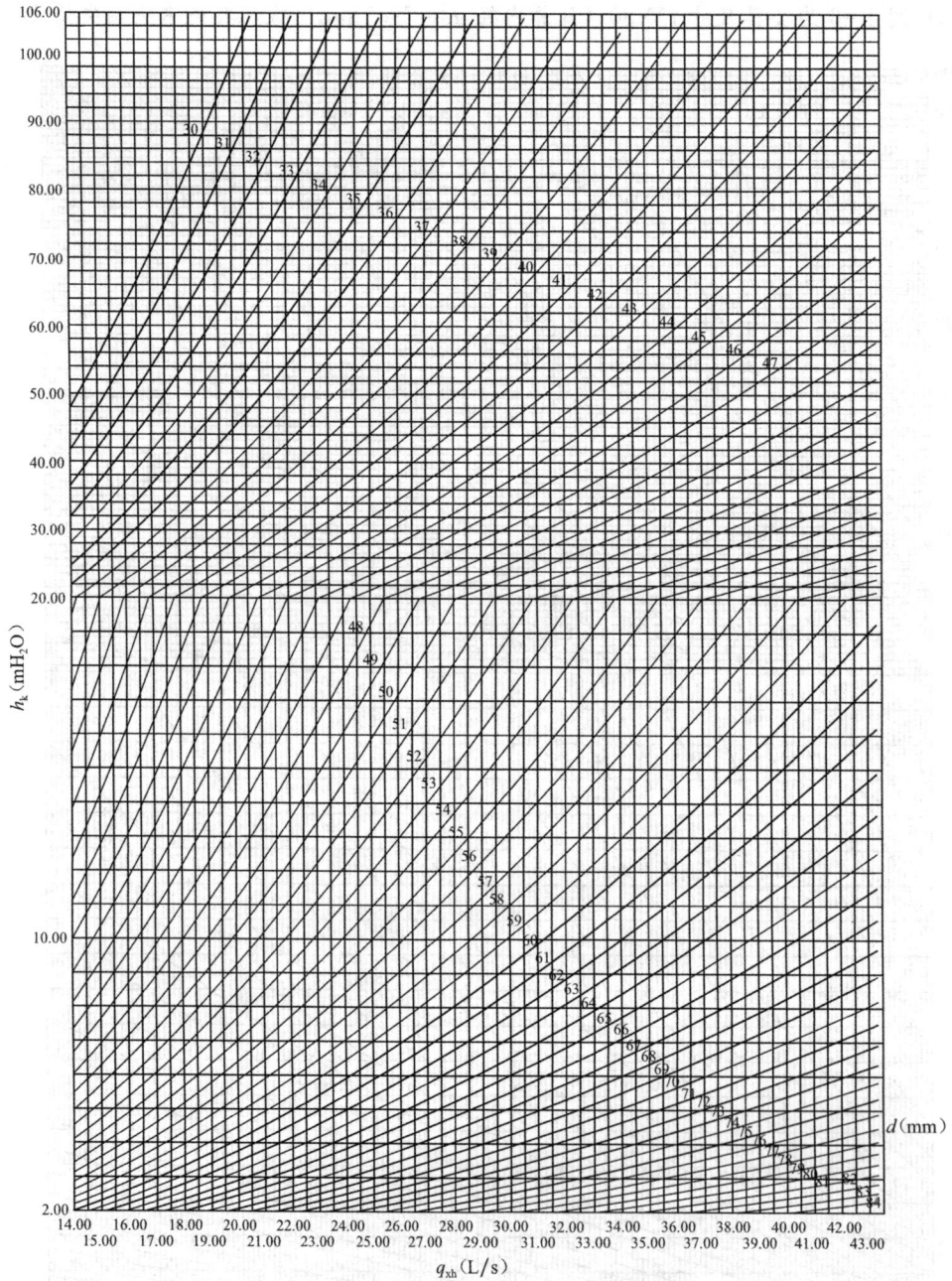

图 10-7 公称尺寸 $DN100$ （计算内径 $d_i = 105mm$）减压孔板水头损失简化计算

思考 7：《消水规》第 10.3.3 条，《室内消火栓安装》15S202（60 页）栓前安装孔板及栓后安装孔板组合的水头损失计算。

分析：

1）栓前安装孔板和栓后安装孔板组合区别：

栓前安装孔板就是在栓前消火栓支管上安装，分为栓前活接头内安装和栓前法兰连接安装；

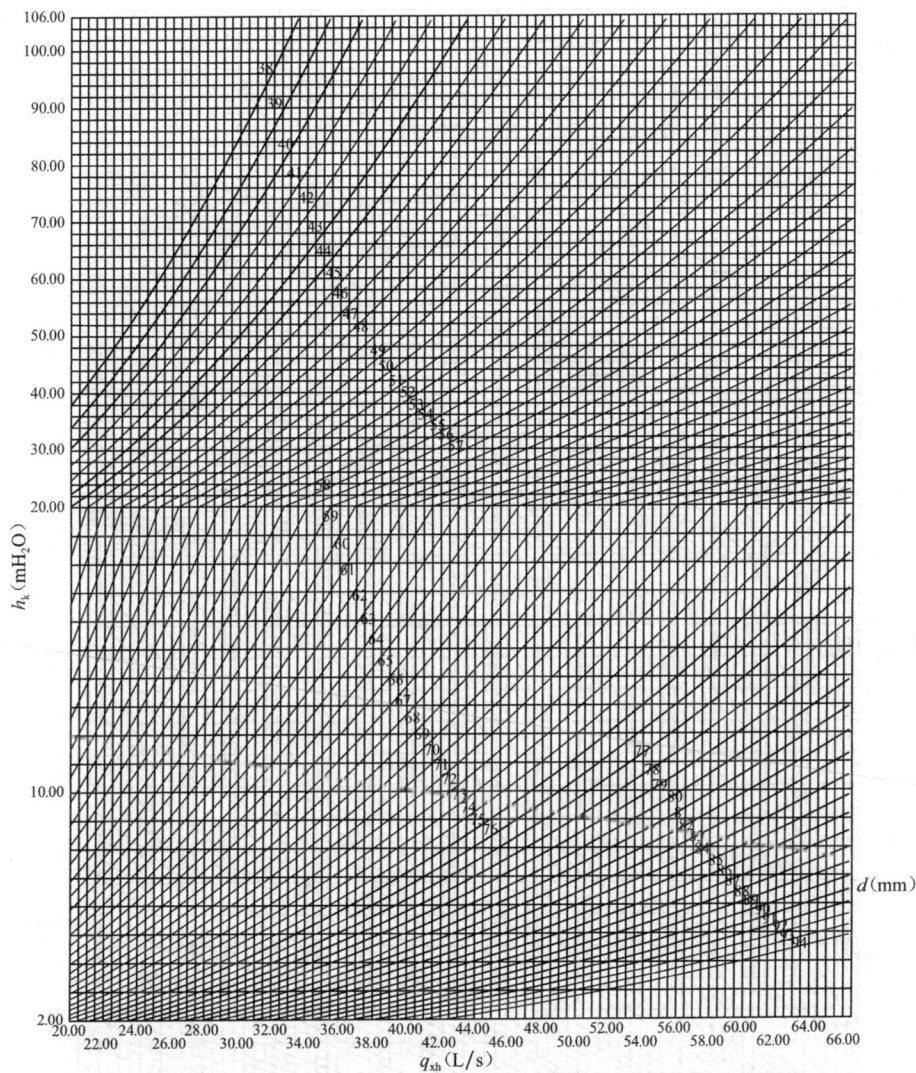

图 10-8　公称尺寸 $DN125$（计算内径 $d_i=130\text{mm}$）减压孔板水头损失简化计算

栓后安装孔板组合是在栓后固定接口内安装（消火栓出水口内固定安装）。

2）栓前安装孔板及栓后安装孔板组合减压孔板有两种类型：

倒角扩口型减压孔板和直口型减压孔板。

3）栓前安装与安装孔板的水头损失计算公式：

栓前安装与安装孔板水头损失计算公式同式（10.3.3-1）和式（10.3.3-2）。

4）栓后安装孔板组合的水头损失计算公式：

$$H_{jk} = 0.0106\zeta_2 \frac{V_g^2}{2g}$$

$$\zeta_2 = \left[1.75\frac{d_s^2}{d_k^2} \cdot \frac{1.1-\dfrac{d_k^2}{d_s^2}}{1.175-\dfrac{d_k^2}{d_s^2}} - 1\right]^2$$

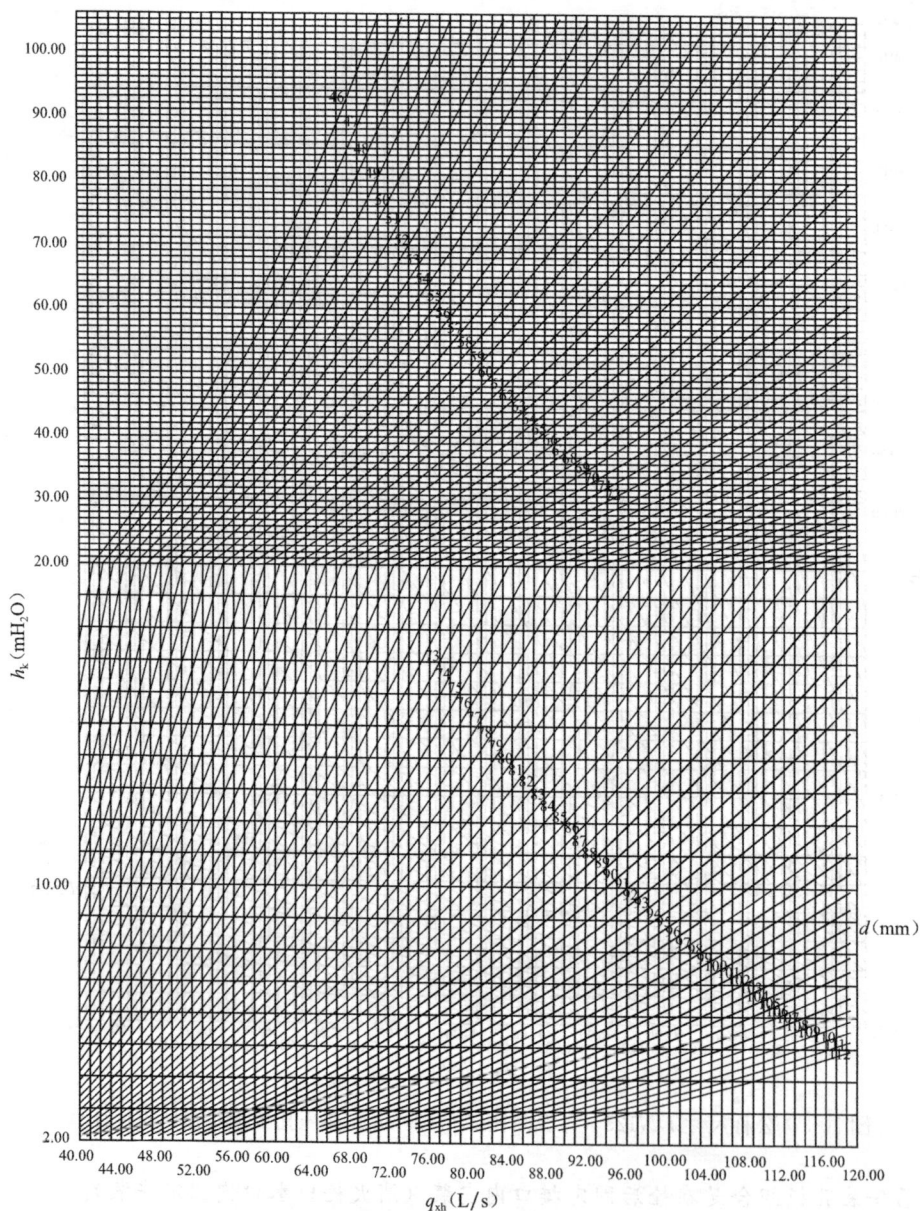

图 10-9　公称尺寸 $DN150$（计算内径 $d_i=155mm$）减压孔板水头损失简化计算

式中　H_{sk}——栓后安装孔板组合的水头损失，MPa；

　　　V_g——管道内水的平均流速，m/s；

　　　g——重力加速度，m/s^2；

　　　ζ_2——减压孔板的局部阻力系数，也可按表 10-4 取值；

　　　d_k——减压孔板孔口的计算内径；取值应按减压孔板孔口直径减 1mm 确定，m；

　　　d_s——消火栓管内径（m），DN65 消火栓取 68mm。

　　5）栓前安装孔板与栓后安装孔板组合的水头损失计算公式比较：

　　表 10-3 为栓前安装孔板与栓后安装孔板组合的水头损失计算公式比较。

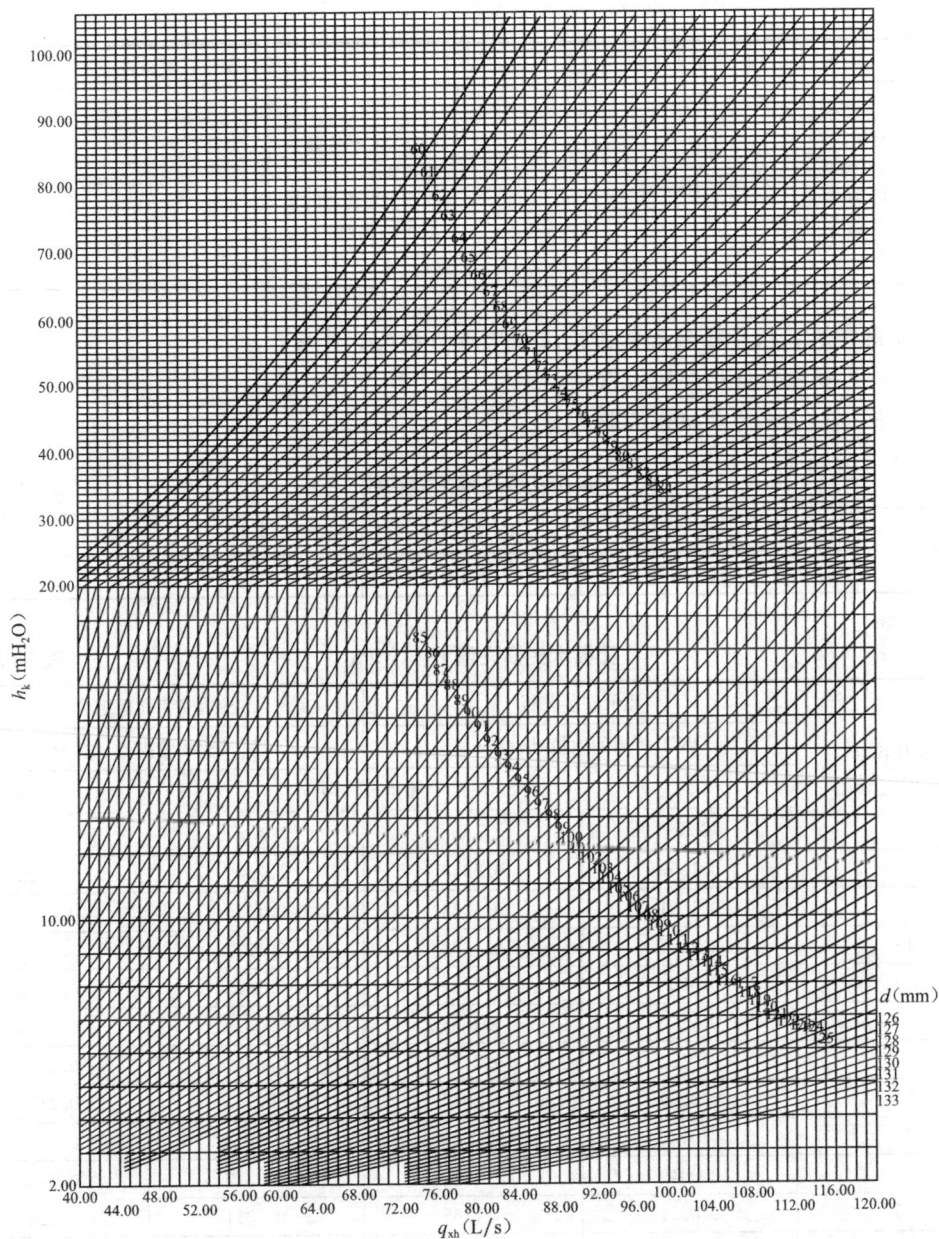

图 10-10 公称尺寸 $DN200$（计算内径 $d_i = 198\text{mm}$）减压孔板水头损失简化计算

栓前安装孔板与栓后安装孔板组合的水头损失计算公式比较　　　　表 10-3

类型	栓前安装孔板		栓后安装孔板组合	
公式	$H_k = 0.01\zeta_1 \dfrac{V_k^2}{2g}$	$\zeta_1 = \left[1.75\dfrac{d_i^2}{d_k^2} \cdot \dfrac{1.1-\dfrac{d_k^2}{d_i^2}}{1.175-\dfrac{d_k^2}{d_i^2}}-1\right]^2$	$H_{sk} = 0.0106\zeta_2 \dfrac{V_g^2}{2g}$	$\zeta_2 = \left[1.75\dfrac{d_s^2}{d_k^2} \cdot \dfrac{1.1-\dfrac{d_k^2}{d_s^2}}{1.175-\dfrac{d_k^2}{d_s^2}}-1\right]^2$
相同点	1. 两公式基本形式是一致的； 2. 大部分符号含义和取值是一致的			

203

类型	栓前安装孔板		栓后安装孔板组合	
不同点	1. 公式中常数为0.01； 2. V_k 为减压孔板后管道内水的平均流速	d_i 为管道的内径。	1. 公式中常数为0.0106； 2. V_g 为管道内水的平均流速	d_s 为消火栓管内径

6）栓前安装孔板与栓后安装孔板组合的水头损失计算表：

表 10-4 为减压孔板局部阻力系数。

表 10-5、表 10-6 为孔板水头损失值。

减压孔板局部阻力系数　　　　　　　　　　　　表 10-4

d_k/d_s	0.2	0.3	0.4	0.5
ζ_2	1588.7	292.4	83.3	29.5

孔板水头损失值 H_k（MPa）　　　　　　　　　　表 10-5

孔板孔径 d （mm）	栓前安装孔板		栓后安装孔板组合	
	DN70 管道的内径 $d_i=67$mm		DN70 消火栓管内径 $d_s=68$mm	
	流量（L/s）			
	2.5	5.0	2.5	5.0
16	0.1958	0.7833	0.2081	0.8322
17	0.1521	0.6083	0.1616	0.6465
18	0.1197	0.4787	0.1272	0.5089
19	0.0953	0.3811	0.1013	0.4053
20	0.0766	0.3065	0.0815	0.3261
21	0.0622	0.2489	0.0662	0.2649
22	0.0509	0.2037	0.0542	0.2170
23	0.0420	0.1680	0.0448	0.1790
24	0.0349	0.1395	0.0372	0.1487
25	0.0291	0.1166	0.0311	0.1243
26	0.0245	0.0980	0.0261	0.1045
27		0.0827		0.0883
28		0.0702		0.0750
29		0.0598		0.0639
30		0.0511		0.0547
31		0.0438		0.0470
32		0.0377		0.0404
33		0.0326		0.0349
34		0.0282		0.0303

注：1. 本表直接用减压孔板孔口直径计算；

2. 孔板孔径 $d=16\sim19$mm 不符合《消水规》第 10.3.1 条 2 款的规定。

孔板水头损失值 H_k（MPa）

表 10-6

孔板孔径 d (mm)	栓前安装孔板		栓后安装孔板组合	
	DN70 管道的内径 d_i＝67mm		DN70 消火栓管内径 d_s＝68mm	
	流量（L/s）			
	2.5	5.0	2.5	5.0
16	0.2560	1.0238	0.2719	1.0875
17	0.1958	0.7833	0.2081	0.8322
18	0.1521	0.6083	0.1616	0.6465
19	0.1197	0.4787	0.1272	0.5089
20	0.0953	0.3811	0.1013	0.4053
21	0.0766	0.3065	0.0815	0.3261
22	0.0622	0.2489	0.0662	0.2649
23	0.0509	0.2037	0.0542	0.2170
24	0.0420	0.1680	0.0448	0.1790
25	0.0349	0.1395	0.0372	0.1487
26	0.0291	0.1166	0.0311	0.1243
27		0.0980		0.1045
28		0.0827		0.0883
29		0.0702		0.0750
30		0.0598		0.0639
31		0.0511		0.0517
32		0.0438		0.0470
33		0.0377		0.0404
34		0.0326		0.0303

注：1. 本表用减压孔板孔口计算内径（孔板孔口直径减 1mm）计算；

2. 孔板孔径 d＝16～19mm 不符合《消水规》第 10.3.1 条 2 款的规定。

7）表 10-5 与表 10-6 比较可知：

（1）计算采用管道的内径与消火栓管内径的大小，对孔板水头损失值影响较大，以孔板孔径 d＝20mm 为例，当流量为 2.5L/s 时，孔板水头损失值相差（0.0815－0.0766）＝0.0049MPa；当流量为 5.0L/s 时，孔板水头损失值相差（0.3261－0.3065）＝0.0196MPa。

（2）计算采用减压孔板孔口直径还是减压孔板孔口计算内径，对孔板水头损失值影响较大，以孔板孔径 d＝20mm 为例，当栓前安装孔板时、流量为 2.5L/s，孔板水头损失值相差（0.0953－0.0766）＝0.0187MPa，流量为 5.0L/s、孔板水头损失值相差（0.3811－0.3065）＝0.0746MPa；当栓后安装孔板组合时，流量为 2.5L/s、孔板水头损失值相差（0.1013－0.0815）＝0.0198MPa，流量为 5.0L/s、孔板水头损失值相差（0.4053－0.3261）＝0.0792MPa。

（3）上述两个因素组合影响更大，以孔板孔径 d＝20mm 为例，当流量为 2.5L/s 时，孔板水头损失值相差（0.1013－0.0766）＝0.0247MPa；当流量为 5.0L/s 时，孔板水头损失值相差（0.4053－0.3065）＝0.0988MPa。由此可见，计算参数的选取和计算结果都值得我们认真对待。

思考 8：《消水规》第 10.3.4 条，节流管的水头损失简化计算。
分析：
1）节流管的水头损失计算
表 10-7 为节流管的水头损失简化计算公式。

节流管的水头损失简化计算公式 表 10-7

节流管 公称尺寸	对应内径 （mm）	计算内径 d_g（m）	节流管计算断 面积 A_g（m²）	节流管的水头损失简化计算公式 H_g（MPa）
DN25	25.7	0.0247	0.000479	$(1555.607+5727.113L_j)\ q_g^2$
DN32	34.4	0.0334	0.000876	$(465.267+1157.107L_j)\ q_g^2$
DN40	39.3	0.0383	0.001152	$(269.087+560.114L_j)\ q_g^2$
DN50	51.3	0.0503	0.001987	$(90.452+132.105L_j)\ q_g^2$
DN70	67.1	0.0661	0.003431	$(30.331+31.057L_j)\ q_g^2$
DN80	78.9	0.0779	0.004766	$(15.723+13.004L_j)\ q_g^2$
DN100	104.3	0.1033	0.008381	$(5.085+2.914L_j)\ q_g^2$

注：计算过程应注意控制 $V_g\left(=\dfrac{q_g^2}{A_g}\right)\leqslant 20\text{m/s}$。

2）节流管的水头损失简化计算图
（1）图 10-11 为公称尺寸 DN25 节流管水头损失简化计算；
（2）图 10-12 为公称尺寸 DN32 节流管水头损失简化计算；
（3）图 10-13 为公称尺寸 DN40 节流管水头损失简化计算；
（4）图 10-14 为公称尺寸 DN50 节流管水头损失简化计算；
（5）图 10-15 为公称尺寸 DN70 节流管水头损失简化计算；
（6）图 10-16 为公称尺寸 DN80 节流管水头损失简化计算；
（7）图 10-17 为公称尺寸 DN100 节流管水头损失简化计算。

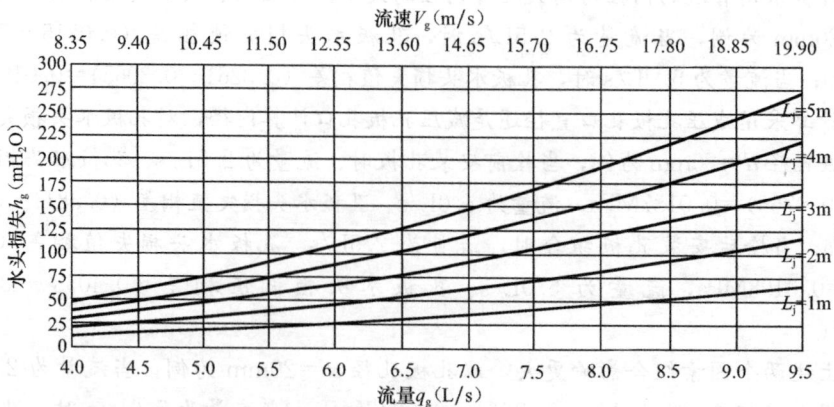

图 10-11 公称尺寸 DN25 节流管水头损失简化计算

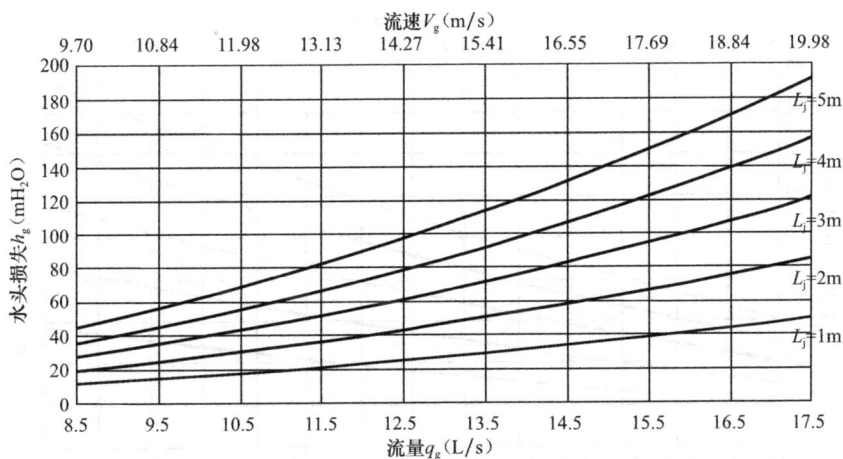

图 10-12　公称尺寸 $DN32$ 节流管水头损失简化计算

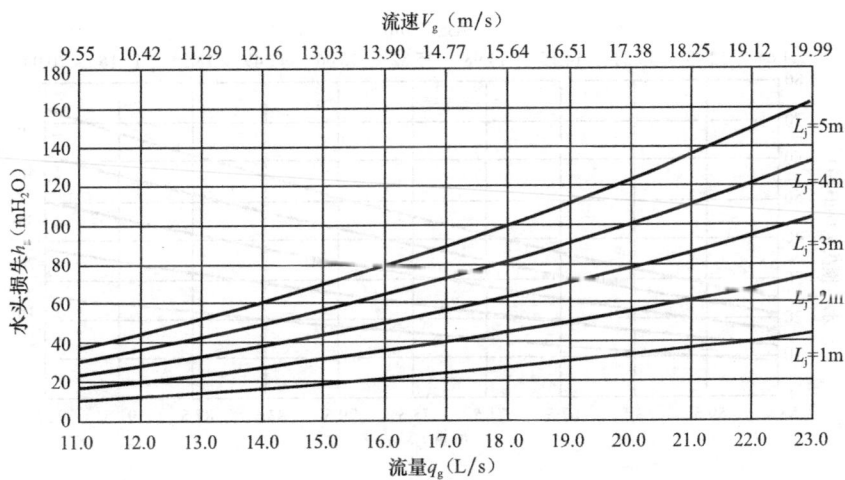

图 10-13　公称尺寸 $DN40$ 节流管水头损失简化计算

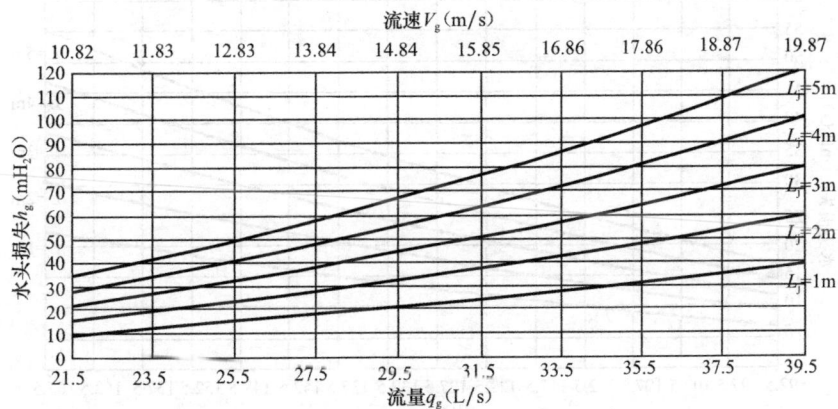

图 10-14　公称尺寸 $DN50$ 节流管水头损失简化计算

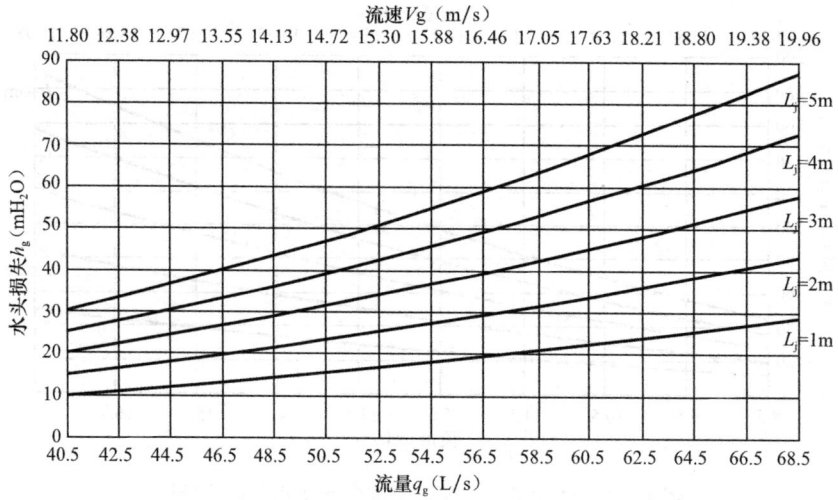

图 10-15　公称尺寸 DN70 节流管水头损失简化计算

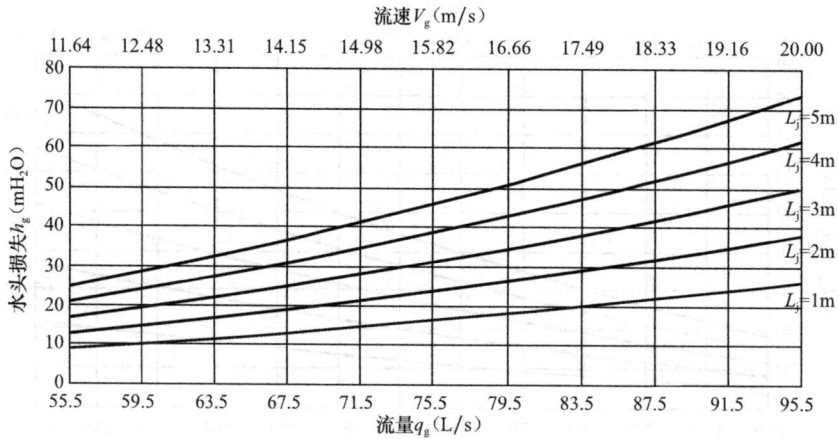

图 10-16　公称尺寸 DN80 节流管水头损失简化计算

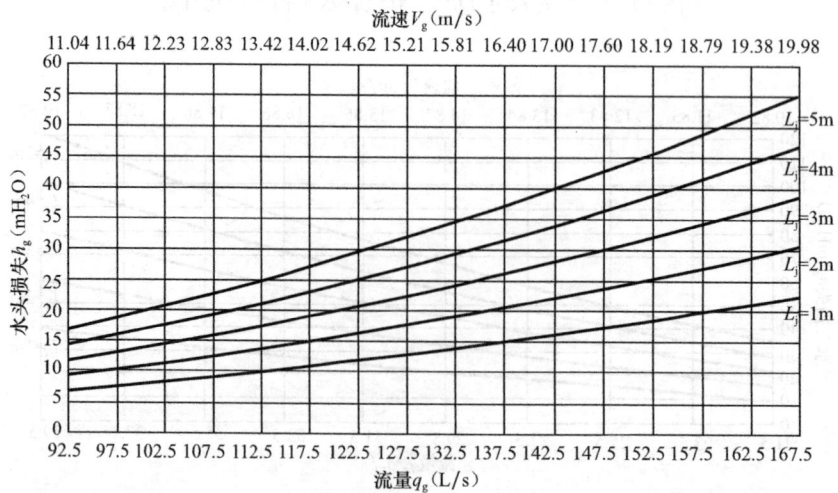

图 10-17　公称尺寸 DN100 节流管水头损失简化计算

思考 9：《消水规》第 10.3.5 条，减压阀应用中的几个问题思考。

分析：

1) 根据《建筑给水减压阀应用技术规程》CECS109：2013，减压阀分为比例式（活塞感应结构）、可调式和双级减压阀。可调式分为稳压式减压阀及压差式减压阀，稳压式减压阀的出口压力相对稳定，包含直接作用式（利用弹簧和膜片的差动力）和先导式（利用减压先导阀）；压差式减压阀的进出口的动态压差相对稳定，包含直接作用式和先导式。串联的减压阀，一般前一级为比例式、后一级为稳压式减压阀。

2) 比例式减压阀有动压比（$P_2 = P_1/B_d$）和静压比（$P_2 = KP_1/B_j$，K 动压折减系数 $= 0.7 \sim 0.9$）两种，建议直接按动压比来标注，比例式减压阀出口流量特性偏差为 $\leqslant 15\%P_2$（$20\% \sim 105\%$ 进口流量变化导致的出口压力变化）。可调式和双级加压阀出口压力特性偏差为 $\leqslant 10\%P_2$（$80\% \sim 105\%$ 进口压力变化导致的出口压力变化）。一般减压阀的动静压升在 $0.05 \sim 0.1$MPa。

3) 参照《消水规》第 13.2.8 条第 6 款"减压阀的水头损失应小于设计阀后静压和动压差。"根据《建筑给水减压阀应用技术规程》CECS109：2013，减压阀的出口压力动静压升 $\leqslant 0.1$MPa，实际上 0.1MPa 是高限，合格产品基本都能满足了。

4) 除了减压阀计算水头损失外，设计中更应明确减压阀后的动压和静压。并应注意以下两点：

(1) 比例式直接用动压比计算阀后动压，稳压计算时采用静压比或采用动压比除以动压折减系数并增加值 $\leqslant 0.1$MPa。

(2) 可调式稳压减压阀以后设计中应注明"可调式稳压减压阀"，不采用"可调式压差减压阀"，这样直接设定减压阀后压力作为动压和静压。

5) 在确定减压阀后的系统工作压力时，应以阀前加压泵零流量来计算，比例式减压阀建议以静压比（不计动压折减系数），可调式和双级加压阀建议计算出口压力偏差（为 $110\%P_2$）。在确定安全阀的开启压力时，应以减压阀后的系统工作压力加 0.15MPa 与减压阀后管材的公称压力较小者为安全阀的开启压力。

6) 减压阀击穿的保护问题

(1) 按《建筑给水减压阀应用技术规程》CECS109：2013 第 3.4.4 条："生活给水系统减压阀应校核减压阀失效时阀后系统的最大压力，其压力不应造成阀后供水系统中的管道及附件、设备、卫生器具及配件等受到损坏。串联减压时，应按其中任意一个减压阀失效工况进行校核。"第 3.4.5 条："当生活给水减压阀失效时的压力超过用水设备产品标准规定的水压试验压力时，应设置自动泄压装置。"

(2) 设置安全阀的目的是防止减压阀失效时，阀后压力超过管网或消防产品的水压试验压力。安全阀公称直径按不小于减压阀公称直径的 20% 取，开启压力应高于静压时减压阀的出口压力（附加管网水头损失和减压阀动静压差值），以防在准工作状态时处于开启状态。

(3) 设置安全阀的目的就是保护减压阀后的管网及装置，安全阀是考虑减压阀后的系统工作压力的，并用减压阀失效进行水压试验校核。部分水压试验的压力如下：水管出厂水压试验为 19MPa。室内消火栓进行水封密闭试验时，连续 2min 承受 1.6MPa 压力。阀门产品认证标准为《自动喷水灭火系统第 6 部分：通用阀门》GB 5135.6—2003 和《质量管理体系要求》GB/T 19001—2008。按照《自动喷水灭火系统第 6 部分：通用阀门》GB 5135.6—2003 第 7.7.5 条规定：“组装好的闸阀按第 8.6 节（阀体强度试验）规定进行阀体强度试验时，应能承受 4 倍额定工作压力的静水压，保持 5min，试验中闸板应全开，试验中阀体应无渗漏、变形和损坏。”第 7.7.6 条规定：“闸阀按第 8.7 节（密封性试验）规定进行密封性能试验。闸板处于关闭状态位置时，进水口应能承受 2 倍额定工作压力，保持 5min，阀座密封处应无渗漏。”第 7.7.7 条规定：“闸阀按第 8.7 节（密封性试验）规定进行密封性能试验闸板处于开启位置时，应能承受 2 倍额定工作压力，保持 5min，阀体各密封处应无渗漏。”

10.5 应用实例

例 10-1：已知：$P_0 = 0.25\text{MPa}$。

试求：

1）当 $H = 50\text{m}$，总水头损失为 0.2MPa 时，消防系统所需要的设计压力是多少？

2）当 $H = 100\text{m}$，总水头损失为 0.4MPa 时，消防系统所需要的设计压力是多少？

解答：

1）当 $H = 50\text{m}$，总水头损失为 0.2MPa 时，依《消水规》计算 $P = 0.99 \sim 1.03\text{MPa}$，依 2009 版《全国民用建筑工程设计技术措施-给水排水》计算 $P = 0.9975 \sim 1.045\text{MPa}$；

2）当 $H = 100\text{m}$，总水头损失为 0.4MPa 时，依《消水规》计算 $P = 1.73 \sim 1.81\text{MPa}$，依 2009 版《全国民用建筑工程设计技术措施-给水排水》计算 $P = 1.7325 \sim 1.815\text{MPa}$。

例 10-2：已知：室内消火栓 $DN65$，配置公称直径 65 有内衬的、长度 25m 消防水带和当量喷嘴直径 19mm 的消防水枪。

试求：

1）水枪射流量、消火栓栓口压力与水枪反作用力计算值；

2）最大保护层高计算值；

3）充实水柱的平面投影长度计算值。

解答：

1）计算简图：

图 10-18 为充实水柱 S_k、层高 H 和投影长度 L_s 相互关系（简称 $S_k \sim H \sim L_s$ 图）。

2）水枪射流量、消火栓栓口压力与水枪反作用力计算值：

表 10-8 为水枪射流量、消火栓栓口压力与水枪反作用力计算值。

3）最大保护层高计算值：

表 10-9 为最大保护层高计算值。

4）充实水柱的平面投影长度计算值：

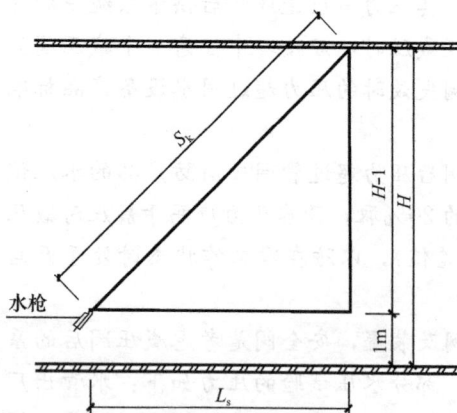

图 10-18　$S_k \sim H \sim L_s$ 图

表 10-10 为充实水柱的平面投影长度计算值。

水枪射流量、消火栓栓口压力与水枪反作用力计算值　　　　　　　　　　表 10-8

充实水柱 S_k (m)	水枪喷嘴处的压力计算			水枪射流量计算		水龙带的水头损失计算			消火栓口的水头损失 H_k (MPa)	消火栓栓口所需的压力 H_{zh} (MPa)	水枪反作用力计算			
	ψ	α_f	H_q (MPa)	B	q_{zh} (L/s)	A_z	L_d (m)	H_d (MPa)			β	ω (m²)	$\dfrac{d_f^2}{D^2}$	F (N)
10.0		1.1980	0.1356		4.6235			0.0381		0.1936				75.7791
11.0		1.2017	0.1516		4.8900			0.0426		0.2142				84.7679
11.5		1.2040	0.1599		5.0222			0.0449		0.2248				89.4129
12.0		1.2066	0.1684		5.1541			0.0473		0.2357				94.1697
13.0		1.2128	0.1861		5.4179			0.0523		0.2584				104.0589
14.0		1.2207	0.2049		5.6839			0.0575		0.2824				114.5273
15.0		1.2305	0.2248		5.9544			0.0631		0.3079				125.6878
16.0		1.2424	0.2463		6.2320			0.0691		0.3354				137.6788
17.0	0.0097	1.2568	0.2695	1.577	6.5194	0.00712	25	0.0757	0.02	0.3652	1.1	0.000284	0.0854	150.6703
18.0		1.2740	0.2949		6.8197			0.0828		0.3977				164.8706
19.0		1.2943	0.3229		7.1364			0.0907		0.4336				180.5367
20.0		1.3180	0.3542		7.4733			0.0994		0.4736				197.9868
21.0		1.3456	0.3893		7.8350			0.1093		0.5185				217.6178
22.0		1.3774	0.4292		8.2269			0.1205		0.5697				239.9302
23.0		1.4139	0.4750		8.6552			0.1333		0.6284				265.5626
24.0		1.4554	0.5283		9.1276			0.1483		0.6966				295.3417
25.0		1.5025	0.5909		9.6535			0.1659		0.7768				330.3575

最大保护层高计算值　　　　　　　　　　表 10-9

充实水柱 S_k (m)	10.0	11.0	11.5	12.0	13.0	14.0	15.0	16.0	17.0	18.0	19.0	20.0	20.6
水枪倾角 (°)	45												
最大保护层高计算值 (m)	8.07	8.78	9.13	9.49	10.19	10.90	11.61	12.31	13.02	13.73	14.44	15.14	15.57

充实水柱的平面投影长度计算值　　　　　　　　　　表 10-10

充实水柱 S_k (m)	10.0	11.0	11.5	12.0	13.0	14.0	15.0	16.0	17.0	18.0	19.0	20.0	20.6
层高 H (m)	充实水柱的平面投影长度计算值 L_s (m)												
3.00	9.80	10.82	11.32	11.83	12.85	13.86	14.87	15.87	16.88	17.89	18.89	19.90	20.50
4.00	9.54	10.58	11.10	11.62	12.65	13.67	14.70	15.72	16.73	17.75	18.76	19.77	20.38
5.00	9.17	10.25	10.78	11.31	12.37	13.42	14.46	15.49	16.52	17.55	18.57	19.60	20.21
6.00	8.66	9.80	10.36	10.91	12.00	13.08	14.14	15.20	16.25	17.29	18.33	19.36	19.98
7.00	8.00	9.22	9.81	10.39	11.53	12.65	13.75	14.83	15.91	16.97	18.03	19.08	19.71
8.00	7.14	8.49	9.12	9.75	10.95	12.12	13.27	14.39	15.49	16.58	17.66	18.73	19.37
8.07	7.07	8.43	9.07	9.70	10.91	12.08	13.23	14.35	15.46	16.55	17.64	18.71	19.35
8.78		7.78	8.47	9.14	10.41	11.64	12.82	13.98	15.12	16.23	17.33	18.42	19.07

充实水柱 S_k（m）	10.0	11.0	11.5	12.0	13.0	14.0	15.0	16.0	17.0	18.0	19.0	20.0	20.6
9.00			8.26	8.94	10.25	11.49	12.69	13.86	15.00	16.12	17.23	18.33	18.98
9.13			8.13	8.83	10.14	11.40	12.61	13.78	14.93	16.06	17.17	18.27	18.93
9.49				8.48	9.84	11.13	12.37	13.56	14.73	15.87	17.00	18.11	18.77
10.00					9.38	10.72	12.00	13.23	14.42	15.59	16.73	17.86	18.53
10.19					9.19	10.56	11.86	13.10	14.30	15.48	16.63	17.76	18.44
10.90						9.90	11.27	12.57	13.82	15.03	16.22	17.38	18.07
11.00							11.18	12.49	13.75	14.97	16.16	17.32	18.01
11.61							10.60	11.98	13.28	14.54	15.76	16.95	17.66
12.00								11.62	12.96	14.25	15.49	16.70	17.42
12.31								11.32	12.69	14.00	15.27	16.49	17.22
13.00									12.04	13.42	14.73	16.00	16.74
13.02									12.02	13.40	14.71	15.98	16.73
13.73										12.73	14.10	15.43	16.20
14.00											13.86	15.20	15.98
14.44											13.43	14.81	15.61
15.00												14.28	15.11
15.14												14.14	14.98
15.57													14.56

例 10-3： 已知：室内消火栓公称尺寸 $DN70$，管道流量 9L/s，管道压力 0.7MPa。

试求： 当管道压力从 0.70MPa 降至不大于 0.50MPa、0.35MPa 时，分别应设置减压孔板的孔径 d 为多少？

解答： 通过图 10-7 公称尺寸 $DN70$（计算内径 $d_i=67$mm）减压孔板水头损失计算简图。

1) 当管道压力从 0.70MPa 降至应不大于 0.50MPa 时，就是要减去压力应不小于 0.20MPa，用横坐标 Q_P 为 9L/s，纵坐标 h_P 为 0.20MPa（20m），查图 10-7 可知：减压孔板 $d=28$mm 满足要求，减压孔板 $d=28$mm 对应水头损失 $h_P=0.227$MPa（22.7m）＞ 0.20MPa。

2) 当管道压力从 0.70MPa 降至应不大于 0.35MPa 时，就是要减去压力应不小于 0.35MPa，用横坐标 Q_P 为 9L/s，纵坐标 h_P 为 0.35MPa（35m），查图 10-7 可知：减压孔板 $d=25$mm 满足要求，减压孔板 $d=25$mm 对应水头损失 $h_P=0.378$MPa（37.8m）＞ 0.35MPa。

例 10-4： 已知：室内消火栓公称尺寸 $DN150$，管道流量 35L/s，分别应设置减压孔板的孔径 $d=70$mm、$d=60$mm。

试求： 减压孔板的水头损失是多少？

解答： 通过图 10-7 公称尺寸 $DN150$（计算内径 $d_i=155$mm）减压孔板水头损失计算简图。

1) 当管道流量 35L/s，减压孔板的孔径 $d=70$mm 时，查图 10-7 可知：减压孔板水头损失 $h_P=0.084$MPa（8.4m）。

2) 当管道流量 35L/s，减压孔板的孔径 $d=60$mm 时，查图 10-7 可知：减压孔板水头损失 $h_P=0.169$MPa（16.9m）。

第11章 控制与操作

11.1 条文综述

本章节条文共计19条，其中强制性条文6条，非强制性条文15条，其中2条是既有强制性条款又有非强制性条款。主要的内容包括了消防水泵的工作及平时控制要求；消防水泵控制柜的防护及设置要求；消防控制室的监控要求等。在执行本章节规定时，应与建筑和电气等相关专业配合协调，提供和落实相应的技术要求。

11.2 条文要点说明

11.0.1 消防水泵控制柜应设置在消防水泵房或专用消防水泵控制室内，并应符合下列要求：

1 消防水泵控制柜在平时应使消防水泵处于自动启泵状态；

2 当自动水灭火系统为开式系统，且设置自动启动确有困难时，经论证后消防水泵可设置在手动启动状态，并应确保24h有人工值班。

【要点说明】

1）为了方便操作控制和满足设备防护要求，消防控制柜应设置在消防水泵房内或专用消防水泵控制室内，有条件的场所应设置专用消防水泵控制室，其有利于电气设备的防护、监控操作和人员安全的要求，以及《消水规》第11.0.9条和第11.0.10条的要求。

2）第1款为强制性条文，为满足运行的管理要求。就是要求消防水泵在准工作状态应处于自动启泵的热备用状态，一旦发生火灾，系统能够及时启动投入运行和为火场供水。

3）第2款针对开式自动喷水灭火系统，允许在特定的场所和局部的时间段，为防止水泵或系统的误动作，造成较大的经济损失或社会影响，可由自动启动转为手动启动状态，并由人工值班。

11.0.2 消防水泵不应设置自动停泵的控制功能，停泵应由具有管理权限的工作人员根据火灾扑救情况确定。

【要点说明】

1）本条为强制性条文，即在工程设计中不得以火灾延续时间或水池水位作为自动停泵的控制信号，要求不应设置自动停泵功能，但仍应具有报警功能。任何情况下，均不允许运行中的消防水泵自动停泵，应由具有管理权限的工作人员根据具体情况进行人工停泵。不应自动停泵的消防水泵应包括消防系统加压水泵、转输水泵等，但不含稳压泵，稳压泵在气压罐停泵压力及在主泵工作后应能自动停泵（《消水规》第 11.0.6 及第 13.1.5 条第 2 款）。

2）根据现行国家标准《火灾联动控制系统》GB 16806—2006，消防联动控制分为四级，并由相关人员执行。具体操作级别详见表 11.0.2：

消防联动控制操作级别划分表　　　　　　　　　　　表 11.0.2

序号	操作项目	I	II	III	IV
1	查询信息	M	M	M	M
2	消除声信号	O	M	M	M
3	复位	P	M	M	M
4	手动操作	P	M	M	M
5	进入自检、屏蔽和接触屏蔽等工作状态	P	M	M	M
6	调整计时装置	P	M	M	M
7	开、关电源	P	M	M	M
8	输入或更改数据	P	P	M	M
9	延时功能设置	P	P	M	M
10	报警区域编程	P	P	M	M
11	修改或改变软、硬件	P	P	P	M

注：1. P——禁止；O——可选择；M——本级人员可操作。
　　2. 进入 II、III 级操作功能状态应采用钥匙、操作号码，用于进入 III 级操作功能状态的钥匙或操作号码可用于进入 II 级操作功能状态，但用于进入 II 级操作功能状态的钥匙或操作号码不能用于进入 III 级和 IV 级操作功能状态。
　　表 11.0.2 引自国家标准《消防联动控制系统》GB 16806—2006。

11.0.3 消防水泵应确保从接到启泵信号到水泵正常运转的自动启动时间不应大于 2min。

【要点说明】自动启动通常是信号发出到泵达到正常转速的时间在 1min 内，这包括大于 132kW 消防泵的启动时间 55s，但如果此时工作泵启动出现故障或达到一定转速后因其他原因仍不能投入运行，则备用泵启动尚需要 1min，故水泵自动启动应以备用泵启动时间确定。

11.0.4 消防水泵应由消防水泵出水干管上设置的压力开关、高位消防水箱出水管上的流量开关，或报警阀压力开关等开关信号应能直接自动启动消防水泵。消防水泵房内的压力开关宜引入消防水泵控制柜内。

【要点说明】规范仅对消防水泵联动系统中的自动启泵信号的设置提出了原则性要求，对具体的设计参数和设置方式未作明确规定。因此提出以下参考实施意见：

1）当自动启动消防泵采用两个信号时，搭配上可按下列方式组合：

（1）湿式消火栓系统：可由消防水泵出水干管上的低压压力开关和高位水箱出水管上的流量开关组成两个自动启动消防泵信号。

（2）干式消火栓系统和自动喷水灭火系统：可由消防水泵出水干管上的低压压力开关和报警阀上的压力开关组成两个自动启动消防泵的启泵信号，也可由高位消防水箱出水管上的流量开关和报警阀上的压力开关组成两个自动启动消防泵的启泵信号。

对于临时高压自动喷水灭火系统，除报警阀的压力开关外，可增设第2个自动启泵信号（参考本章思考3：对消防水泵自动启泵信号的思考）。在设有稳压泵的系统中，建议采用水泵出水干管上的低压压力开关作为自动启泵信号。在仅设有高位消防水箱的系统中，建议采用高位水箱出水管上的流量开关作为自动启泵信号。

2）对于启动方式，则要求火灾发生时，当有一个信号发生时，即可触发直接自动启动消防水泵。

3）"流量开关"的启动流量：

（1）自动喷水灭火系统以1.0L/s为自动启动流量值，即开启最不利点处单个喷头时（系统流量不小于1.0L/s），"流量开关"发出启泵信号。

（2）由高位消防水箱直接供水的消火栓给水系统以1.0～2.0L/s为自动启动流量值，即动用最不利点处的消火栓时（系统流量大于1.0～2.0L/s），"流量开关"发出启泵信号。

（3）高位消防水箱配置稳压泵供水的消火栓给水系统以1.0～3.5L/s为自动启动流量值，即动用最不利点处的消火栓时（系统流量大于1.0～3.5L/s），"流量开关"发出启泵信号，在条件允许时，启动流量可采用最大值，减少误动作的可能性。

（4）"流量开关"的启动值可在现场进行调试。

4）"流量开关"设置点：

（1）当高位消防水箱依靠位置高度重力流直接供水时，火灾时，消防水箱出水管的流量与消防设施动作的用水量是一致的。因此，无论"流量开关"安装在出水管段的任何位置上，均能准确地反映系统的动作流量并根据自动启动流量值发出启泵信号。

（2）当消防水箱安装高度达不到要求，采用稳压泵增压满足初期火灾的供水压力和流量要求时，根据系统运行工况，稳压泵的流量仅是管网补水，并非火灾工况的用水，无需发出自动启动信号，而稳压泵配套的气压水罐后端的供水流量则可能是系统灭火设施动作的反映。因此，正确的"流量开关"的安装位置应为消防水箱出水管的气压水罐供水的后端（出水端）和重力流管的汇流总管上。

（3）在高位消防水箱配设稳压泵及气压水罐的方式中，除各系统单独设置外，尚有将消火栓系统和自动喷水灭火系统合用一套装置的方式，在合用一套装置系统上，由于消火栓、自动喷水灭火系统均设有各自的消防加压泵（合用加压泵的情况相对较少），应在高位消防水箱稳压系统后各系统的出水管上分别设置各自的"流量开关"，在火灾发生时由相应灭火设施的动作流量产生启泵信号，开启对应的消防加压泵。同时，对各系统的管网设置及低压压力开关的设置均应能保证每个系统的正常启动和运行。

5）"低压压力开关"的配置：

消防各系统的稳压通常有3种型式：

（1）利用屋顶消防高位水箱位置高度稳压；

（2）高位消防水箱配置上置式稳压泵稳压；

（3）由下置式稳压泵或稳高压供水装置稳压。

其中利用屋顶消防水箱稳压的系统压力下降值幅度由水箱水位变化确定，其下降范围通常为1～2m左右。在确定"低压压力开关"型式和灵敏度要求时，应根据稳压方式及压力变化幅度的具体情况来确定"低压压力开关"自动启泵信号动作的压力下降值，因水箱水位变化幅度小，要选用对压力降变化较为敏感的"低压压力开关"。而对于采用稳压泵稳压的系统，由于压力变化幅度相对较大，对"低压压力开关"的压力变化敏感度要求可略低。因此在具体的工程设计项目中应根据各消防系统的稳压型式和压力降的变化幅度状况，合理配置"低压压力开关"，才能确保火灾工况时的低压压力开关的动作和启泵信号的发送，启动消防水泵投入运行，从而达到其预期的目的。

11.0.5 消防水泵应能手动启停和自动启动。

【要点说明】本条为强制性条文，规定了消防水泵的启停控制要求。在水泵运行控制上，系统正常时，由压力开关、流量开关的触发信号自动启泵。自动启动未实现时，可由消防控制室或消防水泵控制柜手动按钮启泵。故障应急时，可采用管理人员人工机械应急启动。配置上不允许设置自动停泵的控制功能，但应设有手动停泵控制功能，由具有管理权限的工作人员根据火灾扑救情况进行灾后控制。因此，消防水泵自动仅限于启泵，手动可用于启泵和停泵。

11.0.6 稳压泵应由消防给水管网或气压水罐上设置的稳压泵自动启停泵压力开关或压力变送器控制。

【要点说明】本条规定了稳压泵的启停器件的配置要求，关于启停压力点的设置可按《消水规》第5.3.3条的相关要求和参照国家标准设计图集执行。

11.0.7 消防控制室或值班室，应具有下列控制和显示功能：

1 消防控制柜或控制盘应设置专用线路连接的手动直接启泵按钮；

2 消防控制柜或控制盘应能显示消防水泵和稳压泵的运行状态；

3 消防控制柜或控制盘应能显示消防水池、高位消防水箱等水源的高水位、低水位报警信号，以及正常水位。

【要点说明】本条第1款为强制性条文，主要是规范了消防控制室或值班室应具有的控制功能与显示功能。

1）应给电气专业提资，并明确设置"硬拉线的专用线路连接"的手动启泵按钮，直接启动水泵。

2）本条第3款中的"消防水池、高位消防水箱等水源"中的"等"包括了转输水箱和减压水箱均应设置高水位、消防动用水位、低水位的报警信号以及正常水位的显示功能。

3）关于水位的设置要求，可按《消水规》第4.3.9条要求执行，并可参照下列方式设置：

（1）溢流水位点＝高水位报警点＋0.05～0.10m；

（2）高水位报警点＝正常水位点＋0.05～0.10m；

（3）正常水位点＝常水位点；

（4）消防动用水位报警点＝正常水位点－0.05～0.10m；

（5）低水位报警信号点＝最低有效水位点。

4）由于水位仅各相差0.05～0.10m，水位差偏小，水面波动易引起误动作，有条件时可适当加大水位差至 0.10～0.15m。

11.0.8　消防水泵、稳压泵应设置就地强制启停泵按钮，并应有保护装置。

【要点说明】《消水规》第 11.0.7 条第 1 款规定了消防控制室或值班室远程控制启泵要求。本条系规定了消防泵房内消防水泵、稳压泵就地强制启停泵按钮的要求，其目的是便于维修时控制和应急控制，同时，在产品选择和技术措施配置上应具有安全、可靠的保护措施。

11.0.9　消防水泵控制柜设置在专用消防水泵控制室时，其防护等级不应低于 IP30；与消防水泵设置在同一空间时，其防护等级不应低于 IP55。

【要点说明】本条为强制性条文，主要规范了消防水泵控制柜的防护要求。由于消防水泵房场地相对潮湿，内部设有较多的压力管道，且布置在泵房上空，当出现爆管、泄露、结露等现象时，泄水将对消防水泵控制柜中的电器元件和线路产生影响，造成控制柜无法正常运行，以致影响消防水泵的动作。因此，对控制柜宜有防护要求，在有条件的建筑场所尽可能布置专用消防水泵控制室，其相对安全可靠，满足防护要求。当仅能设在消防水泵房内时，应尽量考虑将消防水泵控制柜设置在上方周边无供水管线的区域和便于人员操作控制的位置，确保控制柜的安全和方便操作。

IP30 表示控制柜能完全防止直径≥2.5mm 的固体异物进入柜内，但不能防水。IP55 表示控制柜能防尘防喷水，也就是说虽不能完全防止尘埃进入，但进入的灰尘量不会影响设备的正常运行和安全，而且即使向控制柜外壳各方向喷水，控制柜也无有害影响，能正常运行。

11.0.10　消防水泵控制柜应采取防止被水淹没的措施。在高温潮湿环境下，消防水泵控制柜内应设置自动防潮除湿的装置。

【要点说明】1）消防水泵控制柜不应因泵房内的给水管道漏水、消防灭火用水汇集或室外的雨水倒灌而被淹没，导致无法启泵供水，影响了电气设施的防护，降低系统供水可靠性和供电安全要求。因此，既要合理布置这些用房的楼层和位置，也应采取防止被水淹没的措施。当消防水泵控制柜设置在消防水泵同一空间时，应考虑场地的消防排水措施，应设置门槛等挡水措施，以阻止水灭火设施动作后的废水或室外雨水汇集至消防泵房，防止消防控制设备或消防水泵、消防电源与配电装置等被淹。当消防水泵控制柜设置在专用消防水泵控制室内时，也应有相应的挡水设施和考虑场地的排水。同时，建议控制柜底比场地地面高 30cm，防止地面积水影响控制柜的正常运行。

2）除消防水泵控制柜在高温潮湿环境下，应设置防潮降温装置外（由电气专业配置），建议与建筑及暖通专业配合，合理设置专用消防水泵控制室的通风和排气设施，保证场地的环境效果，降低高温、潮湿的影响。

11.0.11　当消防给水分区供水采用转输消防水泵时，转输泵宜在消防水泵启动后再启动；当消防给水分区供水采用串联消防水泵时，上区消防水泵宜在下区消防水泵启动后再启动。

【要点说明】本条明确了系统中各类消防水泵的启动顺序，以保证消防供水系统的合理运行方式。系统中的转输消防泵划归"供水消防水泵"，当消防供水系统采用转输水箱串联接力时，应先启动从转输水箱吸水的消防水泵，再启动向转输水箱供水的转输消防水泵；当消防供水系统采用直接串联接力时，应先启动下区的消防水泵，再启动上区的消防水泵。《消水规》第 6.2.3 条第 3 款也作了相应的规定。消防水泵、转输消防水泵，上、下区消防水泵，均隶属于"供水消防水泵"范畴。

11.0.12 消防水泵控制柜应设置机械应急启泵功能，并应保证在控制柜内的控制线路发生故障时由有管理权限的人员在紧急时启动消防水泵。机械应急启动时，应确保消防水泵在报警后 **5min** 内正常工作。

【要点说明】本条为强制性条文：

1）由于压力开关、流量开关等弱电信号和硬拉线是通过继电器来自动启动消防泵，如果弱电信号因故障或继电器等故障不能自动或手动启动消防水泵，即控制继电器、启泵按钮都失灵后，需要在消防泵房内设置机械应急启动装置启动消防泵。

2）要求有管理权限的人员紧急时的启动消防水泵时间限制在 5min 内，使消防水泵正常工作，其主要目的是控制消防控制中心与水泵房的控制柜之间的行走距离。在一般项目中，推荐消防控制室与消防水泵控制柜的行走距离不大于 180m（详见思考 9）。

11.0.13 消防水泵控制柜前面板的明显部位应设置紧急时打开柜门的装置。

【要点说明】消防水泵控制柜应能够在紧急情况下打开柜门，这样才能及时检查和维修控制柜的故障。这个装置可以是钥匙装置，即在面板上明显位置设置一个透明的玻璃能看见钥匙，由被授权的人员打碎玻璃取出钥匙。

11.0.14 火灾时消防水泵应工频运行，消防水泵应工频直接启泵，当功率较大时宜采用星三角和自耦降压变压器启动，不宜采用有源器件启动。

消防水泵准工作状态的自动巡检应采用变频运行，定期人工巡检时应工频满负荷运行并出流。

【要点说明】1）本条规定了消防水泵各种工况时的启动和运行方式，因此在控制方式上应分别考虑。

2）明确规定消防水泵在工作状态应由工频直接启泵，并按工频方式运行，不应采用变频方式运行，不应采用以往部分设计中为减少超压现象采用变频设施供水的方式。

3）消防水泵准工作状态自动巡检时，因无法解决出流，故允许采用变频方式运行，因此在控制方式上尚应考虑相应的变频配置。

4）定期人工巡检，按工频负荷运行需要解决出流的问题，因此在各消防水泵的出水管上应有相应的出流管线和流量、压力测试装置，可按《消水规》中第 5.1.11 条要求配置。

11.0.15 当工频启动消防水泵时，从接通电路到水泵达到额定转速的时间不宜大于表 11.0.15 的规定值。

工频泵启动时间		表 11.0.15
配用电机功率（kW）	≤132	>132
消防水泵直接启动时间（s）	<30	<55

【要点说明】本条是根据试验数据和工程实践提出的。工频是一般的市电频率，我国规定为50Hz。由于消防水泵电动机启动时，按照水泵负载的大小达到额定转速的时间不同，负载大将增加工频启动的时间，使消防水泵进入正常运行状态相对较慢，易延误火场的供水。因此规范在消防水泵工频启动的控制上提出了达到额定转速的时间要求（在规范第5.1.4、6.2.1条中对消防水泵的性能也作了规定，限制水泵负载），从而保证消防水泵能够及时地投入正常运行，满足火场的供水需求。

11.0.16　电动驱动消防水泵自动巡检时，巡检功能应符合下列规定：

1　巡检周期不宜大于7d，且应能按需要任意设定；

2　以低频交流电源逐台驱动消防水泵，使每台消防水泵低速转动的时间不应少于2min；

3　对消防水泵控制柜一次回路中的主要低压器件宜有巡检功能，并应检查器件的动作状态；

4　当有启泵信号时，应立即退出巡检，进入工作状态；

5　发现故障时，应有声光报警，并应有记录和储存功能；

6　自动巡检时，应设置电源自动切换功能的检查。

【要点说明】

1）本条明确规定了电动驱动的消防水泵设置自动巡检的步骤、方法和要求，在工程设计中应与电气专业配合，合理配置并符合条文中有关控制和显示的相关规定。

2）按照《消水规》第11.0.18条和第14.0.4条："消防水泵和稳压泵等供水设施的维护管理应符合下列规定：1每月应手动启动消防水泵运转一次，并应检查供电电源的情况；2每周应模拟消防水泵自动控制的条件自动启动消防水泵运转一次，且应自动记录自动巡检情况，每月应检测记录"；应该是有自动巡检要求的，而且，要求自动记录。

11.0.17　消防水泵的双电源切换应符合下列规定：

1　双路电源自动切换时间不应大于2s；

2　一路电源与内燃机动力的切换时间不应大于15s。

【要点说明】不同类别和不同结构的双电源切换装置，其切换时间不一样。双电源切换装置ATSE最小转换时间由开关本体的固有转换速度决定，当作为消防水泵的双电源切换装置时，ATSE有两种结构：励磁驱动的PC级ATSE，最小转换时间不小于0.1s；电动机驱动的ATSE（CB级和利用负荷开关作为本体的PC级ATSE），转换时间大于1.5s。因为不同的ATSE断电时间不同，所以，本条规定了具体的切换时间要求。

消防水泵是灭火系统的中枢，对转换时间要求相对严格，根据实际工程经验制定上述要求。消防水泵一般采用励磁驱动的PC级ATSE（PC级自动转换开关为两台符合隔离开关组成或一体化开关，不具有短路保护、过负荷保护），而CB级的ATSE一般用于应急照明（CB级自动转换开关为两台断路器组成，一般具有短路保护、过负荷保护）。

11.0.18　消防水泵控制柜应有显示消防水泵工作状态和故障状态的输出端子及远程控制消防水泵启动的输入端子。控制柜应具有自动巡检可调、显示巡检状态和信号等功能，且对话界面应有汉语语言，图标应便于识别和操作。

【要点说明】本条是对控制柜的具体要求，也是基本要求。显示可方便了解和保证消防水泵的各种状态，包括应能显示自动巡检的各种状态。控制柜界面采用汉语语言和易于识别的图标，能便于操作人员识别和操作。

对消防水泵控制柜的调试可参照《消水规》第13.1.10条执行。

11.0.19　消火栓按钮不宜作为直接启动消防水泵的开关，但可作为发出报警信号的开关或启动干式消火栓系统的快速启闭装置等。

【要点说明】

1）明确消火栓按钮不作为启泵信号（由压力开关和流量开关替代），但消火栓按钮的动作信号仍可作为报警信号（报出启用消火栓的位置或火灾点的信息）。同时，消火栓按钮的动作信号应作为启动消防水泵的联动触发信号（由消防联动控制器接收并用于逻辑判断的信号）。

2）在干式消火栓给水系统中，消火栓按钮可作为系统供水干管上干式报警阀、雨淋阀或快开阀、电磁阀、电动阀上快速启闭装置动作的信号，将系统由干式转为湿式。

11.3　问题解答

问1：列举开式自动水灭火系统的消防水泵允许设置在手动启动状态的场所？

答：剧院等演艺场所中舞台的开式自动喷水灭火系统如雨淋、舞台口水幕等，在演出期间为防止误动作，经常将消防水泵临时设置在手动状态，或将开式系统的启闭控制阀临时切换成手动状态，这是为了加强人员值班和管理，在演出后恢复成自动状态。

问2：消防水泵的自动启泵时间确定为2min依据是什么？

答：消防水泵启动时间是指从电源接通到消防水泵达到额定工况的时间。按《消水规》第13.1.4条的消防水泵调试要求，以自动直接启动或手动直接启动消防水泵时，消防水泵应在55s内投入正常运行；以备用电源切换方式或备用泵切换启动消防水泵时，消防水泵应分别在1min或2min内投入正常运行。

通过试验研究，水泵电机功率不大于132kW时启泵时间为30s以内，但通常大于20s，当水泵电机功率大于132kW时启泵时间为55s以内（《消水规》第11.0.15条也做了规定），所以消防水泵的启动时间在20～55s之间，而柴油机泵比电动泵延长10s时间。旧版《建规》第8.6.9条规定消防水泵应保证在火警后30秒内启动。其前提是消防水泵供电正常，水泵无故障，系统正常，未考虑水泵的故障等因素造成的影响。旧版《建规》、《高规》、《喷规》中火灾初期稳压装置的气压罐储备容积的确定也与此有关。

按《消水规》第 13.1.4 条的条文解释："电源之间的转换时间，国际电工规定的时间为 0s、2s 和 15s 等不同的等级，一般涉及生命安全的供电如医院手术和重症护理等要求 0s 转换，消防也是涉及生命安全，但要求没有那样高，适当降低，为此《消水规》规定为 2s 转换，所以消防水泵在备用电源切换的情况下也能在 60s 内自动启动。"这个要求实际上是备用电源能随时投入使用时的情况。在正常情况下，当检测到电源停电时，备用电源就投入运行，消防水泵的备用电源就处于热备状态，60s 的启动时间是有保障的，除非出现极端情况，就是消防水泵接到启动信号前 30s 内电源故障，而且是采用柴油发电机为备用电源（按照新版《建规》第 10.1.4 条规定，当柴油发电机采用自动启动方式时，应能保证在 30s 内供电。与旧版《建规》第 11.1.2 条及《高规》第 9.1.2 条规定是一致的），这时，对于电机功率大于 132kW 的消防水泵 1min 的自动启动时间是不一定有保证的，但这种极端情况一般不予考虑。

以备用泵切换自动投入运行的消防泵，由于单泵自动启动时间小于 55s，2min 自动启泵是可以实现的。

问 3：报警阀压力开关的自动启泵压力有否限制？

答：由于报警阀的压力开关动作压力为不小于 0.14MPa，因此，报警阀的设置位置实际上会影响到报警阀的压力开关能否动作，自动连锁启动消防水泵。在工程设计中，为防止喷淋配水管的工作压力大于 1.2MPa，有时将报警阀移至屋面，在高位消防水箱未设置稳压泵时，靠消防水箱对于屋面报警阀的静压差，较难满足报警阀压力开关动作压力大于 0.14MPa 的要求，在工程实践中也发现,屋面报警阀启动压力不足的问题，这时应适当下移报警阀的位置。

问 4：对于《消水规》第 11.0.4 条要求的"消防水泵房内的压力开关宜引入消防水泵控制柜内"如何理解？

答：对于《消水规》第 11.0.4 条要求的"消防水泵房内的压力开关宜引入消防水泵控制柜内"，规范未给出明确的做法，参考 NFPA20 的做法，是在泵的出口一侧、止回阀与闸阀间接出一根 φ10mm 铜管，引入控制柜内，再接压力开关。这种做法实际上是每台消防泵均设置低压压力开关，比《消水规》要求的"消防水泵出水干管上设置的低压压力开关"要求更高，按《消水规》，低压压力开关应该按系统设置一个就能满足要求，做法可参照 NFPA20 的做法，在消防水泵出水干管上靠近控制柜处接出一根 φ10mm 铜管，引入控制柜内，再接压力开关。

问 5：消防控制室的消防联动控制器，按电气专业要求，需要控制和显示的内容包含哪些？与《消水规》有否不同？

答：在国家标准《消防控制室通用技术要求》GB 25506—2010 中，5.3 节是规定消防联动控制器的，其中第 5.3.2 条"对自动喷水灭火系统的控制和显示应符合下列要求：b) 应能显示喷淋泵（稳压和增压泵）的启、停状态和故障状态，并显示水流指示器、信号阀、报警阀、压力开关等设备的正常工作状态和动作状态、消防水箱（池）最低水位信号和管网最低压力报警信息"。第 5.3.3 条"对消火栓系统的控制和显示应符合下列要求：

b）应能显示消防水泵（稳压和增压泵）的启、停状态和故障状态，并显示消火栓按钮的正常工作状态和动作状态及位置等信息、消防水箱（池）最低水位信号和管网最低压力报警信息"。按照本要求，基本涵盖了《消水规》的要求，但消防水池、高位消防水箱等水源的高水位报警信号以及正常水位显示，是《消水规》增加提出的要求。而不管室内消火栓及自动喷水灭火系统，《消防控制室通用技术要求》均有要求设置管网最低压力报警，这就要求给排水专业配合执行，特别在无稳压泵的消防给水系统，需要增设压力开关。

目前对消防水池、高位消防水箱等水源正常水位的显示，是有争议的。主要是有两种显示方法，一种是显示具体水位值，这个要求较高，需要配套产品。一种是仅显示目前位于正常水位，但《消水规》未对正常水位提出明确的规定，到底什么范围内的水位属于正常水位，由于高水位、低水位均已报警，应该未报警就在正常水位范围内，不需要什么特别的显示。

问 6：消防水泵控制柜的防护等级 IP30、IP55 指什么？

答：根据国家标准《外壳防护等级（IP 代码）》GB 4208—2008，IP 为国际防护代码字母，其后有两位特征数字，第一位特征数字表示防止固体异物进入功能（防尘），第二位特征数字表示装置的防止水进入功能（防水）。防尘特征数字有 0～6，数字越大则表示防护功能越强，3 表示能防止直径≥2.5mm 的固体异物进入外壳内，5 表示防尘。防水特征数字有 0～8，数字越大则表示防护功能越强，0 表示无防护，5 表示能防止喷水造成有害影响。

IP30 表示控制柜能完全防止直径≥2.5mm 的固体异物进入柜内，但不能防水。IP55 表示控制柜能防尘防喷水，也就是说虽不能完全防止尘埃进入，但进入的灰尘量不会影响设备的正常运行和安全，而且即使向控制柜外壳各方向喷水，控制柜也无有害影响，能正常运行。

问 7：对于《消水规》第 11.0.10 条要求的"高温潮湿环境"有否具体的指标？消防水泵控制柜内如何设置自动防潮除湿的装置？

答：1）对于消防水泵的工作环境，主要根据电机，一般工作环境温度不大于 40℃，相对湿度小于 95％。对于消防水泵的电源柜和控制柜，根据国家标准《低压成套设备和控制设备 第 1 部分 总则》GB 7251.1—2013 的要求，户内成套设备的周围空气温度为不超过 40℃，且在 24h 一个周期的平均值不超过 35℃，周围空气温度的下限为−5℃。户内成套设备的湿度条件为：最高温度为 40℃ 时的相对湿度不超过 50％，在较低温度时允许有较高的相对湿度。例如，20℃ 时的相对湿度为 90％。宜考虑到由于温度的变化，有可能会偶尔产生适度凝露。

在考虑人员的工作环境时，通常把 35℃ 以上的生活环境和 32℃ 以上的生产环境视为高温环境，相对湿度 60％ 以上的环境称为高湿环境。在国家标准《高温作业分级》GB/T 4200—1997 中，将高温作业定义为：生产劳动过程中，其工作地点平均湿球温度（WB-GT）指数等于或大于 25℃ 的作业。

对于《消水规》提到的"高温潮湿环境"，一般是按照消防水泵和控制柜的工作环境确定，在消防水泵控制室和值班共用时，可考虑人员的工作环境。

2）下表列举了全国各区域季度平均温度情况：

区域	春季（℃）	夏季（℃）	秋季（℃）	冬季（℃）
东部	19	23	22	5
南部	22	35	25	10
西部	15	30	17	0
北部	14	29	19	−5

3）下表列举了全国各区域季度平均湿度情况：

区域	春季（%）	夏季（%）	秋季（%）	冬季（%）
东部	45	70	40	15
南部	50	85	50	20
西部	40	60	50	10
北部	40	60	25	10

4）根据以上资料，消防水泵房室内环境可不设空调系统，仅设置排气系统，基本就能满足使用要求，特殊地区可设置采暖设备。

5）对于《消水规》第11.0.10条提到的"高温潮湿环境"，据暖通空调的资料，当相对湿度为100%时，认为空气已处于饱和状态；当相对湿度高于80%时，认为空气是潮湿的。当相对湿度大于65%时，物体表面就会附着一层厚为 $0.001\sim0.01\mu m$ 的水膜。但根据户内成套设备的湿度条件，应该认为与环境温度有关，最高温度为40℃时的相对湿度不超过50%，在较低温度时允许有较高的相对湿度，在20℃时的相对湿度为90%。超过上述标准的应该就可认为是"高温潮湿环境"，应该进行除湿处理了。

6）《消水规》第11.0.10条的"控制柜内设置自动防潮除湿的装置"，经向电气专业了解，在高压配电柜内一般是可设置自动除湿回路的，在低压配电柜和控制柜中一般不用，主要是考虑到在高温潮湿环境中，空气的隔绝效果降低，在同样的距离时，高压系统容易放电击穿，可靠度降低。具体做法是在配电柜内安装除湿电加热器，用除湿控制器进行控制，对于消防水泵电源柜和控制柜确有需要时。可参照设置。

问8： 消防水泵常用的启动方式有几种？

答： 目前消防水泵的启动分为全压启动和降压启动两种方式。

1）全压启动就是让水泵在标准工况额定电压下进行启动，启动电流会达到标准工况额定电流的6倍，造成冲击太大，能否使用是经过计算确定的，一般用于功率≤30kW的水泵。

2）降压启动就是利用起动设备，在启动时降低加在定子绕组上的电压，待启动过程结束，再给定子绕组加上全电压（标准工况的额定电压）。当鼠笼式异步电动机容量较大，而电源容量不够大时，为了限制启动电流，避免电网电压显著下降，一般采用降压启动。民用建筑中≥37kW的水泵一般采用降压启动的方式。降压启动有星三角启动、自耦降压变压器启动、软启动（有电子板，长期不工作故障率高）和变频启动四种方式，消防泵能用的是星三角启动和自耦降压变压器启动两种方式。

（1）星三角启动：在启动时，先将三相定子绕组联结成星形（Y），待转速接近稳定时再改联结成三角形（△）。这样，起动时联结成星形的定子绕组电压与电流都只有三角形联结时的 $1/\sqrt{3}$，由于三角形联结时绕组内的电流是线路电流的 $1/\sqrt{3}$，而星形联结时两者则是相等的。因此，联结成星形起动时的线路电流只有联结成三角形直接起动时线路电流的 $1/3$。

(2) 自耦降压变压器启动：自耦变压器降压启动是指电动机启动时利用自耦变压器来降低加在电动机定子绕组上的启动电压。待电动机启动后，再使电动机与自耦变压器脱离，从而在全压下正常运动。见图11-1。

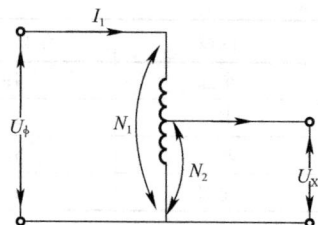

图 11-1　自耦变压器的
减压原理图

$$\frac{U_x}{U_\phi}=\frac{U_2}{U_1} \quad \frac{I_x}{I_{st}}=\frac{U_x}{U_\phi}$$

$$\frac{I_x}{I_{st}}=\frac{N_2}{N_1} \quad \frac{I_1}{I_x}=\frac{N_2}{N_1}$$

所有 $\dfrac{I_1}{I_{st}}=\left[\dfrac{N_2}{N_1}\right]^2$。通过自耦变压器，从电网吸取的电流降低为 $I_1=\left[\dfrac{N_2}{N_1}\right]I_x=\left[\dfrac{N_2}{N_1}\right]^2 I_{st}$。

3) 消防水泵不宜采用有源器件启动。有源器件是区别与无源器件的，如果电子元器件工作时，其内部有电源存在，则这种器件就叫作有源器件。有源器件一般用来信号放大、变换等，无源器件用来进行信号传输，或者通过方向性进行"信号放大"。电容、电阻、电感、二极管、变压器、继电器都是无源器件。三极管、IC、模块、交换机、计算机等都是有源器件。由于有源器件自身也消耗电能，除了输入信号外，还必须要有外加电源才可以正常工作。

问9： 消防水泵是否必须设置自动巡检功能？

答：《消水规》第11.0.16条提出消防水泵设置自动巡检时，自动巡检功能应符合规定，并未明确提出必须设置自动巡检功能，似乎人工巡检也能满足规范的要求。但在《消水规》第11.0.18条和第13.1.10条消防水泵控制柜调试和测试应符合的要求第4点中："应调试自动巡检功能，并应对各泵的巡检动作、时间、周期、频率和转速等进行试验检测和验证"，及第14.0.4条消防水泵的维护管理应符合的规定第2点中："每周应模拟消防水泵自动控制的条件自动启动消防水泵运转一次，且应自动记录自动巡检情况，每月应检测记录"，在运行及调试时，要求自动记录巡检情况，依靠人工巡检是难以实现的，因此，参阅其他相关条文有关自动巡检的要求，消防水泵应该设置自动巡检功能。

问10： 消火栓是否必须设置按钮？

答： 根据对《消水规》第11.0.4条的思考分析，消火栓系统的低压压力开关、流量开关、报警阀压力开关均是触发信号，直接启动消火栓增压泵。消火栓按钮是消火栓系统联动触发信号的必备条件之一。《消水规》的第11.0.19条只提到消火栓按钮的作用，而未谈到是否设置。《自动报警规范》第4.3.1条谈到的是"当设置消火栓按钮时，消火栓按钮的动作信号应作为报警信号及启动消火栓泵的联动触发信号",在条文解释中,仅提到:"稳高压系统中,虽然不需要消火栓按钮启动消防泵,但消火栓按钮给出的使用消火栓位置的报警信息是十分必要的,因此稳高压系统中,消火栓按钮也是不能省略的"。

消火栓按钮作为报警信号的意义不大,但作为联动触发信号,是有意义的。虽然消火栓报警按钮因弱电信号损耗影响系统可靠性,不再要求消火栓按钮作为直接启动消防水泵的开关,但在《自动报警规范》第4.3.1条的条文解释中:"当建筑物内无火灾自动报警系统时,消火栓按钮用导线直接引至消防泵控制箱(柜),启动消防泵。"由此可以看到,消火栓按钮作为联动触发信号(有火灾自动报警系统时)和连锁触发信号(无火灾自动报警系统时),均有存在的意义,只是在已设置两个连锁触发信号的前提下,略显多余。但消火栓按钮作为多重启泵方式之一,在《消水规》利用管网压力开关或流量开关连锁自动启泵的可靠性经实践检验前,还有存在的价值,应允许其与连锁自动启泵方式共存。

在无稳压泵的临时高压给水系统中,由于低压压力开关灵敏度可能不足,建议消火栓按钮保留,虽然仅是联动触发信号,但这个信号可能比低压压力开关更为灵敏,可作为补充。对于有稳压泵的临时高压给水系统中,消火栓按钮可取消,因为已有两个连锁触发信号,保留意义不大了。

在干式消火栓给水系统中,消火栓按钮作为系统供水干管上干式报警阀、雨淋阀或快开阀、电磁阀、电动阀上快速启闭装置的连锁触发信号,应该保留。

11.4 延伸思考

思考1:《消水规》的消防水泵到底指哪些?

分析:《消水规》未给出消防水泵的定义,消防水泵是指安装在消防车、固定灭火系统或其他消防设施上,用作输送水或泡沫溶液等液体灭火剂的专用泵。消防水泵应达到国家标准《消防泵》GB 6245的要求。根据在消防系统中的作用,消防水泵包括供水消防泵(用于消防供水的消防泵)和稳压消防泵(用于稳定管网压力的工程用消防泵)。在《消水规》中,将消防水泵和稳压泵在不同的章节或条款中进行表述,如:5.1消防水泵、5.3稳压泵;第11.0.1~第11.0.5条针对消防水泵、第11.0.6条针对稳压泵;第12.3.2条针对消防水泵安装、第12.3.5条针对稳压泵安装等。特别在第11.0.8条"消防水泵、稳压泵应设置就地强制启停泵按钮,并应有保护装置",可以明显看出来,《消水规》提到的消防水泵不包含稳压泵,因此,针对消防水泵的条文不适用于稳压泵。《消水规》对稳压泵在临时高压消防给水系统中的作用仅是持压保压,维持管网压力以保证及时动作。

从广义上说,稳压泵在消防系统中使用,也应该是消防水泵的一种,但从对消防系统的作用上来说,水泵主要包含了两类,一类是维持消防灭火系统时刻处于准工作状态的,主要包括消防水池、水箱的补水泵和系统的稳压泵等;一类是保证消防灭火系统工作状态的,主要包括加压主泵和转输水泵等。应该说《消水规》提到的消防水泵是特指保证消防灭火系统工作状态的消防水泵,就是涵盖了除维持消防灭火系统准工作状态外的所有消防水泵。

高位消防水池的转输泵是参与灭火的,因此,是《消水规》提到的消防水泵。而高位消防水池的补水泵，是保证系统准工作状态的，不是《消水规》提到的消防水泵。若补水泵和转输泵兼用，应考虑系统在准工作状态和工作状态的控制如何转换，考虑系统的简单及可靠性，建议补水泵单独设置。

思考2：《消水规》第11.0.3条的"水泵正常运转"如何理解？

分析：《消水规》第11.0.3条提出消防水泵从接到启泵信号到正常运转的自动启动时间限制，这个"水泵正常运转"到底指什么，从目前国家标准图集的消防泵一用一备启动控制电路图中，消防水泵的故障是通过断路器（能检测到水泵供电短路、接地故障）、热继电器（能检测到水泵供电过载、断相故障）、二次回路（控制回路）的取电来检测的，在出现水泵供电故障时，投入备用泵运行，实际上均不是针对水泵的流量和压力工况。

除对消防水泵的及时启动、运转，给火场供水外，给排水专业更关心的是水泵能否输出设计要求的流量和压力，这在目前的电气控制原理中，并没有实现。但在《消水规》的第14.0.4条消防水泵的维护管理应符合的规定第5点中："每季度应对消防水泵的出流量和压力进行一次试验"，就是要加强管理和维护，保证消防水泵的良好工况。

思考3：对消防水泵自动启泵信号的思考。

分析：针对常用消防系统消防水泵的启泵信号，分析如下：

1）消火栓系统应该是仅指室内消火栓系统和采用临时高压系统的室外消火栓系统，不含低压的室外消火栓系统。

（1）按《自动报警规范》第4.3.1条：消火栓系统联动控制方式，"应由消火栓系统出水干管上设置的低压压力开关、高位消防水箱出水管上设置的流量开关或报警阀压力开关等信号作为触发信号，直接控制启动消火栓泵，联动控制不应受消防联动控制器处于自动或手动状态影响。当设置消火栓按钮时，消火栓按钮的动作信号应作为报警信号及启动消火栓泵的联动触发信号，由消防联动控制器联动控制消火栓泵的启动。"应该说，《自动报警规范》中的"三者"只是或者关系，几个自动启泵信号还是比较含糊的，没有明确的规定，但目前大多已按两个直接自动启泵信号执行。

（2）《自动报警规范》中联动触发信号的定义是：消防联动控制器接收的用于逻辑判断的信号。对于触发信号没有定义，标准图集《〈火灾自动报警系统设计规范〉图示》中，触发信号分为两类，一类是连锁触发信号（报警规范没有这个名词，连锁就是不经过联动控制器，是消防系统自身完成的，控制不需要火灾自动报警系统参与。由消防系统自身直接动作，在一个信号触发时就动作），另一类是联动触发信号〔经过联动控制器，在两个信号触发时，才由联动控制器发出联动控制信号（由消防联动控制器发出的用于控制消防设备工作的信号），进行自动动作〕。

（3）要注意低压压力开关、流量开关、报警阀压力开关均是触发信号，直接启动消火栓泵的，是不通过联动控制器的。在标准图集中消火栓系统的连锁触发信号是："系统出水干管上的低压压力开关、高位消防水箱出水管上的流量开关、报警阀压力开关的动作信号"。标准图集中消火栓系统的联动触发信号为："消火栓按钮的动作信号与该消火栓按钮所在报警区域内任一火灾探测器或手动报警按钮的报警信号"，就是说消火栓按钮是联动触发信号之一，而火灾探测器或手动报警按钮是另外之一。实际上就是"消火栓按钮＋所在报警区域内任一火灾探测器"或"消火栓按钮＋所在报警区域内任一手动报警按钮"的联动触发信号，由消防联动控制器发出自动启泵信号。

（4）目前国内部分专家也对此提出看法，认为：对于临时高压室内消火栓系统的自动启泵信号问题，目前是有争议的，一种观点认为：对于室内消火栓系统，因为从发现火灾报警，消防队员到达现场，打开消火栓箱，按下消防按钮启动消火栓泵，连接水带、水枪，再开启消火栓进行灭火，根本不需要自动启动消防水泵。《消水规》对自动水灭火系统和非自动水灭火系统都要求自动启动消防水泵，这一问题值得商榷。在强调自动启动消防水泵的前提下，必然得出消防按钮不能启动消火栓泵的结果，也必然会有流量开关的设置需求，因为对于没有报警阀、没有稳压泵的室内消火栓系统，唯一能自动启动消火栓泵的技术措施就只有在高位消防水箱出水管上设置流量开关。

2）自动喷水灭火系统：争议最大的是喷淋系统要有几个自动启泵信号。

（1）按《消水规》本条应该说较为含糊，"压力开关、流量开关，或压力开关"不能说提出两个的要求，但在《消水规》送审稿中，是明确要求两个自动启泵信号的，有关条文包括：第11.1.5条："消防泵应由水泵出水干管上设置的低压压力开关、流量开关、报警阀压力开关等信号直接自动启动"，第11.1.6条："临时高压给水系统应有水泵出水干管上设置的低压压力开关和报警阀压力开关或流量开关等2个信号自动启动水泵，当一个信号动作时应能直接自动启动"，第11.1.7条"消防泵出水管上的低压压力开关应由仪表弯管引入消防泵控制柜内安装，以保证启动的可靠性"。在报批稿时，把三条合并变成现在的第11.0.4条。《消水规》主编黄晓家2010年发表在《给水排水》的论文《消防给水及消火栓系统工程技术与发展》中，11消防给水系统控制："为保证消防泵的可靠启动和运行，提出应有2个自动启动信号自动启泵，1个动作就启泵"。应该说，主编的本意是要求2个信号自动启泵的，而且，仅适用于临时高压给水系统，至于最终为何修改的，我们就不清楚了。

（2）按《自动报警规范》，是将控制方式分系统明确提出的，包括：自动喷水灭火系统（4.2节：湿式系统和干式系统；预作用系统；雨淋系统；自动控制的水幕系统）；消火栓系统（4.3节）；气体灭火系统和泡沫灭火系统（4.4节）。部分条文如下：第4.2.1条第1款：湿式系统和干式系统联动控制方式"应由湿式报警阀压力开关的动作信号作为触发信号，直接控制启动喷淋消防泵，联动控制不应受消防联动控制器处于自动或手动状态影响"。应该说，报警规范是一个自动启泵信号的。

（3）标准图集《〈火灾自动报警系统设计规范〉图示》中，自动喷水灭火系统的连锁触发信号为"压力开关动作信号"，湿式自动喷水灭火系统的联动触发信号为："报警阀压力开关的动作信号与该报警阀防护区域内任一火灾探测器或手动报警按钮的报警信号"。就是说连锁触发信号只有一个，联动触发信号压力开关的动作信号是之一，而火灾探测器或手动报警按钮是另外之一。实际上就是"压力开关＋所在报警区域内任一火灾探测器"或"压力开关＋所在报警区域内任一手动报警按钮"的联动触发信号，由消防联动控制器发出自动启泵信号。

（4）对于自动喷水灭火系统，考虑到灭火效果，应该要求比室内消火栓系统有更强的动作可靠性，目前从《自动报警规范》来说，可靠度是不够的，主要是报警阀压力开关即作为连锁触发信号，又作为联动触发信号的必备条件之一，那就是说若压力开关失效，喷淋泵是不能自动启动的。从自动喷水灭火系统的可靠性考虑，应该增加一个连锁触发信号，在有稳压泵的临时高压给水系统中，倾向于采用低压压力开关，在无稳压泵的临时高压给水系统中，倾向于采用流量开关。

3）综合上面分析，由于《消水规》适用于所有消防给水系统，在室内消火栓和自动喷水灭火系统等灭火系统的自动启泵信号执行时，建议按 2 个执行，除非系统专业规范有明确条文要求的除外，如《自动消防炮灭火系统技术规程》CECS 245：2008 的 5.4.4 条："稳高压消防给水系统应符合下列规定：4 给水系统的稳压泵应联动消防泵。稳压泵的关闭和开启应由压力联动装置控制。稳压泵停止压力值和联动消防泵启动压力值的差值应不小于 0.07MPa"，自动消防炮是采用稳高压系统，就是采用压力联动自动启动消防泵。

思考 4：对室外消火栓加压泵启泵信号的思考。

分析：室外消火栓给水系统，包括有高压、临时高压、低压给水系统，以下是具体的分析：

1）高压室外消火栓给水系统：火灾供水无须动用消防水泵直接加压，不存在启泵信号的问题。

2）临时高压室外消火栓给水系统：按《消水规》第 6.1.6 条的规定，宜与室内消火栓系统合用，若采用合用系统，可采用室内消火栓系统的两个自动启泵连锁信号，不必另行设置。

《消水规》第 6.1.7 条的规定："独立的室外临时高压消防给水系统宜采用稳压泵维持系统的充水和压力"，独立的系统在设置稳压泵时，低压压力开关和流量开关均是可靠的自动启泵连锁信号，设置上应该没有问题。

3）低压室外消火栓给水系统：室外消火栓系统存在两种工况，一种在市政供水条件满足室外消防供水要求时，直接由市政管网供水；另一种是市政管网无法满足室外消防供水要求时，消防水池储存室外消火栓用水量，在消防水池取水口保护范围难以覆盖整个小区时，设置室外消火栓加压泵输送消防用水至消防车取水口（经常采用室外消火栓作为消防车取水口使用）的系统。这时室外消火栓的压力仅满足消防车取水的需要，从压力上来说仍是低压消防给水系统，但又设置了消防水泵，我们可以把这种系统叫做"设置消防水泵的低压室外消火栓给水系统"。

按《消水规》的术语，低压消防给水系统是没有自动启动消防泵要求的，应该是可以人工启泵的。设置消防水泵的低压室外消火栓给水系统基本是提供给消防队员使用的，作为低压给水系统，并没有自动启泵要求的，但与《消水规》第 11.0.4 条提出的消防加压泵均要自动启泵有矛盾，建议这时系统仍设置自动启泵连锁信号，实际上对工程也是有利的，考虑室外消火栓大多是消防队员到场后使用的，建议可以设置一个连锁启泵信号。

对于设置消防加压泵的低压室外消火栓给水系统，准工作状态也需要管网充水，有必要设置稳压补水设施，目前的稳压补水设施主要包括市政供水、消防水箱和消防稳压泵的方式，均有办法解决自动启泵连锁信号问题。

（1）采用市政供水。在当地自来水公司同意市政管网与消防加压管网对接时可以采用，在市政补水管上设置流量开关作为连锁自动启泵信号即可。

（2）采用消防水箱。有争议的是消防水箱的容积是否要求加大。一种观点认为依据

"消防水箱的有效容积应满足初期火灾消防用水量的要求（《消水规》第5.2.1条)"，室外消火栓不是初期灭火的，因此采用消防水箱稳压可能削减初期水灭火的用水量。实际上，消防水箱的作用包括：一是保持系统准工作状态的压力和自动启泵所需的流量，二是在消防电源失效时提供灭火的流量和压力。在消防电源工作的前提下，消防水箱起到的主要作用是保持系统准工作状态的压力和提供自动启泵所需的流量，这时需要的水量是远远小于规范对消防水箱容量要求的。而且，室外消火栓是给消防队员使用的，用水还是回到火场（通过接合器等输送），并不会削减消防灭火的用水量。在采用消防水箱稳压时，可在消防水箱出水管上设置流量开关作为连锁自动启泵信号。

（3）采用消防稳压泵。若准工作状态满足低压系统的要求，压力倒不是特别高，若从消防水池吸水，实际上必须采用稳压泵加压，若从水箱吸水，实际上大部分工程是无需稳压泵的。按此来看，稳压泵是大多从消防水池吸水的。这时，实际上稳压泵总出水管设置流量开关或泵房内设置低压压力开关均能作为连锁自动启泵信号。

思考5："流量开关"自动启动流量设定值的思考。

分析：目前尚无流量开关产品的国家标准和行业标准，按规定要求消防规范的条文要有国家标准和行业标准。正由于没有标准，因此给流量开关的选用带来困难，如应选用哪种型式；系统启泵信号的流量要求如何设定等等。下面对各种系统"流量开关"启动流量设定值进行分析：

1）对于自动喷水灭火系统：按照《消水规》第5.2.2条第4款规定，高位消防水箱的设置高度"应根据喷头灭火需求压力确定，但最小不应小于0.1MPa。"喷头灭火需求压力，就是最不利喷头的动压，按照《喷规》，最不利喷头工作压力与喷头布置及型式有关，并不小于0.05MPa。本条文的不应小于0.1MPa，应该是指高位消防水箱对最不利喷头的高差（静压），设计时应该是取两者的大值。一般报警阀的动作要求泄水量大于60L/min，实际上最不利喷头在动压0.05MPa时，仅靠一个标准喷头流量，报警阀是可能不动作的，但是加上水力警铃的流量，报警阀的流量是会超过60L/min的，否则报警阀也不会动作。考虑到与报警阀动作流量的一致性，建议采用1L/s作为自动喷水灭火系统流量开关启动流量的设定值。

2）对于室内消火栓系统系统：

（1）室内消火栓系统系统流量开关的动作流量，适当降低以提高灵敏度，是可行的。由于管道泄漏量较小，按最大室内消火栓设计流量40L/s、管网泄漏量3％计，为1.2L/s，只要比1.2L/s大，误动作的可能就不大，要考虑的还有消防软管卷盘的流量，根据《消防软管卷盘》GB 15090—2005，非消防车使用的消防软管卷盘，喷射性能试验时，卷盘进口压力0.4MPa，射程≥6m，流量≥24L/min（0.4L/s），虽然是最低要求，但应该说比1.2L/s还是小较多的。

（2）对于最不利消火栓的流量，在采用SN65栓，QZ19水枪时，在1.0L/s时，龙带和水枪的水损约为0.8m；在1.5L/s时，龙带和水枪的水损约为1.8m；在2.0L/s时，龙带和水枪的水损约为3.2m；在2.5L/s时，龙带和水枪的水损约为5.0m；在3.0L/s时，龙带和水枪的水损约为7.2m；在3.5L/s时，龙带和水枪的水损约为9.8m；在4.0L/s时，龙带和水枪的水损为12.9m。

（3）对于仅设置高位消防水箱的系统，按最不利消火栓静压7m计，扣除估算的管道水损和栓口损失2m，流量可以达到2.5L/s；若增设稳压泵，要求准工作状态静水压力15m，扣除估算的管道水损和栓口损失4m，流量可以达到3.5~4.0L/s。

建议采用1.0~2.0L/s作为高位消防水箱直接供水的消火栓给水系统的自动启动流量值，采用1.0~3.5L/s作为高位消防水箱配置稳压泵的消火栓给水系统的自动启动流量值。就是按此确定设计自动启动流量值后，相应稳压泵的设计流量应与此对应。

3）对于室外消火栓系统系统：由于室外消火栓的最大设计流量为40L/s，并设有DN65、DN100（或DN150）的接口，准工作状态的流量是大于室内消火栓的，在采取稳压泵补水时，为防止稳压泵的设计流量过大，建议流量开关的动作流量可参照室内消火栓系统执行。

4）对于《消水规》第12.2.8条第4款，应该说是施工时对流量开关进场检验的要求，不能作为流量开关动作设计值的依据。在管道流速0.1~10m/s时能可靠动作，镀锌钢管在流速0.1m/s时，DN100流量为0.8L/s，DN150流量为1.8L/s；在流速10m/s时，DN100流量为87L/s，DN150流量为170L/s。可以看到，DN150管道，在流量为1.0L/s时，流速仅为0.06m/s，是难以满足施工对压力开关进场检验灵敏度要求的，若采用DN100出水管，可能难以满足《消水规》第5.2.6条第9款的消防给水设计流量的要求，建议在流量开关动作设定值为1.0L/s时，安装流量开关处采用DN100管道，以提高流量开关的灵敏度。

思考6："低压压力开关"自动启泵压力设定值的思考。

分析：对于压力开关，目前现行的国家标准为《自动喷水灭火系统　第10部分：压力开关》GB 5135.10—2006，压力开关的作用是将系统的压力信号转换为电信号，但其动作过程是缓慢增加系统压力，达到动作压力时，发出电信号（普通型压力开关的动作压力为0.035~0.05MPa，预作用装置压力开关动作压力为0.03~0.05MPa），而作为消防水泵启泵信号的压力开关、动作要求则是压力下降到动作压力时发出电信号（原《消水规》报批稿中规定为"低压压力开关"，现行规范修改为"压力开关"），因此，从功能要求上分析两者要求不同，尚不能完全引用GB 5135.10—2006中压力开关的概念，故"低压压力开关"目前未有完全对应的国家产品标准和压力设定值的依据。仅能根据系统工况对"低压压力开关"的设定值进行分析：

对临时高压给水系统"低压压力开关"自动启泵压力设定值，《消水规》并没有给出明确的限制，在5.3节中给出了稳压泵设计压力的要求，第5.3.3条第2款"稳压泵的设计压力应保持系统自动启泵压力设置点处的压力在准工作状态时大于系统设置自动启泵压力值，且增加值宜为0.07~0.10MPa"；第5.3.3条第3款"稳压泵的设计压力应保持系统最不利点处水灭火设施的在准工作状态时的压力大于该处的静水压，且增加值不应小于0.15MPa"。条文谈的均是稳压泵的设计压力如何选择，并没有明确提出消防加压泵的启动压力值，建议可从以下几点进行思考：

（1）采用高位消防水箱重力稳压的临时高压给水系统：由于消防水箱的水位高差有限，一般在2m左右，实际上启泵压力设定值取决于压力开关的灵敏度，若灵敏度可以满足要求，在消防水箱的消防动用水位之下压力值就可以作为压力开关的自动启泵设定值，推荐在消防动用水位之下 0.5m，但可能压力开关的灵敏度不足。

（2）设有稳压泵的临时高压给水系统：首先确定系统准工作状态的压力，按照《消水规》的第 5.3.3 条第 3 款，最不利点处水灭火设施在准工作状态时的静水压力，不应小于 0.15MPa。其次，系统自动启泵压力设置点处的压力在准工作状态时宜大于系统自动启泵压力值 0.07～0.10MPa。这样，就是在准工作状态时，系统设置压力开关点位处管网的压力大于系统设置的压力开关的动作压力值，且增压值宜为 0.07～0.10MPa，这个压力值是靠稳压泵的压力来保持，建议计算采用稳压泵的启泵压力。

思考 7：对稳高压和临时高压给水系统压力开关自动启泵的思考。

分析：《消水规》对临时高压给水系统给出了明确的定义，对于稳高压给水系统是没有提到的。按照上海《民用建筑水灭火灭火系统设计规程》，稳高压给水系统是"消防给水管网中平时由稳压设施保持系统中最不利点的水压以满足灭火时的需要，系统中设有消防泵的给水系统。在灭火时，由压力联动装置启动消防泵，使管网中最不利点的水压和流量达到灭火的要求。"按此规定，稳高压系统就是采用压力联动装置启动水泵，而且，在准工作状态，最不利点的压力是能满足灭火需要的，流量靠消防主泵启动来满足的。按《消水规》临时高压系统定义："平时不能满足水灭火设施所需的系统工作压力和流量，火灾时能自动启动消防水泵以满足水灭火设施所需的工作压力和流量的供水系统"，临时高压给水系统只有自动启动加压泵的要求，不是非采用压力联动不可的，而且，准工作状态时，最不利点的水压和流量均不要求满足消防灭火要求。

对于稳高压给水系统，由于要满足灭火压力的需要，正常是设有稳压设施的，而且，稳压设施设定值应该比临时高压给水系统高。《消水规》未推荐采用稳高压给水系统，不知是什么原因，可能认为稳高压给水系统的准工作状态压力要求高，基本均要设置稳压系统，对系统分区不利，而系统安全性增加有限（灭火流量并没保证），但设置了稳压系统，确实对系统的自动启泵较为有利。在设有稳压系统时，一般加压泵在 2min 内能启动，而对于仅有高位消防水箱的临时高压给水系统，在 2min 时间内，水箱水位变化十分有限，仅靠低压压力开关较难实现自动启泵。

思考 8：消防给水系统转输供水配电应注意的问题？消防水泵启动顺序如何实现？

分析：1）消防给水系统根据灭火工作情况的不同，对配电的要求不同。对于转输供水系统，转输泵（或下区消防泵）和上区消防泵同时配电是必须的，对于高、低区可能同时工作的系统，还必须同时考虑给低区消防水泵供电，如室内消火栓系统，灭火时除了着火层的消火栓工作，还存在临近层消防水枪出水冷却控火的问题，当着火点在供水分区层附近时，就存在上、下区消防泵和转输泵同时工作的情况。实际上由于火灾现场的不确定性，建议消防水泵均同时供电，以确保灭火的可靠性。

2）超高层建筑消防串联供水分为转输串联和直接串联。按照《消水规》第 11.0.11 条，在采用转输串联时，转输泵在消防水泵启动后再启动；在采用直接串联时，上区消防水泵在下区消防水泵启动后再启动。实际上在上区灭火时，消防水泵的连锁触发信号均是上区消防系统出水干管上设置的压力开关、上区高位消防水箱出水管上设置的流量开关或上区报警阀的压力开关。

标准图集《〈火灾自动报警系统设计规范〉图示》中，压力开关和流量开关启泵流程（P29）是：触点动作→延时继电器动作→中间继电器动作→接触器动作→消防水泵启动。触点就是给排水专业设置的压力开关和流量开关。设置延时继电器是为了防止触点发出的脉冲信号（实际上不是启泵信号）对水泵自动启动的影响，延时时间可在1～60s间进行现场调节。在中间继电器动作后，水泵的启动就与触点信号无关了。根据本启泵流程，有两种实现再启泵的方法：

（1）压力开关和流量开关采用双触点元件，两个触点分别直接引到不同的水泵控制柜，先启动的水泵延时时间短些，再启动的水泵延时时间长点，实现先后启泵。

（2）压力开关或流量开关的触点直接引到先启动的水泵控制柜，在中间继电器动作时，增加触点引至再启动水泵的控制柜，实现先后启泵。

上述的两种方法，从可靠度来说，倾向于第一种，在压力开关和流量开关无法增加触点时，才考虑第二种。

思考9：消防水泵控制柜的机械应急启泵功能如何实现？机械应急启动时，消防水泵在报警后5min内正常工作意味着什么？

分析：1）在国家标准《低压开关设备和控制设备固定式消防泵驱动器的控制器》GB/T 21208—2007中，第8.5.1条第2款控制器的紧急运行控制："控制器的紧急运行控制可以由一个机械驱动（例如一个接触器的机械操作）或由一个备用的开关电器（例如接触器、手动开关等）来完成"。按本标准，应急启动是包括了机械应急启动和备用开关应急启动两种方式来实现，在《消水规》中，推荐采用的是机械应急启动。作为应急启动，就是要设置在一次回路（配电系统）中，这与目前消防水泵控制柜及消防控制室设置的手动启泵按钮是不同的，目前的手动启泵按钮是作用于二次回路（控制系统）中，需要通过继电器的共同参与来实现，可靠性不如直接作用于一次回路的紧急启动控制。

机械应急启动没有明确的定义，一般采用机械手动合闸来实现。经向电气专业了解，对于低压配电系统手动合闸是没有问题的，在低压配电柜（≤380V）中，也有手动机械合闸，但在高压系统（≥10kV）中，一般是有合闸控制线路的，机械部分是弹簧，手动是用涡轮上紧弹簧用的，弹簧的力量转换成合闸控制线路的电信号，起到合闸的作用。

目前对于全压启动，机械应急启动是可以容易实现的，是通过机械原件闭合接触器，就通电启泵了。对于降压启动的自耦降压变压器启动和星三角启动方式，都有三个接触器，都存在如何由一个接触器延时后（星三角15s）转换到三个接触器的问题（变成全压运行）。根据目前北京中科三正电气有限公司的相关资料，自耦降压变压器启动在机械应急启动时，是采用全压启动的方式，星三角启动在机械应急启动时，有全压起动和星三角启动两种方式可以选择，在备用电源能满足全压启动的电流要求，不考虑启泵电流对其余设备的影响时，均采用全压启动的方式。

2）机械应急启动是需要操作人员在消防水泵控制柜操作的，操作人员一般在消防控制室内，由于《消水规》第11.0.3条限制了消防水泵进入正常工作的启动时间为2min，这就要求消防控制室和消防水泵控制柜间的距离在人员行走时间在3min之内。

3）国内有部分科研机构和院校曾对人员的行走速度进行过研究，并获得了部分数据，但没有权威机构对这些研究成果进行分析归纳，并没有形成一套大家公认的体系。在进行消防性能化设计时，大部分是参考国外相关专家的研究成果或者国内外权威机构出版的标准和规范等，这些数据可以作为我们的设计依据。

（1）美国研究人员疏散方面的著名学者Fruin的专著《人行道规划和设计》是人员疏散方面的经典著作，其研究成果至今仍在北美广泛应用。该著作认为人员的行走速度是人员密度的函数，下表列出了他总结的人员行走速度和人员密度的关系：

分类	人员密度（人/m²）	水平速度（m/s）	行动描述
A	<0.31	1.3	可以容易地超越前方人员；人往回走时不受限制
B	0.43~0.31	1.2~1.3	当试图超过前方的人时会偶尔相互影响；人员具有交错行走或掉转方向行走的可能，偶尔会相互冲突
C	0.71~0.43	1.1~1.2	人员在超过前方人员时会受到限制，但可以通过调整行进方向以避免与前方人员发生冲突
D	1.0~0.71	1.0~1.1	要想超过前方人员很少会与前方人员发生冲突，人员想掉转方向行走时会由于发生冲突而受限
E	2.0~1.0	0.4~0.1	行走速度受到限制，人员不得不拖着脚缓慢移动，需要不时地调整步伐，不易超过前方人员
F	>2.0	<0.4	不可能相互交错行走或掉转方向行走，身体不可避免地频繁接触，人群偶尔向前移动

（2）针对人员在楼梯间内的疏散速度，加拿大的Pains曾对某学校的学生进行了疏散试验，结果表明：人员上楼梯速度为0.5m/s，人员下楼梯速度为0.8m/s。也有相关的文献介绍，人员上楼梯速度为0.4倍的正常速度，人员下楼梯速度为0.6倍的正常速度。

（3）由于消防控制室一般位于一层，消防水泵房一般位于地下一层或地下二层，而且地面标高与室外地坪高差不大于10m，二者均有通到室外的安全出口，因此人员密度可采用小于0.31人/m²，结合上表，人员水平疏散速度可采用1.3m/s，人员在楼梯间内的下行速度取水平疏散速度的0.6倍。对于转输消防机房，由于消防电梯均可在1min内到达楼层，建议水平距离按人员行走距离2min计算。

（4）由于操作人员均是经过训练的人员，本来行走速度是可以大于普通人员的，但建议安全系数，建议仍按普通人员的行走速度确定。

4）在一般项目中，推荐消防控制室与消防水泵控制柜的行走距离不大于180m。

思考10： 变频调速供水设备能否用于消防给水系统？

分析： 目前国内部分专家对此提出看法，认为：旧版《建规》第8.1.3条的条文说明2中曾提及："采用屋顶消防水池、消防水泵和稳压设施等组成的给水系统以及气压给水装置，采用变频调速水泵恒压供水的生活（生产）和消防合用给水系统均为临时高压消防给水系统"。在20世纪90年代变频调速供水技术刚开始应用于消防给水领域时，曾有过一场关于采用变频调速供水的消防给水系统是属于高压消防给水系统还是属于临时高压消防给水系统的讨论。讨论的表面看起来是为了明确系统属性，实质问题是想取消屋顶消防水箱。讨论的结果是公安部的红头文件作了明确：变频调速供水属于临时高压消防给水系统，消防水箱不能取消，见图11-2和图11-3。

吉林省公安厅消防局（请示报告）

[1994]吉公消字第46号

关于在建筑物上使用变频调速
消防供水设备不设水箱的请示

公安部消防局：

近几年来，我省在建筑物上相继使用了省内外厂家生产的变频调速消防供水设备，为了确保消防用水采取了双电源（一级负荷）和末端定压的技术措施，但在此类消防供水设备上是否设置水箱的问题争议较大，故请示使用变频调速消防供水设备不设水箱可否？

请批复

一九九四年十一月十日

图 11-2 吉林省公安厅消防局的请示报告

中华人民共和国公安部

关于对变频调速供水设备有关问题的复函

公消[1994]308号

吉林省公安厅消防局：

你局[1994]吉公消字第46号文收悉，

变频调速供水设备如用于消防给水系统，属于临时高压给水系统，根据现行有关国家标准的规定，设置临时高压给水系统的建筑物，应设消防水箱。

1994 年11 月23 日

抄送：各省、自治区、直辖市公安厅（局）消防局（处）

图 11-3 公安部消防局的复函

消防泵是否可变频运行？公安部曾在 20 世纪 90 年代安排在北京市及河北省进行工程试点，至今尚无结论意见。据了解国外有此类产品，我国现行国家标准《固定消防供水设备 第 2 部分：消防自动恒压给水设备》GB 27898.2—2011 于 2012 年 6 月 1 日正式实施，但由于设计院没有规范依据，无人采用，也就无企业生产。消防系统根据流量大小变频恒压运行很好，多年来业内同行一直在探讨此事。现《消水规》11.0.14 条规定"火灾时消防水泵应工频运行"，即不得采用消防自动恒压给水设备，道理上说不过去。

11.5 应 用 实 例

例1：流量开关的介绍。

解答：流量开关主要是在水、气、油等介质管路中控制在线或者插入式安装监控系统中流量的大小。在流量高于或者低于某一个设定点时候触发输出报警信号传递给机组，系统获取信号后即可作出相应的指示动作。

1）用途

流量开关就是根据流量来指令系统的开关的。

给流量开关设定上限或者下限，当流量达到此限定值时，流量开关发出信号或报警，系统将运行或停止。一般要求监测流量的系统会采用流量开关。

根据系统的不同，以及流量开关型号等因素的不同，使用的地方也不同，要根据具体情况而定。

2）分类

（1）挡板式

挡板式流量开关或插入式流量开关又称机械式流量开关。见图11-4。

① 特点

a. 挡板式流量开关的机械部分与电子部分安全隔离。

b. 挡板式流量开关不含容易导致故障发生的波纹管。

c. 挡板式流量开关的电器部件不与温差大的金属部件直接接触，不会发生电器部件产生冷凝水导致锈蚀的问题。

d. 挡板式流量开关使用进口磁敏开关作为电气动作部件，它具有较小的断开和复位流量。

② 安装位置

挡板式流量开关的安装位置一般安装在水泵出

图 11-4 挡板式流量开关

水口到设备出水口的这段管路中，最好不要安装在水泵的吸入口的管路上，这样容易使水泵无法正常吸水，水流开关也无法打开，对于这点需要特别注意。挡板式流量开关允许水平（导线部分在上）和垂直安装。

③ 应用

气液两用型，可广泛应用于工业自动化/机械设备/空气压缩工业/制冷及空调领域，工业场合具体应用在水冷焊机、激光设备冷却系统、真空镀膜机、电炉、多晶硅铸锭炉等。水流开关磁体不在流动的水道里，可用于污水系统中且能正常工作。

④ 技术参数

a. 电压：250V（max.）

b. 最大电流及容量：1A、50VA

c. 接线方式：直接附线

d. 输出：SPST 磁敏开关（工厂设定常开）

e. 耐压：25bar，可选择定制 50bar

f. 平均压力损失：0.01bar（流量最大时）

g. 工作温度：-20～90℃（可定制 150℃）

h. 外壳防护等级：IP65

i. 材料：接液壳体：镀镍黄铜

j. 挡板：铍铜片

图 11-5　热式流量开关

（2）热式

① 别名

热式流量开关又称为电子式流量开关。见图 11-5。

② 特点

a. 继电器/晶体管/4～20mA 输出

b. 无流体阻碍，无压降，无需维护

c. 6 个 LED 显示报警及流量状态

d. 全温区的温度补偿

e. 开关量输出，控制点现场连续可调

f. 安装方便，产品适合多种管径要求

g. 流量开关可对管道中的液体流动情况进行实时监控，提供开关量输出，并采用 6 个 LED 实时显示流体流速状态，实现下列监控功能：介质流动，降低/提高流速；介质存在/不存在；介质流动/静止。

可用于监控管道内流体流速大小、断流监测或防止泵的空转。广泛应用于各行业需要对管道内流体流速监控或在液体流量故障时保护重要设备的场合。

③ 工作原理

热式流量开关是利用探测头温度变化的原理设计。在探头内置发热传感器及感热传感器，并与介质接触。测量时，发热传感器发出恒定的热量，当管道内没有介质流动，感热传感器接收到的热量是一个恒定值，当有介质流动时，感热传感器所接收到的热量将随介质的流速变化而变化，感热传感器将这温差信号转化成电信号，再经过电路转换为对应的接点信号或模拟量信号。

热扩散流量开关原理，热扩散技术是一种在苛刻条件下性能优良、可靠性高的技术，其典型原理是当两个传感元件被置于流体中时，其中一个被加热，另一个用于感应过程温度。两个传感元件之间的温差与过程流速及过程介质的性质有关。两个传感元件之间的温差在无流量状态下最大，但随着流量的增加，被加热的传感元件冷却，温差减小。流体流速直接影响热扩散的程度。

④ 技术参数

a. 设定范围：1～150cm/s（水），3～300cm/s（油），20～3m/s（空气）

b. 信号输出：PNP，NPN，继电器，模拟量（4～20mA）

c. 供电：24V±20％DC

d. 接通电流：最大 400mA（PNP 或 NPN 型），最大 1A@24V ac/dc（继电器型）

e. 空载电流：最大 80mA

f. 流量指示：LED 排（6 个）

g. 设定方式：电位器设定

h. 耐压范围：100bar

i. 介质温度变化：≤4℃/s

j. 响应时间：1～13s，典型值 2s

k. 初始化时间：约 8s

l. 电气保护：反相，短路，过载保护

m. 防护等级：IP67

n. 介质温度：-20～80℃

o. 环境温度：-20～80℃

p. 储存温度：-20～100℃

q. 材质：探头：不锈钢 304（可选 316L），外壳：不锈钢 304

图 11-6　流量监控器

r. 内嵌式 4311 的技术参数：测量范围：用 0～20cm/s 到 1～100cm/s 可连续调准。（与水相关，对于其他介质，范围扩张）

s. 测量时间：2～10s，按照测量条件

t. 线性偏差：<5%（最佳配合斜率）

u. 重复能力公差：<2%

v. 温度漂移：<3%/K

w. 电源电压：24V 直流±10%

x. 电流消耗：最大 100mA

y. 输出电流：4～20mA

z. 电阻负载：0～600Ω

⑤ 相关知识

开关量（D）：就是数字信号，通俗的说是开关两种状态：高电平和低电平（即通和断，1 和 0 等等）。

模拟量（A）：就是模拟信号，即一般的电压或电流信号。

电压信号：将流量测出来，转化为 1～5V 电压信号，为模拟量。

电流信号：将流量测出来，转化为 4～20mA 电流信号，也为模拟量。

（3）压差式（图 11-7）

图 11-7　压差开关

237

① 特点

对于水流量的测量，可通过测量阀门、孔板等两端的压降，再通过查阀门或孔板的压降和流量曲线即可得到准确的流量，通过压降的方法得到流量，2003 年开始第一次使用到 2013 年已广泛用在 HVAC 的水侧系统及流量测量仪表。压差开关在 HVAC 系统中的应用主要是根据 HVAC 设备的阻力与流量曲线进行控制的，HVAC 中的水侧换热器（套管式、壳管式、管板式和常用的板式换热器）、水过滤器、阀门和水泵等都有其压降与流量的性能曲线，只要将压差开关两侧的测量压差与预先设定值进行比较，就可以准确控制流量。压差开关用作 HVAC 中的流量控制具有流量控制准确，对水系统不再额外增加阻力，又对水管管径没有要求以及无水流扰动干扰等特性，可取代任何形式的靶式流量开关，相对于靶式流量开关它可以避免由水泵气蚀引起的假流量，又有非常准确的复位流量和断开流量。单设点压差开关见图 11-8。

图 11-8　单设点压差开关

② 应用

可广泛应用在使用板式换热器、套管式换热器和壳管式换热器的大中小型风冷或水冷冷水机组中作水流量控制及水泵和水过滤器状态的监控。

③ 技术参数

使用介质温度范围：－20～93℃

高低压侧连接口：1/4 SAE（7/16-20UNF）、G1/4 等可选

最大允许静压：10bar（20bar 可订制）

最大允许压差：5bar（8bar 可订制）

设定点重复性偏差：±1%

输出形式：一组 SPDT 干接点输出，（工厂标准二线常开输出，三线常开常闭输出可选）

开关参数：10A（max.）250V（max.）

接线方式：105℃阻燃护套线 2×0.75mm² 或 3×0.75mm² 可选

外壳防护等级：IP54

3）其他

红外线水流量开关也叫红外线水流传感器，应用于热水器行业中新起的高新技术产业即热电热水器进水口，以探测进入即热式电热水器的进水流量，控制启动与关机功能。特

别适用于作为恒温即热式电热水器配套装置，将探测到的进水流量与温度及时传递给控制系统，达到快速恒温的目的。也适合类似产品的流量探测需求使用。

安装调节：

（1）水流量开关出厂调节在最小流量值附近，在使用时不得调到低于出厂设定位置，否则会造成开关不能回复到"无液流"位置。

（2）若需调高流量值，应顺时针旋转调节螺丝。在调高出厂设定值后想调低流量值，可逆时针旋转调节螺丝。

（3）调节结束后，应检查流量开关的设定值不低于出厂设定值，通过按动主杠杆数次，检查主杠杆回复时开关有无"咔嗒"声，一旦发现没有，应顺时针旋转调节螺丝直至杠杆回复时有"咔嗒"声。

（4）封漆的设定螺丝不可调节。一旦变动，将会破坏流量开关的控制或造成调节失效而无法工作。

（5）流量调节过高，低流量时无法带动流向片，开关无法动作。流量调节过低，开关过于灵敏，产生误动作。

例 2：消防流量开关的介绍。

解答：消防流量开关是专用于系统准工作状态出水管直接自动启动消防泵的装置。适用于独立设置的高位水箱消防给水系统和高位水箱（或消防水池）带消火栓、喷淋稳压设备的给水设施。在实际应用中，若水箱设置高度受限而无法满足设计要求，可考虑在流量开关上加装压力传感器。

1）安装要求

（1）消防流量开关测量的水应为清水、常温；

（2）流体可以是重力流或是经过稳压系统加压的水流，可对汇流总管的流量、流速、辅助压力进行测定；

（3）流量开关宜采用法兰连接，且适宜安装在以下部位：

① 独立设置的高位水箱，水箱位置高度满足水重力流直接供水，通常可将流量开关安装于水箱出水管止回阀后约 500～800mm 位置，若遇有水平弯头需在距弯头下游 500～800mm 的水平直管段上安装；

② 高位水箱带稳压系统的，可安装在水箱重力流出口与稳压设备出口的汇流总管上，距止回阀后约 500～800mm 位置，若遇有水平弯头需在距弯头下游 500～800mm 的水平直管段上安装；

③ 数字转换箱宜就近安装在流量开关附近，现场预留 220V 电源及插座；

④ 流量开关应根据水流标识方向安装。

2）技术参数

公称通径：$DN80$、$DN100$、$DN150$

流量范围：$0\sim283m^3/s$

最高流速：15m/s

精确度：示值的 $\pm0.3\%$

公称压力：0.6MPa、1.0MPa、1.6MPa

环境温度：−25～＋60℃

衬里材料：聚四氟乙烯

结构型式：一体化

电源：220V

连接方式：法兰

例 3：消防泵机械应急启动装置的介绍

解答：《消水规》11.0.12 条强条规定消防水泵控制柜应设置机械应急启泵功能，是为提高消防泵控制柜的可靠性，当控制电路出现故障而当电源完好时，通过设置的机械应急启动装置强制启动消防泵，确保消防水泵在报警后 5min 内正常启泵。

1）产品概述

根据国内、外相关标准，消防泵机械应急启动装置可由接触器或一个冗余的开关（手动开关，如断路器），通过机械传动、连锁来实现闭合消防水泵电动机的装置。应用中若直接启动和降压启动一台消防泵可用一组开关来实现，星三角启动可用二组开关通过机械同步连锁来实现。机械应急启动装置平时处于锁定状态，火灾时需由有管理权限的人才能开启锁具，操作开启机械应急启动装置，如：按下柜面操作手柄往下 90°，启动消防泵，火灾扑救结束后退回操作手柄，锁上设备锁具，这种方式已实际应用于许多工程，安装简便，轻便灵活。

2）技术参数

柜体防护等级：IP55 室内立式落地

连锁装置：同步连锁

开关选用：符合负荷参数

操作（启泵）：由水平位置按下 90°

操作（停泵）：由垂直按至水平位置还原

电源：三相 380V

机械连锁方式：齿轮链条传动

机械锁具：铜质挂锁（有权限人操作）

柜门锁具（开门）：铜质挂锁（有权限人操作）

环境温度：−20～＋60℃

选用开关：1. 断路器，2. 空气开关

导线：电缆、铜排连接

例 4：消防低压压力开关的介绍。

解答：消防低压压力开关是集测量、显示控制于一体的高精度、高灵敏度的智能开关，具有操作简单，抗震性好，控制精度高，使用寿命长等特点。该消防压力开关只设下限（可调），无上限触点，一旦启泵后，需根据火灾扑救情况，由操作人员手动停泵，从而实现了规定的低压值启泵（人工停泵）的要求。

1）安装要求

（1）将消防低压压力开关安装在消防泵出水干管上；

（2）在消防水泵出水干管与控制柜最近处接出一根 $\phi10\text{mm}$ 的铜管引入控制柜内，再接上低压压力开关；

（3）铜管接头之间应采用焊接，不要采用铆接；

（4）低压压力开关使用环境需通风、防水，电压正常。

2）技术参数

压力显示窗口：液晶显示

压力单位：MPa

指示灯（低压）：绿灯亮

电源指示灯：红色

试验开关：按键式

压力接口：$\phi10\text{mm}$ 铜管

设置键：按键式

低压压力值：全量程任意设置

精准度：Ⅱ

输出信号：继电器开关信号

负载能力：200V 5A

使用温度：$-20\sim+60℃$

使用介质：清水（常温）

接线保护：反极性断路保护

出线定义：电源 220V 红蓝　输出线黑白

第12章 施 工

12.1 条 文 综 述

本章内容包括一般规定、进场检验、施工及试压和冲洗共计四节，其中一般规定 9 条，进场检验 8 条，施工 27 条，试压和冲洗 14 条，合计条文 58 条，包括 12.1.1 条及 12.4.1 条第一款共 2 条强条。主要对施工企业的资质、施工条件、施工过程质量控制要求、进场检验内容、消防给水系统特别是管道、消防设备与设施安装技术、试压和冲洗等作出了具体的技术要求和规定。

本章内容中，部分条文理解存在歧义，如第 12.1.1 条，消防给水及消火栓系统的施工如何与施工队伍等级资质对应？主要设备、系统组件、管材管件及其他设备、材料，符合国家现行相关产品标准的规定，并具有出厂合格证或质量认证书，除此以外，是否还必须应经国家消防产品质量监督检验中心检测合格，国家现行相关产品标准与国家消防产品质量监督检验中心的检测标准二者之间的关系如何确定？

另外，存在多处条文与现行规范、图集如国家标准《消防泵》GB 6245、《建筑水暖施工验收规范》GB 50242、《消火栓箱》GB 14561—2003、新版《建规》及国家建筑标准设计图集《消防水泵接合器安装》99S203 等内容冲突。本章还有些条文与《消水规》前面章节的设计要求无前后对应关系，如在 12.2 现场检验里含有关于旋转型消火栓、减压稳压消火栓的条款。但在前面设计相关的章节里并未有相应规定，甚至出现条文说明第 12.3.6 条第 6 款内容与条文第 12.3.6 条第 6 款内容无法对应，当属《消水规》编制中的失误。

12.2 条 文 要 点 说 明

12.1.1 消防给水及消火栓系统的施工必须由具有相应等级资质的施工队伍承担。

【要点说明】强条。应在施工技术要求中说明。

《中华人民共和国消防法》(1998 年 4 月 29 日第九届全国人民代表大会常务委员会第二次会议通过，1998 年 4 月 29 日中华人民共和国主席令第四号公布，自 1998 年 9 月 1 日起施行) 第九条建设工程的消防设计、施工必须符合国家工程建设消防技术标准。建设、设计、施工、工程监理等单位依法对建设工程的消防设计、施工质量负责。应在施工技术要求中说明。

消防设施工程专业承包企业资质等级标准 (建设部建建 [2001] 82 号文件发布) 将消防设施工程专业承包企业资质分为一级、二级、三级。承包工程范围：一级企业：可承担各类消防设施工程的施工。二级企业：可承担建筑高度 100m 及以下、建筑面积 5 万 m²

及以下的房屋建筑、易燃、可燃液体和可燃气体生产、储存装置等消防设施工程的施工。

三级企业：可承担建筑高度 24m 及以下、建筑面积 2.5 万 m² 及以下的房屋建筑消防设施工程的施工。

《自喷验收规范》第 3.1.2 条，自动喷水灭火系统的施工必须由具有相应等级资质的施工队伍承担。

《泡沫灭火系统施工及验收规范》GB 50281 第 3.0.2 条，泡沫灭火系统的施工必须由具有相应资质等级的施工单位承担。

12.1.2 消防给水及消火栓系统分部工程、子分部工程、分项工程，宜按本规范附录 A 划分。

【要点说明】依据消防给水系统的特点，消防给水及消火栓系统分部工程、分部工程划分的依据是附录 A，按照附录 A 的标准划分分部、子分部工程，易保证消防给水系统分部、分项工程施工的合理性，利于施工分包和施工组织。

《自喷验收规范》第 3.1.1 条自动喷水灭火系统的分部、分项工程应按本规范附录 A 划分。

《泡沫灭火系统施工及验收规范》GB 50281 第 3.0.1 条，泡沫灭火系统分部工程、子分部工程、分项工程应按本规范附录 A 划分。

12.1.3 系统施工应按设计要求编制施工方案或施工组织设计。施工现场应具有相应的施工技术标准、施工质量管理体系和工程质量检验制度，并应按本规范附录 B 的要求填写有关记录。

【要点说明】应在施工技术要求中说明。

1）《建筑工程施工质量验收统一标准》GB 50300 第 3.0.1 条，施工现场应具有健全的质量管理体系、相应的施工技术标准、施工质量检验制度和综合施工质量水平评定考核制度。施工现场质量管理可按本标准附录 A 的要求进行检查记录。

2）《建设工程质量管理条例》（2000 年 1 月 10 日国务院第 25 次常务会议通过，自发布之日起施行）第四章施工单位的质量责任和义务，第三十条施工单位必须建立、健全施工质量的检验制度，严格工序管理，作好隐蔽工程的质量检查和记录。

3）《建筑水暖施工验收规范》GB 50242 第 3.1.1 条要求建筑给水工程施工现场应具有必要的施工技术标准、健全的质量管理体系和工程质量检测制度，实现施工全过程质量控制。第 3.1.3 条要求，建筑给水工程的施工应编制施工组织设计或施工方案，经批准后方可实施。

因此施工方案和施工组织设计对指导工程施工和提高施工质量，明确质量验收标准，监理或建设单位审查均很有效。

12.1.4 消防给水及消火栓系统施工前应具备下列条件：

1 施工图应经国家相关机构审查审核批准或备案后再施工；

2 平面图、系统图（展开系统原理图）、详图等图纸及说明书、设备表、材料表等技术文件应齐全；

3 设计单位应向施工、建设、监理单位进行技术交底；

4 系统主要设备、组件、管材管件及其他设备、材料，应能保证正常施工；

5 施工现场及施工中使用的水、电、气应满足施工要求。

【要点说明】应在施工技术要求中说明。

《中华人民共和国消防法》第十二条，依法应当经公安机关消防机构进行消防设计审核的建设工程，未经依法审核或者审核不合格的，负责审批该工程施工许可的部门不得给予施工许可，建设单位、施工单位不得施工；其他建设工程取得施工许可后经依法抽查不合格的，应当停止施工。第五十八条，违反本法规定，有下列行为之一的，责令停止施工、停止使用或者停产停业，并处三万元以上三十万元以下罚款：

"（一）依法应当经公安机关消防机构进行消防设计审核的建设工程，未经依法审核或者审核不合格，擅自施工的；……"

为了避免施工过程中，出现违反行为，应在施工技术要求中说明中要求，施工图应经国家相关机构审查审核批准或备案后再施工。

12.1.5 消防给水及消火栓系统工程的施工，应按批准的工程设计文件和施工技术标准进行施工。

【要点说明】应在施工技术要求中说明。

1)《建筑给暖施工验收规范》第 3.1.2 条要求，建筑给水工程的施工应按照批准的工程设计文件和施工技术标准进行施工。

2)《建设工程质量管理条例》第二十八条，施工单位必须按照工程设计图纸和施工技术标准施工，不得擅自修改工程设计，不得偷工减料。

12.1.6 消防给水及消火栓系统工程的施工过程质量控制，应按下列规定进行：

1 应校对审核图纸复核是否同施工现场一致；

2 各工序应按施工技术标准进行质量控制，每道工序完成后，应进行检查，并应检查合格后再进行下道工序；

3 相关各专业工种之间应进行交接检验，并应经监理工程师签证后再进行下道工序；

4 安装工程完工后，施工单位应按相关专业调试规定进行调试；

5 调试完工后，施工单位应向建设单位提供质量控制资料和各类施工过程质量检查记录；

6 施工过程质量检查组织应由监理工程师组织施工单位人员组成；

7 施工过程质量检查记录应按本规范表 C.0.1 的要求填写。

12.1.7 消防给水及消火栓系统质量控制资料应按本规范附录 D 的要求填写。

【要点说明】消防给水及消火栓系统质量控制资料应按附录 A 划分的分部工程、子分部工程、分项工程，分别按附录 D 填写消防给水及消火栓系统工程质量控制资料检查记录。

12.1.8 分部工程质量验收应由建设单位组织施工、监理和设计等单位相关人员进行，并应按本规范附录 E 的要求填写消防给水及消火栓系统工程验收记录。

【要点说明】《建设工程质量管理条例》第十六条，建设单位收到建设工程竣工报告后，应当组织设计、施工、工程监理等有关单位进行竣工验收。《建筑工程施工质量验收统一标准》GB 50300 第 6.0.6 条，建设单位收到工程竣工报告后，应由建设单位项目负责人组织监理、施工、设计、勘察等单位项目负责人进行单位工程验收。

12.1.9　当建筑物仅设有消防软管卷盘或轻便水龙和 DN25 消火栓时，其施工验收维护管理等应符合现行国家标准《建筑给水排水及采暖工程施工质量验收规范》GB 50242 的有关规定。

【要点说明】建筑物仅设有消防软管卷盘或轻便水龙的场所为：

1）第 7.4.14 条，住宅户内宜在生活给水管道上预留一个接 DN15 消防软管或轻便水龙的接口。

2）《建筑防火设计规范》第 8.2.4 条，建筑面积大于 200m² 的商业服务网点内应设置消防软管卷盘或轻便消防水龙。高层住宅建筑的户内宜配置轻便消防水龙。

仅设有消防软管卷盘或轻便水龙，因其系统较为简单，一般连接在生活给水系统管道上，没有专用的消防加压设备、贮水设施和专用消防管网及操作与控制设施，可简化程序，减少环节，与生活给水系统一道，按照现行国家标准《建筑给水排水及采暖工程施工质量验收规范》进行施工验收。

12.2.1　消防给水及消火栓系统施工前应对采用的主要设备、系统组件、管材管件及其他设备、材料进行进场检查，并应符合下列要求：

1　主要设备、系统组件、管材管件及其他设备、材料，应符合国家现行相关产品标准的规定，并应具有出厂合格证或质量认证书；

2　消防水泵、消火栓、消防水带、消防水枪、消防软管卷盘或轻便水龙、报警阀组、电动（磁）阀、压力开关、流量开关、消防水泵接合器、沟槽连接件等系统主要设备和组件，应经国家消防产品质量监督检验中心检测合格；

3　稳压泵、气压水罐、消防水箱、自动排气阀、信号阀、止回阀、安全阀、减压阀、倒流防止器、蝶阀、闸阀、流量计、压力表、水位计等，应经相应国家产品质量监督检验中心检测合格；

4　气压水罐、组合式消防水池、屋顶消防水箱、地下水取水和地表水取水设施，以及其附件等，应符合国家现行相关产品标准的规定。

检查数量：全数检查。

检查方法：检查相关资料。

【要点说明】应在施工技术要求中说明。

消防给水及消火栓系统的产品涉及三种：消防专用产品、通用产品和市政专用设施共 3 类。

1）消防专用产品：《消防产品监督管理规定》（公安部令第 122 号，自 2013 年 1 月 1 日起施行），第二条，消防产品必须符合国家标准，没有国家标准的，必须符合行业标准。未制定国家标准、行业标准的，应当符合消防安全要求，并符合保障人体健康、人身财产安全的要求和企业标准。

第五条，依法实行强制性产品认证的消防产品，由具有法定资质的认证机构按照国家标准、行业标准的强制性要求认证合格后，方可生产、销售、使用。

消防产品认证机构应当将消防产品强制性认证有关信息报国家认证认可监督管理委员会和公安部消防局。

实行强制性产品认证的消防产品目录由国家质量监督检验检疫总局、国家认证认可监督管理委员会会同公安部制定并公布，消防产品认证基本规范、认证规则由国家认证认可监督管理委员会制定并公布。

国家认证认可监督管理委员会应当按照《中华人民共和国认证认可条例》的有关规定，经评审并征求公安部消防局意见后，指定从事消防产品强制性产品认证活动的机构以及与认证有关的检查机构、实验室，并向社会公布。

《消防产品监督管理规定》对消防专用产品的标准、认证机构及认证结果的检索做出了明确规定。

2）通用产品：通用产品应符合国家标准；没有国家标准的，必须符合行业标准。未制定国家标准、行业标准的，应符合企业标准。

3）市政专用设施：消防设施用市政产品应符合国家技术标准、规范及规程要求，如《给水排水管道工程施工及验收规范》GB 50268、《供水管井技术规范》GB 50296、《给水排水工程管道结构设计规范》GB 50332 等。

12.2.2　消防水泵和稳压泵的检验应符合下列要求：

1　消防水泵和稳压泵的流量、压力和电机功率应满足设计要求；

2　消防水泵产品质量应符合现行国家标准《消防泵》GB 6245、《离心泵技术条件（Ⅰ）类》GB/T 16907 或《离心泵技术条件（Ⅱ类）》GB/T 5656 的有关规定；

3　稳压泵产品质量应符合现行国家标准《离心泵技术条件（Ⅱ类）》GB/T 5656 的有关规定；

4　消防水泵和稳压泵的电机功率应满足水泵性能曲线运行的要求；

5　泵及电机的外观表面不应有碰损，轴心不应有偏心。

检查数量：全数检查。

检查方法：直观检查和查验认证文件。

【要点说明】 消防水泵和稳压泵应有清晰的名牌标识，标明流量、扬程和配载电机功率，提供产品技术说明书，清楚标明水泵性能曲线，消防泵组的参数应满足设计技术要求。除此以外，消防水泵的各项性能指标应符合第 5.1 消防水泵的各项技术要求；稳压泵的各项性能指标应符合第 5.3 稳压泵的各项技术要求。

消防水泵应提供公安部消防产品合格评定中心出具的电动机消防泵组或手抬机动消防泵组《中国国家强制性产品认证证书》。

稳压泵应提供国家产品质量监督检验中心出具的检测合格报告。

12.2.3　消火栓的现场检验应符合下列要求：

1　室外消火栓应符合现行国家标准《室外消火栓》GB 4452 的性能和质量要求；

2　室内消火栓应符合现行国家标准《室内消火栓》GB 3445 的性能和质量要求；

3　消防水带应符合现行国家标准《消防水带》GB 6246 的性能和质量要求；

4　消防水枪应符合现行国家标准《消防水枪》GB 8181 的性能和质量要求；

5　消火栓、消防水带、消防水枪的商标、制造厂等标志应齐全；

6　消火栓、消防水带、消防水枪的型号、规格等技术参数应符合设计要求；

7　消火栓外观应无加工缺陷和机械损伤；铸件表面应无结疤、毛刺、裂纹和缩孔等缺陷；铸铁阀体外部应涂红色油漆，内表面应涂防锈漆，手轮应涂黑色油漆；外部漆膜应光滑、平整、色泽一致，应无气泡、流痕、皱纹等缺陷，并应无明显碰、划等现象；

8　消火栓螺纹密封面应无伤痕、毛刺、缺丝或断丝现象；

9　消火栓的螺纹出水口和快速连接卡扣应无缺陷和机械损伤，并应能满足使用功能的要求；

10　消火栓阀杆升降或开启应平稳、灵活，不应有卡涩和松动现象；

11　旋转型消火栓其内部构造应合理，转动部件应为铜或不锈钢，并应保证旋转可靠、无卡涩和漏水现象；

12　减压稳压消火栓应保证可靠、无堵塞现象；

13　活动部件应转动灵活，材料应耐腐蚀，不应卡涩或脱扣；

14　消火栓固定接口应进行密封性能试验，应以无渗漏、无损伤为合格。试验数量宜从每批中抽查 1%，但不应少于 5 个，应缓慢而均匀地升压 1.6MPa，应保压 2min。当两个及两个以上不合格时，不应使用该批消火栓。当仅有 1 个不合格时，应再抽查 2%，但不应少于 10 个，并应重新进行密封性能试验；当仍有不合格时，亦不应使用该批消火栓；

15　消防水带的织物层应编织得均匀，表面应整洁；应无跳双经、断双经、跳纬及划伤，衬里（或覆盖层）的厚度应均匀，表面应光滑平整、无折皱或其他缺陷；

16　消防水枪的外观质量应符合本条第 4 款的有关规定，消防水枪的进出口口径应满足设计要求；

17　消火栓箱应符合现行国家标准《消火栓箱》GB 14561 的性能和质量要求；

18　消防软管卷盘和轻便水龙应符合现行国家标准《消防软管卷盘》GB 15090 和现行行业标准《轻便消防水龙》GA180 的性能和质量要求。外观和一般检查数量：全数检查。

检查方法：直观和尺量检查。

性能检查数量：抽查符合本条第 14 款的规定。

检查方法：直观检查及在专用试验装置上测试，主要测试设备有试压泵、压力表、秒表。

【要点说明】消火栓属于消防专用产品，应在施工技术要求中说明。

消火栓产品包括室外消火栓、室内消火栓以及配套的消火栓箱、消防水带、消防水枪、消防软管卷盘、轻便水龙等。工程设计对消火栓规格及配置提出技术要求。

消火栓的现场检验包括是否符合工程设计要求，检验公安部消防产品合格评定中心出具的消防给水设备产品《中国国家强制性产品认证证书》，以及产品外观检验。

12.2.4　消防炮、洒水喷头、泡沫产生装置、泡沫比例混合装置、泡沫液压力储罐和泡沫喷头等水灭火系统的专用组件的进场检查，应符合现行国家标准《自动喷水灭火系统施工及验收规范》GB 50261，《泡沫灭火系统施工及验收规范》GB 50281 等的有关规定。

【要点说明】应在施工技术要求中说明。

消防炮、洒水喷头、泡沫产生装置、泡沫比例混合装置、泡沫液压力储罐和泡沫喷头等水灭火系统的专用组件属于消防专用产品，其现场检验首先应符合工程设计要求，其次应检验公安部消防产品合格评定中心出具的消防给水设备产品《中国国家强制性产品认证证书》，第三是应符合现行国家标准《自喷验收规范》，《泡沫灭火系统施工及验收规范》GB 50281 等的有关规定。

12.2.5 管材、管件应进行现场外观检查，并应符合下列要求：

1 镀锌钢管应为内外壁热镀锌钢管，钢管内外表面的镀锌层不应有脱落、锈蚀等现象，球墨铸铁管内涂水泥层和外涂防腐涂层不应脱落，不应有锈蚀等现象，钢丝网骨架塑料复合管管道壁厚度均匀、内外壁应无划痕，各种管材管件应符合表 12.2.5 所列相应标准；

消防给水管材及管件标准 表 12.2.5

序号	国家现行标准	管材及管件
1	《低压流体输送用镀锌焊接钢管》GB/T 3091	低压流体输送用镀锌焊接钢管
2	《输送流体用无缝钢管》GB/T 8163	输送流体用无缝钢管
3	《柔性机械接口铸铁管件》GB/T 6483	柔性机械接口铸铁管和管件
4	《水及燃气管道用球墨铸铁管、管件和附件》GB/T 13295	离心铸造球墨铸铁管和管件
5	《流体输送用不锈钢无缝钢管》GB/T 14976	流体输送用不锈钢无缝钢管
6	《自动喷水灭火系统第 11 部分，沟槽式管接件》GB 5135.11	沟槽式管接件
7	《钢丝网骨架塑料（PE）复合管》CJ/T 189	钢丝网骨架塑料（PE）复合管

2 表面应无裂纹、缩孔、夹渣、折叠和重皮；

3 管材管件不应有妨碍使用的凹凸不平的缺陷，其尺寸公差应符合本规范表 12.2.5 的规定；

4 螺纹密封面应完整、无损伤、无毛刺；

5 非金属密封垫片应质地柔韧、无老化变质或分层现象，表面应无折损、皱纹等缺陷；

6 法兰密封面应完整光洁，不应有毛刺及径向沟槽；螺纹法兰的螺纹应完整、无损伤；

7 不圆度应符合本规范表 12.2.5 的规定；

8 球墨铸铁管承口的内工作面和插口的外工作面应光滑、轮廓清晰，不应有影响接口密封性的缺陷；

9 钢丝网骨架塑料（PE）复合管内外壁应光滑、无划痕，钢丝骨料与塑料应黏结牢固等。

检查数量：全数检查。

检查方法：直观和尺量检查。

【要点说明】应在施工技术要求中说明。

消防给水管材及管件，首先应符合设计要求，设计要求在第 8.2 节，管道设计中做出了明确规定。其次消防给水管材及管件应符合国家相关现行标准：

低压流体输送用镀锌焊接钢管，选用《低压流体输送用焊接钢管》GB/T 3091检测管壁厚度；

高压流体输送用无缝钢管，选用《输送流体用无缝钢管》GB/T 8163检测管壁厚度；

柔性机械接口铸铁管和管件选用《柔性机械接口灰口铸铁管》GB/T 6483，并应检测公称直径DN和公称压力PN；

离心铸造球墨铸铁管和管件选用《水及燃气管道用球墨铸铁管、管件和附件》GB/T 13295，并应检测公称直径DN和公称压力PN；

流体输送用不锈钢无缝钢管选用《流体输送用不锈钢无缝钢管》GB/T 14976，并应检测管壁厚度；

沟槽式管接件选用《自动喷水灭火系统第11部分沟槽式管接件》GB 5135.11，应检验公安部消防产品合格评定中心出具的喷水灭火设备产品《中国国家强制性产品认证证书》；

钢丝网骨架塑料（PE）复合管选用《钢丝网骨架塑料〈聚乙烯〉复合管》CJ/T189，并应检测标记的符合程度，如公称外径、塑料代号、用途代号、公称压力和壁厚等；给水用管材、管件聚乙烯材料为PE80或PE100，管材、管件分类及代号为L、Q、T，给水用管材、管件，代号L；

《泡沫灭火系统施工及验收规范》GB 50281—2006第4.2.3条，管材及管件的材质、规格、型号、质量等应符合国家现行有关产品标准和设计要求。

《自喷验收规范》第3.2.2条，管材、管件应进行现场外观检查，并应符合下列要求：

镀锌钢管应为内外壁热镀锌钢管，钢管内外表面的镀锌层不得有脱落、锈蚀等现象；钢管的内外径应符合现行国家标准《低压流体输送用焊接钢管》GB/T 3091或现行国家标准《输送液体用无缝钢管》GB/T 8163的规定。

12.2.6 阀门及其附件的现场检验应符合下列要求：

1 阀门的商标、型号、规格等标志应齐全，阀门的型号、规格应符合设计要求；

2 阀门及其附件应配备齐全，不应有加工缺陷和机械损伤；

3 报警阀和水力警铃的现场检验，应符合现行国家标准《自动喷水灭火系统施工及验收规范》GB50261的有关规定；

4 闸阀、截止阀、球阀、蝶阀和信号阀等通用阀门，应符合现行国家标准《通用阀门压力试验》GB/T 13927和《自动喷水灭火系统第6部分：通用阀门》GB 5135.6等的有关规定；

5 消防水泵接合器应符合现行国家标准《消防水泵接合器》GB 3446的性能和质量要求；

6 自动排气阀、减压阀、泄压阀、止回阀等阀门性能，应符合现行国家标准《通用阀门压力试验》GB/T 13927、《自动喷水灭火系统第6部分：通用阀门》GB 5135.6、《压力释放装置性能试验规范》GB/T 12242、《减压阀性能试验方法》GB/T 12245、《安全阀一般要求》GB/T 12241、《阀门的检验与试验》JB/T 9092等的有关规定；

7 阀门应有清晰的铭牌、安全操作指示标志、产品说明书和水流方向的永久性标志。

检查数量：全数检查。

检查方法：直观检查及在专用试验装置上测试，主要测试设备有试压泵、压力表、秒表。

【要点说明】应在施工技术要求中说明。

阀门及其附件分成两类：消防专用产品和通用产品，消防专用产品应按《消防产品目录》要求，检验公安部消防产品合格评定中心出具的《中国国家强制性产品认证证书》，依据强制性产品认证信息，逐项核对。《消防产品监督管理规定》第五条，依法实行强制性产品认证的消防产品，由具有法定资质的认证机构按照国家标准、行业标准的强制性要求认证合格后，方可生产、销售、使用。通用产品应按现行国家标准，检验其出具的国家产品质量监督检验中心检测合格报告。

12.2.7　消防水泵控制柜的检验应符合下列要求：

1　消防水泵控制柜的控制功能应满足本规范第11章和设计要求，并应经国家批准的质量监督检验中心检测合格的产品；

2　控制柜体应端正，表面应平整，涂层颜色应均匀一致，应无眩光，并应符合现行国家标准《面板、架和柜的基本尺寸系列》GB/T 3047.1的有关规定，且控制柜外表面不应有明显的磕碰伤痕和变形掉漆；

3　控制柜面板应设有电源电压、电流、水泵启停状况、巡检状况、火警及故障的声光报警等显示；

4　控制柜导线的颜色应符合现行国家标准《电工成套装置中的导线颜色》GB/T 2681的有关规定；

5　面板上的按钮、开关、指示灯应易于操作和观察且有功能标示，并应符合现行国家标准《电工成套装置中的导线颜色》GB/T 2681和《电工成套装置中的指示灯和按钮的颜色》GB/T 2682的有关规定；

6　控制柜内的电器元件及材料应选用符合现行国家标准《控制用电磁继电器可靠性试验通则》GB/T 15510等的有关规定，并应安装合理，其工作位置应符合产品使用说明书的规定；

7　控制柜应按现行国家标准《电工电子产品基本环境试验第二部分：试验方法试验A：低温》GB/T 2423.1的有关规定进行低温实验检测，检测结果不应产生影响正常工作的故障；

8　控制柜应按现行国家标准《电工电子产品基本环境试验第二部分：试验方法试验B：高温》GB/T 2423.2的有关规定进行高温试验检测，检测结果不应产生影响正常工作的故障；

9　控制柜应按现行行业标准《固定消防给水设备的性能要求和试验方法》GA 30.2的有关规定进行湿热试验检测，检测结果不应产生影响工作的故障；

10　控制柜应按现行行业标准《固定消防给水设备的性能要求和试验方法》GA 30.2的有关规定进行振动试验检测，检测结果柜体结构及内部零部件应完好无损，并不应产生影响正常工作的故障；

11　控制柜温升值应按现行国家标准《低压成套开关设备》GB/T 7251.1的有关规定进行试验检测，检测结果不应产生影响工作的故障；

12　控制柜中各带电回路之间及带电间隙和爬电距离，应按现行行业标准《固定消防给水设备的性能要求和试验方法》GA 30.2的有关规定进行试验检测，检测结果不应产生影响工作的故障；

13 金属柜体上应有接地点，且其标志、线号标记、线径应按现行行业标准《固定消防给水设备的性能要求和试验方法》GA 30.2 的有关规定检测绝缘电阻；控制柜中带电端子与机壳之间的绝缘电阻应大于 20MΩ，电源接线端子与地之间的绝缘电阻应大于 50MΩ；

14 控制柜的介电强度试验应按现行国家标准《电控设备第二部分：装有电子器件的电控设备》GB/T 3739 的有关规定进行介电强度测试，测试结果应无击穿、无闪络；

15 在控制柜的明显部位应设置标志牌和控制原理图等；

16 设备型号、规格、数量、标牌、线路图纸及说明书、设备表、材料表等技术文件应齐全，并应符合设计要求。

检查数量：全数检查。

检查方法：直观检查和查验认证文件。

【要点说明】应在施工技术要求中说明。

消防水泵控制柜的检验首先满足第 11 章控制与操作的相关功能要求，其次是符合设计要求，第三是检验国家产品质量监督检验中心出具的检测合格报告。

12.2.8 压力开关、流量开关、水位显示与控制开关等仪表的进场检验，应符合下列要求：

1 性能规格应满足设计要求；

2 压力开关应符合现行国家标准《自动喷水灭火系统第 10 部分：压力开关》GB 5135.10 的性能和质量要求；

3 水位显示与控制开关应符合现行国家标准《水位测量仪器》GB/T 11828 等的有关规定；

4 流量开关应能在管道流速为 0.1～10m/s 时可靠启动，其他性能宜符合现行国家标准《自动喷水灭火系统第 7 部分：水流指示器》GB 51357 的有关规定；

5 外观完整不应有损伤。

检查数量：全数检查。

检查方法：直观检查和查验认证文件。

【要点说明】应在施工技术要求中说明。

压力开关、流量开关、水位显示与控制开关等仪表的性能规格首先应满足设计要求；其次压力开关应符合现行国家标准《自动喷水灭火系统第 10 部分：压力开关》GB 5135.10 的性能和质量要求，检验是否通过公安部消防产品合格评定中心强制性产品认证，获得其出具的《中国国家强制性产品认证证书》；流量开关应按安装所在管道的规格，能在管道流速为 0.1～10m/s 时可靠启动，折算为管道流量如下表：

管道规格	管道流速	管道流量
DN80	0.1～10m/s	0.50～50.27L/s
DN100	0.1～10m/s	0.87～86.59L/s
DN125	0.1～10m/s	1.23～122.72L/s
DN150	0.1～10m/s	1.70～169.72L/s
DN200	0.1～10m/s	3.08～307.91L/s

其他性能宜符合现行国家标准《自动喷水灭火系统第 7 部分：水流指示器》GB 51357 的有关规定；水位显示与控制开关应符合现行国家标准《水位测量仪器》GB/T 11828 等的有关规定，按感压传感器的种类划分为：

1）压阻式：用固态压阻式压力传感器感应静压水头；

2）电容式：用电容式压力传感器感应静压水头；

3）振弦式：用振弦式压力传感器感应静压水头；

4）应变式：用电阻式应变片式压力传感器感应静压水头；

5）石英晶体式：用石英晶体作为压力传感器感应静压水头。

测量范围为 0～5m、0～10m、0～20m、0～40m；分辨力为 0.1cm、0.2cm、0.5cm、1.0cm。适应的最大水位变率应不低于 60cm/min。在 0～10m 测量范围内基本误差（即绝对误差）分为三个等级，见下表，测试结果的合格率应在 95% 以上。

等级	一	二	三
基本误差（cm）	±1	±2	±3

12.3.1 消防给水及消火栓系统的安装应符合下列要求：

1 消防水泵、消防水箱、消防水池、消防气压给水设备、消防水泵接合器等供水设施及其附属管道安装前，应清除其内部污垢和杂物；

2 消防供水设施应采取安全可靠的防护措施，其安装位置应便于日常操作和维护管理；

3 管道的安装应采用符合管材的施工工艺，管道安装中断时，其敞口处应封闭。

【要点说明】应在施工技术要求中说明。

本条主要对消防水泵、消防水箱、消防水池、消防气压给水设备、消防水泵接合器等供水设施及其附属管道安装作出了具体的要求和规定。《建筑工程施工质量验收统一标准》GB 50300 及《建筑水暖施工验收规范》的基本规定等相关条文中，均未有要求应清除其内部污垢和杂物的具体规定，由于实际施工现场状况较复杂，浮土、麻绳、水泥块、铁块、钢丝等杂物非常容易进入管道和设备中，因此现场监理应根据设施工技术要求施工单位，更应注意清洁施工，杜绝杂物进入系统。

12.3.2 消防水泵的安装应符合下列要求：

1 消防水泵安装前应校核产品合格证，以及其规格、型号和性能与设计要求应一致，并应根据安装使用说明书安装；

2 消防水泵安装前应复核水泵基础混凝土强度、隔振装置、坐标、标高、尺寸和螺栓孔位置；

3 消防水泵的安装应符合现行国家标准《给水排水构筑物工程施工及验收规范》GB 50141、《机械设备安装工程施工及验收通用规范》GB 50231、《压缩机、风机、泵安装工程施工及验收规范》GB 50275 的有关规定；

4 消防水泵安装前应复核消防水泵之间，以及消防水泵与墙或其他设备之间的间距，并应满足安装、运行和维护管理的要求；

5 消防水泵吸水管上的控制阀应在消防水泵固定于基础上后再进行安装，其直径不应小于消防水泵吸水口直径，且不应采用没有可靠锁定装置的控制阀，控制阀应采用沟槽式或法兰式阀门；

6 当消防水泵和消防水池位于独立的两个基础上且相互为刚性连接时，吸水管上应加设柔性连接管；

7 吸水管水平管段上不应有气囊和漏气现象。变径连接时，应采用偏心异径管件并应采用管顶平接；

8 消防水泵出水管上应安装消声止回阀、控制阀和压力表；系统的总出水管上还应安装压力表和低压压力开关；安装压力表时应加设缓冲装置。压力表和缓冲装置之间应安装旋塞；压力表量程在没有设计要求时，应为系统工作压力的 2～2.5 倍；

9 消防水泵的隔振装置、进出水管柔性接头的安装应符合设计要求，并应有产品说明和安装使用说明。

检查数量：全数检查。

检查方法：核实设计图、核对产品的性能检验报告、直观检查。

【要点说明】应在施工技术要求中说明。

本条规定了消防水泵及其相关配套设施、附属装置与管道的施工安装技术要求。对消防水泵、水泵基础、消防水泵进出水管上阀门及仪表、消防水泵的隔振装置以及吸水管安装要求作出了具体规定。旨在对消防水泵主要技术参数进行校核，避免安装出现问题后，重新安装，造成施工返工，延误工期，带来不必要的经济损失。

12.3.3 天然水源取水口、地下水井、消防水池和消防水箱安装施工，应符合下列要求：

1 天然水源取水口、地下水井、消防水池和消防水箱的水位、出水量、有效容积、安装位置，应符合设计要求；

2 天然水源取水口、地下水井、消防水池、消防水箱的施工和安装，应符合现行国家标准《给水排水构筑物工程施工及验收规范》GB 50141、《供水管井技术规范》GB 50296 和《建筑给水排水及采暖工程施工质量验收规范》GB 50242 的有关规定；

3 消防水池和消防水箱出水管或水泵吸水管应满足最低有效水位出水不掺气的技术要求；

4 安装时池外壁与建筑本体结构墙面或其他池壁之间的净距，应满足施工、装配和检修的需要；

5 钢筋混凝土制作的消防水池和消防水箱的进出水等管道应加设防水套管，钢板等制作的消防水池和消防水箱的进出水等管道宜采用法兰连接，对有振动的管道应加设柔性接头。组合式消防水池或消防水箱的进水管、出水管接头宜采用法兰连接，采用其他连接时应做防锈处理；

6 消防水池、消防水箱的溢流管、泄水管不应与生产或生活用水的排水系统直接相连，应采用间接排水方式。

检查数量：全数检查。

检查方法：核实设计图、直观检查。

【要点说明】应在施工技术要求中说明。

本条对天然水源取水口、地下水井、消防水池和消防水箱安装施工作了技术规定。天然水源取水口、地下水井的施工和安装，应符合现行国家标准《给水排水构筑物工程施工及验收规范》GB 50141 及《供水管井技术规范》GB 50296 的有关规定；消防水池、消防水箱的施工和安装，应符合现行国家标准《给水排水构筑物工程施工及验收规范》GB 50141 和《建筑水暖施工验收规范》GB 50242 的有关规定。

消防水池、消防水箱的溢流管、泄水管不应与生产或生活用水的排水系统直接相连，应采用间接排水方式，符合《建水规范》的有关规定。

12.3.4　气压水罐安装应符合下列要求：

1　气压水罐有效容积、气压、水位及设计压力应符合设计要求；

2　气压水罐安装位置和间距、进水管及出水管方向应符合设计要求；出水管上应设止回阀；

3　气压水罐宜有有效水容积指示器。

检查数量：全数检查。

检查方法：核实设计图、核对产品的性能检验报告、直观检查。

【要点说明】应在施工技术要求中说明。

对消防气压水罐的安装要求作了技术规定。设置稳压泵的临时高压消防给水系统，当设置气压水罐时，可以防止稳压泵频繁启停。当采用气压水罐时，其调节容积应根据稳压泵启泵次数不大于 15 次计算确定，但有效储水容积不宜小于 150L。采用隔膜式气压罐时，其进、出水管上不应设置止回阀，气压水罐与稳压水泵组装图可参照《消防增压稳压设备选用与安装》98S205。

12.3.5　稳压泵的安装应符合下列要求：

1　规格、型号、流量和扬程应符合设计要求，并应有产品合格证和安装使用说明书；

2　稳压泵的安装应符合现行国家标准《给水排水构筑物工程施工及验收规范》GB 50141、《机械设备安装工程施工及验收通用规范》GB 50231、国家标准《压缩机、风机、泵安装工程施工及验收规范》GB 50275 的有关规定。

检查数量：全数检查。

检查方法：尺量和直观检查。

【要点说明】应在施工技术要求中说明。

对稳压泵的安装要求作了技术规定。

稳压泵是临时高压消防给水系统的稳压设施，不是供水设施。稳压泵的设计流量不宜小于 1L/s，设置稳压泵的临时高压消防给水系统应设置防止稳压泵频繁启停的技术措施，一般采用气压水罐，利用其调节容积减少稳压泵的启泵次数，过小的气压水罐不能达到减少稳压泵的启泵次数的要求，其有效储水容积不宜小于 150L，稳压水泵与气压水罐组装图可参照《消防增压稳压设备选用与安装》98S205。

稳压水泵安装前应对其主要技术参数进行校核，避免安装出现问题后，重新安装，造成施工返工，延误工期，带来不必要的经济损失。

稳压泵安装直接采用现行国家标准《机械设备安装工程施工及验收通用规范》GB 50231 和《风机、压缩机、泵安装工程施工及验收规范》GB 50275 的有关规定。

12.3.6 消防水泵接合器的安装应符合下列规定：

1 消防水泵接合器的安装，应按接口、本体、连接管、止回阀、安全阀、放空管、控制阀的顺序进行，止回阀的安装方向应使消防用水能从消防水泵接合器进入系统，整体式消防水泵接合器的安装，应按其使用安装说明书进行；

2 消防水泵接合器的设置位置应符合设计要求；

3 消防水泵接合器永久性固定标志应能识别其所对应的消防给水系统或水灭火系统，当有分区时应有分区标识；

4 地下消防水泵接合器应采用铸有"消防水泵接合器"标志的铸铁井盖，并应在其附近设置指示其位置的永久性固定标志；

5 墙壁消防水泵接合器的安装应符合设计要求。设计无要求时，其安装高度距地面宜为0.7m；与墙面上的门、窗、孔、洞的净距离不应小于2.0m，且不应安装在玻璃幕墙下方；

6 地下消防水泵接合器的安装，应使进水口与井盖底面的距离不大于0.4m，且不应小于井盖的半径；

7 消火栓水泵接合器与消防通道之间不应设有妨碍消防车加压供水的障碍物；

8 地下消防水泵接合器井的砌筑应有防水和排水措施。

检查数量：全数检查。

检查方法：核实设计图、核对产品的性能检验报告、直观检查。

【要点说明】应在施工技术要求中说明。

本条给出了消防水泵接合器的安装技术要求。消防水泵接合器是水灭火系统的第三供水水源。自动喷水灭火系统、水喷雾灭火系统、泡沫灭火系统和固定消防炮灭火系统等水灭火系统均应设置消防水泵接合器。每种水灭火系统的消防水泵接合器设置的数量应按系统设计流量经计算确定，但当计算数量超过3个时，可根据供水可靠性适当减少。临时高压消防给水系统向多栋建筑供水时，消防水泵接合器应在每座建筑附近就近设置。水泵接合器应设在室外便于消防车使用的地点，且距室外消火栓或消防水池的距离不宜小于15m，并不宜大于40m。

消防水泵接合器的安装应满足设计要求，可按国家建筑标准设计图集《消防水泵接合器安装》99S203选择安装图，请注意99S203仅适用于室内消防系统工作压力≤1.6MPa的场所。对于湿陷性黄土地区、多年冻土区、设计烈度为九度及以上地震区或其他特殊地区，应根据设计要求安装。地上式和地下式消防水泵接合器如用于采暖室外计算温度低于零下15℃的地区，需做保温井口或采取其他保温措施。两组并列布置的地上、地下式消防水泵接合器宜用于室内不同的消防系统或同一系统的不同分区。

水泵接合器处应设置永久性标志铭牌，并应标明供水系统、供水范围和额定压力。

12.3.7 市政和室外消火栓的安装应符合下列规定：

1 市政和室外消火栓的选型、规格应符合设计要求；

2 管道和阀门的施工和安装，应符合现行国家标准《给水排水管道工程施工及验收规范》GB 50268、《建筑给水排水及采暖工程施工质量验收规范》GB 50242的有关规定；

3 地下式消火栓顶部进水口或顶部出水口应正对井口。顶部进水口或顶部出水口与消防井盖底面的距离不应大于 0.4m，井内应有足够的操作空间，并应做好防水措施；

4 地下式室外消火栓应设置永久性固定标志；

5 当室外消火栓安装部位发生火灾时存在可能落物危险时，上方应采取防坠落物撞击的措施；

6 市政和室外消火栓安装位置应符合设计要求，且不应妨碍交通，在易碰撞的地点应设置防撞设施。

检查数量：按数量抽查 30％，但不应小于 10 个。

检查方法：核实设计图、核对产品的性能检验报告、直观检查。

【要点说明】应在施工技术要求中说明。

本条规定了市政和室外消火栓的安装技术要求。

市政和室外消火栓的安装应满足设计要求，可按国家建筑标准设计图集《室外消火栓及消防水鹤安装》13S201 选择安装图。13S201 适用于市政、建筑小区与厂区等室外消火栓、消防水鹤及相关设施的选用与施工安装。对于湿陷性黄土地区、多年冻土区、设计烈度为八度及以上地震区或其他特殊地区，应根据设计要求安装。

室外消火栓的公称压力可分为 1.0MPa 和 1.6MPa 两种，SS 型为地上式，SA 为地下式。室外消火栓的安装形式分为支管安装和干管安装。支管安装又分为浅装和深装。安装形式为支管的室外消火栓，从干管接出的支管应尽量短，当支管较长时，应采取措施防止管道长期不用造成水质污染。地下式市政消火栓应有明显的永久性标志。

市政和室外消火栓及相关设施，如管道和阀门的施工、安装及验收，均执行现行国家标准《给水排水管道工程施工及验收规范》GB 50268 和《建筑给水排水及采暖工程施工质量验收规范》的有关规定。

12.3.8 市政消防水鹤的安装应符合下列规定：

1 市政消防水鹤的选型、规格应符合设计要求；

2 管道和阀门的施工和安装，应符合现行国家标准《给水排水管道工程施工及验收规范》GB 50268、《建筑给水排水及采暖工程施工质量验收规范》GB 50242 的有关规定；

3 市政消防水鹤的安装空间应满足使用要求，并不应妨碍市政道路和人行道的畅通。

检查数量：全数检查。

检查方法：核实设计图、核对产品的性能检验报告、直观检查。

【要点说明】应在施工技术要求中说明。

本条规定了市政消防水鹤的安装技术要求。

市政消防水鹤的安装应满足设计要求，可按国家建筑标准设计图集《室外消火栓及消防水鹤安装》13S201 选择安装图。13S201 适用于市政、建筑小区与厂区等室外消火栓、消防水鹤及相关设施的选用与施工安装。对于湿陷性黄土地区、多年冻土区、设计烈度为八度及以上地震区或其他特殊地区，应根据设计要求安装。

严寒地区在城市主要干道上设置消防水鹤的布置间距宜为 1000m，连接消防水鹤的市政给水管的管径不宜小于 DN200。

消防水鹤按出水管调节方式可分为直通式（Z）、可伸缩式（S）；消防水鹤进水口公称直径分为 100mm、150nm、200mm 三种，消防接口分为 65mm、80mm 两种。消防水鹤的公称压力分为 1.0MPa、1.6MPa 两种。消防水鹤按进水口连接方式可分为承插式（C）和法兰式（F）。其中承插式消防水鹤的公称压力为 1.0MPa，法兰式消防水鹤的公称压力为 1.6MPa。

消防水鹤安装适用于消防给水支管管径不大于 DN200，季节性冻土深度不大于 2.6m 的寒冷地区，其安装形式为支管深装，且设于阀门井内。

市政消防水鹤及相关设施，如管道和阀门的施工、安装及验收，均执行现行国家标准《给水排水管道工程施工及验收规范》GB 50268 和《建筑给水排水及采暖工程施工质量验收规范》GB 50242 的有关规定。

12.3.9 室内消火栓及消防软管卷盘的安装应符合下列规定：

1 室内消火栓及消防软管卷盘的选型、规格应符合设计要求；

2 同一建筑物内设置的消火栓、消防软管卷盘应采用统一规格的栓口、消防水枪和水带及配件；

3 试验用消火栓栓口处应设置压力表；

4 当消火栓设置减压装置时，应检查减压装置符合设计要求，且安装时应有防止砂石等杂物进入栓口的措施；

5 室内消火栓及消防软管卷盘应设置明显的永久性固定标志，当室内消火栓因美观要求需要隐蔽安装时，应有明显的标志，并应便于开启使用；

6 消火栓栓口出水方向宜向下或与设置消火栓的墙面成 90°角，栓口不应安装在门轴侧；

7 消火栓栓口中心距地面应为 1.1m，特殊地点的高度可特殊对待，允许偏差±20mm。

检查数量：按数量抽查 30%，但不应小于 10 个。

检验方法：核实设计图、核对产品的性能检验报告、直观检查。

【要点说明】应在施工技术要求中说明。

本条规定了室内消火栓及消防软管卷盘或轻便水龙的安装技术要求。

室内消火栓安装应满足设计要求，可按国家建筑标准设计图集《室内消火栓安装》15S202 选择安装图。15S202 适用于新建、扩建和改建的民用、工业、市政等建设工程中室内消火栓安装。

根据《室内消火栓》GB 3445，室内消火栓的基本参数见下表：

公称通径 DN（mm）	公称压力 PN（MPa）	适用介质
25、50、65、80	1.6	水、泡沫

根据《消防软管卷盘》GB 15090，消防软管卷盘由阀门、输入管路、卷盘、软管和喷枪等组成，并能在迅速展开软管的过程中喷射灭火剂的灭火器具。

建筑室内消火栓栓口的安装高度应便于消防水龙带的连接和使用，其距地面高度宜为 1.1m。其出水方向应便于消防水带的敷设，并与设置消火栓的墙面成 90°角或向下。设有室内消火栓的建筑应设置带有压力表的试验消火栓，多层和高层建筑应在其屋顶设置，冬季结冰地区可设置在顶层出口处或水箱间内等便于操作和防冻的位置；单层建筑宜设置在水力最不利处，且应靠近出入口。

12.3.10　消火栓箱的安装应符合下列规定：

1　消火栓的启闭阀门设置位置应便于操作使用，阀门的中心距箱侧面应为140mm，距箱后内表面应为100mm，允许偏差±5mm；

2　室内消火栓箱的安装应平正、牢固，暗装的消火栓箱不应破坏隔墙的耐火性能；

3　箱体安装的垂直度允许偏差为±3mm；

4　消火栓箱门的开启不应小于120°；

5　安装消火栓水龙带，水龙带与消防水枪和快速接头绑扎好后，应根据箱内构造将水龙带放置；

6　双向开门消火栓箱的耐火等级应符合设计要求，当设计没有要求时应至少满足1h耐火极限的要求；

7　消火栓箱门上应用红色字体注明"消火栓"字样。

检查数量：按数量抽查30%，但不应小于10个。

检验方法：直观和尺量检查。

【要点说明】应在施工技术要求中说明。

本条规定了消火栓箱的安装技术要求。

消火栓箱的安装应满足设计要求，可按国家建筑标准设计图集《室内消火栓安装》15S202选择安装图。15S202适用于新建、扩建和改建的民用、工业、市政等建设工程中室内消火栓安装，也包括室内消火栓箱安装。栓箱外形尺寸见表12.3.10。

消火栓栓箱的外形尺寸（mm）　　　　　表 12.3.10

栓箱的长短边尺寸			厚度
代号	长边	短边	
A	800（950）	650	160、180、200、210、240、280、320
B	1000（1150）	700	160、180、200、240、280
C	1200（1350）	750	160、180、200、240、280
D	1600（1700）	700	240、280
E	1800（1900）	700（750）	160、180、200、240、280
F	2000	750	160、180、240

注：1. 括号内的尺寸为配置应急照明灯的栓箱。
　　2. 箱体厚度小于200mm的栓箱应配置旋转型室内消火栓。
　　3. 代号D、E、F为可配置灭火器的栓箱。

室内消火栓箱按安装方式分为：明装、半暗装、暗装。选用带应急照明消火栓箱时，应有电气专业设置专用应急电源。带灭火器箱组合式消防柜中可存放充装灭火剂量小于或等于4kg的灭火器4具。灭火器型号、规格、数量由设计人员确定，用户另行配置。

消火栓箱门材质、颜色由设计人员根据消防工程特点，并结合室内建筑装饰要求确定消火栓箱门框采用铝合金时，门面有机玻璃厚度应不小于1.5mm。消火栓箱门颜色应与箱门四周墙壁的装饰材料颜色有明显区别。箱门上应有符合产品标准要求的标识，消防按钮安装高度不宜超过1.90m，以便于操作。

《建筑水暖施工验收规范》第4.3.2条第4款规定，消火栓箱体安装的垂直度允许偏差为±3mm。

12.3.11 当管道采用螺纹、法兰、承插、卡压等方式连接时，应符合下列要求：

1 采用螺纹连接时，热浸镀锌钢管的管件宜采用现行国家标准《锻铸铁螺纹管件》GB 3287～GB 3289 的有关规定，热浸镀锌无缝钢管的管件宜采用现行国家标准《锻钢制螺纹管件》GB/T 14626 的有关规定；

2 螺纹连接时螺纹应符合现行国家标准《55°圆锥管螺纹》GB 7306 的有关规定，宜采用密封胶带作为螺纹接口的密封，密封带应在阳螺纹上施加；

3 法兰连接时法兰的密封面形式和压力等级应与消防给水系统技术要求相符合；法兰类型宜根据连接形式采用平焊法兰、对焊法兰和螺纹法兰等，法兰选择应符合现行国家标准《钢制管法兰》GB 9112～GB 9113、《钢制对焊无缝管件》GB/T 12459 和《管法兰用聚四氟乙烯包覆垫片》GB/T 13404 的有关规定；

4 当热浸镀锌钢管采用法兰连接时，应选用螺纹法兰，当必须焊接连接时，法兰焊接应符合现行国家标准《现场设备、工业管道焊接工程施工及验收规范》GB 50236 和《工业金属管道工程施工及验收规范》GB 50253 的有关规定；

5 球墨铸铁管承插连接时，应符合现行国家标准《给水排水管道工程施工及验收规范》GB 50268 的有关规定；

6 钢丝网骨架塑料复合管施工安装时除应符合本规范的有关规定外，还应符合现行行业标准《埋地聚乙烯给水管道工程技术规程》CJJ 101 的有关规定；

管径大于 DN50 的管道不应使用螺纹活接头，在管道变径处应采用单体异径接头。

检查数量：按数量抽查 30%，但不应小于 10 个。

检验方法：直观和尺量检查。

【要点说明】应在施工技术要求中说明。

本条给出了消防给水系统管道连接的方式和相应的技术规定。

埋地管道当系统工作压力不大于 1.20MPa 时，可采用球墨铸铁管；当系统工作压力大于 1.20MPa 小于 1.60MPa 时，宜采用加厚钢管和无缝钢管；当系统工作压力大于 1.60MPa 时，宜采用无缝钢管。钢管连接宜采用沟槽连接件（卡箍）和法兰。

架空管道当系统工作压力小于等于 1.20MPa 时，可采用热浸锌镀锌钢管；当系统工作压力大于 1.20MPa 时，应采用热浸镀锌加厚钢管或热浸镀锌无缝钢管；当系统工作压力大于 1.60MPa 时，应采用热浸镀锌无缝钢管。架空管道的连接宜采用沟槽连接件（卡箍）、螺纹、法兰、卡压等方式，不宜采用焊接连接。

螺纹、法兰、承插、卡压等是消防给水用金属管道常用的连接方式。《喷规》第 8.0.3 条规定，镀锌钢管应采用沟槽式连接件（卡箍）、丝扣或法兰连接。报警阀前采用内壁不防腐钢管时，可焊接连接。《自喷验收规范》第 5.1.2 条规定，热镀锌钢管安装应采用螺纹、沟槽式管件或法兰连接。

《建筑水暖施工验收规范》第 4.1.3 条规定，管径小于或等于 100mm 的镀锌钢管应采用螺纹连接，套丝扣破坏的镀锌层表面及外露螺纹部分应做防腐处理；管径大于100mm 的镀锌钢管应采用法兰或卡套式专用管件连接，镀锌钢管与法兰的焊接处应二次镀锌。

12.3.12 沟槽连接件（卡箍）连接应符合下列规定：

1 沟槽式连接件（管接头）、钢管沟槽深度和钢管壁厚等，应符合现行国家标准《自动喷水灭火系统第 11 部分：沟槽式管接件》GB 5131.11 的有关规定；

2 有振动的场所和埋地管道应采用柔性接头，其他场所宜采用刚性接头，当采用刚性接头时，每隔 4～5 个刚性接头应设置一个挠性接头，埋地连接时螺栓和螺母应采用不锈钢件；

3 沟槽式管件连接时，其管道连接沟槽和开孔应用专用滚槽机和开孔机加工，并应做防腐处理；连接前应检查沟槽和孔洞尺寸，加工质量应符合技术要求；沟槽、孔洞处不应有毛刺、破损性裂纹和脏物；

4 沟槽式管件的凸边应卡进沟槽后再紧固螺栓，两边应同时紧固，紧固时发现橡胶圈起皱应更换新橡胶圈；

5 机械三通连接时，应检查机械三通与孔洞的间隙，各部位应均匀，然后再紧固到位；机械三通开孔间距不应小于 1m，机械四通开孔间距不应小于 2m；机械三通、机械四通连接时支管的直径应满足表 12.3.12 的规定，当主管与支管连接不符合表 12.3.12 时应采用沟槽式三通、四通管件连接；

机械三通、机械四通连接时支管直径　　　　　　　　表 12.3.12

主管直径 DN		65	80	100	125	150	200	250	300
支管直径 DN	机械三通	40	40	65	80	100	100	100	100
	机械四通	32	32	50	65	80	100	100	100

6 配水干管（立管）与配水管（水平管）连接，应采用沟槽式管件，不应采用机械三通；

7 埋地的沟槽式管件的螺栓、螺帽应做防腐处理。水泵房内的埋地管道连接应采用挠性接头。

8 采用沟槽连接件连接管道变径和转弯时，宜采用沟槽式异径管件和弯头；当需要采用补芯时，三通上可用一个，四通上不应超过二个；公称直径大于 50mm 的管道不宜采用活接头；

9 沟槽连接件应采用三元乙丙橡胶（EDPM）C 型密封胶圈，弹性应良好，应无破损和变形，安装压紧后 C 型密封胶圈中间应有空隙。

检查数量：按数量抽查 30%，不应少于 10 件。

检验方法：直观和尺量检查。

【要点说明】应在施工技术要求中说明。

本条给出了沟槽连接件连接的技术规定。

埋地管道选用钢管时，连接宜采用沟槽连接件（卡箍）和法兰，当采用沟槽连接件连接时，公称直径小于等于 DN250 的沟槽式管接头系统工作压力不应大于 2.50MPa，公称直径大于或等于 DN300 的沟槽式管接头系统工作压力不应大于 1.60MPa。

架空管道当管径大于 DN50 时，应采用沟槽连接件连接、法兰连接，当安装空间较小时应采用沟槽连接件连接。

《自喷验收规范》GB 50261 第 5.1.4 条规定，沟槽式管件连接应符合下列要求：

1 选用的沟槽式管件应符合《沟槽式管接头》CJ/T 156 的要求，其材质应为球墨铸铁，并符合现行国家标准《球墨铸铁件》GB/T 348 的要求；橡胶密封圈的材质应为 EP-DN（三元乙丙胶），并符合《金属管道系统快速管接头的性能要求和试验方法》ISO 6182-12 的要求。

2 沟槽式管件连接时，其管道连接沟槽和开孔应用专用滚槽机和开孔机加工，并应做防腐处理；连接前应检查沟槽和孔洞尺寸，加工质量应符合技术要求；沟槽、孔洞处不得有毛刺、破损性裂纹和脏物。

《建筑水暖施工验收规范》第 9.2.3 条规定，管道接口法兰、卡扣、卡箍等应安装在检查井或地沟内，不应埋在土壤中。法兰、卡扣、卡箍等是管道可拆卸的连接件，埋在土壤中，这些管件必然要锈蚀，挖出后再拆卸已不可能。即或不挖出不做拆卸，这些管件的所在部位也必然成为管道的易损部位，从而影响管道的寿命。

卡箍式管道连接安装可按国家建筑标准设计图集《自动喷水与水喷雾灭火设施安装》04S206 选择安装图。

12.3.13 钢丝网骨架塑料复合管材、管件以及管道附件的连接，应符合下列要求：

1 钢丝网骨架塑料复合管材、管件以及管道附件，应采用同一品牌的产品；管道连接宜采用同种牌号级别，且压力等级相同的管材、管件以及管道附件。不同牌号的管材以及管道附件之间的连接，应经过试验，并应判定连接质量能得到保证后再连接；

2 连接应采用电熔连接或机械连接，电熔连接宜采用电熔承插连接和电熔鞍形连接；机械连接宜采用锁紧型和非锁紧型承插式连接、法兰连接、钢塑过渡连接；

3 钢丝网骨架塑料复合管给水管道与金属管道或金属管道附件的连接，应采用法兰或钢塑过渡接头连接，与直径小于等于 DN50 的镀锌管道或内衬塑镀锌管的连接，宜采用锁紧型承插式连接；

4 管道各种连接应采用相应的专用连接工具；

5 钢丝网骨架塑料复合管材、管件与金属管、管道附件的连接，当采用钢制喷塑或球墨铸铁过渡管件时，其过渡管件的压力等级不应低于管材公称压力；

6 在−5℃以下或大风环境条件下进行热熔或电熔连接操作时，应采取保护措施，或调整连接机具的工艺参数；

7 管材、管件以及管道附件存放处与施工现场温差较大时，连接前应将钢丝网骨架塑料复合管管材、管件以及管道附件在施工现场放置一段时间，并应使管材的温度与施工现场的温度相当；

8 管道连接时，管材切割应采用专用割刀或切管工具，切割断面应平整、光滑、无毛刺，且应垂直于管轴线；

9 管道合拢连接的时间宜为常年平均温度，且宜为第二天上午的 8~10 点；

10 管道连接后，应及时检查接头外观质量。

检查数量：按数量抽查 30%，不应少于 10 件。

检验方法：直观检查。

【要点说明】应在施工技术要求中说明。

本条给出了埋地消防给水管道选用钢丝网骨架塑料复合管材、管件以及管道附件时，连接方式技术规定。

埋地管道当系统工作压力不大于1.20MPa时，可采用钢丝网骨架塑料复合管给水管道；当系统工作压力大于1.20MPa小于1.60MPa时，也可采用钢丝网骨架塑料复合管。

钢丝网骨架塑料复合管的聚乙烯（PE）原材料不应低于PE80，宜采用不低于PE100，钢丝网骨架塑料（聚乙烯）复合管的管材及连接管件应采用同一品牌产品，连接方式应采用可靠的电熔连接或机械连接。钢丝网骨架塑料（聚乙烯）复合管材及管件的技术性能应符合《钢丝网骨架塑料（聚乙烯）复合管材及管件》CJ/T 189—2007要求。

钢丝网骨架塑料复合管道最小管顶覆土深度，在人行道下不宜小于0.80m，在轻型车行道下不应小于1.0m，且应在冰冻线下0.30m；在重型汽车道路或铁路、高速公路下应设置保护套管，套管与钢丝网骨架塑料复合管的净距不应小于100mm；钢丝网骨架塑料复合管道与热力管道间的距离，应在保证聚乙烯管道表面温度不超过40℃，但最小净距不应小于1.50m。

钢丝网骨架塑料复合管材、管件以及管道附件的连接安装可按国家建筑标准设计图集《建筑小区埋地塑料给水管道施工》10S507选择安装图。

12.3.14　钢丝网骨架塑料复合管材、管件电熔连接，应符合下列要求：

1　电熔连接机具输出电流、电压应稳定，并应符合电熔连接工艺要求；

2　电熔连接机具与电熔管件应正确连通，连接时，通电加热的电压和加热时间应符合电熔连接机具和电熔管件生产企业的规定；

3　电熔连接冷却期间，不应移动连接件或在连接件上施加任何外力；

4　电熔承插连接应符合下列规定：

1）测量管件承口长度，并在管材插入端标出插入长度标记，用专用工具刮除插入段表皮；

2）用洁净棉布擦净管材、管件连接面上的污物；

3）将管材插入管件承口内，直至长度标记位置；

4）通电前，应校直两对应的待连接件，使其在同一轴线上，用整圆工具保持管材插入端的圆度。

5　电熔鞍形连接应符合下列规定：

1）电熔鞍形连接应采用机械装置固定干管连接部位的管段，并确保管道的直线度和圆度；

2）干管连接部位上的污物应使用洁净棉布擦净，并用专用工具刮除干管连接部位表皮；

3）通电前，应将电熔鞍形连接管件用机械装置固定在干管连接部位。

检查数量：按数量抽查30%，不应少于10件。

检验方法：直观检查。

【要点说明】应在施工技术要求中说明。

本条给出了埋地消防给水管道选用钢丝网骨架塑料复合管材、管件以及管道附件时，钢丝网骨架塑料复合管材、管件电熔连接的技术规定。

钢丝网骨架塑料（聚乙烯）复合管材及管件的技术性能应符合《钢丝网骨架塑料（聚乙烯）复合管材及管件》CJ/T 189—2007要求。

钢丝网骨架塑料复合管材、管件电熔连接的安装可按国家建筑标准设计图集《建筑小区埋地塑料给水管道施工》10S507选择安装图。

12.3.15　钢丝网骨架塑料复合管管材、管件法兰连接应符合下列要求：

1　钢丝网骨架塑料复合管管端法兰盘（背压松套法兰）连接，应先将法兰盘（背压松套法兰）套入待连接的聚乙烯法兰连接件（跟形管端）的端部，再将法兰连接件（跟形管端）平口端与管道按本规范第12.3.13条第2款电熔连接的要求进行连接；

2　两法兰盘上螺孔应对中，法兰面应相互平行，螺孔与螺栓直径应配套，螺栓长短应一致，螺帽应在同一侧；紧固法兰盘上螺栓时应按对称顺序分次均匀紧固，螺栓拧紧后宜伸出螺帽1丝扣～3丝扣；

3　法兰垫片材质应符合现行国家标准《钢制管法兰、法兰盖及垫片》GB 9112～GB 9113的有关规定，松套法兰表面宜采用喷塑防腐处理；

4　法兰盘应采用钢质法兰盘且应采用磷化镀铬防腐处理。

检查数量：按数量抽查30%，不应少于10件。

检验方法：直观检查。

【要点说明】应在施工技术要求中说明。

本条规定了埋地消防给水管道选用钢丝网骨架塑料复合管材、管件以及管道附件时，钢丝网骨架塑料复合管管材、管件法兰连接的技术要求。

钢丝网骨架塑料（聚乙烯）复合管材及管件的技术性能应符合《钢丝网骨架塑料（聚乙烯）复合管材及管件》CJ/T 189—2007要求。

钢丝网骨架塑料复合管管材、管件法兰连接的安装可按国家建筑标准设计图集《建筑小区埋地塑料给水管道施工》10S507选择安装图。

12.3.16　钢丝网骨架塑料复合管道钢塑过渡接头连接应符合下列要求：

1　钢塑过渡接头的钢丝网骨架塑料复合管管端与聚乙烯管道连接，应符合热熔连接或电熔连接的规定；

2　钢塑过渡接头钢管端与金属管道连接应符合相应的钢管焊接、法兰连接或机械连接的规定；

3　钢塑过渡接头钢管端与钢管应采用法兰连接，严禁采用焊接连接，当必须焊接时，应采取降温措施；

4　公称外径大于或等于dn110的钢丝网骨架塑料复合管与管径大于或等于DN100的金属管连接时，可采用人字形柔性接口配件，配件两端的密封胶圈应分别与聚乙烯管和金属管相配套；

5　钢丝网骨架塑料复合管和金属管、阀门相连接时，规格尺寸应相互配套。

检查数量：按数量抽查30%，不应少于10件。

检验方法：直观检查。

【要点说明】应在施工技术要求中说明。

本条规定了埋地消防给水管道选用钢丝网骨架塑料复合管材、管件以及管道附件时，钢丝网骨架塑料复合管道钢塑过渡接头连接的技术要求。

钢丝网骨架塑料（聚乙烯）复合管材及管件的技术性能应符合《钢丝网骨架塑料（聚乙烯）复合管材及管件》CJ/T 189—2007 要求。

钢丝网骨架塑料复合管道钢塑过渡接头连接的安装可按国家建筑标准设计图集《建筑小区埋地塑料给水管道施工》10S507 选择安装图。

12.3.17　埋地管道的连接方式和基础支墩应符合下列要求：

1　地震烈度在 7 度及 7 度以上时宜采用柔性连接的金属管道或钢丝网骨架塑料复合管等；

2　当采用球墨铸铁时宜采用承插连接；

3　当采用焊接钢管时宜采用法兰和沟槽连接件连接；

4　当采用钢丝网骨架塑料复合管时应采用电熔连接；

5　埋地管道的施工时除符合本规范的有关规定外，还应符合现行国家标准《给水排水管道工程施工及验收规范》GB 50268 的有关规定；

6　埋地消防给水管道的基础和支墩应符合设计要求，当设计对支墩没有要求时，应在管道三通或转弯处设置混凝土支墩。

检查数量：全部检查。

检验方法：直观检查。

【要点说明】应在施工技术要求中说明。

本条规定了埋地消防给水管道的管材和连接方式，以及基础支墩的技术要求。

球墨铸铁管、管件和附件的技术性能应符合《水及燃气管道用球墨铸铁管、管件和附件》GB/T 13295—2008。

球墨铸铁采用承插橡胶圈连接时，可按国家建筑标准设计图集《柔性接口给水管道支墩》10S505 选择安装图；钢丝网骨架塑料复合管可按国家建筑标准设计图集《建筑小区埋地塑料给水管道施工》10S507 选择安装图。

埋地管道的施工应符合现行国家标准《给水排水管道工程施工及验收规范》GB 50268 的有关规定。

12.3.18　架空管道应采用热浸镀锌钢管，并宜采用沟槽连接件、螺纹、法兰和卡压等方式连接；架空管道不应使用钢丝网骨架塑料复合管等非金属管道。

检查数量：全部检查。

检验方法：直观检查。

【要点说明】应在施工技术要求中说明。

本条规定了架空消防给水管道的管材和连接方式的技术要求。

架空管道当系统工作压力小于等于 1.20MPa 时，可采用热浸锌镀锌钢管；当系统工作压力大于 1.20MPa 时，应采用热浸镀锌加厚钢管或热浸镀锌无缝钢管；当系统工作压力大于 1.60MPa 时，应采用热浸镀锌无缝钢管。架空管道的连接宜采用沟槽连接件（卡箍）、螺纹、法兰、卡压等方式，不宜采用焊接连接。

螺纹、法兰、承插、卡压等是消防给水用金属管道常用的连接方式。《喷规》第 8.0.3 条规定，镀锌钢管应采用沟槽式连接件（卡箍）、丝扣或法兰连接。报警阀前采用内壁不防腐钢管时，可焊接连接。《自喷验收规范》第5.1.2条规定，热镀锌钢管安装应采用螺纹、沟槽式管件或法兰连接。

《建筑水暖施工验收规范》第4.1.3条规定，管径小于或等于100mm的镀锌钢管应采用螺纹连接，套丝扣时破坏的镀锌层表面及外露螺纹部分应做防腐处理；管径大于100mm的镀锌钢管应采用法兰或卡套式专用管件连接，镀锌钢管与法兰的焊接处应二次镀锌。

12.3.19 架空管道的安装位置应符合设计要求，并应符合下列规定：

1 架空管道的安装不应影响建筑功能的正常使用，不应影响和妨碍通行以及门窗等开启；

2 当设计无要求时，管道的中心线与梁、柱、楼板等的最小距离应符合表12.3.19的规定；

管道的中心线与梁、柱、楼板等的最小距离　　　　　　　　表12.3.19

公称直径（mm）	25	32	40	50	70	80	100	125	150	200
距离（mm）	40	40	50	60	70	80	100	125	150	200

3 消防给水管穿过地下室外墙、构筑物墙壁以及屋面等有防水要求处时，应设防水套管；

4 消防给水管穿过建筑物承重墙或基础时，应预留洞口，洞口高度应保证管顶上部净空不小于建筑物的沉降量，不宜小于0.1m，并应填充不透水的弹性材料；

5 消防给水管穿过墙体或楼板时应加设套管，套管长度不应小于墙体厚度，或应高出楼面或地面50mm；套管与管道的间隙应采用不燃材料填塞，管道的接口不应位于套管内；

6 消防给水管必须穿过伸缩缝及沉降缝时，应采用波纹管和补偿器等技术措施；

7 消防给水管可能发生冰冻时，应采取防冻技术措施；

8 通过及敷设在有腐蚀性气体的房间内时，管外壁应刷防腐漆或缠绕防腐材料。

检查数量：按数量抽查30%，不应少于10件。

检验方法：尺量检查。

【要点说明】应在施工技术要求中说明。

本条规定了架空消防给水管道的安装位置的技术要求。

架空充水管道应设置在环境温度不低于5℃的区域，当环境温度低于5℃时，应采取防冻措施；室外架空管道当温差变化较大时应校核管道系统的膨胀和收缩，并应采取相应的技术措施。

埋地管道的地基、基础、垫层、回填土应满足压实密度等的要求，应根据刚性管或柔性管管材的性质，结合管道埋设处的具体情况，按现行国家标准《给水排水管道工程施工及验收标准》GB 50268和设计的有关规定执行。当埋地管直径不小于DN100mm时，应在管道弯头、三通和堵头等位置设置钢筋混凝土支墩。消防给水管道不宜穿越建筑基础，当必须穿越时，应采取防护套管等保护措施。埋地钢管和铸铁管，应根据土壤和地下水腐蚀性等因素确定管外壁防腐措施；海边、空气潮湿等空气中含有腐蚀性介质的场所的架空管道外壁，应采取相应的防腐措施，如管外壁应刷防腐漆或缠绕防腐材料等。

12.3.20　架空管道的支吊架应符合下列规定：

1　架空管道支架、吊架、防晃或固定支架的安装应固定牢固，其型式、材质及施工应符合设计要求；

2　设计的吊架在管道的每一支撑点处应能承受 5 倍于充满水的管重，且管道系统支撑点应支撑整个消防给水系统；

3　管道支架的支撑点宜设在建筑物的结构上，其结构在管道悬吊点应能承受充满水管道重量另加至少 114kg 的阀门、法兰和接头等附加荷载，充水管道的参考重量可按 12.3.20-1 选取；

充水管道的参考重量　　　　　　　　　　表 12.3.20-1

公称直径（mm）	25	32	40	50	70	80	100	125	150	200
保温管道（kg/m）	15	18	19	22	27	32	41	54	66	103
不保温管道（kg/m）	5	7	7	9	13	17	22	33	42	73

注：1. 计算管重量按 10kg 化整，不足 20kg 按 20kg 计算；
　　2. 表中管重不包括阀门重量。

4　管道支架或吊架的设置间距不应大于表 12.3.20-2 的要求；

管道支架或吊架的设置间距　　　　　　　　表 12.3.20-2

管径（mm）	25	32	40	50	70	80
间距（m）	3.5	4.0	4.5	5.0	6.0	6.0
管径（mm）	100	125	150	200	250	300
间距（m）	6.5	7.0	8.0	9.5	11.0	12.0

5　当管道穿梁安装时，穿梁处宜作一个吊架；

6　下列部位应设置固定支架或防晃支架：

1）配水管宜在中点设一个防晃支架，但当管径小于 DN50 时可不设；

2）配水干管及配水管，配水支管的长度超过 15m，每 15m 长度内应至少设 1 个防晃支架，但当管径不大于 DN40 可不设；

3）管径大于 DN50 的管道拐弯、三通及四通位置处应设 1 个防晃支架；

4）防晃支架的强度，应满足管道、配件及管内水的重量再加 50% 的水平方向推力时不损坏或不产生永久变形。当管道穿梁安装时，管道再用紧固件固定于混凝土结构上，宜可作为 1 个防晃支架处理。

检查数量：按数量抽查 30%，不应少于 10 件。

检验方法：尺量检查。

【要点说明】应在施工技术要求中说明。

本条规定了架空消防给水管道的支吊架的技术要求。

架空管道的支吊架可按国家建筑标准设计图集《室内管道支架及吊架》03S402 选择安装图。

《自喷验收规范》第 5.1.9 条规定，管道穿过建筑物的变形缝时，应采取抗变形措施。

穿过墙体或楼板时应加设套管，套管长度不得小于墙体厚度；穿过楼板的套管其顶部应高出装饰地面20mm；穿过卫生间或厨房楼板的套管，其顶部应高出装饰地面50mm，且套管底部应与楼板底面相平，套管与管道的间隙应采用不燃材料填塞密实。

12.3.21　架空管道每段管道设置的防晃支架不应少于1个；当管道改变方向时，应增设防晃支架；立管应在其始端和终端设防晃支架或采用管卡固定。

检查数量：按数量抽查30%，不应少于10件。

检验方法：直观检查。

【要点说明】应在施工技术要求中说明。

本条规定了架空消防给水管道的防晃支架设置的技术要求。

《自喷验收规范》第5.1.8条规定，管道支架、吊架、防晃支架的安装应符合下列要求：

1）管道应固定牢固；管道支架或吊架之间的距离不应大于表12.3.21的规定：

管道支架或吊架之间的距离　　　　　　　　　　　表12.3.21

公称直径（mm）	25	32	40	50	70	80	100	125	150	200	250	300
距离（m）	3.5	4.0	4.5	5.0	6.0	6.0	6.5	7.0	8.0	9.5	11.0	12.0

2）管道支架、吊架、防晃支架的型式、材质、加工尺寸及焊接质量等，应符合设计要求和国家现行有关标准的规定。

3）管道支架、吊架的安装位置不应妨碍喷头的喷水效果；管道支架、吊架与喷头之间的距离不宜小于300mm；与末端喷头之间的距离不宜大于750mm。

4）配水支管上每一直管段、相邻两喷头之间的管段设置的吊架均不宜少于1个，吊架的间距不宜大于3.6m。

5）当管道的公称直径等于或大于50mm时，每段配水干管或配水管设置防晃支架不应少于1个，且防晃支架的间距不宜大于15m；当管道改变方向时，应增设防晃支架。

6）竖直安装的配水干管除中间用管卡固定外，还应在其始端和终端设防晃支架或采用管卡固定，其安装位置距地面或楼面的距离宜为1.5～1.8m。

12.3.22　埋地钢管应做防腐处理，防腐层材质和结构应符合设计要求，并应按现行国家标准《给水排水管道工程施工及验收规范》GB 50268的有关规定施工；室外埋地球墨铸铁给水管要求外壁应刷沥青漆防腐；埋地管道连接用的螺栓、螺母以及垫片等附件应采用防腐蚀材料，或涂沥青涂层等防腐涂层；埋地钢丝网骨架塑料复合管不应做防腐处理。

检查数量：按数量抽查30%，不应少于10件。

检验方法：放水试验、观察、核对隐蔽工程记录，必要时局部解剖检查。

【要点说明】应在施工技术要求中说明。

本条规定了埋地金属管道及配件的防腐处理，防腐层材质和结构的技术要求。

埋地钢管和铸铁管，应根据土壤和地下水腐蚀性等因素确定管外壁防腐措施，埋地钢管按现行国家标准《给水排水管道工程施工及验收规范》GB 50268的有关规定施工；室外埋地球墨铸铁给水管外壁应刷沥青漆防腐，并宜外敷玻璃纤维布一层；法兰、卡扣、卡箍等是管道可拆卸的连接件，埋在土壤中，这些管件必然要锈蚀，挖出后再拆卸已不可能。即或不挖出不做拆卸，这些管件的所在部位也必然成为管道的易损部位，从而影响管道的寿命。埋地管道连接用的螺栓、螺母以及垫片等附件应采用防腐蚀材料，或涂覆沥青涂层等防腐涂层。

12.3.23 地震烈度在 7 度及 7 度以上时，架空管道保护应符合下列要求：

1 地震区的消防给水管道宜采用沟槽连接件的柔性接头保证间隙保护系统的安全可靠性；

2 应用支架将管道牢固地固定在建筑上；

3 管道应有固定部分和活动部分组成；

4 当系统管道穿越连接地面以上部分建筑物的地震接缝时，无论管径大小，均应设带柔性配件的管道地震保护装置；

5 所有穿越墙、楼板、平台以及基础的管道，包括泄水管，水泵接合器连接管及其他辅助管道的周围应留有间隙；

6 管道周围的间隙，$DN25 \sim DN80$ 管径的管道，不应小于 25mm，$DN100$ 及以上管径的管道，不应小于 50mm；间隙内应填充腻子等防火柔性材料；

7 竖向支撑应符合下列规定：

1）系统管道应有承受横向和纵向水平载荷的支撑；

2）竖向支撑应牢固且同心，支撑的所有部件和配件应在同一直线上；

3）对供水主管，竖向支撑的间距不应大于 24m；

4）立管的顶部应采用四个方向的支撑固定；

5）供水主管上的横向固定支架，其间距不应大于 12m。

检查数量：按数量抽查 30%，不应少于 10 件。

检验方法：直观检查。

【要点说明】应在施工技术要求中说明。

本条规定了地震烈度在 7 度及 7 度以上时，架空管道抗震保护的技术要求。

《建筑机电工程抗震设计规范》GB 50981 第 1.0.4 条（强制性条文）规定，抗震设防烈度为 6 度及 6 度以上地区的建筑机电工程必须进行抗震设计。GB 50981 适用于抗震设防烈度为 6 度至 9 度的建筑机电工程抗震设计，不适用于抗震设防烈度大于 9 度或有特殊要求的建筑机电工程抗震设计。

地震烈度在 7 度及 7 度以上时，架空管道应依据 GB 50981 的相关规定，进行抗震设计。建筑机电工程设施的支、吊架应具有足够的刚度和承载力，支、吊架与建筑结构应有可靠的连接和锚固。

12.3.24 架空管道外应刷红色油漆或涂红色环圈标志，并应注明管道名称和水流方向标识。红色环圈标志，宽度不应小于 20mm，间隔不宜大于 4m，在一个独立的单元内环圈不宜少于 2 处。

检查数量：按数量抽查 30%，不应少于 10 件。

检验方法：直观检查。

【要点说明】应在施工技术要求中说明。

本条规定了架空消防管道的着色要求。

《自喷验收规范》GB 50261 第 5.1.11 条规定，配水干管、配水管应做红色或红色环圈标志。红色环圈标志，宽度不应小于 20mm，间隔不宜大于 4m，在一个独立的单元内环圈不宜少于 2 处。

12.3.25　消防给水系统阀门的安装应符合下列要求：

1　各类阀门型号、规格及公称压力应符合设计要求；

2　阀门的设置应便于安装维修和操作，且安装空间应能满足阀门完全启闭的要求，并应作出标志；

3　阀门应有明显的启闭标志；

4　消防给水系统干管与水灭火系统连接处应设置独立阀门，并应保证各系统独立使用。

检查数量：全部检查。

检查方法：直观检查。

【要点说明】应在施工技术要求中说明。

本条规定了消防给水系统阀门安装的技术要求。

埋地管道的阀门宜采用带启闭刻度的暗杆闸阀，当设置在阀门井内时可采用耐腐蚀的明杆闸阀；室内架空管道的阀门宜采用蝶阀、明杆闸阀或带启闭刻度的暗杆闸阀等；室外架空管道宜采用带启闭刻度的暗杆闸阀或耐腐蚀的明杆闸阀；埋地管道的阀门应采用球墨铸铁阀门，室内架空管道的阀门应采用球墨铸铁或不锈钢阀门，室外架空管道的阀门应采用球墨铸铁阀门或不锈钢阀门。

埋地消防给水系统阀门的安装可按国家建筑标准设计图集《室外给水管道附属构筑物》05S502 选择安装图。

12.3.26　消防给水系统减压阀的安装应符合下列要求：

1　安装位置处的减压阀的型号、规格、压力、流量应符合设计要求；

2　减压阀安装应在供水管网试压、冲洗合格后进行；

3　减压阀水流方向应与供水管网水流方向一致；

4　减压阀前应有过滤器；

5　减压阀前后应安装压力表；

6　减压阀处应有压力试验用排水设施。

检查数量：全数检查。

检验方法：核实设计图、核对产品的性能检验报告、直观检查。

【要点说明】应在施工技术要求中说明。

本条规定了消防给水系统减压阀安装的技术要求。

减压阀的进口处应设置过滤器，过滤器的孔网直径不宜小于 4～5 目/cm²，过流面积不应小于管道截面积的 4 倍；过滤器前和减压阀后应设置控制阀门；

减压阀后应设置压力试验排水阀；减压阀应设置流量检测测试接口或流量计；垂直安

装的减压阀，水流方向宜向下；比例式减压阀宜垂直安装，可调式减压阀宜水平安装；减压阀和控制阀门宜有保护或锁定调节配件的装置；接减压阀的管段不应有气堵、气阻。

消防给水系统减压阀的安装可按国家建筑标准设计图集《常用小型仪表及特种阀门选用安装》01SS105选择安装图。

12.3.27 控制柜的安装应符合下列要求：

1 控制柜的基座其水平度误差不大于±2mm，并应做防腐处理及防水措施；

2 控制柜与基座应采用不小于ϕ12mm的螺栓固定，每只柜不应少于4只螺栓；

3 做控制柜的上下进出线口时，不应破坏控制柜的防护等级。

检查数量：全部检查。

检查方法：直观检查。

【要点说明】应在施工技术要求中说明。

本条规定了控制柜安装的技术要求。

消防水泵控制柜应设置基座，基座应高出地面一定高度，防止被水淹没。在高温潮湿环境下，消防水泵控制柜内应设置自动防潮除湿的装置。

12.4.1 消防给水及消火栓系统试压和冲洗应符合下列要求：

1 管网安装完毕后，应对其进行强度试验、冲洗和严密性试验；

2 强度试验和严密性试验宜用水进行。干式消火栓系统应做水压试验和气压试验；

3 系统试压完成后，应及时拆除所有临时盲板及试验用的管道，并应与记录核对无误，且应按本规范表C.0.2的格式填写记录；

4 管网冲洗应在试压合格后分段进行。冲洗顺序应先室外，后室内；先地下，后地上；室内部分的冲洗应按供水干管、水平管和立管的顺序进行；

5 系统试压前应具备下列条件：

1) 地管道的位置及管道基础、支墩等经复查应符合设计要求；

2) 试压用的压力表不应少于2只；精度不应低于1.5级，量程应为试验压力值的1.5～2倍；

3) 压冲洗方案已经批准；

4) 不能参与试压的设备、仪表、阀门及附件应加以隔离或拆除；加设的临时盲板应具有突出于法兰的边耳，且应做明显标志，并记录临时盲板的数量；

6 统试压过程中，当出现泄漏时，应停止试压，并应放空管网中的试验介质，消除缺陷后，应重新再试；

7 管网冲洗宜用水进行。冲洗前，应对系统的仪表采取保护措施；

8 冲洗前，应对管道防晃支架、支吊架等进行检查，必要时应采取加固措施；

9 对不能经受冲洗的设备和冲洗后可能存留脏物、杂物的管段，应进行清理；

10 冲洗管道直径大于DN100时，应对其死角和底部进行振动，但不应损伤管道；

11 管网冲洗合格后，应按本规范表C.0.3的要求填写记录；

12 水压试验和水冲洗宜采用生活用水进行，不应使用海水或含有腐蚀性化学物质的水。

检查数量：全数检查。

检查方法：直观检查。

【要点说明】应在施工技术要求中说明。

本条第 1 款为强制性条文，必须严格执行。本条给出了消防给水系统和消火栓系统试压和冲洗的一般技术规定。

《自喷验收规范》第 6.1.1 条为强制性条文，必须严格执行。该条规定，管网安装完毕后，应对其进行强度试验、严密性试验和冲洗。

1）第 6.1.2 条规定，强度试验和严密性试验宜用水进行。干式喷水灭火系统、预作用喷水灭火系统应做水压试验和气压试验。

2）第 6.1.3 条规定，系统试压完成后，应及时拆除所有临时盲板及试验用的管道，并应与记录核对无误，且应按本规范附录 C 表 C.0.2 的格式填写记录。

3）第 6.1.4 条规定，管网冲洗应在试压合格后分段进行。冲洗顺序应先室外，后室内；先地下，后地上；室内部分的冲洗应按配水干管、配水管、配水支管的顺序进行。

4）第 6.1.5 条规定，系统试压前应具备下列条件：

（1）埋地管道的位置及管道基础、支墩等经复查应符合设计要求。

（2）试压用的压力表不应少于 2 只，精度不应低于 1.5 级，量程应为试验压力值的 1.5～2 倍。

（3）试压冲洗方案已经批准。

（4）对不能参与试压的设备、仪表、阀门及附件应加以隔离或拆除；加设的临时盲板应具有突出于法兰的边耳，且应做明显标志，并记录临时盲板的数量。

5）第 6.1.6 条规定，系统试压过程中，当出现泄漏时，应停止试压，并应放空管网中的试验介质；消除缺陷后，重新再试。

6）第 6.1.7 条规定，管网冲洗宜用水进行。冲洗前，应对系统的仪表采取保护措施。

7）第 6.1.8 条规定，冲洗前，应对管道支架、吊架进行检查，必要时应采取加固措施。

8）第 6.1.9 条规定，对不能经受冲洗的设备和冲洗后可能存留脏物、杂物的管段，应进行清理。检查方法：观察检查。

9）第 6.1.10 条规定，冲洗直径大于 100mm 的管道时，应对其死角和底部进行敲打，但不得损伤管道。

10）第 6.1.11 条规定，管网冲洗合格后，应按本规范附录 C 表 C.0.3 的要求填写记录。

11）第 6.1.12 条规定，水压试验和水冲洗宜采用生活用水进行，不得使用海水或含有腐蚀性化学物质的水。

《建筑水暖施工验收规范》第 3.3.16 条为强制性条文，必须严格执行。该条规定，各种承压管道系统和设备应做水压试验，非承压管道系统和设备应做灌水试验。

12.4.2　压力管道水压强度试验的试验压力应符合表 12.4.2 的规定。

检查数量：全数检查。

检查方法：直观检查。

管材类型	系统工作压力 P（MPa）	试验压力（MPa）
钢管	$\leqslant 1.0$	1.5P，且不应小于 1.4
	> 1.0	$P+0.4$
球墨铸铁管	$\leqslant 0.5$	2P
	> 0.5	$P+0.5$
钢丝网骨架塑料管	P	1.5P，且不应小于 0.8

【要点说明】应在施工技术要求中说明。

本条规定了压力管道水压强度试验的试验压力的技术要求。

《自喷验收规范》第 6.2.1 条规定，当系统设计工作压力等于或小于 1.0MPa 时，水压强度试验压力应为设计工作压力的 1.5 倍，并不应低于 1.4MPa；当系统设计工作压力大于 1.0MPa 时，水压强度试验压力应为该工作压力加 0.4MPa。

《建筑水暖施工验收规范》第 4.2.1 条规定，室内给水管道的水压试验必须符合设计要求。当设计未注明时，各种材质的给水管道系统试验压力均为工作压力的 1.5 倍，但不得小于 0.6MPa。

《给水排水管道工程施工及验收规范》GB 50268 第 9.2.10 条规定，化学建材管水压试验压力为 1.5P（P 为工作压力），且不小于 0.8MPa。

12.4.3 水压强度试验的测试点应设在系统管网的最低点。对管网注水时，应将管网内的空气排净，并应缓慢升压，达到试验压力后，稳压 30min 后，管网应无泄漏、无变形，且压力降不应大于 0.05MPa。

检查数量：全数检查。

检查方法：直观检查。

【要点说明】应在施工技术要求中说明。

本条规定了水压强度试验测试点的技术要求。

《自喷验收规范》第 6.2.2 条规定，水压强度试验的测试点应设在系统管网的最低点。对管网注水时，应将管网内的空气排净，并应缓慢升压；达到试验压力后，稳压 30min 后，管网应无泄漏、无变形，且压力降不应大于 0.05MPa。

12.4.4 水压严密性试验应在水压强度试验和管网冲洗合格后进行。试验压力应为系统工作压力，稳压 24h，应无泄漏。

检查数量：全数检查。

检查方法：直观检查。

【要点说明】应在施工技术要求中说明。

本条规定了水压严密性试验的技术要求。

《自喷验收规范》第 6.2.3 规定，水压严密性试验应在水压强度试验和管网冲洗合格后进行。试验压力应为设计工作压力，稳压 24h 应无泄漏。

12.4.5 水压试验时环境温度不宜低于 5℃，当低于 5℃ 时，水压试验应采取防冻措施。

检查数量：全数检查。

检查方法：用温度计检查。

【要点说明】应在施工技术要求中说明。

本条规定了水压试验时环境温度的技术要求。

《自喷验收规范》第6.2.4规定，水压试验时环境温度不宜低于5℃，当低于5℃时，水压试验应采取防冻措施。

12.4.6 消防给水系统的水源干管、进户管和室内埋地管道应在回填前单独或与系统同时进行水压强度试验和水压严密性试验。

检查数量：全数检查。

检查方法：观察和检查水压强度试验和水压严密性试验记录。

【要点说明】应在施工技术要求中说明。

本条规定了消防给水系统的水源干管、进户管和室内埋地管道水压强度试验和水压严密性试验的技术要求。

消防给水系统的水源干管、进户管和室内地下管道，均为系统的重要组成部分，其承压能力、严密性均应与系统的地上管网等同，而此项工作常被忽视或遗忘，造成施工返工，延误工期，带来不必要的经济损失。

《建筑水暖施工验收规范》第3.3.2条规定，隐蔽工程应在隐蔽前经验收各方检验合格后，才能隐蔽，并形成记录。

《自喷验收规范》第6.2.5条规定，自动喷水灭火系统的水源干管、进户管和室内埋地管道，应在回填前单独或与系统一起进行水压强度试验和水压严密性试验。

12.4.7 气压严密性试验的介质宜采用空气或氮气，试验压力应为0.28MPa，且稳压24h，压力降不应大于0.01MPa。

检查数量：全数检查。

检查方法：直观检查。

【要点说明】应在施工技术要求中说明。

本条规定了气压严密性试验的技术要求。

《自喷验收规范》第6.3.2条规定，气压试验的介质宜采用空气或氮气。空气或氮气作试验介质，既经济、方便，又安全可靠，且不会产生不良后果。

《自喷验收规范》第6.3.1条规定，气压严密性试验压力应为0.28MPa，且稳压24h，压力降不应大于0.01MPa。此要求为参照美国标准NFPA13的相关规定，要求系统经历24h的气压考验，因漏气而出现的压力下降不超过0.01MPa，这样才能使系统为保持正常气压而不需要频繁地启动空气压缩机组。

12.4.8 管网冲洗的水流流速、流量不应小于系统设计的水流流速、流量；管网冲洗宜分区、分段进行；水平管网冲洗时，其排水管位置应低于冲洗管网。

检查数量：全数检查。

检查方法：使用流量计和直观检查。

【要点说明】应在施工技术要求中说明。

本条规定了管网冲洗的技术要求。

《自喷验收规范》第6.4.1条规定，管网冲洗的水流流速、流量不应小于系统设计的水流流速、流量；管网冲洗宜分区、分段进行；水平管网冲洗时，其排水管位置应低于配水支管。水冲洗是自动喷水灭火系统工程施工中的一个重要工序，是防止系统堵塞、确保系统灭火效率的措施之一。一般工程均按系统设计流量进行冲洗，按此条件冲洗清出杂物合格后的系统，是能确保系统在应用中供水管网畅通，不发生堵塞。

12.4.9　管网冲洗的水流方向应与灭火时管网的水流方向一致。

检查数量：全数检查。

检查方法：直观检查。

【要点说明】应在施工技术要求中说明。

本条规定了管网冲洗的水流方向要求。

《自喷验收规范》第6.4.2条规定，管网冲洗的水流方向应与灭火时管网的水流方向一致。明确水冲洗的水流方向，有利于确保整个系统的冲洗效果和质量，同时对安排被冲洗管段的顺序也较为方便。

12.4.10　管网冲洗应连续进行。当出口处水的颜色、透明度与入口处水的颜色、透明度基本一致时，冲洗可结束。

检查数量：全数检查。

检查方法：直观检查。

【要点说明】应在施工技术要求中说明。

本条规定了管网冲洗的质量要求。

《自喷验收规范》第6.4.3条规定，管网冲洗应连续进行。当出口处水的颜色、透明度与入口处水的颜色、透明度基本一致时，冲洗方可结束。与现行国家标准《工业金属管道工程施工及验收规范》GB 50235中对管道水冲洗的结果要求和检验方法完全相同。

12.4.11　管网冲洗宜设临时专用排水管道，其排放应畅通和安全。排水管道的截面面积不应小于被冲洗管道截面面积的60%。

检查数量：全数检查。

检查方法：直观和尺量、试水检查。

【要点说明】应在施工技术要求中说明。

本条规定了管网冲洗的临时专用排水技术要求。

《自喷验收规范》第6.4.4条规定，管网冲洗宜设临时专用排水管道，其排放应畅通和安全。排水管道的截面面积不得小于被冲洗管道截面面积的60%。

从系统中排出的冲洗用水，应该及时而顺畅地进入临时专用排水管道，而不应造成任何水害。临时专用排水管道可以现场临时安装，也可采用消火栓水龙带作为临时专用排水管道。本条还对排放管道的截面面积有一定要求，这种要求与目前我国现行国家标准《工业金属管道工程施工及验收规范》GB 50235 中，工业管道冲洗的相应要求是一致的。

12.4.12 管网的地上管道与地下管道连接前，应在管道连接处加设堵头后，对地下管道进行冲洗。

检查数量：全数检查。

检查方法：直观检查。

【要点说明】应在施工技术要求中说明。

规定了埋地管与地上管连接前的冲洗技术规定。

《自喷验收规范》第 6.4.5 条规定，管网的地上管道与地下管道连接前，应在配水干管底部加设堵头后，对地下管道进行冲洗。

12.4.13 管网冲洗结束后，应将管网内的水排除干净。

检查数量：全数检查。

检查方法：直观检查。

【要点说明】应在施工技术要求中说明。

规定了管网冲洗结束后的技术要求。

《自喷验收规范》第 6.4.6 条规定，管网冲洗结束后，应将管网内的水排除干净，必要时可采用压缩空气吹干。

系统冲洗合格后，及时将存水排净，有利于保护冲洗成果。如系统需经长时间才能投入使用，则应用压缩空气将其管壁吹干，并加以封闭，这样可以避免管内生锈或再次遭受污染。

12.4.14 干式消火栓系统管网冲洗结束，管网内水排除干净后，宜采用压缩空气吹干。

检查数量：全数检查。

检查方法：直观检查。

【要点说明】应在施工技术要求中说明。

规定了干式消火栓系统管网冲洗结束后的技术要求。

系统冲洗合格后，应及时将存水排净，有利于保护冲洗成果。由于干式消火栓系统管网平时不充水，系统可能长时间都不会投入使用，因此应用压缩空气将其管壁吹干，这样可以避免管内生锈。

12.3 问题解答

问 1：消防给水及消火栓系统工程的施工过程质量控制是否按附录 A 划分的分部、子分部工程？

答：《建筑水暖施工验收规范》第 3.1.5 条要求，建筑给水工程的分项工程，应按系统、区域、施工段或楼层等划分。分项工程应划分成若干个检验批进行验收。《建筑工程施工质量验收统一标准》GB 50300—2013第4.0.1条，建筑工程施工质量验收应划分为单位工程、分部工程、分项工程和检验批。实际施工过程中，消防给水及消火栓系统工程的施工过程也是进行了分部工程、子分部工程、分项工程划分，便于施工作业，因此除了消防给水及消火栓系统联锁试验外，其他按附录A划分的分部工程、子分部工程、分项工程，进行图纸复核、工序组织、调试和验收，并按附录C填写消防给水及消火栓系统施工过程质量检查记录。

问2：消防专用产品有哪些应经国家消防产品质量监督检验中心检测合格？

答：《消防产品监督管理规定》（公安部令第122号，自2013年1月1日起施行）第二章市场准入的第五条规定，实行强制性产品认证的消防产品目录由国家质量监督检验检疫总局、国家认证认可监督管理委员会会同公安部制定并公布。中华人民共和国公安部公消〔2015〕4号文，公安部消防局对《消防产品目录》（公消［2012］370号）进行了修订，发布《消防产品目录（2015年修订本）》，通过《消防产品目录（2015年修订本）》，很容易确定消防专用产品的类别、种类和典型产品。

问3：消防水泵产品质量如何判定符合现行国家标准《消防泵》GB 6245、《离心泵技术条件（Ⅰ类）》GB/T 16907或《离心泵技术条件（Ⅱ类）》GB/T 5656的有关规定？

答：提供公安部消防产品合格评定中心出具的《中国国家强制性产品认证证书》。离心泵技术条件的系列标准分别为Ⅰ类、Ⅱ类、Ⅲ类。Ⅰ类要求最严，Ⅲ类要求最松。消防泵组属于依法实行强制性产品认证的消防产品，因此消防水泵产品质量应符合现行国家标准《消防泵》GB 6245、《离心泵技术条件（Ⅰ类）》GB/T 16907或《离心泵技术条件（Ⅱ类）》GB/T 5656的有关规定。

问4：稳压泵产品质量如何判定符合现行国家标准《离心泵技术条件（Ⅱ类）》GB/T 5656的有关规定？

答：离心泵技术条件的系列标准分别为Ⅰ类、Ⅱ类、Ⅲ类。Ⅰ类要求最严，Ⅲ类要求最松。稳压泵产品质量至少应符合现行国家标准《离心泵技术条件（Ⅱ类）》GB/T 5656的有关规定，不选用Ⅲ类系列标准离心泵。

问5：如何判定减压稳压消火栓应保证可靠、无堵塞现象？

答：减压稳压消火栓（见图12-1）按结构型式可分为：减压型室内消火栓、旋转减压型室内消火栓、减压稳压型室内消火栓、旋转减压稳压型室内消火栓。减压稳压消火栓有无堵塞，可以直观判断，但有关减压稳压消火栓的可靠性问题，则需要根据《室内消火栓》GB 3445—2005，通过减压稳压消火栓检验项目及内容，主要包括减压、减压稳压性能及流量来评价。检验减压稳压消火栓压力特性曲线，如图12-2所示。SNJ型、SNZJ型室内消火栓出水口压力的允差应为±0.02MPa，且流量应大于5.0L/s。SNW型、SNZW型室内消火栓稳压性能及流量应符合表12-1要求。

减压稳压消火栓的栓后压力应满足设计要求。

<table>
<tr><td colspan="4" align="center">减压稳压性能及流量</td><td align="right">表 12-1</td></tr>
</table>

减压稳压类别	进水口压力 P_1/MPa	出水口压力 P_2/MPa	流量 Q/(L/s)
Ⅰ	0.4～0.8		
Ⅱ	0.4～1.2	0.25～0.35	$Q \geqslant 5.0$
Ⅲ	0.4～1.6		

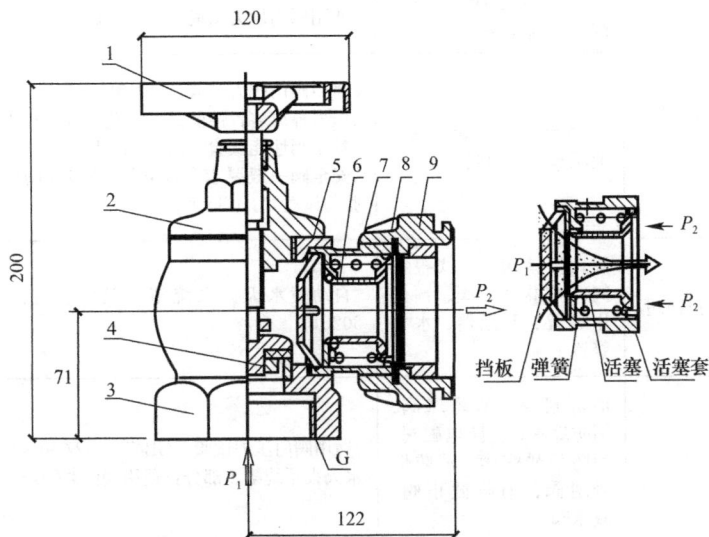

图 12-1 减压稳压消火栓

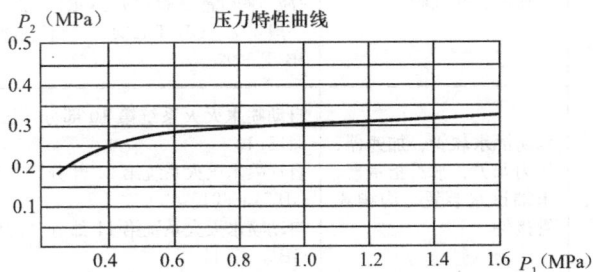

图 12-2 减压稳压消火栓压力特性曲线

问 6：喷水灭火设备阀门及其附件的现场检验与其他消防给水系统有何不同？

答：喷水灭火设备阀门及其附件应依据《消防产品目录》（2015 年修订本）检验报警阀、通用阀门、管道及附件，是否通过公安部消防产品合格评定中心强制性产品认证，获得其出具的《中国国家强制性产品认证证书》；其他消防给水系统的消防供水设备，也应依据《消防产品目录》（2015 年修订本），检验消防水泵接合器等是否通过公安部消防产品合格评定中心强制性产品认证，获得其出具的《中国国家强制性产品认证证书》。阀门及其附件标准如表 12-2。除此之外的阀门及其附件的现场检验应依照国家现行规范、标准，如《通用阀门压力试验》GB/T 13927。

序号	类别	品种	典型产品	国家现行标准	备注
1	消防给水	消防水泵接合器	地上式消防水泵接合器、地下式消防水泵接合器、墙壁式消防水泵接合器、多用式消防水泵接合器	《消防水泵接合器》GB 3446	强制认证
		通用阀门	闸阀、截止阀、球阀、蝶阀和信号阀	《通用阀门压力试验》GB/T 13927	
			自动排气阀、减压阀、泄压阀、止回阀	《通用阀门压力试验》GB/T 13927 《压力释放装置性能试验规范》GB/T 12242 《减压阀性能试验方法》GB/T 12245 《安全阀一般要求》GB/T 12241 《阀门的检验与试验》JB/T 9092	
2	喷水灭火设备	报警阀	湿式报警阀、干式报警阀、雨淋报警阀、预作用装置、延迟器、水力警铃	《自动喷水灭火系统施工及验收规范》GB 50261	强制认证
		通用阀门	消防闸阀、消防球阀、消防蝶阀、消防电磁阀、消防信号蝶阀、消防信号闸阀、消防截止阀、减压阀	《通用阀门压力试验》GB/T 13927 和《自动喷水灭火系统第 6 部分：通用阀门》GB 5135.6	强制认证
			自动排气阀、减压阀、泄压阀、止回阀	《通用阀门压力试验》GB/T 13927、《自动喷水灭火系统第 6 部分：通用阀门》GB 5135.6、《压力释放装置性能试验规范》GB/T 12242、《减压阀性能试验方法》GB/T 12245、《安全阀一般要求》GB/T 12241、《阀门的检验与试验》JB/T 9092	强制认证
		管道及附件	消防洒水软管、加速器、压力开关、水流指示器、末端试水装置、沟槽式管接件	自动喷水灭火系统第 10 部分：压力开关 GB 5135.10 自动喷水灭火系统第 21 部分：末端试水装置 GB 5135.21 自动喷水灭火系统第 11 部分：沟槽式管接件 GB 5135.11	强制认证

12.4 延伸思考

思考 1：第 12.1.1 条，消防给水及消火栓系统的施工必须由具有相应等级资质的施工队伍承担。监理队伍是否应具有相应等级资质。

分析：《中华人民共和国建筑法》（1997 年 11 月 1 日第八届全国人民代表大会常务委员会第二十八次会议通过，根据 2011 年 4 月 22 日第十一届全国人民代表大会常务委员会第二十次会议《关于修改〈中华人民共和国建筑法〉的决定》修正）

1）第二条，在中华人民共和国境内从事建筑活动，实施对建筑活动的监督管理，应当遵守本法。

2）第十二条从事建筑活动的建筑施工企业、勘察单位、设计单位和工程监理单位，应当具备下列条件：

（一）有符合国家规定的注册资本；

（二）有与其从事的建筑活动相适应的具有法定执业资格的专业技术人员；

（三）有从事相关建筑活动所应有的技术装备；

（四）法律、行政法规规定的其他条件。

3）第十三条，从事建筑活动的建筑施工企业、勘察单位、设计单位和工程监理单位，按照其拥有的注册资本、专业技术人员、技术装备和已完成的建筑工程业绩等资质条件，划分为不同的资质等级，经资质审查合格，取得相应等级的资质证书后，方可在其资质等级许可的范围内从事建筑活动。

4）第三十条，国家推行建筑工程监理制度。

《中华人民共和国消防法》第九条，建设工程的消防设计、施工必须符合国家工程建设消防技术标准。建设、设计、施工、工程监理等单位依法对建设工程的消防设计、施工质量负责。

《建设工程质量管理条例》第三十四条，工程监理单位应当依法取得相应等级的资质证书，并在其资质等级许可的范围内承担工程监理业务。

禁止工程监理单位超越本单位资质等级许可的范围或者以其他工程监理单位的名义承担工程监理业务。禁止工程监理单位允许其他单位或者个人以本单位的名义承担工程监理业务。

鉴于以上法律规定，从事建筑活动的建筑施工企业、勘察单位、设计单位和工程监理单位，应当具备从业资格条件，监理也是确保工程施工质量的关键，监理队伍应具有相应等级资质。

思考2：第12.1.1条，消防给水及消火栓系统的施工必须由具有相应等级资质的施工队伍承担。设计队伍是否应具有相应等级资质？

分析：《中华人民共和国建筑法》（1997年11月1日第八届全国人民代表大会常务委员会第二十八次会议通过，根据2011年4月22日第十一届全国人民代表大会常务委员会第二十次会议《关于修改〈中华人民共和国建筑法〉的决定》修正）。

1）第二条，在中华人民共和国境内从事建筑活动，实施对建筑活动的监督管理，应当遵守本法。

2）第十二条，从事建筑活动的建筑施工企业、勘察单位、设计单位和工程监理单位，应当具备下列条件：

（一）有符合国家规定的注册资本；

（二）有与其从事的建筑活动相适应的具有法定执业资格的专业技术人员；

（三）有从事相关建筑活动所应有的技术装备；

（四）法律、行政法规规定的其他条件。

3）第十三条，从事建筑活动的建筑施工企业、勘察单位、设计单位和工程监理单位，按照其拥有的注册资本、专业技术人员、技术装备和已完成的建筑工程业绩等资质条件，划分为不同的资质等级，经资质审查合格，取得相应等级的资质证书后，方可在其资质等级许可的范围内从事建筑活动。

鉴于以上法律规定，从事建筑活动的建筑施工企业、勘察单位、设计单位和工程监理单位，应当具备从业资格条件，设计是确保工程质量的关键，设计队伍应具有相应等级资质。但是《消水规》没有明确的条文规定。

《消防设施工程设计与施工资质标准》建设部二〇〇六年九月一日起施行。

（一）取得消防设施工程设计与施工资质的企业，可从事各类建设工程中的消防设施项目的咨询、设计、施工和设计与施工一体化工程，还可承担相应工程的总承包、项目管理等业务；包括：1. 火灾自动报警及其联动控制系统；2. 自动喷水灭火系统；3. 水喷雾灭火系统；4. 气体灭火系统；5. 泡沫灭火系统；6. 干粉灭火系统等自动灭火系统；7. 防烟排烟系统自动消防设施工程；

（二）取得一级资质的企业，承担消防设施工程的规模不受限制；

（三）取得二级资质的企业，可承担单体建筑面积不大于 4 万平方米的民用建筑、火灾危险性为丙类及以下的厂房和库房的消防设施工程。

《建设工程勘察设计资质管理规定》（2015 年 5 月 4 日修正版）（2007 年 6 月 26 日建设部令第 160 号发布，2015 年 5 月 4 日住房和城乡建设部令第 24 号修正）。

第六条，工程设计资质分为工程设计综合资质、工程设计行业资质、工程设计专业资质和工程设计专项资质。

工程设计综合资质只设甲级；工程设计行业资质、工程设计专业资质、工程设计专项资质设甲级、乙级。

根据工程性质和技术特点，个别行业、专业、专项资质可以设丙级，建筑工程专业资质可以设丁级。

取得工程设计综合资质的企业，可以承接各行业、各等级的建设工程设计业务；取得工程设计行业资质的企业，可以承接相应行业相应等级的工程设计业务及本行业范围内同级别的相应专业、专项（设计施工一体化资质除外）工程设计业务；取得工程设计专业资质的企业，可以承接本专业相应等级的专业工程设计业务及同级别的相应专项工程设计业务（设计施工一体化资质除外）；取得工程设计专项资质的企业，可以承接本专项相应等级的专项工程设计业务。

第七条，建设工程勘察、工程设计资质标准和各资质类别、级别企业承担工程的具体范围由国务院建设主管部门商国务院有关部门制定。

《工程设计资质标准》建市〔2007〕86 号，有关承担业务范围：承担资质证书许可范围内的工程设计业务，承担与资质证书许可范围相应的建设工程总承包、工程项目管理和相关的技术、咨询与管理服务业务。承担设计业务的地区不受限制。

（一）工程设计综合甲级资质

承担各行业建设工程项目的设计业务，其规模不受限制；但在承接工程项目设计时，须满足本标准中与该工程项目对应的设计类型对专业及人员配置的要求。

承担其取得的施工总承包（施工专业承包）一级资质证书许可范围内的工程施工总承包（施工专业承包）业务。

（二）工程设计行业资质

1. 甲级

承担本行业建设工程项目主体工程及其配套工程的设计业务，其规模不受限制。

2. 乙级

承担本行业中、小型建设工程项目的主体工程及其配套工程的设计业务。

3. 丙级

承担本行业小型建设项目的工程设计业务。

（三）工程设计专业资质

1. 甲级

承担本专业建设工程项目主体工程及其配套工程的设计业务，其规模不受限制。

2. 乙级

承担本专业中、小型建设工程项目的主体工程及其配套工程的设计业务。

3. 丙级

承担本专业小型建设项目的设计业务。

思考 3：第 12.1.1 条，消防给水及消火栓系统的施工必须由具有相应等级资质的施工队伍承担。勘察队伍是否应具有相应等级资质？

分析：为了完成消防给水及消火栓系统工程的设计及施工，工程勘察有时也是必需的，勘察必须由具有相应等级资质的勘察队伍承担。

思考 4：人力资源社会保障部、公安部以及人社部［2012］56 号印发《注册消防工程师制度暂行规定》，自 2013 年 1 月 1 日起施行。消防给水及消火栓系统是否需要注册消防工程认定？

分析：《注册消防工程师制度暂行规定》分总则、考试、注册、执业、权利与义务、附则 6 章 39 条，为提高社会消防安全专业化管理水平，保证消防安全技术服务质量，制定了《注册消防工程师制度暂行规定》，注册消防工程师的执业范围包括消防技术咨询与消防安全评估、消防设施检测与维护、消防安全监测与检查，没有注册消防工程师资格的设计、勘察、设计施工及监理工程师，其执业资格是符合《中华人民共和国建筑法》的，能力不在注册消防工程师之下。

思考 5：消防给水及消火栓系统采用的主要设备、系统组件、管材管件及其他设备、材料中，除了消防专用产品外，其他通用产品和市政专用设施可以不必通过消防产品强制性产品认证？

分析：《消防产品监督管理规定》（公安部令第 122 号，自 2013 年 1 月 1 日起施行）第二章市场准入的第五条规定，依法实行强制性产品认证的消防产品，由具有法定资质的认证机构按照国家标准、行业标准的强制性要求认证合格后，方可生产、销售、使用。其他通用产品和市政专用设施，是不必由具有法定资质的认证机构强制性要求认证合格后，方可生产、销售、使用，通用产品应符合国家标准；没有国家标准的，必须符合行业标准，未制定国家标准、行业标准的，应当符合消防安全要求，并符合保障人体健康、人身财产安全的要求和企业标准；消防设施用市政产品符合国家技术标准、规范及规程要求，应通过检验合格。

公安部消防产品合格评定中心依据《消防产品技术鉴定工作规范》（公消［2012］348

号）及《强制性产品认证实施细则》（公安部消防产品合格评定中心）进行消防产品技术鉴定。

消防供水设备的分类应依据《消防产品目录》，《消水规》第12.2.1条第2款所列应经国家消防产品质量监督检验中心检测合格的消防专用产品，应与《消防产品目录》一致，如消防增压稳压给水设备应属于消防专用产品，但《消水规》第12.2.1条第3款所列应经相应国家产品质量监督检验中心检测合格的通用产品，如通用阀门：消防闸阀、消防球阀、消防蝶阀、消防电磁阀、消防信号蝶阀、消防信号闸阀、消防截止阀、减压阀等，其实均属于《消防产品目录（2015年修订本)》内容。

思考6：稳压水泵是否应符合现行国家标准《消防泵》GB 6245、《离心泵技术条件（Ⅰ）类》GB/T 16907 或《离心泵技术条件（Ⅱ类)》GB/T 5656 的有关规定？

分析：稳压泵作为消防稳压给水设备的一部分时，成套消防增压稳压给水设备应符合现行国家标准《固定消防给水设备第1部分：消防气压给水设备》GB 27898.1—2011，需提供公安部消防产品合格评定中心出具的消防稳压给水设备《中国国家强制性产品认证证书》。

单独的稳压泵，应符合现行国家标准《离心泵技术条件（Ⅱ类)》GB/T 5656 的有关规定。

第 13 章　系统调试与验收

13.1　条文综述

本节条文共计 29 条,强制性条文 1 条。明确了系统调试的条件、内容及各组件的调试要求、系统验收需提供的资料及各组件的验收要求等。

13.2　条文要点说明

13.1.1　消防给水及消火栓系统调试应在系统施工完成后进行,并应具备下列条件:

1　天然水源取水口、地下水井、消防水池、高位消防水池、高位消防水箱等蓄水和供水设施水位、出水量、已储水量等符合设计要求;

2　消防水泵、稳压泵和稳压设施等处于准工作状态;

3　系统供电正常,若柴油机泵油箱应充满油并能正常工作;

4　消防给水系统管网内已经充满水;

5　湿式消火栓系统管网内已充满水,手动干式、干式消火栓系统管网内的气压符合设计要求;

6　系统自动控制处于准工作状态;

7　减压阀和阀门等处于正常工作位置。

【要点说明】本条明确了消防给水及消火栓系统调试应具备的条件。

1)　系统运行调试前已按照设计要求全部安装完毕、工序检验合格后,才可能全面、有效地进行各项调试工作;

2)　系统调试的基本条件,要求系统的水源、电源、气源、管网、设备等均按设计要求投入运行,在无人为干预的情况下,稳压泵和稳压设施已处于可稳定管网的正常压力,且系统能满足自动控制启泵的状态,这样才能使系统真正进入准工作状态,在此条件下,对系统进行调试所取得的结果,才具有真实性。

3)　柴油机泵油箱应充满油,且确保柴油机泵能连续运行 24h,不出现喘振等不良现象。

4)　考虑了更多情况下的消防水源取水方式,以及消防水泵的能源供应方式;此外,新规范中强调了减压阀和阀门等处于正常工作位置,以防在调试过程中因减压阀未调节好或阀门未打开等造成管网压力过高带来的危险。

13.1.2 系统调试应包括下列内容：

1 水源调试和测试；

2 消防水泵调试；

3 稳压泵或稳压设施调试；

4 减压阀调试；

5 消火栓调试；

6 自动控制探测器调试；

7 干式消火栓系统的报警阀等快速启闭装置调试，应包含报警阀的附件电动或电磁阀等阀门的调试；

8 排水设施调试；

9 联锁控制试验。

【要点说明】本条明确了消防给水及消火栓系统调试的主要内容。

1）先分部位进行各个分项调试，调试合格后再进行系统性调试，须确保系统的每一个部件的性能、系统性能均满足设计要求，在系统调试完成后，再进行联动控制试验。

2）明确了减压阀调试，防止低区设备在调试过程中处于高压状态而损坏。

13.1.3 水源调试和测试应符合下列要求：

1 按设计要求核实高位消防水箱、高位消防水池、消防水池的容积，高位消防水池、高位消防水箱设置高度应符合设计要求；消防储水应有不作他用的技术措施；当有江河湖海、水库和水塘等天然水源作为消防水源时应验证其枯水位、洪水位和常水位的流量符合设计要求；地下水井的常水位、出水量等应符合设计要求；

2 消防水泵直接从市政管网吸水时，应测试市政供水的压力和流量能否满足设计要求的流量；

3 应按设计要求核实消防水泵接合器的数量和供水能力，并应通过消防车车载移动泵供水进行试验验证；

4 应核实地下水井的常水位和设计抽升流量时的水位。

检查数量：全数检查。

检查方法：直观检查和进行通水试验。

【要点说明】本条明确了水源调试和测试的具体要求。

1）按设计要求核实高位消防水箱、高位消防水池、消防水池的容积，高位消防水池、高位消防水箱设置高度应符合设计要求；

2）消防储水应有不作他用的技术措施；当有江河湖海水库（塘）等天然水源作为消防水源时应验证其枯水位、洪水位和常水位的流量符合设计要求；地下水井的常水位、出水量等符合设计要求；

3）消防水泵直接从市政管网吸水时，应测试市政供水的压力和流量能否满足设计要求；

4）按设计要求核实消防水泵接合器的数量和供水能力，并通过消防车车载移动泵做供水试验进行验证；

5）对照设计文件，复核地下水井的常水位；测量地下水井的设计抽升水位流量时应在正常流量抽升一定时间后进行测量，否则测量误差较大；

6）由于天然水源及地下水源容易受到污染，为防止将杂物等带入管网及报警阀组内部造成堵塞，应在水泵进水管及报警阀组前增设管道过滤器。

13.1.4 消防水泵调试应符合下列要求：

1 以自动直接启动或手动直接启动消防水泵时，消防水泵应在55s内投入正常运行，且应无不良噪声和振动；

2 以备用电源切换方式或备用泵切换启动消防水泵时，消防水泵应分别在1min或2min内投入正常运行；

3 消防水泵安装后应进行现场性能测试，其性能应与生产厂商提供的数据相符，并应满足消防给水设计流量和压力的要求；

4 消防水泵零流量时的压力不应超过设计工作压力的140%；当出流量为设计工作流量的150%时，其出口压力不应低于设计工作压力的65%。

检查数量：全数检查。

检查方法：用秒表检查。

【要点说明】本条明确了消防水泵调试的要求。

1）以自动直接启动或手动直接启动消防水泵时，消防水泵应在20～55s内投入正常运行，且无不良噪声和振动；55s的规定即是实际施工设置的高限值。

2）本规范提出的对水泵性能的新要求，设计选型及调试均应满足；消防水泵流量压力测试及安装如图13-1所示：

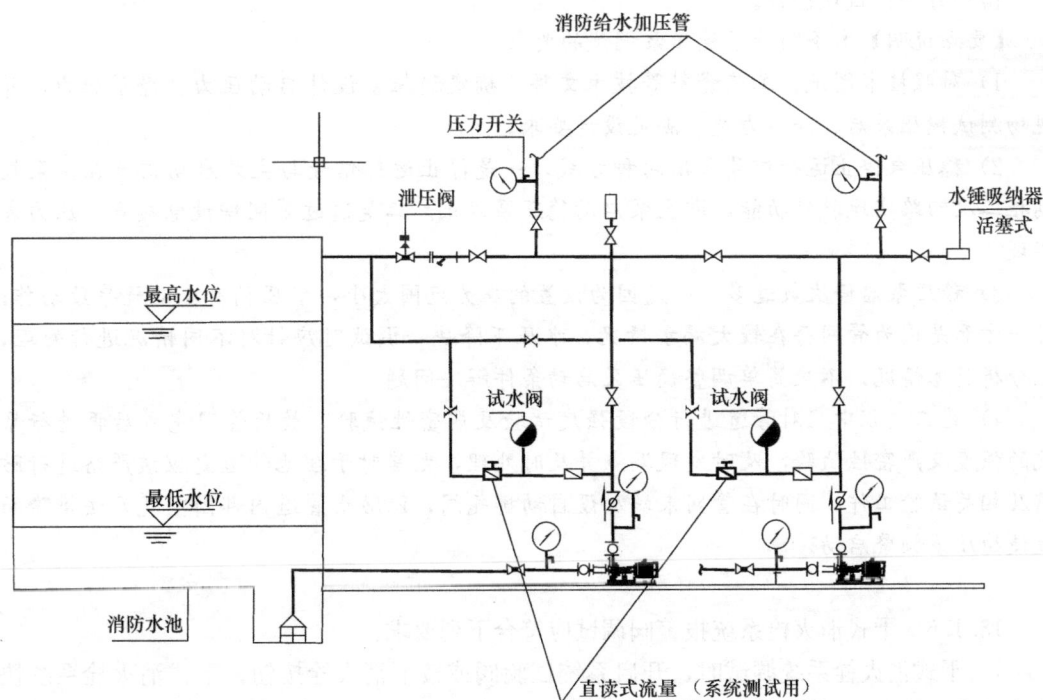

图 13-1 消防水泵安装示意图

3）新版《建规》第8.6.9条规定了消防水泵应该在火警30s内启动,《消水规》适当延长了消防水泵投入正常运行的时间,同时增加了对消防水泵安装性能测试,并增加了零流量下的压力及150%流量下的压力的测试要求。

4）施工过程中,在消防泵出水管上加设流量计和压力表,排水接至消防水池或满足排水功能的排水设施;压力表装于流量计前,排水管道管径应能满足排水流量达到水泵流量的150%的管径;排水阀门完全关闭时启动消防水泵当压力趋于稳定状态时读取压力表读数,然后打开排水阀,读取流量计上流量,当流量达到设计流量的150%时读取压力表上的读数,从而便能得出相关数据;若消防水泵零流量时的压力超过设计额定压力的140%时,则应在管网上加设安全泄压阀进行泄压。

5）安全泄压阀开启压力不应大于设备最高工作压力的110%,其回座力不应低于设备最高工作压力的85%。安全泄压阀有效过流面积应满足泄压要求,且公称口径不应小于50mm。

13.1.5 稳压泵应按设计要求进行调试,并应符合下列规定:

1 当达到设计启动压力时,稳压泵应立即启动;当达到系统停泵压力时,稳压泵应自动停止运行;稳压泵启停应达到设计压力要求;

2 能满足系统自动启动要求,且当消防主泵启动时,稳压泵应停止运行;

3 稳压泵在正常工作时每小时的启停次数应符合设计要求,且不应大于15次/h;

4 稳压泵启停时系统压力应平稳,且稳压泵不应频繁启停。

检查数量:全数检查。

检查方法:直观检查。

【要点说明】本条明确了稳压泵调试的要求。

1）对照技术图纸、工艺资料等技术文件,确定稳压泵设计启动压力、停泵压力,并现场测试稳压泵启、停压力是否满足设计要求。

2）稳压泵停止运行信号采用两种方式,一是停止运行信号与主泵启动信号在主泵控制柜二次回路实现联锁功能,即主泵启动稳压泵停止。二是通过管网增设电接点、压力表实现。

3）稳压泵启停次数过多,一是因为设置的压力范围太小,水压稍有变动就导致动作;另一方面是因为管网存在较大漏水情况,水压下降快,调试时应针对不同情况进行处理,应分析具体情况,不应简单调整稳压泵启动条件解决问题。

4）施工过程中应对管道进行分段强度试验及严密性试验,最后管网完成后再进行系统的强度及严密性试验,及时发现漏点并及时处理,尤其对于埋地管道更应该严格进行防腐及相关试验工作;同时在管网末端加设自动排气阀,以防止管道内部因空气无法排除而致使稳压泵频繁启动。

13.1.6 干式消火栓系统报警阀调试应符合下列要求:

1 干式消火栓系统调试时,开启系统试验阀或按下消火栓按钮,干式消火栓系统快速启闭装置的启动时间、系统启动压力、水流到试验装置出口所需时间,均应符合设计要求;

2 快速启闭装置后的管道容积应符合设计要求，并应满足充水时间的要求；

3 干式报警在充气压力下降到设定值时应能及时启动；

4 干式报警阀充气系统在设定低压点时应启动，在设定高压点时应停止充气，当压力低于设定低压点时应报警；

5 干式报警阀当设有加速排气器时，应验证其可靠工作。

检查数量：全数检查。

检查方法：使用压力表、秒表、声强计和直观检查。

【要点说明】本条明确了干式消火栓系统报警阀调试要求。

1)《消水规》考虑了消火栓系统采用干式系统的情况，并相应细化了干式系统调试的要求；当干式消火栓系统采用雨淋阀、电磁阀、电动阀时，在消火栓箱处应设置直接开启快速启闭装置的手动按钮，其接线不可由消防联动控制总线代替。当采用电动阀时，开启时间不应超过30s；干式消火栓系统的充水时间不应大于5min。

2）施工过程中施工难点是当压力低于设定压力时系统需具备报警功能，需增设监控压力的报警设备。施工安装时需注意保证系统在雨淋阀或电磁阀打开后有足够压力的水量流过流量开关、压力开关检测区。如设置高位水箱联通管于阀前或阀前进水水位高于流量开关、压力开关检测区一定高度（此高度与压力开关动作值相关，考虑系统中有可能存有排气不及时的残余气压建议大于压力开关动作值水头两倍高度。如消防水泵出水管上的压力开关设定的动作值为0.01MPa，则此高度宜大于2m）。

3）采用干式报警阀时，在报警阀出口侧充以压缩气体，当气压低于设定值时，能使水自动流入系统并进行报警。

13.1.7 减压阀调试应符合下列要求：

1 减压阀的阀前阀后动静压力应满足设计要求；

2 减压阀的出流量应满足设计要求，当出流量为设计流量的150%时，阀后动压不应小于额定设计工作压力的65%；

3 减压阀最小流量、设计流量和工作流量的150%时不应出现噪声明显增加；

4 测试减压阀的阀后动静压差应符合设计要求。

检查数量：全数检查。

检查方法：使用压力表、流量计、声强计和直观检查。

【要点说明】本条明确了减压阀调试的要求。

1)《消水规》要求减压阀前后均需设置压力表，在阀后设置流量计或检测测试接口；压力表宜选择电信号型；此信号应传至消防自动报警及联动控制系统作实时显示。

2）由于消防给水系统的减压阀长期不用，为保证火灾时消防系统工作的有效性，须定期对减压阀的可靠性及工作性能进行调试验证。

3）在以往的调试过程中往往忽略了减压阀的调试，使得低区管网长期处于高压状态或出现压力不足现象，无论是高压还是低压状态对灭火都是不利的，特别长期压力过高对管网设备有所损坏，同时较大的压力在灭火时也存在一定的危险性，因此《消水规》增加了减压阀的调试十分重要。

4）在施工过程中减压阀的调试需要管网压力处于正常状态下，且低区需要由畅通的排水设施进行排水，减压阀的调试宜从低压向高压调节，当静压满足要求后再进行最不利点动压的调试。

13.1.8 消火栓的调试和测试应符合下列规定：

1 试验消火栓动作时，应检测消防水泵是否在本规范规定的时间内自动启动；

2 试验消火栓动作时，应测试其出流量、压力和充实水柱的长度；并应根据消防水泵的性能曲线核实消防水泵供水能力；

3 应检查旋转型消火栓的性能能否满足其性能要求；

4 应采用专用检测工具，测试减压稳压型消火栓的阀后动静压是否满足设计要求。

检查数量：全数检查。

检查方法：使用压力表、流量计和直观检查。

【要点说明】本条明确了消火栓调试的要求。

1)《消水规》明确了消火栓系统的消防联动调试，同时保留了屋面试验消火栓即消防用水最不利点的放水试验，同时首层的消火栓放水试验改为了减压稳压型消火栓的阀后动静压试验。

2) 同时注意消火栓的减压孔板或减压装置等的调试；消防水枪的出水流量及充实水柱均与栓口动压密切有关，若栓口超压则出水流量超过设计值，火灾延续时间内的消防水量即可能得不到保证。

13.1.9 调试过程中，系统排出的水应通过排水设施全部排走，并应符合下列规定：

1 消防电梯排水设施的自动控制和排水能力应进行测试；

2 报警阀排水试验管处和末端试水装置处排水设施的排水能力应进行测试，且在地面不应有积水；

3 试验消火栓处的排水能力应满足试验要求；

4 消防水泵房排水设施的排水能力应进行测试，并应符合设计要求。

检查数量：全数检查。

检查方法：使用压力表、流量计、专用测试工具和直观检查。

【要点说明】本条明确了调试过程中，系统的排水要求。

1) 本条针对消防系统调试验收、日常维护管理而对消防排水提出明确要求，排水的及时及有效是进行消防给水系统试验的必要条件，应对消防电梯井排水、报警阀间排水、末端试水排水、试验栓处排水及水泵房的排水要求进行逐项检查。

2) 施工过程中容易忽略水泵房排水设施的完善，从而造成水泵房产生积水现象，严重影响水泵房内设备用电安全，因此水泵房内应设置单独的排水设施，并应保证在消防联动时不被作为非消防电源切除；此外施工时湿式报警阀处排水经常会采取散排的措施排水，从而导致检修时大量的排水散排带来不便，因此对于消防排水若排至室内时应采取畅通的排水渠道排至室外或集水坑等排水设施。

3) 当发生火灾时，应确保水泵房、电梯井内排水泵电源的可靠性，并在最末一级设置末端切换装置，确保其在火灾时能继续进行排水。

13.1.10 控制柜调试和测试应符合下列要求:

1 应首先空载调试控制柜的控制功能,并应对各个控制程序的进行试验验证;

2 当空载调试合格后,应加负载调试控制柜的控制功能,并应对各个负载电流的状况进行试验检测和验证;

3 应检查显示功能,并应对电压、电流、故障、声光报警等功能进行试验检测和验证;

4 应调试自动巡检功能,并应对各泵的巡检动作、时间、周期、频率和转速等进行试验检测和验证;

5 应试验消防水泵的各种强制启泵功能。

检查数量:全数检查。

检查方法:使用电压表、电流表、秒表等仪表和直观检查。

【要点说明】本条明确了控制柜调试、测试的要求。

1)作为控制水泵启停的核心设备,控制柜的调试和测试结果对水泵调试及水系统调试至关重要,根据产品功能手册对控制柜的各功能进行测试。

2)需要实现不受联动控制器的影响而直接由低压压力开关启动水泵。

13.1.11 联锁试验应符合下列要求,并应按本规范表C.0.4的要求进行记录:

1 干式消火栓系统联锁试验,当打开1个消火栓或模拟1个消火栓的排气量排气时,干式报警阀(电动阀/电磁阀)应及时启动,压力开关应发出信号或联锁启动消防防水泵,水力警铃动作应发出机械报警信号;

2 消防给水系统的试验管放水时,管网压力应持续降低,消防水泵出水干管上压力开关应能自动启动消防水泵;消防给水系统的试验管放水或高位消防水箱排水管放水时,高位消防水箱出水管上的流量开关应动作,且应能自动启动消防水泵;

3 自动启动时间应满足设计要求和本规范第11.0.3条的有关规定。

检查数量:全数检查。

检查方法:直观检查。

【要点说明】本条明确了连锁实验的要求。

1)高位消防水箱出水管上设置的流量开关的动作流量应大于系统管网的泄流量,应符合设计要求。

2)联锁控制解释,可参考图13-2。

3)增加的消火栓系统联动控制需要由位于高位水箱(水池)处的流量开关及泵房内部的低压压力开关进行联动控制,且不受消防联动控制器是否处于手动状态的影响;联动控制的实现需要将流量开关及低压压力开关的信号直接引至消防水泵控制柜,直接启动消防泵,控制柜或控制盘应设置专用线路连接的手动直接启泵按钮。

4)低压压力开关及流量开关的联动控制,需要水泵控制柜厂家按照《消水规》的要求实现联动方式。消防水泵出水干管上低压压力开关和高位消防水箱出水管上的流量开关均应能独立自动启动消防水泵,两开关信号应是并联关系,保证火警出现时当其中一个信号出问题时,另一个仍能可靠启动消防水泵。

消防系统中常见连锁触发和连锁控制信号表				
系统名称		连锁触发信号	连锁控制信号	规范条文号及本图示中页码
自动喷水灭火系统	湿式和干式系统	压力开关动作信号	启动喷淋泵	4.2.1 第26、27页
	预作用系统			4.2.2
	雨淋系统			4.2.3
	水幕系统			4.2.4
消火栓系统		系统出水干管上的低压压力开关、高位消防水箱出水管上的流量开关、报警阀压力开关的动作信号	启动消火栓泵	4.3 第28、29页
排烟系统		排烟风机入口处总管上设置的280℃排烟防火阀动作信号	关闭排烟风机	4.5.2 第31页

提示

1.《规范》第4.1.6条规定的前提条件，是"需要火灾自动报警系统联动控制"，而湿式和干式系统中压力开关直接启泵、消火栓系统中压力开关和流量开关直接启泵等联动控制，是这些消防系统自身完成的，此类控制不需要火灾自动报警系统参与，因此不适用《规范》第4.1.6条的规定。为了避免混淆，本图集中将此类控制称为~~连锁控制~~，而本图集第23、24页表格中所列的联动控制，是指有火灾自动报警系统参与的联动控制，其联动触发信号应符合《规范》第4.1.6条的规定。

2.湿式和干式系统、消火栓系统等消防系统由各自的系统设备（压力开关、流量开关等）直接连锁启动受控设备，连锁控制方式不依赖于消防联动控制系统，也不应受消防联动控制器处于自动或手动状态影响，连锁控制应通过专用线路实现。

3.消防联动控制器通过联动控制，为上述消防系统提供连锁控制之外的后备控制。按照《规范》第4.1.6条的要求，需要火灾自动报警系统联动控制的消防设备，其联动触发信号应采用两个报警触发装置报警信号的"与"逻辑组合。因此湿式和干式系统的联动触发信号是报警阀压力开关的动作信号与该报警阀防护区域内任一火灾探测器或手动火灾报警按钮的报警信号的"与"逻辑；消火栓系统的联动触发信号是消火栓按钮的动作信号与该消火栓按钮所在报警区域内任一火灾探测器或手动火灾报警按钮的报警信号的"与"逻辑。联动控制由消防联动控制器通过输出模块实现。

4.联动控制不应影响连锁控制的功能。

4.1 图示3	主要连锁触发和连锁控制信号	图号号	14X505-1
审核 丁宏军	校对 刘 氢	设计 汪涛	页 25

图 13-2　连锁触发和连锁控制示意图

13.2.1　系统竣工后，必须进行工程验收，验收应由建设单位组织质检、设计、施工、监理参加，验收不合格不应投入使用。

【要点说明】本条明确了参加工程验收的单位，明确了各自的责任。参与验收的各单位应重视此环节的工作，验收组成员应由甲方、质检、施工、监理单位的主要专业技术负责人及设计单位的项目负责人、专业负责人等组成。

13.2.2　消防给水及消火栓系统工程验收应按本规范附录E的要求填写。

【要点说明】本条明确了系统验收表格填写要求。

1）表格与《自喷验收规范》表格一致。

2）与《建筑水暖施工验收规范》及《给水排水管道工程施工及验收规范》GB 50268的分部、分项验收表单不同，监理及施工单位应注意。

13.2.3　系统验收时，施工单位应提供下列资料：

1　竣工验收申请报告、设计文件、竣工资料；

2　消防给水及消火栓系统的调试报告；

3　工程质量事故处理报告；

4　施工现场质量管理检查记录；

5　消防给水及消火栓系统施工过程质量管理检查记录；

6 消防给水及消火栓系统质量控制检查资料。

【要点说明】本条明确了施工单位需提供消防给水及消火栓系统的调试报告，是对消火栓系统联动控制可靠性的体现。

13.2.4 水源的检查验收应符合下列要求：

1 应检查室外给水管网的进水管管径及供水能力，并应检查高位消防水箱、高位消防水池和消防水池等的有效容积和水位测量装置等应符合设计要求；

2 当采用地表天然水源作为消防水源时，其水位、水量、水质等应符合设计要求；

3 应根据有效水文资料检查天然水源枯水期最低水位、常水位和洪水位时确保消防用水应符合设计要求；

4 应根据地下水井抽水试验资料确定常水位、最低水位、出水量和水位测量装置等技术参数和装备应符合设计要求。

检查数量：全数检查。

检查方法：对照设计资料直观检查。

【要点说明】本条明确了水源验收的要求。

1）本项属于附录F中的A类项（严重缺陷）。验收内容应完全符合设计及规范要求。

2）消防水源是整个消防系统最重要的一环，水源包括天然水源和市政消防供水，供水量要符合消防用水量的要求，天然水源尤其注意通过看水文资料检查枯水期水量是否符合要求，水质要符合系统要求。

3）明确了对高位消防水箱、高位消防水池和消防水池等的水位测量，及地下水井水位的测试。

4）对水箱及水池的水位控制要求能在消防控制中心实时观察消防水位高度，并有低水位及溢流水位报警功能；施工过程中应选用能以 4～20mA 电信号传输的液位计将水位变化情况反映至消防控制中心数字显示仪上，实时显示水位高度。

13.2.5 消防水泵房的验收应符合下列要求：

1 消防水泵房的建筑防火要求应符合设计要求和现行国家标准《建筑设计防火规范》GB 50016 的有关规定；

2 消防水泵房设置的应急照明、安全出口应符合设计要求；

3 消防水泵房的采暖通风、排水和防洪等应符合设计要求；

4 消防水泵房的设备进出和维修安装空间应满足设备要求；

5 消防水泵控制柜的安装位置和防护等级应符合设计要求。

检查数量：全数检查。

检查方法：对照图纸直观检查。

【要点说明】本条明确了水泵房验收的要求。

1）本项属于附录F中的B类项（重缺陷）。

2）以上项目要进行逐项验收，需要对消防水泵房的耐火等级、耐火极限进行检查，消防水泵房其应急照明、安全出口要符合要求，保证安全出口数量，且出口要求能够直通室外；控制柜的安装位置和防护等级符合要求。

3) 增加了对水泵房的采暖通风、排水和防洪、设备进出和维修安装空间及消防水泵控制柜的安装位置和防护等级的要求。

13.2.6 消防水泵验收应符合下列要求：

1 消防水泵运转应平稳，应无不良噪声的振动；

2 工作泵、备用泵、吸水管、出水管及出水管上的泄压阀、水锤消除设施、止回阀、信号阀等的规格、型号、数量，应符合设计要求；吸水管、出水管上的控制阀应锁定在常开位置，并应有明显标记；

3 消防水泵应采用自灌式引水方式，并应保证全部有效储水被有效利用；

4 分别开启系统中的每一个末端试水装置、试水阀和试验消火栓，水流指示器、压力开关、压力开关（管网）、高位消防水箱流量开关等信号的功能，均应符合设计要求；

5 打开消防水泵出水管上试水阀，当采用主电源启动消防水泵时，消防水泵应启动正常；关掉主电源，主、备电源应能正常切换；备用泵启动和相互切换正常；消防水泵就地和远程启停功能应正常；

6 消防水泵停泵时，水锤消除设施后的压力不应超过水泵出口设计工作压力的 1.4 倍；

7 消防水泵启动控制应置于自动启动挡；

8 采用固定和移动式流量计和压力表测试消防水泵的性能，水泵性能应满足设计要求。

检查数量：全数检查。

检查方法：直观检查和采用仪表检测。

【要点说明】本条明确了消防水泵验收的要求。

1）本项中第 2、第 7 条款属于附录 F 中的 A 类项（严重缺陷），其余条款属于附录 F 中的 B 类项（重缺陷）。

2）消防水泵安装在水泵基座上的连接处应设柔性（减振）垫，以减小振动及噪声。

3）消防水泵及其进出水管上配套的阀门、配件应符合设计要求及分类产品标准。特别是消防水泵，其选型和技术要求应符合《消水规》第 5.1.3、5.1.6（2，4～6 款）的要求。

4）以上项目要进行逐项验收，检验消防水泵的动力和自动控制可靠程度；通过系统动作信号装置，如压力开关按键等启动消防水泵，主、备电源切换及启动是否安全可靠。

5）消防水泵作为灭火时取水的重要设备对其可靠性的要求不言而喻，因此消防水泵如何才能在火灾发生时正常工作将灭火水源送至现场进行灭火才是最为重要的，这就要求其运行的稳定性达标，其附属设施水泵控制柜、压力开关、水流指示器、流量开关、低压压力开关等火灾时能正常联动消防水泵，这样消防水泵运行的可靠性才能真正意义上的得到保证。

6）火灾时当水泵启动以后，其灭火水源是否能到达灭火现场依靠的是管网及管网上的相关附属设施，因此网管及管网上的阀门应处于其正常开闭的位置，保证整个系统畅通无阻，因此水泵、供水网管及供水管网上的阀门设备的型号应与设计一致，不得减少相应设备的安装破坏系统正常工作，且阀门正常状态下启闭应明确标示出来，使其处于其正常开闭状态。

7）消防水泵的自动启动是本规范对水泵控制方式的主要调整，验收时应加以重点检查和要求。

8）增加了低压压力开关、流量开关联动消防水泵，并对其联动控制作了要求，同时增加了对消防水泵流量及压力测试。

9）按要求设置流量计与压力表对水泵零流量时及150%流量时的压力测试。

13.2.7　稳压泵验收应符合下列要求：

1　稳压泵的型号性能等应符合设计要求；

2　稳压泵的控制应符合设计要求，并应有防止稳压泵频繁启动的技术措施；

3　稳压泵在1h内的启停次数应符合设计要求，并不宜大于15次/h；

4　稳压泵供电应正常，自动手动启停应正常；关掉主电源，主、备电源应能正常切换；

5　气压水罐的有效容积以及调节容积应符合设计要求，并应满足稳压泵的启停要求。

检查数量：全数检查。

检查方法：直观检查。

【要点说明】本条明确了稳压泵验收的要求。

1）本项中第1款属于附录F中的A类项（严重缺陷），第2~5款属于附录F中的B类项（重缺陷）。

2）稳压系统在临时高压消防给水系统中采用较多，稳压泵的选型和安装应满足本规范5.3节相关内容。

3）稳压泵供电应正常，自动手动启停正常；关掉主电源，主、备电源能正常切换。

4）气压水罐的有效容积以及调节容积满足稳压泵的启停要求。

5）对于稳压泵频繁启动次数的检查，可通过单位时间内报警主机的反馈信号获得。

13.2.8　减压阀验收应符合下列要求：

1　减压阀的型号、规格、设计压力和设计流量应符合设计要求；

2　减压阀阀前应有过滤器，过滤器的过滤面积和孔径应符合设计要求和本规范第8.3.4条第2款的有关规定；

3　减压阀阀前阀后动静压力应符合设计要求；

4　减压阀处应有试验用压力排水管道；

5　减压阀在小流量、设计流量和设计流量的150%时不应出现噪声明显增加或管道出现喘振；

6　减压阀的水头损失应小于阀后静压和动压差。

检查数量：全数检查。

检查方法：使用压力表、流量计和直观检查。

【要点说明】本条明确了减压阀验收的要求。

1）本项中第1、6款属于附录F中的A类项（严重缺陷），第2~5款属于附录F中的B类项（重缺陷）。

2）减压阀安装图参见国标图集《常用小型仪表及特种阀门选用安装》（图集号101SS105）

3）以上项目要进行逐项验收。

13.2.9　消防水池、高位消防水池和高位消防水箱验收应符合下列要求：

1　设置位置应符合设计要求；

2　消防水池、高位消防水池和高位消防水箱的有效容积、水位、报警水位等，应符合设计要求；

3　进出水管、溢流管、排水管等应符合设计要求，且溢流管应采用间接排水；

4　管道、阀门和进水浮球阀等应便于检修，人孔和爬梯位置应合理；

5　消防水池吸水井、吸（出）水管喇叭口等设置位置应符合设计要求。

检查数量：全数检查。

检查方法：直观检查。

【要点说明】本条明确了消防水池、高位消防水池和高位消防水箱验收的要求。

1）本项中第1～3款属于附录F中的A类项（严重缺陷），第4、5款属于附录F中的C类项（轻缺陷）。

2）高位消防水箱及其稳压设施安装示意如图13-3所示。

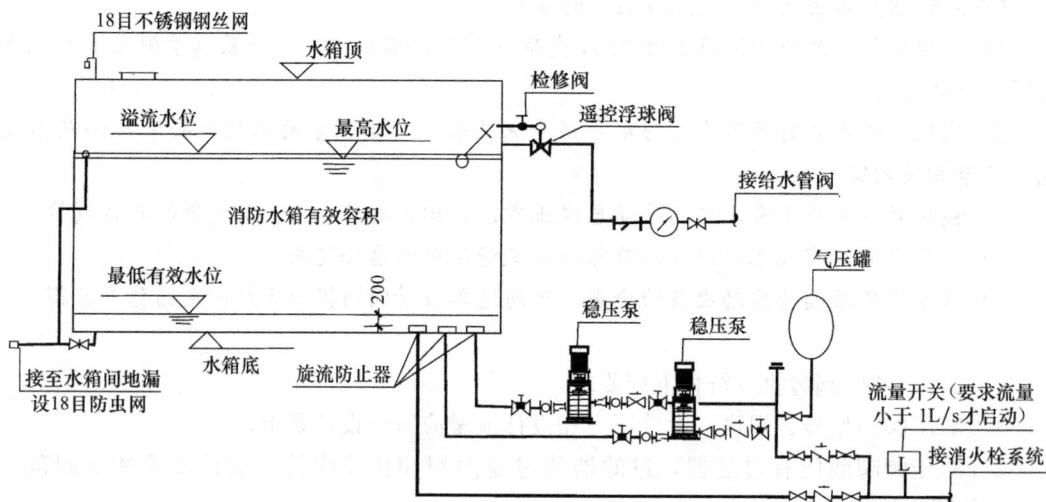

图13-3　高位消防水箱及其稳压设施安装示意

3）规定了消防水池、高位消防水池和高位消防水箱验收的要求：消防水池、高位消防水池和高位消防水箱作为消防水系统灭火水源的储水设施，如何采取有效的措施监管及保障其有效水位保持在灭火要求的水位上，但又不使其水位过高溢流而造成资源的浪费，消防水池、高位消防水池和高位消防水箱水位的有效控制及监管尤为重要。

13.2.10　气压水罐验收应符合下列要求

1　气压水罐的有效容积、调节容积和稳压泵启泵次数应符合设计要求；

2　气压水罐气侧压力应符合设计要求。

检查数量：全数检查。

检查方法：直观检查。

【要点说明】本条明确了气压罐验收的要求。

1) 本项中第 1 款属于附录 F 中的 B 类项 (重缺陷), 第 2 款属于附录 F 中的 C 类项 (轻缺陷)。

2) 规定了气压水罐验的要求: 消防气压罐的作用在于当管网当中的水少量泄漏或被使用时不至于使稳压泵频繁的启停, 同时对管网压力波动起到缓冲的作用, 因此要求对气压罐的有效容积及压力进行检查。

13.2.11　干式消火栓系统报警阀组的验收应符合下列要求:

1　报警阀组的各组件应符合产品标准要求;

2　打开系统流量压力检测装置放水阀, 测试的流量、压力应符合设计要求;

3　水力警铃的设置位置应正确。测试时, 水力警铃喷嘴处压力不应小于 0.05MPa, 且距水力警铃 3m 远处警铃声声强不应小于 70dB;

4　打开手动试水阀动作应可靠;

5　控制阀均应锁定在常开位置;

6　与空气压缩机或火灾自动报警系统的联锁控制, 应符合设计要求。

检查数量: 全数检查。

检查方法: 直观检查。

【要点说明】本条明确了报警阀组验收的要求。

1) 干式消火栓系统报警阀组是关键组件, 验收中对控制阀安装位置、试水口、试水排水措施, 闸阀锁定装置, 警铃设置位置进行检查; 距警铃 3m 处, 水力警铃喷嘴处压力不小于 0.05MPa 时, 其警铃声强度应小于 70dB。

2)《消水规》首次提出消火栓干式系统, 跟干式喷淋系统一样重点验收干式系统的报警阀组的启动可靠性及报警功能。

13.2.12　管网验收应符合下列要求:

1　管道的材质、管径、接头、连接方式及采取的防腐、防冻措施, 应符合设计要求, 管道标识应符合设计要求;

2　管网排水坡度及辅助排水设施, 应符合设计要求;

3　系统中的试验消火栓、自动排气阀应符合设计要求;

4　管网不同部位安装的报警阀组、闸阀、止回阀、电磁阀、信号阀、水流指示器、减压孔板、节流管、减压阀、柔性接头、排水管、排气阀、泄压阀等, 均应符合设计要求;

5　干式消火栓系统允许的最大充水时间不应大于 5min;

6　干式消火栓系统报警阀后的管道仅应设置消火栓和有信号显示的阀门;

7　架空管道的立管、配水支管、配水管、配水干管设置的支架, 应符合本规范第 12.3.19～12.3.23 条的规定;

8　室外埋地管道应符合本规范第 12.3.17、12.3.22 条等的规定。

检查数量: 本条第 7 款抽查 20%, 且不应少于 5 处; 本条第 1～6 款、第 8 款全数抽查。

检查方法: 直观和尺量检查、秒表测量。

【要点说明】本条明确了管网验收的要求。

1) 本项中所有条款属于附录 F 中的 B 类项（重缺陷）。

2) 规范条文解释强调上述各项均应逐项验收，不应遗漏。

3) 管道的材质保证管道承压能力、管径保证消防用水流量、接头与连接方式保证了管道不同环境中的连接可靠性、防腐则保证在不同腐蚀环境下的管网使用寿命、防冻则在有防冻要求的区域或地域采取措施，防止管网冻裂及在火灾时水流无法流动，管道标识则为方便管道的检修与维护。

4) 管网在使用过程中需要维护检修，维护检修过程中就需要采取相应的排水措施。

5) 系统中的试验消火栓为测试系统最不利点流量压力是否达到灭火要求，同时测试系统运行的可靠性、自动排气阀为保证系统管网最不利点处于充满灭火介质的状态，火灾时及时灭火，同时防止因管网内存在大量空气，造成管网稳定性受影响。

6) 管网不同部位安装的报警阀组、闸阀、止回阀、电磁阀、信号阀、水流指示器、减压孔板、节流管、减压阀、柔性接头、排水管、排气阀、泄压阀等，保证了系统设备的灭火联动的可靠性、灭火的及时性以及保证灭火设备不会因系统压力过大而破坏。

7) 干式消火栓系统报警阀后的管道仅应设置消火栓和有信号显示的阀门，保证管网畅通的可靠性。

8) 管网的架空与埋地由于敷设方式不同，应采取相应的技术措施进行固定及防腐等，从而保证管网系统的可靠性。

9) 本条参考自动喷水灭火验收规范得出，增加了带报警阀组的干式消火栓系统验收内容，将规定管道的容积更改为规定系统充水时间的要求，直接反映了干式系统对报警阀组灭火及时性的高度要求，但取消了对管道支架的验收项。

10) 室外管网的施工大多数为隐蔽工程，工程验收时应以施工及监理单位的隐蔽验收记录资料为主。

13.2.13　消火栓验收应符合下列要求：

1　消火栓的设置场所、位置、规格、型号应符合设计要求和本规范第 7.2～7.4 节的有关规定；

2　室内消火栓的安装高度应符合设计要求；

3　消火栓的设置位置应符合设计要求和本规范第 7 章的有关规定，并应符合消防救援和火灾扑救工艺的要求；

4　消火栓的减压装置和活动部件应灵活可靠，栓后压力应符合设计要求。

检查数量：抽查消火栓数量 10%，且总数每个供水分区不应少于 10 个，合格率应为 100%。

检查方法：对照图纸尺量检查。

【要点说明】本条明确了消火栓验收的要求。

1) 本项中第 1 款属于附录 F 中的 A 类项（严重缺陷），第 3、4 款属 B 类项（重缺陷），第 2 款属 C 类项（轻缺陷）。

2) 室内消火栓的安装高度宜为 1.1m，主要是为方便取水。

3) 消火栓的活动部件及减压装置要求灵活可靠，在火灾时能快速组装进行灭火。

4）从选型到安装高度、位置及使用方面对消火栓进行验收，在以往的规范当中没有单独列举消火栓验收项目的。

13.2.14 消防水泵接合器数量及进水管位置应符合设计要求，消防水泵接合器应采用消防车车载消防水泵进行充水试验，且供水最不利点的压力、流量应符合设计要求；当有分区供水时应确定消防车的最大供水高度和接力泵的设置位置的合理性。

检查数量：全数检查。

检查方法：使用流量计、压力表和直观检查。

【要点说明】本条明确了水泵接合器验收的要求。

1）本项属于附录 F 中的 B 类项（重缺陷）。

2）考虑了分区供水时应确定消防车的最大供水高度和接力泵的设置位置的合理性，考虑到各城市消防车最大供水高度差异，在消防车最大供水高度达不到时，应复核接力泵设置位置的合理性。

13.2.15 消防给水系统流量、压力的验收，应通过系统流量、压力检测装置和末端试水装置进行放水试验，系统流量、压力和消火栓充实水柱等应符合设计要求。

检查数量：全数检查。

检查方法：直观检查。

【要点说明】本条明确了消防给水系统流量、压力验收的要求。

1）本项属于附录 F 中的 A 类项（严重缺陷）。

2）本条参考《自动喷水灭火系统施工验收规范》中流量、压力测试，并结合消火栓系统的特性通过测试装置及对充实水柱的观察进行验收。

13.2.16 控制柜的验收应符合下列要求：

1 控制柜的规格、型号、数量应符合设计要求；

2 控制柜的图纸塑封后应牢固粘贴于柜门内侧；

3 控制柜的动作应符合设计要求和本规范第 11 章的有关规定；

4 控制柜的质量应符合产品标准和本规范第 12.2.7 条的要求；

5 主、备用电源自动切换装置的设置应符合设计要求。

检查数量：全数检查。

检查方法：直观检查。

【要点说明】本条明确了控制柜验收的要求。

1）控制柜规格、型号、数量符合设计要求；控制柜的图纸塑封后牢固粘贴于柜门内侧；控制柜要求主备用电源能够自动切换时间不多于 2s，要求控制柜能在自动和手动下启动主泵和稳压泵。

2）新规范增加了对控制柜的单独验收，以往都是并在水泵的验收当中，单独验收体现了对水泵控制柜的新要求。

13.2.17 应进行系统模拟灭火功能试验，且应符合下列要求：

1　干式消火栓报警阀动作，水力警铃应鸣响压力开关动作；

2　流量开关、低压压力开关和报警阀压力开关等动作，应能自动启动消防水泵及与其联锁的相关设备，并应有反馈信号显示；

3　消防水泵启动后，应有反馈信号显示；

4　干式消火栓系统的干式报警阀的加速排气器动作后，应有反馈信号显示；

5　其他消防联动控制设备启动后，应有反馈信号显示。

检查数量：全数检查。

检查方法：直观检查。

【要点说明】本条明确了系统模拟灭火功能实验的要求。

1）本项中第2、3款属于附录F中的A类项（严重缺陷），第4、5款属B类项（重缺陷），第1款属C类项（轻缺陷）。

2）对系统模拟灭火功能试验提出了新要求，确保了在特殊情况下，消防泵启动更为可靠。

13.2.18　系统工程质量验收判定条件应符合下列规定：

1　系统工程质量缺陷应按本规范附录F要求划分；

2　系统验收合格判定应为A＝0，且B≤2，且B＋C≤6为合格；

3　系统验收当不符合本条第2款要求时，应为不合格。

【要点说明】本条明确了工程质量判定条件。

1）对本节所属内容的定量考核的判定依据。除满足第2款要求外，对于存在的问题应记录并限期整改完成，以保证消防系统正常工作。

2）本条对系统工程质量验收判定条件作出规定；对于严重缺陷主要包括水源、消防水池、高位消防水池和水箱、消防水泵、稳压泵、减压阀、消火栓的验收。

3）本条参照《自喷验收规范》表格结合本规范实际情况设置。

第14章 维护管理

14.1 条文综述

本章节条文共计15条，无强制性条文。建筑消防设施的维护管理包括值班、巡查、检测、维修、保养、建档等工作，本章节明确了消防给水及消火栓系统维护管理工作的具体内容及相关要求。

14.2 条文要点说明

14.0.1 消防给水及消火栓系统应有管理、检查检测、维护保养的操作规程；并应保证系统处于准工作状态。维护管理应按本规范附录G的要求进行。

【要点说明】本条对维护管理工作的规范化提出了要求，并进一步提出了维护管理工作的目标和具体的工作内容及相关要求。

1) 有效的维护管理工作是消防系统发挥正常功能的前提保障。随着我国经济建设的发展，建筑配套的消防给水系统越来越复杂，为保证建筑消防给水及消火栓系统得到有效的维护管理，应结合项目实际情况，对相应的管理、检查检测、维护保养等内容制定出相应的操作规程，以便管理操作人员正确操作，减少由于管理操作人员误操作对消防系统产生的危害。

2) 维护管理的工作目标就是要使建筑消防设施随时处于准工作状态，以及时应对出现的火情，把火灾危害控制在最小程度。

3)《消水规》"附录G消防给水及消火栓系统维护管理工作检查项目"列出了维护管理工作的主要工作内容和时间间隔要求。表14-1对附录G包含的工作内容的具体操作方法给出进一步解释。

消防给水及消火栓系统维护管理工作检查项目一览表　　　　表14-1

部位		工作内容	周期	操作方法
水源	市政给水管网	压力和流量	每季	向市政给水部门核查
	河湖等地表水源	枯水位、洪水位、枯水位流量或蓄水量	每年	详见14.0.3第2点要点说明
	水井	常水位、最低水位、出流量	每年	详见14.0.3第3点要点说明
	消防水池（箱）、高位消防水箱	水位	每年	实地检查。消防水池通过玻璃水位计检查，高位消防水箱通过人孔目测
	室外消防水池等	温度	冬季每天	实地检查。通过人孔测水温

部位		工作内容	周期	操作方法
供水设施	电源	接通状态，电压	每日	从消防供水设施控制柜读取电源接通状态及电压值
	消防水泵	手动巡检记录	每周	实地检查。详见14.0.4第1、2点要点说明
		手动启动试运转	每月	实地检查。详见14.0.4第1点要点说明
		流量和压力	每季	实地检查。详见14.0.4第5点要点说明
	稳压泵	启停泵压力、启停次数	每日	实地检查。详见14.0.4第3点要点说明
	柴油机消防水泵	启动电池、储油量	每日	实地检查。详见14.0.4第4点要点说明
	气压水罐	检测气压、水位、有效容积	每月	详见14.0.4第6点要点说明
减压阀		放水	每月	实地检查。详见14.0.5第1点要点说明
		测试流量和压力	每年	实地检查。详见14.0.5第2点要点说明
阀门	雨淋阀的附属电磁阀	每月检查开启	每月	消控中心检查，实地检查。详见14.0.6第1点要点说明
	电动阀或电磁阀	供电、启闭性能检测	每月	消控中心检查，实地检查。详见14.0.6第2点要点说明
	系统所有控制阀门	检查铅封、锁链完好状况	每月	实地检查
	室外阀门井中控制阀门	检查开启状况	每季	实地检查
	水源控制阀、报警阀组	外观检查	每天	实地检查
	末端试水阀、报警阀的试水阀	放水试验，启动性能	每季	消控中心检查，实地检查。详见14.0.6第6点要点说明
	倒流防止器	压差检测	每月	实地检查。详见14.0.6第7点要点说明
喷头		检查完好状况、清除异物、备用量	每月	实地检查
消火栓		外观和漏水检查	每季	实地检查。详见14.0.7要点说明
水泵接合器		检查完好状况	每月	实地检查。详见14.0.8要点说明
		通水试验	每年	详见14.0.8要点说明
过滤器		排渣、完好状态	每年	实地检查。详见14.0.9要点说明
储水设备		检查结构材料	每年	实地检查
系统联锁试验		消火栓和其他水灭火系统等运行功能	每年	消控中心检查，实地检查
消防水泵房、水箱间、报警阀间、减压阀间等供水设备间		检查室温	（冬季）每天	实地检查

14.0.2 维护管理人员应掌握和熟悉消防给水系统的原理、性能和操作规程。

【要点说明】本条是对从事消防维护管理人员的技术能力的要求。

消防给水系统组成的部件较多，系统比较复杂，每个部件的作用和应处于的状态及如何检验、测试都需要具有对系统作用原理了解和熟悉的专业人员来操作、管理。因此为提高维护管理人员的素质，承担这项工作的维护管理人员应当经专业培训。

建筑消防设施的维护管理包括值班、巡查、检测、维修、保养、建档等工作。

建筑消防设施的管理单位应该明确建筑消防设施的维护管理归口部门、管理人员及其工作职责，应根据消防设施的操作使用要求制定操作规程，明确操作人员，应根据工作职责要求指定具有相应职业资格的责任人。

在消防水泵房等重要消防设施操作控制场所值班、负责消防设施操作的人员，从事建筑消防设施巡查的人员，应通过消防行业特有工种职业技能鉴定，持有初级技能以上等级的职业资格证书，能熟练操作消防设施。

从事建筑消防设施检测的人员，应当通过消防行业特有工种职业技能鉴定，持有高级技能以上等级职业资格证书。

从事建筑消防设施维修的人员，应当通过消防行业特有工种职业技能鉴定，持有技师以上等级职业资格证书。

从事建筑消防设施保养的人员，应通过消防行业特有工种职业技能鉴定，持有高级技能以上等级职业资格证书。

大量的火灾实例证明：发生火灾，特别是发生特大、恶性火灾的主要原因就是消防设施未能发挥作用或值班人员处置不当。所以，提高消防安全意识；做好自动消防系统、灭火系统的维修和保养；由培训合格的人员负责消防设备的日常管理和操作，具有十分重要的意义。

14.0.3 水源的维护管理应符合下列规定：

1 每季度应监测市政给水管网的压力和供水能力；

2 每年应对天然河湖等地表水消防水源的常水位、最低水位、最高水位和出水量等进行一次测定；

3 每年应对水井等地下水消防水源的常水位、最低水位、最高水位和出水量等进行一次测定；

4 每月应对消防水池、高位消防水池、高位消防水箱等消防水源设施的水位等进行一次检测；消防水池（箱）玻璃水位计两端的角阀在不进行水位观察时应关闭；

5 在冬季每天应对消防储水设施进行室内温度和水温检测，当结冰或室内温度低于5℃时，应采取确保不结冰和室温不低于5℃的措施。

【要点说明】本条对不同类型消防水源的维护管理提出了具体的要求。

1）第1款对市政给水的消防水源的维护管理工作提出了要求。城市市政管网规划设计时，已经考虑消防用水的工况要求。一般市政管网均设有压力和流量检测设施，或设有最不利点的常年管网压力数据和部分节点的流量数据，可选择就近监测点的数据作为参考。对于管网无压力、流量监测数据的管网，可参考管网中最不利点压力、流量数据。上述数据可以每季度向市政给水部门征询。如获取数据较困难时，可在消防接管处设置压力表和流量计，每季度按照消防需水量开启消防给水设备校核其供水能力。如供水压力或流量不满足设计要求，应采取相应补救措施。

2）第2款对天然河湖等地表水消防水源的维护管理工作提出了要求。指出应定期对作为消防水源的地表水体的水文要素特征值进行监测，当地表水体的水文要素特征值与建筑消防给水系统设计。采用的数值发生偏差时，应及时反映给设计单位与消防主管部门，复核水文要素的偏差对消防水源安全性的影响，如有需要应采取补救措施。

对于天然河湖等地表水消防水源的常水位、最低水位、最高水位和出水量等水文要素特征的监测方法：建筑消防设施的管理单位及责任人，应做到设立水位观测标志物，日常加强观察记录，注意地表水体的水文特征要素是否有大的变化。一旦发现水位有较大变化应及时与消防部门联系。同时应该根据规范要求，每年向水利、河道管理部门征询作为消防水源的地表水体的常水位、最低水位、最高水位和出水量等水文统计值是否有变化，如有较大变化应及时与消防部门联系。

3）第3款对水井等地下水消防水源的维护管理工作提出了要求。指出应定期对作为消防水源的水井等地下水的水位、出水量等水文要素特征值进行监测，当水井等的水文要素特征值与建筑消防给水系统设计。采用的数值发生较大偏差时，应及时反映给设计单位与消防主管部门，复核水文要素的偏差对消防水源安全性的影响，如有需要应采取补救措施。

水井等地下水体的水位变化会受地下水补给情况变化影响而改变。《消水规》第4.4.5条的条文解释中也有相关描述"水井安装水位检测装置，以便观察水位是否合理。因地下水的水位经常发生变化，…。水位测试装置可为固定连续检测，也可设置检测孔，定期人工检测。"

《消水规》要求测定的水井水位应该是指静水位。测定要求如下：水井地下水位监测是测量静水位埋藏深度和高程；水位监测每年2次，丰水期、枯水期各1次；有条件的情况下可采用自记水位仪、电测水位仪或地下水多参数自动监测仪进行连续的水位监测，人工检测时用布卷尺、钢卷尺、测绳等测具测量井口固定点至地下水水面竖直距离两次，当连续两次静水位测量数值之差不大于±1cm/10m时，将两次测量数值及其均值记入，水位监测结果以m为单位，记至小数点后两位。每次测水位时，应记录水井是否曾抽过水。

水井出水量监测可采用水表法或流量计法，水量监测结果以m^3/s为单位，记至小数点后两位。

4）第4款规定消防水池（箱）所配置的玻璃水位计，由于受外力易于碰碎，造成消防储水流失或形成水害，因此在观察过水位后，应将水位计两端的角阀关闭。

《消水规》附录G对消防水池（箱）、高位消防水箱的维护管理工作中要求"每年"检查水位，比《消水规》条文的"每月"要求低，建议依照条文采用按月检查。

5）第5款规定的目的，是要确保消防储水设备的任何部位在寒冷季节均不得结冰，以保证灭火时用水。维护管理人员在冬季，北方地区在采暖季节应每天进行检查。

14.0.4 消防水泵和稳压泵等供水设施的维护管理应符合下列规定：
1 每月应手动启动消防水泵运转一次，并应检查供电电源的情况；
2 每周应模拟消防水泵自动控制的条件自动启动消防水泵运转一次，且应自动记录自动巡检情况，每月应检测记录；

　　3　每日应对稳压泵的停泵启泵压力和启泵次数等进行检查和记录运行情况；

　　4　每日应对柴油机消防水泵的启动电池的电量进行检测，每周应检查储油箱的储油量，每月应手动启动柴油机消防水泵运行一次；

　　5　每季度应对消防水泵的出流量和压力进行一次试验；

　　6　每月应对气压水罐的压力和有效容积等进行一次检测。

【要点说明】

　　1）第1款规定的目的是要检查消防水泵自身是否处于准工作状态，能够随时投入正常工作。

　　消防水泵手动启动试验方法：

　　在消防泵房内关闭消防水泵出水管阀门，启动水泵，等水泵转速达到正常转速后，再逐步开启试验放水阀门，保证试验时启动消防水泵不会对消防管网造成超压，注意水泵一次关阀空转时间不宜超过3min。

　　将消防水泵控制柜上的选择开关置于手动位置，按手动按钮启动水泵，用钳形电流表测量运行电流，注意观察三相电流是否平衡；用秒表记录从启动到正常出水运行时间，该时间不应大于2min；如果降压启动装置启动时间过长，则应适当地调节时间继电器，减少降压启动过程的时间。

　　主泵运行后，注意观察水泵控制柜上的运行信号灯是否正常，水泵运行时是否有周期性噪声发出，水泵基础连接是否牢固，通过转速表测量实际转输是否与水泵额定转速一致，按停止按钮能否停止消防水泵的运行。

　　利用上述方法逐一调试消防水泵。

　　检查供电电源方法：

　　检查双电源自动切换装置，关掉主电源，主、备电源应能正常自动切换，电源切换时消防水泵应在1.5min内投入正常运行。

　　《消水规》附录G对供水设施电源的维护管理工作中要求"每日"检查接通状态、电压。附录G的要求与本条规范条文不矛盾，本条文要求的每月检查消防供水设施供电电源的情况是指较全面的检查，包括主备用电源的切换是否正常；附录G中要求每日检查接通状态、电压，是指每日巡视检查消防供水设施控制柜上的电源指示灯及电压显示是否正常，确保系统处于准工作状态。

　　2）第2款规定的目的是要检查消防水泵能否正常接收自动启泵信号投入运行状态。

　　消防水泵自动启动试验方法：

　　在消防泵房内关闭消防水泵出水管阀门，保证试验时启动消防水泵不会对消防管网造成超压，注意水泵一次关阀空转时间不宜超过3min。

　　测试消防水泵能否由启泵信号自动启动：将消防水泵控制柜的选择开关置于自动位置，利用短路线短接消防水泵启动装置远程自动启动端子，逐一启动消防水泵，并用多用电表测量消防水泵启动装置，检查水泵运行信号远程输出端子是否有信号输出。

　　测试消防水泵组的主泵和副泵互为备用功能的相互切换试验：在一台消防水泵正常运转的情况下，人工模拟故障，另一台消防水泵应能自动投入运行。

　　对于消防水泵模拟自动控制的条件自动启动的检查可以按以上步骤人工操作。对于规范要求的应自动记录自动巡检情况，则需要为消防水泵加装自动巡检装置。自动巡检装置能够自动记录自动巡检情况，相关管理人员应每月检测消防水泵自动巡检装置的记录，确保消防水泵工作正常。

消防智能数字巡检装置（又称消防自动巡检柜）一般根据项目需要设置。根据公安部消防安全行业标准《固定消防给水设备的性能要求和试验方法》GA30.2的规定，为防止消防水泵锈蚀、受潮、水泵动作不正常等故障，确实做到"养兵千日，用兵一时"的目的，消防水泵宜加装自动巡检装置。巡检为低频巡检，巡检时电机转速为300r/min，水系统不增压、无启动电流，可以极大地延长设备的使用寿命。

消防智能数字巡检装置，应具有主回路巡检及消防设备无压巡检两部分功能，可完成对主控回路及水泵的低频自动巡检。主回路巡检时，智能巡检控制器输出巡检指令逐一对主回路接触器进行巡检，巡检返回信号取自于接触器的主辅助触点。反馈信号时间允许值不大于2s。主回路巡检完成后，巡检控制器会发出下一个巡检指令至无压巡检装置，该装置接到巡检指令后会依次对消防水泵进行低速无压巡检。巡检时电机转速较低（一般为300r/min），系统不产生水压。整个巡检过程中如设备接到消防命令智能巡检控制器会立即发出停止巡检的指令，瞬时启动消防泵完成消防任务。如巡检过程中动作异常，控制器会记录发生故障的支路号及故障类别，并发出声光报警。同时完成故障的上传（可传至消防中控室或楼控值班室）通知有关值班人员进行检修。

消防自动巡检柜的巡检周期及巡检时间可以根据实际要求从几分钟到几天任意调整，设备具有声、光报警及故障记忆功能，可以自动记录巡检情况。

3）第3款规定的目的是要检查消防稳压泵能否正常工作，维持消防管网的压力。

消防稳压泵检查方法：

检查稳压泵启停补水等控制是否准确灵活，系统压力表上显示的水压是否正常，检查稳压泵启泵次数不大于15次/h。

对检查情况应该按要求进行记录。

目前有可以用于消防稳压泵的消防自动巡检柜，也有具有自动巡检功能的消防稳压给水成套设备。可以对稳压泵进行低转速巡检，自动记录巡检情况，巡检周期及巡检时间可以根据要求调整。

4）第4款规定的目的是要检查柴油机消防水泵自身是否处于准工作状态，能够随时投入正常工作。

每天对启动电池的电量进行检测，检测可以采用蓄电池状态测试仪。柴油机消防泵与电动水泵的最大不同之处就是它有自己独立的供电系统——蓄电池，因此，柴油机消防泵的启动和运行可完全与市电脱离关系。虽然用于消防用途的柴油机消防泵要求是比较严格的，一般都配置二组蓄电池，双备份。但为了保证柴油机消防泵能够正常启动，应按要求每天检查。

每周应检查储油箱的燃油量——观察燃油箱的存油量，根据需要添足。

每月应手动启动柴油机消防水泵运行一次。考虑到水锤效应和柴油机自身的特点，手动启动时建议采用低速启动柴油机，然后慢慢加速至消防要求的转速——1500r/min。当水温、油温都达到60℃时可逐步减速，但在停车前仍需怠速（300~750r/min）运行2~3min，以免突然停车时因增压器过热而造成增压器轴承咬死。停车后，一定要把速度调至

1500r/min，以备消防需要。由于柴油机消防泵的巡检过程比较复杂，因此一般不考虑自动巡检，建议采用手动巡检方式。

5）消防水泵流量和压力试验方法：

在消防泵房内关闭消防水泵出水管阀门，保证试验时启动消防水泵不会对消防管网造成超压。

将消防水泵控制柜上的选择开关置于手动位置，按手动按钮启动水泵。用秒表记录从启动到正常出水运行时间，等水泵转速达到正常转速后，再逐步开启试验放水阀门，从消防水泵房内设置的流量和压力测试装置上读数。

试验读数应做好记录，并应与消防水泵铭牌上的参数比对，不满足要求时应及时采取措施。

6）气压水罐按给水机理可以分为补气式气压罐、隔膜式气压罐、囊式气压罐。

补气式气压罐的罐体中压缩空气和水直接接触，空气在常压下微溶于水，但在压力升高的状态下溶解度成倍增长，所以补气式气压罐必须有自动补气装置来补充溶解在水中的气体，所以这类气压罐称为补气式气压罐。

隔膜式气压罐和囊式气压罐在结构上气水分离，不需要补气。所以这类气压罐也称为非补气式气压罐。

气压罐压力的监测可以通过选用空气侧安装有压力表的气压罐产品。

气压罐由于其本身构造和在消防给水系统上的安装方式（与消防给水管网连接处不设置阀门），其有效容积的测定在工程现场较难操作。

14.0.5 减压阀的维护管理应符合下列规定：

1 每月应对减压阀组进行一次放水试验，并应检测和记录减压阀前后的压力，当不符合设计值时应采取满足系统要求的调试和维修等措施；

2 每年应对减压阀的流量和压力进行一次试验。

【要点说明】

1）减压阀组放水试验方法：

放水试验前先记录减压阀组进口与出口压力表的读数，复核减压阀组静压减压能力是否满足使用要求。

利用减压阀处设置的压力试验排水管道对减压阀进行放水试验，等待减压阀组工作稳定（30s），再次记录减压阀组进口与出口压力表的读数，复核减压阀组动压减压能力是否满足使用要求。

当减压阀组进口与出口的压力表读数不满足要求时应对减压阀进行相应的调试维修，如发现损坏应及时更换。

2）消防系统使用减压阀组一般只要求对系统上游和下游的供水压力进行调节，不希望对管网上游和下游的流量产生影响。消防系统管网上的减压阀组内的水流一般长时间处于静止状态，容易产生水垢，为保证减压阀组在投入工作时的压力控制与流量损失均在设计要求范围内，定期对减压阀组的流量和压力进行试验非常必要。

减压阀组流量和压力试验方法：

试验前先记录减压阀组进口与出口压力表的读数，复核减压阀组静压减压能力是否满足使用要求。

打开减压阀组后设置的试验排水阀，利用压力试验排水管道对减压阀进行放水，等待减压阀组工作稳定（30s），再次记录减压阀组进口与出口压力表的读数，复核减压阀组动压减压能力是否满足使用要求；记录减压阀组上设置的检测用流量计（或者是在流量检测测试接口上临时安装的流量计）的读数，复核减压阀组的下游流量是否满足使用要求。

14.0.6　阀门的维护管理应符合下列规定：

1　雨淋阀的附属电磁阀应每月检查并应作启动试验，动作失常时应及时更换；

2　每月应对电动阀和电磁阀的供电和启闭性能进行检测；

3　系统上所有的控制阀门均应采用铅封或锁链固定在开启或规定的状态，每月应对铅封、锁链进行一次检查，当有破坏或损坏时应及时修理更换；

4　每季度应对室外阀门井中，进水管上的控制阀门进行一次检查，并应核实其处于全开启状态；

5　每天应对水源控制阀，报警阀组进行外观检查，并应保证系统处于无故障状态；

6　每季度应对系统所有的末端试水阀和报警阀的放水试验阀进行一次放水试验，并应检查系统启动、报警功能以及出水情况是否正常；

7　在市政供水阀门处于完全开启状态时，每月应对倒流防止器的压差进行检测，并应符合国家现行标准《减压型倒流防止器》GB/T 25178、《低阻力倒流防止器》JB/T 11151 和《双止回阀倒流防止器》CJ/T 160 等的有关规定。

【要点说明】本条对不同类型阀门的维护管理提出了具体的要求。

1）雨淋阀的各类部件中，电磁阀由于其设备特性，容易产生故障，同时由于其在电动启动的雨淋系统中，担负着给雨淋阀控制腔泄压，启动雨淋阀的重要作用，所以特别提出应对雨淋阀的附属电磁阀每月检查并作启动试验。

雨淋阀附属电磁阀的启动试验方法：

先后触发防护区内两个火灾探测器，查看电磁阀、消防水泵及压力开关的动作情况及反馈信号。不宜进行实际喷水的场所，应在试验前关严雨淋阀出口控制阀，打开试验放水阀。控制室应能自动和手动启动雨淋阀。

当试验发现雨淋阀的附属电磁阀动作失常时应及时更换。

2）消防系统中的电动阀和电磁阀能否正常工作直接影响到消防系统的正常运行，因此必须定期检查电动阀和电磁阀的供电和启闭性能。

消防系统中的电动阀和电磁阀的启闭状态信号和开关动作信号均会接入建筑内部的火灾报警主机（火灾报警控制器），可以在消控室火灾报警主机上监测电动阀和电磁阀的状态，并通过消控室给出动作指令，监测电动阀和电磁阀的反馈信号。

从火灾报警主机上监测到的电动阀和电磁阀的状态及动作反馈信号应该反应正常，但仅从上述信号正常还不能完全判断电动阀和电磁阀的工作状态。由于电动阀和电磁阀本身特性，都分为电动控制部分和阀体部分，阀体部分可能会受到其他因素影响卡死或者无法完全关闭。所以对电动阀和电磁阀的检测还应该包括实地检测，检测实际的启闭效果。

注意：由于消防系统中的电动阀和电磁阀的动作往往会使消防系统进入工作状态，所以在对消防系统中的电动阀和电磁阀进行启闭性能检测的时候，必须结合系统特性预先做好准备工作，防止由于阀门启闭检测造成系统误动作，带来次生危害和经济损失。

举例：干式自动喷淋系统的配水管道末端安装的快速排气阀前设置有电动阀。上述电动阀在平时为常闭状态，如果对上述电动阀直接进行启闭试验，会造成管道系统内气压下降、干式报警阀动作、阀后管道充水、水力警铃启动、压力开关动作启动喷淋水泵。预作用自动喷淋系统的情况与干式系统类似。为此干式自动喷淋系统和预作用自动喷淋系统的配水管道末端安装的快速排气阀前的电动阀的启闭检测的步骤应该是：

(1) 关闭干式报警阀组（预作用报警阀组）下方进水管上信号阀门；

(2) 通过火灾报警主机给出电动阀开启信号，观察电动阀是否有动作信号反馈，观察干式报警阀组（预作用报警阀组）上显示管网气压的气压表读数，干式报警阀组的气压表读数应在1min内降至零（预作用报警阀组的气压表读数应在2min内降至零）；

(3) 通过火灾报警主机给出电动阀关闭信号，等待空压机工作使系统报警阀后管道内的气压恢复到设计要求值；

(4) 打开干式报警阀组（预作用报警阀组）下方进水管上信号阀门，使系统恢复到准工作状态。

3) 建议在可能的情况下尽量采用锁链固定方式。虽然铅封和锁链方式都可以固定阀门的启闭状态，但铅封固定强度小容易被破坏，而且难以落实责任人，锁链方式固定强度相对较大，而且锁链钥匙可以落实到归口部门的专门管理人员，责任明确，便于管理。

对于末端试水装置、试水阀等公称直径较小的阀门，采用锁链固定方式有困难，同时上述阀门误开启后由于管网供水，易于发现。建议可以采用铅封方式固定。

4) 室外阀门井由于处于室外地下，在日常运营维护过程中，建筑消防设施管理单位对进水管控制阀门所处状态的直观观察难度较大。但是进水管上的控制阀门控制的是一个消防给水系统的供水源头，其处于全开状态是保证消防给水系统正常工作的前提条件。所以《消水规》在条文中专门提出定期检查的要求。

5) 每天对水源控制阀，报警阀组进行外观检查是建筑消防设施巡查的重要内容，要求通过规范的巡查工作及时发现异常问题，排除故障，确保建筑消防设施随时处于准工作状态。

6) 对自动喷淋系统的末端试水阀进行放水试验可以对自动喷水灭火系统的启动、报警和利用系统启动后的特性参数变化动作的联动控制装置的功能是否正常进行检测。对报警阀的放水阀进行放水试验除了可以对报警阀的启动及阀后的报警、联动工作状态是否正常进行检测，还可以对系统的供水能力（压力、流量）进行检测。

自动喷淋系统末端试水阀放水试验方法及检测内容：

一般检测要求：在系统末端试水阀处打开阀门，自水流出90s内，水流指示器、报警阀、压力开关、水力警铃、喷淋泵应及时动作并发出相应的信号，控制室的消防控制设备应接收发出的声、光报警信号并有各部位动作反馈信号显示。用秒表测试各部位动作时间。用声级计测量报警阀动作后，距水力警铃3m处声强值不低于70dB。

各类自动喷淋系统的具体及特殊检测要求：

(1) 湿式系统：用秒表测量自开启末端试水阀到水泵投入正常运行（即末端试水阀处压力达到0.05MPa）的时间不应超过3.5min。

(2) 干式系统、预作用系统：应检查电动阀的动作情况及反馈信号，检查快速排气阀的排气情况。用秒表测量自开启末端试水装置到水泵投入正常运行（即末端试水阀处压力达到 0.05MPa）的时间不应超过 3.5min。

自动喷淋系统报警阀放水试验方法及检测内容：

一般检测要求：首先关闭报警阀上方出水管上的信号阀，避免报警阀放水试验对管网产生影响。开启报警阀检测试验装置的试水阀门，观察水力警铃、压力开关是否及时动作，喷淋泵能否及时启动，控制室的消防控制设备是否发出声、光报警信号，并显示各部位动作状态。用秒表测试各部位动作时间。用声级计测量报警阀动作后，距水力警铃 3m 处声强值不低于 70dB。

试验完成后关闭检测试验装置的试水阀门，打开报警阀上方出水管上的信号阀，恢复报警阀至准工作状态。

各类自动喷淋系统报警阀的具体及特殊检测要求：

（1）湿式系统：打开检测试验装置的试水阀门后，湿式报警阀应及时动作，查看延时器是否排水，经延迟 5～90s 后，水力警铃应准确发出报警铃声，压力开关给消防联动控制器发出反馈信号并启动喷淋泵，控制室的消防控制设备应发出声、光报警信号并有各部位动作信号显示。

（2）干式系统、预作用系统：打开检测试验装置的试水阀门后，水力警铃应准确发出报警铃声，压力开关给消防联动控制器发出反馈信号并启动喷淋泵，控制室的消防控制设备应发出声、光报警信号并有各部位动作信号显示。

7）本条对消防系统倒流防止器提出了要求。除了条文中提到的有关倒流防止器的国家及行业标准以外，还有其他满足现行标准及规范要求的倒流防止器也可以在消防给水系统中采用，例如《中间腔空气隔断型倒流防止器》CJ/T 344—2010。

倒流防止器的压差会影响到利用市政水压的消防管网的实际供水压力，所以应定期对倒流防止器的压差进行检测，保证其满足消防管网的使用要求。倒流防止器的水头损失会随着管道流量变化而变化，所以对倒流防止器压差的检测应该在一定流速下测量才具有参考意义。

倒流防止器的压差检测方法：

对于不同类型的倒流防止器，具体的压力损失测试方法可以参照本条文列出的规范和标准的要求操作。

压差检测时的流量（流速）应该按照倒流防止器在火灾情况下的最大流量取值。

检测的压差数值超过设计规定数值时应及时对倒流防止器进行检查、清洗，再次检测。当压差值仍不能满足要求时应立即更换。

14.0.7　每季度应对消火栓进行一次外观和漏水检查，发现有不正常的消火栓应及时更换。

【要点说明】本条对消火栓的维护管理提出要求。

对室外消火栓应检查栓体外表油漆有无脱落、有无锈蚀、有无漏水，如有应及时修补。并应检查室外消火栓配套器材和标志的完整有效性。

对室内消火栓箱应检查消火栓箱及箱内装配的消防部件（消火栓、水枪、水带等）的外观有无损坏、消火栓有无漏水现象，如有损坏，应及时修复或更换。

对于消火栓除了应该定期检查，还应该加强日常的维护保养工作。

对室外消火栓应每季度进行一次检查保养，主要保养内容包括：使用专用扳手转动消火栓启闭杆，观察其灵活性，必要时应加注润滑油；用油纱布擦洗出水口螺纹上的锈迹，检查橡胶垫圈等密封件有无损坏、老化或丢失等情况。同时应随时清除消火栓井周围及井内可能积存的杂物；地下式消火栓入冬前应检查消火栓的防冻设施是否完好。每年开春后及入冬前对地上式消火栓逐一进行出水试验。定期检查消火栓前端阀门井是否完好、并处于全开状态。

对室内消火栓箱应每季度进行一次检查保养，主要保养内容包括：清洁箱体内外，检查消火栓箱门关闭是否正常，使消火栓箱体内的各组成设备保持清洁、干燥、防止锈蚀或损坏，保持消防按钮、指示灯及报警控制线路功能正常。将水带展开换边折叠卷好。消火栓手轮丝杆处以及消防水带卷盘等有转动的部位加注润滑油。

14.0.8　每季度应对消防水泵接合器的接口及附件进行一次检查，并应保证接口完好、无渗漏、闷盖齐全。

【要点说明】对消防水泵接合器的接口及附件应按规范要求定期检查，保证接口完好、无漏水、闷盖齐全。可用油纱布擦洗进水口防止出现锈迹，检查阀盖内橡胶圈是否完好。

《消水规》附录 G 对水泵接合器的维护管理工作除要求检查完好状况，还提出每年应做通水试验。

水泵接合器按如下试验方法做通水试验：

关闭消防水泵系统侧出水管道上的控制阀门，避免水泵接合器通水试验对管网产生影响。打开消防水泵的试验放水阀门。利用室外消火栓（有条件的可以联系所属消防支队利用消防水泵车加压供水演习）向水泵接合器供水，从消防水泵房内设置的消防水泵试验用的流量和压力测试装置上读数。

对于超高层建筑（高低区）中的高区消防水泵接合器，可以在预留的手抬泵吸水接口处安装流量和压力检测装置，同时将手抬泵吸水接口排水接至设备层消防转输水箱等位置，做好排水准备工作，防止试验用水外溢。联系所属消防支队利用消防水泵车加压供水演习，向水泵接合器供水，从流量和压力测试装置上读数。

消防水泵接合器的供水流量和压力损失应该满足使用要求。

附录 G 对水泵接合器的维护管理工作中要求"每月"检查完好状况，比《消水规》条文的"每季度"要求高，本文建议应以条文规定为准。

14.0.9　每年应对系统过滤器进行至少一次排渣，并应检查过滤器是否处于完好状态，当堵塞或损坏时应及时检修。

【要点说明】过滤器可以过滤介质中的机械杂质，可以对水中的铁锈、沙粒等固体颗粒进行过滤，保护管道上的配件免受磨损和堵塞，保护泵、阀的安全运行。所以条文要求应定期对系统中的过滤器进行维护保养。

排渣方法：应根据产品说明要求，对于带有排污丝堵的过滤器，按产品说明方法打开丝堵排污，排污结束后应对排污口进行冲洗，在将排污丝堵复位时应用油纱布擦洗丝堵及螺纹口防止出现锈迹。对不带排污丝堵的过滤器，则应根据产品说明方法拆卸滤网限位器和滤网，冲洗干净，在将滤网和滤网限位器复位前，应用油纱布擦洗连接件防止出现锈迹。

注意：每次排渣、维护、清洗前应将过滤器与带压管路系统隔离；清洗完毕，重新复位时要使用新的同规格密封垫，严禁继续使用原密封垫。

14.0.10 每年应检查消防水池、消防水箱等蓄水设施的结构材料是否完好，发现问题时应及时处理。

【要点说明】消防水池、消防水箱的结构材料损坏时，会影响消防水位，因此应定期检查。

14.0.11 建筑的使用性质功能或障碍物的改变，影响到消防给水及消火栓系统功能而需要进行修改时，应重新进行设计。

【要点说明】建筑的使用性质功能的改变，可能会影响到建筑对消防系统要求的改变，包括消防系统类型的增减、消防系统设计流量的变化、火灾延续时间的变化。所以当建筑的使用性质功能改变后，应重新复核建筑原有消防系统是否满足使用性质功能改变后的消防要求，如果不满足，需根据新的建筑性质功能重新设计。

建筑物的使用性质，功能改变应该根据相关规定重新设计、报审。上述工作应该由建筑物的产权单位落实，其内容已经超出一般维护管理范围。

建筑障碍物的改变可能有以下情况：

室内建筑分隔由于装修设计作出调整，可能影响室内消火栓的扑救路径，可能使室内消火栓处于非公共空间等，这种情况必须对消火栓系统进行重新设计。

室外景观设计对室外场地调整，可能会对室外消防通道，消防车登高操作场地等产生影响，这种情况必须对室外消火栓，消防水泵接合器等的服务范围和路径进行复核，如有影响应重新设计。

14.0.12 消火栓、消防水泵接合器、消防水泵房、消防水泵、减压阀、报警阀和阀门等，应有明确的标识。

【要点说明】室外消火栓、水泵接合器等消防设施：地上式采用红底白字喷涂。地下式采用标牌标明。分区设置的应标明所管分区。

消防水泵房门上部应设置明显的名称标牌。消防水泵、减压阀、报警阀和阀门等标识牌应为红底白字。主要消防设施设置管理铭牌标牌，明确管理责任人；消防水泵有注明系统名称和编号的标志牌；报警阀标牌应有所管楼号、楼层范围信息；阀门处还应标明常开常闭状态、水流方向等内容。

14.0.13 消防给水及消火栓系统应有产权单位负责管理，并应使系统处于随时满足消防的需求和安全状态。

【要点说明】建筑物的产权单位对建筑物的消防设施负有管理、维护责任，应保证消防系统随时满足消防的需求和安全状态。

对于同一建筑物有两个以上产权、使用单位的，应明确建筑消防设施的维护管理责任，对建筑消防设施实行统一管理，并以合同方式约定各自的权利义务。

为实现上述要求，建筑物的产权单位可以自行管理，也可以委托具有相关资质的单位负责管理。不论采用何种方式，均应满足以下要求：

消防系统的管理单位都应明确建筑消防设施的维护管理归口部门、管理人员及其工作职责、建立建筑消防设施值班、巡查、检测、维修、保养、建档等制度，确保建筑消防设施正常运行。

建筑消防设施维护管理单位应与消防设备生产厂家、消防设施施工安装企业等有维修、保养能力的单位签订消防设施维修、保养合同。维护管理单位自身有维修、保养能力的，应明确维修、保养职能部门和人员。

建筑消防设施投入使用后，应处于正常工作状态。建筑消防设施的电源开关、管道阀门，均应处于正常运行位置，并标示开、关状态；对需要保持常开或常闭状态的阀门，应采取铅封、标识等限位措施；对具有信号反馈功能的阀门，其状态信号应反馈到消防控制室。

不应擅自关停消防设施。值班、巡查、检测时发现故障，应及时组织修复。因故障维修等原因需要暂时停用消防系统时，应有确保消防安全的有效措施，并经单位消防安全责任人批准。

对于消防系统设备运行方面可能出现的故障，应制定消防系统故障应急预案和消防系统故障处理流程。确保消防系统发生故障和事故后，能够正确应对，把故障、事故影响范围控制最小，及时处理，在较短时间内恢复系统正常工作。

14.0.14 永久性地表水天然水源消防取水口应有防止水生生物繁殖的管理技术措施。

【要点说明】地表天然水源含可溶性物质（如盐类、可溶性有机物和可溶气体等）、胶体物质（如硅胶、腐殖酸、黏土矿物胶体物质等）和悬浮物（如黏土、水生生物、泥沙、细菌、藻类等）。其中水生生物和藻类等可能会在取水口部大量繁殖，如果不采取有效的管理技术措施，很有可能会阻塞取水口部，导致消防水泵无法吸水。特别是位于湖水及水库水中的取水口，由于水体流动性差，水生生物更加容易在取水口部大量繁殖，所以对于永久性地表水天然水源消防取水口一定要有防止水生生物繁殖的管理技术措施。

对于永久性的地表水天然水源取水口，应该根据水源的水质特点，依据试验选择合适的化学及物理方法来防止水生生物繁殖。常用的预防水生生物繁殖的化学措施包括投加消毒剂、氧化剂等，如高锰酸钾、液氯、次氯酸钠等。投加药品不应对水环境造成危害，投加量应根据生物生长情况，经过试验确定。投加方式应该为连续投加，特别是水生生物容易大量繁殖的季节，应根据试验结果适当增大剂量确保其不在取水口附近繁殖。此外还可以根据水生生物的体型特点，设置物理隔离的方式，比如格栅、格网、隔离罩等，设置于取水口处，其尺寸应能够在取水口附近较安全的范围内进行物理隔离，防止其生长。隔离措施还应考虑水位波动影响，防止生物翻越隔离格网。一般情况下建议两种方式相结合，同时采用。

14.0.15 消防给水及消火栓系统发生故障，需停水进行修理前，应向主管值班人员报告，并应取得维护负责人的同意，同时应临场监督，应在采取防范措施后再动工。

【要点说明】建筑消防设施投入使用后应保证其随时处于正常运行或准工作状态，不得擅自断电停运或长期带故障工作。因故障、维修等原因，需要暂时停用系统时，应当得到建筑消防设施的管理单位的消防安全责任人的批准。系统停用时间超过24h的，在消防安全责任人批准的同时，应当报当地公安机关消防机构备案，并采取有效措施确保安全。在消防系统停用维修期间，消防安全责任人应临场监督维修工作的进行和消防系统停运期间的安全防范措施的落实。建筑消防设施的管理单位应制定消防给水及消火栓系统故障维修的申报、审批、维修流程与应急预案。

14.3　问题解答

问 1：为何建筑的使用性质功能或障碍物的改变，影响到消防给水及消火栓系统功能而需要进行修改时，应重新进行设计？

答：建筑的使用性质功能或障碍物的改变同样可能会对自动喷淋，固定消防炮，大空间智能灭火装置等消防系统功能的正常发挥产生影响。因此当建筑的使用性质功能或障碍物的改变时，应对建筑原有的消防给水及消防系统进行全面的复核，当原设计系统不能满足现有的建筑使用性质功能或障碍物改变时，应重新进行设计。

14.4　延伸思考

思考 1：每年应对天然河湖等地表水消防水源的常水位、最低水位、最高水位和出水量等进行一次测定。

分析：选用天然河流湖泊地表水作为消防水源时，应到该水体所属的水利、河道管理部门获得该河道的常水位、不同频次下的最低水位和最高水位（如30年一遇、50年一遇、100年一遇）和相应频次下的径流量，根据消防的安全性需要选择相应的设计最高水位、最低水位。上文提到的常水位、最低水位、最高水位和出水量都是指由水利部门颁布的权威的水文统计值，对于工程实际具有指导意义。

由于一般水文资料的测定有专门标准和要求，难度较大，一般建筑消防设施的管理单位难以具备测定能力。同时单次测得的水文数值属于离散的水文实测原始资料，不能作为基础数据用于工程实践，只有经过水利部门审核、查证、按照统一的标准和规格整理后权威发布的水文统计值才能用于工程实践。所以规范所说的"测定"应该理解为向水利部门"核查"相关数据为宜。

思考 2：每年应对水井等地下水消防水源的常水位、最低水位、最高水位和出水量等进行一次测定。

分析：水井水位一般包括静水位（也称天然水位）和动水位。静水位是指抽水前井孔中的稳定地下水位；动水位是指抽水试验过程中井孔内某一时刻的水位，不称常水位、最低水位、最高水位。《消水规》在此对水井水位的描述不准确。

思考 3：每日应对柴油机消防水泵的启动电池的电量进行检测，每周应检查储油箱的储油量，每月应手动启动柴油机消防水泵运行一次。

分析：柴油机消防水泵的驱动动力和电动水泵驱动动力截然不同，柴油机消防泵在结构上比电动水泵复杂得多，因此它们的日常维护和管理也有很多不同之处。

除了经常性检查蓄电池电量，储油箱燃油量以外，还应定期检查以下内容：

检查油底壳中机油平面：观察油面是否达到机油标尺上的刻线标记，不足时应加到规定量，但不能超过标尺刻线的上限。

检查喷油泵调速器机油平面：如果未达到规定的刻线标记，应添足机油。

检查水泵的注油点内是否有充足润滑油脂：把柴油机循环水泵上的注油嘴卸下来，观察里面的润滑油脂是否充足，如不足，应用油枪向里面注入充足润滑油脂。

检查水箱中的水是否充足：发现水箱中的水不足应及时补充，加入的水应为清洁的淡水，如自来水。当地下水硬度较高时，如果直接用地下水，容易在水箱内形成水垢，影响冷却效果而造成故障，因此，地下水软化后方可使用。在北方（环境温度低于零度），必须根据当地的最低温度配置适当凝点的防冻液。

检查喷油泵传动连接盘：检查连接螺钉是否松动，如果松动，应重新校正喷油提前角，并拧紧连接螺钉。

清洁柴油机及附属设备外表：用干布或浸柴油的抹布揩去机身、涡轮增压器、气缸盖罩壳、空气滤清器等表面上的油渍、水和尘埃；揩净或用压缩空气吹净充电发电机、散热器、风扇等表面的尘埃。

思考4：每年应对减压阀的流量和压力进行一次试验。

分析：对于减压阀组除了应该按规范要求定期试验检查，还应该加强日常的维护保养工作。

减压阀组的过滤器应定期检查、清洗，对于有些可调式（弹簧式、薄膜式）减压阀，其主阀或者导阀自身设置的过滤器，同样需要定期拆洗滤芯。

应定期排除管道中的积气，操作方法为反复多次开启设置在减压阀组两侧压力表的放气旋塞。

定期检查减压阀组外部附件是否完好，保持阀体清洁。对于某些种类减压阀组，其阀体上有吸气孔，在维护管理时应留意保持其通畅。

拆洗清洗阀体，或者更换密封件，修理拆装减压原件时应该使用木榔头和木柄，小心拆卸阀内部件，不应采用金属棒、硬梗等撬动阀体部件。重新安装时应注意安装方向与阀门上流向指示保持一致。

减压阀常见故障分析及维护：①介质直通阀组，表现为阀前、阀后压力数值接近。该故障可能为减压阀内活塞卡住或者膜片损坏导致，需要清除缸套和活塞间污物或者更换新膜片。②介质无法通过或通过量非常小，此种情形一般都为通道堵塞，需清除通道污物。③阀后压力无法调节，则可能为调节弹簧劳损，需更换合适的弹簧。

附录 企业简介

一、江苏铭星供水设备有限公司

江苏铭星供水设备有限公司为一家专业从事供水设备的生产经营企业，创立于1998年，原名建湖县新星不锈钢有限公司，2006年转型为生产型的民营企业，2014年由盐城铭星供水设备有限公司增资升级为江苏铭星供水设备生产企业，公司注册资本5018万元，厂房总面积32600万多平方米。公司主要生产不锈钢水箱、油水分离器、消防供水设备、生活供水设备、雨水收集系统等，生产规模列全国之最。

公司坚持创新驱动发展，致力打造占据竞争制高点的关键核心技术，不断推动产业层次向高端迈进。先后与上海、南京多地国家重点科研院所建立长期协作联盟，成立研发中心，引进专业技术型人才，搭建产、学、研一体化开发平台。公司不断优化革新生产工艺，生产工艺领先全国同类行业水平，拉开与同类企业竞争档次。

公司坚持以产品质量为龙头，强化措施，不断推进内部管理水平的提高。通过了ISO9001质量管理体系、ISO14000环境管理体系及OHSAS职业健康安全体系三大认证。所有产品均获得了全国工业产品生产许可证。企业被评为江苏省民营科技企业。创新为铭星提供了不竭的动力，企业步入到一个快速健康发展轨道。铭星也从供水设备单一业态走了出来，逐步形成集供水设备、房地产，现代农业生态园等多种业态齐头并进的格局。2016年，铭星旗下的建湖盈佳房地产公司实现税收2435万元，进入全市100强，全县第5强行列。

铭星的昨天已成过去，铭星的今天没有松懈，铭星的明天不可限量。"路漫漫其修远兮，吾将上下而求索"，铭星人竭智尽力，奋发图强，铭星人有理由迎来一个更加光明美好的未来！

选择铭星，选择明天。

主营项目：

1. 抗浮式地埋箱泵一体化泵站：

简介：抗浮式地埋箱泵一体化泵站由装配式水箱和整体式泵房组装而成。底部钢筋混凝土整板基础与泵站侧板连接成一体，消除地下水浮力对底板作用的同时省去箱体底板安装环节，既解决了原结构箱体底板渗漏以及施工工期长的问题，又节约了原材料与人力成本。本系统泵房是独立设置，可以根据客户需求整合多种功能于一体。

2. 箱泵一体化消防增压稳压设备：

简介：本产品是为了解决临时高压消防给水系统之高位消防水箱设置高度无法满足该系统最不利点静水压力要求的问题，设计编制的消防专用箱泵一体化消防稳压设备。其由不锈钢或复合水箱、泵房、吸水槽、旋流防止器、隔膜式气压罐、水泵、电控箱、仪表、管道及附件等组成。该设备水箱设计容量为初期消防用水量。

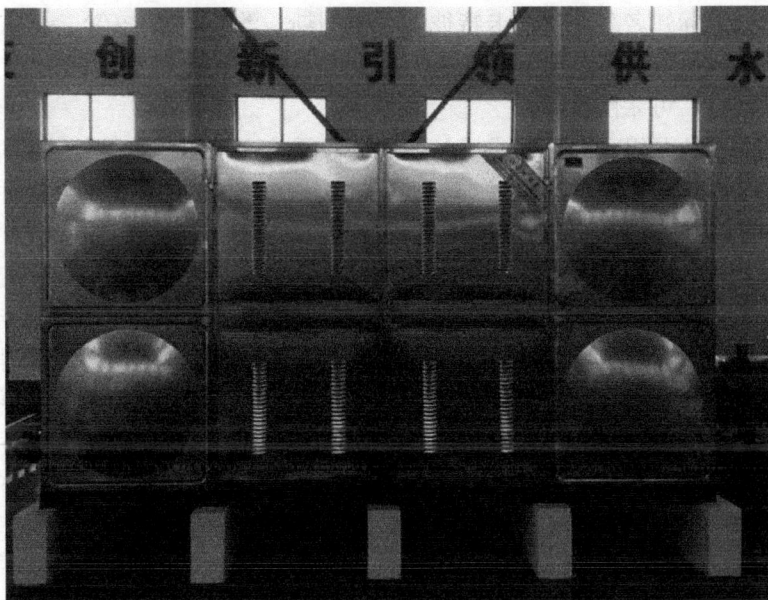

（铭星网址：HTTP://WWW.CHINAMX.CC，服务热线：400-6767228）

二、南京尤孚泵业有限公司

尤孚是一家全球化的水泵和水系统制造商，总部位于美国华盛顿州，目前全球有 5 大生产基地，分别位于意大利（2 家）、日本、中国台湾和中国南京。

尤孚全球研发中心位于美国，依托美国流体机械方面充足的人才储备，使得尤孚水泵产品的水力性能位居世界领先地位。

尤孚消防泵组产品，完全符合中国《消防泵》及《消水规》等标准，产品经国家消防装备质量监督检验中心测试，取得 3C 强制性认证，并通过美国 FM 认证，可放心应用于消防领域。其流量和扬程按设计要求进行选择。

尤孚消防泵组产品完全达到关闭点扬程不大于 140% 额定扬程，150% 流量时扬程不小于 0.65 额定点扬程。性能曲线优良，70% 以上的消防泵产品运行效率达到 85%，居国内领先地位。同时具有自吸功能，不设底阀，许用汽蚀余量高 [NPSH]。还具有独立的油润滑系统，能长时间干转而不会烧泵。有机械密封、填料密封可选。

尤孚消防泵组产品主要有：立式多级消防泵组（UFM 系列）、立式单级消防泵组（UFG 系列）、单级双吸消防泵组（UFD 系列）、卧式单级消防泵组（UFH 系列）、潜水消防泵组（UFQ 系列）、深井消防泵组（UFS 系列）。

尤孚消防泵组，材质可选范围广，除了常规的铸铁材质，可为用户提供 304 不锈钢、316 不锈钢等材质，可适用于不同水质（如含沙量高及海水）

电动机选用国际知名品牌（如 ABB、Siemens 等），可提供高压电机（如 3kV、6kV、10kV 等），降低输电成本。内置加热带，能有效防止因泵房湿度高，长时间不工作而导致电机线圈发霉、绝缘下降等问题。

柴油机选用国际知名品牌（如卡特彼勒、康明斯、潍柴、锡柴等）。具有重量轻，效率高、油耗小、噪声低等特点。可选用高压共轨（Common Rail）电喷供油、涡轮增压等配置。提高节能性，可靠性。

尤孚提供的消防泵组已经完全成橇，到现场只需接通电源、连接管路便可进行联调，大大节省了安装、调试的时间及费用。随机配有完整的中英文说明、指导文件，并提供现场交底、培训，是真正的交钥匙工程。

尤孚在收集了大量客户需求的基础上开发设计了消防供水系统的控制系统，能实现发动机消防水泵机组的自动开机、停机、数据测量、报警保护功能。控制器还具有CANBUS（SAE J1939）接口，可控制各种电喷或非电喷发动机水泵。控制器采用大屏幕液晶（LCD）图形显示器，可显示中文、英文及其他多种语言，发动机和水泵的工作参量均能在屏幕上直观显示，操作简单，运行可靠。采用 32 位 ARM 微处理器技术，实现了多种参数的精密测量、定值调节以及定时、阈值整定等功能，绝大部分参数可从控制器前面板调整，所有参数可使用 PC 端通过 USB 接口调整。其结构紧凑、接线简单、可靠性高。

尤孚依靠结实的技术力量，可接受客户的非标定制，完全按照客户的要求设计制作。能在经济性、降低噪声、特殊控制等方面进行个性化设计，最大程度地满足客户的需求。

详情请访问尤孚官网 www.u-flo.cn，24 小时营销服务热线：400-100-8486，欢迎来电咨
询洽谈。

XBD-UFD

XBD-UFH（C）

XBC-UFD

XBD-UFM

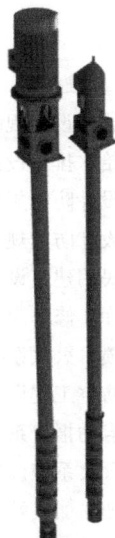
XBD-UFS

消防稳压泵

消防泵组

参 考 文 献

规范、标准类：

《室外给水设计规范》GB 50013—2006

《建筑给水排水设计规范》GB 50015—2003（2009 年版）

《建筑设计防火规范》GB 50016—2014

《建筑设计防火规范》GB 50016—2006

《高层民用建筑设计防火规范》GB 50045（2005 版）

《汽车库、修车库、停车场设计防火规范》GB 50067—2014

《自动喷水灭火系统设计规范》GB 50084—2001

《人民防空工程设计防火规范》GB 50098—2009

《火灾自动报警系统设计规范》GB 50116—2013

《泡沫灭火系统设计规范》GB 50151—2010

《汽车加油加气站设计与施工规范》GB 50156—2002

《石油化工企业设计防火规范》GB 50160—2008

《石油天然气工程设计规范》GB 50183—2004

《水喷雾灭火系统技术规范》GB 50219—2014

《建筑给水排水及采暖工程施工质量验收规范》GB 50242—2002

《自动喷水灭火系统施工及验收规范》GB 50261—2005

《泡沫灭火系统施工及验收规范》GB 50281—2006

《建筑工程施工质量验收统一标准》GB 50300—2013

《建筑中水设计规范》GB 50336—2002

《民用建筑设计通则》GB 50352—2005

《固定消防炮灭火系统设计规范》GB 50338—2003

《城镇给水排水技术规范》GB 50788—2012

《细水雾灭火系统技术规范》GB 50898—2013

《消防给水及消火栓系统技术规范》GB 50974—2014

《城市消防站设计规范》GB 51054—2014

《建筑消防设施的维护管理》GB 25201—2010

《高温作业分级》GB/T 4200—2008

《绿色工业建筑评价技术细则》GB/T 50878—2014

《消防泵》GB 6245—2006

《消火栓箱》GB 14561—2003

《消防软管卷盘》GB 15090—2005

《火灾联动控制系统》GB 16806—2006

《低压开关设备和控制设备　固定式消防泵驱动器的控制器》GB/T 21208—2007

《消防控制室通用技术要求》GB 25506—2010

《固定消防供水设备　第 2 部分：消防自动恒压给水设备》GB 27898．2—2011

《埋地聚乙烯给水管道工程技术规程》CJJ 101—2004

中华人民共和国公共安全行业标准《轻便消防水龙》GA 180—1998

中华人民共和国环境保护行业标准《地下水环境监测技术规范》HJ/T 164—2004

《建筑给水减压阀应用技术规程》CECS 109：2013

《自动消防炮灭火系统技术规程》CECS 245：2008

《大空间智能型主动喷水灭火系统技术规程》CECS 263：2009

上海市工程建设规范《民用建筑水灭火系统设计规程》DGJ08—94—2007

《常用小型仪表及特种阀门选用安装》01SS105

国家建筑标准设计标准图《建筑排水设备附件选用安装》04S301

《建筑设计防火规范》图示 13J811—1 改

《火灾自动报警系统设计规范》图示 14X505—1

书籍、论文类：

中华人民共和国安全生产法，全国人民代表大会常务委员会，法律出版社，2014.

《消防给水及消火栓系统技术规范》GB 50974—2014 解读及应用，赵国平，张慧玲，中国建筑工业出版社，2015.

民用建筑节能条例，中华人民共和国国务院令，中国建筑工业出版社，2008.

房屋建筑学　第四版，同济大学等四高校合编，中国建工出版社，2005.9.

房屋建筑学　第四版，李必瑜，王雪松，武汉理工大学出版，2012.6.

建筑工程评估基础，中国资产评估协会编，中国财政经济出版社，2012.4.

城市工程系统规划　第二版，戴慎志，中国建筑工业出版社，2008.

中华人民共和国消防法，全国人民代表大会常务委员会，中国法制出版社，2008.

房屋建筑学，聂宏达，郄恩田，北京大学出版社，2007.

建设工程造价管理，徐锡权，刘永坤，孙家庭，中国海洋大学出版社，2010.

市政学，张旭霞，中国人民大学出版社，2012.

市政学，陈炳水，中国环境科学出版社，2010.

市政公用工程管理与实务　第二版，全国一级建造师职业资格考试用书编写委员会，中国建工出版社，2010.

中华人民共和国消防法，国务院法制办公室，中国法制出版社，2010.

中华人民共和国防震减灾法，全国人民代表大会常务委员会，中国法制出版社，2008.

给水排水全国民用建筑工程设计技术措施（2009），贾苇，赵锂，住房和城乡建设部工程质量安全监管司，2009.

浅议消防产品的形式认可管理制度，钟惠芬，张刚，陈江育，安防科技，2003（8）.

事故状态下储油库水体污染的预防与控制，丁毅，李兴春，油气田环境保护，2011（12）.

石油化工企业事故污染废水收集探讨，解铮，给水排水，2013（S1）.

谈《消防给水及消火栓系统技术规范》中的静水压力和动水压力，康丽，给水排水，2015，41（5）.

消防给水及消火栓系统工程技术与发展，黄晓家，给水排水，2010，36（8）.

消防泵机械应急启动装置探讨，徐建兵，李慧，建筑电气，2015，第三期，总第208期（第34卷）.

工业事故后如何应对次生污染，张家伟，郭洋，唐志强，新华网，2015-8-17.

中国的消防产品的准入制度与质量认证工作（公安部消防局讲义），杜兰萍，2004.

后记一：对《消水规》的思考

姜文源　金　雷

一、消火栓系统专用标准的从无到有

消防专业的工程建设标准即消防规范，在工程建设标准体系表中可分为三个层次：

• **基础标准**，消防专业为进行工程建设标准化工作而必需的基础标准，如消防术语标准；

• **通用标准**，涉及面多、覆盖面广，条文规定相对原则性的大规范，如《建筑设计防火规范》GB 50016—2014（以下简称新版《建规》）、《高层民用建筑设计防火规范》GB 50045（以下简称《高规》）等；

• **专用标准**，又分两类，一类按灭火系统分类，往往是一种灭火系统一本规范，如规定自动喷水灭火系统的《自动喷水灭火系统设计规范》GB 50084（以下简称《喷规》）、规定水喷雾灭火系统的《水喷雾灭火系统设计规范》GB 50219—2014（以下简称《水喷雾规范》）等。另一类是按建筑性质或按行业分类。

每一种灭火系统都有一本专用标准，如自动喷水灭火系统、水喷雾灭火系统、细水雾灭火系统、消防炮灭火系统、泡沫灭火系统、气体灭火系统等，唯独消火栓系统没有专用标准，原由是在旧版《建筑设计防火规范》GB 50016—2006（以下简称旧版《建规》）和《高规》中对消火栓系统有条文规定。旧版《建规》和《高规》虽说都有消火栓系统的内容，但存在以下问题：

1）不少条文规定是重复的。

2）有的问题在两本规范中并没有条文具体规定，因为这两本规范都是综合性规范，包括总图、建筑、结构、给水排水、暖通、电气、自动化等多个专业，不仅篇幅有限制，还有各专业横向平衡问题，有的技术问题不能充分展开，如《高规》只规定了稳压泵的流量，未规定稳压泵的扬程和备用泵的设置；旧版《建规》既没有规定稳压泵的流量，也没有规定稳压泵的扬程和备用泵的设置。

3）必须指出，旧版《建规》强调了"外救"的特点，而《高规》则强调了"自救"的特点，因此对于供水设施和灭火设施，两本规范按照各自的特点分别作出具体规定。如高位消防水箱的容积、消防水泵接合器的设置等，旧版《建规》的设置标准高于《高规》；高位消防水箱的设置高度、消防水泵的设置、消防水泵备用泵的设置等，《高规》的设置标准高于旧版《建规》。两本规范在许多方面是有区别的，这个区别我们认为是合理的。

4）两本规范也存在本该一致而实际条文规定不一致的情况，如消防电梯前室的消火栓是否可计入同层消火栓总数的问题，旧版《建规》在条文说明中明确说"不计入"，《高规》则把"不计入"从条文中作了删除。

前言已有介绍，从 20 世纪 60 年代初我国开始有我国自己制订消防规范起，至 21 世纪为止，消火栓系统的专用标准空白的客观情况一直延续，大家对此也习以为常。导火索是 2003 版《建筑给水排水设计规范》GB 50015—2003（以下简称《建水规范》）的修订和实施，删除了全部有关生产给水和消防给水的条款。导致消防给水水力计算变成无据可依，工程设计人员反响极为强烈，意见反映至原建设部和公安部有关主管部门，于是有关主管部门于 2006 年正式下达《消水规》制订任务。《消水规》的制定工作从 2006 年起至 2014 年，经过的两次立项，历时八年，终付诸实施。

根据《消水规》原制订说明，编制组做了以下工作："编制组遵照国家有关基本建设方针和'预防为主、防消结合'的消防工作方针，服务经济社会发展，进行了广泛的调查研究，总结了我国消防给水及消火栓系统研究、制造、设计和维护管理的科研成果及工程实践经验，广泛征求了有关设计、施工、研究、制造、教学、消防监督等部门和单位的意见，参考了国外先进标准，最后经审查定稿。"

具体工作在制订说明中曾有以下介绍："在本规范制订过程中，编制组先后到国内 6 省市调研，取得火灾统计和火灾扑救技术数据，为规范的制定提供了技术支持；编制组召开了三次工作会议，六次小型研讨会，通过全国征求意见，就相关技术进行了广泛深入研讨并达成共识；在此期间，北京、上海、辽宁、河南、吉林、山东、宁夏、甘肃、内蒙古公安消防总队和本溪市、焦作市、沈阳市、大连市、吉林市、辽源市、德州市、济南市、烟台市、青岛市、银川市、兰州市、呼和浩特市、鄂尔多斯市公安消防局等公安消防部门，以及有关设计、研究、生产单位和专家给予了多方面的大力支持。"

毋庸置疑，对于编制组所进行的工作应予以充分的肯定。

二、《消水规》的主要特点和技术内容

制订完成的《消水规》报批稿，于 2014 年 1 月 29 日经中华人民共和国住房和城乡建设部正式批准，并以第 312 号公告于 2014 年 1 月 29 日发布，2014 年 10 月 1 日实施。

这本规范具有以下特点：

1) 第一本涉及所有水灭火系统的消防给水规范；

2) 第一本专门规定消火栓系统的规范；

3) 较早出台的消防技术规范，内容包括设计、施工和验收三个方面；

4) 第一本由设计院主编的消防国家规范，由于工程设计人员熟悉工程、熟悉设计，一般认为在条文的可操作性方面应该更加可行；

5) 编制组力量雄厚，共有 28 位专家，其中有消防主管部门、国内主要消防研究所、主要消防总队的代表；有设计院（建筑设计院、工业设计院）代表；有著名生产企业代表。各单位派选的技术人员很多是国内著名专家，包括设计大师、教授级高工、消防和给水排水学术组织的领军人物等。

《消水规》制订工作的主要技术内容，根据《消水规》原制订说明包括以下项目：

1) 补充完善消防给水及消火栓系统的有关术语；

2) 仓库和民用建筑按火灾起数根据建筑面积的规模进行调整，当建筑面积等于大于 50 万 m^2 时按两起火灾计算；

3) 对城市消防给水设计流量进行修正，按基础流量为 15L/s 进行累加，但最大值仍然按 100L/s 计；

4) 建筑物室外消火栓设计流量统一按体积规模确定；建筑物室外消火栓最低设计流量调整为 15L/s，并根据火灾危险性调整相关数据；补充完善了室外变压器和空压站等工业建筑的室外消火栓设计流量；根据火灾危险性增加了丙类厂房和仓库的室内消火栓设计流量；

5）增加防火分隔水幕和防护冷却水幕的火灾延续时间按等效替代的原则确定时间；

6）增加消防水源的相关内容，提出消防水源的水质，补充了市政供水、消防水池、天然水源作为消防水源的技术规定，增加了当消防水池采用两路供水且在火灾情况下连续补水能满足消防要求时，消防水池的有效容积应根据计算确定，但不应小于 $100m^3$，当仅设有消火栓系统时不应小于 $50m^3$ 的规定；

7）增加了离心消防泵、柴油机泵、轴流深井泵等选择应用和设计等技术要求，以及水泵流量和压力检测要求，水泵小流量过热保护技术措施要求等；

8）调整了高位消防水箱的有效容积和设置高度，并规定了高位消防水箱出水管管径应满足消防给水设计流量的出水要求，且不应小于 $DN100$ 的技术要求；提出了露天设置高位消防水箱的安全要求；

9）基于消防给水系统功能要求，提出了消防给水系统稳压泵确定原则和技术参数；

10）提出了消防水泵房设计和安全要求，以及水泵出水管道水锤计算公式；

11）补充完善了消防给水方式和分区供水方式的选择应用原则和技术要求，并提出了消防给水系统最大工作压力不应大于 2.40MPa 的规定，统一了自动喷水灭火系统和消火栓系统的分区压力值为工作压力不应大于 1.2MPa；

12）补充完善了消火栓系统的选择应用原则、提出了干式消火栓系统的充水时间不应大于 5min，规定了干式系统快开阀门的选择和技术参数；修正了市政或室外消火栓给水管网的压力要求，平时压力不应低于 0.14MPa，消防时压力不应低于 0.10MPa；增加了消防水鹤的设置规定，提出了工艺装置和罐区等室外消火栓无法覆盖的区域应设置固定消防炮；规定了消防给水入户引入管设置减压型倒流防止器时，应在减压型倒流防止器前设置一个室外消火栓；修订了室内消火栓的设置位置，补充了室内消火栓宜设置在楼梯间和休息平台等要求；修正了室内消火栓的最低压力值不应小于 0.25MPa 和最高压力值不应大于 0.50MPa，但当大于 0.70MPa 时应设置减压装置；

13）补充完善了消防给水系统管网的相关内容，增加了消防给水系统设计压力的确定原则，以及管道的设计内容；增加了阀门选择原则和设计内容、管网自动排气阀、水锤消除器、减压阀等的设置要求，规定了减压型倒流防止器必须设置的清洁且不被水淹没的场所；

14）增加了消防排水的内容，提出了普通场所和有毒有害场所消防排水的技术要求；

15）增加了消防给水及消火栓系统水力计算的相关内容；

16）增加了消防给水及消火栓系统的控制和操作的相关内容；

17）增加了消防给水及消火栓系统施工、调试、验收和维护管理的相关内容。

除了提及的 17 项以外，《消水规》关于消防水泵接合器、消防软管卷盘、共用系统范围、市政消火栓等也有较大的变动和调整。《消水规》的报批稿在几经修改后，现有正式条文与原制订说明也有所区别。

三、《消水规》应予肯定的方面

《消水规》是单独为消防给水及消火栓系统而编制的专用标准，主要涉及给水排水专业，因此内容可以充分展开，有较多的篇幅、较多的条文规定较多的内容，整个规范共有14 章，条文 364 条，强制性条文 41 条。以下方面应予以肯定：

1）增加了一些消防规范应该规定，但在以前的消防规范中未予规定的内容（以下按章节排序），如：

（1）补充完善消防给水及消火栓系统的有关术语。

（2）增加了丙类厂房和仓库的室内消火栓设计流量。

（3）增加防火分隔水幕和防护冷却水幕的火灾延续时间按等效替代的原则确定。

（4）增加消防水源的相关内容。

（5）建筑消防给水系统的组成。

（6）规定固定冷却系统的火灾延续时间。

（7）补充了市政供水、消防水池、天然水源作为消防水源的技术规定，明确消防备用水源。

（8）增加高位消防水池的内容。

（9）增加两路供水的条件及应用。

（10）增加了离心消防泵、柴油机泵、轴流深井泵等选择应用和设计等技术要求。

（11）规定消防水泵吸水管、出水管和阀门设置、流量和压力测试装置。

（12）调整了高位消防水箱的有效容积和设置高度。

（13）提出了消防给水系统稳压泵确定原则和技术参数，包括稳压泵功能要求、稳压泵设计压力、稳压泵备用泵等。

（14）明确消防共用系统的范围。

（15）提出了消防水泵房设计和安全要求。

（16）补充完善了消防给水方式和分区供水方式的选择应用原则和技术要求，转输水箱有效储水容积规定。

（17）补充完善了消火栓系统的选择应用原则，增加了消防水鹤的设置规定。

（18）提出了干式消火栓系统的充水时间。

（19）修正了市政或室外消火栓给水管网的压力要求。

（20）修订了室内消火栓的设置位置。

（21）增加了消防给水系统设计压力的确定原则。

（22）增加了阀门选择原则和设计内容。

（23）增加了消防排水的内容。

（24）增加了消防给水及消火栓系统水力计算的相关内容，停泵水锤压力计算。

（25）增加了消防给水及消火栓系统的控制和操作的相关内容，增加消防水泵停泵规定。

（26）增加了消防给水及消火栓系统施工、调试、验收和维护管理的相关内容。

2）原消防规范有规定，但不够具体，《消水规》作了必要的完善和补充，如：

➢ 高层建筑超过当地消防车工作能力的楼层的增压供水方式。

➢ 消防电梯前室室内消火栓计不计入同层消火栓总数。

➢ 室外给水管网最小压力。

3）原规范规定不尽合理，《消水规》作了合理调整，如：

（1）喷淋系统工作压力；

（2）取消消防水枪充实水柱为7m的规定。

4）与原规范规定不尽相同，但不确定谁对谁错的条文，如：

消火栓系统自动启动要求。

5）有的条文规定在细节问题上交待相当到位，如：

（1）市政消火栓的布置（明确在绿地和人行道上）；

（2）消防水池的分设规定（总容积）。

6）既有性能化条文，又有处方式的条文规定

四、《消水规》尚存的主要问题

1）对国外标准的规定全盘引用，未区分不同国家的不同国情，如：

示例一：消火栓栓口最高压力 0.70MPa 需减压的规定，《消水规》第 7.4.12 条第 1 款如下：

7.4.12 室内消火栓栓口压力和消防水枪充实水柱，应符合下列规定：

1 消火栓栓口动压力不应大于 0.50MPa；当大于 0.70MPa 时必须设置减压装置；

……

【思考】消火栓栓口压力上限值规定理由主要有两个：一是便于水枪的掌控；二是减少超流量问题，以便消防用水量的合理使用。在本条对应的条文说明里，也给出了技术参数选定的理由，并列举了国外的一些栓口压力规定数值，比如：日本规定 1 号消火栓（公称直径 50 相当于我国 DN50）栓口压力为 0.17～0.70MPa；美国规定 65mm 消火栓栓口压力为 0.70MPa 等。

国外将消火栓栓口压力上限值规定为 0.70MPa 的原因，一是高压供水；二是消防水枪采用减压水枪，水枪操作者一手握控水枪，一手理顺水带；三是无消火栓箱，故无水枪丢失之虑。但中国情况不同，国内消防水枪采用直流水枪，当栓口压力一高，水枪就无法掌控，0.50MPa 就需要减压，若大于 0.70MPa 更无法掌控直流水枪。我国消火栓箱一般不配置减压水枪，原因是其价格贵远高于直流水枪，且减压水枪在消火栓箱易丢失。所以减压水枪在我国一般只用于消防车配置，故此我国消火栓栓口压力不能高，否则直流水枪难以操持，难以对准着火面，难以灭火；同时偏高的压力也导致消火栓出水量大幅提升。

消火栓处的水压力超过 50m 水柱时，由于水枪的反作用力因素，单人难以操作，为便于有效地使用室内消火栓上的水枪扑救火灾，当消火栓的水压力超过 50m 水柱时，应采取减压设施，但应确保水枪有必要的有效射程，减压后消火栓处的压力不应小于 25m 水柱。

该条条文规定栓口动压力不应大于 0.50MPa，即大于 0.50MPa 就应采取措施；而随后又规定当大于 0.70MPa 时则必须设置减压装置，若按照后一句规定，栓口动压不大于 0.70MPa，可不采取措施，可见，两者规定是有矛盾的。

对这个疑问曾请教过主编，主编解释说：0.50～0.70MPa 之间可采取减压水枪解决。该解释亦存疑，原因是当年上海通用汽车公司等一批工程曾采用室内外稳高压系统，消防主泵工作压力 1.0MPa，稳压泵为主泵扬程 1.2 倍，即 1.2MPa。管网系统一充水后试压，弯头、三通部位承插口连接处出现脱开，工程验收时一支水枪要三个武警战士才能拿得住，此后减压水枪的研发便着手开始。减压水枪射流试验在上海高桥水暖设备公司进行，上海消防局建审处、技术处、验收处的领导都亲临现场，试验证明减压水枪在 0.50～1.40MPa 都可减压减至 0.30MPa，而条文规定 0.70MPa，不尽合理。

示例二：高位消防水箱设置高度 0.10MPa 的要求，《消水规》第 5.2.2 条如下：

5.2.2　高位消防水箱的设置位置应高于其所服务的水灭火设施，且最低有效水位应满足水灭火设施最不利点处的静水压力，并应按下列规定确定：

1　一类高层公共建筑，不应低于 0.10MPa，但当建筑高度超过 100m 时，不应低于 0.15MPa；

2　高层住宅、二类高层公共建筑、多层公共建筑，不应低于 0.07MPa，多层住宅不宜低于 0.07MPa；

3　工业建筑不应低于 0.10MPa，当建筑体积小于 20000m³ 时，不宜低于 0.07MPa；

4　自动喷水灭火系统等自动水灭火系统应根据喷头灭火需求压力确定，但最小不应小于 0.10MPa；

5　当高位消防水箱不能满足本条第 1 款～第 4 款的静压要求时，应设稳压泵。

【思考】《消水规》第 5.2.2 条除第 5 款外，其他四款都对高位消防水箱的设置高度作了规定。第 2 款规定高位消防水箱设置高度为 0.07MPa，其余各款都规定为 0.10MPa。这个数据高于旧版《建规》，也高于《高规》的 0.07MPa。

编制组从国外和国内分别找到依据，其中国外依据是主要的静水压力不等同于动压，当水箱水位与灭火设施的高差小于管道水头损失时，灭火设施连出水都成问题。国内依据（据主编论文）：理论推导按水枪充实水柱 7m 计 16mm 水枪的出流量为 2.7L/s，水枪处的动压为 0.092MPa，水带水头损失为 0.008MPa（0.092MPa＋0.008MPa＝0.10MPa），消火栓栓口压力为 0.10MPa，即屋顶水箱设置高度为 10m。

关于国外依据，如美国以喷淋为主，全方位设置喷淋，消火栓只在楼梯间部位设置。对于喷淋系统，当火灾危险性为轻危险级、中Ⅰ级时，最不利点处喷头动压为 0.10MPa 时，理论上够了，而静水压力够了并不等于动压够了，这里面还相差一个管道水头损失。但必须指出，中美两国国情不同，美国以喷淋系统为主，而我国是以消火栓系统为主，0.10MPa 静水压力对于消火栓系统是远远不够的，即使是动压也不够，更何况是静水压力。动压应该是多少，《消水规》条文有明确规定，见第 7.4.12 条，充实水柱 7m 现在已不采用，现在《消水规》规定的充实水柱为 10m 和 13m，消火栓栓口压力应为水枪为满足充实水柱要求的动压，水带水头损失和消火栓本身水头损失三者之和，而不是前两者之和。因此 0.10MPa 的国内依据也是不成立的。

《消水规》第 7.4.12 条明确规定 0.10MPa，比《高规》参数高出 3m，即高出一层，若水箱底标高高出屋面 8m，则需高出电梯机房 5m，这较难做到。同样，对于多层建筑，原本是放在屋面的，现在静水压力 0.07MPa，即高出屋面 5m，也不那么容易。因此建议如下：单层、多层建筑以"外救"为主，可按一个要求，高位消防水箱不妨就设置在屋顶上。高层建筑可以按另一个要求，如高位消防水箱可以设置在电梯机房上方，并留出架空层。留出多少可按系统来定。全方位设喷淋的建筑，不妨规定高位消防水箱的静水压力为 0.10MPa，非全方位设喷淋，以消火栓系统为主的建筑，有条件时可以要求按静水压力 0.10MPa 设置高位消防水箱；无喷淋系统只有消火栓系统的建筑，可以不按静水压力 0.10MPa 来要求，按 0.07MPa 就可以了。

2）有的条文规定标准偏高，如 7.4.12 条第 2 款：

示例一：充实水柱为 13m 时的计算结果，栓口压力为 0.251MPa，而条文规定为

0.35MPa，如《消水规》第 7.4.12 条第 2 款：

7.4.12　室内消火栓栓口压力和消防水枪充实水柱，应符合下列规定：……

2　高层建筑、厂房、库房和室内净空高度超过 8m 的民用建筑等场所，消火栓栓口动压不应小于 0.35MPa，且消防水枪充实水柱应按 13m 计算；其他场所，消火栓栓口动压不应小于 0.25MPa，且消防水枪充实水柱应按 10m 计算。

【思考】充实水柱与消火栓栓口压力有关，可通过计算求出。《消水规》既规定了充实水柱的要求，也规定了消火栓栓口动压值，在第 7.4.12 条的条文说明中规定了消火栓栓口动压计算公式：消火栓栓口压力＝水枪喷嘴压力＋水带水头损失＋消火栓栓口水头损失。按《消水规》条文说明，5L/s 出水量，11.5m 充实水柱，栓口压力 0.21MPa，条文规定 0.25MPa（差值 0.04MPa）充实水柱 13m，流量 5.4L/s，计算而得的栓口压力0.251MPa，《消水规》条文规定的数值为 0.35MPa（差值 0.099MPa）这个数值已相当于充实水柱 18m，实际上提高了标准（隐形提升）。

总体感觉是《消水规》规定的室内消火栓栓口压力标准提得偏高。将标准陡然提升至0.35MPa，会带来三个问题：一个问题是 0.35MPa 加上 15m，相当于 5 层就达到0.50MPa，就需要减压；第二个问题是单层厂房、库房由于市政管网的水压（此处指最小服务水头）到不了 0.35MPa，就需要加压，需要设置消防泵、泵房，加大了投入。第三个问题是这个压力值下的消火栓出流量也明显超标，远远超过 5L/s，加剧了消火栓系统超流量问题的严重化。

从《消水规》第 7.4.2 条第 3 款的规定宜配置当量喷嘴直径 16mm 或 19mm 的消防水枪，该参数的水枪是直流水枪，而不是其他类型的消防水枪。消火栓栓口压力宜限定在0.50MPa 及以下，因为大于这个数值，水枪拿不住。如硬要突破 0.50MPa，则要明确此时不应采用直流水枪，而应采用减压水枪。

关于减压措施，《消水规》在第 7.4.12 条第 1 款的条文说明中提到："必须采取减压措施，一般采用减压阀、减压稳压消火栓、减压孔板等"。这是正确的。若要更全面地分类，减压措施可分为传统减压方式和非传统减压方式两大类，其中包括移动式减压装置——减压水枪。

示例二：高位消防水箱容积偏大，如《消水规》第 5.2.1 条：

5.2.1　临时高压消防给水系统的高位消防水箱的有效容积应满足初期火灾消防用水量的要求，并应符合下列规定：

1　一类高层公共建筑，不应小于 36m³，但当建筑高度大于 100m 时，不应小于50m³，当建筑高度大于 150m 时，不应小于 100m³；

2　多层公共建筑、二类高层公共建筑和一类高层住宅，不应小于 18m³，当一类高层住宅建筑高度超过 100m 时不应小于 36m³；

3　二类高层住宅，不应小于 12m³；

4　建筑高度大于 21m 的多层住宅，不应小于 6m³；

5　工业建筑室内消防给水设计流量当小于等于 25L/s 时，不应小于 12m³，大于25L/s 时不应小于 18m³；

6　总建筑面积大于 10000m² 且小于 30000m² 的商店建筑，不应小于 36m³，总建筑面积大于 30000m² 的商店，不应小于 50m³，当与本条第 1 款规定不一致时应取其较大值。

【思考】高位消防水箱设置在建筑物高处，用以储存消防用水，依靠重力供水，在供水系列中，属于自动供水设施，高位消防水箱由于设置高度的限制，接近它的楼层，供水压力难以保证；由于容量的限制，水箱的作用也是有限的；当建筑设置有消防水泵时，水泵一经启动，水箱的作用也就到此为止。

《消水规》规定的高位消防水箱的有效容积有：6m³、12m³、18m³、36m³、50m³、100m³。这些容积远远大于旧版《建规》10min消防用水量，也大于《高规》的6m³、12m³、18m³，分析其原因，一是理念不同，过去是压力供水的理念，现在是重力供水的理念；二是有意识地提高标准，有关主管部门、有关主管领导现在较为强调重力自流供水方式，认为消防水箱供水比消防水泵供水可靠。2012年11月在北京召开的中国土木工程学会工程防火技术分会成立会，公安部消防局法规标准处马恒处长的讲话，表达了这一层意思，具体体现在加大高位消防水箱的有效容积上，有可能《消水规》主编一开始并不想强调重力供水，这在2010年主编撰写的论文（刊登在《给水排水》2010年8期）中得到体现："高位消防水箱是初期火灾的重要灭火水源，工程界对其有效容积和安装高度一直争论不休，其原因是缺少理论支持，造成公说公有理婆说婆有理的局面。本次规范制订依据文献进一步论证其科学合理性。美国马萨诸塞州渥切斯特综合技术研究所的研究报告清楚表明，一个消防队人工灭火成功率达到97%时，火灾过火建筑面积约为20m²，这相当于我国消防部队第一出动。根据式（1）计算，消防用水量最大为4.82m³，考虑一定的工程安全系数，屋顶消防水箱的最低有效容积为6m³，这与我们的调查结果基本一致，即消防部队第一出动灭火成功率为95%左右，用水量为6～10m³，这也说明我国现行规范规定高位消防水箱的有效容积为6～18m³是合理的。"

作为消防主管部门的领导若持有了重力供水的观念，必然会对《消水规》编制组带来实际的后续影响。既身为运动员，又兼做裁判员，也必然对《消水规》的审查带来影响。因此不论是否愿意承认，《消水规》的重力供水理念的影响客观存在，具体即体现在高位消防水箱的容积上。根据这一理念，在2013年《消水规》编制组的制订也着重在消防水箱的有效容积的加大上，当时已拟将建筑高度超过100m的高层建筑，消防水箱有效容积定为不小于50m³，建筑高度150m的建筑消防水箱的有效容积已达到100m³，结果是：特大型的高位消防水箱被迫设置在高层楼顶最高处。

示例三：高位消防水箱设置高度偏高，如《消水规》第5.2.2条：

【思考】《消水规》第5.2.2条中关于高位消防水箱设置高度偏高问题，可详前述。

实际上，条文规定的设置高度要求是很难做到的（水箱容积也加大了），当高位消防水箱不能满足静压要求时，规范条文所提供的措施是：增设稳压泵（稳压泵设置的技术要求另有规定）。从某种角度或可理解为：《消水规》推荐有稳压泵的临时高压消防给水系统，因为这种系统有其优点。

示例四：旧版《建规》强调"外救"，《高规》强调"自救"，而《消水规》对多层与高层未作区分。

【思考】旧版《建规》和《高规》这两本标准由于适用范围不同，编制的原则也不同，旧版《建规》强调以"外救"为主，不排斥自救，《高规》强调以"自救"为主，不排斥外救。不同的准则，条文规定就不同。有的条文，旧版《建规》标准高于《高规》，如高位水箱容积、消防水泵接合器的设置；有的则是《高规》标准高于旧版《建规》，如消防水泵设置、备用泵置等。

与旧版《建规》、《高规》不同的是《消水规》的条文既有旧版《建规》的要求，又有《高规》的要求，往往主条文是旧版《建规》要求，条款是《高规》要求，整个条款中旧版《建规》、《高规》要求兼而有之，力求面面俱到，实际上无形中就提高了标准。

3）个别条文的倾向性过于明显，条文规定有欠公正，如：

示例一：倒流防止器的设置规定采用减压型倒流防止器，如《消水规》第 6.2.3 条第 4 款：

6.2.3 采用消防水泵串联分区供水时，宜采用消防水泵转输水箱串联分区供水方式，并应符合下列规定：……

4 当采用消防水泵直接串联时，应校核系统供水压力，并应在串联消防水泵出水管上设置减压型倒流防止器。

【思考】规范可以有倾向性，也应有一定的倾向性，向应用规范的群体推荐应该推荐的新技术、新理念、新产品等，但是这种推荐要客观、公正，尤其是市场经济的环境下，不能被利益所左右，从而造成误导甚而产生偏颇。

对于倒流防止器的选型，《消水规》要求设置减压型倒流防止器，而《建水规范》未对是否需要减压做规定。消防给水系统的管网，平时水是不流动的，容易因滞留而变质，设置倒流防止器以防止生活饮用水系统水质污染是必要的。在现行《建水规范》中，消火栓系统和水消防系统都属于中危险级，中危险级防回流设施在《建水规范》中可以采用减压型倒流防止器，也可以采用非减压型倒流防止器，如低阻力倒流防止器，一般推荐的应该是非减压型倒流防止器，因为在满足防回流污染的同时，水头损失小于减压型倒流防止器。而《消水规》不然，推荐的是减压型。由于减压型倒流防止器的水头损失为 0.10MPa（《减压型倒流防止器》GB/T 25178—2010），低阻力倒流防止器的水头损失为 0.025～0.040MPa（《低阻力倒流防止器》JB/T 11151—2011），中间腔大气隔断型倒流防止器的水头损失为 0.035～0.058MPa，故一般都采用非减压型倒流防止器。

因此，《消水规》条文硬性规定减压型倒流防止器是不够妥当的。

如果认为，《建水规范》将消火栓系统及水消防系统划归中危险级不恰当，这可以提出讨论，并可待日后修正，但在没有作出调整以前，还是要尊重现实。在《建水规范》关于消火栓系统及水消防系统的回流污染的危害程度未作调整以前，建议《消水规》所有涉及倒流防止器的条文都不要限制只能用减压型倒流防止器。建议国内行业内可对《建水规范》关于消火栓系统及水消防系统的回流污染的危害程度作进一步探讨。

示例二：阀类产品过于强调广东永泉的产品：如旋流防止器、水锤消除器、4 倍面积的过滤器、减压型倒流防止器等；如 5.1.2 条第 3 款和 5.1.13 条第 4 款、8.3.3 条、8.3.4 条第 2 款、6.2.3 条和 8.3.5 条等，如下：

5.1.12 消防水泵吸水应符合下列规定：……

3 当吸水口处无吸水井时，吸水口处应设置旋流防止器。

5.1.13 离心式消防水泵吸水管、出水管和阀门等，应符合下列规定：……

4 消防水泵吸水口的淹没深度应满足消防水泵在最低水位运行安全的要求，吸水管喇叭口在消防水池最低有效水位下的淹没深度应根据吸水管喇叭口的水流速度和水力条件确定，但不应小于 600mm，当采用旋流防止器时，淹没深度不应小于 200mm；

8.3.3 消防水泵出水管上的止回阀宜采用水锤消除止回阀，当消防水泵供水高度超过24m时，应采用水锤消除器。当消防水泵出水管上设有囊式气压水罐时，可不设水锤消除设施。

8.3.4 减压阀的设置应符合下列规定：……

2 减压阀的进口处应设置过滤器，过滤器的孔网直径不宜小于4目/cm²～5目/cm²，过流面积不应小于管道截面积的4倍；

6.2.3 采用消防水泵串联分区供水时，宜采用消防水泵转输水箱串联分区供水方式，并应符合下列规定：……

4 当采用消防水泵直接串联时，应校核系统供水压力，并应在串联消防水泵出水管上设置减压型倒流防止器。

8.3.5 室内消防给水系统由生活、生产给水系统管网直接供水时，应在引入管处设置倒流防止器。当消防给水系统采用有空气隔断的倒流防止器时，该倒流防止器应设置在清洁卫生的场所，其排水口应采取防止被水淹没的技术措施。

示例三：室外埋地管过于强调东方管业的钢丝网骨架塑料复合管，如《消水规》第8.2.4条、第8.2.7条：

8.2.4 埋地管道宜采用球墨铸铁管、钢丝网骨架塑料复合管和加强防腐的钢管等管材；室内外架空管道应采用热浸锌镀锌钢管等金属管材，并应按下列因素对管道的综合影响选择管材和设计管道：

1 系统工作压力；

2 覆土深度；

3 土壤的性质；

4 管道的耐腐蚀能力；

5 可能受到土壤、建筑基础、机动车和铁路等其他附加荷载的影响；

6 管道穿越伸缩缝和沉降缝。

8.2.7 埋地管道采用钢丝网骨架塑料复合管时应符合下列规定：

1 钢丝网骨架塑料复合管的聚乙烯（PE）原材料不应低于PE80；

2 钢丝网骨架塑料复合管的内环向应力不应低于8.0MPa；

3 钢丝网骨架塑料复合管的复合层应满足静压稳定性和剥离强度的要求；

4 钢丝网骨架塑料复合管及配套管件的熔体质量流动速率（MFR），应按现行国家标准《热塑性塑料熔体质量流动塑料和熔体体积流动速率的测定》GB/T 3682规定的试验方法进行试验时，加工前后MFR变化不应超过±20%；

5 管材及连接管件应采用同一品牌产品，连接方式应采用可靠的电熔连接或机械连接；

6 管材耐静压强度应符合现行行业标准《埋地聚乙烯给水管道工程技术规程》CJJ 101的有关规定和设计要求；

7 钢丝网骨架塑料复合管道最小管顶覆土深度，在人行道下不宜小于0.80m，在轻型车行道下不应小于1.0m，且应在冰冻线下0.3m；在重型汽车道路或铁路、高速公路下应设置保护套管，套管与钢丝网骨架塑料复合管的净距不应小于100mm；

8 钢丝网骨架塑料复合管道与热力管道间的距离，应在保证聚乙烯管道表面温度不超过40℃的条件下计算确定，但最小净距不应小于1.50m。

【思考】室外埋地管本有太多选择,而在《消水规》中则没有太多的选择,室外埋地管有金属管系列、复合管系列和塑料管系列,每个系列下面还可以充分展开。以复合管为例,有金属与塑料的复合、金属与金属的复合和塑料与塑料的复合;其他系列也有类似情况。《消水规》中没有太多的选择是指:条文中规定的只有球墨铸铁管、钢丝网骨架塑料复合管和加强防腐的钢管三种管材,而有单独条文予以突出强调的也只有钢丝网骨架塑料复合管一种,给人的印象是倾向性过于明显。

近年来可用于室外埋地的管材何至这三种,可作为推荐的又何止这一种,当然钢丝网骨架塑料复合管也可以推荐,自从计划经济转轨市场经济以来,规范、标准的客观、公正就受到挑战。这个问题解决好了,规范就有权威性;这个问题处理不好,规范的形象就受到影响。

4)与现行相关标准的碰撞较多:

每一本规范都有不同的适用范围,都对很多问题作出具体规定,不同的规范会对同一个问题作出规定,这就是"碰"就是相遇,这些规定应该是一致的,这就是标准制订工作要求的统一性。但有时会不一致,这就是"撞",不一致也不要紧,具体情况具体分析。但有的不一致会带来困惑、引起混乱,这就需要辨析,分清哪个规定是合理的,哪个规定是不够妥当的。如:

(1)与《城镇给水排水技术规范》GB 50788—2012(以下简称《城镇水规范》)的碰撞:消防备用泵的设置(《消水规》第5.1.10条,《城镇水规》第3.3.2条)、水泵的减振降噪要求(《消水规》第5.5.10条,《城镇水规》第3.6.6条);在此不赘述,详见《消水规》实施指南相应章节。

(2)与《建水规范》的碰撞:倒流防止器的设置位置(《消水规》第8.3.5条与《建水规范》第3.2.5条)、水箱进水管口标高(《消水规》第5.2.6条第6款与《建水规范》第3.2.4C条)、倒流防止器的选型(《消水规》第6.2.3条第4款与《建水规范》第3.2.5条第2款)。

示例一:倒流防止器的设置位置,《消水规》第8.3.5条如下:

8.3.5 室内消防给水系统由生活、生产给水系统管网直接供水时,应在引入管处设置倒流防止器。当消防给水系统采用有空气隔断的倒流防止器时,该倒流防止器应设置在清洁卫生的场所,其排水口应采取防止被水淹没的技术措施。

《建水规范》第3.2.5条如下:

3.2.5 从给水饮用水管道上直接供下列用水管道时,应在这些用水管道的下列部位设置倒流防止器:

1 从城镇给水管网的不同管段接出两路及两路以上的引入管,且与城镇给水管形成环状管网的小区或建筑物,在其引入管上;

2 从城镇生活给水管网直接抽水的水泵的吸水管上;

3 利用城镇给水管网水压且小区引入管无倒流防止设施时,向商用的锅炉、热水机组、水加热器、气压水罐等有压容器或密闭容器注水的进水管上;

【思考】不赘述,参考《消水规》实施指南相应章节。

示例二:水箱进水管口标高《消水规》第5.2.6条第6款规定:

5.2.6 高位消防水箱应符合下列规定:……

6 进水管应在溢流水位以上接入，进水管口的最低点高出溢流边缘的高度应等于进水管管径，但最小不应小于100mm，最大不应大于150mm。

《建水规范》第3.2.4C条规定如下：

3.2.4C 从生活饮用水管网向消防、中水和雨水回用等其他用水的贮水池（箱）补水时，其进水管口最低点高出溢流边缘的空气间隙不应小于150mm。

【思考】水箱进水管口的标高设置，《消水规》第5.2.6条规定：进水管口的最低点高出溢流边缘的高度最大不应大于150mm。《建水规范》第3.2.4C条规定：进水管口最低点高出溢流边缘的空气间隙不应小于150mm。一个规定不应大于150mm，一个规定不应小于150mm，而且都还是"强条"，权衡之下，只能采用150mm才勉强还算可以对付过去。

示例三：倒流防止器的选型，《消水规》第6.2.3条第4款如下：

6.2.3 采用消防水泵串联分区供水时，宜采用消防水泵转输水箱串联分区供水方式，并应符合下列规定：……

4 当采用消防水泵直接串联时，应校核系统供水压力，并应在串联消防水泵出水管上设置减压型倒流防止器。

《建水规》第3.2.5条第2款如下：

3.2.5 从给水饮用水管道上直接供下列用水管道时，应在这些用水管道的下列部位设置倒流防止器：……

2 从城镇生活给水管网直接抽水的水泵的吸水管上。

【思考】倒流防止器的设置方式在本小节示例一中已作讨论。对于倒流防止器的选型，《消水规》要求设置减压型倒流防止器，而《建水规范》未对是否需要减压型做规定。两者碰撞。关于减压型倒流防止器的论述详见本文前述。

（3）**与新版《建规》的碰撞**：消防设施与外墙距离的规定（《消水规》第7.2.6条与新版《建规》第8.1.11条）、固定消防炮的设置（《消水规》第7.3.8条）；

示例一：消防设施与外墙距离的规定，《消水规》第7.2.6条如下：

7.2.6 市政消火栓应布置在消防车易于接近的人行道和绿地等地点，且不应妨碍交通，并应符合下列规定：

1 市政消火栓距路边不宜小于0.5m，并不应大于2.0m；

2 市政消火栓距建筑外墙或外墙边缘不宜小于5.0m；

3 市政消火栓应避免设置在机械易撞击的地点，确有困难时，应采取防撞措施。

新版《建规》第8.1.11条：

8.1.11 建筑外墙设置有玻璃幕墙或采用火灾时可能出现墙体脱落的墙体装饰材料或构造时，供灭火救援用的水泵接合器、室外消火栓等室外消防设施，应设置在距离建筑外墙相对安全的位置或采取安全防护措施。

【思考】《消水规》具体规定了市政消火栓距建筑外墙或外墙边缘不宜小于5.0m，但现在建筑物的外形千姿百态，有上下对齐的，有下大上小的或下小而上大的，形状不规则的也较多，一旦上部发生火灾，玻璃幕墙下坠时，外墙5.0m并不是安全距离，还是有可能坠落到地面正在操作的消防队员身上。新版《建规》在第8.1.11条的条文说明里说明"当需离开建筑外墙一定距离时，一般不小于5m"。《消水规》在条文中明确规定欠合理。

示例二：固定消防炮的设置，《消水规》第7.3.8条如下：

7.3.8 当工艺装置区、罐区、可燃气体和液体码头等构筑物的面积较大或高度较高，室外消火栓的充实水柱无法完全覆盖时，宜在适当部位设置室外固定消防炮。

【思考】消防规范是有分工的，灭火设施的设置部位属于消防通用标准的内容，在确定以后，再在专用标准中具体展开，两类消防规范各有不同内容，不能混淆。

现行新版《建规》，属于通用标准；《消水规》属于专用标准，室外固定消防炮的设施场所属于通用标准应规定的内容，不应在《消水规》中作出具体规定。

（4）**与《火灾自动报警系统设计规范》GB 50116—2013（以下简称《自动报警规范》）的碰撞**：消防按钮的功能（《消水规》第11.0.19条，《自动报警规范》第4.3.1条）；

关于消防按钮的功能，《消水规》第11.0.19条规定如下：

11.0.19 消火栓按钮不宜作为直接启动消防水泵的开关，但可作为发出报警信号的开关或启动干式消火栓系统的快速启闭装置等。

《自动报警规范》第4.3.1条关于消防按钮规定如下：

4.3.1 ……当设置消火栓按钮时，消火栓按钮的动作信号应作为报警信号及启动消火栓泵的联动触发信号，由消防联动控制器联动控制消火栓泵的启动。

【思考】《自动报警规范》的第4.3.1条规定是可以启动消火栓泵的，与《消水规》第11.0.19条规定不一致，《消水规》规定不能启动消火栓泵。两本规范冲突。

（5）**与产品标准《消防泵》GB 6245—2006的碰撞**：消防泵流量（《消水规》第5.1.4条）、稳压泵是否属于消防泵（《消水规》第5.3节）、潜水泵能否使用（《消水规》第5.1.6条第3款）；消防产品标准不少，如消火栓、消防水枪、水带、消防水泵接合器、消防软管卷盘、塑料管道等。这里以消防泵为示例。

示例一：消防泵流量，《消水规》第5.1.4条如下：

5.1.4 单台消防水泵的最小额定流量不应小于10L/s，最大额定流量不宜大于320L/s。

【思考】《消防泵》产品标准中第6.4.1条中规定消防泵额定流量值如下：5、10、15、20、25、30、35、40、45、50、55、60、65、70、75、80、85、90、95、100、105、110、115、120、125、130、140、150、160、180、200L/s，即为5～200L/s，而《消水规》第5.1.4条规定消防泵额定流量为10～320L/s，两者不一致，发生碰撞。

示例二：《消水规》第5.1.6条第3款如下：

5.1.6 消防水泵的选择和应用应符合下列规定：……

3 当采用电动机驱动的消防水泵时，应选择电动机干式安装的消防水泵；

【思考】《消防泵》产品标准所指的消防泵（组）涵盖稳压泵（组）及潜水泵（组），消防泵的产品标准摘录如下：其适用范围：消防泵（消防车、固定灭火系统、其他消防设施上），包括：

车用、船用、工程用、其他用；

高压、中压、低压、高低压、中低压；

供水、供泡沫液、稳压；

深井、潜水、普通、手抬机动；

柴油机、电动机、燃气轮机、汽油机。

而《消水规》的消防水泵不涵盖稳压泵，且《消水规》第5.1.6条第3款明文规定不准采用潜水泵。两者碰撞。

（6）**与《喷规》的碰撞**：喷淋系统的工作压力（《消水规》第6.2.1条与《喷规》第8.0.1条）

示例：《喷规》第8.0.1条　配水管道的工作压力不应大于1.20MPa，并不应设置其他用水设施。

《消水规》第6.2.1条　符合下列条件时，消防给水系统应分区供水：

1　系统工作压力大于2.40MPa；

2　消火栓栓口处静压大于1.0MPa；

3　自动水灭火系统报警阀处的工作压力大于1.60MPa或喷头处的工作压力大于1.20MPa。

《喷规》第8.0.1条规定配水管道的工作压力不应大于1.20MPa，是因为喷头只能承受1.20MPa的工作压力，当时该规范制定时，高层建筑的建筑高度还没有突破100m，1.20MPa对于阀门、管道也够用了。但后来高层建筑的建筑高度有了较大的突破，突破了100m、继而突破152m、250m、500m，达到了632m（上海中心）、600m（深圳平安金融中心）、729m（苏州中南中心）、1000m（武汉凤凰塔，规划设计高度）等，这个时候不对条文作修订就显然滞后了。《消水规》将报警阀和喷头分别作出规定是正确的，这就避免了某些工程报警阀上楼的问题，既便于管理，也便于排水。

（7）**与《固定消防炮灭火系统设计规范》GB 50338（以下简称《消防炮规范》）的碰撞**：消防水泵接合器的设置规定（《消水规》第5.4.2条与《消防炮规范》第5.4.8条）

示例：《消水规》中第5.4.2条如下：

5.4.2　自动喷水灭火系统、水喷雾灭火系统、泡沫灭火系统和固定消防炮灭火系统等水灭火系统，均应设置消防水泵接合器。

而《消防炮规范》关于自动炮系统消防水泵接合器设置的规定则与上述不同，第5.4.8条规定如下：

5.4.8　自动消防炮灭火系统采用稳高压消防给水系统或高压消防给水系统时，可不设水泵接合器。

【思考】《消水规》规定喷淋系统、水喷雾系统、泡沫系统、消防炮系统都要设置水泵接合器，且是强制性条文，不得违反。而《消防炮规范》第5.4.8条的条文说明：由于自动消防水炮灭火系统在实施灭火过程中用水量比较大，需要设置的水泵接合器数量比较多，且难以满足自动消防炮用水量的需要，故本规程建议消防水池的蓄水量满足消防系统用水量要求时，可不设置水泵接合器。

（8）**《消水规》自身的碰撞**：消防水泵接合器设置（《消水规》第5.4.6条和第5.4.1条、第5.4.2条）、干式系统与湿式系统（《消水规》第7.4.13条和第7.1.2条）、跃层住宅和商业网点的室内消火栓与每层设置要求（《消水规》第7.4.15条和第7.4.3条）、消火栓门开启角度的规定（《消水规》的第12.2.3条第17款和12.2.10条第4款）；

示例一：消防水泵接合器设置，《消水规》第5.4.1、5.4.2条、5.4.6条分别如下：

5.4.1　下列场所的室内消火栓给水系统应设置消防水泵接合器：

1　高层民用建筑；

2　设有消防给水的住宅、超过五层的其他多层民用建筑；

3 超过 2 层或建筑面积大于 10000m² 的地下或半地下建筑（室）、室内消火栓设计流量大于 10L/s 平战结合的人防工程；

4 高层工业建筑和超过四层的多层工业建筑；

5 城市交通隧道。

5.4.2 自动喷水灭火系统、水喷雾灭火系统、泡沫灭火系统和固定消防炮灭火系统等水灭火系统，均应设置消防水泵接合器。

5.4.6 消防给水为竖向分区供水时，在消防车供水压力范围内的分区，应分别设置水泵接合器；当建筑高度超过消防车供水高度时，消防给水应在设备层等方便操作的地点设置手抬泵或移动泵接力供水的吸水和加压接口。

【思考】第 5.4.1 条和第 5.4.2 条规定了应设置水泵接合器的建筑及系统型式，但按 5.4.6 条规定，当消防给水为竖向分区供水时，若超出消防车供水压力范围内的分区，是否无需设置水泵接合器？规范条文自身前后矛盾。

《消水规》第 5.4.1 条和第 5.4.2 条是"强条"，符合这两条的都要设置消防水泵接合器，即无论什么情况均应按条文设置。则某些部门（如审图公司）就极有可能强调《消水规》的第 5.4.1 条和第 5.4.2 条，而否定第 5.4.6 条，则导致消防水泵接合器在消防车供水压力范围外的分区，而设置了消防水泵接合器。

而第 5.4.6 条又是不能否定的，因为消防水泵接合器的工作压力为 1.60MPa，消防水泵接合器配置的安全阀，其释放压力定为 1.58MPa，超过这个设定压力，安全阀就开启并泄水泄压，很显然，这种情况，系统无法正常运行。

因此，建议《消水规》第 5.4.1 条和第 5.4.2 条若可不作为"强条"，问题就迎刃而解。

示例二：干式系统与湿式系统，《消水规》第 7.4.13 条和第 7.1.2 条如下：

7.1.2 室内环境温度不低于 4℃，且不高于 70℃ 的场所，应采用湿式室内消火栓系统。

7.4.13 建筑高度不大于 27m 的住宅，当设置消火栓时，可采用干式消防竖管，并应符合下列规定：

1 干式消防竖管宜设置在楼梯间休息平台，且仅应配置消火栓栓口；

2 干式消防竖管应设置消防车供水接口；

3 消防车供水接口应设置在首层便于消防车接近和安全的地点；

4 竖管顶端应设置自动排气阀。

【思考】第 7.1.2 条根据室内环境温度统一规定了应采用湿式系统的场所，但在第 7.4.13 条中对于建筑高度不大于 27m 的住宅又规定了可采用干式消防竖管。前后矛盾。

示例三：跃层住宅和商业网点的室内消火栓与每层设置要求，《消水规》第 7.4.15 条和第 7.4.3 条如下：

7.4.3 设置室内消火栓的建筑，包括设备层在内的各层均应设置消火栓。

7.4.6 室内消火栓的布置应满足同一平面有 2 支消防水枪的 2 股充实水柱同时达到任何部位的要求，但建筑高度小于或等于 24.0m 且体积小于或等于 5000m³ 的多层仓库、建筑高度小于或等于 54m 且每单元设置一部疏散楼梯的住宅，以及本规范表 3.5.2 中规定可采用 1 支消防水枪的场所，可采用 1 支消防水枪的 1 股充实水柱到达室内任何部位。

7.4.15 跃层住宅和商业网点的室内消火栓应至少满足一股充实水柱到达室内任何部位，并宜设置在户门附近。

【思考】第7.4.3条规定了凡是设置室内消火栓的建筑，每层均应设置消火栓，第7.4.6条规定有室内消火栓的布置应满足同一平面有2股充实水柱同时达到任何部位的要求，并明确了可采用1股充实水柱的场所，而7.4.15条中的跃层住宅和商业网点规定可至少满足一股充实水柱到达室内任何部位，跃层住宅和商业网点并未涵盖在7.4.6条规定的场所内。

示例四：

12.2.3　消火栓的现场检验应符合下列要求：……

17　消火栓箱应符合现行国家标准《消火栓箱》GB 14561的性能和质量要求。……

12.3.10　消火栓箱的安装应符合下列规定：……

4　消火栓箱门的开启不应小于120°；……

【思考】12.3.10条第4款规定了消火栓箱门的开启不应小于120°，但第12.2.3条第17款规定：消火栓箱应符合现行国家标准《消火栓箱》GB 14561的性能和质量要求。而国家标准《消火栓箱》GB 14561—2003中的第5.13.3条规定"箱门的开启角度不得小于160°"。故同一章节中对消火栓箱门开启角度的要求前后矛盾，且第12.3.10条第4款的要求与《消火栓箱》标准不一致。

（9）与"**本规范用词说明**"的碰撞：推荐性条文能否作为"强条"（《消水规》第9.3.1条第1款及第2款）。

示例：《消水规》第9.3.1条如下：

9.3.1　消防给水系统试验装置处应设置专用排水设施，排水管径应符合下列规定：

1　自动喷水灭火系统等自动水灭火系统末端试水装置处的排水立管管径，应根据末端试水装置的泄流量确定，并不宜小于$DN75$；

2　报警阀处的排水立管宜为$DN100$；……

【思考】《消水规》第9.3.1条为强条，但第1款及第2款的条文中的规定用词均为"宜"，属于推荐性用词，推荐性条款是否可以作为强条？这亦属于规范条文自身的碰撞。

第9.3.1条规定自动喷水灭火系统等自动水灭火系统末端试水装置处的排水立管管径不宜小于$DN75$，设计人员有可能直接采用$DN75$的排水立管，但这个管径排水能力不一定够。标准喷头的流量较小，可能是够的，特殊喷头流量系统K363喷头的出流量可达到10L/s，$DN75$的管径就不够了。如果是泡沫灭火系统、消防炮灭火系统流量更大，$DN75$的管径就更不够了。此时一个解决办法是放大排水立管管径；另一个办法是末端试水装置的流量不一定是灭火设施的出流量，而只需达到报警阀启动流量就可以了，但这又涉及末端试水装置的相关条文的修订。还有一个问题是排水立管的排水能力随建筑高度的增高而减少，目前《建水规范》规定超过15层乘0.9系数，也有认为建筑高度再高，乘一个0.9系数是不够的，而是每15层乘一次0.9系数，按此推算，例如，上海中心建筑高度632m，流量折减系数为0.28，那就更加不够了。

（10）**与国家标准设计图集的碰撞**：本文在此不予讨论，因标准图集就其实质是标准、规范的图解，应按照规范条文规定进行编制，现在提出来《消水规》没有解决的问题由标准图集来解决，也就从另一个角度说明规范存在的问题所在。

5）**条文规定不够严谨、不合理、不明确**，如：

（1）设置消防水池的条件，只规定了流量，未规定压力；

335

（2）《消水规》未明确不适用范围（细水雾灭火系统不适用，水质标准、消防水泵型式、管材等都不同）；

（3）电动机湿式安装的水泵不允许使用（有意见认为潜水泵不怕淹）（《消水规》第5.1.6条第3款）；

（4）零流量时的压力宜大于设计工作压力的120％（《消水规》第5.1.6条第4款）；

（5）有拐点的泵（切线泵）不允许使用（《消水规》第5.1.6条第4款）；

（6）最低报警水位不明确；

（7）水位淹没至排气口的规定；

（8）消防水泵接合器要求在每座建筑附近就近设置（《消水规》第5.4.4条：临时高压消防给水系统向多栋建筑供水时，消防水泵接合器应在每座建筑附近就近设置）；

（9）消防水泵的三项要求（零流量时的压力要求、出流量为设计流量1.5倍时的压力要求）；

（10）是否适用于三种水泵（离心泵、柴油机泵、轴流深井泵），是否适用于水泵并联和串联（《消水规》第5.1.6条第4款、第5.1.6条第5款）；

（11）在倒流防止器前设置一个室外消火栓（《消水规》第7.3.10条）；

（12）消火栓栓口动压力大于0.50MPa是否需要设置减压装置（《消水规》第7.4.12条第1款）；

（13）呼吸管设置条件和具体要求（通气管的设置条件有规定）；

（14）消防水池的功能定位。

示例一：电动机湿式安装的水泵不允许使用、零流量时的压力宜大于设计工作压力的120％、有拐点的泵（切线泵）不允许使用，《消水规》第5.1.6条如下：

5.1.6　消防水泵的选择和应用应符合下列规定：

1　**消防水泵的性能应满足消防给水系统所需流量和压力的要求；**

2　**消防水泵所配驱动器的功率应满足所选水泵流量扬程性能曲线上任何一点运行所需功率的要求；**

3　**当采用电动机驱动的消防水泵时，应选择电动机干式安装的消防水泵；**

4　流量扬程性能曲线应为无驼峰、无拐点的光滑曲线，零流量时的压力不应大于设计工作压力的140％，且宜大于设计工作压力的120％；

5　当出流量为设计流量的150％时，其出口压力不应低于设计工作压力的65％；

6　泵轴的密封方式和材料应满足消防水泵在低流量时运转的要求。

【思考】《消水规》第5.1.6条第3款规定应选择电动机干式安装的消防水泵，言外之意是电动机湿式安装的水泵不允许使用，同条文第4款规定了零流量时的压力宜大于设计工作压力的120％，且有拐点的泵（切线泵）不允许使用。条文规定不尽合理。

从系统的安全可靠性出发，电动机湿式安装不让用，即潜水泵不让用电动机湿式安装的主要缺点是不便检修和漏电带来不安全因素（但产品标准可以用），但是消防泵除了工作泵，还有备用泵，有必要强调工作泵和备用泵一起维修而停止供水吗？漏电带来的不安全因素可以事先检测，不便检修的问题可以通过提高产品可靠性来解决，加上消防水泵平时很少使用，检修问题并不像生活水泵那么突出，且潜水泵几经改进，情况已不同于过去。

产品国家标准并没有封杀潜水泵用于消防，检测单位也没有封杀潜水泵的消防检测。上海的地方规程也有涉及潜水泵的条文，但并没有绝对禁用，而是不推荐用，并没有完全封杀，这就稍许好些，也合理些，如上海地方规定："9.1.8 消防泵宜选用水泵特性曲线较平缓的专用水泵。消防泵不宜采用潜水泵。"由于《消水规》的原因，现在在潜水泵的基础上出现一种水泵在水下，而电动机高高在上的长轴泵，实际检修时比潜水泵的难度还大。建议条文可改为：宜选择电动机干式安装的消防水泵。

《消水规》规定了消防水泵的流量扬程性能曲线应无驼峰、无拐点的光滑曲线，对此可以理解为有拐点的泵不让用，但条文并没有明确流量扬程性能曲线，有拐点的泵是什么水泵？一般认为有拐点的水泵为切线泵。切线泵，又名恒压泵、华宇泵，是当年中国建筑西北设计研究院为解决消防水泵超压问题，和西安华宇公司合作研发的新产品。这种泵的构造，叶轮与圆周的切线相垂直，故名切线泵；流量在一定变化范围内，扬程基本保持不变，不会出现超压，故又名恒压泵。切线泵有优点，也有缺点：缺点一：效率低；缺点二：具有断流特性，当流量达到一定量（超流量）时，超过拐点，扬程急速下降，甚至为零；缺点三：不能并联运行；其中缺点二为主要问题。

消火栓系统超流量指：消火栓系统水枪支数超过规范规定，消火栓出流量大于规范数值等情况，在审查国家标准设计图集《消防专用水泵选用及安装》04S204 时，采用的办法是留出 1/3 的余地，使一旦出现超流量，也不至于超过拐点，如意担心这个方法不可靠，也可以禁用。喷淋系统一般不考虑超流量，单个喷头的出流量有可能大于最不利处喷头的流量，但作用面积开放的喷头数会少于规范规定的作用面积喷头数，总流量不会超过通过计算，也可以得出不同位置的喷头，在不同压力条件下的实际出流量，从而得出作用面积的实际总流量。建议对于消火栓系统，若出于安全的考虑，怕突然停泵影响供水，可以不采用切线泵喷淋系统，一则不会出现超流量；二则通过精确计算可以算出超流量值，可以按实际计算流量选泵，这时切线泵还是可以选用的。

示例二：最低报警水位未能明确

4.3.9 消防水池的出水、排水和水位应符合下列规定：……

2 消防水池应设置就地水位显示装置，并应在消防控制中心或值班室等地点设置显示消防水池水位的装置，同时应有最高和最低报警水位。

【思考】《消水规》4.3.9 条文说明有图 2 消防水池最低水位，图上表示了四种情况的消防水池最低水位线（有吸水坑、无吸水坑、有防止旋流器等），问题在于使用者对最低报警水位有不同理解。

有地方指南的意见为：最高报警水位＝溢流水位＝最高有效水位＋0.10m，最低报警水位＝最高有效水位－0.5h（h：有效水深）；也有的认为：最低报警水位＝最低水位＋0.10m；还有的认为：最低报警水位就是最低水位线；尚有其他的理解，总之，理解各异，各有各的解释，各按各的执行。

示例三：在倒流防止器前设置一个室外消火栓，《消水规》第 7.3.10 条如下：

7.3.10 室外消防给水引入管当设有倒流防止器，且火灾时因其水头损失导致室外消火栓不能满足本规范第 7.2.8 条的要求时，应在该倒流防止器前设置一个室外消火栓。

【思考】该条文的关联条文 7.2.8 条如下：

7.2.8 当市政给水管网设有市政消火栓时，其平时运行工作压力不应小于 0.14MPa，

火灾时水力最不利市政消火栓的出流量不应小于 15L/s，且供水压力从地面算起不应小于 0.10MPa。

第 7.3.10 条的原意是倒流防止器阻力大，室外消火栓设在倒流防止器前，给水管网工作压力能够保证；如果设在倒流防止器后，给水管网工作压力不一定能够保证。但第 7.2.8 条是"强条"，不得违反，如果做不到，应采取相应技术措施做到，因此，第 7.3.10 条条文所表述的"导致室外消火栓不能满足本规范第 7.2.8 条的要求"的情况实际上是不存在的。既然实际不存在该种情况，则第 7.3.10 条的规定就毫无意义，在倒流防止器前或后都可以设置室外消火栓。

条文的缺陷还在于：当小区较大时，只在倒流防止器前设置一个室外消火栓是远远不够的，而第二个室外消火栓设置在哪里，条文又没有明示。还有倒流防止器有减压型和非减压型，非减压型倒流防止器的水头损失也仅为 0.024MPa，更何况低阻力的减压型倒流防止器也已经上市。

实际工程会有三种情况：一般压力，指国内一般城市供水情况；压力较低，如上海市政给水管网供水管网最小服务水头只有 0.16～0.18MPa；压力较高，如室内外稳高压消防给水系统，建议针对以上三种不同情况应采取不同对应措施。如，一般压力——减压型倒流防止器、非减压型倒流防止器都可以用。室外消火栓阀前、阀后都可以装，但要满足压力要求（消防时不小于 0.10MPa）；压力较低——应推荐非减压型倒流防止器，室外消火栓推荐在阀前设置，虽然阀后也可以装，但要满足压力要求；压力较高——推荐采用减压型倒流防止器，室外消火栓推荐在阀后设置，即使这样做，还应采取相应减压措施，如采用室外减压稳压消火栓、减压水枪等。

为减小减压型倒流防止器的水头损失，低阻力的减压型倒流防止器正在研发，如武汉大禹阀门厂的变阻力（杠杆式）减压型倒流防止器、浙江桐庐春江阀门厂的磁力式低阻力减压型倒流防止器等，非减压型倒流防止器国内各地都有产品。

6）规范前后章节不呼应，如：

（1）旋转型消火栓、减压稳压消火栓施工章节有规定，而前面章节无规定（《消水规》第 12.2.3 条第 11 款、第 12.2.3 条第 12 款）。

（2）流量开关是流量控制还是流速控制（《消水规》第 12.2.8 条第 4 款）。

示例：旋转型消火栓、减压稳压消火栓施工章节有规定，《消水规》第 12.2.3 条第 11 款、第 12 款如下：

12.2.3　消火栓的现场检验应符合下列要求：……

11　旋转型消火栓其内部构造应合理，转动部件应为铜或不锈钢，并应保证旋转可靠、无卡涩和漏水现象；

12　减压稳压消火栓应保证可靠、无堵塞现象；……

【思考】旋转型消火栓、减压稳压消火栓仅在施工章节有规定，而在前面的设计中章节中无相应的内容。前后不呼应。

7）规定不够具体，不好操作或不完整，如：

（1）高位消防水池当容积为 50% 时，其供水泵的停泵要求（《消水规》第 4.3.11 条第 4 款）；

（2）消防水泵低流量空转过热的技术措施（《消水规》第 5.1.16 条）；

（3）稳压泵的设置位置（《消水规》第5.3节，详前述）；

（4）DN50的消火栓、水枪、水带的配置（《消水规》第7.4.2条）；

（5）控制柜设置机械应急启泵功能（《消水规》第11.0.12条）；

（6）流量开关（《消水规》第11.0.4条）；

（7）地下消防水泵接合器井的砌筑排水措施（《消水规》第12.3.6条）；

（8）室外消火栓上方防高坠措施（《消水规》第12.3.7条）。

示例一：稳压泵的设置位置未予明确；

【思考】《消水规》第5.3节中明确了稳压泵选型及材质、稳压泵的设计流量规定、稳压泵的设计压力要求、防止稳压泵频繁启停的技术措施、稳压泵的阀门设置、稳压泵的备用泵设置，其他章节及条款如第6.1.10条规定了稳压泵稳压的水泵动力要求，第8.2.3条规定了稳压泵的系统的最大压力，第11.0.6条规定了稳压泵的控制、第11.0.8条规定了稳压泵的就地强制启停泵的原则，第12.2.1条涉及稳压泵的进场检查，第12.2.2条有稳压泵的检验要求，第12.3.5条规定了稳压泵的安装要求，第13.1.5条则为稳压泵调试，第13.2.7条是稳压泵验收，第14.0.4条关于稳压泵的维护管理，但是，规范唯一缺少的是稳压泵的设置位置的条文，是高位设置还是低位设置，未予以明确。

稳压泵若高位设置，可设于水箱间（高位水箱供水），也可低位设置（设于水泵房，水池供水、水箱供水）。当低位设置、水箱供水时，应注意防止超压，水泵的泵壳厚度按水泵扬程的1.5倍确定，当静压超过时，应告知水泵厂加厚泵壳厚度。《消水规》5.3.3条第2款中关于准工作状态时大于系统设置自动启泵压力值，且增加值宜为0.07～0.10MPa的规定与稳压泵的设置位置有关。

示例二：控制柜设置机械应急启泵功能，《消水规》第11.0.12条：

11.0.12　消防水泵控制柜应设置机械应急启泵功能，并应保证在控制柜内的控制线路发生故障时由管理权限的人员在紧急时启动消防水泵。机械应急启动时，应确保消防水泵在报警后5.0min内正常工作。

【思考】有的电气专业技术人员不明确这是什么装置，后经了解，参编《消水规》的北京中科三正电气有限公司生产和江苏华洋水箱给水设备有限公司等生产该产品。

消防应急启动装置是一种具有紧急启动消防泵的机械装置，它是在消防事件发生时，在控制柜中的控制电路（二次线路）故障而不能启动消防泵的紧急情况下，被授权者可以使用手动机械的方式完成启动消防水泵。本功能保证了在极端情况下也能完成消防水源的输送，极大地提高了消防给水系统的可靠性。本指南的第11章有相关介绍。

示例三：流量开关的规定不够具体，《消水规》第11.0.4条如下：

11.0.4　消防水泵应由消防水泵出水干管上设置的压力开关、高位消防水箱出水管上的流量开关，或报警阀压力开关等开关信号应能直接自动启动消防水泵。消防水泵房内的压力开关宜引入消防水泵控制柜内。

【思考】流量开关，许多人对此不熟悉不了解。《消水规》一出，很多人不知道怎么在设计及工程中落实。有人说国外有产品，国内无产品，国内并未得到过应用；也有人说，暖通专业有此产品，但只有小口径的，高位消防水箱出水管管径不小于100mm，不一定有那么大的流量开关。一时众说纷纭，均无定论。

由于《消水规》规定了消火栓箱上的按钮不作为直接启动消防水泵的开关，消火栓系统的水泵启动就成为一个问题（喷淋和自动水灭火系统不是问题），这个问题不同于喷淋，喷淋可以采用报警阀压力开关报警，我国的消火栓系统不设报警阀，只能在水箱出水管上做文章。

既然在条文中规定了流量开关，建议应在条文或条文说明中再明确以下内容：装置全称、公称管径系列、启动流量值等主要技术参数。本指南的第 11 章有相关内容介绍。

示例四：

12.3.6　消防水泵接合器的安装应符合下列规定：……

8　地下消防水泵接合器井的砌筑应有防水和排水措施。……

【思考】第 12.3.6 条第 8 款要求"地下消防水泵接合器井的砌筑应有防水和排水措施"。在国标图集《消防水泵接合器安装》中，对于构筑物本身即井室底板、侧壁等的防水有设计和施工要求。但该图集当初编制时，并未有规范规定砌筑需有排水措施，另一方面编审者担心若处理不当，反而导致井室变成集水井，故未设计单独排水措施。本次《消水规》明文要求，推测其思路可能是考虑泄水阀（实际工程实例中发现，在地下式水泵接合器安装中，有的工程未严格按照标准图集安装泄水阀）或泄压阀的排水予以收集排放，但对于如何具体设计，如水量如何考虑、排水管径如何计算等、排水接入雨水还是污水系统、如何防止外部水倒灌问题，均未说明，若设计空白，施工阶段则势必无法实施。因此，该条规范无法真正落实到位。

示例五：

12.3.7　市政和室外消火栓的安装应符合下列规定：……

5　当室外消火栓安装部位火灾时存在可能落物危险时，上方应采取防坠落物撞击的措施；……

【思考】第 5 款中提出防高坠措施要求，此前《高规》中仅在第 7.3.7 条的条文说明中提到墙壁式室外消火栓使用时"由于不能保证消火栓与建筑物外墙的距离，在使用时会影响消防人员的安全和操作，因此在高层民用建筑中使用时，其上方应有防坠落物的措施。"条文说明非条文，不具正式性和约束性，且说明并未明确采用何种措施。在《建筑水暖施工验收规范》的第 9.3.3 条针对墙壁式室外消火栓时有"……其上方应设有防坠落物打击的措施。"该条的条文说明中强调说明了"上方必须有防坠落物打击的措施"，但同样未明确是何种具体措施。

在新版《建规》条文第 8.1.11 条也有相应的规定："建筑外墙设置有玻璃幕墙或采用火灾时可能脱落的建筑装饰材料或构造时，供灭火救援用的水泵接合器、室外消火栓等室外消防设施，应设置在距离建筑外墙相对安全的位置或采取安全防护措施。"新版《建规》条文说明第 8.1.11 条"……供消防员使用的水泵接合器、消火栓等室外消防设施的设置位置，要根据建筑幕墙的位置、高度确定。当需离开建筑外墙一定距离时，一般不小于 5m，当受平面布置条件限制时，可采取设置防护挑檐、防护棚等其他防坠落物砸伤的防护措施。"由此可见，新版《建规》中推荐的防高坠措施为设置防护挑檐、防护棚等，但上述措施基本为土建措施。此条文要求虽然出现在《消水规》的施工章节，但若留待消防施工单位施工室外消防工程阶段再处理，则恐无法得到妥善解决。

8）有的未在《消水规》中作出具体规定，如：

（1）民用建筑建筑高度超高、建筑体量超大、人数超多时的建筑物火灾次数；

(2) 多层和单层建筑设置消防水泵和消防水泵房的条件；

(3) 消防竖管的最小间距；

(4) 屋顶消防水箱的服务半径；

(5) 公共建筑消防共用系统的范围；

(6) 工作泵房和备用泵房的设置；

(7) 部分水消防术语（轻便消防水龙、消防软管卷盘、充实水柱等）。

五、《消水规》的问题绝非个案

规范出现一些问题并非个案，例如，《泡沫灭火系统设计规范》GB 50151—2010（以下简称《泡沫规范》）的泡沫—水喷淋系统作用面积 465m² 数值偏大；《泡沫规范》的术语与《喷规》不相一致；气体泡沫联用系统在《泡规》中未予规定。

《细水雾灭火系统技术规范》GB 50898—2013（以下简称《细水雾规范》）的闭式系统泵组后限制 100 只喷头的规定过严，限制了细水雾灭火系统的应用；开式系统防护区数量不能超过 3 个的规定严于气体灭火系统也不合理；设计技术参数过于保守；对开式系统的倾向过于明显。

新版《建规》的自动灭火系统重复设置；22 年来未能对建筑高度大于 250m 的高层建筑消防作出具体规定；许多自动灭火系统的适用场所在新版《建规》中没有规定等。

消防规范出现的问题，住房和城乡建设部标准定额司的领导分析认为，标定司人员减少，工作量成倍增加，标准质量主要倚仗主管部门和主编单位。而以《细水雾规范》为例，主编部门对国外规范了解不多，对国内应用情况也不是很熟悉，认识上有较大偏差，造成这些后果是不可避免的。

六、《消水规》存在问题的解决思路

解决思路是首先指出《消水规》存在的问题并分析其原因，探析条文的本意及执行过程可能会出现的问题，尽可能解析问题并寻找解决方案，并对今后修订提出的合理建议。《消水规》实施指南的编纂及这篇后记都可认作是一次积极的尝试。

以上纯属个人意见，仅供参考。

后记二：再谈对《消水规》的理解

0　前言

之所以动笔写这篇后记二，起因是《消水规》实施指南第一版于 2016 年 7 月出版，但该版实施指南存在以下四个遗憾：

遗憾之一：对条文作了充分的阐述，但对条文的延伸不够。

如第 4.3.1 条，条文主要是从流量的角度作了规定，但关键在于需设置消防水池的原因，有市政给水管网和引入管的原因，也有天然水源的原因，有流量的原因，也有压力的原因等。市政给水管网和流量的原因，条文第 4.3.1 条做了规定，但天然水源和压力的原因，《消水规》未做规定，第一版实施指南的"要点说明"也只讲了流量的原因，未提压力因素。详述见本文第 2.1 小节。

遗憾之二：对同一个问题存在不同的理解，但只阐述了一种。

《消水规》第 4.3.9 条未对最低报警水位作具体规定，这是一个缺陷。《消水规》实施指南的"要点说明"则对消防水池的最低报警水位作了具体说明，并具体规定最低报警水位低于最高水位 50~100mm 比较合适。而实际情况是正由于《消水规》未作明示，各地在执行此条时理解和做法不一，因此，应全面反映为好，详述见本文第 2.3 小节。

遗憾之三：结论是正确的，但理由没有充分展开。

第 5.1.6 条第 4 款规定"流量扬程性能曲线应为无驼峰、无拐点的光滑曲线"，实施指南的"要点说明"虽对水泵性能曲线若有驼峰则会带来水泵运行时的喘振现象作了说明，但对于无拐点，只说了"根据该条文，不能使用切线泵作为消防泵"，这个结论是正确的，为何不让用切线泵为消防泵，"要点说明"未做展开，未解析原因所在。我们认为《消水规》不让用切线泵作为消防泵的主要原因其一是流量超过拐点，切线泵会突然停泵，其二是切线泵不能并联运行。详述见本文第 4.5 小节。

遗憾之四：个别问题的解答恐未必是《消水规》条文的本意。

第 5.2.6 条第 9 款规定"高位消防水箱出水管管径应满足消防给水设计流量的出水要求，且不应小于 DN100"，此处的消防给水设计流量是指什么水量？第一版实施指南的"问题解答"中的回答是"高位消防水箱的功能主要输针对初期火灾，所以此处的消防给水设计流量即为初期火灾用水量"。对此问题，我们的观点是：首先看《消水规》这款条文如何规定和措辞的，再看《消水规》第 5.2.1 条关于高位消防水箱的有效容积是如何规定的，最后看《消水规》的高位消防水箱的有效容积是多大，起什么作用，此时水箱出水管管径按什么流量来核算，思路就很明晰了，详述见本文第 5 节。

《消水规》被批准、发布、实施以后，我们一直进行认真地研习，曾对其中的 12 个问题作过一些深化理解工作，按章节顺序为：

1）适用范围和不适用范围；

2）消防水池；

3）高位消防水池设置条件；

4）消防水泵的选择和应用；

5）高位消防水箱；

6）稳压泵；

7）消防水泵接合器；

8）市政消火栓；

9）室外消火栓；

10）室内消火栓；

11）消防水泵的启动；

12）《消水规》与相关标准的碰撞。

上述 12 个问题虽并未涵盖《消水规》的全部，但收集概括了《消水规》的一些主要的问题。最初表述的方式是 PPT 讲稿以供研讨及交流，现改写成论文形式，作为《消水规》实施指南修订版的后记之二。

由于《消水规》是我国第一本消防给水规范，第一本有关消火栓系统的规范，第一本由设计院主编的国家消防规范，第一本由给水排水专业人员主编的国家消防规范，内容涉及消防给水和消火栓系统的许多方面。而我们既非《消水规》编制组成员，亦非审查专家，对《消水规》条文制定过程了解甚少。惟抱虚心学习的态度，对《消水规》反复进行探究，终总结出点滴体会。现选取对几个关注问题的理解予以成文，旨在加深和扩大同行之间对《消水规》的探讨和交流，也望有助于推进对《消水规》的贯彻执行，或可有助于《消水规》今后的修订。

1　《消水规》的适用范围和不适用范围

1.1　《消水规》的适用范围

《消水规》的适用范围在第 1.0.2 条作了明确规定，引录如下：

1.0.2　本规范适用于新建、扩建、改建的工业、民用、市政等建设工程的消防给水及消火栓系统的设计、施工、验收和维护管理。

问题在于《消水规》第 1.0.2 条规定了《消水规》的适用范围，但没有规定不适用范围。工程建设标准可以规定适用范围和不适用范围，也可以只规定适用范围，而不规定不适用范围。但《消水规》如果不规定不适用范围，容易被误解第 1.0.2 条的消防给水包括所有水灭火系统，实际不然。这个问题可以分三方面来谈：一是水灭火系统涵盖哪些系统；二是《消水规》包括哪些水灭火统；三是何种水灭火系统在《消水规》中没有包括。

1.2　水灭火系统所涵盖的系统

水灭火系统，即以水为灭火剂的灭火系统有以下系统：

1）消火栓系统（市政消火栓系统、室外消火栓系统、室内消火栓系统）；

2）自动喷水灭火系统（含用于防火的水幕系统）；

3）水喷雾灭火系统；

4）细水雾灭火系统；

5）固定消防炮灭火系统/自动消防炮灭火系统；

6）泡沫灭火系统；

7）大空间智能型主动喷水灭火系统。

1.3 《消水规》包括哪些水灭火系统

《消水规》包括哪些水灭火系统呢？这要从条文规定中寻找。在《消水规》第 3.1.2 条和第 3.6.3 条都涉及水灭火系统的范围，具体条文引录如下：

"3.1.2 一起火灾灭火所需消防用水的设计流量应由建筑的室外消火栓系统、室内消火栓系统、自动喷水灭火系统、泡沫灭火系统、水喷雾灭火系统、固定消防炮灭火系统、固定冷却水系统等需要同时作用的各种水灭火系统的设计流量组成，并应符合下列规定：

1 应按需要同时作用的各种水灭火系统最大设计流量之和确定；……。

3.6.3 自动喷水灭火系统、泡沫灭火系统、水喷雾灭火系统、固定消防炮灭火系统、自动跟踪定位射流灭火系统等水灭火系统的火灾延续时间，应分别按现行国家标准《自动喷水灭火系统设计规范》GB 50084、《泡沫灭火系统设计规范》GB 50151、《水喷雾灭火系统设计规范》GB 50219 和《固定消防炮灭火系统设计规范》GB 50338 的有关规定执行。"

《消水规》第 3.1.2 条涉及的系统有：室外消火栓系统、室内消火栓系统、自动喷水灭火系统、泡沫灭火系统、水喷雾灭火系统、固定消防炮灭火系统和固定冷却水系统等，共 7 个系统。

《消水规》第 3.6.3 条除了自动喷水灭火系统、泡沫灭火系统、水喷雾灭火系统、固定消防炮灭火系统等四个系统外，又增加了自动跟踪定位射流灭火系统。将第 3.1.2 条和第 3.6.3 条综合后，可以认为《消水规》总共包括 8 个系统，如果算上市政消火栓系统，总共有 9 个系统。若将市政消火栓系统、室外消火栓系统和室内消火栓系统合并为一个系统，则《消水规》的水灭火系统总共为 7 个系统。

1.4 《消水规》未包括何种水灭火系统

在《消水规》条文中唯一没有涉及的水灭火系统是细水雾灭火系统。据猜测，一个可能的原因是：《消水规》在报批时，《细水雾灭火系统技术规范》尚未批准实施（其实《自动跟踪定位射流灭火系统技术规范》当时也没有批准）；第二个可能的原因是：细水雾灭火系统在许多方面与其他水灭火系统有区别，如：水质标准不同（细水雾灭火系统要求生活饮用水，饮用净水水质标准）；管材材质不同（细水雾灭火系统要求管材采用无缝不锈钢管及焊接不锈钢管）；水泵类型不同（细水雾灭火系统要求柱塞泵加压）；过滤装置不同（细水雾灭火系统要求纤维过滤）。

之所以细水雾灭火系统不同于其他水灭火系统，其原因之一是系统压力要求高（高压细水雾可达 10～16MPa；原因之二是喷头喷口小（口径为 0.4mm），极易被小颗粒杂质堵塞。（请参阅《细水雾灭火系统技术规范》GB 50898—2013）。

工程建设标准明确规范的适用范围和不适用范围有什么作用呢？笔者认为主要有两个作用：

1）规范条文可用于哪些水灭火系统？不可用于哪些水灭火系统有了明确的范围；

2）和消防用水设计流量的计算有关联，但问题在于《消水规》第 3.1.2 条第 1 款并未具体规定"需要同时作用的水灭火系统"是哪些系统，这个问题留待以后再论。

2 消防水池

2.1 消防水池的属性和作用

消防水池的属性，在《消水规》GB 50974—2014 中有双重身份，在第 2 章"术语"中它被定义为储水设施，在第 4 章中它又被归属为消防水源之一。关于消防水源在《消水规》第4.1.3条有规定，共有四个水源，按顺序为：市政给水、消防水池、天然水源和其他水源（雨水清水池、中水清水池、水景和游泳池等）。具体条文引录如下：

"4.1.3 消防水源应符合下列规定：

1 市政给水、消防水池、天然水源等可作为消防水源，并宜采用市政给水；

2 雨水清水池、中水清水池、水景和游泳池可作为备用消防水源。"

上述条文中规定的水源有四种，主要是三个，推荐顺序为：市政给水、消防水池、天然水源。市政给水管网为消防水源首选，因为它比其他水源取用更方便。

在这四种消防水源中，消防水池有不可替代的作用和地位。消防水池的作用是当其他消防水源不能保证消防用水时所采取的保证措施，如下列情况：

1）市政给水管网的流量不够（《消水规》第4.3.1条第1款、第3款）；

2）市政给水管网为一路供水，或一条引入管（《消水规》第4.3.1条第2款）；

3）市政给水管网的压力不够（《消水规》条文未予规定）；

4）天然水源流量不够（《消水规》条文未予规定）。

2.2 消防水池设置条件

消防水池设置条件在《消水规》第4.3.1条作了规定，引录如下：

"4.3.1 符合下列规定之一时，应设置消防水池：

1 当生产、生活用水量达到最大时，市政给水管网或入户引入管不能满足室内外消防给水设计流量；

2 当采用一路消防供水或只有一条引入管，且室外消火栓设计流量大于20L/s或建筑高度大于50m时；

3 市政消防给水设计流量小于建筑室内外消防给水设计流量。"

按笔者的理解，因市政给水管网的原因需设置消防水池有以下几种情况：

1）管径倒挂（市政给水管网管径小于建筑物引入管管径）；

2）市政给水管网供水量不足（条文已有规定）；

3）市政给水管网水压偏低（条文未予规定）；

4）市政给水管网定时供水、间断供水（按规定这是不允许的，但在我国的个别城市仍存在这种情况）；

5）形式上双向供水，实际上单向供水（条文已有规定）。

天然水源系由地理条件自然形成的，大多具有分布广、水量足的特点。但天然水源往往因受自然环境所限消防车不易靠近，且水位受季节、潮汐等因素影响变化较大，因此，即便以天然水源为消防水源，仍会出现需设置消防水池的情况。只不过目前以天然水源为消防水源的情况不多，一旦天然水源拟用作消防水源而存在条件欠缺时，往往就会主动放弃，另选消防水源。例如当天然水源水质不符合要求，如泥沙含量偏高，或有油污染不宜作为消防水源时；天然水源周边的地质条件不能满足车辆靠近取水等。但是，以天然水源为消防水源却需设置消防水池的这种情况仍存在，举例如下：

1）天然水源水量偏少；

2）天然水源水量足够，但取水不足；

3）天然水源冬季结冰，无法取水；

4）天然水源水位落差人，取水有难度（如枯水期时不能满足取水要求）。

设置消防水池的原因，《消水规》的规定侧重在流量。实际上除了流量因素，还有压力因素。以往的消防规范对压力没有相关的条文规定，因此设置消防水池的条文也只仅仅规定流量的因素。而现在的情况不同，《消水规》有不少条文规定了压力要求，一旦压力不足，面临着必须设泵加压。设置了加压水泵后又面临着两种选择，一是水泵从市政给水管网直接吸水，但这种方式目前只在上海和浙江的某些城市可行，在国内的大部分地区并不被认可；第二种方式就是设置消防水池，此时是为压力不足而设置消防水池。

《消水规》的条文涉及压力的有以下两种情况：一是市政给水管网的压力，包括平时和消防时两种工况，该要求相对容易满足，见《消水规》第7.2.8条。二是室内消火栓栓口的最小压力，这种条件有时恐无法满足，见《消水规》第7.4.12条。具体条文分别引录如下：

"7.2.8 当市政给水管网设有市政消火栓时，其平时运行工作压力不应小于 0.14MPa，火灾时水力最不利市政消火栓的出流量不应小于 15L/s，且供水压力从地面算起不应小于 0.10MPa。" （——该条对市政给水管网的工作压力平时和消防时分别作了规定，其要求容易满足，且由于是"强条"，故必须满足。）

"7.4.12 室内消火栓栓口压力和消防水枪充实水柱，应符合下列规定：

1 ……；

2 高层建筑、厂房、库房和室内净空高度超过8m的民用建筑等场所，消火栓栓口动压不应小于0.35MPa，且消防水枪充实水柱应按13m计算；其他场所，消火栓栓口动压不应小于0.25MPa，且消防水枪充实水柱应按10m计算。"（——此条要求有时难以满足，有的城镇市政给水管网的最小服务水头无法达到0.35MPa。）

2.3 消防水池最低报警水位

《消水规》条文规定了最高报警水位和最低报警水位，关于最低报警水位的条文引录如下：

"4.3.9 消防水池的出水、排水和水位应符合下列要求：

1 ……；

2 消防水池应设置就地水位显示装置，并应在消防控制中心……，同时应有最高和最低报警水位；

3 ……。"

但究竟哪个水位最低报警水位？据了解，各地对最低报警水位有各自的不同理解：有的认为在最高报警水位以下50～100mm；有的认为在出水管顶上0.1m～0.3m；有的认为是最低有效水位；有认为最低报警水位＝最高有效水位－0.5h（h为有效水深）；也有的认为最低报警水位应具有两个特性：一是能及时报警，二是还来得及采取补救措施，具体高度应按不同工程具体规定。

关于最低报警水位，《消水规》没有确切的定义，这是一个缺陷，而正由于《消水规》没有明示，各地在执行该条条文时才出现了不同理解，导致规范的执行无法统一。

3 高位消防水池的设置条件

3.1 高位消防水池

增加高位消防水池的内容，是《消水规》的一大亮点。在此之前，一众规范中只有高位消防水箱，没有高位消防水池。

按照《消水规》第2.1.7条"高位消防水箱"术语条款规定，高位消防水箱是"设置在高处直接向水灭火设施重力供应初期火灾消防用水量的储水设施"。而按照《消水规》第2.1.6条"高位消防水池"的术语条款规定，高位消防水池是"设置在高处直接向水灭火设施重力供水的储水设施"。很明显，两者是不同的。两者也有共同点，共同点是：都设置在高处；都直接向水灭火设施重力供水；都是储水设施。不同点是：高位消防水箱只供初期火灾消防用水量；高位消防水池则没有此限定。

高位消防水池和高位消防水箱的术语条款引录如下：

"2.1.6 高位消防水池

设置在高处直接向水灭火设施重力供水的储水设施。

2.1.7 高位消防水箱

设置在高处直接向水灭火设施重力供应初期火灾消防用水量的储水设施。"

3.2 从高层建筑的层间位移问题说起

建筑物、构筑物在风力作用下，会产生层间位移，不同结构类型的弹性层间位移角限值不同，如：钢筋混凝土框架为 1/550；钢筋混凝土框架-抗震墙、板柱-抗震墙、框架-核心筒为 1/800；钢筋混凝土抗震墙、筒中筒为 1/1000；钢筋混凝土框支层为 1/1000；多、高层钢结构为 1/250（以上数据引自国家标准《建筑机电工程抗震设计规范》GB 50981—2014 表 3.4.6）。

为解决这一问题，可采取相应技术措施，如在建筑物顶部设置阻尼器等。图 1 展示的是台北 101 大厦上设置的阻尼器。

图1 台北 101 大厦及设置的阻尼器

高层建筑在风力的作用下，存在层间位移问题，对于建筑给水排水专业人员，早在 20世纪 80 年代便有所认识。1982 年《建筑给水排水设计规范》国家标准管理组为规范修订派出人员前往北京调研，当时计划调研的重点是气压给水技术。北京市建筑设计院萧正辉总工接待了调研人员，但反映了北京有 15 幢高层建筑排水铸铁管承口断裂问题。调研组从中走访了其中的 3 幢高层建筑，如位于长安街的燕京饭店。调研结果是排水铸铁管承口开裂，开裂长度约为承口高度的两倍，宽度约为两指宽。造成的后果是排水管道内的污水外溢。事后，北京市的给排水专家召开了专门的技术分析会，找出的主要原因是排水铸铁管承插口连接采用的是石棉水泥捻口，或是膨胀水泥接口，这些接口都属于刚性连接。而高层建筑存在层间位移，建筑物有位移，而管道接口没有位移，这就导致了问题的发生。最后问题的解决是通过广播电视建筑设计院傅文华总工和江苏省建筑设计院陈松华总工等研发出柔性抗震排水铸铁管系列的应用。

3.3 高位消防水池的实施

广州市设计院赵力军总工在进行广州电视塔工程设计时，一改过去设置阻尼器的习惯做法，大胆启用设置在屋顶的高位消防水池来替代阻尼器，这是一大创新，高位消防水池在中国诞生。设置在建筑物顶层的高位消防水池（工程中称为高位大水箱）有两个功能：一是贮存消防用水量；二是兼作阻尼器。由于兼作阻尼器，从而取消了原来设置在屋顶的金属阻尼器，这也是高位消防水池得以得到土建专业认可的一个重要原因。广州电视塔消防水池消防水箱设置见表 1 所示。工程设计的高位消防水池见图 2，建成后的高位消防水池见图 3。

广州电视塔消防水池消防水箱设置　　表 1

设置楼层	用途	有效容积（m³）	备注
−10.0m	地下消防水池	612（分 2 格）	小炮用水，往上区补水
147.2m	中间消防水箱	65（分 2 格）	转输
147.2m	减压水箱	18（分 2 格）	116.0m 及以下高压供水
339.6m	转输水箱	18（分 2 格）	转输
339.6m	减压水箱	18（分 2 格）	减压 121.2～298.0m 高压供水
443.6m	高位大水箱	540（分 2 格）	全塔 3h 消防用水 298.0～412.4m 高压供水 412.4～459.2m 临高压
470.0m	高位消防水箱	18（分 2 格）	412.4～459.2m 稳压

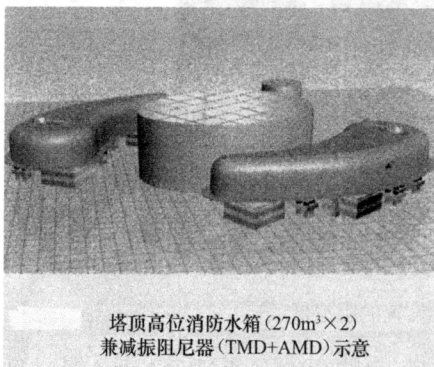

塔顶高位消防水箱（270m³×2）
兼减振阻尼器（TMD+AMD）示意

塔顶高位大水箱
（即：高位消防水池）
270m³×2设计为兼做减振
阻尼器（TMD+AMD）
的一部分

图 2　高位消防水池工程设计　　　图 3　建成后的高位消防水池

"《消水规》实施指南"编制过程中，对国内主要超限高层建筑的消防供水方式作了一次统计，统计资料表明我国采用高位消防水池的做法在超限高层建筑成主流趋势，见表 2。

"《消水规》实施指南"统计资料　　表 2

项目名称	高度（m）	供水方式
广州新电视塔（小蛮腰）	600	高压
广州周大福中心（东塔）	530	高压

项目名称	高度（m）	供水方式
天津周大福中心	530	高压
上海中心大厦	636	生活消防合用高压
深圳平安金融中心	660	喷淋高压，消火栓串联临时高压
广州国际金融中西（西塔）	432	高压
武汉绿地中心	606	高压
上海环球金融中心	500	串联临时高压
天津117	597	串联临时高压

3.4 高位消防水池条文示例

回过头来，再看高位消防水池的条文就简单了。高位消防水池是设置在高处的消防水池，消防水池的条款它都要遵守；高位消防水池是扩大了容积的高位消防水箱，高位消防水箱的条款它都应该遵循。于是《消水规》关于高位消防水池的条文作了如下规定：

"4.3.11 高位消防水池的最低有效水位应能满足其所服务的水灭火设施所需的工作压力和流量，且其有效容积应满足火灾延续时间内所需消防用水量，并应符合下列规定：

1 高位消防水池有效容积、出水、排水和水位，应符合本规范第4.3.8条和第4.3.9条的规定；

2 高位消防水池的通气管和呼吸管等应符合本规范第4.3.10条的规定；

3 除可一路消防供水的建筑物外，向高位消防水池供水的给水管不应少于两条；

4 当高层民用建筑采用高位消防水池供水的高压消防给水系统时，高位消防水池储存室内消防用水量确有困难，但火灾时补水可靠时，其总有效容积不应小于室内消防用水量的50%；

5 高层民用建筑高压消防给水系统的高位消防水池总有效容积大于 $200m^3$ 时，宜设置蓄水有效容积相等且可独立使用的两格；当建筑高度大于 100m 时应设置独立的两座。每格或座应有一条独立的出水管向消防给水系统供水；

6 高位消防水池设置在建筑物内时，应采用耐火极限不低于 2.00h 的隔墙和 1.50h 的楼板与其他部位隔开，并应设甲级防火门；且消防水池及其之承框架与建筑构件应连接牢固。"

3.5 关于高位消防水池的延伸思考

高位消防水池，对于能够满足消防流量和压力要求的楼层，是高压消防给水系统，是重力式高压消防给水系统。对于不能满足消防流量和压力要求的楼层，是临时高压消防给水系统。但问题并不到此为止，对高位消防水池我们进行了延伸思考，发现有三个不可违避的问题。

思考一：关于高位消防水池系统的定位

当高位消防水池的水能满足消防用水水量和水压要求时，可定位为重力式高压消防给水系统。当高位消防水池只储存50%的水量时，一旦水池的水用完，剩下时间的消防水量要靠转输泵送来，此时不能定义为高压消防给水系统，可视为重力临时高压消防给水系统。当高位消防水池储存全部消防用水量，而实际着火和灭火时间超过火灾延续时间的规定时，也同此情况。

思考二：向高位消防水池送水的水泵定性为什么性质，按什么标准设计水泵的流量？

这个泵既可以理解为补水泵、转输泵，又可理解为消防泵，何时按补水泵、转输泵来选泵，何时按消防用水量来选泵？应有个考虑。

思考三：这台泵按什么要求启停泵，是自动启停？还是自动启动人工停？

高位消防水池的水泵具有两重性，既是补水泵、转输泵，也是消防时提供流量的消防泵，作为前者应自动启停，作为后者应自动启动人工停泵，在控制上如何设计？应有考量。

以上思考详见本书第2章2.3延伸思考小节的思考3。

4 消防水泵的选择和应用

4.1 消防水泵的选择的重要性

消防水泵的选择至关重要，因为对于临时高压消防给水系统，消防用水所需要的流量和压力均需由消防水泵来保证，消防水泵是临时高压消防给水系统的心脏。

但什么样的水泵可以用作消防水泵？什么样的水泵不能用作消防水泵？用于消防的泵，对其性能有什么要求？

以前的消防规范缺少对消防水泵的规定，包括是否设水泵、消防水泵选择的要求等，对消防水泵的选择和应用没有具体规定，这是一个缺憾，也是一个遗憾。而现行国家标准《消水规》改变了这一局面，《消水规》对此作出了具体规定，这是一个完善和提高，一个进步和飞跃。

4.2 消防水泵的选择

关于可用于消防给水的水泵，《消水规》中明确规定的水泵有：

离心泵（《消水规》第5.1.5条规定）；

柴油机消防水泵（《消水规》第5.1.8条规定）；

轴流深井泵（《消水规》第5.1.9条规定）。但《消水规》未规定柱塞泵的应用，柱塞泵用于细水雾灭火系统，由此可以断定《消水规》不适用于细水雾灭火系统。

不能用于消防给水的泵，《消水规》中明确规定的水泵有：

电动机湿式安装的泵（《消水规》第5.1.6.3条规定）；

流量扬程性能曲线有驼峰的泵（《消水规》第5.1.6.4条规定）；

流量扬程性能曲线有拐点的泵（《消水规》第5.1.6.4条规定）；

流量扬程性能曲线不符合要求的泵（《消水规》第5.1.6.4条、第5.1.6.5条规定）；

非自灌式吸水的泵（《消水规》第5.1.12条规定）；

火灾灭火时，变频运行的泵（《消水规》第11.0.14条规定）；下面适当予以展开。

4.3 不允许使用电动机湿式安装的水泵

《消水规》第5.1.6条第三款规定：

"消防水泵的选择和应用应符合下列规定：……

3 当采用电动机驱动的消防水泵时，应选择电动机干式安装的消防水泵；"

条文规定干式安装的水泵可以用，意味着电动机驱动的，湿式安装的水泵不让用，亦即潜水泵和管中泵一类电动机位置在水中的泵不能用作消防泵，原因是不便检修和电缆漏电。这项规定相对而言比较简单，这里不作充分展开。

4.4 有驼峰的水泵不允许使用

《消水规》第5.1.6条第四款规定：

"消防水泵的选择和应用应符合下列规定：……

4 流量扬程性能曲线应为无驼峰、无拐点的光滑曲线，……；"

流量扬程性能曲线如有驼峰，一个扬程会有两个流量点，水泵运行时，会出现时而小流量，时而大流量的喘振现象，这是不允许的，如图 4 (c) 所示，一条横线画过去，与流量扬程性能曲线有两个交点，每个交点呼应一个流量，一个小流量，一个大流量，而扬程是相同的。

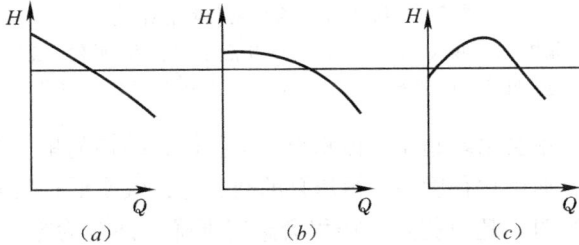

图 4 水泵流量扬程性能曲线
(a) 单调下降曲线；(b) 平坦曲线；(c) 驼峰曲线

4.5 有拐点的水泵不让用

《消水规》第 5.1.6 条第 4 款规定：

"消防水泵的选择和应用应符合下列规定：……

4 流量扬程性能曲线应为无驼峰、无拐点的光滑曲线，……；"

《消水规》的条文和条文说明没有明确有拐点的水泵是什么泵，国内的理解是指切线泵，对此，主编没有异议，本文也就按有拐点的泵即切线泵来展开。

有拐点的水泵笔者的理解是指恒压泵，恒压泵又称切线泵，也称华宇泵。

这种泵的构造，叶轮与圆周的切线垂直（如图 5），液体在压水室内圈旋转，只有部分液体沿切线方向进入扩散管输出，其余部分液体都随叶轮作强制回转流动，所以叫切线泵、切线增压泵或部分流泵。切线泵的构造与一般离心泵是有区别的，见图 6。

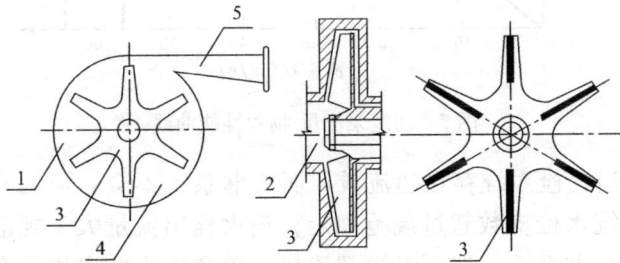

图 5 切线泵及叶轮结构
1—泵体；2—吸入室；3—叶轮；4—压水室；5—锥型扩散管

这种泵流量在一定变化范围内，扬程基本保持不变，不会出现超压，又称为恒压泵（另一种恒压泵是离心泵与稳压阀串联设置，这不是严格意义上的恒压泵）。该泵由中国建筑西北设计研究院和陕西华宇公司共同研发，由西安华宇公司生产，又称华宇泵。

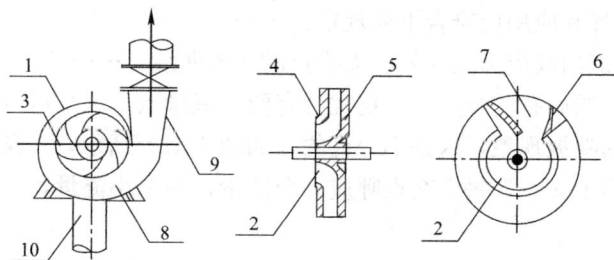

图 6   单级单吸式离心泵及叶轮结构

1—泵体；2—吸入口；3—叶轮；4—叶轮前盖板；5—叶轮后盖板；
6—叶片；7—吐槽；8—压水室；9—扩散管；10—吸水管

恒压泵的优点是：不会出现超压、体积小、重量轻、结构简单、维修方便、规格品种多、标准化、系列化、通用化程度高。恒压泵的缺点是：效率低；具有断流特性（当流量达到一定量（超流量）时，超过拐点，扬程会急速下降，甚至为零，水泵停止运转）；不能并联运行。

图 7 是切线泵的流量扬程性能曲线，曲线上的设计点就是《消水规》条文中涉及的拐点。当流量大于拐点，从曲线上可以看出，流量扬程曲线急剧下降，直至为零，这就意味着水泵的突然停泵，这是不允许的。当流量大于拐点，通常是指超流量现象。关于消防给水的超流量现象国内有两种观点。

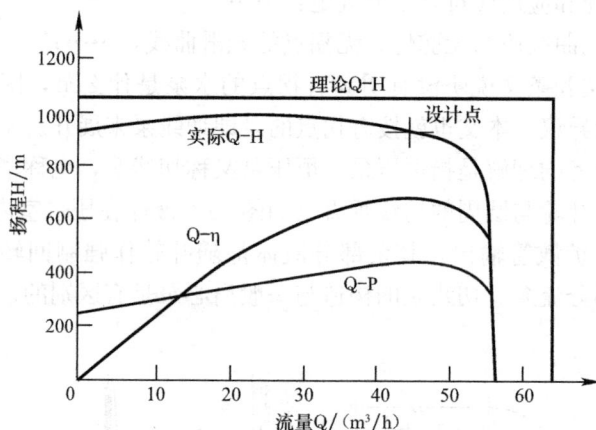

图 7   切线泵流量-扬程性能曲线

一种观点认为消火栓系统存在超流量，而喷淋系统不会，原因在于：消火栓系统超流量指消火栓系统水枪支数超过规范规定；消火栓出流量大于规范数值等情况而导致系统超流量。而喷淋系统一般不考虑超流量，单个喷头的出流量有可能大于最不利处喷头的流量，但作用面积开放的喷头数会少于规范规定的作用面积喷头数，总流量不会超过。

另一种观点则对此持不同意见，认为消火栓系统不会出现超流量，而出现超流量的是喷淋系统。理由是：火灾时火场条件恶劣，进入火灾现场操持室内消火栓扑救火灾的消防队员人数会少于规范规定。而一旦出现爆燃事故，喷淋系统的喷头开放数量会超过规范的规定。不管哪种说法，消防用水会有超流量现象。

国家建筑标准设计图集《消防专用水泵选用及安装》04S204在送审稿审查会上，曾就切线泵的超流量会突然停泵一事进行过讨论，讨论时提出了几种可以考虑的应对措施：一是提高规范流量值，防止超流量现象；二是在选泵时留有适当余地，如留1/3的余地，拐点为60L/s的泵，按40L/s选泵；三是选泵后按1.5倍设计流量不超过设计点（拐点）来校核。最后图集按第二个意见达成共识，以此解决切线泵超流量突然停泵的问题。现在规范有了规定，当以规范为准。《消水规》的条文已明确有拐点的水泵不能用作消防泵，工程设计就不应再用切线泵。

切线泵不能并联运行，是切线泵的第二个缺陷，如图8所示，从切线泵并联曲线可以看到，B为并联运行时的工作点，但对于单台泵来说，这个工作点在C的位置，很明显，C点已经超过了拐点，水泵会突然停泵。而普通离心泵的并联运行是不存在这个问题的，如图9所示。

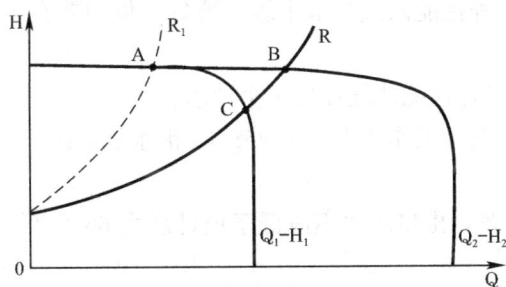

图8　切线泵并联运行特性图　　　　图9　普通离心泵两台并联运行特性图

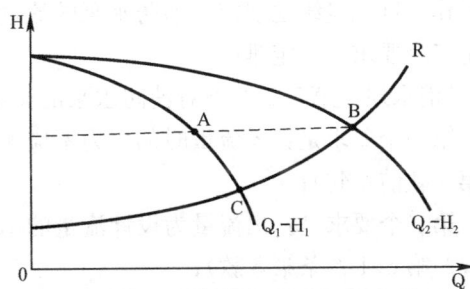

4.6　非自灌吸水的水泵不允许使用

《消水规》第5.1.12条规定：

"消防水泵吸水应符合下列规定：

1　消防水泵应采取自灌式吸水；

2　消防水泵从市政管网直接抽水时，应在消防水泵出水管上设置有空气隔断的倒流防止器；

3　当吸水口处无吸水井时，吸水口处应设置旋流防止器。"

这条规定明确消防水泵采取自灌式吸水，这限制了自吸泵、强自吸泵（一种不需自灌，在15s内可出水的泵）的应用。

4.7　变频调速运行的泵不允许使用

《消水规》第11.0.14条规定：

"火灾时消防水泵应工频运行，消防水泵应工频直接启泵；当功率较大时，应采用星三角和自耦降压变压器启动，不宜采用有源器件启动。

消防水泵准工作状态的自动巡检应采用变频运行，定期人工巡检应工频满负荷运行并出流。"

变频调速供水在我国20世纪90年代兴起，由于变频调整水泵自动启停，供水及时，当时在消防给水领域也有相当广泛的应用。有的专家提出变频调速消防给水，水泵自动运行，系统压力始终能够保证，可以将它定位为高压消防给水系统，高位消防水箱可以取消。后来经过澄清，明确该系统为临时高压消防给水系统，关于变频调速消防供水不设水箱的请示报告及关于对变频调速供水设备有关回复详见本书第 11 章 11.4 小节思考 10 中的图 11-3。

4.8　消防水泵的流量扬程曲线要求

《消水规》第 5.1.6 条规定：

"消防水泵的选择和应用应符合下列规定：

1　……；

4　……，零流量时的压力不应大于设计工作压力的 140％，且宜大于设计工作压力的 120％；

5　当出流量为设计流量的 150％时，其出口压力不应低于设计工作压力的 65％；"

《消水规》第 5.1.6 条第 4 款、第 5 款的规定，构成了消防水泵的流量扬程性能曲线。规范条文作出这些规定，使消防水泵的流量扬程性能曲线有了量化指标，便于工程设计具体操作，这比笼统地规定"消防水泵的流量扬程性能曲线要求平缓"要好。但问题在于要满足三个要求有一定难度。

《消水规》第 5.1.6 条对消防水泵的流量扬程性能曲线提出三个要求：

第一个要求是：零流量时的压力不应大于设计工作压力的 140％（《消水规》第 5.1.6 条第 4 款前一句）；

第二个要求是：出流量为设计流量的 150％，出口压力不应低于设计压力 65％（《消水规》第 5.1.6 条第 5 款）；

第三个要求是：零流量时的压力宜大于设计工作压力的 120％（《消水规》第 5.1.6 条第 4 款后一句）。

第一个要求构成了消防水泵流量扬程性能曲线的前半段，或流量扬程性能曲线的上半段，见图 10；第二个要求构成了消防水泵流量扬程性能曲线的后半段，或流量扬程性能曲线的下半段；第三个要求不明确规范主编的用意，也有的专家认为是禁用切线泵的另一个限制措施。

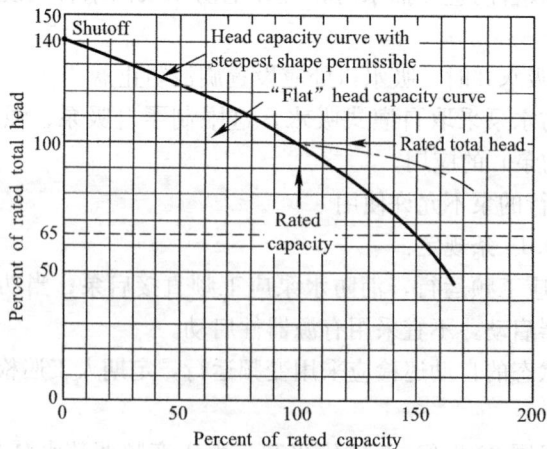

水泵选择的原则

图 10　消防水泵流量扬程曲线的构成

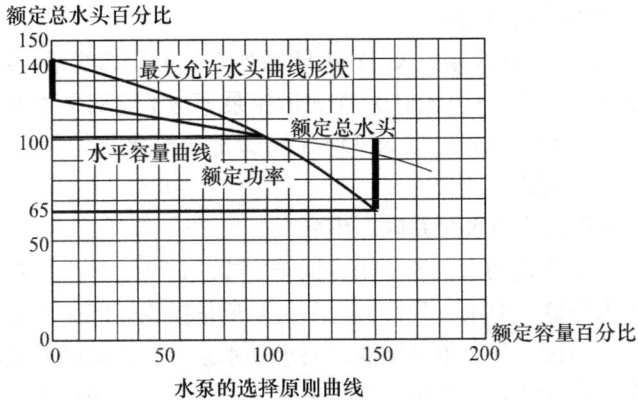

图 11 《消水规》消防水泵流量扬程性能曲线的构成

在这个问题上，中国规范的规定与美国规范的规定存在差异。"零流量时的压力不应大于设计工作压力的 140％"的规定，可以认为依据是美国规范，也是我国产品国家标准《消防泵》GB 6245—2006 的规定。"宜大于设计工作压力的 120％"的规定，我们未找到依据，美国规范规定是 101％，产品国家标准《消防泵》GB 6245—2006 也没有找到类似的相关规定。

对这个规定，我们个人意见是难能做到，可以不予考虑，理由如下：

理由一：《消水规》第 5.1.6 条第 4 款和第 5 款所规定的内容，规范用语等级不同，第一个要求和第二个要求规范用语为"应"，第三个要求规范用语为"宜"。

理由二：《消水规》第 13.1.4 条消防水泵调试只有两个要求，没有第三个要求。

理由三：没有找到第三个要求的依据，当然我们也不反对创新，但创新也要有依据。

理由四：如果强调第三个要求，在现有的水泵系列中难以找到完全符合三个要求的水泵。

关于理由二的消防水泵调试条文示例：

"13.1.4　消防水泵调试应符合下列要求：

1　……；

4　消防水泵零流量时的压力不应超过设计工作压力的 140％；当出流量为设计流量的 150％时，其出口压力不应低于设计压力的 65％。"

在《消水规》"调试"章节，只有找到两个可作为依据的规定，宜大于 120％的规定在这里没有出现，没有提出要求。

必须指出的是消防泵的检测是按产品标准检测，而不是按工程建设标准检测，而产品标准和工程建设标准关于消防水泵流量扬程性能曲线的规定并不一致。消防水泵的产品标准，有零流量时压力不超过设工作压力的 140％的规定，也有当出流量为设计流量的 150％时，出口压力不低于设计压力的 65％的规定，但没有零流量大于设计工作压力的 120％的规定。

由此可以得出的结论是：条文规定零流量时的压力不应超过设计压力的 140％，目的是要求水泵流量扬程曲线平缓。但零流量时的压力且宜大于设计工作压力的 120％，其目的性不明确，规范用语为"宜"，即要求可放宽，不然水泵难选。

中国建筑西北设计研究院的葛万斌总工对现有国家建筑标准设计图集 04S204 的消防

水泵逐一作了核实，核实结果如下：

XBD-HY 系列卧式恒压切线泵、XBD-SLH 系列立式恒压切线泵、XBD（HW）系列、XBD-（HL）立式恒压泵、XBD-（SHL）立式恒压泵等均不能满足要求。

只有 XBD（HW）、XBD（HL）、XBD-SS 能满足《消水规》第一个和第二个要求，但不能满足大于 120% 的要求。

4.9　水泵流量扬程曲线与水泵并联、串联

最后一个疑问是：关于消防水泵流量扬程性能曲线的这些要求是指对单台泵的要求，还是也包括对水泵并联及串联的要求。我们认为单台泵流量扬程性能曲线要满足《消水规》条文各款要求已经有一定难度，如果单泵能满足要求，水泵并联、串联后又出现新的问题。水泵并联后，水泵流量扬程曲线趋向平缓；水泵串联后，水泵流量扬程曲线趋向陡峭，因此可以认定《消水规》条文规定只指单台泵，不指水泵的并联及串联，见图 12 和图 13。

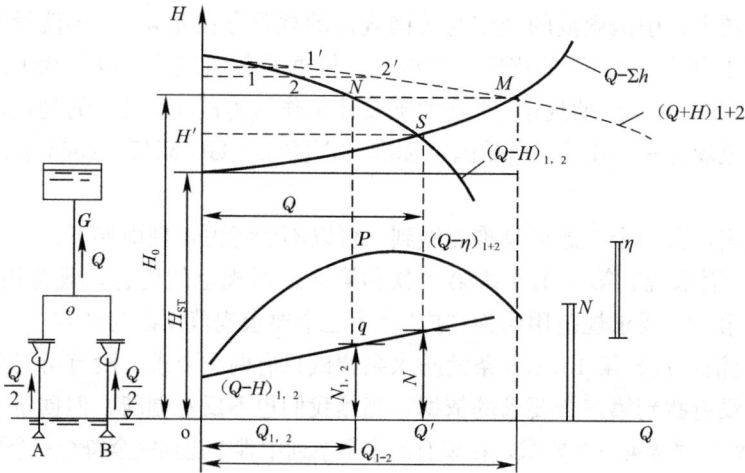

图 12　水泵的并联

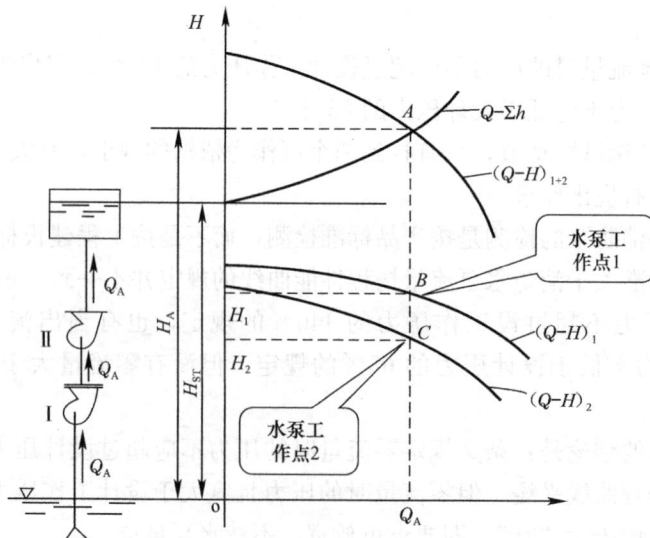

图 13　水泵的串联

356

5 高位消防水箱

5.1 高位消防水箱的设置条件

高位消防水箱的设置条件在《消水规》第6.1.9条有规定，条文引录如下：

"6.1.9 室内采用临时高压消防给水系统时，高位消防水箱的设置应符合下列规定：

1 高层民用建筑、总建筑面积大于10000m²且层数超过2层的公共建筑和其他重要建筑，必须设置高位消防水箱；

2 其他建筑应设置高位消防水箱，但当设置高位消防水箱确有困难，且采用安全可靠的消防给水形式时，可不设高位消防水箱，但应设稳压泵；

3 当市政供水管网的供水能力在满足生产、生活最大小时用水量后，仍能满足初期火灾所需的消防流量和压力时，市政直接供水可替代高位消防水箱。"

《消水规》第6.1.9条规定高位消防水箱的设置条件，前提是主条文规定："室内采用临时高压消防给水系统时"。这就意味着室外临时高压消防给水系统可以不设，高压给水系统可以不设。但条文并没有明确的是"干式消火栓竖管、干式消火栓系统"设不设高位消防水箱。

高位消防水箱在第6.1.9条的具体条款中有三个规定：

1）符合第1款规定的三类建筑必须设置高位消防水箱；

2）第2款规定了可不设高位消防水箱，但需设稳压泵的条件；不过对于何谓"安全可靠的消防给水形式"，规范并未明确，建议进一步明确，以便专业设计人员判断和选择设计方案；

3）第3款规定了既可以不设高位消防水箱，也不需设稳压泵的条件。

在明确了高位消防水箱设置以后，高位消防水箱的有效容积和设置高度是两个主要技术参数。《消水规》调整了高位消防水箱的有效容积和设置高度，与旧版《建规》和《高规》相比，有比较大的变化。

5.2 高位消防水箱的有效容积

《消水规》第5.2.1条规定高位消防水箱的有效容积，条文引录如下：

"5.2.1 临时高压消防给水系统的高位消防水箱的有效容积应满足初期火灾消防用水量的要求，并应符合下列规定：

1 一类高层公共建筑，不应小于36m³，但当建筑高度大于100m时，不应小于50m³，当建筑高度大于150m时，不应小于100m³；

2 多层公共建筑、二类高层公共建筑和一类高层住宅，不应小于18m³，当一类高层住宅建筑高度超过100m时，不应小于36m³；

3 二类高层住宅，不应小于12m³；

4 建筑高度大于21m的多层住宅，不应小于6m³；

5 工业建筑室内消防给水设计流量当小于或等于25L/s时，不应小于12m³，大于25L/s时，不应小于18m³；

6 总建筑面积大于10000m²且小于30000m²的商店建筑，不应小于36m³，总建筑面积大于30000m²的商店，不应小于50m³，当与本条第1款规定不一致时应取其较大值。"

从《消水规》第5.2.1条可以明显地看出，高位消防水箱的有效容积明显比旧版《建规》和《高规》增大了不少。旧版《建规》和《高规》高位消防水箱的有效容积为6m³、

12m³ 和 18m³，而《消水规》的高位消防水箱的有效容积还有 36m³、50m³ 和 100m³。同样的一类高层公共建筑，在《高规》中高位消防水箱有效容积为 18m³，而在《消水规》中是 36m³。其他二类高层公共建筑、一类高层住宅等也是类似情况，高位消防水箱的有效容积都有不同程度的加大。

高位消防水箱有效容积的增大是基于重力供水的理念。一般认为关于消防供水；关于高位消防水箱的有效容积有两种理念：一是压力供水的理念；一是重力供水的理念。压力供水的理念认为消防设施所需要的流量和压力是靠消防水泵来满足的；重力供水的理念认为水泵由于电网故障和机械故障会不启动，还是水箱供水可靠。

《消水规》编制过程中，有关部门、有关领导较为强调重力自流供水方式，认为水箱供水比水泵供水可靠。2012 年 11 月在北京召开的中国土木工程学会工程防火技术分会成立会，主管消防规范的公安部消防局法规标准处马恒处长的讲话，表达了这一层意思，具体做法就体现在高位消防水箱的有效容积加大上。根据这一精神，在 2013 年《消水规》编制组的制订也着重在高位消防水箱的有效容积的加大上。且现在消防规范制订往往裁判员就是运动员，因消防系统的领导往往就是消防规范的主要起草人，所以他们的意图在第一时间就反映在规范条文上。

压力供水和重力供水比较，水泵压力供水和水箱重力自流供水各有优缺点：

水泵压力供水的优点：能满足灭火设施压力和流量要求。缺点：由于电网故障和机械故障，消防水泵有时不能启动，现在又多了一个泵房有可能被淹没的意外事故（如开封地区消防案例）。

水箱重力供水的优点：重力自动供水，消防供水时不需要其他动力。缺点：不能满足某些楼层灭火设施压力和流量要求，有时消防水箱由于管理问题会没有水，还有一个情况是水箱的水有可能会用完。以消火栓栓口压力 23.5m 计，屋顶消防水箱约有 7 层消火栓的压力是不能满足的。

消防水泵不能正常运行，据分析有以下原因：

1）维护管理不善，平时没有按规范要求进行维护管理工作，水泵长期不运转，造成水泵叶轮和密封装置因电化学腐蚀而锈死；

2）自然灾害造成的问题，造成大面积长时间（数日）整座城市全面停电；

3）人为破坏，纵火和恐怖袭击；

4）采用劣质泵（这类消防工程不少）；

5）系统无水（消防水箱与生活水箱分开、消防水池与生活水池分开，平时又缺少检查）。

鉴于消防水泵存在的问题，《消水规》提出的针对性措施是：

1）设置重力高压给水消防系统（高位消防水池）；

2）增大高位消防水箱的有效容积；

3）将水泵接合器作为消防供水设施之一；

4）增加柴油消防水泵的有关条文（但没有具体规定什么情况采用柴油消防水泵）。

国外（美国）所采取的针对性措施是从提高消防水泵可靠性采取措施，和我国的《消水规》不是一个思路，具体措施有：

1）消防主泵采用柴油机泵，稳压泵采用电动机泵；

2）设置工作泵房和备用泵房，使工作泵和备用泵不在同一环境条件下工作。

高位消防水箱有效容积加大，要明确高位消防水箱不是万能的，它有时候起作用，有时候不起作用。

高位消防水箱什么时候起作用呢？下列情况时起作用：

1) 消防水泵启动前起作用；

2) 消防水泵由于电网故障或机械故障不能启动时起作用（当工作泵不能启动，备用泵因与工作泵同型号、同材质、同环境、同故障往往也不能启动）；

3) 消防车不能来火灾现场时起作用；

4) 消防车来到火灾现场，但车载消防水泵不向消防水泵接合器送水时起作用。

高位消防水箱什么时候不起作用呢？下列情况时不起作用：

1) 在稳压泵运行时不起作用；

2) 在消防水泵启动后不起作用；

3) 当消防水泵由于电网故障或机械故障不能启动时，备用泵一启动不起作用；

4) 消防车到火灾现场后，车载消防水泵向消防水泵接合器送水时不起作用。

5.3 有关高位消防水箱有效容积的三个问题

涉及高位消防水箱有效容积的，主要有三个问题：

1) 气压消防给水设备能否替代高位消防水箱；

2) 高位消防水箱的容积是否包括喷淋系统及其他水灭火系统的初期消防用水量；

3) 高位消防水箱贮存的是什么水量。

下面分别叙述。

5.3.1 气压消防给水设备能否替代高位消防水箱

《消水规》的条文没有明确气压消防给水设备可以替代高位消防水箱。旧版《建规》规定气压给水设备可以替代高位消防水箱（现在高位消防水箱容积扩大了，也难以做到替代）；《高规》规定气压给水设备用以保证消防水泵启动前所需的消防流量和压力要求（消防水泵启动需要 $8\sim13s$，取整数为 15s，乘以两倍安全系数为 $2\times15s=30s$。再乘两支水枪的流量 $2\times5L/s=10L/s$，和 5 个喷头的流量 $5\times1L/s=5L/s$，总容积为 $30s\times10L/s+30s\times5L/s=300L/s+150L/s=450L/s$）。

《消水规》没有明确规定气压消防给水设备可以替代高位消防水箱，而是规定气压水罐的用途是：系统充水；系统持压；消防水泵的自动启动；用于防止稳压泵的频繁启停；水锤消除。

由此可见，气压水罐在建筑给水领域（包括消防给水）应用的总趋势是：气压水罐的作用在缩小，气压水罐的容积在缩小，气压水罐还在应用，而主要用于消防给水，也可用于生活给水的零流量和用水低谷时段的供水。

5.3.2 消防水箱储水量是否包括喷淋用水？

首先要考虑是消火栓系统与喷淋系统是共用系统还是分开各自独立的系统。分开各自独立的系统，消火栓系统设置消火栓系统的消防水箱，喷淋系统设置喷淋系统的消防水箱，这个时候消火栓系统的水箱不包括喷淋用水，喷淋系统的水箱不包括消火栓用水；共用系统则要具体情况具体分析。目前有以下两种理解，一并介绍供读者参考。

理解一：将水箱有效容积除以两支水枪的水量和 5 个喷头（《喷规》为 4 个喷头）的水量，够 10min 就可认为这个容积包括了喷淋的用水量，不够就建议另加，但要注意普通喷头和特种喷头的区别，这两者的流量差别很大。

标准喷头（K80喷头，流量系数为80的喷头），初期火灾，两支水枪出水，4个～5个标准喷头出水。计算公式为：2支×5L/s＋5个×1L/s＝15L/s。将高位消防水箱的有效容积除以此流量，可以得出相应的时间：

100m³÷15L/s＝111.11min≌2h

50m³÷15L/s＝55.56min≌1h

36m³÷15L/s＝40min

18m³÷15L/s＝20min

12m³÷15L/s＝13.3min（计算结果都大于10min，可以认为不需另计喷淋消防用水量）。

特种喷头时（流量系数K≠80的喷头），以流量系数为K363的特种喷头为例，单个喷头的流量为10L/s，初期火灾，两支水枪出水，4～5个特种喷头出水。计算公式为：2×5L/s＋5×10L/s＝60L/s，将高位消防水箱的有效容积除以此流量，可以得出相应的时间：

18m³÷60L/s＝5min（计算结果小于10min，可以认为这个高位消防水箱需另加喷淋消防用水量）。

理解二：认为屋顶消防水箱水量按"2支消火栓水枪加4～5个喷头"进行计算并无依据。实际工程设计中临时高压消防给水系统的屋顶消防水箱容积不需要进行计算，按《消水规》5.2.1条原则确定即可。因此对于丙二类仓库，采用K363喷头时，消防水箱也无需加大。

5.3.3 高位消防水箱贮存的是什么水量

关于这个问题需查阅《消水规》有关条文，有关条文有第2.1.7条、第5.2.1条和第5.2.6条。条文引录如下：

"2.1.7 高位消防水箱

设置在高处直接向水灭火设施重力供应初期火灾消防用水量的储水设施。"

说明：《消水规》第2.1.7条明确高位消防水箱供应初期火灾消防用水量。

"5.2.1 临时高压消防给水系统的高位消防水箱的有效容积应满足初期火灾消防用水量的要求，并应符合下列规定：……"

说明：《消水规》第5.2.1条规定高位消防水箱的有效容积应满足初期火灾消防用水量的要求，这个规定与第2.1.7条的规定是一致的。

"5.2.6 高位消防水箱应符合下列规定：

1 ……；

9 高位消防水箱出水管管径应满足消防给水设计流量的出水要求，且不应小于DN100；"

说明：《消水规》第5.2.6条第9款规定高位消防水箱出水管管径应满足消防给水设计流量的出水要求，而不是初期火灾消防用水量，这个规定与第2.1.7条、第5.2.1条规定不同。第5.2.1条除了主条文外，还有为数众多的款，引录如下：

"5.2.1临时高压消防给水系统的高位消防水箱的有效容积应满足初期火灾消防用水量的要求，并应符合下列规定：

1 一类高层公共建筑，不应小于36m³，但当建筑高度大于100m时，不应小于50m³，当建筑高度大于150m时，不应小于100m³；

2 ……。"

说明：《消水规》第 5.2.1 条第 1 款～第 6 款规定的高位消防水箱的有效容积有 6、12、18、36、50、100m³ 等六种，其中 6、12、18m³ 有效容积较小，相当于 10、20、30L/s 的 10min 消防用水量；而有效容积为 36、50、100m³ 储存的消防用水量，不仅仅是初期火灾消防用水量。因此不能笼统地认为高位消防水箱储存的是初期火灾消防用水量或是消防给水设计流量，应按照高位消防水箱的有效容积，即实际储水量确定高位消防水箱储存的是什么水量。

国内有的省、市、自治区设计院就按照《消水规》第 5.2.6 条规定，以消防给水设计流量确定高位消防水箱出水管管径；而有的省、市、自治区设计院是按照《消水规》第 5.2.1 条规定，以初期火灾消防用水量确定管径；有的、市、自治区设计院则按照《消水规》第 5.2.1 条各款的规定，小容积水箱按初期火灾消防用水量，大容积水箱按消防给水设计流量来确定高位消防水箱出水管管径。

至于初期火灾消防用水量是什么流量？《消水规》没有明示，国内也没有统一规定。有认为是两支水枪的流量＋5 个喷头；有认为是两支水枪的流量＋4 个喷头；有认为是两支水枪的流量＋3 个喷头；有认为是两支水枪的流量＋1 个喷头；也有认为是一支水枪的流量。

至于初期火灾是什么概念？《消水规》没有明示，不同规范不同灭火系统有不同概念。喷淋系统的初期火灾概念：1h；消防软管卷盘的初期火灾概念：0.5h；旧版《建规》的初期火灾概念：10min；不同的灭火系统、不同的灭火设施，初期火灾的时间概念并不相同。

至于消防给水设计流量是什么流量，《消水规》也没有明示，有的认为是《消水规》条文规定的室内消火栓用水量＋喷淋消防用水量；有的认为水灭火系统的总和；也有认为同时使用的水灭火系统消防用水量的总和，但火灾时，究竟有多少个灭火系统同时作用条文并没有具体规定。

5.4 高位消防水箱的设置位置

高位消防水箱的设置位置实质上是高位消防水箱的设置高度确定，这在《消水规》第 5.2.2 条作了规定，条文引录如下：

"5.2.2 高位消防水箱的设置位置应高于其所服务的水灭火设施，且最低有效水位应满足水灭火设施最不利点处的静水压力，并应按下列规定确定：

1 一类高层公共建筑，不应低于 0.10MPa，但当建筑高度超过 100m 时，不应低于 0.15MPa；

2 高层住宅、二类高层公共建筑、多层公共建筑，不应低于 0.07MPa，多层住宅不宜低于 0.07MPa；

3 工业建筑不应低于 0.10MPa，当建筑体积小于 20000m³ 时，不宜低于 0.07MPa；

4 自动喷水灭火系统等自动水灭火系统应根据喷头灭火需求压力确定，但最小不应小于 0.10MPa；

5 当高位消防水箱不能满足本条第 1 款～第 4 款的静压要求时，应设稳压泵。"

对第 5.2.2 条作如下汇总：

1) 要求水箱的设置高度应高于水灭火设施；

2) 要求水箱的设置高度应满足最不利点处的静水压力；

3) 要求的静水压力值比《高规》有所提高，从 0.07MPa 提高至 0.10MPa，也就是说从 7m 提高到 10m，但 7m 容易做到，而 10m 不太容易做到，当不能做到时，《消水规》条文提供了一种解决办法，即设置稳压泵；

4）喷淋系统的静水压力值也比《喷规》相应提高了标准。

应该说《消水规》提出的 0.10MPa 的规定还是有依据的，有国外和国内两方面的依据。

设置高度 10m 的国外的依据是：日本消防规范规定喷淋系统屋顶消防水箱最不利的最低供水压力为 0.15MPa；美国、英国消防规范规定为 0.10MPa。但必须注意，国外消防以喷淋系统为主，而我国以消火栓系统为主，这有很大区别。对于喷淋系统 0.10MPa 一般情况可以认为是够了，而对于消火栓系统 0.10MPa 则远远不够，要 0.25MPa、0.35MPa 才够。

设置高度 10m 的国内依据是：理论推导按水枪充实水柱 7m 计，喷口 16mm 水枪的出流量为 2.7L/s，水枪处的动压为 0.092MPa，水龙带水头损失为 0.008MPa，0.092MPa＋0.008MPa＝0.10MPa，即屋顶水箱设置高度为 10m。对这个依据，我们并不认可，理由是：

7m 充实水柱已不采用，水枪出流量不应小于 5L/s，栓口压力应为水枪动压、水带水头损失和消火栓水头损失三者之和，而不单单是水枪动压和水带水头损失两者之和，算两个是少算了一项，总之，根据这些，得出屋顶水箱设置高度为 10m 的这个结论是不准确的，依据并不充分。

再回过头来看旧版《建规》的规定，旧版《建规》强调以"外救为主"，对高位消防水箱的设置高度不十分强调。见旧版《建规》第 8.4.4 条第 1 款，条文引录如下："重力自流的消防水箱应设置在建筑的最高部位；"

说明：要求高位消防水箱储存的水能充满消防管道即可，不强调水箱的设置高度，因为旧版《建规》以"外救为主"，对水箱设置高度并无特殊要求。

同样，再回过头来看《高规》，《高规》强调以"自救为主"，对高位消防水箱的设置高度要求高于旧版《建规》，见《高规》第 7.4.7 条第 2 款，条文引录如下："高位消防水箱的设置高度应保证最不利点消火栓静水压力。当建筑高度不超过 100m 时，高层建筑最不利点消火栓静水压力不应低于 0.07MPa；当建筑高度超过 100m 时，高层建筑最不利点消火栓静水压力不应低于 0.15MPa。"

说明：《高规》立足于"自救"，当建筑高度不超过 100m 时，要求最不利点消火栓静水压力不低于 7m，这个要求比旧版《建规》要高些，但 7m 水柱还是能够做到。7m 水柱是什么含义呢？

$$0.07\text{MPa}\cong7\text{m}$$
$$7\text{m}=2\text{m}+(3\text{m}\sim3.5\text{m})+(2\text{m}\sim1.5\text{m})$$

2m——顶层消火栓离屋面的距离；

3m～3.5m——电梯机房高度；

2m～1.5m——高位消防水箱架空层高度；

7m——水箱架设在电梯机房上部，留出架空层高度，架空层高度包括出水管、泄水管安装管道敷设要求和出水管止回阀的开启要求。

7m 的静水压力有时遇到下列情况也难以做到，如：电梯机房面积不够放不下高位消防水箱；怕高位消防水箱漏水电气专业不让放在电梯机房上方；为隔绝太阳辐射热影响，要把水箱做大做扁一些；航空港附近不允许增加建筑高度，不让在机房上方设置高位消防水箱；顶层为旋转餐厅，无法设置水箱；顶面为玻璃天棚，无法设置水箱等。当遇到这些情况《高规》和《消水规》都允许降低水箱设置高度，或设置在建筑物顶层或下层，但规定应设稳压泵。

关于喷淋系统，《喷规》关于喷头工作压力没有单独的条文，而是在《喷规》第5.0.1条的注、第9.1.1条分别规定，条文引录如下：

"5.0.1 注：系统最不利点处喷头的工作压力不应低于0.05MPa。

9.1.1 喷头的流量应按下式计算：……；系统最不利点处喷头的工作压力应计算确定。"

说明：《喷规》关于喷头工作压力建议单独列为条文。前提是"应计算确定"，当水箱供水时，最不利点处喷头的工作压力不低于0.05MPa。《喷规》条文没有明确计算确定的前提，而实际上计算确定的前提是：在保证喷水强度的前提下计算确定。我们在早些时候曾编撰过一本《自动喷水灭火系统设计手册》，在手册中给使用者提供了不同危险等级的喷头工作压力值，见表3所示。

不同危险等级标准喷头最大保护面积下，第一个喷头的最小工作压力　　　　　表3

危险等级	平均值			
	喷水强度 (L/min·m²)	保护面积 (m²)	喷头出流量 (L/min)	出口压力 (MPa)
轻级	4	20	80	0.1
中Ⅰ级	6	12.5	75	0.087
中Ⅱ级	8	11.5	92	0.132
严重Ⅰ级、仓库Ⅰ级	12	9	108	0.182
严重Ⅱ级、仓库Ⅱ级	16	9	144	0.324
仓库Ⅲ级	20	9	180	0.506

至于消火栓系统要求的工作压力，在《消水规》第7.4.12条第2款有规定，规定不是0.10MPa，而是0.25MPa和0.25MPa，见如下条文引录。

"7.4.12 室内消火栓栓口压力和消防水枪充实水柱，应符合下列规定：

1 ……；

2 高层建筑、厂房、库房和室内净空高度超过8m的民用建筑等场所的消火栓栓口动压，不应小于0.35MPa，且消防防水枪充实水柱应按13m计算；其他场所的消火栓栓口动压不应小于0.25MPa，且消防水枪充实水柱应按10m计算。"

工程碰到了怎么办？我们的意见是：假如工程是全方位设置喷淋系统，不妨将高位消防水箱架到10m的高度。假如工程是以消火栓系统为主，大可不必将高位消防水箱架那么高，既不解决问题（因为《消水规》第7.4.12条规定消火栓栓口压力要0.35MPa、0.25MPa），实施又有一定难度，还不如设置稳压泵既简便、又省事，同时解决问题。

5.5 高位消防水箱出水管管径

这个问题是高位消防水箱储存什么水量派生出来的问题。按《消水规》第5.2.6条第9款规定高位消防水箱出水管管径应满足消防给水设计流量的出水要求，按高位消防水箱储存初期火灾消防用水量的理念，则又是另一种情况，这个问题又和流量开关联系在一起。《消水规》第5.2.6条第9款引录如下：

363

"5.2.6 高位消防水箱应符合下列规定：

1 ……；

9 高位消防水箱出水管管径应满足消防给水设计流量的出水要求，且不应小于DN100；"

说明：《消水规》第5.2.6条第9款规定高位消防水箱出水管管径应满足消防给水设计流量的出水要求，而不是满足初期火灾的水量要求。

6 稳压泵

6.1 《消水规》中有关稳压泵的条文规定

《消水规》中关于稳压泵的规定可谓是颇具浓墨重彩的一笔。此前，旧版《建规》中未对稳压泵作出任何相关规定，《高规》中只规定了稳压泵的流量，上海地方标准《民用建筑水灭火系统设计规程》DGJ 08—94—2007 J 11056—2007中关于稳压泵的规定也仅有6条，而《消水规》中关于稳压泵的规定则多达21条。

《消水规》提出了消防给水系统稳压泵的确定原则和技术参数（包括功能要求、设计压力、备用泵等），若与过去的消防规范或地方标准相比，目前《消水规》的内容无疑是最全面的。

《消水规》的章节中5.3节为稳压泵。其中5.3.1条规定了稳压泵选型及材质，5.3.2条规定了稳压泵的设计流量规定，5.3.3条规定了稳压泵的设计压力要求，5.3.4条规定了防止稳压泵频繁启停的技术措施，5.3.5条规定了稳压泵的阀门设置，5.3.6条规定了稳压泵的备用泵设置。

《消水规》中有关稳压泵设置的条文中，5.2.2条第5款规定了设置稳压泵的第一种情况；6.1.7条规定了设置稳压泵的第二种情况；6.1.9条规定了设置稳压泵的第三种情况。

《消水规》中关于稳压泵的设计条文6.1.10条规定了稳压泵稳压的水泵动力要求，8.2.3条规定了稳压泵的系统的最大压力，11.0.6条规定了稳压泵的控制，11.0.8条规定了稳压泵的就地强制启停。

《消水规》中尚有关于稳压泵其他规定的条文，如12.2.1条规定了稳压泵的进场检查，12.2.2条规定了稳压泵的检验要求，12.3.5条规定了稳压泵的安装要求，13.1.1条规定了系统调试条件，13.1.2条规定了系统调试内容，13.1.5条规定了稳压泵调试，13.2.7条规定了稳压泵验收，14.0.4条规定了稳压泵的维护管理。

《消水规》中唯一缺少的是稳压泵的设置位置的条文（高位设置或低位设置）。

6.2 《消水规》中设置稳压泵的三种情况

6.2.1 设置稳压泵的第一种情况

《消水规》中5.2.2条第5款规定："当高位消防水箱不能满足本条第1款～第4款的静压要求时，应设稳压泵。"

该条文所述情况是指有高位消防水箱，但水箱设置高度不能满足要求时设稳压泵。由于高位消防水箱的静压要求提高，水箱的有效容积扩大，因此稳压泵今后在工程中的设置将会相当普遍。

6.2.2 设置稳压泵的第二种情况

《消水规》中6.1.9条规定：

"6.1.9 当室内采用临时高压消防给水系统时，高位消防水箱的设置应符合下列规定：

1 ……;（第1款为"强条"）

2 其他建筑应设置高位消防水箱，但当设置高位消防水箱确有困难，且采用安全可靠的消防给水形式时，可不设高位消防水箱，但应设稳压泵。"

《消水规》6.1.9条规定当高位消防水箱必须设置但确有困难时，在采用安全可靠的消防给水形式时，可不设高位消防水箱，而设稳压泵来解决，这种情况在工程中也较为常见。

6.2.3　设置稳压泵的第三种情况

《消水规》中6.1.7条规定："独立的室外临时高压消防给水系统宜采用稳压泵维持系统的充水和压力。"

该条文所述情况是指独立的室外临时高压消防给水系统设稳压泵的情况，独立的室外临时高压消防给水系统往往没有高位消防水箱补水，需要依靠稳压泵补水和维持系统的压力。但这种情况一般不常见，多数情况是室内和室外共同设置稳压泵，即室内、外稳高压系统。

室内、外稳高压系统在上海地区应用较多，在工程应用中，虽有优点，但缺点是会导致管网压力较高，引起的连锁反应是可能致管道接口被内力拉脱、水枪难以操持等。可相应采取加强管道基础、增设管道支墩、改变管道连接方式（这点最重要，即不采用承插连接，采用法兰连接、沟槽连接、有拉杆的承插连接等）、调整稳压泵扬程和使用减压水枪等措施来改善。

6.3　稳压泵的技术参数

稳压泵技术参数包括稳压泵的设计流量和稳压泵的设计压力，《消水规》对此分别作出相应的条文规定。

6.3.1　稳压泵的设计流量

1）稳压泵的设计流量

稳压泵的设计流量在《消水规》5.3.2条中作出规定，条文引录如下：

"5.3.2　稳压泵的设计流量应符合下列规定：

1　稳压泵的设计流量不应小于消防给水系统管网的正常泄漏量和系统自动启动流量；

2　消防给水系统管网的正常泄漏量应根据管道材质、接口形式等确定，当没有管网泄漏量数据时，稳压泵的设计流量宜按消防给水设计流量的1%～3%计，且不宜小于1L/s；

3　……。"

第1款为强制条文，理应必须满足，但实际工作中，设计人员很难有准确可靠的依据作出判断，故对于第1款的争议也相对较多。

第2款的比值如何取？《消水规》实施指南一书中，给出的建议做法是：稳压泵的设计流量按1L/s，理由是消防给水设计流量为100L/s时，按1%取值即为1L/s，而一般的消防给水系统设计流量通常小于100L/s，所以建议按1L/s设计。

2）系统自动启动流量

如何确定系统自动启动流量？水力报警阀动作有两个条件，一个是压力，一个是流量，两个条件同时具备，报警阀才启动；两个条件有任一不具备，则报警阀不动作。

流量下限值60L/min，压力下限值0.14MPa，这在《自动喷水灭火系统　第2部分：湿式报警阀、延时器、水力警铃》GB 5135.2—2003中有规定。

（1）GB 5135.2—2003 条文示例一

4.10.1 条规定：装配好的湿式报警阀，按 5.8.2 条第 1 款的规定进行试验，在进口压力为 0.14MPa，系统侧放水流量为 15L/min 时，压力开关和水力警铃均不应发出报警信号。

这条规范说明：压力达到上述限值，流量未达限值，报警阀不动作。

（2）GB 5135.2—2003 条文示例二

4.10.2 条规定：装配好的湿式报警阀，按 5.8.2 条第 2 款的规定进行试验，在进口压力分别 0.14MPa、0.70MPa、1.20MPa、1.6MPa 时，系统侧相应放水流量为 60L/min、80L/min、170L/min、170L/min，压力开关和水力警铃均应发出报警信号。

这条规范说明：压力达到限值，同时流量也达限值，报警阀才动作。

3）稳压泵设计流量的相关参数确定

稳压泵的设计流量确定，在我国曾先后经历过几个不同阶段：1964 年规范是按主泵流量的一定比值（2%～5%）；按管网漏水量；《高规》按灭火设施出水量（消火栓系统≤5L/s，自动喷水灭火系统≤1L/s）；现行标准《消水规》又规定按主泵流量的一定比值，但比值作了调整（5.3.2 条的第 2 款规定 1%～3%），这个比值规定的依据何在？偏大还是偏小尚有待验证。

关于正常泄漏量，在《给水排水管道工程施工及验收规范》GB 50268—2008 中的允许渗水量为验收标准，并非运行时的管道渗水量。《城镇供水管网运行、维护及安全技术规程》CJJ 207—2013 的管道漏损率为室外给水管道的管道漏损率，而非室内给水管网漏损率，更非消防给水管道的漏损率。虽然通常认为，室内给水管网的漏损率小于室外给水管网漏损率，但室内给水管网并无相关标准具体规定正常泄漏量，更无相关标准规定消防给水系统管网的正常泄漏量。

室内给水管网正常泄漏量和管材种类、接口方式、密封材料性能、工作压力和压力变化、施工质量、地质条件、运行条件等因素有关，有时差异较大。该项工作有待进一步完善。

6.3.2 稳压泵的设计压力

稳压泵的设计压力要求在《消水规》的 5.3.3 条中作出了明确规定，条文引录如下：

"5.3.3 稳压泵的设计压力应符合下列要求：

1 稳压泵的设计压力应满足系统自动启动和管网充满水的要求；

2 稳压泵的设计压力应保持系统自动启泵压力设置点处的压力在准工作状态时大于系统设置自动启泵压力值，且增加值宜为 0.07MPa～0.10MPa；

3 稳压泵的设计压力应保持系统最不利点处水灭火设施在准工作状态时静水压力应大于 0.15MPa。"

《消水规》5.3.3 条第 2 款中规定稳压泵的设计压力值应大于水泵启泵压力值，大多少呢？条文规定的具体数值是：下限 0.07MPa，上限 0.10MPa。稳压泵的设计压力不仅仅是满足高位消防水箱静压要求，这可在中国工程建设标准化协会标准《气压给水设计规范》CECS 76：95 中找到曾经的依据。需特别在此说明的是，该协会标准不久前被建标协字 [2016] 107 号文公告于 2016 年 12 月 30 日废止，该废止决定恐有失偏颇。在《建筑给水排水设计规范》GB 50015—2003（2009 年版）中有气压给水的一些规定，但规定的条文偏少，不敷应用。大量的规定是在《气压给水设计规范》CECS 76：95 中作出的，包括补气式气压给水设备的补气方式、隔膜式气压给水设备隔膜的选用、消防用气压给水设备的压力和容积确定等。《气压给水设计规范》中的相关条文主要有（仅供参考）：4.3.6条第4款规定稳压水容积不得少于50L；4.3.9条规定缓冲水容积下限水位压力与贮水容积上限水位压力的压差，一般可取0.02MPa；4.3.10条规定稳压水容积上、下水位的压力差应不小于0.05MPa，同时应符合4.3.6条第4款的规定。

若没有缓冲容积，会导致消防主泵频繁启动。第4.3.9条的数值0.02MPa加上第4.3.10条的数值0.05MPa，即是《消水规》第5.3.3条第2款要求的下限值0.07MPa。将这三条规定用图表示，更为明晰，见图14所示。

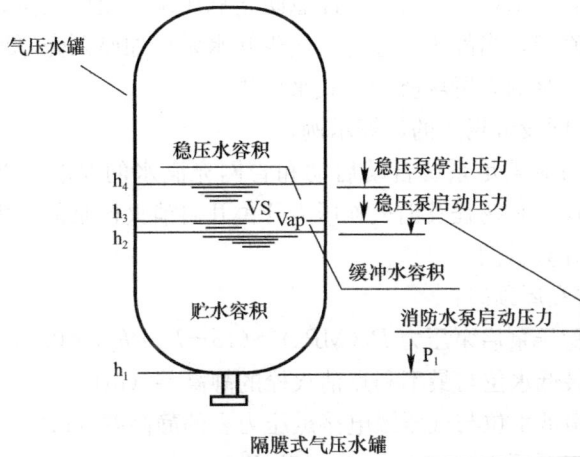

图14　气压水罐的压力和容积

从图14可见，当罐内水位从最高水位时下降时，说明管网有渗漏；当降至中间水位，稳压泵启动。稳压泵一启动，水位上升，压力升高，至最高水位，稳压泵停泵。如果到中间水位，稳压泵启动而水位不上升反而下降，这时说明系统用水，火灾已经发生，当水位下降至最低水位，消防主泵启动。

最高水位至中间水位之间的容积为稳压水容积，两个水位之间的压力差为0.05MPa。中间水位至最低水位之间的容积为缓冲水容积，两个水位之间的压力差为0.02MPa，没有这个缓冲，消防主泵会频繁误启动。最高水位至最低水位之间的压力差为0.07MPa，上限值则为0.10MPa。

简而言之，是三个压力，两个容积，如下所示：

＿▽　稳压水容积上限压力，稳压泵停泵压力
　　　　稳压水容积

＿▽　稳压水容积下限压力，稳压泵启动压力
　　　　缓冲水容积

＿▽　最高工作压力，消防泵启动压力

6.4　稳压泵的设置位置

6.4.1　稳压泵的设置位置

《消水规》唯一的遗憾是未规定稳压泵的设置位置，其他内容均有规定。

稳压泵的设置位置，和稳压泵的压力计算有关。稳压泵的设置位置有高位设置、低位

设置两种情况，既然《消水规》未规定稳压泵设置的具体位置，则稳压泵的高位设置、低位设置都是允许的，但各有利弊。

稳压泵高位设置，设于水箱间，水箱供水；稳压泵低位设置，设于水泵房，水池供水或水箱供水，稳压泵可直接从消防水池吸水，对于分别设置消火栓给水系统、自喷给水系统或消防炮系统加压泵时，稳压泵及吸水管应分别设置。

从消防的角度，稳压泵设在消防泵房内便于管理和实战使用。从节能的角度，稳压泵设在屋面时水泵扬程可以适当减小。同样气压罐的有效容积，设置在地下室时稳压泵启泵次数会较频繁，尤其是高层建筑。

当稳压泵低位设置，水箱供水时，应注意防止稳压泵的超压发生。水泵的泵壳厚度可按水泵扬程的 1.5 倍确定，当静压超过时，应告知水泵厂加厚泵壳厚度或采取改变稳压泵的进水来源或改变稳压泵的设置场所的方式来解决。

6.4.2 稳压泵不同设置场所的计算示例

稳压泵的设计压力应满足系统自动启动和管网充满水的要求。以消火栓给水系统为例，如何确定消火栓稳压泵扬程及消火栓压力开关开启消火栓泵的压力值？下面根据稳压泵不同设置场所给出计算示例。

1) 当稳压泵设置在屋顶时：

$$稳压泵启泵压力 P_1(MPa) > (15 - h_1 + h_2) \times 0.01$$

h_1——消防水箱最低水位与最不利点消火栓的静高差（m）；

h_2——消防水箱最低水位与气压罐电接点压力表的静高差（m）；

简化计算稳压泵启泵压力可取 15m（0.15MPa）。

$$稳压泵停泵压力 P_2(MPa) = P_1 + (0.05 \sim 0.07) (MPa)$$

$(0.05 \sim 0.07)$——考虑系统大小、正常泄漏量和稳压泵小时启泵次数的经验值，按150L 调节容积复核稳压泵启泵次数不大于 15 次/h。

$$稳压泵扬程 H(m) \geqslant (P_2 - h_2) \times 100$$

简化计算可取稳压泵扬程 $H(m) >$ 稳压泵停泵压力 $P_2 \times 100$

消火栓泵出口压力开关启泵压力 $P_3(MPa) = P_1 + h_3 - (0.07 \sim 0.10) (m)$

h_3——气压罐电接点压力表与消火栓泵压力开关的静高差（m）

2) 当稳压泵设置在地下消防泵房时：

$$稳压泵启泵压力 P_1(MPa) > (15 + H_4) \times 0.01$$

H_4——最不利点消火栓与气压罐电接点压力表的静高差（m）

$$稳压泵停泵压力 P_2(MPa) = P_1 + H_5(MPa) \times 0.01$$

H_5——根据系统大小、正常泄漏量和稳压泵启泵次数不大于 15 次/h（气压罐调节容积 150L）等因素确定。

$$稳压泵扬程 H(m) > P_2 \times 100$$

消火栓泵出口压力开关启泵压力 $P_3(MPa) = P_1 - h_3 - (0.03 \sim 0.10)$

h_3——消火栓泵压力开关与气压罐电接点压力表的静高差（m），如消火栓泵压力开关标高低于气压罐电接点压力表，h_3 为负值。

6.5 关于稳高压消防给水系统

设有稳压泵的临时高压消防给水系统，亦被一些规范称为稳高压系统。《消水规》不提稳高压系统，旧版《建规》、《高规》亦均未提及稳高压系统，主要源于有关稳高压系统的一些争论，本文不在此赘述。总而言之，有稳压泵的临时高压消防给水系统的本质就是一直未曾正名的稳高压消防给水系统。相关介绍可参见本书第 2 章 2.3 小节的思考 1 和第 11 章 11.4 小节的思考 10。

7 消防水泵接合器

7.1 双水源理念

谈消防水泵接合器之前，有必要先谈一下双水源理念。谈双水源理念，有必要从现行国家标准《喷规》谈起。《喷规》关于消防给水实施的是双水源理念：

第一水源——消防水池、消防水泵；

第二水源——高位消防水箱、水泵接合器。

1）第一水源

《喷规》首先强调的是第一水源，即消防水池和消防水泵。消防水池要储够足够的消防水量，《喷规》第 10.1.1 条规定："系统用水……也可由消防水池或天然水源供给，并应确保持续喷水时间内的用水量"。同时对消防水源的水质提出要求，防止喷头的喷口被杂质堵塞。《喷规》第 10.1.1 条规定："系统用水应无污染、无腐蚀、无悬浮物"。消防水泵《喷规》强调要设置，同时强调消防水泵的独立设置，《喷规》第 10.2.1 条规定："系统应设独立的供水泵"也强调消防水泵需要设置备用泵，《喷规》第 10.2.1 条规定："应按一运一备或二运一备比例设置备用泵"。但是尽管有这些安排，第一水源还是有可能因消防水泵不能启动而失效，这个时候第二水源要发挥作用。

2）第二水源

《喷规》第二水源指高位消防水箱和水泵接合器。其中的高位消防水箱，其有效容积已在旧版《建规》、《高规》的相关条文作了规定，《喷规》第 10.3.1 条规定："其储水量应符合现行有关国家标准的规定。"无需重复规定。《喷规》能做的是尽量提高高位消防水箱的设置高度，在《喷规》第 10.3.1 条规定："消防水箱的供水，应满足系统最不利点处喷头的最低工作压力和喷水强度"。由于高位消防水箱的容积有限，《喷规》强调了消防水泵接合器的设置，在《喷规》第 10.4.1 条规定："系统应设水泵接合器"。但是消防水泵接合器的供水高度是受消防车的供水能力所限制，这就提出了接力供水的措施，在《喷规》第 10.4.2 条作了规定。

由于水泵接合器送出的水不进入高位消防水箱，也有将高位消防水箱作为第二水源，将水泵接合器作为第三水源，这时双水源理念就成为三水源理念。

7.2 《消水规》的调整做法

《喷规》的双水源理念通过条文得到实施，但问题是对高位消防水箱的设置高度要求高了一点，一般工程很难做到，对此，《消水规》作了调整，《消水规》规定的高位消防水箱设置高度要低于《喷规》的要求。另外，《喷规》关于接力供水的规定过于原则，不够具体，《消水规》的规定相对较为具体。《喷规》关于接力供水在其第 10.4.2 条规定如下：

"10.4.2 当水泵接合器的供水能力不能满足最不利点处作用面积的流量和压力要求时，应采取增压措施。"

说明：《喷规》的条文，对增压设施设置的地点、增压设施装置、配备的配套设施都没有作出具体规定。再看《消水规》关于接力供水的规定，在《消水规》第 5.4.6 条规定如下：

"5.4.6 消防给水为竖向分区供水时，在消防车供水压力范围内的分区，应分别设置水泵接合器；当建筑高度超过消防车供水高度时，消防给水应在设备层等方便操作的地点设置手抬泵或移动泵接力供水的吸水和加压接口。"

说明：《消水规》第5.4.6条对增压设施的地点（设备层等方便操作的地点）、增压设施种类（手抬泵或移动泵）、配套设施（接力供水的吸水和加压接口）都作了具体规定。

7.3 消防水泵接合器的性质和作用

消防水泵接合器在供水设施中属于临时供水设施，不同于主要供水设施的消防水泵和消防水池；不同于自动供水设施的高位消防水箱；也不同于辅助供水设施的稳压泵和气压水罐。消防水泵接合器简称水泵接合器；全称：室内消防水泵接合器，是室内消防给水管网的组成部分，位置设置在室外。水泵接合器的作用是：

1）室内无消防水泵，消防车到达火灾现场后，消防车上的车载消防水泵通过水泵接合器向室内消防给水管网供水。

2）室内设有消防水泵，但消防水泵由于电网故障或机械故障不能启动，消防车到达火灾现场后，消防车上的车载消防水泵通过水泵接合器向室内消防给水管网供水，替代室内消防水泵。

3）室内设有消防水泵，消防水泵能启动，但由于系统出现超流量消防水泵供水量不足，消防车到达火灾现场后，消防车上的车载消防水泵通过水泵接合器与建筑物内消防水泵并联供水、对置供水。

4）室内设有消防水泵，消防水泵能启动，但消防水池容量不足，消防车到达火灾现场后，消防车上的车载消防水泵通过水泵接合器向消防水池供水。

5）室内设有消防水泵，消防水泵能启动，但水压不足，消防车到达火灾现场后，消防车上的车载消防水泵通过水泵接合器与室内消防水泵串联供水。但这个做法美国消防规范不容许，不容许消防车上车载消防水泵与室内消防水泵串联运行。

水泵接合器作用不同，接管点位置是不相同的，我国消防规范对此未作规定，美国消防规范对此有具体规定，如图15所示。

7.4 消防水泵接合器的数量确定

消防水泵接合器数量确定在《消水规》第5.4.3条规定，条文引录如下：

"5.4.3 消防水泵接合器的给水流量宜按每个10～15L/s计算。每种水灭火系统的消防水泵接合器设置的数量应按系统设计流量经计算确定，但当计算数量超过3个时，可根据供水可靠性适当减少。"

说明：《消水规》第5.4.3条规定消防水泵接合器的数量确定：

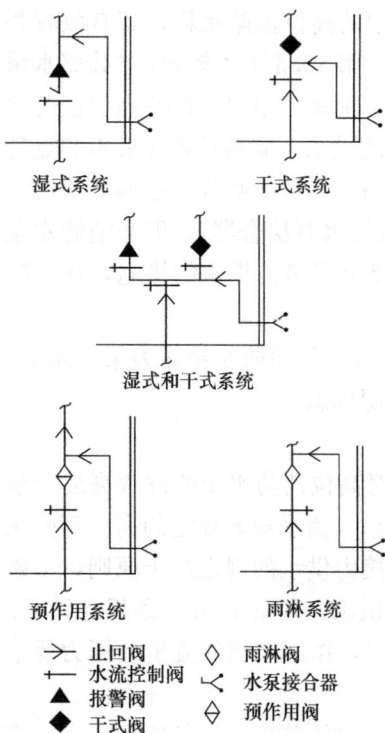

湿式系统　　干式系统

湿式和干式系统

预作用系统　　雨淋系统

➤ 止回阀　　◇ 雨淋阀
┼ 水流控制阀　　< 水泵接合器
▲ 报警阀　　◈ 预作用阀
◆ 干式阀

图15　水泵接合器接管点位置示意

1）按系统设计流量，即按室内消防用水量确定；

2）与室外消火栓水量配套，即每个室外消火栓、每个水泵接合器都为10L/s～15L/s；

3）消火栓系统、喷淋系统等水灭火系统都要设；

4）水泵接合器的上游是室外消火栓或消防水池；因此设置要求是：与室外消火栓、消防水池取水口要靠近。与建筑物应有适当距离，防止坠落物伤人，墙壁式水泵接合器要做到这一点有难度，可以设置在上面没有坠落物的实墙面，设置在雨篷等遮挡物的下方，或设置在建筑小品等处。

《消水规》关于水泵接合器的数量确定和旧版《建规》、《高规》没什么区别，都是按系统设计流量经计算确定，都是每个消防水泵接合器的流量按10～15L/s计算。区别在于《消水规》规定：当数量过多，不好设置时，可按实际过流量计算数量，这是一个不同点，是一个提高，一种升华。从理论上讲，水泵接合器的通水能力决定于管径和水流速度，决定于过水断面面积与水流速度的乘积，见水泵接合器通水能力表（见表4），但前提是供水可靠。

<table>
<tr><td colspan="5" align="center">水泵接合器通水能力</td><td align="right">表4</td></tr>
<tr><td>公称尺寸（mm）</td><td colspan="2" align="center">DN100</td><td colspan="2" align="center">DN150</td></tr>
<tr><td>流速 V(m/s)</td><td align="center">2.0</td><td align="center">2.5</td><td align="center">2.0</td><td align="center">2.5</td></tr>
<tr><td>流量 Q(L/s)</td><td align="center">15.7</td><td align="center">19.6</td><td align="center">35.3</td><td align="center">44.2</td></tr>
</table>

7.5 设置和不设置消防水泵接合器的规定

消防水泵接合器的设置在《消水规》中有许多条文涉及，如：第5.4.1条、第5.4.2条、第5.4.5条和第5.4.6条等。可以认为第5.4.1条和第5.4.2条是从新版《建规》而来，第5.4.5条和第5.4.6条来自《高规》，本来这些条文在不同的消防规范中规定，互不见面，现在放在一起就出现了矛盾。再由于第5.4.1条和第5.4.2条是"强条"，是不能违反的，而第5.4.5条和第5.4.6条是按照实际情况确定的，是应该执行的，超过当地消防车供水压力范围的分区是不需设置的，这就有了矛盾。这些竖向分区已经超过了当地消防车的供水能力和范围，即使设了消防水泵接合器，水也送不上去，设了也是白设。

消防水泵接合器的工作压力是1.6MPa，超过这个压力，消防水泵接合器会损坏。消防水泵接合器还配置一个安全阀，安全阀的设定压力为1.58MPa，超过这个压力，安全阀就会打开，泄水泄压。因此，超过消防车供水压力范围的分区是不能设置消防水泵接合器的。《消水规》第5.4.1条、第5.4.2条，即便是"强条"也是不能执行的。下面将《消水规》第5.4.1条、第5.4.2条、第5.4.5条、第5.4.6条引录如下，以供参照，必须注意第5.4.1条和第5.4.2条为"强条"。

"**5.4.1 下列场所的室内消火栓给水系统应设置消防水泵接合器：**

1 高层民用建筑；

2 设有消防给水的住宅、超过五层的其他多层民用建筑；

3 超过2层或建筑面积大于10000m² 的地下或半地下建筑（室）、室内消火栓设计流量大于10L/s平战结合的人防工程；

4 高层工业建筑和超过四层的多层工业建筑；

5 城市交通隧道。

5.4.2 自动喷水灭火系统、水喷雾灭火系统、泡沫灭火系统和固定消防炮灭火系统等水灭火系统，均应设置消防水泵接合器。

5.4.5 消防水泵接合器的供水范围，应根据当地消防车的供水流量和压力确定。

5.4.6 消防给水为竖向分区供水时，在消防车供水压力范围内的分区，应分别设置水泵接合器；当建筑高度超过消防车供水高度时，消防给水应在设备层等方便操作的地点设置手抬泵或移动泵接力供水的吸水和加压接口。"

《消水规》第5.4.1条、第5.4.2条来自现行国家标准《建筑设计防火规范》第8.1.3条，引录如下：

"8.1.3 自动喷水灭火系统、水喷雾灭火系统、泡沫灭火系统和固定消防炮灭火系统等系统以及下列建筑的室内消火栓给水系统应设置消防水泵接合器：

1 超过5层的公共建筑；

2 超过4层的厂房或仓库；

3 其他高层建筑；

4 超过2层或建筑面积大于10000m² 的地下建筑（室）。"

《消水规》第5.4.5条、第5.4.6条来自《高规》第7.4.5第2款，是根据高层建筑的特点提出来的，引录如下："消防给水为竖向分区供水时，在消防车供水压力范围内的分区，应分别设备水泵接合器。"

8 市政消火栓

8.1 市政消火栓的保护半径和间距

市政消火栓是设置在市政给水管道上的室外消火栓，与室外消火栓的区别是市政给水管道的管径要比小区室外给水管道的管径要大些，给水压力要高些，消火栓的规格尺寸、功能等技术参数都是相同的。

市政消火栓在《消水规》中的规定之一是：消火栓的保护半径和间距，这个规定对市政消火栓有效，对室外消火栓也同样有效。具体条文见《消水规》第7.2.5条，引录如下："7.2.5市政消火栓的保护半径不应超过150m，间距不应大于120m。"

1) 市政消火栓的保护半径

市政消火栓的保护半径不超过150m是怎么来的？先假设市政道路的间距为160m，再假定消防给水干管沿道路一侧敷设，如南北向的道路给水管敷设在道路的东侧，东西向的道路给水管敷设在道路的北侧，这个时候消防给水管道的间距亦为160m。

国产消防车供水能力的水带总长为180m，火场水枪手留出的机动水带长10m，水带在地面由于不是竖直的，而是弯曲的，考虑铺设系数为0.9，综合以上条件，计算如下：

消防车实际供水距离（保护半径）为：（180m－10m）×0.9＝153m，取整数按150m计，这就是市政消火栓的保护半径。

2) 消火栓间距

已知市政消火栓的保护半径，在这个基础上计算消火栓间距。消防车实际保护半径为153m，市政道路的间距为160m，每条道路上设置市政消火栓各管一半，即每边街区消火栓保护范围为80m。以保护半径153m为直角三角形的斜边，以保护范围80m为直角三角形的竖边，求直角三角形的底边，计算结果123m即为消火栓间距，取整数按120m计。

8.2 市政消火栓的布置明确规定在绿地和人行道上

市政消火栓应布置在绿地和人行道上，不应布置在车行道上，包括快车道和慢车道，这是不言而喻的。但问题在于真有那么一种另类的设计师真的将市政消火栓、室外消火栓布置在慢车道上。所以在我们的一些工程标准有的将条文规定得细而又细，市政消火栓应布置在人行道和绿地等地点就属于这种性质。具体条文见《消水规》第7.2.3条，条文引录如下：

"7.2.3 市政消火栓应布置在消防车易于接近的人行道和绿地等地点，且不应妨碍交通的地点；并符合下列规定：

1 距路边不宜小于0.5m，也不应大于2m；

2 ……。"

说明：条文规定市政消火栓距路边不宜小于0.5m，是怕汽车撞坏市政消火栓。条文规定市政消火栓距路边不应大于2m，是因为消防车上的消防水泵吸水管的长度为3～5m，消防车停在车道上连接方便。如果距离远了连接就不方便，消防车就要开到人行道上去了。

本条主条文是规定对市政消火栓的布置要求消防车易于接近（市政消火栓是供消防车使用），要求在人行道和绿地等地点，不在道路上。总的原则是：合理布置，便于使用。

9 室外消火栓

9.1 倒流防止器前设置一个室外消火栓的规定

《消水规》关于室外消火栓有一些新规定，如规定在倒流防止器前设置一个室外消火栓的条文等。该条文为《消水规》第7.3.10条，引录如下：

"7.3.10 室外消防给水引入管当设有倒流防止器，且火灾时因其水头损失导致室外消火栓不能满足本规范第7.2.8条的要求时，应在倒流防止器前设置一个室外消火栓。"

说明：《消水规》第7.3.10条是"强条"，该条文对室外消防给水引入管处当设有倒流防止器，且火灾时其水头损失导致室外消火栓不能满足《消水规》第7.2.8条的要求时，设置室外消火栓的规定。规定室外消火栓设置在倒流防止器前，数量是一个。按照《消水规》主编的想法是倒流防止器水头损失大，室外消火栓若设置在倒流防止器的后面压力不一定能够保证，还是放在倒流防止器前好，数量至少是一个。由于第7.3.10条条文涉及《消水规》第7.2.8条，因此有必要先了解第7.2.8条。《消水规》第7.2.8引录如下：

"7.2.8 当市政给水管网设有市政消火栓时，其平时运行工作压力不应小于0.14MPa，火灾时水力最不利市政消火栓的出流量不应小于15L/s，且供水压力从地面算起不应小于0.10MPa。"

说明：《消水规》第7.2.8条也是"强条"，"强条"即强制性条文是不能违反的，当不能做到时应采用措施达到条文所规定的要求。因此第7.3.10条不能满足第7.2.8条要求的前提是不成立的，不能满足也要采取措施予以满足。再回过头来看第7.3.10条，这条条文涉及三个方面的问题：

1) 室外给水管网的压力；

2) 小区范围和室外消火栓的数量要求；

3) 所采用的倒流防止器类型。

对这三个方面的问题，要具体情况具体分析具体对待，不宜采取条文所规定的一刀切的做法，按一种统一模式作出规定。

9.1.1 室外给水管网的压力

室外给水管网有：低压消防给水系统、临时高压消防给水系统（含稳高压系统）、高压消防给水系统。不同系统，压力不同，有很大差异。以上海通用汽车公司为例，该工程采用室内、外稳高压消防给水系统，即设置稳压泵的临时高压消防给水系统，管网压力为1.2MPa，消防验收时，从室外消火栓接出水带、水枪，一支水枪3个武警战士拿不住，此时应将室外消火栓设置在倒流防止器后，而不是设置在倒流防止器前。

9.1.2 小区范围和室外消火栓的数量

小区范围有大有小，所需要的室外消火栓数量有多有少。小区面积小，室外消火栓设置数量少，问题相对简单；小区面积大，室外消火栓设置数量多，问题相对复杂。如果一个小区面积很大，所需要设置的室外消火栓数量较多，其中一个室外消火栓设置在倒流防止器前，那第二个室外消火栓设在哪里？怎么设？就是一个问题，这个问题，《消水规》没有明确。具体工程各有各的做法，有的多设倒流防止器，在每个倒流防止器前设一个室外消火栓。有的一个室外消火栓设在倒流防止器前，其他的设在倒流防止器的后面。

9.1.3 采用的倒流防止器类型

倒流防止器分三大类型：

减压型倒流防止器（可用于高、中、低三种回流污染等级场合）；

非减压型倒流防止器（可用于中、低两种回流污染等级场合）；

双止回阀（只用于低回流污染场所）。

工程中倒流防止器的选用首先考虑是什么回流污染等级，高回流污染等级选用减压型倒流防止器，如医院、生物制品所、化工厂、核电站等。但这类场所毕竟不多，多数场所是中、低回流污染等级，这种场所可以采用非减压型倒流防止器或是双止回阀，既可以满足防回流污染要求又可以减少水头损失，不是非要采用减压型倒流防止器不可。

减压型倒流防止器比非减压型倒流防止器水头损失大，但减压型倒流防止器也不是只有一种类型，有标准型也有减压型。上海航天动力和浙江桐庐春江阀门先后研发出低阻力减压型倒流防止器，水头损失为3m左右，在工程中应用即使室外消火栓设置在倒流防止器的后面，压力也能够得到保证。

传统的减压型倒流防止器，阻力大，按照产品国家标准水头损失为0.10～0.15MPa。室外消火栓设在减压型倒流防止器前，给水管网工作压力能够保证；室外消火栓设在减压型倒流防止器后，给水管网工作压力不一定能够保证，但也有保证的可能。

9.2 市政给水管网最小工作压力

市政给水管网最小工作压力，在旧版《建规》和《高规》中只规定消防时的要求，没有规定平时工作压力。《消水规》对此作了规定，具体条文为《消水规》第7.2.8条，条文引录如下：

"7.2.8 当市政给水管网设有市政消火栓时，其平时运行工作压力不应小于0.14MPa，火灾时水力最不利市政消火栓的出流量不应小于15L/s，且供水压力从地面算起不应小于0.10MPa。"

说明：第7.2.8条既规定了市政给水管网设有市政消火栓时平时运行工作压力，也规定了火灾时的供水压力。平时运行工作压力不小于0.14MPa；火灾时的供水压力不小于

0.10MPa。0.14MPa 可以在现行行业标准《城镇供水厂运行、维护及安全技术规程》CJJ 58—2009 中找到依据。该规程第 3.1.3 条规定：

"3.1.3 制水生产工艺应保证连续地向城市供水管网供水，符合当地政府制定的相关规定，保证管网末梢压力不应低于 0.14MPa。各地自来水厂还应服从城市规划对供水压力的要求。"

说明：平时管网压力不低于 0.14MPa 的要求应该说还是容易做到的，因为我国要求自来水公司供水不得低于三层。按照《室外水规范》GB 50013—2006 第 3.0.9 条规定：其用户接管处的最小服务水头，一层为 10m，二层为 12m，二层以上每增加一层增加 4m。按此推算，三层为 16m，即为 0.16MPa。而 0.16MPa 大于 0.14MPa，因此结论是这个要求容易做到。

0.14MPa 的数值在《消水规》经常出现，这个数值也是报警阀启动的压力要求。报警阀启动对压力和流量都有要求，压力为 0.14MPa，流量为 60L/min（1L/s）。两个条件都满足，报警阀启动；其中一个条件不满足，报警阀不启动。这在《自动喷水灭火系统 第 2 部分：湿式报警阀、延时器、水力警铃》GB 5135.2—2003 中有规定。

关于火灾时的工作压力要求，要考虑低压给水系统，消防车进入火灾现场有两种工况：一是消防车上消防泵直接从室外消火栓吸水、加压、供水；二是从室外消火栓放水至消防车上的水罐。消防要考虑最不利情况，从室外消火栓放水至消防车水罐属于最不利情况。这种情况计算水头损失值加高差：两条水带，每条水带流量为 5L/s，水带长 $L=20m$，水带水头损失为 0.086MPa，室外消火栓栓口至消防车水罐入口高差为 1.5m，0.086MPa+1.5m=0.101MPa≌0.1MPa。如果给水管网的水压≤0.1MPa 时，会出现供水不足或消防水泵直接吸水出现负压，这是不允许的，所以 0.10MPa 必须保证。

10 室内消火栓

10.1 消防电梯前室室内消火栓计不计入同层消火栓总数

消防电梯前室应该设置室内消火栓，这是没有异议的，因为要保证前室的安全。而消防电梯前室室内消火栓计不计入同层消火栓总数则是一个有争议的问题。旧版《建规》条文规定："电梯间前室内应设置消火栓。"（旧版《建规》第 8.4.3 条第 2 款规定）。而旧版《建规》该条条文的条文说明明确指出："消防电梯前室是消防人员进入室内扑救火灾的进攻桥头堡，为方便消防人员向火场发起进攻或开辟道路，在消防电梯前室应设置室内消火栓。消防电梯前室的消火栓与室内其他的消火栓一样，无特殊要求，但不计入消火栓总数内。"不计入消火栓总数内，这是非常明确的。《高规》也有类似条文规定："消防电梯间前室应设消火栓。"（《高规》第 7.4.6 条第 8 款规定）。这就给工程设计人员带来困惑，同一个问题，条文规定基本相仿，而旧版《建规》条文说明明确指出消防电梯前室室内消火栓不计入同层消火栓总数。而《高规》对此持不同观点，而两本规范的条文规定是完全相同的，而条文说明的表述则不相同。我们个人认为消防电梯前室室内消火栓计入同层消火栓总数的规定是合理的。消水规》第 7.4.5 条对此作出明确规定，条文引录如下：

"7.4.5 消防电梯前室应设置室内消火栓，并应计入消火栓使用数量。"

说明：本条对消防电梯前室室内消火栓的设置和是否计入消火栓使用数量作了规定。大家对这个规定均很认同。 是条文规定明确，二是条文规定正确；三是解决了多年来悬而未决的争论。

首先要明确消防电梯前室消火栓的作用有：

1）打开消防通道；

2）保证前室安全；

3）向消防队员身上淋水降温（不是直接拿水枪对着消防队员射流，而是反射淋水）；

4）扑灭邻近地区的火灾。

1990年至1993年修订《高规》时，了解到日本的消防规范规定：消防电梯前室防火门上留有一个小圆洞，称为猫洞，这个猫洞并不是供猫使用的，实际上是供消防时水带、水枪可以从圆洞中拉出，用以扑救消防电梯前室邻近地区火灾用的。1993年在哈尔滨召开《高规》修订送审稿审查会，专题讨论要不要在防火门上设置猫洞，讨论结论是防火门上不设猫洞，水带水枪可以从防火门缝处拉出用以扑救邻近地区火灾。当时《高规》的相关条文，删除了前一版《高规》条文上"不计入同层消火栓总数"几个字。消防电梯前室消火栓可以有两种选择，或专用，或兼用，专用或是兼用可由设计人员自行决定。专用，只用于消防电梯前室；兼用，除用于消防电梯前室，还用于前室邻近地区。专用或是兼用，措施应该配套，这些措施包括水带长度、正压送风量等。

后来我们就这个问题曾向从事一线灭火的消防武警战士了解消火栓使用情况。据他们介绍，进入着火层，首先拿起来使用的消火栓往往是消防电梯前室消火栓，然后再向着火面推进，因此消防电梯前室消火栓不兼用都难。

10.2 室内消火栓栓口动压力

室内消火栓栓口压力在《消水规》第7.4.12条作了规定，问题在于该条的第1款提到了两个压力值，一个0.50MPa，一个0.70MPa，这两个值如何具体处置给工程设计人员带来困惑，条文引录如下：

"7.4.12 室内消火栓栓口压力和消防水枪充实水柱，应符合下列规定：

1 消火栓栓口动压力不应大于0.50MPa；当大于0.70MPa时必须设置减压装置；

2 ……。"

说明：《消水规》的这条文带来的困惑是：条文规定当大于0.70MPa时必须设置减压装置，但大于0.50MPa是不是要设置减压装置呢？并不明确。假如消火栓栓口动压力大于0.50MPa应减压，那么规范大于0.70MPa时必须设置减压装置的规定就没有任何意义；假如消火栓栓口动压力大于0.50MPa不需要减压，那么消火栓栓口动压力不应大于0.50MPa就无需规定。

为什么要规定室内消火栓口压力上限值？为什么超过室内消火栓口压力上限值就要减压？原因是：便于消防水枪的掌控；减少和控制消火栓系统超流量现象，保证消防用水的合理使用。

室内消火栓栓口压力上限值规定多少才合适呢？旧版《建规》关于这个问题的条文说明是这样说的："消火栓处的水压力超过50m水柱时，由于水枪的反作用力作用，难于1人操作，为便于有效地使用室内消火栓上的水枪扑救火灾，消火栓的水压力超过50m水柱时，应采取减压设施，但为确保水枪有必要的有效射程，减压后消火栓处的压力不应小于25m水柱。"《高规》关于这个问题的条文说明是这样说的："三、消火栓栓口压力。火场实践说明，水枪的水压太大，一人难以握紧使用。同时，水枪的流量超过5L/s，水箱内的消防用水可能在较短的时间内被用完，对扑救初期火灾极为不利。所以规定栓口的出水压力不大于 0.50MPa。当超过 0.50MPa 时，要采取减压措施。"由以上可见，两本消防规范关于这个问题的观点是基本一致的。

室内消火栓栓口压力与水枪反作用力有关，水枪的反作用力有个计算公式刊登在武警学院朱吕通教授著有《火场供水》一书，书中规定了水枪反作用力与压力的关系：

$$F = 2\omega P$$

式中　F——反作用力，kg；

　　　ω——喷嘴截面积，cm^2；

　　　P——喷嘴水压，kg/cm^2。

书中同时列出了直流水枪反作用力表，见表 5。

流水枪反作用力（kg）			表 5
喷嘴压力 （MPa）	喷嘴口径		
	13	16	19
0.10	2.7	4.0	5.7
0.29	7.8	11.6	16.6
0.40	10.6	18.1	22.0
0.50	13.0	22.0	28.0
0.60	16.0	26.0	34.0
0.80	21.0	34.0	45.0

注：经过训练的消防人员能承受的水枪最大反作用力不应超过 20kg，一般不宜超过 15kg。

《高规》于 1995 年正在批准实施以后，曾编撰出版了一本《高层建筑消防给水》，书中也附了一个喷嘴口径 19mm 水枪的反作用力的表，见表 6。

口径 19mm 水枪的反作用力		表 6
充实水柱长度（m）	水枪喷嘴压力（kg/cm^2）	水枪反作用力（kg）
10	1.35	7.65
11	1.50	8.51
12	1.70	9.63
13	2.05	11.62
14	2.45	13.80
15	2.70	15.31
16	3.25	18.42
17	3.55	20.13
18	4.33	24.33

室内消火栓栓口压力还涉及超流量问题，室内消火栓栓口动压力与消火栓出流量有关，加大栓口动压力的同时也加剧了消火栓系统超流量的问题。消火栓栓口动压力与消火栓出流量有如下关系：

0.35MPa/7.2L/s（5L/s 的 1.44 倍）；

0.50MPa/8.59L/s（5L/s 的 1.72 倍）；

0.70MPa/10.17L/s（5L/s 的 2.03 倍）。

由上可以看出 0.35、0.50 和 0.70MPa 的压力，其栓口出流量都远远超过 5L/s。

关于室内消火栓栓口压力问题，必须指出国内、国外国情不同。关于这个问题，国内、外有三个不同点：

1) 我国为低压供水模式，国外为高压供水模式；

2) 我国采用直流水枪，有反作用力；国外采用减压水枪，无反作用力（还可单手操作）；

3) 我国室内消火栓旁有消火栓箱，国外室内消火栓旁无消火栓箱，不存在水枪丢失问题。

根据这三个不同点，国内室内消火栓栓口动压大于等于0.50MPa就应减压，国外可以放宽到0.70MPa。如果碰到大空间建筑怎么办，可以采用两个方法解决：

1) 提高室内消火栓设置标高；

2) 按照室内净高计算充实水柱要求和栓口压力，但措施必须配套，如配置减压水枪（减压水枪用到栓口压力1.40MPa没有问题）。计算结果大于0.70MPa，采取相应措施就可以。

关于减压装置。《消水规》第7.4.12条提到"必须设置减压装置"，但没有具体规定减压装置的种类。按我们的理解减压装置包括以下装置：减压水箱、减压分区、减压阀、减压孔板、节流管、减压消火栓、减压稳压消火栓、减压水枪等，或者是减压措施或者是减压装置，都可以采用。

10.3　室内消火栓栓口最小动压

上一个问题是室内消火栓栓口最高压力的限制，同样对室内消火栓还有一个最低压力要求。在《消水规》这个问题在第7.4.12条第2款规定，引录如下：

"7.4.12　室内消火栓栓口压力和消防水枪充实水柱，应符合下列规定：

1　……；

2　高层建筑、厂房、库房和室内净空高度超过8m的民用建筑等场所，消火栓栓口动压不应小于0.35MPa，且消防水枪充实水柱应按13m计算；其他场所，消火栓栓口动压不应小于0.25MPa，且消防水枪充实水柱应按10m计算。"

说明：《消水规》第7.4.12条对四类建筑和四类以外的其他建筑分别作出规定。四类建筑依序分别是高层建筑、厂房、库房和室内净空高度超过8m的民用建筑。

问题在于厂房和库房《消水规》规范条文没有区分是单层、低层、多层还是高层，按我们过去对消防的了解，这是有区别的。单层、低层和多层建筑以"外救为主"，即以消防车到达火灾现场后扑救为主；高层建筑以"自救为主"，即不管消防车到不到达火灾现场，都要依靠自身的消防设施和消防力量来扑救火灾，两者是有区别的。在旧版《建规》和旧版《高规》中，这种区别是非常明晰的。一般说来，高位消防水箱的容积、消防水泵接合器的设置等，旧版《建规》比《高规》要求高；高位消防水箱的设置高度、消防水泵的设置、消防备用泵的设置要求等，《高规》比旧版《建规》要求高。也就是说旧版《建规》和《高规》两本消防规范关于消防设施的规定是有区别的，这个区别是合理的。而《消水规》第7.4.12条第2款对厂房、库房未区分单、低层、多层和高层。那么也就是说《消水规》的条文规定消除了"外救"和"自救"的区别，提高了标准，一律都要求13m充实水柱，0.35MPa的消火栓栓口动压，我们认为这个做法并不合适。

这条条文还对充实水柱的要求作了调整，充实水柱旧版《建规》有7m、10m和13m三档，现在《消水规》取消了7m，这也是标准的提高，但这个标准的提高能被大家所认可。13m充实水柱，计算结果是0.251MPa，现在《消水规》条文提高至0.35MPa，与计算结果相差0.099MPa，接近10m，这是一个不小的数字，这就带来一系列问题。因为标准提高以后，市政给水管网的最小服务水头有可能小于0.35MPa，带来的问题是：单层、多层厂房、单层、多层库房有可能都要加压供水，都要设置水泵、配置消防水池，原来这些建筑均可是以"外救为主"的。

标准一经提高，带来一系列问题，主要问题有：

1）竖向分区会加密。栓口压力为0.35MPa，每层层高以3m计，五层就是15m，0.35MPa+15m=0.50MPa，就要分区，造成消防给水竖向分区加密。

2）超流量问题会更加严重。

3）限制了减压稳压消火栓的使用。减压稳压消火栓栓口压力为在栓前压力为1.40MPa时，栓后压力为0.325MPa，达不到0.35MPa的要求。

对《消水规》第7.4.12条第2款我们有一个怀疑是条文在成稿时，会不会漏写了高架两字，从而混淆了单层、多层与高层的区别，因为第7.4.12条的条文说明在库房厂房之前是有高架两字的，单层、多层的厂房库房和高架厂房库房是有区别的。也就是说《消水规》条文说明与条文规定不相同。第7.4.12条的条文说明引录如下：

7.4.12……。高层建筑、高架库房厂房和室内净空高度超过8m的民用建筑，配置DN65消火栓、65mm麻质水带25m长、19mm喷嘴水枪充实水柱按13m时，……计算得到消火栓栓口压力为0.251MPa，考虑到其他因素规定消火栓口动压不得低于0.35MPa。

说明：与第7.4.12条条文相比，条文说明多了"高架"两字。

10.4 关于消防水枪充实水柱的规定

旧版《建规》条文规定消防水枪充实水柱为7、10、13m；《高规》条文规定消防水枪充实水柱为10、13m；《消水规》条文规定消防水枪充实水柱为10、13m，取消了7m的规定。

首先要了解充实水柱的作用，充实水柱的作用是：

1）让水有一定力度，有冲击力，以提高灭火效果；

2）保证水枪有足够的水量，出流量大于等于5L/s；

3）减少着火面辐射热对消防人员的影响；

4）使消防人员和着火面有一个不致触电的安全距离，公安部门曾经做过一个试验，证明35kV电压和13～16mm水枪，距离>10m是安全的。

根据以上四个作用，可见取消7m的规定是合理的。

10.5 旋转型消火栓和减压稳压消火栓

旋转型消火栓和减压稳压消火栓都是室内消火栓，在《消水规》的章节条款里在第12章第2节现场检验有相关条文，而在前面设计的相关章节却找不到相关条文，这是一个缺陷。旋转型消火栓的现场检验要求在《消水规》第12.2.3条第11款有具体规定，减压稳压消火栓的现场检验要求在《消水规》第12.2.3条第12款有具体规定，条文引录如下：

"12.2.3 消火栓的现场检验应符合下列要求：

1 ……；

11 旋转型消火栓其内部构造应合理，转动部件应为铜或不锈钢，并应保证旋转可靠、无卡涩和漏水现象；

12 减压稳压消火栓应保证可靠、无堵塞现象；"

说明：室内消火栓产品在现行国家标准《室内消火栓》GB 3445—2005 有具体规定，该标准规定的室内消火栓种类，在原有种类基础上增加了以下类型：

1）旋转型；

2）减压型；

3）旋转减压型；

4）减压稳压型；

5）旋转减压稳压型。

下面就旋转型消火栓和减压稳压消火栓作简要介绍。

10.5.1 旋转型消火栓

旋转型消火栓有三种类型：

1）旋转型消火栓——可旋转的普通消火栓；

2）旋转型减压消火栓——旋转装置＋减压消火栓；

3）旋转型减压稳压消火栓——旋转装置＋减压稳压消火栓。

为什么要采用旋转型消火栓，因为墙体薄了，消火栓箱会突出墙面，既不美观，也不安全，采用了旋转型消火栓，平时转向里侧，使用时转向着火方向，消火栓箱可以减薄，既美观，也安全。

旋转型消火栓的功能和特点是：

有旋转功能——栓体能平面转动 360°，优点是：消火栓箱可以减薄（箱面与墙面相平）；消火栓栓口可对准用水方向（射流方向），水力条件好。旋转型消火栓的旋转部分有位于干区和湿区两种，推荐采用干区旋转的旋转型消火栓，见图 16、图 17、图 18 和图 19。

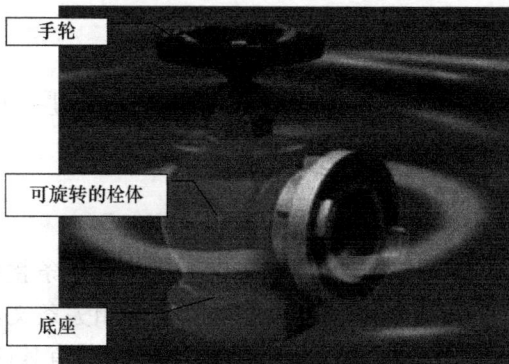

图 16 旋转型消火栓外形

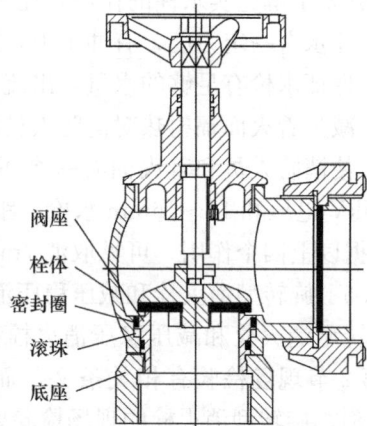

图 17 旋转型消火栓结构

10.5.2 减压稳压消火栓

消火栓＋减压装置＝减压型消火栓；

消火栓＋减压稳压装置＝减压稳压消火栓。

旋转装置结构原理 　方案一

旋转密封接口处于高水压状态，密封处极易泄漏，旋转润滑作用失效。

旋转装置结构原理

方案二

旋转密封接口长时间处于无水状态，密封处不会泄漏，并且旋转灵活。

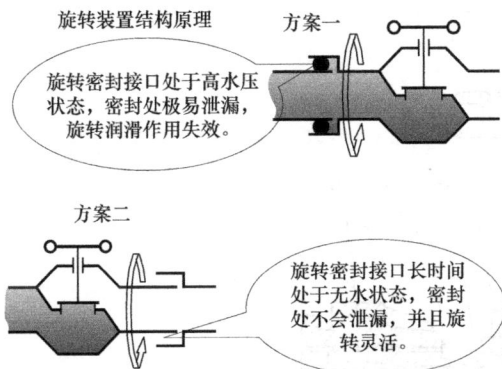

图 18　干式和湿式旋转型消火栓

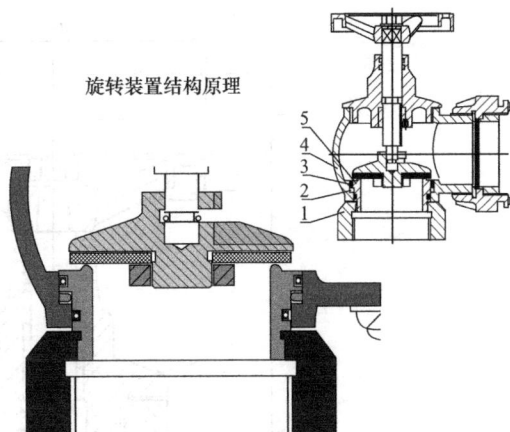

图 19　旋转型消火栓详图

减压孔板存在的缺点，减压型消火栓也存在，所以我们推荐采用减压稳压消火栓。减压孔板减压有哪些优缺点呢？优点是：构造简单，价格低廉，有效可靠。缺点是：

1）需要计算，增加设计工作量，水平环状管网还难以计算；

2）减压孔板减压效果缺少验证；

3）安装容易出错，从而影响减压效果；

4）消防给水有多种供水工况，如水箱供水、水泵供水、稳压泵供水、消防车消防泵供水，减压计算按何种供水工况计算规范规定并不明确，较难兼顾到各种供水工况的减压效果；

5）单级孔板减压值有限，而设置多级孔板时，在孔板前后都要留有足够的直线长度，安装位置会有一定难度；

6）孔板对排气、排渣有影响（标准孔板的孔在正中间，需要排气时，孔应在孔板上方；需要排渣时，孔应在孔板下方）。

减压稳压消火栓有三种型号，见表7，我们推荐Ⅲ型减压稳压消火栓，因为这种型号能满足原上海消防局防火部长曾杰提出的水流通道不小于20mm，不会堵塞两个要求。

减压稳压消火栓型号　　　　　　　　　表 7

型号	栓前压力（MPa）	栓后压力（MPa）	流量（L/s）
Ⅰ型	0.4～0.8		
Ⅱ型	0.4～1.2	0.25～0.30	≥5.0
Ⅲ型	0.4～1.6		

Ⅲ型减压稳压消火栓的结构特征是：

1）栓后减压，可自动排污避免阻塞；

2）孔口过流断面 $f \geq 20mm$；

3）在减压稳压过程中不减少水流断面和流量；

4）选用优质材质；

5）不但实现减压，同时实现稳压。

减压稳压消火栓见图20～图22。

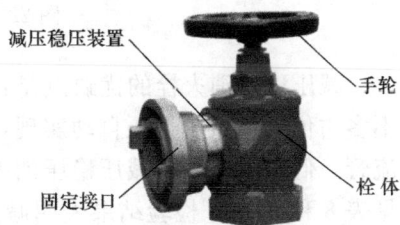

减压稳压装置

手轮

栓 体

固定接口

图 20　减压稳压消火栓外形

381

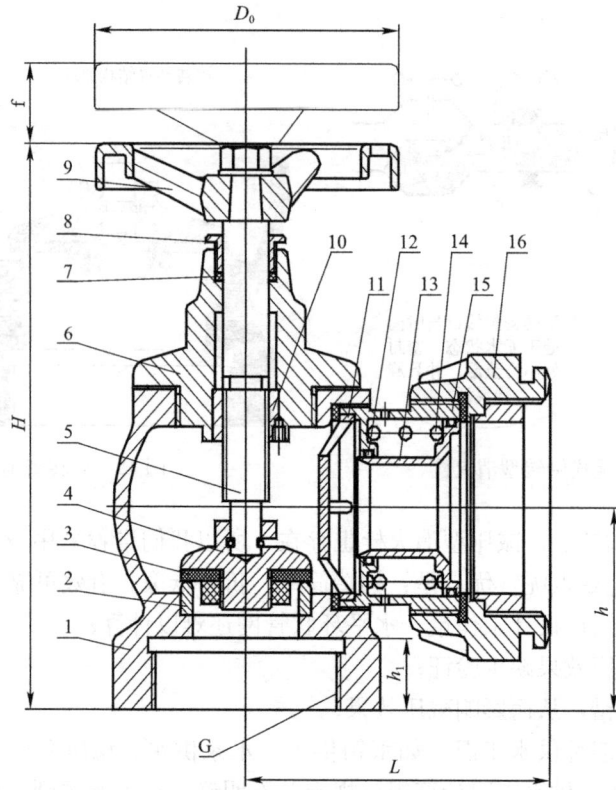

图 21　减压稳压消火栓结构

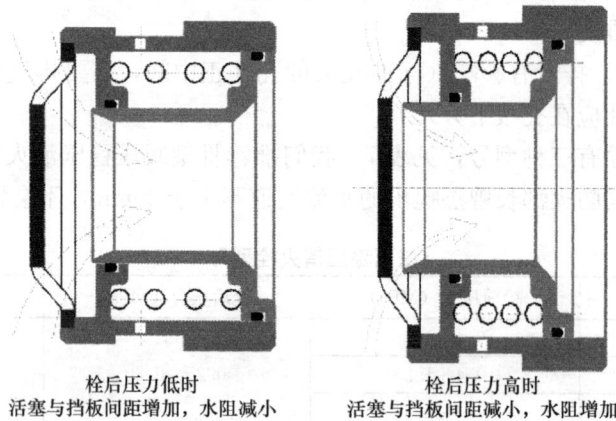

栓后压力低时
活塞与挡板间距增加，水阻减小

栓后压力高时
活塞与挡板间距减小，水阻增加

图 22　减压稳压消火栓减压稳压原理

　　减压稳压消火栓的优缺点是：优点：减压效果可靠；外形尺寸同普通室内消火栓，不多占位置；减压稳压自动实现，无须计算，无需调试。缺点：价格高于减压孔板和节流管，低于减压阀。减压稳压消火栓的减压效果经天津消防研究所多次检验，检验结果见表 8 和图 23。检验结果表明减压稳压消火栓栓后压力在栓前压力变化时，呈稳定状态，无波动，减压稳压效果良好。

进口压力（MPa）	0.4	0.5	0.6	0.7	0.8	0.9	1.0
出口压力（MPa）	0.250	0.268	0.278	0.285	0.290	0.305	0.310
流量（L/s）	6.04	6.21	6.30	6.45	6.50	6.64	6.68
进口压力（MPa）	1.1	1.2	1.3	1.4	1.5	1.6	
出口压力（MPa）	0.315	0.315	0.32	0.32	0.32	0.325	
流量（L/s）	6.72	6.76	6.78	6.78	6.83	6.85	

11　消防水泵的启动

11.1　消防水泵的启动方式

消防水泵的启动方式旧版《建规》、《高规》和《消水规》有很大不同。旧版《建规》和《高规》规定：自动水灭火系统，消防水泵自动启动；消火栓系统，消防水泵按钮启动。国外消防规范规定：自动水灭火系统，消防水泵自动启动；消火栓系统，消防水泵自动启动。《消水规》规定：自动水灭火系统，消防水泵自动启动；消火栓系统，消防水泵自动启动。

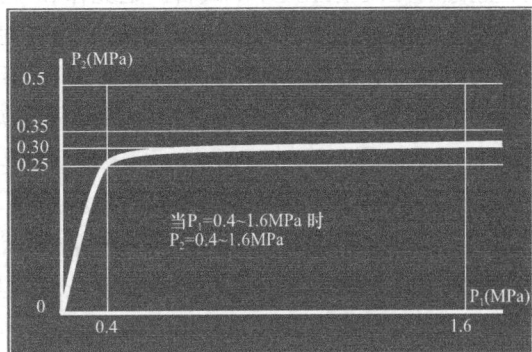

当 $P_1=0.4\sim1.6$ MPa 时
$P_2=0.4\sim1.6$ MPa

图 23　减压稳压消火栓检验结果

室内消火栓系统消防水泵的启动在旧版《建规》和《高规》中规定为消火栓箱按钮启动方式。最早的室内消火栓箱按钮采用的是 220V 电压，灭火时发生漏电，导致触电事故。后来消火栓箱启泵按钮改为 36V 及以下安全电压，避免触电伤人事件。但现在工程项目巨大，线路电损增加，造成消火栓箱按钮启动消防水泵困难，甚至无法启动。同时，一旦线路或消火栓按钮故障维修也很困难。这些情况引自四川省方汝清等撰写的论文"对编制《消防给水及消火栓系统技术规范》几点理念的认知"（刊登在《给水排水》杂志 2015 年第 8 期）。

除此以外，按钮启动的缺点还有：会出现消防水泵已经启动，但未来得及启动用水枪灭火，会导致整个消防管网在没有投入运行前（无水枪出水灭火）消防水泵已经启动，这必然会造成管网压力剧增，产生严重的超压现象。按钮在误摁后，必须采用专用工具复位，对火灾后一些大体量的综合体，寻找需要复位的按钮带来了困难。根据这些情况，借鉴国外经验，《消水规》对消防水泵的启动在第 11.0.4 条和第 11.0.19 条作了具体规定，条文引录如下：

"11.0.4　消防水泵应由消防水泵出水干管上设置的压力开关、高位消防水箱出水管上的流量开关，或报警阀压力开关等开关信号应能直接自动启动消防水泵。消防水泵房内的压力开关宜引入消防水泵控制柜内。

11.0.19　消火栓按钮不宜作为直接启动消防水泵的开关，但可作为发出报警信号的开关或启动干式消火栓系统的快速启闭装置等。"

说明：《消水规》第 11.0.4 条规定消防水泵的启动可以采用以下方式：

1）由消防水泵出水干管上设置的压力开关启动；

2）由高位消防水箱出水管上的流量开关启动；

3) 由报警阀压力开关启动。

《消水规》第 11.0.19 条则规定了消火栓按钮不作为启动消防水泵的开关。

11.2　关于流量开关

《消水规》在第 11.0.4 条提到了"消防水泵应由高位消防水箱出水管上的流量开关直接自动启动消防水泵。"问题在于流量开关。一般认为列入消防规范条文的消防产品应具有以下基本条件：一是有产品的国家标准或行业标准，二是有不少于两个的工程成功案例。遗憾的是流量开关并不具备。赵克伟和《消水规》主编黄晓家就流量开关写过一篇论文《室内消防水泵的启动控制》，副标题为：对新国标《消防给水及消火栓系统技术规范》的适用研究（刊登在《建筑给水排水》2015 年 NO.4，作者：赵克伟、翟羽佳、相坤、华高英、黄晓家），这篇论文全面阐述了流量开关启动消防水泵的问题。论文的主要论点摘录如下：

——消防水泵的启动方式主要有远程启泵、泵房内启动和自动启泵等。

——消火栓箱设置启泵按钮是一种常规做法，通过火灾报警及其联动控制系统的总线控制模块启动消防水泵，同时显示启泵按钮的具体位置。……。

——消火栓按钮启泵是多重启泵方式之一，是系统可靠运行的重要一环，如果完全否定该常规作法，按照规范要求利用管网压力或流量开关自动启泵，其可靠性还有待实践验证，因此建议消火栓按钮启泵可作为备选启泵方式之一，允许其与自与自动启泵方式并存。在数栋大楼共用一个消火栓给水系统时，可以通过技术手段解决弱电信号损耗的问题。此外，需要特别注意将消防水泵控制柜调到自动档位，否则水泵无法启动。

——"新规范"对消防水泵的自动启动进行了技术规定，并要求设置压力开关或者流量开关，压力开关或者流量开关的设置位置会影响水泵自动启动的有效性。……。

——流量开关常用于工业自动化控制与暖通空调等工程，可监控不同温度油、水等各种液体及气体的流量增加与流量减少，其品种繁多，型号复杂且价格差异很大。用在消防给水系统中的流量开关一般为叶片式，仅用来监控水流量的增加。作为消防给水系统的控制设备，急需结合本系统的特定使用条件与需求，制定消防专项标准并进行质量评估，以保证其使用安全与可靠，其最终要纳入消防产品质量认证体系中去。

《消水规》提出了用流量开关来启动消防水泵，而流量开关还存在以下问题：

1) 流量开关没有产品国家标准和行业标准。

2) 流量开关有多种类型，选用哪种型式。是机械式流量开关还是电子式流量开关，《消水规》条文没有明确。而机械式流量开关又有靶式流量开关、翻板式流量开关、柱塞式流量开关等不同型式，《消水规》也没有明确。

3) 正由于流量开关没有产品国家标准和行业标准，没有统一标准，因此各个生产企业的产品并不相同，规格品种、性能、技术参数并不一致。采用哪家产品才符合要求就成了问题。

4) 流量开关是流量控制还是流速控制，按说同类产品，如水流指示器、报警阀的压力开关都是流量控制，而唯独只有流量开关是流速控制。按说，流量开关既然叫这个名称应该以流量控制。但问题在于报警阀的压力开关和水流指示器管径已定，按流量控制比较方便，而流量开关设置在高位消防水箱的出水管上，水箱出水管管径会因具体工程、具体工程设计人员而定。高位消防水箱的出水管管径有的按消防给水设计流量确定，有的按初期火灾消防用水，两者相差很大。不同工程设计人员所确定的水箱出水管流速也不一样，可以按 1.0m/s 流速确定管径，也可以按 2.5m/s 的流速或更大的流速来确定管径。《消水规》规定的是流量开关按流速控制，这在《消水规》第 12.2.8 条第 4 款规定，条文引录如下：

"12.2.8　压力开关、流量开关、水流显示与控制开关等仪表的进场检验，应符合下列要求：

1　性能规格局应符合设计要求；

2　压力开关……；

3　水流显示与控制开关……；

4　流量开关应能在管道流速为 0.1～10m/s 时可靠启动，其他性能宜符合现行国家标准《自动喷水灭火系统　第 7 部分：水流指示器》GB 5135.7 的有关规定；

5　……"

说明：《消水规》第 12.2.8 条第 4 款规定的流速控制范围为 0.1～10m/s，上下限范围达 100 倍，范围明显偏大。再对照现行国家标准 GB 5135.7 关于水流指示器的规定是按流量控制的，条文规定：

1　流量≤15.0L/min，水流指示器不报警；

2　流量为 15.0L/min～37.5L/min 水流指示器报警；

3　流量为 37.5L/min（0.62L/s）必须报警。

我们从国内众多的流量开关生产企业中找了一家 HFS 型靶式流量开关的技术参数是按流量来选型的（见表 9），若改为流速控制还要换算，会增加不少麻烦。

HFS 靶式流量控制器技术参数　　　　　　　　　　　　　　表 9

序号	设定范围 升/分	管道直径 mm	靶号	最大允许压力 MPa	重量 kg
1	20～48	25	1		
2	34～100	32	1		
3	65～160	40	1		
4	120～280	50	1		
5	40～140	50	2		
6	210～550	70	1		
7	110～340	70	2		
8	380～750	80	1	1.6	0.5
9	180～470	80	2		
10	115～220	80	3		
11	350～920	100	2		
12	210～590	100	3		
13	380～1200	125	3		
14	550～1800	150	3		

如确要在高位消防水箱出水管上设置流量开关，还要注意流量开关的设置位置。流量开关设在高位消防水箱的出水管上，并无异议，但要注意与稳压泵出水管的关系。当稳压泵的出水管的水流会经过流量开关时，会导致流量开关误启动，要注意避免。

12 《消水规》与相关标准的碰撞

12.1 关于标准之间的碰撞

工程建设标准和工程建设标准之间，内容会有交叉；工程建设标准和产品标准之间，内容也会有交叉，这是不可避免的。内容有了交叉，条文之间的相遇谓之碰，条文之间出现矛盾谓之撞，有时碰撞就不可避免。但《消水规》与相关标准的碰撞有如此之多并不多见，"强条"与"强条"打架更是少见。造成《消水规》和相关标准的碰撞，原因可能是多方面的，如规范数量偏多，单以工程建设国家标准为例，数量已经超过一千本，加上行业标准、协会标准、地方标准和产品国家标准、行业标准、地方标准，总数着实可观。消防规范"强条"多，这也是一大特点，一般国家标准"强条"也就是一、二十条，如《建筑给水排水设计规范》GB 50015—2003（2009 年版）"强条"28 条；而消防规范的"强条"往往为四、五十条。强制性条文有一个专门的"强条"委员会统筹协调管理，而唯独消防规范的"强条"可以不经过"强条"委，这样就少了一道把关的，导致"强条"失控。《消水规》是一本新规范，增加了不少新的章节、新的条款、新的内容和新的规定，有的内容无可借鉴，还有或因编制组缺少经验，编制时间过紧等。

12.2 《消水规》几种碰撞情况

《消水规》与相关标准的碰撞，可分为以下几种情况：

1) 与《城镇水规范》的碰撞，由于《城镇水规范》是全文强制的标准，每条条文都是"强条"，不得违反，因此这类碰撞《消水规》要服从《城镇水规范》，没有任何讨论、研究、协商余地；

2) 与其他标准的碰撞，看哪个标准的条文为"强条"，一般情况是一般性条文服从"强条"；

3) 与其他标准的碰撞，双方都是"强条"，尽量找共同点，找不到共同点，分析对该问题的权威性，如防回流污染，应以《建水规范》为准；

4) 与其他标准的碰撞，双方都是一般性条文，那就具体情况具体分析确定。

12.3 《消水规》与《城镇水规范》的碰撞

《消水规》与《城镇水规范》的碰撞主要有两处：

1) 消防备用泵的设置，《消水规》第 5.1.10 条，《城镇水规范》第 3.3.2 条。

2) 水泵的减振降噪要求，《消水规》第 5.5.10 条，《城镇水规范》第 3.6.6 条。

以上述第一处碰撞举例，关于消防水泵设不设备用泵，《消水规》在第 5.1.10 条规定；《城镇水规范》在第 3.3.2 条规定，条文引录如下：

"5.1.10 消防水泵应设置备用泵，其性能应与工作泵性能一致，但下列建筑除外：

1 建筑高度小于 54m 的住宅和室外消防给水设计流量小于等于 25L/s 的建筑；

2 室内消防给水设计流量小于等于 10L/s 的建筑。"

说明：《消水规》的这条条文规定消防水泵应设置备用泵，但三种情况可以例外，允许不设置备用泵。一是建筑高度小于 54m 的住宅；二是室外消防给水设计流量小于等于 25L/s 的建筑；三是室内消防给水设计流量小于等于 10L/s 的建筑；即建筑物建筑高度不高，室外消防给水设计流量小于两个室外消火栓的水量或是室内给水设计流量小于两个室内消火栓的水量，允许降低标准，不设备用泵。但与此不同的是《城镇水规范》第 3.3.2 条规定：

"3.3.2 给水泵站应设置备用水泵。"

说明:《城镇水规范》的这条条文给水泵站包括生活泵站、生产泵站和消防泵站,其条文说明说明了为什么要备用,备用泵台数怎么确定,根据这条规定备用泵是不能省略的。

12.4 《消水规》与其他标准"强条"的碰撞

《消水规》与其他标准"强条"冲突,主要是表现在与《建水规范》的碰撞,如水箱进水管口标高和倒流防止器的设置位置等,本文不重复赘述,详见本书相关章节及后记一"对《消水规》的思考"。

倒流防止器的设置位置,《建水规范》在第3.2.5条规定倒流防止器设置在水泵的吸水管上,正好和《消水规》第5.1.12条的规定相反。《消水规》的规定是"强条",《建水规范》的规定也是"强条",这就是典型的"强条"与"强条"打架,违反了任意一条都不好交代。我们的意见是倒流防止器用于防回流污染,从防回流污染角度应按《建水规范》规定为好。

12.5 "强条"与非"强条"的碰撞

倒流防止器的选型:

"强条"与非"强条"的碰撞,举倒流防止器选型的例子,《消水规》第6.2.3条规定了当消防水泵串联供水时,在串联消防水泵出水管上设置倒流防止器时,应设减压型倒流防止器,条文引录如下:

"6.2.3 采用消防水泵串联分区供水时,宜采用消防水转输水箱串联供水方式,并应符合下列规定:

……;

4 当采用消防水泵直接串联时,应校核系统供水压力,并应在串联消防水泵出水管上设置减压型倒流防止器。"

说明:这个规定不尽合理,《建水规范》关于回流污染危险等级有一个规定,如表10所示。回流污染危险等级国内分三级,即:高危险级、中危险级和低危险级。

《建水规范》中国内回流污染危险等级 表10

回流污染危险等级	危害程度
高危险级 (有毒污染)	可能危及生命或导致严重疾病
中危险级 (有害污染)	可能损害人体或生物健康
低危险级 (轻度污染)	可能导致恶心、厌烦或感官刺激

《建水规范》附录A:"回流污染的危害程度及防回流设施选择"表A.0.1 "生活饮用水回流污染危害程度回流危害等级"中,消火栓系统、喷淋系统都属于中危险级(泡沫系统除外)。从表A.0.2防回流设施选择表中,可以采用减压型倒流防止器,也可以采用非减压型倒流防止器,一般情况会优先采用非减压型倒流防止器,因为非减压型倒流防止器压力损失小。生活饮用水回流污染危害程度见表A.0.1(本书表11),防回流设施选择见表A.0.2(本书表12)。

表 A.0.1　生活饮用水回流污染危害程度　　　　　　　　　　　　　表 11

生活饮用水与之连接场所、管道、设备		回流污染危害程度		
		低	中	高
贮存有害有毒液体的罐区		—	—	√
化学液槽生产流水线		—	—	√
含放射性材料加工及核反应堆		—	—	√
加工或制造毒性化学物的车间		—	—	√
化学、病理、动物试验室		—	—	√
医疗机构医疗器械清洗间		—	—	√
尸体解剖、屠宰车间		—	—	√
其他有毒有害污染场所和设备		—	—	√
消防	消火栓系统	—	√	—
	湿式喷淋系统、水喷雾灭火系统	—	√	—
	简易喷淋系统	√	—	—
	泡沫灭火系统	—	—	√
	软管卷盘	—	√	—
	消防水箱（池）补水	—	√	—
	消防水泵直接吸水	—	√	—

表 A.0.2　防回流设施选择　　　　　　　　　　　　　表 12

防回流设施	回流污染危害程度					
	低		中		高	
	虹吸回流	背压回流	虹吸回流	背压回流	虹吸回流	背压回流
空气间隙	√	—	√	—	√	—
减压型倒流防止器	√	√	√	√	√	√
低阻力倒流防止器	√	√	√	√	—	—
双止回阀倒流防止器	—	√	—	√	—	—
压力型真空破坏器	√	—	√	—	√	—
大气型真空破坏器	√	—	√	—	—	—

　　倒流防止器有减压型倒流防止器和非减压型倒流防止器两大类。防回流污染属于《建水规范》范畴，设置什么样的倒流防止器应该由《建水规范》规定。现在《消水规》对此作了规定，而且规定和《建水规范》不一致，这就有了麻烦。《消水规》规定采用减压型倒流防止器，其优点是：防回流污染可靠；缺点是：价格贵、体积大、重量重、阻力损失大（见表 13：平均流速与最大允许压力损失表——引自《减压型倒流防止器》GB/T 25178—2010），3m/s 流速时压力损失为 0.1MPa（2m/s、2.5m/s 流速时亦为 0.1MPa）。减压型倒流防止器适用于高危险级场所（医院、化工厂、生物制品所、核电站等场所等），用在其他场所并不合理。

减压型倒流防止器平均流速与最大允许压力损失　　　　　　　　表 13

DN	15	20	25	32	40	50	65	80
流量（m³/h）	1.9	3.4	5.3	8.7	13.6	21.2	35.8	54.3
流速	3m/s							
压力损失	0.1MPa							

DN	15	20	25	32	40	50	65	80
流量（m³/h）	2.9	5.1	8	13	20.4	31.8	47.8	72.4
流速	4.5m/s						4m/s	
压力损失	0.15MPa							

　　《建水规范》允许采用非减压型倒流防止器，即：低阻力倒流防止器和中间腔大气隔断型倒流防止器等非减压型倒流防止器。非减压型倒流防止器国内生产厂家很多，但已列入产品标准的，目前只有低阻力和中间腔大气隔断型两种。低阻力倒流防止器有产品行业标准《低阻力倒流防止器》JB/T 11151—2011，也有协会标准《低阻力倒流防止器应用技术规程》CECS 259：2009。中间腔大气隔断型有产品行业标准《中间腔大气隔断型倒流防止器》CJ/T 344—2010。低阻力倒流防止器的性能参数和中间腔大气隔断型倒流防止器的水头损失分别见表14及表15。

低阻力倒流防止器性能参数　　　　　　　　　　表14

结构形式		公称尺寸 DN	公称压力	正向压差值（kPa）	水头损失（kPa）	连接方式
内置排水式		15～50	PN10 PN16	△P1≥7 △P2≥7	25～40	锥管螺纹
外置排水式	直流式	50～200		△P1≥7 △P2≥3.5	20～35	法兰
	在线维护式	65～400		△P1≥7 △P2≥3.5	25～40	法兰

中间腔大气隔断型倒流防止器水头损失（流速2m/s时）　　表15

公称尺寸	15	20	25	32	40	50	65
水头损失	0.058	0.054	0.047	0.046	0.043	0.042	0.042
公称尺寸	80	100	125	150	200	250	300
水头损失	0.0415	0.04	0.04	0.038	0.0365	0.0365	0.035

　　其余一般条文与一般条文的碰撞如与《自动报警规范》、产品标准《消防泵》、《喷规》、《消防炮规范》及其《消水规》自身的碰撞等，均参见本实施指南的后记一"对《消水规》的思考"。

中国建筑学会建筑给水排水研究分会

中国建筑学会建筑给水排水研究分会于 2008 年的成立，使得建筑给水排水在进行全国性技术交流、开展科研工作、行业的技术创新、新产品和新技术开发、青年人才的培养等方面有了更好的平台。

经国家民政部批准的建筑给水排水研究分会业务范围为：学术交流、理论研究、书刊编辑、科普教育、国际合作、咨询服务。具体的体现在以下几方面：

（1）了解建筑给水排水学科的现状、动态，跟踪本学科的发展、趋向，组织开展重点、热点问题的研究和交流，促进本学科的建设、发展、学术繁荣和科技进步、创新，并紧密联系经济建设实际，促进科技转化为生产力；

（2）参与制定国家和行业相关技术标准，根据需要编辑出版学术专著、科技书刊及专业杂志，联合大学、科研机构培养建筑给水排水专业设计、施工、管理人才；

（3）关注经济建设及建筑业的发展，向政府有关部门提出政策、科技建议；

（4）接受社会各界委托开展科技咨询，联系本学科的实际，开展继续教育和科普工作；

（5）在本学科范围内，接受上级学会委托，推荐并协助发展资深会员及外籍会员；

（6）接受政府委托，承担项目评估、成果鉴定，负责中国建筑设计奖（给水排水）的评审。

"分会" 2008 年成立以来，按年度举办以全体会员大会、全体理事大会为主体的全国性学术交流会，已经成为建筑给水排水行业参加人数最多、最具有影响力的学术会议；已圆满完成 4 届中国建筑给排水专业设计大奖的评选，在全国设计院中享有崇高的威望；4 届的获奖工程实例统一由中国建筑工业出版社正式出版，成为给排水设计师的良师益友。

"分会" 秘书处设在中国建筑设计院有限公司，负责分会的各项日常工作。从 2013 年起，由分会主办出版《建筑给水排水》双月刊，建立中国建筑给水排水网 www. water-org. cn，微信公众号 "建筑给水排水分会" 面向全国建筑给排水行业，服务于全体会员。

中国建筑学会建筑给水排水研究分会的成立，对促进我国建筑给水排水行业的学术交流、新技术的开发利用和人才的培养提供了更大的学术空间，建筑给水排水事业在全体会员的努力将会得到更好、更快的发展。

中国建筑学会建筑给水排水研究分会的组织架构

理事会（理事长、副理事长、秘书长、副秘书长、常务理事、理事、名誉理事）；个人会员、团体会员。

分会下设9个专业委员会

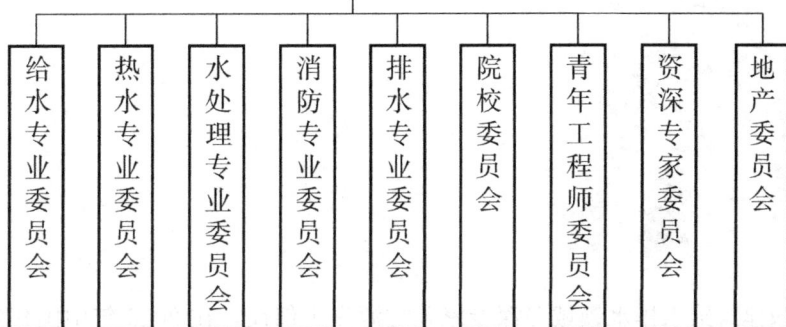

给水专业委员会	热水专业委员会	水处理专业委员会	消防专业委员会	排水专业委员会	院校委员会	青年工程师委员会	资深专家委员会	地产委员会

分会辖下研发机构

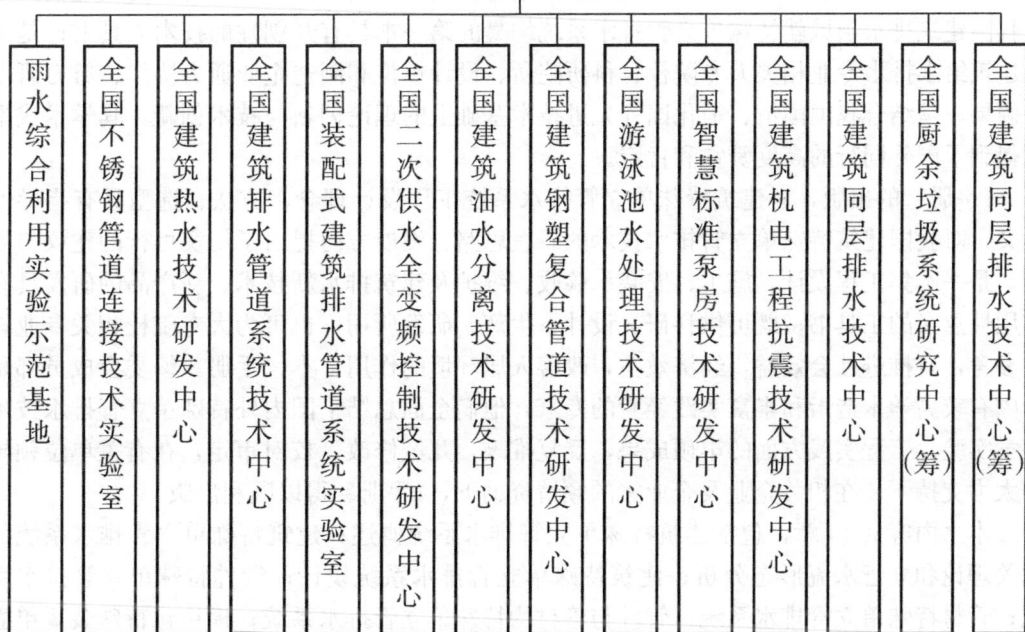

雨水综合利用实验示范基地	全国不锈钢管道连接技术实验室	全国建筑热水技术研发中心	全国建筑排水管道系统技术中心	全国装配式建筑排水管道系统实验室	全国二次供水全变频控制技术研发中心	全国建筑油水分离技术研发中心	全国建筑钢塑复合管道技术研发中心	全国游泳池水处理技术研发中心	全国智慧标准泵房技术研发中心	全国建筑机电工程抗震技术研发中心	全国建筑同层排水技术中心	全国厨余垃圾系统研究中心（筹）	全国建筑同层排水技术中心（筹）

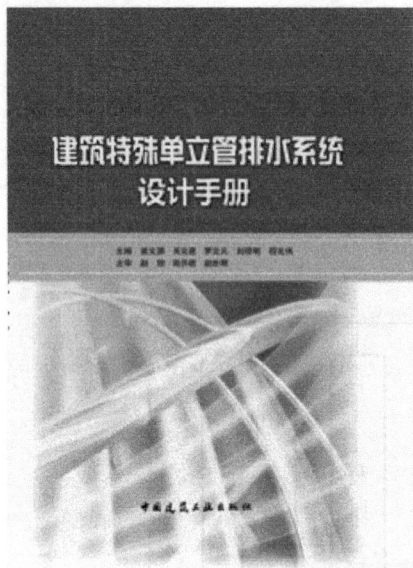

《建筑特殊单立管排水系统设计手册》

姜文源　吴克建　罗定元　刘德明　程宏伟　主编
赵　锂　陈怀德　赵世明　　　　　　　　主审

　　经由我国建筑给水排水领域资深专家姜文源先生倡议，在 2013 年中国建筑金属结构协会给水排水设备分会全国建筑特殊单立管排水技术委员会成立大会上，决定编纂《建筑特殊单立管排水系统设计手册》，并成立编委会。经过全体编委会成员的辛勤努力和精心编纂，历时一年有余，一本理论与实践紧密结合，内容详实丰富的《手册》已成定稿。这是我国建筑排水领域就特殊单立管排水系统编纂的第一本具有开创性的技术工具书；是国内建筑给水排水专业相关大专院校、科研院所、设计单位和制造企业通力协作、努力研发的硕果，是结合我国国情、消化国外先进技术基础上的理论创新与技术创新，其学术成果也得到了国外同行的高度赞赏和肯定。

　　《手册》的出版，对建筑特殊单立管排水系统工程设计理念、方法、选型具有指导性意义，对我国建筑特殊单立管排水技术的研发思路、发展方向提出了切实可行的建议与展望，是一本集工程设计、施工、安装、验收、维护及建筑排水新技术、新产品的研发具有实用性意义的工具书；既可供科研、设计、生产、研发所用，也可为大专院校相关专业教学参考，有推进社会效益，经济效益，改善人居环境的作用。本《手册》编委会成员都是业内有较高学术造诣和丰富实践经验的专家，他们全面总结了国内外特殊单立管排水技术科学实验、工程实践方面的丰硕成果，反复推敲，几经修改，校对审定，在有关单位领导的大力支持下，在相关企业及企业家的倾情资助下，《手册》得以顺利出版。

　　本书内容共 14 章，包括建筑特殊单立管排水系统概述；建筑特殊单立管排水系统的相关理论和立管水流形态分析；建筑特殊单立管排水系统设计；管件特殊单立管排水系统；管材特殊单立管排水系统；管件与管材均特殊单立管排水系统；模块化特殊装置单立管排水系统；同层排水与同层检修特殊单立管排水系统；施工安装；工程验收；维护保养；建筑特殊单立管排水系统的研发思路和发展方向；建筑生活排水系统流量测试；工程实例。

　　本书适合于给水排水相关从业人员使用。